Für Gaby,
Nina, Niko und Nadine

Kohlhammer

Vorwort

Das Internet hat unseren Alltag längst – meist unmerklich – erobert und revolutioniert. Rund 60 % aller Bundesbürger und 90 % der unter 30-Jährigen sind online. Viele, vermutlich die meisten, können sich gar nicht mehr vorstellen, wie es ohne Internet war. Damit stellt der Umgang mit dem Internet heute keine Spezialwissenschaft, sondern eine gängige Kulturtechnik dar – die in großem Umfang mit rechtlichen Fragestellungen – beispielsweise zu Internetdomains, Computerviren, Providerhaftung, eCommerce, digitalen Signaturen und eGovernment – verbunden ist.

Dieses Buch wendet sich an alle, die sich ohne spezifische Vorkenntnisse über dieses vergleichsweise neue Rechtsgebiet informieren wollen. Dazu gehören Studierende der Rechtswissenschaft sowie in der Praxis auch Juristen in Unternehmen und Rechtsanwälte, die sich einen ersten raschen Überblick über das Rechtsgebiet verschaffen wollen. Durch seine verständliche Ausdrucks- und Darstellungsweise ist das Buch aber auch geeignet für Studierende anderer Fächer, z. B. Informatik oder Softwaretechnik, sowie für Praktiker außerhalb der juristischen Berufe, z. B. in der Öffentlichkeitsarbeit, um sich in die Materie einzuarbeiten.

Der erfreuliche Zuspruch, den die erste Auflage erfahren hat, bestätigt das inhaltliche und didaktische Konzept des Buches (dazu mehr auf Seite VII). Bei der zweiten Auflage habe ich mich daher auf die inhaltliche Aktualisierung konzentriert. Um ein paar Stichworte zu nennen:

► Die Zusammenführung des Teledienstegesetzes und des Mediendienstestaatsvertrags im Telemediengesetz (mit Zusatzbestimmungen im Rundfunkstaatsvertrag),
► heiß umstrittene Maßnahmen wie die Vorratsdatenspeicherung, das Zugangserschwerungsgesetz für kinderpornografische Angebote und die Online-Durchsuchung (die immerhin das Bundesverfassungsgericht zur „Erfindung" eines neuen Grundrechts veranlasst hat),
► Urteile mit großer Anteilnahme der Öffentlichkeit wie „spickmich.de" und zu Wahlgeräten,
► das zunehmende Gewicht von Haftungsfragen in Meinungsforen, Handelsplattformen etc. einschließlich Fragen des „virtuellen Hausrechts" für Plattformbetreiber (weshalb ich diesen Abschnitt erheblich ausgebaut habe),
► der zweite Korb des Urheberrechts und der Auskunftsanspruch des Rechteinhabers gegen den Zugangsprovider,
► die Rolle und Haftung des „admin-c" bei .de-Domains,
► Neuerungen beim Fernabsatz- und Widerrufsrecht sowie die umfangreiche Rechtsprechung zu eBay-Fragen wie Namensklau und Haftung für den eigenen Account.

Bei den Arbeiten an der zweiten Auflage habe ich viel Unterstützung bekommen. Mein Dank gilt zuvörderst (wieder) meiner Frau, die mir – neben der beruflichen Beanspruchung – zusätzlich für dieses Buch den Rücken frei gehalten hat; bei meinen Kindern leiste ich erneut Abbitte dafür, dass ich einige Urlaubstage und Wochenenden am PC statt mit ihnen verbracht habe. Auch danke ich meinem Arbeitgeber und meinen Kollegen im Wissenschaftsministerium Baden-Württemberg für mehrfaches Entgegenkommen bei der Urlaubsgewährung und Vertretung. Weiteren Dank statte ich meinem akademischen Mentor, Professor Dr. Siegfried F. Franke, Universität Stuttgart, ab, der mich vor Jahren zur ersten Auflage inspiriert hat. Außerdem danke ich Frau Regine Haug und Herrn Studienassessor David Stephan für die Mühen der Durchsicht und Korrektur des Manuskripts. Nicht zuletzt danke ich zahlreichen Informatik-, Softwaretechnik-, Maschinenbau-, BWL- und Politikstudierenden der Universität Stuttgart, die mit vielen Anregungen in meinen Vorlesungen wesentlich zur Optimierung des Buches beigetragen haben. Last but not least schließlich schulde ich dem Verlag W. Kohlhammer Dank für die bewiesene Geduld bezüglich der Ablieferungsfrist, für die freundliche Betreuung und für die zügige Drucklegung.

Stuttgart, im März 2010 *Volker Haug*

Zu den Besonderheiten dieses Buches

Der Schwerpunkt dieses Buches liegt im Bemühen um eine didaktisch besonders ansprechende Darstellung, was durch einen klaren Aufbau unterstrichen wird. Die Arbeit mit diesem Buch wird durch verschiedene Steuerungs- und Orientierungshilfen unterstützt:

► 31 Übersichten und Schaubilder zur Illustration komplexer rechtlicher Zusammenhänge (Verzeichnis der Übersichten und Schaubilder auf S. XXII),

► prägnante Zusammenfassungen am Ende eines jeweiligen thematischen Abschnitts („Fazitkästen") zur raschen Überprüfung, ob ein Abschnitt zur Lösung eines konkreten Problems einschlägig ist (Verzeichnis der „Fazitkästen" auf S. XXI),

► Zusammenstellung von Erläuterungen zu technischen und internetspezifischen Fachwörtern und -abkürzungen im Anhang 1 (S. 413 ff.),

► Zusammenstellung von Legaldefinitionen zahlreicher Begriffe aus besonders internetrelevanten Gesetzen wie dem Telekommunikationsgesetz, dem Telemediengesetz sowie dem Signaturgesetz (mit jeweiligen exakten Fundstellen im Gesetz) im Anhang 2 (S. 418 ff.),

► zahlreiche weiterführende Literaturhinweise in den Fußnoten zu Fachaufsätzen, wenn man ein bestimmtes Rechtsproblem vertiefend klären möchte und

► ein ausführliches Stichwortverzeichnis, das das schnelle Auffinden ganz konkreter Fundstellen im Buch zu bestimmten Problemen ermöglicht.

Eine Besonderheit dieses Buches sind die vielen Wortlautauszüge aus Urteilsbegründungen zu den einzelnen Rechtsproblemen. Dadurch hat es auch die Funktion eines „Casebooks" und kann über die Randnummern entsprechend zitiert werden. Während der Jura-Praktiker aus dem „Zungenschlag" des Gerichts Schlüsse für ähnlich gelagerte Fälle ziehen kann, illustrieren die Texte dem Nicht- oder Anfänger-Juristen die spezifische juristische Herangehens- und Denkweise der Gerichte zu den einzelnen Fragen. Die in halbfetter Schrift teilweise vorangestellten Leitsätze sind, soweit nicht etwas anderes angemerkt ist, ebenfalls vom entscheidenden Gericht verfasst. Die in den Begründungen ebenso zahlreichen wie zeilenfüllenden Literatur- und Rechtsprechungsverweise habe ich um der flüssigeren Lesbarkeit willen komplett herausgenommen. Darüber hinaus gehende Lücken im Text sind mit Auslassungspunkten (...) kenntlich gemacht.

Außerdem enthält das Buch für Einsteiger in die juristische Materie viele einführende Erläuterungen (v.a. in Kapitel 2) zu den verschiedenen internetrelevanten Einzel-Rechtsgebieten wie z.B. Grundrechte, Wettbewerbsrecht, Datenschutzrecht, Urheberrecht, Verbraucherschutzrecht oder Strafrecht.

Aber natürlich ist nichts so gut, dass es nicht noch besser werden könnte, so dass ich allen Leserinnen und Lesern für entsprechende Verbesserungsvorschläge sehr dankbar bin. Ich bitte in diesen Fällen sehr herzlich um eine kurze Mitteilung entweder per eMail an „haug@ivr.uni-stuttgart.de" oder per klassischer Post an die Universität Stuttgart, Institut für VWL und Recht.

Inhaltsverzeichnis

Fazit-Verzeichnis

Jeder Abschnitt wird mit einem zusammenfassenden Fazit beendet, in dem die wesentlichen Kernaussagen wiederholt werden. Diese Fazits sind auch als erste Nachschlagestelle zu bestimmten Themen geeignet.

Verzeichnis der Schaubilder und Übersichten

Literaturverzeichnis

Altenburg, Stephan/v. Reinersdorff, Wolfgang/Leistner, Thomas, Telekommunikation am Arbeitsplatz, MMR 2005, S. 135.

Arndt, Hans-Wolfgang/Fischer, Kristian, Europarecht, 9. Aufl. 2008.

Bachmann, Peter/Pavlitschko, Akteneinsicht in elektronische Behördenakten, MMR 2004, S. 370.

Barton, Dirk M., E-Mail-Kontrolle durch Arbeitgeber – Drohen unliebsame Überraschungen?, CR 2003, S. 839.

Beater, Axel, Internet-Domains, Marktzugang und Monopolisierung geschäftlicher Kommunikationsmöglichkeiten, JZ 2002, S. 275.

Berger, Christian, Jugendschutz im Internet: „Geschlossene Benutzergruppen" nach § 4 Abs. 2 Satz 2 JMStV – Am Beispiel personalausweiskennziffergestützter Altersverifikationssysteme, MMR 2003, S. 773.

Berger, Ernst Georg, Wer anschaffen will, muss auch zahlen, CR 2008, S. 557.

Bettinger, Torsten, ICANN's Uniform Domain Name Dispute Resolution Policy – Neue außergerichtliche Konfliktlösungsverfahren im Kampf gegen missbräuchliche Domainregistrierungen, CR 2000, S. 234.

Boehme-Neßler, Volker, CyberLaw, 2001.

Boehme-Neßler, Volker, Electronic Government: Internet und Verwaltung – Visionen, Rechtsprobleme, Perspektiven, NVwZ 2001, S. 374.

Boehme-Neßler, Volker, Wer formt den digitalen Code? Rechtssetzung in der digitalen Gesellschaft, ZG 2009, S. 74.

Borges, Georg, Rechtsfragen des Phishing – Ein Überblick, NJW 2005, S. 3313.

Bosse, Rolf/Richter, Thomas/Schreier, Michael, Abschaffung der 0190-Rufnummern – Regulierungsbedarf bleibt, MMR 2006, S. 146.

Braun, Johann, Fehlentwicklung bei der rechtlichen Behandlung von Internetauktionen, JZ 2008, S. 330.

Brodkorb, Beatrix/Ohlenburg, Anna, Wider den Missbrauch – Das neue Mehrwertdienstegesetz und dessen Ausführung durch die Regulierungsbehörde, CR 2003, S. 727.

Brunst, Phillip W., Umsetzungsprobleme der Impressumspflicht bei Webangeboten, MMR 2004, S. 8.

Buchmann, Felix/Majer, Christian F./Hertfelder, Johannes/Vögelein, Anna, „Vertragsfallen" im Internet – Rechtliche Würdigung und Gegenstrategien, NJW 2009, 3189.

Bücker, Stephan/Fürsen, Cay, Prioritätssichernde Domainregistrierung, MMR 2008, S. 719.

Cornelius, Kai, Vertragsabschluss durch autonome elektronische Agenten, MMR 2002, S. 353.

Czychowski, Christian/Nordemann, Jan Bernd, Vorratsdaten und Urheberrecht – Zulässige Nutzung gespeicherter Daten, NJW 2008, S. 3095.

Deckers, Stefan, Allgemeine Geschäftsbedingungen im Web-Design-Vertrag, Zulässigkeit üblicher Klauseln und vertragliche Gestaltungsmöglichkeiten für Besteller einer Web-Site, CR 2002, S. 900.

Deutsch, Andreas, Vertragsschluss bei Internetauktionen – Probleme und Streitstände, MMR 2004, S. 586.

Dieselhorst, Jochen/Schreiber, Lutz, Die Rechtslage zum E-Mail-Spamming in Deutschland – Auswirkungen der BGH-Rechtsprechung und der UWG-Novelle auf die E-Mail-Werbung in Deutschland, CR 2004, S. 680.

Dietrich, Florian/Hofmann, Ruben, 3… Gerichte, 2… Wochen, 1… Monat?, CR 2007, S. 318.

Döring, Martin/Günter, Thomas, Jugendmedienschutz: Alterskontrollierte geschlossene Benutzergruppen im Internet gem. § 4 Abs. 2 Satz 2 JMStV, MMR 2004, S. 231.

Doll, Roland/Nigge, Ralf, Die Prüfung des Regulierungsbedarf auf TK-Märkten nach dem neuen TKG, MMR 2004, S. 519.

Eck, Stefan/Ruess, Peter, Haftungsprivilegierung der Provider nach der E-Commerce-Richtlinie – Umsetzungsprobleme dargestellt am Beispiel der Kenntnis nach § 11 Satz 1 Ziff. 1 TDG, MMR 2003, S. 363.

Ehlers, Dirk, Gewerbe-, Handwerks- und Gaststättenrecht, in: Achterberg/Püttner/Würtenberger (Hrsg.), Besonderes Verwaltungsrecht, Band I – Wirtschafts-, Umwelt-, Bau-, Kultusrecht, 2. Aufl. 2000, § 2.

Ehret, Susanne, Internet-Auktionshäuser auf dem haftungsrechtlichen Prüfstand – Ein Beitrag zur zivilrechtlichen Haftung von Internet-Auktionshäusern für rechtswidrige Auktionsangebote, CR 2003, S. 754.

Eichelberger, Jan, Sasser, Blaster, Phatbot & Co. – alles halb so schlimm? – Ein Überblick über die strafrechtliche Bewertung von Computerschädlingen, MMR 2004, S. 594.

Eifert, Martin, Electronic Government als gesamtstaatliche Organisationsaufgabe, ZG 2001, S. 115.

Ellbogen, Klaus/Saerbeck, Andreas, Kunde wider Willlen – Vertragsfallen im Internet, CR 2009, S. 131.

Ellinghaus, Ulrich, TKG-Novelle und Europarecht: Probleme mit der Flexibilisierung – Eine Analyse der Umsetzung europarechtlicher Vorgaben zur Marktregulierung im Regierungsentwurf, CR 2004, S. 23.

Engel, Christoph, Die Internet-Service-Provider als Geiseln deutscher Ordnungsbehörden – Eine Kritik an den Verfügungen der Bezirksregierung Düsseldorf, MMR-Beilage zu Heft 4/2003.

Ernst, Stefan, Verträge rund um die Domain, MMR 2002, S. 714.

Ernst, Stefan, Hacker und Computerviren im Strafrecht, NJW 2003, S. 3233.

Ernst, Stefan, Das neue Computerstrafrecht, NJW 2007, S. 2661.

Fechner, Frank, Medienrecht, 10. Aufl. 2009.

Feldmann, Thorsten/Heidrich, Joerg, Rechtsfragen des Ausschlusses von Usern aus Internetforen, CR 2006, S. 406.

Föhlisch, Carsten/Hoffmann, Helmut, Widerrufsfrist im Fernabsatz – Ungleichbehandlung von Online-Shops und eBay-Verkäufern?, NJW 2009, S. 1175.

Foerstl, Uli, Die Entscheidung „shell.de" – Stärkung von Kennzeichenrechten im Internet?, CR 2002, 518.

Frank, Thomas, „You've got (Spam-)Mail" – Zur Strafbarkeit von E-Mail-Werbung, CR 2004, S. 123.

Fülbier, Ulrich, Web 2.0 – Haftungsprivilegien bei MySpace und YouTube, CR 2007, S. 515.

Gercke, Marco, Die strafrechtliche Verantwortlichkeit für Hyperlinks, CR 2006, S. 844.

Gercke, Marco, Die Bekämpfung der Internetkriminalität als Herausforderung für die Strafverfolgungsbehörden, MMR 2008, S. 291.

Grabe, Olaf, Das „Dialer-Problem" und was zu klären übrig blieb ..., CR 2004, S. 262.

Grapentin, Sabine, Neuer Jugendschutz in den Online-Medien – Pflichten für Online-Anbieter nach dem neuen Jugendmedienschutz-Staatsvertrag, CR 2003, S. 458.

Graulich, Kurt, Telekommunikationsgesetz und Vorratsdatenspeicherung, NVwZ 2008, S. 485.

Greiner, Arved, Sperrungsverfügungen als Mittel der Gefahrenabwehr im Internet, Zu den Verfügungen der Bezirksregierung Düsseldorf, CR 2002, S. 620.

Greve, Holger/Schärdel, Florian, Zwischenruf – Internetsperren wegen Urheberrechtsverstößen, ZRP 2009, S. 54.

Grigoleit, Hans Christoph, Besondere Vertriebsformen im BGB, NJW 2002, S. 1151.

Gröseling, Nadine/Höfinger, Frank Michael, Hacking und Computerspionage, MMR 2007, S. 549.

Gutmann, Daniel, Abruf im Internet von unbekannten und offensichtlich urheberrechtlich unrechtmäßigen Werken, MMR 2003, S. 706.

Härting, Niko, Die Gewährleistungspflichten von Internet-Dienstleistern, CR 2001, S. 37.

Härting, Niko, „Prangerwirkung" und „Zeitfaktor", CR 2009, S. 21.

Härting, Niko/Eckart, Christian, Provider gegen Spammer – Können sich Provider mit rechtlichen Ansprüchen gegen die Mailflut wehren?, CR 2004, S. 119.

Härting, Niko/Kuon, Dorothee, Designklau – Webdesign, Screendesign, Look and Feel im Urheberrecht, CR 2004, S. 527.

Härting, Niko/Schirmbacher, Martin, Finanzdienstleistungen im Fernabsatz, CR 2002, S. 809.

Härting, Niko/Schirmbacher, Martin, Dialer: Das Urteil fällt und viele Fragen offen, CR 2004, S. 334.

Hanloser, Stefan, Die „Domain-Pfändung" in der aktuellen Diskussion, CR 2001, S. 456.

Hartwig, Henning, Verfassungsrechtliche Anforderungen an die Fallgruppenbildung nach § 1 UWG, NJW 2002, S. 38.

Heckmann, Dirk, Internetrecht – Juris PraxisKommentar, 2007.

Heidrich, Joerg/Tschoepe, Sven, Rechtsprobleme der E-Mail-Filterung, MMR 2004, S. 75.

Heldrich, Andreas, Persönlichkeitsschutz und Pressefreiheit nach der Europäischen Menschenrechtskonvention, NJW 2004, S. 2634.

Heymann, Thomas, Das Gesetz zur Verbesserung der Durchsetzung von Rechten des geistigen Eigentums, CR 2008, S. 568.

Hilbig, Katharina, Erstattungsfähigkeit von Hinsendekosten bei Widerruf eines Fernabsatzgeschäfts, MMR 2009, S. 300.

Hladjk, Jörg, E-Geld auf dem Vormarsch? – Rechtliche Rahmenbedingungen elektronischen Geldes, MMR 2001, S. 731.

Hoenike, Mark/Hülsdunk, Lutz, Die Gestaltung von Fernabsatzangeboten im elektronischen Geschäftsverkehr nach neuem Recht – Gesetzesübergreifende Systematik und rechtliche Vorgaben vor Vertragsschluss, MMR 2002, S. 415.

Hoenike, Mark/Hülsdunk, Lutz, Rechtliche Vorgaben für Fernabsatzangebote im elektronischen Geschäftsverkehr bei und nach Vertragsschluss – Ein Überblick über die gesetzlichen Anforderungen und die Rechtsfolgensystematik bei Verstößen, MMR 2002, S. 516.

Hoeren, Thomas, Internet- und Kommunikationsrecht – Praxislehrbuch, 2008 (zitiert: Hoeren, IuKR).

Hoeren, Thomas, Andy Müller-Maguhn – der postmoderne Savigny?, NJW 2001, 1184.

Hoeren, Thomas, Das Telemediengesetz, NJW 2007, S. 801.

Hoeren, Thomas, Vorratsdaten und Urheberrecht – Keine Nutzung gespeicherter Daten, NJW 2008, S. 3099.

Hoeren, Thomas, 100 € und Musikdownloads – die Begrenzung der Abmahngebühren nach § 97a UrhG, CR 2009, S. 378.

Hoeren, Thomas/Eustergerling, Sonja, Die Haftung des Admin-C, MMR 2006, S. 132.

Hörnle, Tatjana, Pornographische Schriften im Internet: Die Verbotsnormen im deutschen Strafrecht und ihre Reichweite, NJW 2002, S. 1008.

Hoffmann, Helmut, Zivilrechtliche Haftung im Internet, MMR 2002, S. 284.

Hoffmann-Riem, Wolfgang, Die Caroline II-Entscheidung des BVerfG, NJW 2009, S. 20.

Holznagel, Bernd, Konvergenz der Medien – Herausforderungen an das Recht, NJW 2002, S. 2351.

Holznagel, Bernd, Domainnamen- und IP-Nummern-Vergabe – eine Aufgabe der Regulierungsbehörde?, MMR 2003, S. 219.

Holznagel, Bernd/Brüggemann, Sandra, Das Digital Right Management nach dem ersten Korb der Urheberrechtsnovelle – Eine verfassungsrechtliche Beurteilung der neuen Kopierschutzregelungen, MMR 2003, S. 767.

Holznagel, Bernd/Kussel, Stephanie, Möglichkeiten und Risiken bei der Bekämpfung rechtsradikaler Inhalte im Internet, MMR 2001, S. 347.

Hoß, Dirk, Web-Impressum und Wettbewerbsrecht – Eine kritische Auseinandersetzung mit der ersten Rechtsprechung zu § 6 TDG, CR 2003, S. 687.

Ilzhöfer, Volker, Patent-, Marken- und Urheberrecht – Leitfaden für Ausbildung und Praxis, 7. Aufl. 2007.

Janal, Ruth, Profilbildende Maßnahmen: Möglichkeiten der Unterbindung virtueller Mund-zu-Mund-Propaganda, NJW 2006, S. 870.

Joppich, Brigitte, Das Internet als Informationsnetz? – Zur urheber- und wettbewerbsrechtlichen Zulässigkeit von Deep Links, CR 2003, S. 504.

Jüngel, Marc/Schwan, Markus Alexander/Neumann, Nicolas, Das Abfangen von E-Mails nach § 303a StGB, MMR 2005, 820.

Kaiser, Günther, Medienkriminalität, ZRP 2002, S. 30.

Kaiser, Robert, Bürger und Staat im virtuellen Raum – E-Government in deutscher und internationaler Perspektive, in: Siedschlag, Alexander/Bilgeri, Alexander/Lamatsch, Dorothea, Kursbuch Internet und Politik, Band 1/2001, Elektronische Demokratie und virtuelles Regieren, 2001, S. 57.

Katko, Peter, Voice-over-IP, CR 2005, S. 189.

Kaufmann, Noogie C., Das Online-Widerrufsrecht im Spiegel der Rechtsprechung, CR 2006, S. 764.

Kazemi, Robert/Leopold, Anders, Die Internetdomain im Schutzbereich des Art. 14 Abs. 1 GG, MMR 2004, S. 287.

Kindt, Anne, Grundrechtsschutz für Raubkopierer und Musikpiraten?, MMR 2009, S. 147.

Klaes, Silke, Die neuen Regelung zum Kundenschutz im TKG-Änderungsgesetz, CR 2007, S. 220.

Knopp, Michael, Elektronische Transaktionen, MMR 2008, S. 518.

Koch, Robert, Haftung für die Weiterverbreitung von Viren durch E-Mails, NJW 2004, S. 801.

Köhler, Helmut, Das neue UWG, NJW 2004, S. 2121.

Köhler, Markus/Arndt, Hans-Wolfgang, Recht des Internet, 4. Aufl. 2003 (zitiert: Köhler/Arndt, RdI, 4. Aufl.).

Köhler, Markus/Arndt, Hans-Wolfgang/Fetzer, Thomas, Recht des Internet, 6. Aufl. 2008 (zitiert: Köhler/Arndt/Fetzer, RdI).

Kleinwächter, Wolfgang, Zehn Jahre ICANN, MMR 2008, S. 389.

Klinger, Guido, Die gewerberechtliche Beurteilung von sog. Internet-Auktionen – Zugleich ein Beitrag zur rechtsdogmatischen Fortentwicklung des gewerberechtlichen Versteigerungsbegriffs, DVBl. 2002, S. 810.

Kloepfer, Michael, Informationszugangsfreiheit und Datenschutz: Zwei Säulen des Rechts der Informationsgesellschaft, DÖV 2003, S. 221.

Koch, Frank A., Internet-Recht, 2. Aufl. 2005.

Koch, Frank A., Perspektiven für die Link- und Suchmaschinen-Haftung – Kommissionsbericht zur Umsetzung der E-Commerce-Richtlinie und seine Konsequenzen für das TDG, CR 2004, S. 213.

Körner, Marita, Gleichnamigkeitskonflikte bei Internet-Domain-Namen – Die „shell.de"-Entscheidung des BGH, NJW 2002, S. 3442.

Köster, Oliver/Jürgens, Uwe, Haftung professioneller Informationsvermittler im Internet – Eine Bestandsaufnahme nach der Novellierung der Haftungsregelungen, MMR 2002, S. 420.

Koos, Stefan, Die Domain als Vermögensgegenstand zwischen Sache und Immaterialgut – Begründung und Konsequenzen einer Absolutheit des Rechts an der Domain, MMR 2004, S. 359.

Kraft, Dennis, Digitale Parteigliederungen, MMR 2002, S. 733.

Kraft, Dennis/Meister, Johannes, Rechtsprobleme virtueller Sit-ins, MMR 2003, S. 366.

Kutscha, Martin, Mehr Schutz von Computerdaten durch ein neues Grundrecht?, NJW 2007, S. 1042.

Ladeur, Karl-Heinz, Verfassungsrechtliche Fragen regierungsamtlicher Öffentlichkeitsarbeit und öffentlicher Wirtschaftstätigkeit im Internet, DÖV 2002, S. 1.

Lafontaine, Christoph, UN-Übereinkommen zum E-Commerce: Garant der Rechtssicherheit oder überflüssige Systemwidrigkeit?, CR 2004, S. 229.

Leder, Martin, Der Einsatz von Wahlgeräten und seine Auswirkungen auf die Amtlichkeit und Öffentlichkeit der Wahl, DÖV 2002, S. 648.

Leible, Stefan/Sosnitza, Olaf, Sniper-Software und Wettbewerbsrecht – Zur vertrags- und lauterkeitsrechtlichen Beurteilung automatisierter Gebote bei Internet-Auktionen, CR 2003, S. 344.

Leible, Stefan/Sosnitza, Olaf, Haftung von Internetauktionshäusern – reloaded, NJW 2007, S. 3324.

Lejeune, Mathias, Die Reform der Widerrufsbelehrungen für den Online-Handel, CR 2008, S. 226.

Libertus, Michael/Schneider, Axel, Die Anbieterhaftung bei internetspezifischen Kommunikationsplattformen, CR 2006, S. 626.

Lienhard, Ulrich, Missbräuchliche Internet-Dialer – eine unbestellte Dienstleistung, NJW 2003, S. 3592.

Liesching, Marc, „Sicherstellung" des Erwachsenenzugangs bei pornografischen und sonst jugendgefährdenden Telemedien, MMR 2008, S. 802.

Liesching, Marc/Knupfer, Jörg, Die Zulässigkeit des Betreibens von Internetcafés nach gewerbe- und jugendschutzrechtlichen Bestimmungen, MMR 2003, S. 439.

Liesching, Marc/Knupfer, Jörg, Verantwortlichkeit von Internetcafé-Betreibern für die Zugangsgewährung zu jugendgefährdenden Inhalten, MMR 2003, S. 562.

Linke, Thomas, Das Recht der Namensgleichen bei Domains, CR 2002, 271.

Lober, Andreas, Spiele in Internet-Cafés: Game over?, MMR 2002, S. 730.

v. Lucke, Jörn/Reinermann, Heinrich, Speyerer Definition von Electronic Government, Online-Publikation <www.foev.dhv-speyer.de/ruvii>.

v. Lucke, Jörn/Reinermann, Heinrich, Abschlussbericht des Forschungsprojektes „Regieren und Verwalten im Informationszeitalter", <www.foev.dhv-speyer.de/ruvii/bericht.htm>.

Mandelartz, Herbert/Grotelüschen, Henning, Das Internet und die Rechtsprechung des BVerfG zur Öffentlichkeitsarbeit der Regierung, NVwZ 2004, S. 647.

Mankowski, Peter, Für einen Anscheinsbeweis hinsichtlich der Identität des Erklärenden bei E-Mails, CR 2003, S. 44.

Mankowski, Peter, Die Beweislastverteilung in „0190er-Prozessen" – Wieder einen Anscheinsbeweis für die Richtigkeit einer Telefonrechnung im Hinblick auf Mehrwertdienste, CR 2004, S. 185.

Mankowski, Peter, Zum Nachweis des Zugangs bei elektronischen Erklärungen, NJW 2004, S. 1901.

Mankowski, Peter, Online-Auktionen, Versteigerungsbegriff und fernabsatzrechtliches Widerrufsrecht, JZ 2005, S. 444.

Marberth-Kubicki, Annette, Der Beginn der Internet-Zensur, NJW 2009, S. 1792.

Maume, Philipp, Bestehen und Grenzen des virtuellen Hausrechts, MMR 2007, S. 620.

Maunz, Theodor/Dürig, Günter (Hrsg.), Grundgesetz Kommentar, 55. Ergänzungslieferung, Stand: Mai 2009.

Meyerdierks, Per, Sind IP-Adressen personenbezogene Daten?, MMR 2009, S. 8.

Mückl, Stefan, Die Konvergenz der Medien im Lichte des neuen Telemediengesetzes, JZ 2007, S. 1077.

Müglich, Andreas, Auswirkungen des EGG auf die haftungsrechtliche Behandlung von Hyperlinks, CR 2002, S. 583.

v. Münch, Ingo/Kunig, Philip (Hrsg.), Grundgesetzkommentar, Band 3 (Art. 70–146 GG), 5. Aufl. 2003.

Naumann, Kolja, Jugendschutz im Internet – Verfassungsrechtlich bedenklich, rechtspolitisch ungenügend, ZRP 2009, S. 44.

Niemann, Fabian, Schrankenlose Bildersuche?, CR 2009, S. 97.

Ohlenburg, Anna, Der neue Telekommunikationsdatenschutz – Eine Darstellung von Teil 7 Abschnitt 2 TKG, MMR 2004, S. 431.

Ott, Stephan, Impressumspflicht für Webseiten, MMR 2007, S. 354.

Palandt, Otto (Begr.), Bürgerliches Gesetzbuch, 68. Aufl. 2009.

Pankoke, Stefan L., Beweis- und Substanzierungslast im Haftungsrecht der Internetprovider, MMR 2004, S. 211.

Pichlmaier, Tobias, Abschied von der Privatkopie? – Von der Zukunft einer Institution, CR 2003, S. 910.

Pieroth, Bodo/Schlink, Bernhard, Grundrechte – Staatsrecht II, 24. Aufl. 2008.

Pleister, Christian C.-W./Ruttig, Markus, Neues Urheberrecht – neuer Kopierschutz: Anwendungsbereich und Durchsetzbarkeit des § 95a UrhG, MMR 2003, S. 763.

Polenz, Sven, Speicherpflichten für Unternehmer nach § 113a TKG, CR 2009, S. 225.

Popp, Andreas, „Phishing", „Pharming" und das Strafrecht, MMR 2006, S. 84.

Pröpper, Martin/Römermann, Martin, Nutzung von Internet und E-Mail am Arbeitsplatz (Mustervereinbarung), MMR 2008, S. 514.

Puschke, Jens/Singelnstein, Tobias, Telekommunikationsüberwachung, Vorratsdatenspeicherung und (sonstige) heimliche Ermittlungsmaßnahmen der StPO nach der Neuregelung zum 1.1.2008, NJW 2008, S. 113.

Raabe, Oliver, Abgrenzungsprobleme bei der rechtlichen Einordnung von Anonymisierungsdiensten im Internet, CR 2003, S. 268.

Reiter, Markus, Im Bollwerk der eigenen Blogosphäre, DIE ZEIT, Ausgabe v. 24.10.2009, S. V1.

Reitze, Helmut, Wer wird Kanzler in de.land? – Wie das Internet die Politik verändert, in: Siedschlag, Alexander/Bilgeri, Alexander/Lamatsch, Dorothea, Kursbuch Internet und Politik, Band 1/2001, Elektronische Demokratie und virtuelles Regieren, 2001, S. 21.

Rinker, Mike, Strafbarkeit und Strafverfolgung von „IP-Spoofing" und „Portscanning", MMR 2002, S. 663.

Rittner, Fritz, Wettbewerbs- und Kartellrecht, 7. Aufl. 2008.

Röhrborn, Jens/Sinhart, Michael, Application Service Providing – juristische Einordnung und Vertragsgestaltung, CR 2001, S. 69.

Rösler, Hannes, Zur Zahlungspflicht für heimliche Dialereinwahlen, NMW 2004, S. 2566.

Rössel, Markus, Der Dispute-Eintrag, CR 2007, S. 376.

Rössel, Markus/Kruse, Wilhelm, Schadensersatzhaftung bei Verletzung von Filterpflichten, CR 2008, S. 35.

Roggenkamp, Dirk, Barrierefreies E-Government, NVwZ 2006, S. 1239.

Roßnagel, Alexander, Weltweites Internet – globale Rechtsordnung?, MMR 2002, S. 67.

Roßnagel, Alexander, Die fortgeschrittene elektronische Signatur, MMR 2003, S. 164.

Roßnagel, Alexander, Das elektronische Verwaltungsverfahren – Das Dritter Verwaltungsverfahrensänderungsgesetz, NJW 2003, S. 469.

Roßnagel, Alexander, Elektronische Dokumente als Beweismittel, NJW 2006, S. 806.

Roßnagel, Alexander, Das Telemediengesetz, NVwZ 2007, S. 743.

Roßnagel, Alexander/Fischer-Dieskau, Stefanie, Automatisch erzeugte elektronische Signaturen, MMR 2004, S. 133.

Roßnagel, Alexander/Gitter, Rotraud/Opitz-Talidou, Zoi, Telemedienwahlen in Vereinen, MMR 2009, S. 383.

Roßnagel, Alexander/Pfitzmann, Andreas, Der Beweiswert von E-Mails, NJW 2003, S. 1209.

Rüß, Oliver René, Wahlen im Internet – Wahlrechtsgrundsätze und Einsatz von digitalen Signaturen, MMR 2000, S. 73.

Schäfer, Detmar, ENUM – Domainnamensystem und Rufnummernraum wachsen zusammen, CR 2002, S. 690.

Scherer, Joachim, Das neue Telekommunikationsgesetz, NJW 2004, S. 3001.

Schiedermair, Stephanie, Gefährden Wahlcomputer die Demokratie?, JZ 2007, S. 162.

Schliesky, Utz, Verfassungsrechtliche Rahmenbedingungen des E-Government, DÖV 2004, S. 809.

Schmidl, Michael, E-Mail-Filterung am Arbeitsplatz, MMR 2005, S. 343.

Schmitz, Florian/Laun, Stefan, Die Haftung kommerzieller Meinungsportale im Internet, MMR 2005, S. 208.

Schmitz, Heribert/Schlatmann, Arne, Digitale Verwaltung? – Das Dritte Gesetz zur Änderung verwaltungsverfahrensrechtlicher Vorschriften, NVwZ 2002, S. 1281.

Schnabel, Christoph, Das Zugangserschwerungsgesetz – Zum Access-Blocking als ultima ratio des Jugendschutzes, JZ 2009, S. 996.

Schneider, Gerhard, Sperren und Filtern im Internet, MMR 2004, S. 18.

Schoch, Friedrich, Konvergenz der Medien – Sollte das Recht der Medien harmonisiert werden?, JZ 2002, S. 798.

Schulte, Thomas/Schulte, Ulrich W., Informationspflichten im elektronischen Geschäftsverkehr – wettbewerbsrechtlich betrachtet, NJW 2003, S. 2140.

Sieber, Ulrich, Sperrverpflichtungen gegen Kinderpornografie im Internet, JZ 2009, S. 653.

Sieber, Ulrich/Liesching, Marc, Die Verantwortlichkeit der Suchmaschinenbetreiber nach dem Telemediengesetz, MMR-Beilage 8/2007, S. 1.

Sievers, Malte, Der Schutz der Kommunikation im Internet durch Art. 10 des Grundgesetzes, 2003.

Simitis, Spiros, Der EuGH und die Vorratsdatenspeicherung oder die verfehlte Kehrtwende bei der Kompetenzregelung, NJW 2009, S. 1782.

Sokoll, Karen, Der neue Drei-Stufen-Test für Telemedienangebote öffentlich-rechtlicher Rundfunkanstalten, NJW 2009, S. 885.

Spieker, Oliver, Verantwortlichkeit von Internetsuchdiensten für Persönlichkeitsrechtsverletzungen in ihren Suchergebnislisten, MMR 2005, S. 727.

Spindler, Gerald, Verantwortlichkeit und Haftung für Hyperlinks im neuen Recht, MMR 2002, S. 495.

Spindler, Gerald, Die Verantwortlichkeit der Provider für „Sich-zu-Eigengemachte" Inhalte und für beaufsichtigte Nutzer, MMR 2004, S. 440.

Spindler, Gerald, Das neue Telemediengesetz – Konvergenz in sachten Schritten, CR 2007, S. 239.

Spindler, Gerald/Klöhn, Lars, Neue Qualifikationsprobleme im E-Commerce – Verträge über die Verschaffung digitalisierter Informationen als Kaufvertrag, Werkvertrag, Verbrauchsgüterkauf?, CR 2003, S. 81.

Stadler, Thomas, Sperrungsverfügungen gegen Access-Provider, MMR 2002, S. 343.

Stadler, Thomas, Haftung des Admin-C und des Tech-C – Gibt es brauchbare Alternativen zum Domaininhaber bzw. Website-Betreiber als Gegner für kennzeichenrechtliche Auseinandersetzungen?, CR 2004, S. 521.

Stadler, Thomas, Drittschuldnereigenschaft der DENIC bei der Domainpfändung, MMR 2007, S. 71.

Stadler, Thomas, Kein erschwerter Zugang, MMR 2009, S. 581.

Steckler, Brunhilde, Grundzüge des IT-Rechts, 2. Aufl. 2006.

Stender-Vorwachs, Jutta, Bildberichterstattung über Prominente – Heide Simonis, Sabine Christiansen und Caroline von Hannover, NJW 2009, S. 334.

Stober, Rolf, Telekommunikation zwischen öffentlich-rechtlicher Steuerung und privatwirtschaftlicher Verantwortung, DÖV 2004, S. 221.

Stockmar, Kendra/Wittwer, Alexander, Die Pflicht zur Empfangsbestätigung von elektronischen Bestellungen im Spiegel der Rechtsprechung, CR 2005, S. 118.

Stotter, Martin, Streitschlichtung bei UK-Domains, MMR 2002, S. 11.

Strömer, Tobias H., Online-Recht, 4. Aufl. 2006.

Szczesny, Michael/Holthusen, Christoph, Aktuelles zur Unternehmereigenschaft im Rahmen von Internet-Auktionen, NJW 2007, S. 2586.

Taraschka, Klaus, „Auslandsübermittlung" personenbezogener Daten im Internet, CR 2004, S. 280.

Thomale, Hans-Christoph, Die Haftungsregelung nach § 11 SigG, MMR 2004, S. 80.

Ulbricht, Johannes, Tücken im Schutz für Kopierschutz – Gibt es einen Wertungswiderspruch zwischen § 95a UrhG und dem materiellen Urheberrecht?, CR 2004, S. 674.

Utz, Rainer, Markenrechtliche Fragestellungen alternativer Adressierungssysteme im Internet, MMR 2006, S. 789.

Vassilaki, Irini, Das 41. StRÄndG – Die neuen strafrechtlichen Regelungen und ihre Wirkungen auf die Praxis, CR 2008, S. 131.

Ventroni, Stefan/Poll, Günter, Musiklizenzerwerb durch Online-Dienste, MMR 2002, S. 648.

Voigt, Paul, Datenschutz bei Google, MMR 2009, S. 377.

Volkmann, Christian, Verkehrspflichten für Internet-Provider, CR 2008, S. 232.

Weiler, Frank, Spamming – Wandel des europäischen Rechtsrahmens, MMR 2003, S. 223.

Weißnicht, Elmar, Die Nutzung des Internet am Arbeitsplatz, MMR 2003, S. 448.

Welzel, Stefan, Zwangsvollstreckung in Internet-Domains, MMR 2001, S. 131.

Wendlandt, Bettina, Europäische, deutsche und amerikanische Regelungen von E-Mail-Werbung – Überlegungen zum Nutzen des „CAN-SPAM Act", MMR 2004, S. 365.

v. Westerholt, Margot/Berger, Konrad, Der Application Service Provider und das neue Schuldrecht, CR 2002, S. 81.

Wietzorek, Michael, Der Beweis des Zugangs von Anhängen in E-Mails, MMR 2007, S. 156.

Will, Martin, Wahlen und Abstimmungen via Internet und die Grundsätze der allgemeinen und gleichen Wahl, CR 2003, S. 126.

Wilmer, Thomas, Überspannte Prüfpflichten für Host-Provider?, NJW 2008, S. 1845.

Wimmers, Jörg/Schulz, Carsten, Stört der Admin-C?, CR 2006, S. 754.

Wolber, Tanja, Werbung mit Adressen aus Online-Bestellungen, CR 2003, S. 859.

Wulf, Hans Markus, Serververträge und Haftung für Serverausfälle – Eine Analyse der vertragstypologischen Einordnung und des Haftungsumfangs, CR 2004, S. 43.

Zenker, Wolfgang, Textform im WWW, insbesondere bei eBay, JZ 2007, S. 816.

Abkürzungsverzeichnis

(technische Abkürzungen siehe Anhang 1)

a. A.	anderer Ansicht
a. F.	alte Fassung
Ag.	Antragsgegner(in)
AG	Amtsgericht
AGBs	Allgemeine Geschäftsbedingungen
AO	Abgabenordnung
Ast.	Antragsteller(in)
BDSG	Bundesdatenschutzgesetz
Bekl.	Beklagte(r)
BetrVG	Betriebsverfassungsgesetz
BITV	Barrierefreie Informationstechnik-Verordnung
BGB	Bürgerliches Gesetzbuch
BGB-InfoV	Verordnung über Informations- und Nachweispflichten nach bürgerlichem Recht
BGG	Behindertengleichstellungsgesetz
BGH	Bundesgerichtshof
BMJ	Bundesministerium der Justiz
BMWi	Bundesministerium für Wirtschaft und Technologie
BNetzA	Bundesnetzagentur für Elektrizität, Gas, Telekommunikation, Post und Eisenbahnen
BR-Drs.	Bundesratsdrucksache
BT-Drs.	Bundestagsdrucksache
BWahlG	Bundeswahlgesetz
CR	Computer und Recht
DDB	DENIC-Domainbedingungen
DDRL	DENIC-Domainrichtlinien
DFG	Deutsche Forschungsgemeinschaft
DJT	Deutscher Juristentag e. V.
EG	EG-Vertrag
EGBGB	Einführungsgesetz zum Bürgerlichen Gesetzbuch
EStG	Einkommensteuergesetz
GewO	Gewerbeordnung
GG	Grundgesetz
h. M.	herrschende Meinung
HGB	Handelsgesetzbuch
Hrsg.	Herausgeber
i. d. R.	in der Regel

i. Erg.	im Ergebnis
i. S. v.	im Sinne von
i. Ü.	im Übrigen
IuK	Informations- und Kommunikations-…
JMStV	Jugendmedienschutz-Staatsvertrag
JuSchG	Jugendschutzgesetz
JZ	Juristenzeitung
KG	Kammergericht (das nur in Berlin existiert und dort die Funktion des OLG wahrnimmt)
KJM	Kommission für Jugendmedienschutz (§ 14 JMStV)
Kl.	Kläger(in)
KStG	Körperschaftsteuergesetz
LG	Landgericht
LPrG BW	Landespressegesetz Baden-Württemberg
LT-Drs.	Landtagsdrucksache
MarkenG	Markengesetz
MDStV	Mediendienste-Staatsvertrag
MMR	MultiMedia und Recht
n. F.	neue Fassung
OLG	Oberlandesgericht
PAngV	Preisangabenverordnung
PartG	Parteiengesetz
PolG BW	Polizeigesetz Baden-Württemberg
RBÜ	Revidierte Berner Übereinkunft zum Schutz von Werken der Literatur und Kunst
RegTP	Regulierungsbehörde für Telekommunikation und Post
RL	Richtlinie (als Rechtsakt der Europäischen Union)
Rn.	Randnummer
RStV	Rundfunkstaatsvertrag
s. o.	siehe oben
s. u.	siehe unten
SigG	Signaturgesetz
SigV	Signaturverordnung
StGB	Strafgesetzbuch
str.	streitig
StrÄndG	Strafrechtsänderungsgesetz
TDG	Teledienstegesetz
TKG	Telekommunikationsgesetz

TMG	Telemediengesetz
TMR	Telekommunikations- und Multimediarecht (Beck-Text-sammlung im dtv)
TRIPS	Übereinkommen über handelsbezogene Aspekte der Rechte des geistigen Eigentums
UKlaG	Gesetz über Unterlassungsklagen bei Verbraucherrechts- und anderen Verstößen
UrhG	Urheberrechtsgesetz
UWG	Gesetz gegen den unlauteren Wettbewerb
v. a.	vor allem
VwVfG	Verwaltungsverfahrensgesetz
WCT	WIPO-Urheberrechtsvertrag
WIPO	World Intellectual Property Organization
WiStG	Wirtschaftsstrafgesetz 1954
WUA	Welturheberrechtsabkommen
ZG	Zeitschrift für Gesetzgebung
ZKDSG	Zugangskontrolldiensteschutzgesetz
ZRP	Zeitschrift für Rechtspolitik
ZugErschwG	Gesetz zur Erschwerung des Zugangs zu kinderporno-grafischen Inhalten in Kommunikationsnetzen (Zugangs-erschwerungsgesetz)

Kapitel 1: Einführung

*„Das Internet ist das freiheitlichste
und effizienteste Informations- und
Kommunikationsforum der Welt und
trägt maßgeblich zur Entwicklung
einer globalen Gemeinschaft bei."* [1]

A. Das Internet als neues Massenmedium

I. Medienbegriff(e)

Im Zentrum des allgemeinen Medienbegriffs steht die Vermittlerfunktion: **1**
Medien zeichnen sich vor allem dadurch aus, dass sie zwischen Menschen
Informationen, Nachrichten und Meinungen vermitteln. Die Einteilung der
verschiedenen Formen von Medien bewegt sich zwischen den Polen **Klassi-
sche/Neue Medien** und **Massen-/Individualmedien.** Unter den Klassischen
Medien werden die schon seit langem vorhandenen Vermittlungsformen
verstanden, während die Neuen Medien die durch den Siegeszug des PC
und der Digitaltechnik erst in jüngerer Zeit aufgekommenen Kommunikationsformen bezeichnen. Massenmedien wiederum zeichnen sich dadurch
aus, dass sich eine Person oder Personengruppe an eine nicht mehr über-
schau- oder begrenzbare Personenmasse wendet, während über Individualmedien einzelne Personen oder bestimmbare Personengruppen miteinander
kommunizieren:[2]

	Klassische Medien	Neue Medien
Massenmedien	Zeitungen, Zeitschriften Hörfunk, Fernsehen, Film	Internet
Individualmedien	Telefon	eMail Chat-Rooms

Übersicht 1: Medienbegriffe

Während die **Grenzen zwischen Massen- und Individualmedien** bei den **2**
Klassischen Medien noch klar und streng gezogen sind, verschwimmen sie
bei den Neuen Medien. So ist beispielsweise ein Chat-Room, der weltweit
von jedem User eingesehen werden kann, ein Massenmedium, das in dem

---

1 Koalitionsvertrag zwischen CDU, CSU und FDP 2009, S. 100.
2 Siehe Fechner, Medienrecht, Kap. 1 Rn. 1–16.

Moment zum Individualmedium wird, in dem der User mitchattet. Die Neuen Medien – im Zeitalter des web 2.0 auch „Mitmach-Web" genannt – heben mit ihren **Möglichkeiten zur Interaktivität** (beispielsweise in Diskussionsforen) die tradierten Grenzen zwischen Anbietern und Nutzern auf und verlassen dadurch die „klassische mediale Einbahnstraße".[3] Gleichzeitig zeichnen sich die Neuen Medien durch eine **absolute und grenzenlose Internationalität** aus.

II. Rasante Entwicklung des Internets als Massenmedium

3 Das Internet hat sich zunächst als kleines Forum einer „verschworenen" Gemeinde, die das Internet als (zumindest weitgehend) rechtsfreien Raum verstanden hat, entwickelt. Spätestens aber seit es zu einem veritablen Massenmedium – das inzwischen über eine Milliarde Menschen anspricht – geworden ist, hat es eine enorme **ökonomische,**[4] **gesellschaftliche, politische und schließlich auch rechtliche Bedeutung** gewonnen.

4 Nach dem „**12. Faktenbericht 2009 – Eine Sekundärstudie der TNS Infratest Business Intelligence**" hat sich die weltweite Nutzerzahl von 384 Mio. im Jahr 2000 auf 1,2 Mrd. im Jahr 2008 gesteigert. Gleichzeitig verschieben sich die Nutzerregionen: Nordamerika als „Geburtsregion" des Internet ist 2002 hinter Asien/Pazifik (Platz 1 – fast 500 Mio. User) und Europa (Platz 2 – rd. 300 Mio. User) auf Platz 3 zurückgefallen. Da in den USA bereits ca. 80 % der Einwohner online sind, während dies in China erst 20 % und in Indien sogar nur 3,5 % sind, wird sich dieser Trend sogar noch weiter verstärken. Gleichzeitig ist wegen der Altersabhängigkeit des Nutzungsgrades mit einem stabilen weiteren Ansteigen zu rechnen; so sind etwa 60 % aller Bundesbürger online, während es bei den unter 30-jährigen 90 % sind. Ähnlich verhält es sich in China, wo nur rund 32 % der User über 30 Jahre alt sind.[5]

B. Das Internetrecht

I. Keine rechtliche „Vogelfreiheit" im Internet

1. Durchsetzungsprobleme

5 Das Internet stellt die Rechtsordnung(en) vor völlig neue Herausforderungen. Dies gilt in erster Linie für seine **Internationalität**, die bei den seit jeher

---

3 Köhler/Arndt/Fetzer, RdI, Rn. 3.
4 Der weltweite IKT-Markt erreichte im Jahr 2008 einen Umsatz von 2 347 Mrd. Euro, vgl. 12. Datenbericht (Fn. 3), S. 32.
5 <www.tns-infratest.com/bmwi/download.asp?id=95494774815&dfile=BM Wi_12_Faktenbericht_2009.pdf>, S. 173 ff.

auf die jeweiligen nationalen Territorien beschränkten Einzel-Rechtsord-nungen zu einem **hohen Defizit der Rechtsdurchsetzung** führt. So sind bei-spielsweise die deutschen Behörden weitgehend machtlos, wenn auf einem amerikanischen Server Nazi-Verherrlichungen angeboten werden.[6] Hinzu kommt die **rasante technische Entwicklung** der elektronischen Kommuni-kationsformen. Viele Erscheinungsformen sind derart neuartig, dass sie mit dem vorhandenen rechtlichen Instrumentarium allenfalls unzureichend er-fasst werden können. Deshalb sind Gesetzgeber und Rechtsprechung häu-fig erst als Reaktion hierauf tätig geworden, was meist mit erheblichen zeitlichen Verzögerungen verbunden ist.

2. Rechtlicher Geltungsanspruch

Diese faktischen Durch- und Umsetzungsprobleme haben schon bei man-chem Angehörigen der Internetgemeinde den (irrigen!) Eindruck verur-sacht, das Internet genieße eine gewisse rechtliche „Vogelfreiheit". Doch das Gegenteil ist richtig: In einer nach rechtsstaatlichen Prinzipien geord-neten Zivilisationskultur kann es **keine „weißen Flecken" auf der rechtli-chen Landkarte** geben. Der Geltungsanspruch des Rechts erfasst auch das Internet, was mit der **wachsenden Ausformung der Rechtsgrundlagen** und der **sich verdichtenden Rechtsprechung** zunehmend deutlicher geworden ist. Auch der im Internet traditionell sehr populäre Selbstregulierungsan-satz ändert daran nichts; so sind die im Internet verbreiteten und eingeüb-ten „Spielregeln" (vgl. z. B. <www.chatiquette.de>) rechtlich unverbindlich und damit auch als Ersatz der allgemeinen Rechtsordnung ungeeignet (et-was anderes gilt im Einzelfall für Vertragsparteien nur dann, wenn solche „Spielregeln" vertraglich fixiert sind). **6**

Inzwischen kann das **Internetrecht** als **einigermaßen ausgeformt** gelten. Die wichtigen Rechtsgrundlagen sind geschaffen, und die Novellierungsdichte hat in den letzten Jahren abgenommen. Soweit der Gesetzgeber noch Ver-änderungen vornimmt, betreffen diese – meist in verschärfender Weise – Einzelfragen (wie etwa die Vorratsdatenspeicherung oder die Erschwerung des Zugangs zu kinderpornografischen Angeboten). Zugleich sind inzwi-schen viele grundsätzliche Streitfragen zu allen Bereichen des Internetrechts durch Entscheidungen des Bundesgerichtshofs – teilweise sogar des Bun-desverfassungsgerichts oder des EuGH – höchstrichterlich geklärt. Auch wenn wegen der unverändert hohen Innovationskraft der Informations- und Kommunikationstechnik ständig neue Fragen auftreten, hat das Inter-netrecht heute nicht mehr den fragmentarisch-tastenden Charakter wie zur Jahrtausendwende. **7**

---

6 Eine dem deutschen Strafrecht vergleichbare Strafbarkeit (§§ 86, 86a StGB) dafür fehlt in den USA; vielmehr sind solche Äußerungen dort von der Mei-nungsfreiheit gem. ersten Zusatz zur Verfassung gedeckt, vgl. Köhler/Arndt, RdI, 4. Aufl., S. 271.

II. Struktur des Internetrechts

1. Allgemeiner und Besonderer Teil

8 Das Internetrecht ist kein eigenes, in sich abgeschlossenes Rechtsgebiet. Neben einem „vor die Klammer gezogenen" **allgemeinen Teil**, der aus online-spezifischen Regelungen (Telekommunikation und Telemedien) besteht, gehört zum Internetrecht als **besonderer Teil** ein „patchwork"-artiges Sammelsurium tradierter Rechtsgebiete.

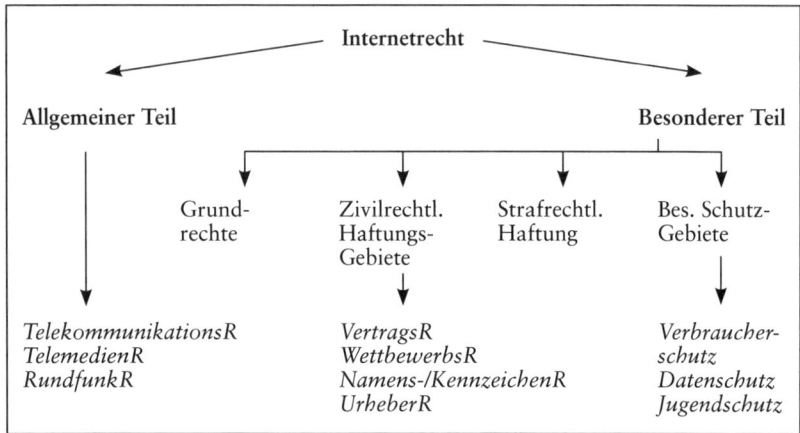

Übersicht 2: Struktur des Internetrechts

9 Die tradierten Rechtsgebiete des Besonderen Teils werden unter dem besonderen Blickwinkel der verschiedenen Internetthemen betrachtet. Hierzu gehören das Providing (einschließlich der Websites als Content-Providing), Domains, Links, eCommerce und eGovernment. Daraus ergibt sich eine matrixartige Struktur; die nachfolgende Übersicht soll dies verdeutlichen;[7] dabei sind die Felder grau unterlegt, bei denen ein tradiertes Rechtsgebiet besonders hohe Relevanz für das jeweilige Internetthema hat:

---

7 Ohne eGovernment, da dieses als einziges Internet-Thema stark verfassungs- und verwaltungsrechtlich geprägt ist und sich insofern von den anderen weitgehend zivil- und wirtschaftsrechtlich geprägten Gebieten stark unterscheidet.

	Provider	Websites	Domain	Links	eCommerce
Vertrags-recht					
Wettbewerbs-recht					
Namens-/ MarkenR					
Urheber-recht					
Datenschutz-recht					
Verbraucher-schutzR					
Jugendschutz-recht					
Straf-recht					

Übersicht 3:   Matrix des Besonderen Teils des Internetrechts

2. Vorgehensweise und Aufbau dieses Buches

Diese Struktur stellt jeden Autor einer systematischen Darstellung des In- **10**
ternetrechts vor die Frage, ob er (im Sinne von Übersicht 2) horizontal anhand der einzelnen Rechtsgebiete oder vertikal anhand der Internetthemen
vorgehen will. Ich habe mich für eine **Mischform** entschieden: Im zweiten
Kapitel werden neben dem allgemeinen Telekommunikations- und Telemedienrecht einige Rechtsgebiete – teilweise als Grundlage für die nachfolgenden Kapitel – dargestellt (horizontale Vorgehensweise), bevor danach
die einzelnen Internetthemen behandelt werden (vertikale Vorgehensweise). Damit ist gewährleistet, dass sich das Buch **eng an den Internetthemen
orientiert** und nicht rechtlich „abhebt", gleichzeitig aber – soweit zum besseren Gesamtverständnis nötig – **allgemeine rechtliche Grundlagen** erläutert.

III. Rechtsquellen des Internetrechts

1. Europäisches Recht

Das Internetrecht ist sowohl in seinem allgemeinen Teil wie auch in wei- **11**
ten Bereichen seines besonderen Teils durch europäische Vorgaben geprägt.
Gerade für ein so grenzüberschreitendes Phänomen wie das Internet ist die-

se relativ **starke europäische Rechtsharmonisierung** äußerst sinnvoll. Dies erfolgt in aller Regel dadurch, dass der EU-Gesetzgeber Richtlinien erlässt, die sich nicht unmittelbar an den einzelnen Bürger, sondern an die einzelnen Mitgliedstaaten der EU richten; diesen obliegt dann die Umsetzung der Richtlinien in nationales Recht, wobei die Richtlinien häufig nur Mindeststandards vorsehen, über die die nationalen Gesetzgeber hinausgehen dürfen (Art. 249 Abs. 3 EG).[8]

12 Die nachfolgende Zusammenstellung macht dies für die einzelnen Rechtsgebiete deutlich, indem jeweils dazu die bestimmenden EU-Richtlinien genannt werden:

Telekommunikationsrecht:	**Telekommunikations-Richtlinienpaket** – **Rahmen-RL** (RL 2002/21/EG) – **Genehmigungs-RL** (RL 2002/20/EG) – **Zugangs-RL** (RL 2002/19/EG) – **Universaldienst-RL** (RL 2002/22/EG) – **EK-Datenschutz-RL** (RL 2002/58/EG)
Recht des elektronischen Geschäftsverkehrs:	**eCommerce-RL** (RL 2000/31/EG)
Recht der elektronischen Signatur:	**Signatur-RL** (RL 1999/93/EG)
Fernabsatzrecht:	**Fernabsatz-RL** (RL 1997/7/EG)
Datenschutzrecht:	**Datenschutz-RL** (RL 1995/46/EG) **Telekommunikations-Datenschutz-RL** (RL 1997/66/EG) **EK-Datenschutz-RL** (RL 2002/58/EG) **Vorratsdatenspeicherungs-RL** (RL 2006/24/EG)
Urheberrecht:	**Urheberrechts-RL** (RL 2001/29/EG) **Enforcement-RL** zur Durchsetzung der Rechte des geistigen Eigentums (RL 2004/48/EG)
Verwaltungsrecht	**Dienstleistungs-RL** (RL 2006/123/EG)

2. Nationales Recht

a) Allgemeiner Teil

13 Zum allgemeinen Teil des Internetrechts gehören das Telekommunikations- und das Telemedienrecht. Hierfür sind folgende Normen maßgeblich:

---

8 Vertiefend hierzu z. B. Arndt/Fischer, Europarecht, S. 76 ff. Nur am Rande sei vermerkt, dass der deutsche Gesetzgeber nur selten die Umsetzungsfristen, die die Richtlinien vorgeben, einhält.

Telekommunikationsrecht:	Telekommunikationsgesetz (TKG)
Telemedienrecht:	Telemediengesetz (TMG) **Rundfunkstaatsvertrag (RStV)** Zugangskontrolldiensteschutzgesetz (ZKDSG)

b) Besonderer Teil

Der oben (Rn. 9) erläuterte „Patchwork"-Charakter des (besonderen) In-   **14**
ternetrechts setzt sich zwangsläufig bei den einzelnen Rechtsquellen fort;
insbesondere sind hier auch zahlreiche Verordnungen zu beachten:

Zivilrecht:	Bürgerliches Gesetzbuch (BGB) **Verordnung über Informations- und Nachweis- pflichten nach bürgerlichem Recht (BGB-InfoV)** Signaturgesetz (SigG) Signaturverordnung (SigV)
Wettbewerbsrecht:	**Gesetz gegen den unlauteren Wettbewerb (UWG)**
Urheberrecht:	Urheberrechtsgesetz (UrhG)
Marken- und Kennzeichen- recht:	Markengesetz (MarkenG)
Verbraucherschutzrecht:	TKG, §§ 43a ff. und §§ 66 ff. **Preisangabenverordnung (PAngV)** BGB, v.a. §§ 305 ff. (AGB-Recht) und §§ 312b ff. (Fernabsatz/elektronischer Geschäfts- verkehr)
Datenschutzrecht:	Bundesdatenschutzgesetz (BDSG) TKG, §§ 91 ff. **Telekommunikations-Überwachungsverordnung (TKÜV)** TMG, §§ 11 ff.
Jugendschutzrecht:	Jugendschutzgesetz (JuSchG) **Jugendmedienschutz-Staatsvertrag (JMStV)**
Strafrecht:	**Strafgesetzbuch (StGB) und Strafbestimmungen im UWG, UrhG, MarkenG, JuSchG, JMStV**
Grundrechte:	Grundgesetz (GG), Art. 1 ff.

3. Internationales Recht

Darüberhinaus sei auf folgende Rechtsquellen des internationalen Rechts,   **15**
die alle das Urheberrecht betreffen, hingewiesen:

- (Revidierte) Berner Übereinkunft zum Schutz von Werken der Literatur und Kunst (RBÜ)
- Welturheberrechtsabkommen (WUA)
- Übereinkommen über handelsbezogene Aspekte der Rechte des geistigen Eigentums (TRIPS)
- WIPO-Urheberrechtsvertrag (WCT)

IV. Perspektiven

1. Konvergenz des Medienrechts?

16   Eine wesentliche Zukunftsperspektive betrifft (zunächst) das nationale Recht. So hat sich der Deutsche Juristentag e.V. (DJT) 2002 mit der Frage beschäftigt, ob angesichts des **Zusammenwachsens von klassischen und neuen Medien** ein gemeinsamer rechtlicher Rahmen angestrebt werden soll. Dafür sprechen zunehmende Zwischen-Erscheinungsformen wie z. B. das TV-shopping oder Voice-over-IP[9], die zu wachsenden Abgrenzungsproblemen in der bisherigen Medienordnung führen.[10] Auch das Domain Name System (DNS) und das Rufnummernsystem sind konvergenzfähig und wachsen im ENUM-System zusammen (s. u., Rn. 583 ff.).

17   Noch allerdings sind die einzelnen Medienfelder teilweise erheblich unterschiedlich reguliert. Dies fängt bei den Rechtsgrundlagen an und hört bei der ausdifferenzierten Rechtsprechung noch nicht auf.[11] Gegenwärtig ist die **Zeit für eine Zusammenführung der verschiedenen Medien in einen gemeinsamen Rechtsrahmen noch nicht reif**, was nicht zuletzt auch daran liegt, dass die faktische (technische) Konvergenz der Medien noch am Anfang steht. Doch wird sich die Rechtsordnung – schon zur Wahrung ihrer für die Rechtsdurchsetzung nötigen breiten Akzeptanz – **von dieser tatsächlichen Entwicklung nicht abkoppeln** können. Umso stärker die Zwischen- und Mischformen werden, desto stärker wird der Druck zur rechtlichen Zusammenführung. Das Ziel ist also richtig, auch wenn der Weg noch weit ist.

---

9   Zu Voice-over-IP siehe Katko, CR 2005, 189; der Begriff „Voice-over-IP" ist die Abkürzung von „Voice over Internet Protocol" und bedeutet folglich die Sprachtelefonie über das Internet.

10   Ein engagiertes Plädoyer für eine mutige Reform des Medienrechts hält Schoch, JZ 2002, 798; s. auch Holznagel, NJW 2002, 2351. Mückl, JZ 2007, 1077 beleuchtet die verschiedenen Erscheinungsformen der Konvergenz (1078) und setzt sich ebenfalls mit der Frage der Schaffung eines übergreifenden Ordnungsrahmens auseinander; dem stehen in Deutschland jedoch u. a. auch kompetenzrechtliche Hindernisse entgegen (1083 f.).

11   Interessant ist in diesem Zusammenhang der Ansatz von Fechner, Medienrecht, der – neben einer Darstellung der rechtlichen Spezifika der verschiedenen Medien – gemeinsame übergreifende Rechtsgrundsätze für alle Medien in einem „Allgemeinen Teil" zusammenfasst.

2. Globales Internetrecht?[12]

Wegen der internationalen Dimension des Internets und den damit verbun- **18**
denen rechtlichen Durchsetzungsproblemen (s. o., Rn. 5) wird neben der
Konvergenzfrage über die Perspektiven und die Notwendigkeit eines möglichst **globalen – also weltweit einheitlichen – Internetrechts** diskutiert. In
der Tat legen die individuellen Schutzbedürfnisse (Sicherheit, Jugendschutz,
Datenschutz, Verbraucherschutz, Urheberschutz) und die hohe gesellschafts-
politische Bedeutung von Informationszugang eine Notwendigkeit zu allgemein verbindlichen und grenzüberschreitenden Regelungen nahe.

Insbesondere aus einer Reihe von **Spezifika des Internets** folgt ein besonde- **19**
rer Regelungsbedarf:[13]

► Die nahezu spurenlose Veränderbarkeit von Inhalten stellt neue He-
  rausforderungen an die Verlässlichkeit von Dokumenten und an die
  Beweissicherung.
► Die Unterschiedslosigkeit von Original und Kopie hat eine neue urhe-
  berrechtliche Qualität.
► Die (relativ hohe) Anonymität im Netz erschwert eine zuverlässige
  Identifizierung etwa von Vertragspartnern.
► Die Schnelligkeit der interaktiven Kommunikation kürzt natürliche Be-
  denkzeiten etwa beim Abschluss von Verträgen erheblich ab, was dem
  Verbraucherschutz eine neue Dimension gibt.

Der im Internet weit verbreitete und populäre Ansatz der **Selbstregulierung** **20**
kann diese Problemstellungen nicht umfassend lösen. Sowohl die Legitimation als auch die Allgemeinverbindlichkeit sind bei **demokratisch gesetztem
Recht** wesentlich höher. Den im Konfliktfall erforderlichen Kontroll- und
Zwangsmechanismen kommen dann – wegen der Unterstützung durch das
öffentliche Gewaltmonpol – eine entsprechend höhere Wirksamkeit zu.
Auch Individual- und Minderheitenrechte sind dann besser geschützt; gerade im Internet darf es **kein „Recht des Stärkeren"** geben.[14]

Diese Vorteile hoheitlichen Rechts kommen jedoch in einem internationa- **21**
len Medium erst bei grenzüberschreitender Geltung voll zum Tragen. Für
ein globales Internet-Recht spricht schon der Umstand, dass die User nicht
über hundert einzelne und häufig divergierende Nationalrechtsordnungen
im Blick haben können. Doch würde dies einen **internationalen Konsens
sowohl über die Notwendigkeit zur Schaffung einer globalen Internet-
Rechtsordnung wie über deren Inhalte** voraussetzen. Die erheblichen kul-
turellen und politischen Gesellschaftsunterschiede, die nicht deckungsgleichen Einstellungen zu freiem Informationszugang und damit zum Medium
Internet in den einzelnen Staatsordnungen und schließlich die tradierten

---

12 Hierzu instruktiv Roßnagel, MMR 2002, 67.
13 Roßnagel, MMR 2002, 67, 68.
14 Roßnagel, MMR 2002, 67, 69.

Unterschiede der nationalen Rechtsordnungen lassen die Erreichbarkeit dieses doppelten Konsenses noch sehr fernliegend erscheinen. Der Weg dorthin kann allenfalls schrittweise über Verständigungen auf einheitliche Mindeststandards in einzelnen Bereichen führen.[15] Beispielhaft wäre hier die **Cybercrime-Konvention** (s. u., Rn. 179 ff.) zu nennen. Auch im **Telekommunikationsrecht** ist eine zunehmende Entwicklung zu Konvergenz und Mindestharmonisierung festzustellen; so wäre etwa Ausweitung des Mandats der International Telecommunication Union (ITU) – eine UN-Sonderorganisation zur Setzung internationaler Telekommunikationsstandards – denkbar.[16]

V. Fazit

22

1. Das Internet ist ein neues Massenmedium. Die Grenzen sowohl zu den Klassischen wie zu den Invidualmedien verlieren an Bedeutung, ebenso die Trennung zwischen Anbietern und Nutzern.
2. Das Internet unterliegt – wie alle gesellschaftlichen Erscheinungsformen und Phänomene – der Rechtsordnung. Allerdings erschweren die Internationalität und das hohe Tempo der technischen Entwicklung die Rechtsdurchsetzung im Internet.
3. Das Internetrecht ist kein eigenständiges Rechtsgebiet. Es gibt zwar einige „online-spezifische" Regelungen (v. a. TKG, TMG), aber die meisten der im Internet auftretenden Rechtsfragen gehören zu den klassischen Rechtsgebieten, die dann unter dem besonderen „Internet-Blickwinkel" betrachtet werden.
4. Das Internetrecht ist ganz erheblich europarechtlich determiniert. Dies garantiert zumindest EU-weit ein gewisses Maß an rechtlicher Übereinstimmung. Ein globales Internetrecht jedoch ist wegen erheblicher Rechts- und Kulturunterschiede allenfalls ferne Zukunftsmusik.

---

15 Roßnagel, MMR 2002, 67, 70.
16 Stober, DÖV 2004, 221, 230.

Kapitel 2: Grundlagen und allgemeine Regelungen für das Internetrecht

A. Recht der Telekommunikation und der Telemedien

I. Unterscheidung von Telekommunikation, Telemedien und Rundfunk

Das Recht der Telekommunikation und der Telemedien betrifft die „online- **23** spezifische" Seite des Multimedia- und Internetrechts. Dabei umfasst der Begriff der Telekommunikation die **technische Seite** des Internets und ist in § 3 Nr. 22 TKG **legaldefiniert** als

> „der technische Vorgang des Aussendens, Übermittelns und Empfangens von Signalen mittels Telekommunikationsanlagen".

Unter **Telekommunikationsanlagen** versteht der Gesetzgeber in § 3 Nr. 23 TKG

> „technische Einrichtungen oder Systeme, die als Nachrichten identifizierbare elektromagnetische oder optische Signale senden, übertragen, vermitteln, empfangen, steuern oder kontrollieren können".

Diese Begriffsbestimmungen machen deutlich, dass der technische Telekommunikationsbegriff nicht nur auf das Internet beschränkt ist, sondern wesentlich weiter reicht und **auch die Bereiche Sprachtelefonie und Mobil- sowie Satelliten-Funk** umfasst.

Die **Telemedien** betreffen dagegen die inhaltlichen Aspekte des Internets **24** und sind in § 1 Abs. 1 S. 1 TMG umschrieben als

> „alle elektronischen Informations- und Kommunikationsdienste, soweit sie nicht Telekommunikationsdienste ..., telekommunikationsgestützte Dienste oder Rundfunk sind".

Aufgrund dieser gesetzgeberischen Konstruktion des Telemedienbegriffes als Auffangbegriff ist insoweit der Rundfunkbegriff von Bedeutung. **Rundfunk** bedeutet gemäß § 2 Abs. 1 RStV

> „ein linearer Informations- und Kommunikationsdienst; er ist die für die Allgemeinheit und zum zeitgleichen Empfang bestimmte Veranstaltung und Verbreitung von Angeboten in Bewegtbild oder Ton entlang eines Sendeplans unter Benutzung elektromagnetischer Schwingungen".

Darunter werden nicht nur die klassischen Formen von Radio und Fernsehen, sondern auch Internetangebote wie Live-Streaming (d. h. die zusätzliche und zeitgleiche Übertragung herkömmlicher TV- und Radioprogramme über das Internet) und Webcasting (d. h. die ausschließliche Übertragung herkömmlicher TV- und Radioprogramme über das Internet) verstanden.[1] Die „**Schnittmenge**" zwischen **Rundfunk und Telemedien** bilden die

---

1 Vgl. die amtl. Gesetzesbegründung, BT-Drs. 16/3078, S. 13; zu den Begriffs-
erläuterungen vgl. Heckmann, Kap. 1.1, Rn. 49.

„Telemedien mit journalistisch-redaktionell gestalteten Angeboten, in denen insbesondere vollständig oder teilweise Inhalte periodischer Druckerzeugnisse in Text oder Bild wiedergegeben werden" (§ 54 Abs. 2 RStV).

25 Für diese „**besonderen**" Telemedien gelten ergänzende Bestimmungen in den §§ 54 ff. RStV (s. u., Rn. 57 ff.). Der „**einfache**" Telemedienbegriff umfasst die große Masse aller „normalen" (d. h. vom Rundfunkbegriff nicht erfassten) Internetangebote. Das fängt bei Internetpräsentationen von Firmen und Privatpersonen an, geht mit Auktionsforen weiter und ist mit interaktiven Plattformen zur Bestellung von Waren, Dienstleistungen und Informationen oder auch mit Suchmaschinen noch lange nicht am Ende.

26 Diese begriffliche Struktur lässt sich wie folgt grafisch darstellen:

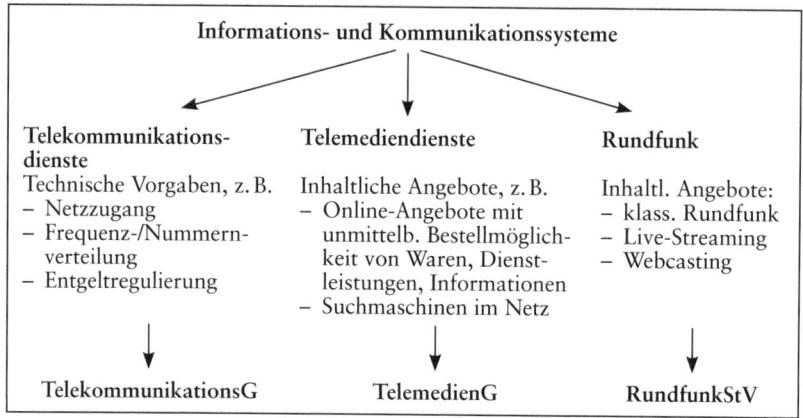

Übersicht 4:   Abgrenzung Telekommunikation/Telemedien/Rundfunk

II. Recht der Telekommunikation

1. Das Telekommunikationsgesetz (TKG)

a) Entstehungshintergrund und Regelungsbereiche

27 Das TKG war (als Nachfolgeregelung zum Fernmeldeanlagengesetz) nötig geworden, als die heutige Telekom AG privatisiert wurde und der bis dahin hoheitlich monopolisierte Telekommunikationsmarkt liberalisiert wurde. Nun gibt das TKG (zusammen mit den hierzu erlassenen Verordnungen) der privatisierten Telekommunikation (vgl. Art. 87f GG) einen öffentlich-rechtlichen Rahmen vor, der im Wesentlichen die **technologische Handhabung, die wirtschaftliche Verwertung und die Begrenzung technologiebedingter Gefährdungssituationen** der Telekommunikation betrifft. Zentrale Themenfelder des Gesetzes sind daher z. B. die Zugangsregulierung (§§ 16 ff.), die Entgeltregulierung (§§ 27 ff.), die Vergabe von Frequenzen, Nummern und Wegerechten (§§ 52 ff.) sowie die Sicherstellung des Fernmeldegeheimnisses und des Datenschutzes (§§ 88 ff.). Zugleich regelt es den Schutz der Telekommunikationskunden (§§ 43a ff., 66 ff.). Hauptinstrument zur Durchsetzung dieser Vorgaben ist die **Bundesnetzagentur für Elektrizität, Gas, Telekommunkation, Post und Eisenbahnen (BNetzA)**, die als Bundesoberbehörde dem Bundeswirtschaftsministerium unterstellt ist (§§ 116 ff.).

b) Hauptaufgaben des TKG

Die zentralen Funktionen des TKG ergeben sich aus den §§ 1 und 2:

aa) Hierzu gehört zunächst die **Sicherstellung und Förderung chancengleicher wettbewerblicher Bedingungen auf dem Telekommunikationsmarkt** (§ 2 Abs. 2 Nr. 2), was auf Grund der historisch bedingten Dominanz des „rosa Riesen"[2] (Telekom AG) erhebliche Schwierigkeiten macht. Das „allgemeine" Wettbewerbsrecht, das von eher gleichwertigen Marktteilnehmern ausgeht, begünstigt tendenziell die Telekom; deshalb spricht sich diese regelmäßig für möglichst wenig wettbewerbsschützende Sondernormen im TKG aus, während ihre Wettbewerber genau hieran sehr interessiert sind. Dieses grundlegende Spannungsverhältnis müssen das TKG und die zu seiner Umsetzung berufene BNetzA austarieren.[3] **28**

Das in Umsetzung des Telekommunikations-Richtlinienpakets (s. o., Rn. 12) umfassend novellierte TKG sieht daher die Festlegung „sachlich und räumlich relevanter Telekommunikationsmärkte" vor (§ 10 Abs. 1 TKG), bei denen eine Marktanalyse gem. § 11 TKG durchgeführt wird. Wird dabei für einen solchen Markt festgestellt, dass „beträchtliche und anhaltende strukturell oder rechtlich bedingte Marktzutrittsschranken" (§ 10 Abs. 2 TKG) bestehen und wegen der marktbeherrschenden Stellung eines oder mehrerer Unternehmen auch längerfristig **kein wirksamer Wettbewerb** zu erwarten ist, gelten die wettbewerblichen **Sonderbestimmungen der Marktregulierung** gem. §§ 9 ff. TKG. Dies hat insbesondere zur Folge, dass besonders wettbewerbsrelevante Vorleistungen wie Zusammenschaltungen oder Zugang zu Teilnehmeranschlussleitungen von dem oder den marktbeherrschenden Unternehmen den anderen Unternehmen diskriminierungsfrei – d. h. „zu den gleichen Bedingungen und mit der gleichen Qualität … wie für seine eigenen Produkte" (§ 19 Abs. 2 TKG) – zur Verfügung gestellt werden müssen.[4] **29**

bb) Im Zusammenhang damit steht die **Gewährleistung flächendeckend angemessener und ausreichender Dienstleistungen** – insbesondere die Sicherstellung einer effizienten und störungsfreien Nutzung von Frequenzen und die Sicherstellung einer „flächendeckenden **Grundversorgung mit Tele-** **30**

---

2 <www.heise.de/newsticker/meldung/print/47141>.
3 Vgl. Schuster u. a., MMR-Beilage 4/2004, 3 ff.
4 Vgl. Scherer, NJW 2004, 3001, 3002 ff.; Doll/Nigge, MMR 2004, 519; zur Umsetzung der europarechtlichen Vorgaben zur Marktregulierung siehe Ellinghaus, CR 2004, 23 ff.

kommunikationsdienstleistungen zu erschwinglichen Preisen" (§ 2 Abs. 2 Nr. 5 TKG). Diese früher von der Deutschen Bundespost hoheitlich erfüllte Grundversorgung hat in einer Kommunikations- und Mediengesellschaft eine vergleichbar hohe Bedeutung wie die Grundversorgung der Mobilitätsgesellschaft mit Straßen und schienengebundenem Personenverkehr. Nicht zuletzt vor dem Hintergrund der Kommunikations-Grundrechte aus Art. 5 Abs. 1 GG muss der hoheitliche Staat auch nach der Privatisierung der Telekommunikation für eine solche Informationsinfrastruktur bürgen und dafür – durch die BNetzA und letztlich in Person des Bundeswirtschaftsministers – gegenüber den Bürgern und Steuerzahlern die Verantwortung übernehmen.

31   cc) Hinzu kommt die **Wahrung der Nutzerinteressen und der Interessen der öffentlichen Sicherheit** (§ 2 Abs. 2 Nr. 1, 9). Insofern handelt es sich – vergleichbar mit der Gewerbeordnung oder mit dem Umweltrecht – um ein besonderes Gebiet des **Wirtschaftsüberwachungsrechts** und damit des besonderen Polizeirechts („öffentliche Sicherheit" – §§ 1, 3 PolG BW).[5]

2. **Einzelne Regelungs- und Problemkreise des Telekommunikationsrechts**

a) **Meldepflicht und Entgeltbindung der Telekommunikationsdienstleister**

32   Bis zu der vom Telekommunikations-RL-Paket veranlassten Novellierung des TKG im Jahr 2004 wurden die **Lizenzen für Telekommunikationsdienstleister** einzeln durch die damalige RegTP (jetzt: BNetzA) nach den gewerberechtlichen Kriterien Zuverlässigkeit, Leistungsfähigkeit und Fachkunde vergeben. Hierfür gab es vier verschiedene Lizenzklassen: Mobilfunk, Satellitenfunk, Sprechtelefondienst und sonstige. Seit der Novellierung gilt nur noch eine generelle Meldepflicht, der alle gewerbliche Betreiber öffentlicher Telekommunikationsnetze und alle gewerbliche Anbieter von Telekommunikationsdienstleistungen unterliegen (§ 6 TKG).

33   Von besonderer Bedeutung ist auch die Entgeltregulierung. Hatte diese früher sämtliche Tarife von Telekommunikationsdienstleistungen erfasst – was zu regelmäßigen (auch öffentlich ausgetragenen) Auseinandersetzungen zwischen der Telekom AG und der damaligen RegTP geführt hat –, gilt das Genehmigungserfordernis seit 2004 nur noch für solche Tarife, die marktbeherrschende Unternehmen für ihre Zugangsleistungen i. S. v. § 21 TKG von ihren Konkurrenten verlangen (§ 30 TKG). Die Tarife, die von Endkunden zu bezahlen sind, unterliegen dagegen nur noch einer Missbrauchsaufsicht (§ 28 TKG).[6]

---

5 Stober, DÖV 2004, 221, 224 f.
6 Näher hierzu Scherer, NJW 2004, 3001, 3006 ff.

b) Verbraucherschutz

Besondere Bedeutung kommt im TKG dem Verbraucherschutz zu, dem es in **34** den §§ 43a ff. eine ganze Reihe von Vorschriften widmet.[7] Angefangen bei Anforderungen an Verträge (§ 43a), Schadensersatz- und Unterlassungsansprüchen (§ 44), geht es über Haftungsregelungen (§ 44a), die Berücksichtigung der Interessen behinderter Menschen (§ 45) bis hin zu technischen Fragen (Entstörungsdienst, § 45b; normgerechte technische Dienstleistung, § 45c; Netzzugang, § 45d). Die meisten Vorschriften haben nicht nur, aber vor allem für die Telefonie, große praktische Relevanz. So hat zum Beispiel der Kunde einen Anspruch auf einen **Einzelverbindungsnachweis**, der so detailliert sein muss, dass die Rechnung überprüft werden kann (§ 45e TKG). Konsequenterweise räumt das TKG ein **Beanstandungsrecht** ein (§ 45i) und auferlegt dem Diensteanbieter die **Beweislast für die technische Fehlerfreiheit des Telekommunikationsnetzes** bis zum Übergabepunkt, an dem dem Kunden der Netzzugang bereitgestellt wird (§ 45i Abs. 3). Kann das tatsächliche Verbindungsaufkommen nicht zuverlässig ermittelt werden, muss nur der Durchschnitt der letzten sechs Abrechnungszeiträume (normalerweise Monate) bezahlt werden (§ 45j TKG); dies kann schon bei einem besonderen „Gebührensprung" erfüllt sein. Außerdem hat der Kunde ein Nutzungsrecht an der ihm zugeteilten Telefonnummer, die er beim Wechsel des Anbieters auch mitnehmen können muss (**Rufnummernportabilität, § 46 TKG**).[8]

c) Mehrwertdienste und Dialer

Zahlreiche inhaltliche Leistungen lassen sich auch per Telefon erbringen – **35** von Info-Hotlines über Wettervorhersagen bis hin zu Telefonsex.[9] Das Gesetz spricht hier von **„telekommunikationsgestützten Diensten"**, die in § 3 Nr. 25 TKG legaldefiniert sind als

> „Dienste, die keinen räumlich und zeitlich trennbaren Leistungsfluss auslösen, sondern bei denen die Inhaltsleistung noch während der Telekommunikationsverbindung erfüllt wird".

Im Einzelnen handelt es sich dabei um Premium-Dienste, Auskunftsdienste, Massenverkehrsdienste, Geteilte-Kosten-Dienste, Neuartige Dienste und Kurzwahldienste (§ 66a Abs. 1 Satz 1 TKG; jeweils legaldefiniert in § 3

---

7 Für eine nähere Erläuterung empfehle ich die übersichtliche und instruktive Darstellung von Klaes, CR 2007, 220.

8 VG Köln, MMR 2001, 556, ausdrücklich auch für Mobilfunkanbieter; allerdings schließt § 46 Abs. 1 Satz 3 TKG die Rufnummernportabilität beim Wechsel vom Festnetz ins Mobilnetz und umgekehrt aus.

9 Dem Leistungsentgelt für Telefonsex kann übrigens nicht mehr das wohlfeile Argument der Sittenwidrigkeit entgegen gehalten werden; der BGH hat im Hinblick auf das Inkrafttreten des Gesetzes zur Regelung der Rechtsverhältnisse der Prostituierten vom 20.12.2001 (BGBl. I, S. 3983) die entsprechende, überkommene Rechtsprechung ausdrücklich aufgegeben, BGH MMR 2008, 98 f. = CR 2008, 93 f.

Nr. 2a, 10a, 11b, 11d, 12a, 17a TKG). Für alle diese telekommunikations-
gestützte Dienste hat sich der (früher vom TKG dafür verwendete[10]) Begriff
„Mehrwertdienste" eingebürgert. Mit einem solchen Mehrwertdienst wird
in der Regel eine vereinfachte Abrechnung verbunden, wonach der technische Netzwerkbetreiber, der die Telefonverbindung berechnet, zugleich
den Mehrwertdienst – für dessen Erbringer – in Rechnung stellt. Dieses an
sich praktische Verfahren birgt allerdings einige Missbrauchsgefahren, die
nicht selten mit den berühmt-berüchtigten und inzwischen abgeschafften
0190-Nummern in Verbindung gebracht wurden.[11]

aa) Missbrauchsgefahren

36 Das fängt schon damit an, dass manche Anbieter von Mehrwertdiensten
die damit verbundenen Zusatzkosten so verschleiern, dass der Kunde zwar
noch weiß, dass er gerade einen Mehrwertdienst in Anspruch nimmt, aber
bezüglich der damit verbundenen Kosten erhebliche (preislich günstigere)
Fehlvorstellungen hat. Deshalb wurden durch die Aufnahme der §§ 66a ff.
im TKG die Vorgaben für die **Transparenz der Preisgestaltung** bei Mehrwertdiensten deutlich verschärft (s. u., Rn. 40).

37 Noch gravierender sind die Betrugsfälle, bei denen ganz normale Telefonverbindungen über heimlich zwischengeschaltete Anwählprogramme
(**Dialer**) angewählt werden;[12] hier weiß der Kunde nicht einmal, dass er
überhaupt einen Mehrwertdienst in Anspruch nimmt, während der Betrüger den nicht vorhandenen „Mehrwert" über die normale Telefonrechnung
kassiert. Zwar könnte sich der Kunde hier auf den rechtlich zutreffenden
Standpunkt stellen, dass er die Zusatzkosten nicht schulde, weil gar kein
Vertrag über die Inanspruchnahme des abgerechneten Mehrwertdienstes
zustande gekommen ist. Die Tücke der Dialer-Problematik liegt aber in
dem **Dreiecksverhältnis Kunde – Netzwerkbetreiber – Mehrwertdienst-
Anbieter:**[13]

---

10 Z.B. §§ 43a, 43b TKG a.F.
11 Die 0190-Rufnummern wurden von der BNetzA mit Ablauf des 31.12.2005
    gesperrt und auf Antrag durch dieselbe Rufnummer mit der Vorwahl 0900
    ersetzt, vgl. Bosse/Richter/Schreier, MMR 2006, 146 ff.
12 Bei DSL-Verbindungen ist diese Form von Dialern technisch nicht mehr mög-
    lich, weshalb die praktische Relevanz dieses Problems mittlerweile deutlich
    zurückgegangen ist. Der Vollständigkeit halber werden hier dennoch die dies-
    bezüglichen Entscheidungen des Gesetzgebers und der Rechtsprechung darge-
    stellt.
13 Vgl. Härting/Schirmbacher, CR 2004, 334 f., die wegen der meist zwischenge-
    schalteten Netzbetreiber von noch mehr Vertragsbeteiligten ausgehen.

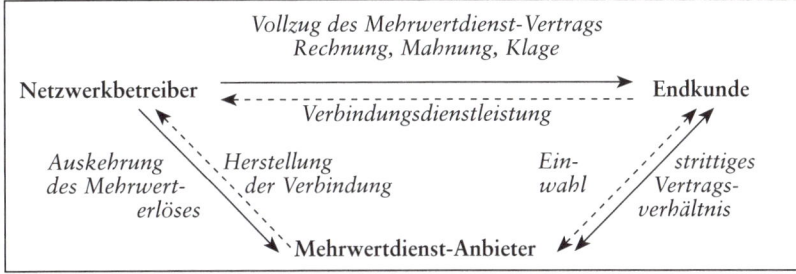

Übersicht 5: Dreiecksverhältnis bei Mehrwertdienstleistungen

Eine Zahlungsverweigerung des Kunden trifft den Netzwerkbetreiber, der mit dem Streit zwischen dem Kunden und dem Mehrwertdienst-Anbieter nichts zu tun hat und auch nichts zu tun haben will. Deshalb verlangt er sein Geld und verweist den Kunden darauf, den Betrüger auf Rückzahlung zu verklagen. Der aber ist dann nicht hinreichend (v. a. mit ladungsfähiger Anschrift) zu identifizieren oder insolvent, so dass bei dieser Konstellation der Kunde häufig „auf seinem Schaden sitzen bleibt".

bb) Gesetzgeberische Maßnahmen

Zur Bekämpfung dieser Missbrauchsgefahren hat der Gesetzgeber im **39** TKG eine Reihe von **Pflichten für den zwischen dem Kunden und dem Mehrwertdienst-Anbieters stehenden Netzwerkbetreiber** statuiert: Er muss auf der von ihm gestellten (Telefon-)Rechnung genaue Angaben über andere Diensteanbieter, deren Leistungen er mit abrechnet, machen (Name, ladungsfähige Anschrift, kostenfreie Service-Telefonnummer; § 45h Abs. 1 Satz 1). Außerdem muss der Kunde auf der Rechnung ausdrücklich über sein Recht, „begründete Einwendungen gegen einzelne in der Rechnung gestellte Forderungen zu erheben", aufgeklärt werden (§ 45 Abs. 3 TKG). Damit kann sich der Netzwerkbetreiber nicht mehr so einfach aus einem Konflikt zwischen seinem Kunden und einem von ihm mit abgerechneten Mehrwertdienst-Anbieter heraushalten.

Zugleich räumt das TKG dem Endkunden eine starke **Rechtsposition gegenüber den Mehrwertdienst-Anbietern** ein.[14] So enthält § 66h Abs. 1 TKG einen – binnen zehn Werktagen zu erfüllenden – Jedermann-Anspruch gegenüber der BNetzA auf Auskunft über den Namen und die ladungsfähige Anschrift eines 0190-Nummern-Betreibers; von Betreibern von 0900-Nummern werden die Angaben sogar in einer Datenbank im Internet vorgehalten (§ 66h Abs. 2 TKG). Damit ist den Mehrwertdienst-Anbietern der **Rückzug in die Anonymität** erheblich erschwert. Um die Kosten der Inanspruchnahme

---

14 Gesetz zur Bekämpfung des Missbrauchs von 0190-/0900er-Mehrwertdienste-rufnummern vom 9. 8. 2003 (BGBl. I, 1590). Zur Vorgeschichte, zum Gesetz-gebungsverfahren und zu den ausfüllenden Verfügungen der RegTP siehe den sehr instruktiven „Insiderbericht" von Brodkorb/Ohlenburg, CR 2003, 727.

von Mehrwertdiensten in den Griff und darüber auch Klarheit zu bekommen, besteht eine **Endpreis-Angabe-/Ansage-/Anzeigepflicht** bei Angeboten von bestimmten Mehrwertdiensten an Letztverbraucher, die bereits in der Werbung zu beachten ist (§§ 66a, 66b, 66c TKG). Gleichzeitig sieht das Gesetz eine **Preisobergrenze** von 3 € pro Minute für zeitabhängig abgerechnete Premiumdienste und von 30 € für eine einzelne Verbindung vor (§ 66d TKG). Außerdem werden die Anbieter dazu verpflichtet, bei zeitabhängig abgerechneten Premium- und Kurzwahl-Sprachdiensten die Verbindung nach einer Stunde automatisch zu unterbrechen (§ 66e TKG); dies war schon zuvor in der Rechtsprechung als Ausfluss einer nebenvertraglichen Schutzpflicht gefordert worden.[15] Dialer schließlich – also die Einwählprogramme – müssen von der BNetzA registriert worden sein und deren hierfür aufgestellte Bedingungen erfüllen (§ 66f TKG). Verstößt ein Mehrwertdienste-Anbieter gegen diese Verpflichtungen, sieht § 66g TKG einen Wegfall des Entgeltanspruchs vor – mit Sicherheit die wirksamste Rechtsfolge, die sich hier denken lässt.[16]

cc) Beweislastproblem

41 Offen gelassen hat der Gesetzgeber allerdings die Frage, wer im Rechtsstreit zwischen dem Netzbetreiber und dem Kunden das **Beweislast-Risiko für die heimliche Dialer-Installation** trägt. Es ist ja nicht ausgeschlossen, dass jemand bewusst – zur Vereinfachung des Einwählvorgangs – einen Dialer installieren lässt. Da weder der Kunde beweisen kann, dass sich der Dialer heimlich installiert hat, noch der Netzwerkbetreiber das Gegenteil, ist die Beweislastfrage in solchen Fallkonstellationen prozessentscheidend. Die **instanzgerichtliche Rechtsprechung war zunächst kontrovers.** Die einen haben den PC-Nutzer dafür verantwortlich gemacht, was sich auf seinem PC installiert hat oder nicht. Sie argumentierten im Wesentlichen damit, dass die Telekommunikationsunternehmen keinen Einfluss darauf haben, wie Telefonverbindungen seitens ihrer Kunden hergestellt werden; insbesondere können sie nichts dafür und nichts darüber wissen, ob der Dialer mit oder ohne Wissen des Kunden arbeitet. Die Gefahrenquelle werde vom Kunden durch sein Einwählen eröffnet, weshalb er auch nach den Grundsätzen der verschuldensunabängigen Gefährdungshaftung hafte.[17]

---

15 LG Heidelberg, CR 2002, 896, und ihm folgend OLG Hamm, CR 2003, 261, und OLG Frankfurt, MMR 2004, 613; im zugrunde liegenden Heidelberger Fall hatte der damals neun Jahre alte Sohn der Bekl. eine 0190-Telefonsex-Rufnummer angewählt und – vermutlich – den Hörer nicht wieder richtig aufgelegt. Die Verbindung bestand so unbemerkt über 158 Stunden, 27 Minuten und 53 Sekunden. Der klagende Netzwerkbetreiber wollte dafür netto 29 750,21 DM, wovon er vom Gericht wegen fehlender automatischer Leitungstrennung nur den Anteil für eine Stunde zugesprochen bekam.
16 Weiterführend siehe Klaes, CR 2007, 220, 230 ff.
17 Die Beweislast beim Kunden sahen LG Mainz, CR 2003, 589; AG Torgau, MMR 2003, 759; AG Dillenburg, CR 2003, 686; AG Herborn, MMR 2003, 606; AG Wiesbaden, CR 2003, 754; AG Mönchengladbach, CR 2003, 907; ausdrücklich nach der BGH-Entscheidung: LG Karlsruhe, MMR 2004, 553 = CR 2004, 596 m. Anm. Mankowski.

Die anderen, die den Netzwerkbetreiber quasi „im Lager des Mehrwert-dienst-Anbieters" sehen, stellten darauf ab, dass der Netzwerkbetreiber für den wirksamen Abschluss des seiner Forderung zugrunde liegenden Vertrages beweispflichtig sei. Dies entspreche der generellen Beweislastregel, dass der, der etwas will, die dafür erforderlichen Voraussetzungen dartun und bei Bestreiten der Gegenseite beweisen muss.[18]

Der letztgenannten Auffassung, wonach die **Beweislast beim Netzwerkbe-treiber** liegt, hat sich dann in einer Grundsatzentscheidung der BGH angeschlossen: **42**

Auto-Dialer – BGH, NJW 2004, 1590 = MMR 2004, 308 m. Anm. Mankowski = CR 2004, 355 = JZ 2004, 1124 m. Anm. Spindler:[19]

Der Telefonnetzbetreiber und nicht der Anschlussinhaber trägt das Risiko der heimlichen Installation eines automatischen Einwahlprogramms (so genannter Dialer) in einen Computer, das für den durchschnittlichen Anschlussnutzer unbemerkbar die Verbindungen in das Internet über eine Mehrwertdienstenummer herstellt, sofern der Anschlussnutzer dies nicht zu vertreten hat (Rechtsgedanke des § 16 Abs. 3 Satz 3 TKV).

Es obliegt dem Anschlussnutzer nicht, Vorkehrungen gegen so genannte Dialer zu treffen, solange kein konkreter Hinweis auf einen Missbrauch vorliegt.

Aus den Gründen: ... Die Klägerin hat keinen Anspruch auf Zahlung des strittigen Betrages aus dem zwischen den Parteien geschlossenen Telefondienstvertrag. Aus dem zwischen den Parteien bestehenden Rechtsverhältnis ergibt sich nicht, dass die Beklagte der Klägerin eine Vergütung nach den erhöhten Tarifen der 0190-Nummern für die Verbindungen in das Internet schuldet, die der heimlich installierte sog. Dialer hergestellt hat. ...

Hierbei ist maßgebend zu berücksichtigen, dass die Klägerin, wie andere Netzanbieter auch, mit der Eröffnung des Zugangs zu den Mehrwertdiensten für den geschäftlichen Verkehr ein Risiko veranlasst hat. ... Die Mehrwertdienste

---

18 Die Beweislast beim Netzwerkbetreiber sahen LG Kiel, MMR 2003, 422 = CR 2003, 684; KG, MMR 2003, 399 m. Anm. Feser; AG Freiburg, CR 2002, 898; AG Fürth/Odenwald, CR 2004, 201; AG Gelsenkirchen, MMR 2003, 802; AG Bünde, MMR 2003, 803; LG Nürnberg, CR 2003, 905; LG Osnabrück, MMR 2004, 824. Die prozessrechtliche Seite wird ausführlich aufgearbeitet und zugunsten des Kunden entschieden bei Mankowski, CR 2004, 185; er betont insbesondere, dass die Grundsätze des Anscheinsbeweises gerade wegen des hohen Missbrauchspotenzials nicht zugunsten des Rechnungsstellers angewendet werden könnten. So i. Erg. auch Lienhard, NJW 2003, 3592, der den Dialer als unbestellte Dienstleistung i. S. v. § 241a Abs. 1 BGB qualifiziert; ihm folgend LG Gera, CR 2004, 543.

19 Eine ausführliche Analyse des Urteils bieten Härting/Schirmbacher, CR 2004, 334, 335 ff.; Rösler, NJW 2004, 2566, 2569, stuft die BGH-Entscheidung als „bahnbrechend" ein und stimmt ihr im Wesentlichen zu; Mankowski, Anm. zu LG Karlsruhe, CR 2004, 596, 600, bestreitet dagegen den Grundsatzcharakter der BGH-Entscheidung.

sind, wie nicht zuletzt der hier zu entscheidende Sachverhalt zeigt, in erhöhtem Maße missbrauchsanfällig. Die Klägerin zieht aus der risikobehafteten Nutzung der Mehrwertdienste wirtschaftliche Vorteile, da sie für die Herstellung von Verbindungen zu diesen Diensten, auch unter Berücksichtigung der an die DTAG abzuführenden Beträge, von ihren Kunden ein höheres Entgelt erhält als bei der Inanspruchnahme der Standarddienstleistungen. Genießt die Klägerin wirtschaftlichen Nutzen aus einem von ihr mit veranlassten, missbrauchsanfälligen System, ist es angemessen, sie die Risiken solchen Missbrauchs tragen zu lassen, den ihre Kunden nicht zu vertreten haben.

Die Beklagte hat die Nutzung ihres Telefonanschlusses für die von dem Dialer hergestellten Verbindungen in das Internet jedenfalls insoweit nicht zu vertreten, als hierdurch Kosten verursacht wurden, die diejenigen der Inanspruchnahme des von der Klägerin bereitgestellten Standardzugangs überschritten. ...

Die Beklagte und ihr Sohn handelten bei dem Gebrauch ihres Computers und des Internetzugangs in der Zeit von Mai bis August 2000 im Hinblick auf den Dialer nicht fahrlässig. ... Weiterhin oblag es der Beklagten nicht, vorsorglich ohne besondere Verdachtsmomente für einen Missbrauch (hier: Zugang der Rechnung Ende August 2000), gleichsam routinemäßig den Computer auf Dialer zu überprüfen, den Aufbau von Verbindungen in das Internet zu überwachen und nur mit ausdrücklicher Freigabe zuzulassen sowie ein so genanntes Dialerschutzprogramm einzusetzen. Soweit derartige Vorkehrungen in der instanzgerichtlichen Rechtsprechung gefordert werden, ist dem nicht zu folgen. ...

3. Fazit

43

1. Unter Telekommunikation ist die technische Seite des Internets und anderer Kommunikationsmedien wie Telefonie und Mobil- sowie Satellitenfunk zu verstehen.
2. Das Telekommunikationsgesetz (TKG) ist als Folge der Privatisierung des Telekommunikationsmarktes entstanden.
   a) Auf seiner Grundlage soll die BNetzA einen funktionierenden Wettbewerb auf diesem durch die marktbeherrschende Stellung der Telekom geprägten Markt sicherstellen.
   b) Außerdem bietet das TKG die Rechtsgrundlage dafür, die früher vom Staatsmonopolisten garantierte Kommunikationsgrundversorgung durchzusetzen und zu erhalten.
   c) Schließlich liegt eine wesentliche Aufgabe des TKG in der Gewährleistung eines wirksamen Verbraucher- und Kundenschutzes.
3. Die Missbrauchsgefahren bei Mehrwertdiensten (oder „telekommunikationsgestützten Diensten") sowie bei Anwählprogrammen (Dialer) sind durch gesetzgeberische Maßnahmen und ein Grundsatzurteil des BGH eingedämmt worden.
   a) Dem Kunden stehen Auskunfts- und Widerspruchsrechte zu, die seine Rechtsverfolgung erleichtern.
   b) Die Beweislast dafür, ob sich der Dialer mit oder ohne Wissen des PC-Besitzers installiert hat, obliegt im Verhältnis zwischen Kunde und Netzwerkbetreiber letzterem.

III. Recht der Telemedien

1. Von Tele- und Mediendiensten zu Telemedien

Die inhaltlichen Internetangebote werden rechtlich als Telemedien bezeichnet, seit das Telemediengesetz 2007 das Teledienstegesetz und den Mediendienstestaatsvertrag abgelöst hat. Diese beiden inhaltlich weitgehend deckungsgleichen Regelungswerke knüpften an unterschiedliche **inhaltliche und adressatenbezogene Gesichtspunkte** an: Während man unter Telediensten Informationen oder Mitteilungen (oft gewerblicher Art), die sich an den einzelnen (Verbraucher) richten, verstand, erfasste der Begriff des Mediendienstes stärker politische oder anderweitig meinungsbildende – also redaktionelle – Angebote, die sich an die Allgemeinheit „als Ganzes" richten (z. B. der Internetauftritt einer politischen Partei oder eines Interessenverbandes). **44**

Der Grund dafür, dass das deutsche Recht überhaupt zwischen diesen beiden Angebotsarten differenziert hat, ist ebenso banal wie ernüchternd: Er liegt im **Kompetenzgerangel zwischen Bund und Ländern.** Der Bund kann nur bei besonderer Ermächtigung im Grundgesetz gesetzgeberisch aktiv werden; so ist er für die Telekommunikation (Art. 73 Nr. 7 GG), den gewerblichen Rechtsschutz und das Urheberrecht (Art. 73 Nr. 9 GG), das bürgerliche Recht und das Strafrecht (Art. 74 Abs. 1 Nr. 1 GG) und das Recht der Wirtschaft (Art. 74 Abs. 1 Nr. 11 GG) zuständig, verfügt aber über keine Zuständigkeit im klassischen Medienrecht. Deshalb sind auch die Rechtsverhältnisse der Presse in Landespressegesetzen und die Grundlagen für Rundfunkangebote in dem von den Ländern abgeschlossenen Rundfunkstaatsvertrag geregelt. Um dieser Zuständigkeitsverteilung Rechnung zu tragen, hatten sich Bund und Länder im Wege eines politischen Kompromisses auf eine **„Sphärenaufteilung"** in Tele- und Mediendienste sowie auf weitgehend abgestimmte Regelungen verständigt.[20] **45**

Schon lange war absehbar, dass sich diese **künstliche und den deutschen Besonderheiten geschuldete Begriffsunterscheidung** nicht langfristig – vor allem im Hinblick auf die europäische Rechtsharmonisierung – halten lassen würde.[21] So hat der **Jugendmedienschutz-Staatsvertrag der Länder** von 2002 eine erste Bresche für eine Neuregelung geschlagen, indem sein Anwendungsbereich Tele- und Mediendienste gleichermaßen umfasst und dafür den neuen Oberbegriff „Telemedien" geprägt hat (§ 3 Abs. 2 Nr. 1 **46**

---

20 Vgl. Roßnagel, NVwZ 2007, 743; Hoeren, NJW 2007, 801, berichtet in diesem Zusammenhang von einem „legendären Treffen bei dem damaligen Bundeskanzler Kohl".

21 Stober, DÖV 2004, 221, 229 erhebt aus der Perspektive einer durchsetzungsfähigen Wirtschaftsverwaltung die Forderung nach einer „querschnitts- und problemorientierten" Normierung des gesamten Telekommunikations- und Teledienste-/Mediendienste-Rechts.

JMStV) – und das, obwohl der Bund auch Jugendschutzkompetenzen hat (Art. 74 Abs. 1 Nr. 7 GG).[22]

47 Damit war der Weg aufgezeigt zum **Telemediengesetz**. Diese Neuregelung durch den *Bundes*gesetzgeber trägt auch dem Umstand Rechnung, dass die allermeisten Internetangebote schon vorher (in Ermangelung eines journalistisch-redaktionellen, meinungsbildenden Charakters) als Teledienste anzusehen waren und daher schon damals (allein) dem Bundesrecht unterlagen.[23] Gleichzeitig wurde der medienrechtliche Kompetenztitel der Länder gewahrt, indem mit der Aufhebung des MDStV **ergänzende Vorschriften für Telemedien mit journalistisch-redaktionellem Angebot im Rundfunkstaatsvertrag** der Länder verankert wurden (§§ 54 ff. RStV). Durch seine Anknüpfung an den Begriff der Telemedien stellt sich der RStV auf den Boden des TMG und entwickelt davon ausgehend besondere medienrechtliche Vorgaben (wie sie teilweise auch in den Pressegesetzen der Länder enthalten sind wie z. B. das Recht auf Gegendarstellung, § 56 RStV). Jetzt gilt also für alle Telemedien das TMG, und für einige gelten daneben Bestimmungen des RStV dazu. Oder bildlich gesprochen: Während früher mit TDG und MDStV zwei Wanderer nebeneinander unterwegs waren, gibt es jetzt nur noch einen Wanderer (TMG), der einen kleinen Wandergefährten (RStV) auf dem Rücken trägt.

48 Von erheblicher Bedeutung ist die **Unterscheidung von journalistisch-redaktionell gestalteten Telemedien und Rundfunkangeboten**. Denn der Rundfunk (wozu entgegen dem heute üblichen Sprachgebrauch neben dem Hörfunk auch das Fernsehen zählt) ist – vor allem wegen seiner extrem hohen meinungsbildenden Wirkung – zulassungspflichtig (§ 20 Abs. 1 RStV). Der **Rundfunkbegriff** basiert auf einem „linearen Informations- und Kommunikationsdienst"; Linearität liegt dann vor, wenn der Zeitpunkt der Übertragung vom Anbieter festgelegt wird und nicht – wie etwa bei Video-on-Demand – der Disposition des Abrufenden unterliegt.[24] Neben nicht-linearen Angeboten fallen auch solche aus dem Rundfunkbegriff heraus, die ausschließlich persönlichen oder familiären Zwecken dienen oder nicht journalistisch-redaktionell gestaltet sind (§ 2 Abs. 3 Nr. 3, 4 RStV). In Grenzfällen bedarf es einer verbindlichen Klärung durch eine entsprechende Entscheidung der zuständigen Landesmedienanstalt, die eine rundfunkrechtliche Unbedenklichkeitsbescheinigung gem. § 20 Abs. 2 Satz 3 RStV austellen kann.[25]

---

22 Kunig, in: v. Münch/Kunig, GG, Art. 74 Rn. 34.
23 So bspw. Stadler in Anm. zu VG Düsseldorf, MMR 2003, 205.
24 Fechner, Medienrecht, Kap. 10 Rn. 25; Spindler, CR 2007, 239, 240; Hoeren, NJW 2007, 801, 803.
25 Fechner, Medienrecht, Kap. 12 Rn. 86 ff.

2. Regelungsinhalte von TMG und (ergänzend) des RStV

a) Wesentliche Regelungsinhalte des TMG

aa) Der Anbieterbegriff des TMG umfasst jeden, der eigene oder fremde **49** Telemedien zur Nutzung bereithält (also Content- und Presence-Provider) oder den Zugang zur Nutzung vermittelt (also Access-Provider), § 2 Nr. 1 TMG. Dieser **sehr weite Anbieterbegriff** erfasst sowohl den Betreiber von Internetauftritten, als auch den Betreiber von Internetservern wie auch den Telekommunikationsdienstleister, der die technische Verbindung herstellt. In § 1 Abs. 1 Satz 2 TMG wird außerdem klargestellt, dass auch öffentliche Stellen den Anbieterbegriff erfüllen können. Der ebenso weite **Nutzerbegriff** erfasst jede „natürliche oder juristische Person, die Telemedien nutzt, insbesondere um Informationen zu erlangen oder zugänglich zu machen", also schlichtweg jeden User (§ 2 Nr. 3 TMG).

bb) Anders als Telekommunikationsdienstleistungen, die zumindest noch **50** meldepflichtig sind (§ 6 TKG), sind Telemedien **zulassungs- und anmeldefrei** (§ 4 TMG). Folglich ist jede Form von Providing, soweit sie nicht zugleich dem TKG unterfällt (Access-Provider)[26] ohne behördliches Zutun möglich.

cc) Besondere Regeln gelten der **Verantwortlichkeit** für Telemedien. Die **51** §§ 7–10 TMG sehen bestimmte onlinespezifische Haftungserleichterungen vor. Danach ist nur die Haftung für fremde Inhalte – also zugunsten der Betreiber von Internetservern und der Zugangsvermittler – unter bestimmten Voraussetzungen eingeschränkt. Außerdem wird ausdrücklich geregelt, dass bezüglich fremder Inhalte keine Überwachungspflicht im Sinne einer präventiven Kontrollobliegenheit besteht (Näheres zu den Haftungsregeln s. u., Rn. 272 ff.).

dd) In § 3 TMG findet sich das **Herkunftslandprinzip**. Dieses durch Art. 3 **52** der eCommerce-Richtlinie vorgegebene Prinzip bedeutet, dass alle Telemedien – innerhalb der EU – nach „ihrem" Heimatrecht behandelt werden, egal wo sie ihre Geschäfte ausüben bzw. ihre Rechtswirkungen entfalten. Dies hat zur Folge, dass das deutsche Recht für Telemedien, die ihren Sitz in einem anderen EU-Staat haben, nicht gilt. Umgekehrt können sich deutsche

---

26 Teilweise wird vertreten, eine gleichzeitige Anwendbarkeit von TKG und TMG (bzw. früher TDG/MDStV) schließe sich gegenseitig aus (so Stadler, MMR 2002, 343, 344, der für Access Provider allein das TKG gelten lassen will); doch zeigen gerade die Legaldefinitionen der Anbieterbegriffe, dass zwar Telekommunikation und Telemedien weitgehend verschiedene Anwendungsbereiche haben, aber dennoch eine Schnittmenge in Gestalt der Access Provider besteht; dies belegt auch die Formulierung von § 11 Abs. 3 TMG, die von „Telemedien, die überwiegend in der Übertragung von Signalen über Telekommunikationsnetze bestehen", spricht. Vgl. auch Köhler/Arndt/Fetzer, RdI, Rn. 890 ff.; Roßnagel, JZ 2007, 743, 745; kritisch zur unklaren Abgrenzung bezüglich des Access Providings Hoeren, NJW 2007, 801, 802.

Telemedienanbieter, die auf ausländischen Märkten in der EU agieren, auf das Herkunftslandprinzip berufen.

53 Allerdings wird auch das Herkunftslandprinzip „nicht so heiß gegessen, wie es gekocht wird". Da die rechtlichen Vorgaben und Bindungen in anderen EU-Staaten oft deutlich unter dem deutschen Level liegen, würde eine konsequente Anwendung des Herkunftslandprinzips bedeuten, dass ausländische EU-Anbieter auf dem deutschen Markt teilweise leichtes Spiel hätten. Um solche Marktverzerrungen zu verhindern, ist das Herkunftslandprinzip mit **zahlreichen Ausnahmen** in fast allen internetrelevanten Rechtsgebieten aufgeweicht worden. So gilt unabhängig von dem Sitzland eines Diensteanbieters bei in Deutschland rechtlich relevanten Vorgängen das deutsche Recht, insbesondere im Strafrecht, bei Verbraucherverträgen, bei Grundstücksverträgen, für unverlangte Werbung sowie für das Datenschutzrecht sowie das Urheberrecht und verwandte Schutzrechte (vgl. die zahlreichen Bereichsausnahmen in § 3 Abs. 3–5 TMG).

54 ee) Der hohen kommerziellen Bedeutung des Internets tragen die **Vorgaben für „kommerzielle Kommunikation"** (= Werbung) in § 6 TMG Rechnung. Danach müssen Diensteanbieter, die in Telemedien oder auch per eMail Werbung machen, eine Reihe von Transparenzgeboten beachten; diese betreffen insbesondere die Erkennbarkeit des Werbecharakters und der dahinter stehenden (natürlichen oder juristischen) Person.

55 ff) Die §§ 11–15 TMG enthalten eine Reihe von Sonderbestimmungen zum **Datenschutzrecht** für Telemedien. Diese enthalten Regelungen unter anderem für

▶ die subsidiäre Geltung des allgemeinen Datenschutzrechts (§ 12 Abs. 4 TMG),

▶ das Verbot mit Erlaubnisvorbehalt für die Erhebung, Verarbeitung und Nutzung personenbezogener Daten (§ 12 Abs. 1, 2 TMG),

▶ das Verbot, Leistungen von der Zustimmung zur Datennutzung abhängig zu machen (§ 12 Abs. 3 TMG),

▶ die Pflicht zur Information der Betroffenen über die Nutzung ihrer Daten (§ 13 Abs. 1 TMG),

▶ das Widerrufsrecht des Betroffenen und die Hinweispflicht des Anbieters hierauf (§ 13 Abs. 2 Nr. 4, Abs. 3 TMG),

▶ den Umgang mit Bestands- sowie Nutzungsdaten (§§ 14, 15 TMG; Näheres hierzu s. u., Rn. 387 ff.).

56 gg) Die den **Jugendschutz** betreffenden Vorschriften sind nicht im TMG, sondern im Jugendmedienschutz-Staatsvertrag (JMStV) geregelt. Dies gilt etwa für die Unzulässigkeit bestimmter Angebote wie z. B. Pornografie oder Kriegsverherrlichung (§ 4 JMStV), für Jugendschutzbelange in der Werbung (§ 6 JMStV), für die Pflicht gewerblicher Telemedienanbieter zur Bestellung eines Jugendschutzbeauftragten (§ 7 JMStV), für Jugendschutzprogramme (§ 11 JMStV) und für die Kennzeichnungspflicht bei Altersfreigaben (§ 12 JMStV).

b) Zusätzliche Regelungsinhalte im RStV für journalistisch-redaktionell gestaltete Telemedien

Für Telemedien mit journalistisch-redaktionell gestalteten Angeboten gelten **57** ergänzend die Bestimmungen der §§ 54 ff. RStV. Der **Begriff des „journalistisch-redaktionell gestalteten Angebots"** wird entgegen der sonst im Internetrecht weit verbreiteten Legaldefinitionen weder vom TMG noch vom RStV näher präzisiert. In Anknüpfung an die frühere Abgrenzung der Mediendienste von den Telediensten wird für die Anwendbarkeit des RStV ein kommentierend-wertender, im weitesten Sinne meinungsbildender Charakter eines Internetangebots erforderlich sein.[27] Heckmann spricht von der „Eignung des Gesamtangebotes zur individuellen und öffentlichen Meinungsbildung aus der Sicht eines objektiven Dritten".[28] Dies ist (meist) auch erfüllt bei interaktiven Internetangeboten wie Diskussionsforen, Blogs, Newsgroups oder Chats,[29] nicht hingegen bei reinen Informationsangeboten wie Wettervorhersagen, Straßenverbindungsauskünften oder Suchmaschinen.

Aufgrund dieses medienrechtlichen Hintergrunds bezieht sich der Regelungsinhalt der §§ 54 ff. RStV auf die klassischen **Journalismus-Themen** wie **58**

► die Pflicht zur Beachtung der verfassungsmäßigen Ordnung (§ 54 Abs. 1 Satz 2 RStV),
► die Verpflichtung auf die journalistische Sorgfaltspflicht (u. a. Wahrheit, § 54 Abs. 2 RStV; vgl. § 6 LPrG BW),
► das Recht des Betroffenen auf Gegendarstellung (§ 56 RStV; vgl. § 11 LPrG BW),
► die Pflicht zur Benennung eines verantwortlichen Redakteurs (§ 55 Abs. 2 RStV; vgl. § 8 Abs. 2 LPrG BW) und
► das Auskunftsrecht des Journalisten gegenüber Behörden (§ 55 Abs. 3 i.V.m. § 9a RStV; vgl. § 4 LPrG BW).

Außerdem enthält § 55 Abs. 1 RStV abweichende Vorgaben für die **Anbieterkennzeichnung** gegenüber denen in § 5 TMG (Näheres hierzu s.u., Rn. 419 ff.).

Besondere Regelungen gelten für Telemedienangebote, die von öffentlich-rechtlichen Rundfunkanstalten erbracht werden (§§ 11d, 11f RStV). Danach wird der gesetzliche Auftrag der öffentlich-rechtlichen Rundfunkanstalten erweitert (§ 11d Abs. 1 RStV); gleichzeitig wird ihnen auferlegt, ihre Telemedienangebote in Telemedienkonzepten zu Zielgruppe, Inhalt, Ausrichtung und Verweildauer zu konkretisieren (§ 11f Abs. 1 RStV). Sofern neue Angebote eingerichtet oder vorhandene Angebote verändert werden sollen, ist eine dreistufige Prüfung zum gesellschaftlichen Bedarf durchzuführen (§ 11f Abs. 4 RStV).[30] **59**

---

27 Vgl. auch Fechner, Medienrecht, Kap. 12 Rn. 90.
28 Heckmann, Internetrecht, Kap. 1.1 Rn. 68.
29 Heckmann, Internetrecht, Kap. 1.1 Rn. 70 ff.; Roßnagel, NVwZ 2007, 743, 747.
30 Näher hierzu Sokoll, NJW 2009, 885.

3. Fazit

60

1. Das Telemediengesetz hat die früher bestandene, künstliche Trennung von Tele- und Mediendiensten überwunden und gilt gleichermaßen für alle Internetangebote. Soweit diese jedoch „journalistisch-redaktionelle Angebote" enthalten, sind zusätzliche Vorgaben der §§ 54 ff. RStV zu beachten.
2. Die wesentlichen Vorschriften des Telemediengesetzes betreffen
   a) den Anbieter- und Nutzerbegriff,
   b) die Zulassungs- und Anmeldefreiheit,
   c) die Haftungsprivilegierungen,
   d) das Herkunftslandprinzip,
   e) die Werbung und
   f) den Datenschutz.
   Ergänzend finden sich im Jugendmedienschutz-Staatsvertrag die den Jugendschutz betreffenden Vorschriften für Telemedien.
3. Die zusätzlichen Regelungen der §§ 54 ff. RStV betreffen die klassischen medienrechtlichen Fragen wie die journalistische Sorgfaltspflicht etc.

B. Grundrechte

I. Vorbemerkung zur Wirkung von Grundrechten

61 Die Grundrechte sind nicht nur **Programmsätze (objektives Recht)**, sondern auch unmittelbar geltendes Recht (vgl. Art. 1 Abs. 3 GG), das jedermann mit der Verfassungsbeschwerde gem. Art. 93 Abs. 1 Nr. 4a GG einklagen kann (**subjektives Recht**). Allerdings wirken die Grundrechte vorrangig im Verhältnis **zwischen Bürger und Staat** in Form von

► Abwehrrechten (Abwehr gegen Eingriffe in individuelle Freiheiten, z.B. Religionsfreiheit, Art. 4 GG),

► Leistungsrechten (Ansprüche auf bestimmte Leistungen, z.B. Anspruch der Mutter auf Schutz und Fürsorge der Gemeinschaft, Art. 6 Abs. 4 GG) und

► Teilhaberechten (Ansprüche auf Teilhabe an öffentlichen Angeboten, z.B. an Studienplätzen als Ausfluss der Ausbildungsfreiheit, Art. 12 GG).[31]

62 Im **Verhältnis zwischen privaten Rechtssubjekten** (auch im geschäftlichen Bereich) – und das ist im Internet in aller Regel die maßgebliche Konstellation – gelten die Grundrechte nur mittelbar, nämlich durch gesetzliche

---

31 Ausführlich zu den Grundrechtsfunktionen siehe Pieroth/Schlink, Grundrechte, § 4; Fechner, Medienrecht, Kap. 3 Rn. 6 ff.

Wertungs- und Generalklauseln; so kann etwa bei der Frage, ob ein Wettbewerbsverhalten unlauter i. S. v. § 3 UWG ist oder ein Vertrag gegen die guten Sitten gem. § 138 BGB verstößt, auch unter Heranziehung grundrechtlicher Wertungen entschieden werden.[32] Im direkten Rechtsverhältnis zwischen Bürgern gelten die Grundrechte nicht, weshalb sie im Internetrecht nur eine untergeordnete Rolle spielen. Allerdings sind sie nicht selten die **Grundlage für einfach-gesetzliche Regelungen**, die im Internetrecht erhebliche Bedeutung haben (z. B. das Eigentumsgrundrecht für das Urheberrecht).

II. Die tangierten Grundrechte im Einzelnen

1. Allgemeines Persönlichkeitsrecht (Art. 2 Abs. 1 i. V. m. Art. 1 Abs. 1 GG)

Aus der **Handlungs- und Entfaltungsfreiheit** gem. Art. 2 Abs. 1 GG zusammen mit der **Menschenwürde** gem. Art. 1 Abs. 1 GG hat das Bundesverfassungsgericht das sog. „Allgemeine Persönlichkeitsrecht" entwickelt. Dies hat für das Internetrecht gleich in dreierlei Hinsicht Bedeutung, denn daraus folgt u. a.[33] das Recht auf Identität (Namensrecht), das Recht am eigenen Bild und am eigenen Wort sowie das Recht auf informationelle Selbstbestimmung (Datenschutz). **63**

a) Recht auf Identität

Der Name hat nicht nur eine Kennzeichnungs- und Unterscheidungsfunktion, sondern ist auch integraler Bestandteil der Identität und Persönlichkeit seines Trägers.[34] Dieses **grundrechtlich fundierte Namensrecht** hat im Internet besondere Bedeutung für Domainstreitigkeiten. So setzt sich hierbei so gut wie immer der Namensträger gegen den Nichtberechtigten durch; etwas anderes gilt nur bei Gleichnamigen und bei Namen, die zugleich Gattungsbegriffe darstellen (vgl. saeugling.de; netz.de;[35] ausführlich zu Domainstreitigkeiten s. u., Kapitel 4, Abschnitt C, Rn. 608 ff.). **64**

b) Recht am eigenen Bild

Aus dem Recht der Selbstdarstellung wird das Recht am eigenen Bild abgeleitet, wonach jeder **über die Anfertigung und Verwendung von Bildern** – **65**

---

32 Zur sog. Drittwirkung der Grundrechte siehe Pieroth/Schlink, Grundrechte, Rn. 173–185; Fechner, Medienrecht, Kap 3 Rn. 22–24.

33 Zu den weiteren Ausprägungen des allgemeinen Persönlichkeitsrechts gehören das Recht der Selbstbestimmung (z. B. Kenntnis der Abstammung, Geschlechtsrolle) und das Recht der Selbstbewahrung (Rückzug und Abschirmung nach außen), vgl. Pieroth/Schlink, Grundrechte, Rn. 374 ff. m. w. N.

34 Di Fabio, in: Maunz/Dürig Art. 2 Abs. 1 Rn. 203.

35 LG München I, MMR 2001, 545; OLG Stuttgart MMR 2002, 388 = CR 2002, 529.

v. a. Fotos – der eigenen Person entscheiden kann.[36] Dieses Recht am eigenen Bild ist ein wichtiges Beispiel dafür, wie Grundrechte im Verhältnis von Bürger und Staat durch den einfachen Gesetzgeber auch in das Verhältnis der Bürger untereinander eingespeist werden. So regelt § 22 Kunsturhebergesetz (KUG) den Grundsatz, dass erkennbare Bildnisse einer Person nur mit deren Zustimmung öffentlich zur Schau gestellt oder verbreitet werden dürfen. Die §§ 23 und 24 KUG sehen Ausnahmen von diesem Grundsatz vor; so ist die zustimmungsfreie Veröffentlichung möglich von **Personen der Zeitgeschichte** (wegen des Informationsbedürfnisses der Öffentlichkeit), von Hintergrundpersonen (aus Praktikabilitätsgründen) und bei Steckbriefen (zur Erleichterung der Strafverfolgung). Aber auch diese Ausnahmen sind nicht grenzenlos, vor allem dann nicht, wenn die Verwendung oder Veröffentlichung von Prominentenbildern kommerziellen Interessen dienen.

66   So hat sich vor einigen Jahren der damalige Torwart der deutschen Fußball-Nationalmannschaft Oliver Kahn erfolgreich gegen die Verwendung eines computergenerierten Abbildes seiner Person in einem Fußball-Computerspiel (an dessen Einnahmen er nicht beteiligt worden war) gewehrt.

> **Persönlichkeitsverletzender Einsatz eines Prominenten in Computerspiel – LG Hamburg, CR 2004, 225 m. Anm. Ernst:**[37]
>
> **Auch ein bekannter Fußball-Nationaltorhüter, der zumindest eine relative Person der Zeitgeschichte darstellt, muss die ungefragte Verwendung seines Namens und Bildnisses als Fußballtorwart in einem Computerspiel und damit die Kommerzialisierung seiner Person nicht hinnehmen.**[38]
>
> *Aus den Gründen:* ... Das Computerspiel enthält eine bildliche Darstellung des Kl. i. S. v. § 22 KUG. Seine Gestalt ist den Anforderungen an die Darstellbarkeit im Rahmen des Computerspiels entsprechend naturgemäß zwar verfremdet, indem sie eher als realistisch gezeichnete Zeichentrickfigur denn als fotografiertes Abbild erscheint; eine hinreichende Ähnlichkeit ist aber auszumachen ...
>
> Die Verwendung des Bildnisses des Kl. war auch nicht nach § 23 Abs. 1 Nr. 1 KUG rechtmäßig. Danach ist die Verbreitung von Bildnissen aus dem Bereich der Zeitgeschichte zwar grundsätzlich zulässig, ... [doch] braucht auch eine Person der Zeitgeschichte die Verbreitung ihres Bildnisses nicht hinzunehmen, wenn dem ein berechtigtes Interesse entgegensteht. Ein solches berechtigtes Interesse des Kl. besteht hier darin, dass seine Person durch ihre Verwendung als Spielfigur in dem von der Bekl. vertriebenen Computerspiel für kommerzielle Zwecke der Bekl. vereinnahmt wird. ...

---

36   Di Fabio, in: Maunz/Dürig Art. 2 Abs. 1 Rn. 193; Pieroth/Schlink, Grundrechte, Rn. 377; vgl. auch Fechner, Medienrecht, Kap. 4 Rn. 28 ff.
37   Bestätigt im Berufungsverfahren, s. OLG Hamburg, CR 2004, 459.
38   Leitsatz vom Autor.

… Es kommt hinzu, dass die in der konkreten Konzeption des Spieles liegende Verletzung der Persönlichkeitsrechte des Kl. keineswegs marginal oder auch nur gering ist. Denn in dem Spiel wird die Person des Kl. gleichsam zu einem willenlosen Werkzeug des Spielers gemacht, der sie nach eigenem Gutdünken führen und auch zu sinnwidrigen oder gar lächerlichen Aktionen einsetzen kann (etwa indem er die den Kläger darstellende Figur fortwährend Eigentore schießen lässt). …

Ein anderer Anwendungsfall der Kommerzialisierung von Prominentenbil- **67** dern stellt deren Veröffentlichung in einschlägigen Organen der **Regenbogenpresse** dar. Letztlich erfolgreich hat hier Prinzessin Caroline von Monaco den Rechtsweg beschritten. Anders noch als das Bundesverfassungsgericht, das bei Personen der Zeitgeschichte von einem Vorrang der Pressefreiheit und des Informationsbedürfnisses der Öffentlichkeit gegenüber dem Recht am eigenen Bild ausging,[39] hat der Europäische Gerichtshof für Menschenrechte in einer weitreichenden Grundsatzentscheidung für Prominentenbilder aus deren privatem Alltag einen Verstoß gegen Art. 8 der Europäischen Menschenrechtskonvention festgestellt:

Art. 8 EMRK: Recht auf Achtung des Privat- und Familienlebens.

(1) Jede Person hat das Recht auf Achtung ihres Privat- und Familienlebens, ihrer Wohnung und ihrer Korrespondenz.

(2) Eine Behörde darf in die Ausübung dieses Rechts nur eingreifen, soweit der Eingriff gesetzlich vorgesehen und in einer demokratischen Gesellschaft notwendig ist für die nationale oder öffentliche Sicherheit, für das wirtschaftliche Wohl des Landes, zur Aufrechterhaltung der Ordnung, zur Verhütung von Straftaten, zum Schutz der Gesundheit oder der Moral oder zum Schutz der Rechte oder Freiheiten anderer.

European Court of Human Rights (ECHR) – von Hannover v. Germany (Applica- **68** **tion no. 59320/00) – Urt. vom 24. Juni 2004:**[40]

Auch sog. „absolute Personen der Zeitgeschichte" haben einen Anspruch auf Schutz ihrer Privatsphäre. Die Veröffentlichung von Fotos, die Prominente in ihrem privaten Alltag zeigen, ist durch das Informationsinteresse der Öffentlichkeit und durch die Pressefreiheit nicht gedeckt und verstößt gegen Art. 8 der Europäischen Menschenrechtskonvention.[41]

50. … Furthermore, private life, in the Court's view, includes a person's physical and psychological integrity; the guarantee afforded by Article 8 of the

---

39 Vgl. BVerfGE 101, 361 = NJW 2000, 1021, v. a. Leitsatz 4; lediglich die Fotos von Caroline von Monaco mit ihren Kindern wurden wegen deren Persönlichkeitsrechten untersagt; siehe außerdem BGH NJW 2004, 1795, wonach Bilder von Begleitpersonen Prominenter in der Regel nicht ohne deren Zustimmung veröffentlicht werden dürfen.

40 Zit. nach <www.echr.coe.int/Eng/Judgments.htm>; deutsche Übersetzung in NJW 2004, 2647 = JZ 2004, 1015 m. Anm. Stürner; vgl. auch Heldrich, NJW 2004, 2634.

41 Leitsatz vom Autor.

Convention is primarily intended to ensure the development, without outside interference, of the personality of each individual in his relations with other human beings. There is therefore a zone of interaction of a person with others, even in a public context, which may fall within the scope of "private life".

58. That protection of private life has to be balanced against the freedom of expression guaranteed by Article 10 of the Convention. In that context the Court reiterates that the freedom of expression constitutes one of the essential foundations of a democratic society. ... In that connection the press plays an essential role in a democratic society. ...

63. The Court considers that a fundamental distinction needs to be made between reporting facts – even controversial ones – capable of contributing to a debate in a democratic society relating to politicians in the exercise of their functions, for example, and reporting details of the private life of an individual who, moreover, as in this case, does not exercise official functions. ...

64. Similarly, although the public has a right to be informed, which is an essential right in a democratic society that, in certain special circumstances, can even extend to aspects of the private life of public figures, particularly where politicians are concerned, this is not the case here. The situation here does not come within the sphere of any political or public debate because the published photos and accompanying commentaries relate exclusively to details of the applicant's private life.

69. The Court reiterates the fundamental importance of protecting private life from the point of view of the development of every human being's personality. That protection – as stated above – extends beyond the private family circle and also includes a social dimension. The Court considers that anyone, even if they are known to the general public, must be able to enjoy a "legitimate expectation" of protection of and respect for their private life.

74. The Court therefore considers that the criteria on which the domestic courts based their decisions were not sufficient to protect the applicant's private life effectively. As a figure of contemporary society "*par excellence*" she cannot – in the name of freedom of the press and the public interest – rely on protection of her private life unless she is in a secluded place out of the public eye and, moreover, succeeds in proving it (which can be difficult). Where that is not the case, she has to accept that she might be photographed at almost any time, systematically, and that the photos are then very widely disseminated even if, as was the case here, the photos and accompanying articles relate exclusively to details of her private life.

77. Furthermore, the Court considers that the public does not have a legitimate interest in knowing where the applicant is and how she behaves generally in her private life even if she appears in places that cannot always be described as secluded and despite the fact that she is well known to the public. Even if such a public interest exists, as does a commercial interest of the magazines in publishing these photos and these articles, in the instant case those interests must, in the Court's view, yield to the applicant's right to the effective protection of her private life.

80. There has therefore been a breach of Article 8 of the Convention.

Nach dieser sehr „promi-freundlichen" Rechtsprechung des EGMR hat **69**
der BGH in differenzierten Entscheidungen zwar weder die Möglichkeit
zur Veröffentlichung von „Promi-Bildern" noch die damit verbundene
Funktion der Pressefreiheit negiert, aber im Wesentlichen darauf abgestellt,
ob mit den fraglichen Bildern ein **Beitrag zu einer öffentlichen Sachdebatte**
verbunden sein kann. Ist das der Fall, können auch „Promi-Bilder" aus
privatem Zusammenhang ohne Zustimmung der Betroffenen veröffentlicht
werden. Dies zeigen exemplarisch die beiden „Einkaufsbummelentschei-
dungen" des BGH: Die Bilder, die die ehemalige schleswig-holsteinische
Ministerpräsidentin Heide Simonis am Tag nach ihrem Ausscheiden aus
dem Amt beim Einkaufsbummel zeigten, durften veröffentlicht werden,
während der BGH dies beim Einkaufsbummel der TV-Moderatorin Sabine
Christiansen mit ihrer Putzfrau auf Mallorca von der (nicht vorliegenden)
Zustimmung der Abgebildeten abhängig gemacht hat.[42]

Pressefotos über den Einkaufsbummel einer abgewählten Ministerpräsiden- **70**
tin (Heide Simonis) – BGH, NJW 2008, 3134:

Im Zusammenhang mit der Presseberichterstattung über ein bedeuten-
des politisches Ereignis (hier: Abwahl einer Ministerpräsidentin) kann die
ohne Einwilligung erfolgende Veröffentlichung von Fotos, die die betrof-
fene Politikerin bei nachfolgender privater Betätigung zeigen (hier: Ein-
käufe), durch das Informationsinteresse der Allgemeinheit gerechtfertigt
sein.

Aus den Gründen: ... [15] Maßgebend für die Frage, ob es sich um ein Bildnis
aus dem Bereich der Zeitgeschichte handelt, ist der Begriff des Zeitgeschehens. ... [16] Der Begriff des Zeitgeschehens darf nicht zu eng verstanden werden. Im Hinblick auf den Informationsbedarf der Öffentlichkeit umfasst er nicht
nur Vorgänge von historisch-politischer Bedeutung, sondern ganz allgemein
das Zeitgeschehen, also alle Fragen von allgemeinem gesellschaftlichem Interesse. Er wird mithin unter Interesse der Öffentlichkeit bestimmt. Zum Kern der
Presse- und der Meinungsbildungsfreiheit gehört es, dass die Presse innerhalb
der gesetzlichen Grenzen einen ausreichenden Spielraum besitzt, in dem sie
nach ihren publizistischen Kriterien entscheiden kann, was öffentliches Interesse beansprucht, und dass sich im Meinungsbildungsprozess herausstellt,
was eine Angelegenheit von öffentlichem Interesse ist, wobei unterhaltende
Beiträge davon nicht ausgenommen sind. Allerdings ist nicht mit jedweder vi-
suellen Darstellung aus dem Privat- und Alltagsleben prominenter Personen

---

42 Zur BGH-Rechtsprechung zu Promi-Bildern und deren Unterschiede zur
Rechtsprechung des EGMR vgl. Fechner, Medienrecht, Kap. 4 Rn. 52. Nicht
unterschlagen möchte ich das dritte BGH-Urteil in dieser Serie (NJW 2008,
3141), zumal es auf einer vorausgegangenen Entscheidung des BVerfG (NJW
2008, 1793) beruht: Dieses betrifft wieder Prinzessin Caroline von Hannover
und erlaubt die Veröffentlichung eines Bildes der Prinzessin und ihres Mannes
als Bebilderung eines Berichts über die Vermietung der Ferienvilla des Ehepaa-
res von Hannover. In seiner Begründung stellt der BGH maßgeblich darauf
ab, dass der Bericht Anlass für sozialkritische Überlegungen der Leser geben
könne. Zu allen drei BGH-Urteilen siehe Stender-Vorwachs, NJW 2009, 334;
zur Caroline-II-Entscheidung des BVerfG vgl. Hoffmann-Riem, NJW 2009, 20.

ein Beitrag zur Meinungsbildung verbunden, der es für sich allein rechtfertigt, die Belange des Persönlichkeitsschutzes zurückzustellen. Die Presse darf deshalb keinen schrankenlosen Zugriff auf Bilder von Personen mit zeitgeschichtlicher Bedeutung nehmen, vielmehr sind Bildveröffentlichungen nur insoweit gerechtfertigt, als dem Publikum sonst Möglichkeiten der Meinungsbildung vorenthalten werden.

[17] Für Personen des politischen Lebens ist ein gesteigertes Informationsinteresse des Publikums unter dem Gesichtspunkt demokratischer Transparenz und Kontrolle stets als legitim anerkannt worden. Sie stehen in besonderem Maße für bestimmte Wertvorstellungen und Lebenshaltungen, bieten vielen Menschen Orientierung bei eigenen Lebensentwürfen, werden zu Kristallisationspunkten für Zustimmung oder Ablehnung und erfüllen Leitbild- oder Kontrastfunktionen. Der Kreis berechtigter Informationsinteressen der Öffentlichkeit ist gerade bei Politikern nicht auf skandalöse, sittlich oder rechtlich zu beanstandende Verhaltensweisen begrenzt, vielmehr dürfen auch die Normalität des Alltagslebens oder in keiner Weise anstößige Handlungsweisen der Öffentlichkeit vor Augen geführt werden, wenn dies der Meinungsbildung zu Fragen von allgemeinem Interesse dienen kann. Es würde die Pressefreiheit in einer mit Art. 5 Abs. 1 GG unvereinbaren Weise einengen, bliebe die Lebensführung dieses Personenkreises einer Berichterstattung außerhalb der von ihnen ausgeübten Funktionen grundsätzlich entzogen. [18] Auch der Europäische Gerichtshof für Menschenrechte erkennt ein gesteigertes Informationsinteresse der Öffentlichkeit hinsichtlich politischer Akteure an, wobei nicht nur die Amtsführung, sondern unter besonderen Umständen auch Aspekte des Privatlebens betroffen sein können. …

[21] Die … Klägerin erkennt selbst zutreffend, dass ein Interesse der Öffentlichkeit daran bestand, darüber informiert zu werden, wie die Klägerin den Verlust ihrer Stellung als Ministerpräsidentin bewältigte und wie sie ihr Leben nach dem Abschied aus der Politik gestaltete. Von diesem Ausgangspunkt her ist die Annahme verfehlt, die Klägerin habe von der Presse ab dem Zeitpunkt ihres Amtsverlusts wie jedwede Privatperson behandelt werden müssen. Sie blieb trotz des Amtsverlusts eine bedeutende Politikerin und das Verhalten solcher Personen muss auch nach einem Misserfolg wie etwa einem spektakulären Amtsverlust Gegenstand öffentlicher Diskussion sein können. Das Verhalten von Politikern in solchen Situationen, in denen sich Wut, Enttäuschung und Frustration manifestieren können, kann wertvolle Anhaltspunkte nicht nur für die Einschätzung der jeweiligen Person im Verlauf ihrer weiteren politischen Laufbahn, sondern auch für die Beurteilung des politischen Geschehens im Allgemeinen geben. …

71 **Pressefotos über den Einkaufsbummel einer TV-Moderatorin im Urlaub (Sabine Christiansen) – BGH, NJW 2008, 3138:**

Zur Frage der Zulässigkeit einer Bildberichterstattung ohne Einwilligung der abgebildeten Prominenten in einer Situation aus ihrem privaten Alltag (hier: „Shopping mit Putzfrau auf Mallorca").

Aus den Gründen: … [20] Wie das Bundesverfassungsgericht dargelegt hat, können prominente Personen der Allgemeinheit Möglichkeiten der Orientierung bei eigenen Lebensentwürfen bieten sowie Leitbild- oder Kontrastfunktionen erfüllen. Auch die Normalität ihres Alltagslebens kann der Meinungsbildung zu Fragen von allgemeinem Interesse dienen. Das gilt auch für unterhaltende Beiträge als einen wesentlichen Bestandteil der Medienbetätigung, der durch die Pressefreiheit geschützt wird, zumal der publizistische und wirtschaftliche Erfolg der Presse auf unterhaltende Inhalte und entsprechende Abbildungen angewiesen sein kann und die Bedeutung visueller Darstellungen beträchtlich zugenommen hat. Hiernach gilt die Pressefreiheit auch für unterhaltende Beiträge über das Privat- oder Alltagsleben von Prominenten und ihres sozialen Umfelds einschließlich ihnen nahestehender Personen. Allerdings bedarf es gerade bei unterhaltenden Inhalten in besonderem Maß der abwägenden Berücksichtigung der kollidierenden Rechtspositionen der Betroffenen.

[21] Für die Abwägung zwischen der Pressefreiheit und dem Persönlichkeitsrecht des Betroffenen ist von maßgeblicher Bedeutung, ob die Presse im konkreten Fall eine Angelegenheit von öffentlichem Interesse ernsthaft und sachbezogen erörtert, damit den Informationsanspruch des Publikums erfüllt und zur Bildung der öffentlichen Meinung beiträgt oder ob sie lediglich die Neugier der Leser nach privaten Angelegenheiten prominenter Personen befriedigt. …

[27] Das beanstandete Bild zeigt – worauf der Begleittext selbst hinweist – die Klägerin in einer (völlig) belanglosen Situation beim „Shopping" mit ihrer Putzfrau im Fischerdorf Puerto Andratx auf Mallorca. … Der Nachrichtenwert der Berichterstattung hat keinerlei Orientierungsfunktion im Hinblick auf eine die Allgemeinheit interessierende Sachdebatte, sondern beschränkt sich lediglich auf die Information, dass sich die Klägerin zurzeit auf Mallorca aufhalte, wo sie ein Ferienhaus besitze, und dort – wie viele andere Menschen auch – mitunter auch in Begleitung einkaufen gehe. Eine solche Berichterstattung, die nur der Befriedigung des Unterhaltungsinteresses bestimmter Leser dient … rechtfertigt es … nicht, dass die Klägerin einen Eingriff in ihr Persönlichkeitsrecht durch Veröffentlichung eines Bildes in dieser zu ihrer Privatsphäre gehörenden Situation ohne ihre Einwilligung nach § 23 Abs. 1 Nr. 1 KUG hinnehmen muss. …

c) Recht am eigenen Wort

Ebenfalls aus dem Recht auf Selbstdarstellung folgt das Recht am eigenen **72** Wort. Hierzu gehört die – auch strafrechtlich sanktionierte – **Vertraulichkeit des nicht öffentlich gesprochenen Wortes** (§ 201 StGB); sowohl das nicht aufgedeckte Mithören eines Dritten auf einer Gesprächsseite bei einem Telefonat wie auch die heimliche Aufnahme von Gesprächen sind hiervon betroffen. Schutzgegenstand dieses Grundrechts ist die Möglichkeit der offenen Teilnahme am zwischenmenschlichen Kommunikationsprozess, ohne Angst haben zu müssen, dass Äußerungen amtlich oder öffentlich gegen den Betreffenden verwendet werden. Des Weiteren zielt das Recht am eigenen Wort darauf, dass jeder selbst entscheiden kann, ob und ggf. mit welchen Äußerungen er hervortreten will; dies beinhaltet auch ein **Schutzrecht vor Falschzitaten**, da die unzutreffende Wiedergabe von Äußerungen einer Person je nach Situation (insbesondere in strittigen Auseinandersetzungen) gravierende Fehlwahrnehmungen Dritter über die betreffende Person auslösen können.[43]

---

43 Di Fabio, in: Maunz/Dürig, Art. 2 Abs. 1 Rn. 196 ff.; vgl. auch Fechner, Medienrecht, Kap. 4 Rn. 53 ff.

d) Recht auf informationelle Selbstbestimmung

73 George Orwell (1903–1950) hat in seinem Zukunftsroman „1984" ein düsteres **Bild einer von „Big Brother"** vollüberwachten Gesellschaft gezeichnet.[44] Dieses 1949 erschienene Buch wurde – wohl wegen seines datierten Titels – Anfang der 80er Jahre wieder aktuell. In diesem Klima wurde 1982 ein **„Volkszählungsgesetz 1983"**[45] verkündet, wonach im Frühjahr 1983 eine allgemeine Volks-, Berufs-, Wohnungs- und Arbeitsstättenzählung durchgeführt werden sollte. Ziel war die Erhebung von Angaben über den neuesten Stand der Bevölkerung, ihre räumliche Verteilung und ihre Zusammensetzung nach demografischen und sozialen Merkmalen sowie über ihre wirtschaftliche Betätigung als notwendige Planungsgrundlage für zentrale gesellschafts- und wirtschaftspolitische Entscheidungen von Bund, Ländern und Kommunen.

74 Das auf besonders zahlreiche Verfassungsbeschwerden ergangene **Volkszählungsurteil des Bundesverfassungsgerichts** erklärte zwar das Gesetz für weitgehend verfassungsmäßig, statuierte aber – insbesondere im Hinblick auf die erheblichen Erleichterungen der Datensammlung durch die EDV – als Ausfluss des allgemeinen Persönlichkeitsrechts das Recht auf informationelle Selbstbestimmung. Hieraus folge, so das Gericht,

> „die Befugnis des Einzelnen, grundsätzlich selbst zu entscheiden, wann und innerhalb welcher Grenzen persönliche Lebenssachverhalte offenbart werden".[46]

Dieser Befund hat zu einer **gewaltigen Ausweitung datenschutzrechtlicher Bestimmungen auf allen Ebenen** und nicht nur zwischen Bürger und Staat, sondern auch im Verhältnis der Bürger untereinander, geführt.[47] Auch wenn man mitunter die Stirn über datenschutzrechtliche Vorgaben bei vergleichsweise banalen Vorgängen runzeln kann,[48] belegen doch Aufsehen erregende Fälle skrupelloser illegaler Datennutzung die Notwendigkeit eines wirksamen gesetzlichen Datenschutzkonzepts.[49] Und nicht zuletzt das Internet trägt erheblich zur Erhöhung der datenschutzrechtlichen Gefährdungslage bei: Die Möglichkeit der Verknüpfung verschiedener Daten – etwa Name und Anschrift mit Informationen zum Surfverhalten oder zu Kaufinteressen/-gewohnheiten ist für Werbeaktivitäten kommerzieller Anbieter von Waren oder Dienstleistungen von höchstem Interesse, so dass

---

44 Was heute unter dem Titel „Big Brother" im Fernsehen zu bestaunen ist, hat sich sogar Orwell nicht auszumalen vermocht.
45 VZG 1983 vom 25. 3. 1982, BGBl. I 369.
46 BVerfGE 65, 1, 42 (Volkszählungsurteil).
47 Pieroth/Schlink, Grundrechte, Rn. 377b.
48 So erscheint es mir übertrieben, wenn man ein Landesdatenschutzbeauftragter eine Universität schon deshalb öffentlich an den Pranger stellt, weil diese ihren Geschäftsverteilungsplan mit den Namen der nicht besonders herausgehobenen Mitarbeiter veröffentlicht hat, siehe 23. Tätigkeitsbericht des Datenschutzbeauftragten von Baden-Württemberg, 4. Teil, Ziff. 1.4.2.
49 Man denke nur an Skandale wie die Datenaffäre der Deutschen Bahn von 2009 oder die „Spitzelaffäre" bei der Telekom von 2008.

heute – anders als in den Zeiten des Volkszählungsurteils – die stärkste Bedrohung des Grundrechts auf informationelle Selbstbestimmung von Seiten Privater droht.[50]

e) Recht auf Gewährleistung der Vertraulichkeit und Integrität informationstechnischer Systeme

Zur Ergänzung des Rechts auf informationelle Selbstbestimmung hat das **75** BVerfG in seiner Entscheidung zur „Online-Durchsuchung" dem Baum des allgemeinen Persönlichkeitsrechts einen weiteren Ast hinzugefügt. Mit dem etwas sperrig bezeichneten „Recht auf Gewährleistung der Vertraulichkeit und Integrität informationstechnischer Systeme" wird der Einzelne vor Zugriffen auf in der Regel selbst und **für eigene Zwecke genutzte EDV-Geräte** geschützt, wenn die Gesamtschau der dort vorhandenen Daten ein **Bild der Persönlichkeit oder der Lebensgestaltung des Betroffenen** gewinnen lässt. Neben dem eigenen PC kann dies auch für Handys oder elektronische Kalender gelten. Viele Bundesbürger vertrauen ihrem eigenen PC umfangreich sensible Daten (Tagebuch, Korrespondenz, Aktivitäten, Termine etc.) an, ohne je daran zu denken, dass darauf unbemerkt von außen – etwa im Rahmen einer Online-Durchsuchung – zugegriffen werden könnte. Genau dieses Vertrauen in die Vertraulichkeit dieses eigenen informationstechnischen Umfelds wird als Teil des Kernbereichs privater Lebensgestaltung von diesem neuen Grundrecht geschützt – wenngleich nicht schrankenlos. Wenn „tatsächliche Anhaltspunkte einer konkreten Gefahr für ein überragend wichtiges Rechtsgut bestehen", ist bei Vorliegen einer entsprechenden gesetzlichen Ermächtigung ein richterlicher Eingriff in den Schutzbereich dieses Grundrechts zulässig.[51]

Grundrecht auf Gewährleistung der Vertraulichkeit und Integrität informa- **76**
tionstechnischer Systeme – BVerfGE 120, 274 = NJW 2008, 822 = MMR 2008,
315 m. Anm. Bär = CR 2008, 306 = DÖV 2008, 459:

Das allgemeine Persönlichkeitsrecht (Art. 2 Abs. 1 i.V.m. Art. 1 Abs. 1 GG) **umfasst das Grundrecht auf Gewährleistung der Vertraulichkeit und Integrität informationstechnischer Systeme.**

Die heimliche Infiltration eines informationstechnischen Systems, mittels derer die Nutzung des Systems überwacht und seine Speichermedien ausgelesen werden können, ist verfassungsrechtlich nur zulässig, wenn tatsächliche Anhaltspunkte einer konkreten Gefahr für ein überragend wichtiges Rechtsgut bestehen. Überragend wichtig sind Leib, Leben und Freiheit der Person oder solche Güter der Allgemeinheit, deren Bedrohung die Grundlagen oder den Bestand des Staates oder die Grundlagen der Existenz der Menschen berührt. ...

---

50 Eines von vielen Beispielen sind datenlesende Payback- oder Kundenkarten. Ähnlich auch Fechner, Medienrecht, Kap. 4 Rn. 68.
51 Vgl. Kutscha, NJW 2007, 1042, der sich auch kritisch zur unzureichenden dogmatischen Abgrenzung zum Recht auf informationelle Selbstbestimmung äußert (1043).

Aus den Gründen: ... [170] Die Nutzung der Informationstechnik hat für die Persönlichkeit und die Entfaltung des Einzelnen eine früher nicht absehbare Bedeutung erlangt. Die moderne Informationstechnik eröffnet dem Einzelnen neue Möglichkeiten, begründet aber auch neuartige Gefährdungen der Persönlichkeit. ... [172] Dies gilt zunächst für Personalcomputer, über die mittlerweile eine deutliche Mehrheit der Haushalte in der Bundesrepublik verfügt. ... Heutige Personalcomputer können für eine Vielzahl unterschiedlicher Zwecke genutzt werden, etwa zur umfassenden Verwaltung und Archivierung der eigenen persönlichen und geschäftlichen Angelegenheiten, als digitale Bibliothek oder in vielfältiger Form als Unterhaltungsgerät. Dementsprechend ist die Bedeutung von Personalcomputern für die Persönlichkeitsentfaltung erheblich gestiegen. ... [176] Insbesondere das Internet als komplexer Verbund von Rechnernetzen öffnet dem Nutzer eines angeschlossenen Rechners nicht nur den Zugriff auf eine praktisch unübersehbare Fülle von Informationen, die von anderen Netzrechnern zum Abruf bereitgehalten werden. Es stellt ihm daneben zahlreiche neuartige Kommunikationsdienste zur Verfügung, mit deren Hilfe er aktiv soziale Verbindungen aufbauen und pflegen kann. ...

[177] Die zunehmende Verbreitung vernetzter informationstechnischer Systeme begründet für den Einzelnen neben neuen Möglichkeiten der Persönlichkeitsentfaltung auch neue Persönlichkeitsgefährdungen. [178] Solche Gefährdungen ergeben sich bereits daraus, dass komplexe informationstechnische Systeme wie etwa Personalcomputer ein breites Spektrum von Nutzungsmöglichkeiten eröffnen, die sämtlich mit der Erzeugung, Verarbeitung und Speicherung von Daten verbunden sind. ... In der Folge können sich im Arbeitsspeicher und auf den Speichermedien solcher Systeme eine Vielzahl von Daten mit Bezug zu den persönlichen Verhältnissen, den sozialen Kontakten und den ausgeübten Tätigkeiten des Nutzers finden. Werden diese Daten von Dritten erhoben und ausgewertet, so kann dies weitreichende Rückschlüsse auf die Persönlichkeit des Nutzers bis hin zu einer Profilbildung ermöglichen. [179] Bei einem vernetzten, insbesondere einem an das Internet angeschlossenen System werden diese Gefährdungen in verschiedener Hinsicht vertieft. ... [180] Vor allem aber öffnet die Vernetzung des Systems Dritten eine technische Zugriffsmöglichkeit, die genutzt werden kann, um die auf dem System vorhandenen Daten auszuspähen oder zu manipulieren. ...

[181] Aus der Bedeutung der Nutzung informationstechnischer Systeme für die Persönlichkeitsentfaltung und aus den Persönlichkeitsgefährdungen, die mit dieser Nutzung verbunden sind, folgt ein grundrechtlich erhebliches Schutzbedürfnis. ... [201] Soweit kein hinreichender Schutz vor Persönlichkeitsgefährdungen besteht, die sich daraus ergeben, dass der Einzelne zu seiner Persönlichkeitsentfaltung auf die Nutzung informationstechnischer Systeme angewiesen ist, trägt das allgemeine Persönlichkeitsrecht dem Schutzbedarf in seiner lückenfüllenden Funktion über seine bisher anerkannten Ausprägungen hinaus dadurch Rechnung, dass es die Integrität und Vertraulichkeit informationstechnischer Systeme gewährleistet. Dieses Recht fußt gleich dem Recht auf informationelle Selbstbestimmung auf Art. 2 Abs. 1 in Verbindung mit Art. 1 Abs. 1 GG; es bewahrt den persönlichen und privaten Lebensbereich der Grundrechtsträger vor staatlichem Zugriff im Bereich der Informationstechnik auch insoweit, als auf das informationstechnische System insgesamt zugegriffen wird und nicht nur auf einzelne Kommunikationsvorgänge oder gespeicherte Daten. ...

[203] Das Grundrecht auf Gewährleistung der Integrität und Vertraulichkeit informationstechnischer Systeme ist … anzuwenden, wenn die Eingriffsermächtigung Systeme erfasst, die allein oder in ihren technischen Vernetzungen personenbezogene Daten des Betroffenen in einem Umfang und in einer Vielfalt enthalten können, dass ein Zugriff auf das System es ermöglicht, einen Einblick in wesentliche Teile der Lebensgestaltung einer Person zu gewinnen oder gar ein aussagekräftiges Bild der Persönlichkeit zu erhalten. …[204] Geschützt vom Grundrecht auf Gewährleistung der Vertraulichkeit und Integrität informationstechnischer Systeme ist … das Interesse des Nutzers, dass die von einem vom Schutzbereich erfassten informationstechnischen System erzeugten, verarbeiteten und gespeicherten Daten vertraulich bleiben. … [205] Das allgemeine Persönlichkeitsrecht in der hier behandelten Ausprägung schützt insbesondere vor einem heimlichen Zugriff, durch den die auf dem System vorhandenen Daten ganz oder zu wesentlichen Teilen ausgespäht werden können. … [206] … Eine grundrechtlich anzuerkennende Vertraulichkeits- und Integritätserwartung besteht …, soweit der Betroffene das informationstechnische System als eigenes nutzt und deshalb den Umständen nach davon ausgehen darf, dass er allein oder zusammen mit anderen zur Nutzung berechtigten Personen über das informationstechnische System selbstbestimmt verfügt. …

2. Kommunikationsgrundrechte (Art. 5 Abs. 1, 2 GG)

Der Oberbegriff der Kommunikationsgrundrechte erfasst **77**

► das Recht, seine Meinung in Wort, Schrift und Bild frei zu äußern und zu verbreiten (**Meinungsfreiheit** – Art. 5 Abs. 1, Satz 1, 1. Alt. GG),
► das Recht, sich aus allgemein zugänglichen Quellen ungehindert zu unterrichten (**Informationsfreiheit** – Art. 5 Abs. 1, Satz 1, 2. Alt. GG),
► die Pressefreiheit und die Freiheit der Berichterstattung durch Rundfunk (einschl. Fernsehen) und Film (**Medienfreiheiten** – Art. 5 Abs. 1 Satz 2 GG).[52]

Die Meinungs- und Informationsfreiheit schützt vorrangig die Kommunikationsrechtssphäre des Einzelnen – und zwar in beide Richtungen (im Sinne von „**push and pull**"): **78**

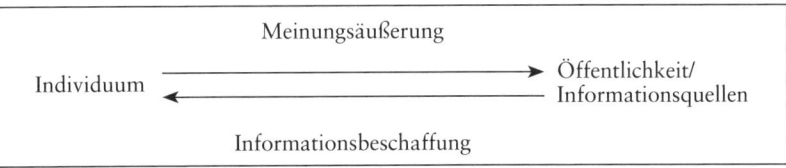

Übersicht 6: Kommunikationsrichtungen

Die Medienfreiheiten zielen demgegenüber vorrangig auf den **Schutz der Medienorgane und des Meinungsbildungsprozesses**.[53]

---

52 Fechner, Medienrecht, Kap. 3 Rn. 2 f.; Pieroth/Schlink, Grundrechte, Rn. 547a.
53 Fechner, Medienrecht, Kap. 3 Rn. 3.

a) Meinungsfreiheit

79 Die Meinungsfreiheit nimmt **keine Bewertung der einzelnen Meinungsäußerungen** vor, sondern gilt für Wertungsäußerungen jeglicher Art unabhängig von Bedeutung oder Banalität, Wahrheit oder Lüge, Wert oder Unwert. Vom Meinungsbegriff nicht erfasst sind lediglich Tatsachenbehauptungen oder statistische Angaben. Nicht nur gesellschaftliche, sondern auch kommerzielle Meinungsbildungsprozesse sind von der Meinungsfreiheit geschützt, weshalb sie **auch für die Wirtschaftswerbung** – laut Bundesverfassungsgericht sogar für die Schockwerbung (Darstellung schweren Leids von Menschen oder Tieren im Zusammenhang mit Werbeaussagen) – gilt.[54] Geschützt ist schließlich die sog. „**negative Meinungsfreiheit**", wonach man auch das Recht hat, Meinungen gerade nicht zu äußern oder nicht zu verbreiten.[55]

80 Ihre Grenze findet die Meinungsfreiheit erst in den sog. **allgemeinen Gesetzen (Art. 5 Abs. 2 GG).** Praktisch größte Bedeutung kommt hier dem Strafgesetzbuch zu.[56] So ist die Meinungsfreiheit gegenüber dem Ehrschutz des Einzelnen eingeschränkt, weshalb **individualisierbare Beleidigungen** gem. § 185 StGB strafbar sind; inhaltlich provokante Aussagen allgemeinerer Art, bei denen das Unwerturteil nicht individualisiert wird – wie z. B. „Soldaten sind Mörder" –, sind dagegen noch von der Meinungsfreiheit geschützt. Andererseits können jugendschutzrechtliche Bestimmungen die Meinungsfreiheit begrenzen.[57] Des Weiteren sieht das Strafrecht die Meinungsfreiheit einschränkende Regelungen zum **Schutz des demokratischen Rechtsstaates** vor, weshalb etwa das Führen des Hakenkreuzes (§ 86a StGB), die Verunglimpfung der Bundesrepublik, ihrer Symbole bzw. ihrer Verfassungsorgane (§§ 90a, 90b StGB) und das Leugnen des Holocaust (§ 130 Abs. 3 StGB) unter Strafe stehen.

81 Die hohe Bedeutung und Reichweite der Meinungsfreiheit verdeutlicht auch die spickmich-Entscheidung des BGH, in der sich die Meinungsfreiheit sogar gegen das Grundrecht auf informationelle Selbstbestimmung durchgesetzt hat:[58]

---

54 Siehe hierzu Fechner, Medienrecht, Kap. 3 Rn. 55 m. w. N.; insgesamt zum Schutzbereich Rn. 48 ff. sowie Pieroth/Schlink, Grundrechte, Rn. 550 ff.
55 Fechner, Medienrecht, Kap. 3 Rn. 58 f. m. w. N.; Pieroth/Schlink, Grundrechte, Rn. 559 ff.
56 Ausführlich Fechner, Medienrecht, Kap. 3 Rn. 60 ff. m. w. N.; Pieroth/Schlink, Grundrechte, Rn. 586 ff.
57 BVerfGE 93, 266, 298 ff.; Pieroth/Schlink, Grundrechte, Rn. 600 f.
58 Vgl. hierzu auch Härting, CR 2009, 21, der bereits vor der BGH-Entscheidung zu einem ähnlichen Ergebnis gekommen ist; allerdings bejaht er bei Internetbewertungen eine Prangerwirkung, weshalb der Betreiber eines solchen Bewertungsportals Schutzvorkehrungen gegen eine unbeschränkte Abrufbarkeit von persönlichkeitsrelevanten Inhalten zu treffen hat (vgl. S. 28, These 13).

Beurteilung einer Lehrerin im Internet („spickmich") – BGH, NJW 2009, 2888 = JZ 2009, 961 m. Anm. Ladeur = MMR 2009, 608 m. Anm. Greve/Schärdel:

Das Grundrecht auf informationelle Selbstbestimmung findet seine Grenze in der Gemeinschaftsbezogenheit des Grundrechtsträgers, wodurch personenbezogene Daten zugleich Teil der sozialen Realität und damit Gegenstand von Meinungsäußerungen sein können.

Die Meinungsfreiheit kann deshalb insbesondere innerhalb einer bestimmten Sozialsphäre der informationellen Selbstbestimmung eines Einzelnen vorgehen, wenn damit keine besonders schwerwiegenden Auswirkungen auf das Persönlichkeitsrecht – etwa Stigmatisierung, soziale Ausgrenzung oder Prangerwirkung – verbunden sind.[59]

Aus den Gründen: [1] Die Parteien streiten über die Zulässigkeit der Speicherung und Veröffentlichung des Namens, der Schule, der unterrichteten Fächer, einer Benotung und von Zitaten der Klägerin auf der Internetplattform www. spickmich.de. ... Es handelt sich um ein sogenanntes Community-Portal, bei dem der Inhalt durch die jeweiligen Nutzer in dem durch den Betreiber des Portals vorgegebenen Rahmen gestaltet wird. Zugang zu diesem Portal haben registrierte Nutzer. ... Über einen Klick gelangt man zu einer Unterseite, auf der der Klarname und die Unterrichtsfächer der Lehrkraft verzeichnet sind. Daneben sind in einem Bewertungsmodul Kriterien aufgelistet, wie beispielsweise „cool und witzig", „beliebt", „motiviert", „menschlich", „guter Unterricht" und „faire Noten". Unter Verwendung der Bewertungskriterien können Noten von 1 bis 6 der im Schulbereich üblichen Notenwertigkeit vergeben werden. ...

[29] Durch die Erhebung und Speicherung der Benotungen unter Nennung ihres Namens, der Schule und der von ihr unterrichteten Fächer wird die Klägerin unabhängig vom Vorliegen einer Ehrverletzung zweifellos in ihrem Recht auf informationelle Selbstbestimmung berührt. ... [30] ... Allerdings hat der Einzelne keine absolute, uneingeschränkte Herrschaft über „seine" Daten; denn er entfaltet seine Persönlichkeit innerhalb der sozialen Gemeinschaft. In dieser stellt die Information, auch soweit sie personenbezogen ist, einen Teil der sozialen Realität dar, der nicht ausschließlich dem Betroffenen allein zugeordnet werden kann. Vielmehr ist über die Spannungslage zwischen Individuum und Gemeinschaft im Sinne der Gemeinschaftsbezogenheit und -gebundenheit der Person zu entscheiden. Deshalb muss der Einzelne grundsätzlich Einschränkungen seines Rechts auf informationelle Selbstbestimmung hinnehmen, wenn und soweit solche Beschränkungen von hinreichenden Gründen des Gemeinwohls oder überwiegenden Rechtsinteressen Dritter getragen werden und bei einer Gesamtabwägung zwischen der Schwere des Eingriffs und dem Gewicht der ihn rechtfertigenden Gründe die Grenze des Zumutbaren noch gewahrt ist. [31] ... Die Bewertungen betreffen die berufliche Tätigkeit der Klägerin, also einen Bereich, in dem sich die persönliche Entfaltung von vornherein im Kontakt mit der Umwelt vollzieht. Äußerungen im Rahmen der Sozialsphäre dürfen nur im Falle schwerwiegender Auswirkungen auf das Persönlichkeitsrecht mit negativen Sanktionen verknüpft werden, so etwa dann, wenn eine Stigmatisierung, soziale Ausgrenzung oder Prangerwirkung zu besorgen sind.

---

59 Leitsätze vom Autor.

[33] Die Bewertungen „fachlich kompetent" und „gut vorbereitet" sind Meinungsäußerungen, auch wenn sie einen Tatsachengehalt aufweisen, mit dem sich die Meinungsäußerung vermengt. Art. 5 Abs. 1 Satz 1 GG greift unabhängig davon ein, ob die Äußerung zugleich einen tatsächlichen Kern aufweist, denn der Schutzbereich des Grundrechts erstreckt sich auch auf Äußerungen, in denen sich Tatsachen und Meinungen vermengen und die insgesamt durch die Elemente der Stellungnahme, des Dafürhaltens oder Meinens geprägt werden. Die Einschätzungen der Klägerin als mehr oder weniger „cool und witzig", „menschlich", „beliebt" und mit „vorbildlichem Auftreten" betreffen zwar persönliche Eigenschaften, die aber der Klägerin aufgrund ihres Auftretens innerhalb des schulischen Wirkungskreises beigelegt werden. Sie stellen mithin keinen über die Sozialsphäre hinausgehenden Eingriff in die Privatsphäre der Klägerin dar. ... [34] Die Bewertungen stellen weder eine unsachliche Schmähkritik noch eine Formalbeleidigung oder einen Angriff auf die Menschenwürde der Klägerin dar ... [36] ... Die Meinungsfreiheit umfasst das Recht des Äußernden, die Modalitäten einer Äußerung und damit das Verbreitungsmedium frei zu bestimmen. Grundsätzlich können Form und Umstände einer Meinungskundgabe so gewählt werden, dass damit die größte Verbreitung oder die stärkste Wirkung erzielt wird. Allerdings müssen damit verbundene Beeinträchtigungen der Rechte Dritter zur Erreichung des verfolgten Zwecks geeignet sowie erforderlich, und das Verhältnis zwischen Rechtsgüterschutz und -beschränkung muss insgesamt angemessen sein. ... [38] Die anonyme Nutzung ist dem Internet immanent. ... Eine Beschränkung der Meinungsäußerungsfreiheit auf Äußerungen, die einem bestimmten Individuum zugeordnet werden können, ist mit Art. 5 Abs. 1 Satz 1 GG nicht vereinbar. Die Verpflichtung, sich namentlich zu einer bestimmten Meinung zu bekennen, würde nicht nur im schulischen Bereich, um den es im Streitfall geht, die Gefahr begründen, dass der Einzelne aus Furcht vor Repressalien oder sonstigen negativen Auswirkungen sich dahingehend entscheidet, seine Meinung nicht zu äußern. Dieser Gefahr der Selbstzensur soll durch das Grundrecht auf freie Meinungsäußerung entgegen gewirkt werden. [39] ... Das Recht auf Meinungsfreiheit ist nicht beschränkt auf objektivierbare allgemein gültige Werturteile. Dass es sich um Äußerungen von Schülern und damit weitgehend von Minderjährigen handelt, ist für jeden Nutzer ebenso offenbar wie der Umstand, dass die Bewertungen von subjektiven Einschätzungen geprägt sein können. ...

b) Informationsfreiheit

82 Als Gegenstück zur Meinungsfreiheit („push") gibt die Informationsfreiheit („pull") jedem das Recht, sich Informationen aus allen frei zugänglichen Quellen zu beschaffen. Das eine Grundrecht ist ohne das andere nicht denkbar, da **Meinungsbildung Informationen voraussetzt** bzw. in einem Kommunikationsprozess zwischen Meinungträger und Informant ein fortlaufender interaktiver Rollenwechsel stattfindet. In der modernen Wissensgesellschaft bedeuten Informationen Macht.[60] Begrenzt wird die Informationsfreiheit durch den Datenschutz, was ein austariertes Spannungsverhältnis zwischen der Informationsfreiheit des einen und dem Recht auf

---

60 Kloepfer, DÖV 2003, 221, 222 fordert daher aus der Teilhabewirkung der Informationsfreiheit eine gerechte Informationsverteilung zwischen Staat und Bürger.

informationelle Selbstbestimmung des anderen zur Folge hat.[61] Das Internet stellt – anders als z. B. der Polizeifunk oder Behördenakten – eine frei zugängliche Informationsquelle dar (bis auf solche Seiten, die durch Passwörter geschützt sind). Das Grundrecht der Informationsfreiheit bedeutet freilich nicht, dass es unentgeltlich verwirklicht werden können muss. Deshalb darf die Tageszeitung ebenso wie das Internetsurfen durchaus Geld kosten.[62]

c) Medienfreiheiten

Die Differenzierung der Medienfreiheiten in einzelne Medienformen – Presse, Rundfunk und Film – ist historisch bedingt und bildet die mediale Realität immer weniger ab. Insbesondere sind Telemedien als solche auf Grund ihrer anderweitigen technischen Gestaltung von den Medienfreiheiten nicht erfasst; lediglich soweit Mediendienste als elektronische Presseorgane angesehen werden können (online-Ausgaben von Zeitungen und Zeitschriften), ist eine Einordnung unter die Pressefreiheit vertretbar; im Übrigen sind **Telemedien auf die Individualkommunikationsrechte des Art. 5 Abs. 1 Satz 1 GG beschränkt.** Da aber Tele- und vor allem Mediendienste ebenso wie die klassischen Medien eine wichtige mediale Funktion in individuellen oder kollektiven Meinungsbildungsprozessen spielen, wäre an dieser Stelle ein ergänzendes „update" des Grundgesetzes dringend angezeigt.[63] **83**

Geschützt von den Medienfreiheiten ist zum einen der Prozess von der Informationsgewinnung (Recherche) über die Informationsverarbeitung (Redaktionsarbeit) bis hin zur Informationsverbreitung (ungehinderte Auslieferung der Zeitung bzw. Aussendung des Radio- oder Fernsehbeitrags). Wie die Meinungsfreiheit besteht die Medienfreiheit **unabhängig von der journalistischen oder inhaltlichen Qualität** der Informationen; Zeitungen mit „besonders großen Buchstaben" genießen den Schutz der Medienfreiheit nicht minder als beispielsweise die öffentlich-rechtlichen Rundfunkanstalten. Zum anderen schützen die Medienfreiheiten den institutionell-organisatorischen Bestand von Presseorganen und Rundfunkanstalten und damit auch die **Institution freier (und staatsferner!) Medien** als solche. Dieser institutionelle Aspekt der Medienfreiheit dient letztlich der freiheitlich-demokratischen Grundordnung, die ohne freie Medien nicht funktionsfähig sein **84**

---

61 Kloepfer, DÖV 2003, 221, 224 untersucht die einzelnen Facetten dieses Spannungsverhältnisses; neben Gegensätzen macht er auch die Gemeinsamkeit beider Grundrechte aus, die Stellung des Einzelnen gegenüber dem Staat zu stärken.

62 Insofern ist es auch ein – mitunter in der Diskussion zu beobachtender – Irrtum, die Ausbildungsfreiheit gem. Art. 12 GG verbiete die Erhebung von (nicht prohibitiven) Studiengebühren. Ausführlich zur Informationsfreiheit Fechner, Medienrecht, Kap. 85 Rn. 80 ff.; Pieroth/Schlink, Grundrechte, Rn. 562 ff.

63 Ähnlich Fechner, Medienrecht, Kap. 3 Rn. 104, der für die Anwendbarkeit der Medienfreiheiten darauf abstellt, ob Telemedien „typische Presse- oder Rundfunkarbeit leisten".

könnte (deshalb spricht man von der Presse auch als „vierte Gewalt" neben der gesetzgebenden, vollziehenden und richterlichen Gewalt).[64]

3. Weitere Grundrechte

a) Brief-, Post- und Fernmeldegeheimnis (Art. 10 GG)

85 Wie bei den Medienfreiheiten differenziert auch Art. 10 GG die Individualkommunikationsformen nach den einzelnen Übermittlungsformen. Da die neuen Medien – insbesondere Internetsurfen oder eMail-Verkehre – unter das Fernmeldegeheimnis (das in modernerer Diktion auch Telekommunikationsgeheimnis heißen könnte)[65] fallen, hat diese Unterscheidung hier keine nennenswerte Bedeutung.[66] In allen Fällen des Art. 10 Abs. 1 GG geht es um den **Schutz individueller Kommunikation, die über räumliche Entfernungen hinweg erfolgt, vor dem Zugriff Dritter.** Allerdings hat sich der Bedeutungsgehalt des Grundrechts seit der weitreichenden Privatisierung des Post- und Telekommunikationswesens verschoben: Konnte das Grundrecht früher unmittelbar gegenüber dem hoheitlichen Post- bzw. Telekommunikationsdienstleister Staat eingefordert werden, folgt daraus heute ein **Schutzanspruch gegenüber dem Gesetzgeber**, die privaten Post- bzw. Telekommunikationsanbieter durch geeignete gesetzliche Regelungen zur Wahrung des Brief-, Post- und Fernmeldegeheimnisses anzuhalten und Verstöße hiergegen zu sanktionieren.[67]

86 Daher unterliegt sowohl der Inhalt der Telekommunikation als auch die Tatsache, ob jemand an einem Telekommunikationsvorgang überhaupt beteiligt war oder dies erfolglos versucht hat, gem. § 88 Abs. 1 TKG dem Fernmeldegeheimnis, zu dessen Wahrung jeder Diensteanbieter verpflichtet ist (§ 88 Abs. 2 TKG). Diese dürfen sich auch nur soweit Kenntnis von Telekommunikationsvorgängen verschaffen, wie dies „für die geschäftsmäßige Erbringung der Telekommunikationsdienste einschließlich des Schutzes ihrer technischen Systeme erforderlich" ist (§ 88 Abs. 3 TKG). Ergänzt wird dieser **gesetzgeberische Schutz** durch § 206 StGB, der die Verletzung des Post- oder Fernmeldegeheimnisses unter Strafe stellt. **Eingriffe in das Brief-, Post- und Fernmeldegeheimnis** sind nur zulässig, soweit sie auf einer ausdrücklichen gesetzlichen Ermächtigung beruhen (Art. 10 Abs. 2 GG). Dies gilt etwa für strafprozessuale Abhörmaßnahmen auf Grund richterlicher Anordnung gem. §§ 100a ff. StPO oder für Überwachungs- und Ab-

---

64 Ausführlich zur Pressefreiheit Pieroth/Schlink, Grundrechte, Rn. 567 ff.; Fechner, Medienrecht, Kap. 8 Rn. 17 ff.

65 In Art. 73 Nr. 7 GG (bei den Gesetzgebungskompetenzmaterien) wurde das „Fernmeldewesen" durch „Telekommunikation" ersetzt, ohne dass damit eine inhaltliche Änderung intendiert gewesen wäre, vgl. Kunig, in: v. Münch/Kunig, GG, Art. 73 Rn. 30 f.

66 Pieroth/Schlink, Grundrechte, Rn. 773.

67 Ausführlich Pieroth/Schlink, Grundrechte, § 19; umfassend, insbesondere zum Schutzbereich des Art. 10 GG, Sievers, Art. 10 GG.

hörmaßnahmen zur Sicherung der freiheitlich-demokratischen Grundordnung nach dem G 10-Gesetz.[68]

Schutzbereich des Fernmeldegeheimnisses – BVerfG, CR 2006, 383 = MMR 2006, 217:

Aus den Gründen: … [65] Art. 10 GG schützt die private Fernkommunikation. Brief-, Post- und Fernmeldegeheimnis gewährleisten die Vertraulichkeit der individuellen Kommunikation, wenn diese wegen der räumlichen Distanz zwischen den Beteiligten auf eine Übermittlung durch andere angewiesen ist und deshalb in besonderer Weise einen Zugriff Dritter – einschließlich staatlicher Stellen – ermöglicht. Brief-, Post- und Fernmeldegeheimnis sind wesentlicher Bestandteil des Schutzes der Privatsphäre; sie schützen vor ungewollter Informationserhebung und gewährleisten eine Privatheit auf Distanz. [66] Das Fernmeldegeheimnis schützt die unkörperliche Übermittlung von Informationen an individuelle Empfänger mit Hilfe des Telekommunikationsverkehrs. Die Beteiligten sollen weitestgehend so gestellt werden, wie sie bei einer Kommunikation unter Anwesenden stünden. [67] … Die Reichweite des Grundrechts beschränkt sich … nicht auf die früher von der Deutschen Bundespost angebotenen Fernmeldedienste, sondern erstreckt sich auf jede Übermittlung von Informationen mit Hilfe der verfügbaren Telekommunikationstechniken. …

[69] Das Fernmeldegeheimnis schützt in erster Linie die Vertraulichkeit der ausgetauschten Informationen und damit den Kommunikationsinhalt gegen unbefugte Kenntniserlangung durch Dritte. [70] Als Folge der Digitalisierung hinterlässt vor allem jede Nutzung der Telekommunikation personenbezogene Spuren, die gespeichert und ausgewertet werden können. Auch der Zugriff auf diese Daten fällt in den Schutzbereich des Art. 10 GG; das Grundrecht schützt auch die Vertraulichkeit der näheren Umstände des Kommunikationsvorgangs. [71] Dazu gehört insbesondere, ob, wann und wie oft zwischen welchen Personen oder Endeinrichtungen Telekommunikationsverkehr stattgefunden hat oder versucht worden ist. Andernfalls wäre der grundrechtliche Schutz unvollständig; denn die Verbindungsdaten haben einen eigenen Aussagegehalt. Sie können im Einzelfall erhebliche Rückschlüsse auf das Kommunikations- und Bewegungsverhalten zulassen. Häufigkeit, Dauer und Zeitpunkt von Kommunikationsverbindungen geben Hinweise auf Art und Intensität von Beziehungen und ermöglichen auf den Inhalt bezogene Schlussfolgerungen.

[72] Die nach Abschluss des Übertragungsvorgangs im Herrschaftsbereich des Kommunikationsteilnehmers gespeicherten Kommunikationsverbindungsdaten werden jedoch nicht durch Art. 10 Abs. 1 GG, sondern durch das Recht auf informationelle Selbstbestimmung (Art. 2 Abs. 1 in Verbindung mit Art. 1 Abs. 1 GG) und gegebenenfalls durch Art. 13 Abs. 1 GG geschützt. [73] Der Schutz des Fernmeldegeheimnisses endet insoweit in dem Moment, in dem die Nachricht bei dem Empfänger angekommen und der Übertragungsvorgang beendet ist. Die spezifischen Gefahren der räumlich distanzierten Kommunikation bestehen im Herrschaftsbereich des Empfängers, der eigene Schutzvorkehrungen gegen den ungewollten Datenzugriff treffen kann, nicht. … [75] Art. 10 Abs. 1 GG soll einen Ausgleich für die technisch bedingte Einbuße an Privatheit schaffen und will den Gefahren begegnen, die sich aus dem

---

68 Vgl. Pieroth/Schlink, Grundrechte, Rn. 782 ff.

Übermittlungsvorgang einschließlich der Einschaltung eines Dritten ergeben. ... [76] Die Nachricht ist mit Zugang bei dem Empfänger nicht mehr den erleichterten Zugriffsmöglichkeiten Dritter – auch des Staates – ausgesetzt, die sich aus der fehlenden Beherrschbarkeit und Überwachungsmöglichkeit des Übertragungsvorgangs durch die Kommunikationsteilnehmer ergeben. Die gespeicherten Inhalte und Verbindungsdaten unterscheiden sich dann nicht mehr von Dateien, die der Nutzer selbst angelegt hat. ...

88   Fernmeldegeheimnis bei eMail-Accounts – BVerfG, NJW 2009, 2431:

Aus den Gründen: ... [43] Das Fernmeldegeheimnis schützt die unkörperliche Übermittlung von Informationen an individuelle Empfänger mit Hilfe des Telekommunikationsverkehrs. Die Reichweite des Grundrechts erstreckt sich ungeachtet der Übermittlungsart (Kabel oder Funk, analoge oder digitale Vermittlung) und Ausdrucksform (Sprache, Bilder, Töne, Zeichen oder sonstige Daten) auf sämtliche Übermittlungen von Informationen mit Hilfe verfügbarer Telekommunikationstechniken, auch auf Kommunikationsdienste des Internet. ... [45] Der Grundrechtsschutz erstreckt sich nicht auf die außerhalb eines laufenden Kommunikationsvorgangs im Herrschaftsbereich des Kommunikationsteilnehmers gespeicherten Inhalte und Umstände der Kommunikation. Der Schutz des Fernmeldegeheimnisses endet insoweit in dem Moment, in dem die E-Mail beim Empfänger angekommen und der Übertragungsvorgang beendet ist.

[46] Demgegenüber ist der zugangsgesicherte Kommunikationsinhalt in einem E-Mail-Postfach, auf das der Nutzer nur über eine Internetverbindung zugreifen kann, durch Art. 10 Abs. 1 GG geschützt. ... Die auf dem Mailserver des Providers vorhandenen E-Mails sind nicht im Herrschaftsbereich des Kommunikationsteilnehmers, sondern des Providers gespeichert. Sie befinden sich nicht auf in den Räumen des Nutzers verwahrten oder in seinen Endgeräten installierten Datenträgern. ... Der Provider und damit auch die Ermittlungsbehörden bleiben ... in der Lage, jederzeit auf die auf dem Mailserver gespeicherten E-Mails zuzugreifen. Der Kommunikationsteilnehmer hat keine technische Möglichkeit, die Weitergabe der E-Mails durch den Provider zu verhindern. Dieser technisch bedingte Mangel an Beherrschbarkeit begründet die besondere Schutzbedürftigkeit durch das Fernmeldegeheimnis. Dies gilt unabhängig davon, ob eine E-Mail auf dem Mailserver des Providers zwischen- oder endgespeichert ist. In beiden Fällen ist der Nutzer gleichermaßen schutzbedürftig, weil sie sich hinsichtlich der faktischen Herrschaftsverhältnisse nicht unterscheiden. [47] Dem Schutz der auf dem Mailserver des Providers gespeicherten E-Mails durch Art. 10 Abs. 1 GG steht nicht entgegen, dass während der Zeitspanne, während deren die E-Mails auf dem Mailserver des Providers „ruhen", ein Telekommunikationsvorgang in einem dynamischen Sinne nicht stattfindet. ... [48] Der Schutz der auf dem Mailserver des Providers gespeicherten E-Mails durch das Fernmeldegeheimnis entfällt auch nicht dadurch, dass ihr Inhalt oder Eingang vom Empfänger möglicherweise schon zur Kenntnis genommen worden ist. ... Die spezifische Gefährdungslage und der Zweck der Freiheitsverbürgung von Art. 10 Abs. 1 GG bestehen auch dann weiter, wenn die E-Mails nach Kenntnisnahme beim Provider gespeichert bleiben. Durch die Endspeicherung wird der von Art. 10 Abs. 1 GG zuvörderst geschützte Kommunikationsinhalt infolge der Nutzung eines bestimmten Kommunikationsmediums auf einem vom Kommunikationsmittler bereit gestellten Speicherplatz in einer von keinem

Kommunikationsteilnehmer beherrschbaren Sphäre abgelegt. Weder bei einer Zwischen- noch bei einer Endspeicherung der E-Mails auf dem Mailserver des Providers ist dessen Tätigkeit beendet; der Provider bleibt dauerhaft in die weitere E-Mail-Verwaltung auf seinem Mailserver eingeschaltet. ...

b) Freie Berufsausübung (Art. 12 GG)

89 Ein nach Art. 12 GG geschützter Beruf ist **jede auf Dauer angelegte und dem Lebensunterhalt dienende Beschäftigung.** Dies umfasst daher auch die nicht nur vorübergehende oder finanziell unbedeutende Gewinnerzielungstätigkeit *mit* dem Internet (etwa als Access- oder Presence-Provider) oder *durch* das Internet (im eCommerce, etwa als Online-Auktionshaus). Eingriffe in die Berufsfreiheit sind Regelungen der Berufsausübung (z. B. Standesvorschriften für Ärzte oder Anwälte), Berufszugangsvoraussetzungen subjektiver Art, die in der Person des Berufstätigen vorliegen müssen (z. B. bestimmte Examina), und Berufszugangsvoraussetzungen objektiver Art (z. B. ob ein Bedürfnis nach einer weiteren Apotheke in einer Stadt besteht).

90 Nach der vom Bundesverfassungsgericht entwickelten **Drei-Stufen-Theorie**[69] steigen die Anforderungen an diese drei Eingriffsmöglichkeiten zunehmend an. So müssen Berufsausübungsregelungen lediglich nach vernünftigen Erwägungen des Gemeinwohls zweckmäßig und verhältnismäßig sein. Subjektive Berufszugangsvoraussetzungen sind dagegen erst möglich, wenn und soweit der Schutz eines besonders wichtigen Gemeinschaftsgutes (z. B. Volksgesundheit, Verbraucherschutz) diese zwingend erfordert. Objektive Berufszugangsvoraussetzungen setzen schließlich voraus, dass diese zur Abwehr schwerer Gefahren für ein überragend wichtiges Gemeinschaftsgut (z. B. Funktionsfähigkeit des Straßenverkehrs oder Bekämpfung der Arbeitslosigkeit) notwendig sind.[70]

c) Eigentumsfreiheit (Art. 14 GG)

91 Der Eigentumsbegriff i. S. v. Art. 14 GG ist einfach-gesetzlich ausgestaltet und umfasst alle privatrechtlichen vermögenswerte Rechte. Hierzu gehören neben dem beweglichen und unbeweglichen Sacheigentum auch das Geldeigentum, Forderungen und die vermögenswerten Aspekte von Urheberrechten (sog. **„geistiges Eigentum"**). Der Eigentumsschutz gilt nicht nur für „das Haben" vermögenswerter Rechte, sondern auch für deren Nutzung.[71] Somit unterfallen auch die **Verwertungsrechte nach dem UrhG** wie etwa das Vervielfältigungs- oder das Verbreitungsrecht bezüglich urheberrechtlich geschützter Werke dem grundrechtlichen Eigentumsbegriff. Eingriffe sind durch gesetzliche Beschränkungen (z. B. das Recht der Privatkopie gem. § 53 UrhG) oder Enteignungen i. S. v. Art. 14 Abs. 3 GG möglich.

---

69 BVerfGE 3, 377 (Apotheker-Entscheidung).
70 Fechner, Medienrecht, Kap. 3 Rn. 143 ff.; ausführlich Pieroth/Schlink, Grundrechte, § 21.
71 Pieroth/Schlink, Grundrechte, Rn. 903 f., 914.

III. Fazit

92 1. Die Grundrechte vermitteln dem Bürger Rechtspositionen primär gegenüber dem Staat, wirken aber mittelbar – v. a. bei entsprechender einfach-gesetzlicher Umsetzung – auch im Rechtsverhältnis zwischen Bürgern untereinander.
2. Aus dem allgemeinen Persönlichkeitsrecht folgt u. a.
   a) das Namensrecht, das für Domainstreitigkeiten relevant ist,
   b) das Recht am eigenen Bild, das für alle Internetauftritte mit Bildern von Personen relevant ist,
   c) das Recht am eigenen Wort, das Bedingungen an die Wiedergabe von Äußerungen anderer stellt und
   d) das Recht auf informationelle Selbstbestimmung als wesentliche Grundlage des Datenschutzrechts.
3. Die Kommunikationsgrundrechte umfassen die Meinungsfreiheit, die Informationsfreiheit und die Medienfreiheiten.
   a) Die Meinungsfreiheit geht von einem sehr weiten Meinungsbegriff aus, umfasst auch kommerzielle Werbeaussagen und wird durch Ehr-, Jugend- und Staatsschutz begrenzt.
   b) Die Informationsfreiheit ist das Gegenstück zur Meinungsfreiheit, indem der Einzelne hier nicht seine Meinung abgibt, sondern fremde Informationen aufnimmt.
   c) Die Medienfreiheiten sind auf Telemedien nur dann anwendbar, wenn diese als elektronische Presseorgane agieren; im Übrigen bleibt den Telemedien (nur) der Schutz der Individualkommunikationsrechte.
4. Das Fernmeldegeheimnis gilt auch für das Surfen im Internet und eMails. Hieran müssen sich auch private Telekommunikationsdiensteanbieter halten (§ 88 TKG).
5. Die Berufsfreiheit gilt auch für Gewinnerzielungstätigkeiten durch das Internet als Provider oder im Internet als Online-Verkäufer oder -Auktionator.
6. Die Eigentumsfreiheit gilt auch für die Verwertung von Urheberrechten („geistiges Eigentum").

C. Datenschutzrecht

93 Daten sind der **Rohstoff der Informations- und Wissensgesellschaft**,[72] weshalb sie als wertvolle Ware Gegenstand lukrativer Rechtsgeschäfte werden, etwa wenn Firmen die Adressen ihrer Kunden zu Werbezwecken an andere verkaufen. Gerade im Internet werden Daten gigantischen Ausmaßes bewegt, weshalb dem Datenschutzrecht hier eine ganz besondere Bedeutung zukommt. Gleichzeitig ist der Informations- und Datenaustausch im Inter-

---

72 Boehme-Neßler, Cyberlaw, S. 284.

net auf Grund des räumlich und zeitlich ungehinderten Zugangs besonders leicht und zahlreich, was den Datenschutz im Internet zu einer regelrechten Sysiphus-Aufgabe macht.[73]

I. Grundsätze der informationellen Selbstbestimmung

Das Datenschutzrecht hat seine verfassungsrechtlichen Wurzeln im Recht auf informationelle Selbstbestimmung (s. o., Rn. 73 f.). Hieraus lassen sich im Einzelnen die folgenden datenschutzrechtlichen Grundprinzipien ableiten:[74]   **94**

► **Datenvermeidung:** Die Verwendung personenbezogener Daten ist grundsätzlich unzulässig. Ausnahmen von diesem Grundsatz sind nur möglich, wenn und solange der Betroffene wirksam – d. h. nach entsprechender Unterrichtung – einwilligt, oder eine ausdrückliche gesetzliche Ermächtigung vorliegt (§ 4 Abs. 1 BDSG). Diese Regelungstechnik nennt man „präventives Verbot mit Erlaubnisvorbehalt".

► **Normenklarheit:** Der Betroffene muss aus den gesetzlichen Eingriffs-normen den Zweck der erlaubten Verwendung seiner Daten entnehmen können. So sind in den §§ 28 ff. BDSG ganz konkret die verschiedenen Verwendungszwecke geregelt. Außerdem schreibt § 4a Abs. 1 Satz 2 BDSG umfassende Hinweispflichten des Datenverwenders vor; sind diese nicht erfüllt, liegt keine wirksame Einwilligung des Betroffenen in die Verwendung seiner Daten vor.   **95**

► **Zweckbindung:** Die Datenerhebung und -verarbeitung darf sich nur an dem ursprünglichen Verwendungszweck orientieren; eine nachträgliche Änderung des Verwendungszwecks ohne Zustimmung des Betroffenen ist unzulässig, weil es dann insofern an der Einwilligung fehlt.   **96**

► **Erforderlichkeit:** Der Grundsatz des geringstmöglichen Eingriffs hat hier eine doppelte Dimension: Daten dürfen ihrem Umfang nach und in zeitlicher Hinsicht nur soweit und solange erhoben und verarbeitet werden, wie dies für die Erreichung des Verwendungszwecks unbedingt nötig ist. So schreibt § 3a BDSG (Datenvermeidung und Datensparsamkeit) vor, dass Daten möglichst weitgehend anonymisiert oder pseudonymisiert verwendet werden sollen.   **97**

► **Angemessenheit:** Der Verwendungszweck darf kein Selbstzweck sein, sondern er muss seiner Bedeutung nach die Datenerhebung und -verarbeitung rechtfertigen. Die Auswirkungen auf das informationelle Selbstbestimmungsrecht des Betroffenen dürfen nicht ungleich schwerer wiegen als die Bedeutung des Verwendungszwecks.   **98**

---

73 Boehme-Neßler, Cyberlaw, S. 284 f.
74 Weitgehend nach Steckler, IT-Recht, S. 63 ff.; s. auch Boehme-Neßler, Cyberlaw, S. 294 f.

99 ▶ **Informationelle Gewaltenteilung:** Im Datenschutzrecht ist der sonst eher kritisch gemeinte Satz *„Die rechte Hand weiß nicht, was die linke tut"* Programm. Daten dürfen vom Erhebenden nur im Rahmen seiner Zuständigkeit oder vertraglichen Rechte verarbeitet werden. Eine Weitergabe an andere Stellen oder Personen ist nur bei entsprechender gesetzlicher oder vertraglicher Festlegung zulässig. Dem dient die Informationspflicht bei Weitergabe der Daten gem. § 28 Abs. 4 Satz 2 BDSG, die mit einem Widerspruchsrecht des Betroffenen verbunden ist.

100 ▶ **Transparenz:** Der Betroffene muss immer wissen können, wer wofür welche Daten von ihm verwendet. Diesem Prinzip dienen die vielfältigen Informationspflichten der Datenverwender (z.B. in §§ 4 Abs. 3, 33 BDSG) und Auskunftsansprüche der Betroffenen (z.B. in §§ 19, 34 BDSG).

II. Anwendungsbereich des Bundesdatenschutzgesetzes

101 Das Bundesdatenschutzgesetz „gilt für die Erhebung, Verarbeitung und Nutzung personenbezogener Daten" (§ 1 Abs. 2 BDSG). Damit lassen sich die Anwendbarkeitsvoraussetzungen zum einen in bestimmte Tätigkeitsformen und zum anderen in bestimmte Gegenstände aufteilen:

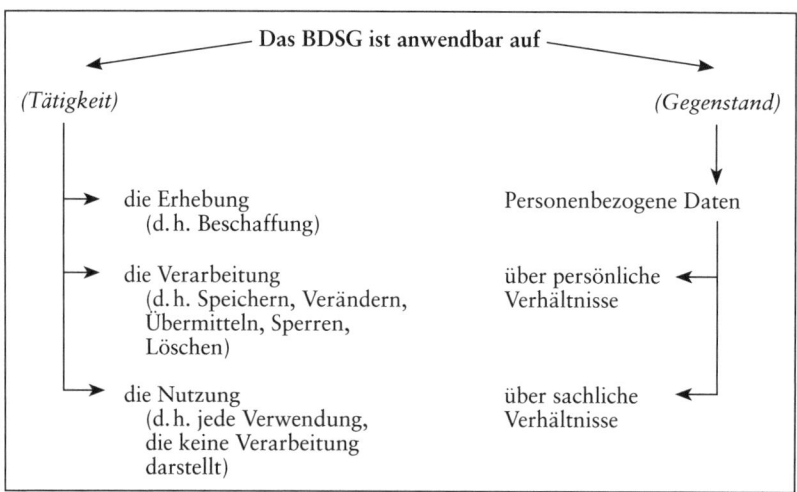

Übersicht 7: Anwendbarkeitsvoraussetzungen des BDSG

1. Tätigkeitsbezogene Anwendbarkeitsvoraussetzungen

102 Die **Erhebung** von Daten ist legaldefiniert als „das **Beschaffen** von Daten über den Betroffenen" (§ 3 Abs. 3 BDSG).

Die **Verarbeitung** von Daten stellt einen Oberbegriff von fünf Verarbeitungsformen dar (§ 3 Abs. 4 BDSG):

► **Speichern,** d.h. Erfassen, Aufnehmen oder Aufbewahren zum Zweck der weiteren Verarbeitung oder Nutzung (§ 3 Abs. 4 Satz 2 Nr. 1 BDSG),
► **Verändern,** d.h. inhaltliches Umgestalten (§ 3 Abs. 4 Satz 2 Nr. 2 BDSG),
► **Übermitteln,** d.h. Bekanntgeben an einen Dritten durch Weitergabe oder durch Einsicht bzw. Abruf seitens des Dritten (§ 3 Abs. 4 Satz 2 Nr. 3 BDSG),
► **Sperren,** d.h. Kennzeichnen zum Zweck der Einschränkung der weiteren Verarbeitung oder Nutzung (§ 3 Abs. 4 Satz 2 Nr. 4 BDSG),
► **Löschen,** d.h. Unkenntlichmachen (§ 3 Abs. 4 Satz 2 Nr. 5 BDSG).

Unter der **Nutzung** von Daten versteht § 3 Abs. 5 BDSG „jede Verwendung personenbezogener Daten, soweit es sich nicht um Verarbeitung handelt." Folglich handelt es sich bei der Nutzung um einen Auffangtatbestand für solche Tätigkeiten, die nicht schon zuvor erfasst worden sind. Hierzu zählt beispielsweise die Datenauswertung, also die anhand bestimmter Kriterien vorgenommene Ordnung von Daten.

2. Gegenstandsbezogene Anwendbarkeitsvoraussetzungen

Gegenstand aller zuvor genannten Tätigkeiten müssen – um die Anwendbarkeit des BDSG bejahen zu können – **personenbezogene Daten** sein. Dieser datenschutzrechtlich zentrale Leitbegriff ist legaldefiniert als „**Einzelangaben über persönliche oder sachliche Verhältnisse einer bestimmten oder bestimmbaren natürlichen Person**" (§ 3 Abs. 1 BDSG). Unter natürlichen Personen werden dabei Einzelpersonen, Familien und andere Personengruppen mit einem eigenen schutzwürdigen persönlichen Bereich verstanden, nicht jedoch juristische Personen (also Personenzusammenschlüsse oder Organisationen mit eigener Rechtsfähigkeit wie z.B. GmbHs, eingetragene Vereine).[75] Diese Begriffsbestimmung erlaubt es daher, große Teile von Daten aus dem Anwendungsbereich des BDSG auszuscheiden – neben Daten von juristischen Personen sind davon vor allem solche personenbezogenen Daten, die keiner konkreten Person mehr zugeordnet werden können (beispielsweise, weil sie anonymisiert oder pseudonymisiert worden sind), betroffen.

103

Die Legaldefinition teilt die personenbezogenen Daten in zwei Gruppen ein. Unter personenbezogenen Daten über **persönliche Verhältnisse** versteht man Angaben, die unmittelbar mit der Person und ihrer Identität verbunden sind. Hierzu zählen beispielsweise Konfession und Familienstand, das Geburtsdatum, der Beruf, Charaktereigenschaften, das Erscheinungsbild, die Staatsangehörigkeit, Überzeugungen, Fingerabdrücke, der Gesundheits-

104

---

75 Strömer, Online-Recht, S. 387.

zustand und auch die Telefonnummer, die eMail-Adresse und die Postanschrift. Zu den personenbezogenen Daten über **sachliche Verhältnisse** gehören der Person zugeordnete Rechtsverhältnisse (z. B. Grundbesitz, rechtliche Bindungen oder Verträge) und Handlungen (z. B. Arztbesuch, Benutzung einer bestimmten Software, Abruf bestimmter Informationen oder Internetsurfen).[76]

3. Datenschutzverpflichtete

105   Die datenschutzrechtlichen Pflichten des BDSG gelten zum einen für alle **öffentliche Stellen des Bundes** sowie unter bestimmten Voraussetzungen (vorbehaltlich der Gesetzgebungskompetenz der Länder) auch für die **öffentlichen Stellen der Länder** (§ 1 Abs. 2 Nr. 1 und 2 BDSG). Dies überrascht nicht weiter, hatte man doch bei der „Geburtsstunde" des Datenschutzrechts den staatlichen „Big Brother" im Blick. Aber § 1 Abs. 2 Nr. 3 BDSG erstreckt den Anwendungsbereich des Gesetzes auch auf „**nicht-öffentliche Stellen**, soweit sie die Daten unter Einsatz von Datenverarbeitungsanlagen verarbeiten, nutzen oder dafür erheben oder die Daten aus nicht automatisierten Dateien verarbeiten, nutzen oder dafür erheben"; ausgenommen sind dabei lediglich ausschließlich persönliche und familiäre Tätigkeiten. In § 2 BDSG werden die öffentlichen und nicht-öffentlichen Stellen näher definiert; dabei geht das Gesetz von einem materiellen Begriff der öffentlichen Stelle aus (d. h., auch privatrechtliche Organisationen, die hoheitliche Aufgaben wahrnehmen, gelten als öffentliche Stelle, § 2 Abs. 4 Satz 2 BDSG) und bezeichnet als nicht-öffentliche Stellen alle übrigen „natürlichen und juristischen Personen, Gesellschaften und andere Personenvereinigungen des privaten Rechts" (§ 2 Abs. 4 Satz 1 BDSG).

4. Subsidiarität

106   Das BDSG stellt die Rechtsgrundlage für das allgemeine Datenschutzrecht dar. Für die internetrechtlich besonders wichtigen Felder der Telekommunikation und der Telemedien gelten weitgehend eigene **datenschutzrechtliche Sonderbestimmungen** (§§ 91 ff. TKG, 11–15 TMG), die das BDSG als lex speciales gem. § 1 Abs. 3 BDSG verdrängen (näher hierzu s. u., Rn. 384 ff.). Das BDSG bleibt jedoch für das datenschutzrechtliche Grundverständnis maßgeblich und gilt auch für das Internetrecht subsidiär, also soweit die genannten Sondernormen keine Regelung enthalten (§ 12 Abs. 4 TMG).

III. Wesentliche Rechtsfolgen

107   Sind die Voraussetzungen für die Anwendbarkeit des BDSG erfüllt, greifen die bereits dargelegten datenschutzrechtlichen Grundprinzipien (Rn. 94 ff.). Daraus lassen sich u. a. folgende konkrete Rechtsfolgen ableiten:

---

76 Vgl. Steckler, IT-Recht, S. 67 ff.; Strömer, Online-Recht, S. 387.

▶ **Verbot, personenbezogene Daten zu erheben oder zu verwenden**, soweit dies nicht durch Einwilligung des Betroffenen oder Gesetz ausdrücklich erlaubt ist (§ 4 Abs. 1 BDSG). Diese Erlaubnis kann auch durch eine Opt-Out-Regelung – bei der der Betroffene positiv ankreuzen muss, dass er in einen Verwendungszweck *nicht* einwilligen möchte – AGB-mäßig erteilt werden:

Datenschutzrechtliche Einwilligung des Betroffenen durch Nichtankreuzen (Opt-out) – OLG München, CR 2007, 179:

Aus den Gründen: ... Allerdings ist nach § 4a Abs. 1 Satz 1 BDSG eine Einwilligung nur wirksam, wenn sie auf der freien Entscheidung des Betroffenen beruht. § 4a Abs. 1 Satz 1 BDSG berücksichtigt die Voraussetzungen des Art. 2 Buchst. h der Richtlinie 95/46/EG ..., wonach die Einwilligung ohne Zwang erfolgen muss. Ein derartiger Zwang besteht bei der genannten Klausel nicht, weil der Verbraucher die Möglichkeit hat, die Einwilligung durch Ankreuzen nicht zu erteilen. ... Bei der Beurteilung ist nicht auf den flüchtigen Verbraucher, sondern auf den situationsadäquat aufmerksamen und sorgfältigen Verbraucher abzustellen; dieser wird derartige Klauseln nicht ungelesen akzeptieren. ... In der gesetzlichen Regelung des § 4a Abs. 1 Satz 4 BDSG wird implizit vorausgesetzt, dass eine vorformulierte Einwilligung nicht nur in Gestalt einer sog. Opt-in-Klausel, bei der die Möglichkeit besteht, „ja" oder „nein" anzukreuzen, zulässig ist, sondern auch in Gestalt einer Opt-out-Klausel ... zulässig sein kann. ...

▶ **Unabdingbare** – also nicht (z. B. durch Vertrag oder Einwilligung) verzichtbare – **Rechte der Betroffenen** (§ 6 Abs. 1 BDSG); hierzu gehören **108**

– das **Auskunftsrecht** gem. §§ 19, 34 BDSG, das sich sowohl auf die Daten als solche, als auch auf deren Herkunft, den Zweck ihrer Speicherung und die Stellen, an die sie übermittelt werden oder wurden, bezieht;

– der **Berichtigungsanspruch** gem. §§ 20 Abs. 1, 35 Abs. 1 BDSG bezüglich unrichtiger Daten;

– der **Löschungsanspruch** gem. §§ 20 Abs. 2, 35 Abs. 2 BDSG z. B. bei unzulässiger Speicherung oder Wegfall des Speicherungszwecks;

– der **Sperrungsanspruch** gem. §§ 20 Abs. 3–8, 35 Abs. 3–8, solange der Löschung noch Aufbewahrungsfristen entgegenstehen oder sich die Richtigkeit bzw. Unrichtigkeit der Daten nicht feststellen lässt.

▶ Weitere – allerdings verzichtbare – Rechte der Betroffenen wie etwa[77] **109**

– der **Anspruch auf Benachrichtigung** bei Erhebung ohne Kenntnis des Betroffenen gem. §§ 19a, 33 BDSG;

– **Schadenersatzansprüche** gegenüber öffentlichen und nicht-öffentlichen Stellen gem. §§ 7, 8 BDSG oder wegen Verletzung vertragli-

---

77 Vgl. Steckler, IT-Recht, S. 94 f.

cher (Neben-)Pflichten oder unerlaubter Handlung i. S. v. §§ 823 ff. BGB;
– Recht zur **Anrufung des Datenschutzbeauftragten** gem. § 21 BDSG.

110 ► **Sicherungs- und Schutzpflichten** der Datenverwender wie z. B.
– die **Meldepflicht** für automatisierte Datenverarbeitungen vor deren Inbetriebnahme gem. §§ 4d, 4e BDSG; die Meldung erfolgt bei öffentlichen Stellen sowie Post- oder Telekommunikationsdiensteanbietern an den Bundesdatenschutzbeauftragten gem. §§ 22 ff. BDSG und bei nicht-öffentlichen Stellen an die zuständige Aufsichtsbehörde gem. § 38 BDSG;
– die **Bestellung betrieblicher Datenschutzbeauftragter** gem. §§ 4f, 4g BDSG.

IV. Internationales Datenschutzrecht

111 Auf internationaler Ebene gibt es keine rechtlich bindenden Vorgaben zum Datenschutzrecht – weder direkt noch durch kollisionsrechtliche Normen, die regeln würden, welches nationale Datenschutzrecht auf einen bestimmten grenzüberschreitenden Fall anzuwenden wäre.[78] Das deutsche Datenschutzrecht gilt zunächst nur für **Datenverarbeitungen, die in Deutschland stattfinden.** Diese früher weitgehend unproblematische Abgrenzung ist im Zeitalter des grenzüberschreitenden Mediums Internet – gemessen an seinem Ziel, für die in Deutschland lebende Bevölkerung das Grundrecht der informationellen Selbstbestimmung zu verwirklichen – nicht mehr in allen Fällen ausreichend, so wenn beispielsweise personenbezogene Daten über Einwohner Deutschlands auf US-amerikanischen Servern verarbeitet werden (wie dies bei deutschen Töchtern großer internationaler Providerkonzerne üblich ist).

112 Deshalb gilt das BDSG darüber hinaus gem. § 1 Abs. 5 auch für Datenverwendungen,

► die durch **eine im Inland befindliche verantwortliche Stelle** erfolgen – unabhängig vom Serverstandort, so dass hierunter auch eine Datenverarbeitung auf einem ausländischen Server durch eine in Deutschland ansässige Firma fällt;

► die durch eine **im Inland belegene Niederlassung** einer Organisation, die ihren Sitz innerhalb des Europäischen Wirtschaftsraums[79] hat, erfolgen – ebenfalls unabhängig vom Serverstandort, weshalb hierunter

---

78 Steckler, IT-Recht, S. 322 weist auf ethische und moralische Grundsätze und Verhaltensregeln in der internationalen Datenverarbeitung, auf unverbindliche UN-Richtlinien sowie auf etwaige Vereinbarungen von Berufsverbänden und anderen Vereinigungen hin.
79 Das Abkommen über den Europäischen Wirtschaftsraum (EWR-Abkommen) umfasst neben den EU-Staaten drei der vier EFTA-Staaten, nämlich Liechtenstein, Island und Norwegen.

beispielsweise die Kundendatenverarbeitung einer Renault-Niederlassung in Sachsen fällt;

► die im Inland durch eine Organisation, die ihren Sitz außerhalb des Europäischen Wirtschaftsraums hat, erfolgen – hier also abhängig vom Serverstandort, so dass **jeder räumlich in Deutschland befindliche Datenträger** unabhängig vom Sitzland der verantwortlichen Stelle dem deutschen Datenschutzrecht unterliegt; dies gilt nur dann nicht, wenn sich der Datenträger nur auf der Durchreise befindet (z. B. Verwendung eines Laptops durch einen amerikanischen Geschäftsmann im Transitbereich des Frankfurter Flughafens).

Die Weitergabe von Daten an Stellen in **Ländern innerhalb des Europäischen Wirtschaftsraums** richtet sich gem. § 4b BDSG grundsätzlich nach den für den Inlandsverkehr geltenden Regeln der §§ 15 Abs. 1, 16 Abs. 1, 28–30a BDSG. Der Datenexport in **Länder außerhalb des Europäischen Wirtschaftsraums** ist dagegen nur dann zulässig, wenn dort ein „angemessenes Schutzniveau" gewährleistet wird; dies bemisst sich u. a. nach den für den Empfänger geltenden Rechtsnormen sowie nach Dauer und Zweckbestimmung der geplanten Verarbeitung (§ 4b Abs. 3 BDSG). In bestimmten Fällen ist eine Weitergabe unabhängig vom Schutzniveau des Ziellandes möglich, so z. B. wenn der Betroffene zugestimmt hat, wenn die Übermittlung zur Erfüllung eines Vertrages, der zwischen dem Betroffenen und dem Datenverwender oder dem Datenverwender und einem Dritten im Interesse des Betroffenen abgeschlossen wurde, oder wenn die Übermittlung für die Wahrung lebenswichtiger Interessen des Betroffenen erforderlich ist (§ 4c Abs. 1 BDSG). Der Inhalt der §§ 4b, 4c BDSG geht auf Art. 25, 26 der Datenschutz-RL der EU zurück und gilt daher entsprechend in den anderen EU-Staaten. Dies hat zur Folge, dass der Datenexport innerhalb des Europäischen Wirtschaftsraums relativ unproblematisch möglich ist, während für die Übermittlung in das übrige Ausland relativ hohe Hürden gelten.[80] **113**

V. Fazit

1. Der Umgang mit Daten ist in einer Kommunikationsgesellschaft und insbesondere im Internet von hoher rechtlicher und praktischer Relevanz. **114**
2. Aus dem dem Datenschutz zugrunde liegenden Grundrecht auf informationelle Selbstbestimmung folgt das Gebot, Daten nur solange und soweit dies für einen klar erkennbaren und hinreichend bedeutenden Zweck nötig ist, in einer für den Betroffenen transparenten Weise zu erheben und zu verwenden. Die Weitergabe von Daten unterliegt strengen Anforderungen.

---

80 Köhler/Arndt/Fetzer, RdI, Rn. 951.

3. Das Bundesdatenschutzgesetz ist die Grundsatznorm für die Erhebung und Verwendung personenbezogener Daten persönlicher und sachlicher Art, hat aber im Internet gegenüber den Sonderregelungen für Telemedien nur nachrangige Bedeutung.

4. Ein internationales Datenschutzrecht gibt es nicht. Das BDSG gilt für alle Datenerhebungen und -verarbeitungen, die in Deutschland oder durch in Deutschland ansässige Organisationen erfolgen oder Einwohner Deutschlands betreffen.

5. Der Datenaustausch im Europäischen Wirtschaftsraum ist durch EU-Vorgaben weitgehend harmonisiert und damit erleichtert, während für die Übermittlung in das übrige Ausland relativ hohe Hürden gelten.

D. Wettbewerbsrecht

I. Zur Stellung und Bedeutung des UWG

1. Einordnung des UWG in den Gewerblichen Rechtsschutz

115 Das im UWG geregelte Wettbewerbsrecht ist Teil des „Gewerblichen Rechtsschutzes"; hierzu zählen außerdem das Patent- und Gebrauchsmusterrecht, das Geschmacksmusterrecht sowie das Warenzeichen- oder Markenrecht. Diese übrigen Gebiete des Gewerblichen Rechtsschutzes verfolgen vorrangig den Schutz geistig-gewerblicher Schöpfungen als eigentumsähnliche Rechte, die dem Rechtsinhaber absolut, d.h. gegenüber jedermann, zustehen. Das UWG dagegen vermittelt nur **relative Rechte** wie **Schadensersatz- oder Unterlassungsansprüche** (§§ 8, 9 UWG), die nur bestimmte Personen gegenüber anderen bestimmten Personen geltend machen können.[81]

2. Schutzzwecktrias

116 Das Wettbewerbsrecht verfolgt drei unterschiedliche Schutzzwecke: Es schützt subjektiv die **Wettbewerber** vor unlauteren Methoden der Konkurrenz, es schützt objektiv den unverfälschten, lauteren **Wettbewerb als Allgemeinwohlbelang** und es schützt die **Verbraucher**[82] in ihrem legitimen Interesse, nicht im Rahmen von Wettbewerbsmaßnahmen zum Spielball der Konkurrenten gemacht und in ihrer Entschließungsfreiheit (z.B. durch Lockvogelangebote) eingeschränkt zu werden. Diese „Schutzzwecktrias"

---

81 Rittner, Wettbewerbsrecht, § 1 Rn. 44–48.
82 Das UWG geht ausdrücklich vom Verbraucher- und Unternehmerbegriff der §§ 13 f. BGB aus, § 2 Abs. 2 UWG (Näheres zu diesen Begriffen s. u., Rn. 790 ff.).

ist seit 2004 in § 1 UWG ausdrücklich normiert und geht von einer grundsätzlichen **Gleichrangigkeit aller drei Schutzzwecke** aus.[83]

3. Anwendbarkeitsvoraussetzungen

Die Anwendbarkeit des UWG setzt voraus, dass ein Wettbewerber **im geschäftlichen Verkehr** handelt. Dies steht zwar seit 2004 nicht mehr ausdrücklich im Gesetz (vgl. dagegen § 1 UWG a. F.), ergibt sich aber sowohl aus dem Schutzzweck als auch aus dem Gesamtzusammenhang des Gesetzes.[84] Dieser Anwendungsbereich erfasst folglich kein privates oder amtliches Handeln, weshalb beispielsweise eine private Internet-Homepage mit Meinungsäußerungen oder Berichten nichtkommerzieller Art keinen wettbewerbsrechtlichen Ansprüchen ausgesetzt ist. Hinzu kommt, dass bei Ansprüchen zwischen Mitbewerbern ein **Wettbewerbsverhältnis** gegeben sein muss (vgl. § 2 Abs. 1 Nr. 3 UWG), also deren gewerbliche Interessen miteinander kollidieren können.[85] Bei einer Kleider-Boutique in Wuppertal ist dies gegenüber einem Getränkelieferanten in Tübingen schwer vorstellbar, während dies bei einem BMW- und einem VW-Händler in Stuttgart regelmäßig erfüllt ist. Allerdings ist Branchenidentität für ein Wettbewerbsverhältnis nicht zwingend, sondern nur der übereinstimmende Abnehmerkreis; wirbt beispielsweise der Tübinger Getränkehändler damit, dass er den besseren Service bietet als der benachbarte Copy-Shop, ist der weit auszulegende Begriff eines Wettbewerbsverhältnisses erfüllt.

117

II. Verbot unlauteren Wettbewerbs gem. § 3 UWG

1. Unlauterkeits-Generalklausel

Von 1909 bis 2004 galt nahezu einhundert Jahre lang die Generalklausel des § 1 UWG a. F., wonach Handlungen „im geschäftlichen Verkehr zu Zwecken des Wettbewerbs …, die gegen die guten Sitten verstoßen", Unterlassungs- und Schadensersatzansprüche auslösen. In dieser Zeit hat sich zur Ausfüllung des Sittenwidrigkeitsbegriffs eine **ausdifferenzierte Rechtsprechung mit verschiedenen Fallgruppen** herausgebildet.[86] Im Jahr 2004 hat der Gesetzgeber – nachdem wettbewerbsrechtliche Sondernormen wie

118

---

83 BT-Drs. 15/1487, S. 15 f.; Köhler, NJW 2004, 2121; s. auch Rittner, Wettbewerbsrecht, Rn. 25–36.

84 Allerdings wird der Anwendungsbereich durch den Begriff der Wettbewerbshandlung insofern erweitert, dass nun jede auf die Förderung des Absatzes oder Bezugs von Waren oder Dienstleistungen gerichtete Handlung erfasst wird und es nicht mehr darauf ankommt, ob die wettbewerbliche Handlung zum Nachteil eines Mitbewerbers erfolgt, vgl. Köhler, NJW 2004, 2121, 2122; siehe auch Köhler/Arndt/Fetzer, RdI, Rn. 651.

85 Rittner, Wettbewerbsrecht, § 2 Rn. 10–14; Fechner, Medienrecht, Kap. 6 Rn. 49 ff.; Köhler/Arndt/Fetzer, RdI, Rn. 652 ff.

86 Vgl. Rittner, Wettbewerbsrecht, § 1 Rn. 9; zu den verfassungsrechtlichen Anforderungen an diese Fallgruppenbildung vgl. Hartwig, NJW 2002, 38.

das Rabattgesetz und die Zugabeverordnung schon zuvor gefallen waren – das UWG in Anpassung an europarechtliche und internationale Standards komplett überarbeitet und neu erlassen. Diese Novelle brachte vor allem zahlreiche Liberalisierungen wie die Aufhebung der Reglementierung von Schlussverkäufen, Jubiläumsverkäufen und Räumungsverkäufen und eine Neuordnung des Werberechts.[87]

119 Dabei wurde auch die Sittenwidrigkeits-Generalklausel als solche zwar abgeschafft, aber der Sache nach erhalten; nun regelt § 3 UWG generalklauselartig das Verbot unlauteren Wettbewerbs. Der **als antiquiert empfundene Begriff der Sittenwidrigkeit** wurde also – ohne dass damit eine inhaltliche Veränderung bezweckt gewesen wäre – durch den der Unlauterkeit ersetzt und damit an die europäische Terminologie angepasst („unlauter" = „unfair").[88] In den §§ 4–7 UWG werden zur Ausfüllung der Generalklausel beispielhaft und nicht abschließend zahlreiche Fallbeispiele für unlauteres Handeln aufgezählt.

2. Fallgruppen

120 Bei den rechtswissenschaftlichen Bemühungen zur Systematisierung der vielfältigen wie zahlreichen Anwendungsfälle der Sittenwidrigkeits-Generalklausel in der Rechtsprechung haben sich **fünf große Fallgruppen** herauskristallisiert, in die sich auch die seit 2004 bestehenden gesetzlichen Fallbeispiele überwiegend einordnen lassen:[89]

- ► Kundenfang,
- ► Behinderung,
- ► Ausbeutung,
- ► Rechtsbruch und
- ► Marktstörung.

Die Fallgruppen schließen sich nicht gegenseitig aus, vielmehr kann ein Sachverhalt ohne weiteres gleichzeitig **Einzelaspekte aus verschiedenen Fallgruppen** betreffen. So kann ein mittels Täuschung begangener Kundenfang zugleich eine Behinderung des Mitbewerbers sowie einen Rechtsbruch darstellen.[90]

121 Im Überblick sehen die fünf Fallgruppen mit wesentlichen Anwendungsfällen wie folgt aus:

---

87 Vgl. Köhler, NJW 2004, 2121.
88 Köhler, NJW 2004, 2121, 2122; vgl. auch die amtliche Begründung des der Novelle zugrunde liegenden Gesetzentwurfs der Bundesregierung, BT-Drs. 15/ 1487, insbes. S. 13, 16.
89 Rittner, Wettbewerbsrecht, § 3; Fechner, Medienrecht, Kap. 6 Rn. 63 ff.
90 Rittner, Wettbewerbsrecht, § 3 Rn. 9.

Unlauterkeit gem. § 3 UWG				
Kundenfang	Behinderung	Ausbeutung fremder Leistung	Rechtsbruch	Marktstörung
Einwirkung auf den Kunden, die seine freie Willensbildung beeinträchtigt	Behinderung des Mitbewerbers, seine Waren oder Dienstleistungen anzubieten	Übernahme eines fremden Arbeitsergebnisses oder guten Rufs	Bewusste Ausnutzung der Gesetzes- oder Vertragstreue der Mitbewerber	Gefährdung des Wettbewerbs auf einem bestimmten Markt
Irreführende Werbung, Lockvogelangebote, Schleichwerbung	Absatz-, Werbe- oder Lizenzbehinderung, herabsetzende Werbung	Nachahmung einer fremden Leistung, Werbung oder eines fremden Kennzeichens	Verstoß gegen Gesetze, Verträge oder Standesregeln	Harte Preiskampfmethoden, Kartellverstöße

Übersicht 8:   Unlauterkeitsfallgruppen nach § 3 UWG

a) Kundenfang

Kundenfang beschreibt solche Wettbewerbsmaßnahmen, die den **freien** **122** **Entscheidungsspielraum des Kunden wesentlich beeinträchtigen**, also qualitativ erheblich über die normale Kundenansprache und -beeinflussung der Werbung hinausgehen (vgl. § 4 UWG). Dies kann in vielfältiger Weise geschehen, weshalb sich zu dieser Fallgruppe eine Reihe von Untergruppen gebildet hat:

aa) **Zwang** – d.h. die Entscheidungsfreiheit des Verbrauchers wird durch **123** Zwangsmittel oder andere Benachteiligungen unzulässig beeinträchtigt (§ 4 Nr. 1 UWG). Dies ist zunächst dann der Fall, wenn auf den Verbraucher **Druck** ausgeübt wird (§ 4 Nr. 1 Alt. 1 UWG), ihm also ein konkreter Nachteil zugefügt oder angedroht wird. So darf beispielsweise ein Kunde nicht mit physischem Zwang am Verlassen eines Ladens gehindert werden, um einen Vertragsabschluss zu erwirken. Der Druck kann aber auch auf wirtschaftlicher Überlegenheit oder sozialem Zwang beruhen.[91] Des Weiteren kann diese Unterfallgruppe durch **sonstigen unangemessenen unsachlichen Einfluss** erfüllt sein (§ 4 Nr. 1 Alt. 3 UWG). Hierzu zählt beispielsweise das Aufbauen eines psychischen Kaufzwangs, etwa durch einen Werbeeinsatz von Kollegen, Vereinskameraden, Verwandten (Laienwerbung). Auch können durch sog. „Werbe-/Butterfahrten" oder Gewinnspiele, die eng mit

---

91   Rittner, Wettbewerbsrecht, § 3 Rn. 15–17.

dem Warenabsatz verbunden sind, zielgerichtet Situationen herbeigeführt werden, die einen „psychologischen Kaufzwang" schaffen (vgl. § 4 Nr. 5, 6 UWG); da aber der online umworbene Verbraucher in aller Regel anonym bleiben kann, ist eine solche Situation im Internet relativ unwahrscheinlich.[92]

124   bb) **Belästigung** – damit werden solche Werbemethoden bezeichnet, bei denen der Kunde das Angebot vor allem deshalb akzeptiert, um die (meist relativ aufdringliche) Umwerbung los zu werden; hier wird die verbraucherschützende Intention des UWG besonders augenfällig. Diese Fallgruppe ist erfüllt etwa bei einer Direktansprache von Passanten an öffentlichen Orten oder in unangemessenen Situationen (wenn z. B. ein Beteiligter eines Verkehrsunfalls noch an Ort und Stelle einen Reparatur- oder Mietwagenvertrag angeboten bekommt) oder bei der Zusendung unbestellter Ware. Auch stellt jede Form von Telefon- oder eMail-Werbung gegenüber Verbrauchern ohne deren Einwilligung grundsätzlich eine unzumutbare Belästigung dar (Näheres zum Spamming s. u., Rn. 844 ff.).[93]

125   cc) **Ausnutzung besonderer Umstände** – wenn die Werbung nicht besondere Drucksituationen herbeiführt, sondern vorhandene ausnutzt, ist diese Fallgruppe erfüllt (vgl. § 4 Nr. 2 UWG).[94] Hierzu zählt etwa die gezielte **Ausnutzung fehlender Sachkenntnis bzw. der geschäftlichen Unerfahrenheit** des Kunden, insbesondere bei Kindern oder Jugendlichen, oder der ungebetene Hausbesuch eines Bestattungsunternehmers oder eines Grabsteinherstellers bei den Hinterbliebenen eines Verstorbenen, die ihre Dienste offerieren.[95]

126   dd) **Unlautere Vorteile** – darunter werden beispielsweise weitreichende Rabattaktionen, Geschenke und andere Lockangebote verstanden, aber auch das Anpreisen „immaterieller Vorteile" durch eine übertrieben gefühlsbetonte Werbung. Auch Koppelungsangebote, bei denen z. B. ein Autokauf mit der Finanzierung einer Urlaubsreise verbunden wird, können zu unlauteren Vorteilen führen.[96]

127   ee) **Unlautere Information** – wozu vor allem das weite Feld der **irreführenden Werbung** zählt:[97] Der Kunde wird unter Vorspiegelung bestimmter, unzutreffender Tatsachen umworben; dies kann sich auf geschäftliche Verhältnisse (Behauptung besonderer Seriositätsmerkmale), die eigene Marktbedeutung (z. B. Angabe überhöhter Zugriffszahlen auf eine Internetseite) oder auf vertragliche Konditionen (Preise) beziehen (vgl. § 4 Nr. 4 UWG).

---

92 Rittner, Wettbewerbsrecht, § 3 Rn. 21.
93 Rittner, Wettbewerbsrecht, § 3 Rn. 26 ff.
94 Rittner, Wettbewerbsrecht, § 3 Rn. 46–49.
95 BGHZ 56, 18.
96 Rittner, Wettbewerbsrecht, § 3 Rn. 50 ff.
97 Rittner, Wettbewerbsrecht, § 3 Rn. 87 ff.; vgl. auch Köhler, NJW 2004, 2121, 2124 f.; vgl. auch BT-Drs. 15/1487, S. 20.

Die Irreführung wird bereits dann als erfüllt angesehen, wenn ca. 10 % der angesprochenen Verkehrskreise die durch die Werbemethode bezweckte Fehlvorstellung entwickelt haben.[98] Die irreführende Werbung ist in § 5 UWG ausdrücklich als unlauter gebrandmarkt. Hierzu gehören beliebte Werbetricks wie beispielsweise die Werbung mit Rabattpreisen, wenn der zuvor verlangte höhere Preis nur für ganz kurze Dauer gegolten hat (§ 5 Abs. 4 UWG); damit wird dem Kunden unzutreffend suggeriert, dass das Angebot besonders günstig sei. Zur unlauteren Information zählt auch die getarnte Werbung oder **Schleichwerbung**, wozu beispielsweise Werbeanzeigen in einer Zeitung zählen, die durch Stil, Aufmachung und Darstellung den Eindruck erwecken, zum „kommerziell neutralen" redaktionellen Teil zu gehören (§ 4 Nr. 3 UWG).[99]

b) Behinderung

Während die Fallgruppe des Kundenfangs primär verbraucherschützender **128** Art ist, dient die Fallgruppe der Behinderung dem subjektiven **Interesse des Mitbewerbers an fairen Wettbewerbsbedingungen.** Hier werden also solche Fallkonstellationen erfasst, bei denen ein Mitbewerber über das normale, wettbewerbsimmanente Leistungsstreben hinaus Maßnahmen ergreift, um seine Konkurrenten in ihrer Marktentfaltung gezielt zu behindern (vgl. § 4 Nr. 10 UWG).[100]

Hierzu gehören folgende Untergruppen:[101]   **129**

► **Betriebsstörung** – z. B. Blockade einer Zufahrt oder gezielte Beschädigung von Produktionsanlagen,
► **Ausspannen** – d. h. das Abwerben von Mitarbeitern unter unlauteren Begleitumständen,
► **Rechtsdurchsetzung** – d. h. Überziehen des Konkurrenten oder seiner Vertragspartner mit Klagen oder Anträge bei Gerichten und Behörden,
► **Werbebehinderung** – z. B. Zerstörung von Werbeplakaten des Konkurrenten oder sog. TV-Werbeblocker, die Werbung aus dem laufenden Fernsehprogramm automatisch ausblenden können,
► **Boykott** – d. h. die Aufforderung zu einer Liefer- oder Bezugssperre, indem der Konkurrent in Verruf gebracht wird, z. B. durch öffentliche Aufrufe, die Produkte eines bestimmten Lebensmittelherstellers nicht mehr zu kaufen, weil dieser Kinderarbeit in der Dritten Welt fördere,
► **Anschwärzung/Herabsetzung/Verunglimpfung** (§ 4 Nr. 7, 8 UWG) – wenn ein Konkurrent isoliert oder in ein schlechtes Licht gerückt wird, etwa durch die Behauptung oder Verbreitung von unwahren geschäfts- oder kreditschädigenden Tatsachen,
► **Vergleichende Werbung,** soweit dadurch auf eine nicht einfach und objektiv überprüfbare Art und Weise das Angebot des Mitbewerbers madig gemacht wird (§ 4 Nr. 7, 8, § 6 Abs. 2 Nr. 2, 5 UWG), oder

---

98 Steckler, IT-Recht, S. 157.
99 Rittner, Wettbewerbsrecht, § 3 Rn. 124–127.
100 Rittner, Wettbewerbsrecht, § 3 Rn. 128.
101 Rittner, Wettbewerbsrecht, § 3 Rn. 128 ff.; Steckler, IT-Recht, S. 153 f.

der Konkurrent persönlich herabsetzt wird, z. B. durch eine sachfremde Thematisierung seiner strafrechtlichen Vergangenheit oder seiner ungünstigen finanziellen Situation (§§ 4 Nr. 7, 6 Abs. 2 Nr. 5 UWG),

► **Preiskampf** – d. h., wenn eine ruinöse Preisunterbietung gegen einen bestimmten Konkurrenten erfolgt, durch die der Markt insgesamt noch nicht gestört wird (zur Marktstörung s. u., Rn. 135), und

► **Bestechung und Bestechlichkeit im geschäftlichen Verkehr** (§§ 299, 300 StGB).

130 Im Internet ist die Fallgruppe der Behinderung beispielsweise dann betroffen, wenn jemand die Firmen-Domain eines anderen belegt und nur gegen Zahlung von „Lösegeld" diese freizugeben bereit ist (**Domain-Grabbing,** Näheres hierzu s. u., Rn. 693 ff.).[102] Ebenso ist die Behinderung erfüllt bei einer technischen Blockade eines Internetauftritts oder eines eMail-Accounts durch Verstopfens mit Datenmüll (**Trashing**), bei einem durch eine **DoS-Attacke** (→ siehe Anhang 1) provozierten Server-Absturz oder bei einer Suchmaschinenmanipulation, durch die eine Umleitung von Suchanfragen von einer fremden Seite auf die eigene bewirkt wird.[103]

c) Ausbeutung fremder Leistung

131 Auch die Fallgruppe der Ausbeutung schützt vorrangig den Mitbewerber bzw. dessen Leistungen. Dies gilt vor allem für unkörperliche Leistungen wie bestimmte Werbeslogans oder einen guten Ruf. Teilweise können solche Leistungen bereits durch das Urheberrecht geschützt sein; doch soweit dies nicht der Fall ist, kommt hier das Wettbewerbsrecht ins Spiel. Die besondere Unlauterkeit liegt darin, die **Früchte fremder Arbeit und Investitionen** unter eigener Ersparnis gerade dieses Aufwandes für sich nutzbar zu machen. Im Internet kann dies beispielsweise bei bestimmten Linkformen erfüllt sein (s. u., Rn. 494 f., 497, 504 ff.).[104]

132 Untergruppen dieser Fallgruppe sind:[105]

► **Nachahmen fremder Leistung** – z. B. bei einer starken Anlehnung an eine erfolgreiche Werbe- oder Produktlinie eines Mitbewerbers mit nur geringen Abweichungen (vgl. §§ 4 Nr. 9, 6 Abs. 2 Nr. 6 UWG).

► **Übernahme fremder Arbeitsergebnisse** – z. B. kann dies bei einem entsprechenden kommerziellen Zusammenhang bei Software-Kopien oder beim Framing (dazu s. u., Rn. 497) der Fall sein.

► **Ausspähen von Geschäfts- und Betriebsgeheimnissen** (§§ 17–19 UWG).

► **Ausnutzen eines fremden Rufs** – d. h. eine gezielte und systematische Anlehnung an einen (mit viel Geld und Einsatz erarbeiteten) fremden guten Ruf (z. B. durch Verwendung als Vorspann), so dass viele Kunden die positiven Assoziationen auf den Ausbeuter übertragen (vgl. §§ 4 Nr. 9b, 6 Abs. 2 Nr. 4 UWG).

---

102 Rittner, Wettbewerbsrecht, § 3 Rn. 143.
103 OLG Hamm, MMR 2010, 36.
104 Steckler, IT-Recht, S. 152 f.
105 Rittner, Wettbewerbsrecht, § 3 Rn. 188 ff.

d) Rechtsbruch

Der auf Vorsprung gegenüber Mitbewerbern gerichtete Kampf im Wett- **133**
bewerb kann auch die Versuchung nahe legen, auf die „außerrechtliche
Überholspur" zu wechseln und so die Konkurrenz hinter sich zu lassen.
Wettbewerbsrechtlich relevant ist dabei aber nicht jeder Rechtsverstoß,
sondern nur die Missachtung von solchen Normen, die – auch – einen wett-
bewerbsschützenden Zweck haben (vgl. § 4 Nr. 11 UWG); man spricht
dann von einer **wettbewerbsrechtlichen „Wertbezogenheit"**, was z.B. für
die Anbieterkennzeichnung nach § 5 TMG strittig war (bis zur bejahen-
den Klärung durch den BGH, s.u. Rn. 440ff.). So führen Verstöße gegen
Rechtsvorgaben außerhalb des Wettbewerbsrechts nur dann zur wettbewerbsrechtlichen Unlauterkeit, wenn die verletzten Normen dem **Schutz
wichtiger Rechts- oder Gemeinschaftsgüter** dienen (was insbesondere für
weite Teile des Strafrechts zu bejahen ist) oder der Wettbewerber gerade
durch die Rechtsverletzung **nennenswerte Vorteile gegenüber der rechtstreu
gebliebenen Konkurrenz** erlangt hat oder erlangen wollte. Daraus folgt,
dass die Fallgruppe des Rechtsbruchs sowohl den Wettbewerb als Allgemeinwohlbelang als auch die einzelnen Wettbewerber in ihrem Interesse an
fairen Wettbewerbsbedingungen schützt.[106]

Besonders praktisch relevant ist der Verstoß gegen **wirtschafts- und steuer-** **134**
rechtliche Vorschriften, wozu z.B. preisrechtliche Ordnungsvorschriften
(PAngV, §§ 66aff. TKG für die Mehrwertdienste-Rufnummern, Buch-
preisbindung), aber auch die Informationspflichten in §§ 312, 312d BGB,
zollrechtliche Normen, Teile des Arbeitsrechts, standesrechtliche Vorgaben
für bestimmte Berufsgruppen wie Rechtsanwälte und Ärzte sowie gesetzliche Werbeverbote (z.B. für Glücksspiele, Lotterien und Ausspielungen,
vgl. §§ 284 Abs. 4, 287 Abs. 2 StGB) gehören.[107] Ebenso bedeutsam sind
Verstöße gegen solche Normen, die gemeinhin in einem **Spannungsverhält-**
nis zum wirtschaftlichen Entfaltungsdrang stehen wie z.B. das Umweltrecht (insbes. das im produzierenden Gewerbe häufig sehr kostenintensive
Immissionsschutzrecht, aber auch Abfallrecht) und gesundheitsrechtliche
Vorschriften (Arzneimittelrecht,[108] Lebensmittelrecht). Schließlich kommen
auch **Verletzungen vertraglicher Verpflichtungen** dann in Betracht, wenn
dies einen spezifisch wettbewerblichen Vertrauensbruch bedeutet oder
wenn gerade die Ausnutzung der Vertragstreue der übrigen Vertragsparteien zielgerichtet ausgenutzt wird.[109]

---

106 Rittner, Wettbewerbsrecht, § 3 Rn. 217ff.; vgl. auch Köhler, NJW 2004, 2121,
     2124.
107 Vgl. hierzu Köhler/Arndt, RdI, 4. Aufl., S. 213ff.; Rittner, Wettbewerbsrecht,
     Rn. 231. Das OLG Hamburg, MMR 2002, 471, hat das lizenzlose Anbieten
     von Wetten im Internet unter Hinweis auf die Strafnorm § 284 Abs. 1, 4 StGB
     als wettbewerbsrechtlich unlauter qualifiziert.
108 Relevant für Internet-Apotheken, Gesundheitsforen etc., vgl. Köhler/Arndt,
     RdI, 4. Aufl., S. 218ff.
109 Rittner, Wettbewerbsrecht, § 3 Rn. 217.

e) Marktstörung

135 Die (in den gesetzlichen Fallbeispielen zur Unlauterkeit nicht genannte) Fallgruppe der Marktstörung dient vorrangig dem Schutz des funktionsfähigen Wettbewerbs als Allgemeinwohlbelang. Sie erfasst solche Fallkonstellationen, in denen eine **„Gefährdung des Wettbewerbsprozesses im Ganzen"** auf einem bestimmten Markt vorliegt; solche Fälle werden daher vorrangig durch Verbandsklagen (vgl. § 8 Abs. 3 Nr. 2–4 UWG) aufgegriffen. Marktstörungen können beispielsweise bei Preiskämpfen und bei der unentgeltlichen Abgabe von Orginalware, Dienstleistungen oder (werbefinanzierten) Presseerzeugnissen auftreten.[110]

3. Rechtsfolgen

a) Abwehransprüche

136 Wettbewerbsrechtsverstöße lösen hauptsächlich zivilrechtliche Rechtsansprüche aus.[111] Liegen die Voraussetzungen der Unlauterkeit im Verhalten eines Wettbewerbers vor, kann

- ► jeder Mitbewerber,
- ► jeder vom konkreten Fall branchenmäßig angesprochene Berufsverband,
- ► jeder anerkannte[112] Verbraucherschutzverband,
- ► jede Industrie- und Handelskammer und
- ► jede Handwerkskammer

gegen diesen Wettbewerber **Beseitigung** etwaiger Folgen bzw. fortdauernder Wirkungen des unlauteren Verhaltens und bei Wiederholungs- oder auch Erstbegehungsgefahr **Unterlassung** des unlauteren Verhaltens verlangen (§ 8 UWG). Diese Ansprüche werden auch Abwehransprüche genannt und bestehen verschuldensunabhängig.[113] Der individuelle Verbraucher hingegen ist nicht anspruchsberechtigt, um die Unternehmen nicht zu überfordern bzw. nicht zur Vermeidung der Überforderung das Schutzniveau absenken zu müssen.[114]

b) Schadensersatzanspruch

137 Darüber hinaus kann jeder Mitbewerber, dem durch das unlautere Verhalten ein materieller Schaden entstanden ist, von demjenigen, der das Verhal-

---

110 Rittner, Wettbewerbsrecht, § 3 Rn. 232 ff.
111 Zu den strafrechtlichen Konsequenzen s. u., Rn. 170.
112 Die Anerkennung richtet sich nach § 4 Unterlassungsklagengesetz und nach Art. 4 der Verbraucherschutz-Richtlinie 98/27/EG der EU, vgl. § 8 Abs. 3 Nr. 3 UWG.
113 Insofern hat sich durch die Novelle letztlich nichts geändert, auch wenn der Beseitigungsanspruch bisher nicht ausdrücklich normiert war, vgl. Rittner, Wettbewerbsrecht, § 4 Rn. 9 f.
114 BT-Drs. 15/1487, S. 22; siehe auch Rittner, Wettbewerbsrecht, § 4 Rn. 30; Köhler/Arndt/Fetzer, RdI, Rn. 655.

ten schuldhaft begangen hat, **Schadensersatz** verlangen (§ 9 UWG). Dieser kann im Einzelfall der Höhe nach schwer zu bestimmen sein, weshalb die Abwehransprüche praktisch viel häufiger geltend gemacht werden. Für die **Schadensbemessung** kommen je nach Fallgestaltung ein etwa beim Anspruchgläubiger entgangener Gewinn, ein vom Anspruchschuldner gerade wegen des unlauteren Verhaltens erzielter Gewinn, der Grundsatz der Lizenzanalogie oder – „wenn alle Stricke reißen" – eine richterliche Schadensschätzung gem. § 287 ZPO in Betracht.[115]

c) Gewinnabschöpfungsanspruch

Die für die Abwehransprüche gem. § 8 UWG aktivlegitimierten Verbände **138** und Kammern können von unlauter handelnden Wettbewerbern die Herausgabe des durch dieses Verhalten erzielten Gewinns verlangen, wenn dieser auf Kosten einer Vielzahl von Abnehmern zustande gekommen ist (§ 10 UWG). Hintergrund dieser auf den ersten Blick etwas ungewöhnlichen Anspruchsgrundlage sind die sog. **Streuschäden.** Dabei handelt es sich um Fälle, in denen eine große Anzahl von Personen jeweils nur in sehr geringem Umfang geschädigt worden ist. Dies ist häufig der Fall bei der Einziehung geringer Beträge ohne Rechtsgrund, bei Vertragsschlüssen auf Grund irreführender Werbung oder bei gefälschten Produkten. Die Geschädigten sehen dabei wegen der ungünstigen Nutzen-/Kostenrelation von einer Geltendmachung meist ab.[116]

Der Abschöpfungsanspruch soll verhindern, dass der Schädiger aus die- **139** sem Umstand faktisch regelmäßig Kapital schlagen kann. Da allerdings der so abgeschöpfte Gewinn auch nicht den klageberechtigten Organisationen zustehen kann, kann das Herausgabeverlangen zugunsten des Bundeshaushalts geltend gemacht werden (ggf. unter Abzug der für die Anspruchsverfolgung erforderlichen Aufwendungen). Soweit der Schädiger (einzelnen) Geschädigten deren Schaden ersetzt hat oder noch ersetzt, kann er dies von seiner Abschöpfungsschuld abziehen bzw. vom Bundesamt für Justiz zurück verlangen (§ 10 Abs. 2, 5 UWG).[117]

4. Internationales Wettbewerbsrecht

Das internationale Wettbewerbsrecht richtet sich nach der **Marktortregel,** **140** wonach die Rechtsordnung desjenigen Staates maßgeblich ist, in dem die wettbewerbliche Interessenkollision der Streitparteien erfolgt. Allerdings kann dies in einer Weltwirtschaft, in der „global players" auf globalen Märkten agieren, nahezu überall der Fall sein – erst recht in einem grenzüberschreitenden Medium wie dem Internet. Um nicht das deutsche Wett-

---

115 Rittner, Wettbewerbsrecht, § 4 Rn. 40 ff.
116 Vgl. BT-Drs. 15/1487, S. 23 ff.; Rittner, Wettbewerbsrecht, § 4 Rn. 51–54.
117 Köhler, NJW 2004, 2121, 2125 f., wirft kritische Fragen zur Praktikabilität dieses ohne bisheriges Vorbild eingeführten Anspruchs auf, ebenso Rittner, Wettbewerbsrecht, § 4 Rn. 53.

bewerbsrecht damit auf alle Wettbewerbsstreitigkeiten im world wide web anwenden zu müssen, bedarf die Marktortregel einer einengenden Ergänzung. So ist unter Anwendung des aus dem klassischen Medienrecht (auch der Rundfunk macht an den Staatsgrenzen nicht einfach halt, insbesondere nicht bei den kegelartigen Ausstrahlungsflächen von Satelliten) stammenden **„spill-over"-Gedankens** die bestimmungsgemäße Verbreitung eines wettbewerbsrechtlich relevanten Internetangebots zu ermitteln.[118]

141 Dies kann nicht nur anhand der technischen Möglichkeiten erfolgen, sondern auf der Grundlage **aussagekräftiger Hilfsindizien:**

► **Sprache,** Gestaltung und Inhalt der Werbung (z. B. nationaler Bekanntheitsgrad auftretender Prominenter),

► räumlich-territoriale **Marktbedeutung** des werbenden Unternehmens (hilfreich bei nur lokal, regional oder national agierenden Unternehmen) und

► soweit vorhanden, die angegebenen Zahlungs- und Versandmodalitäten (einschließlich Währung!).[119]

142 Diesem Gedanken folgend hat das LG Köln dem Internetauftritt unter „budweiser.com" die **wettbewerbsrechtliche Ausrichtung auf Deutschland** abgesprochen, weil er in englischer Sprache gehalten war, in der durch Flaggen gekennzeichneten Auswahl die deutsche Fahne fehlte, keine deutsche Kontaktadresse angegeben war und mit in Deutschland unbekannten Personen geworben wurde.[120]

III. Fazit

143 1. Das Wettbewerbsrecht schützt die einzelnen Wettbewerber, den Wettbewerb als solchen und die einzelnen Verbraucher.
2. Das Wettbewerbsrecht ist (nur) auf das Handeln von Wettbewerbern im geschäftlichen Verkehr anwendbar.
3. Im Mittelpunkt des Wettbewerbsrechts steht die Unlauterkeits-Generalklausel gem. § 3 UWG. Hierzu haben sich fünf Fallgruppen herausgebildet:
   a) Kundenfang, d. h. Zwang, Belästigung, Ausnutzung fehlender Sachkenntnis oder geschäftlicher Unerfahrenheit, Anlocken durch die Verschaffung unlauterer Vorteile, unlautere Information durch irreführende Werbung oder Schleichwerbung,
   b) Behinderung, d. h. Betriebsstörung, Abwerben von Mitarbeitern, Überziehen mit Klagen, Werbebehinderung, Boykott, Anschwärzen des Angebots oder der Person des Mitbewerbers etwa in vergleichender Werbung, Preiskampf und Bestechung,

---

118 Köhler/Arndt/Fetzer, RdI, Rn. 843 ff.; Rittner, Wettbewerbsrecht, § 1 Rn. 81 f.; Boehme-Neßler, Cyberlaw, S. 318 f.
119 Köhler/Arndt/Fetzer, RdI, Rn. 847.
120 LG Köln, MMR 2002, 60.

c) Ausbeutung, d. h. Nachahmen fremder Leistung, Übernahme fremder Arbeitsergebnisse, Ausspähen von Geschäfts- und Betriebsgeheimnissen, Ausnutzen eines fremden Rufs,
d) Rechtsbruch, d. h. Verletzung wettbewerblich relevanter Vorschriften oder Vertragspflichten, um sich gegenüber dem rechtstreuen Mitbewerber ungerechtfertigte Vorteile zu verschaffen,
e) Marktstörung, d. h. eine Gefährdung des Wettbewerbsprozesses im Ganzen.
4. Ein solches unlauteres Verhalten führt zu
a) Beseitigungs- und Unterlassungsansprüchen von Mitbewerbern, Verbänden und Kammern,
b) Schadensersatzansprüchen von Mitbewerbern und
c) Abschöpfungsansprüchen von Verbänden und Kammern zugunsten des Bundeshaushalts bei Streuschäden.
5. Die im internationalen Wettbewerbsrecht geltende Marktortregel wird im Bereich des Internets durch den „spill-over"-Gedanken ergänzt, so dass anhand geeigneter Hilfskriterien wie Sprache u. a. zu untersuchen ist, ob der jeweilige nationale Markt von einem wettbewerbsrelevanten Internetauftritt überhaupt angesprochen wird.

E. Strafrecht

Das Strafrecht erfasst alle relevanten Bereiche des menschlichen Lebens **144** und Wirkens und ist entsprechend weit gefächert. Hier können nur wenige **ausgewählte Straftatbestände und Problemstellungen** dargestellt werden, die in besonderer Weise für das Internetrecht von Interesse sind.[121]

I. Publikations- und Äußerungsdelikte

Für alle Medien – also auch für das Internet – haben die Publikations- und **145** Äußerungsdelikte eine besondere Bedeutung. Das liegt daran, dass der Vorgang der Publikation – d. h. Mitteilung an viele andere Personen – und die mit Mitteilungen oft verbundenen Wertungsäußerungen dem Medienbegriff immanent sind (s. o., Rn. 1).

1. Publikationsdelikte

a) **Publikationsdelikte sind solche Straftatbestände, deren Tathandlung in** **146**

▶ einer **Verbreitung**, also Weitergabe inkriminierter Inhalte in der Absicht, diese einem größeren Personenkreis zugänglich zu machen, oder in

---

121 Einen interessanten Überblick zu den mit der Internetkriminalität verbundenen rechtlichen, technischen und logistischen Herausforderungen der Strafverfolgungsbehörden gibt Gercke, MMR 2008, 291.

► einer **anderweitigen publikationsartigen Darstellung oder Verwendung** inkriminierter Inhalte (öffentliche Verwendung, Ausstellung, Vorführung, Zugänglichmachung o. Ä.)

besteht. § 11 Abs. 3 StGB stellt den in vielen Publikationsdelikten genannten „Schriften" meist auch „Ton- und Bildträger, Datenspeicher, Abbildungen und andere Darstellungen" gleich, indem in den einzelnen Delikten auf diese Norm Bezug genommen wird.

147 Die Verbreitung kann auch in unkörperlicher – also auch elektronischer – Form erfolgen. Unerheblich ist dabei auch, ob der User den inkriminierten Inhalt sich „geholt" hat, oder ob er ihm „geschickt" wurde:[122]

> **Verbreiten pornografischer Inhalte im Internet – BGH, CR 2002, 45 = JZ 2002, 308:**
>
> **Ein Verbreiten (§ 184 Abs. 3 Nr. 1 StGB) im Internet liegt vor, wenn die Datei auf dem Rechner des Internetnutzers angekommen ist. Dabei ist es unerheblich, ob dieser die Möglichkeit des Zugriffs auf die Daten genutzt oder ob der Anbieter die Daten übermittelt hat.**
>
> **Ein Zugänglichmachen (§ 184 Abs. 3 Nr. 2 StGB) im Internet liegt vor, wenn eine Datei zum Lesezugriff ins Internet gestellt und dem Internetnutzer so die Möglichkeit des Zugriffs auf die Datei eröffnet wird.**
>
> *Aus den Gründen:* ... Darauf, ob die übertragene Datei auf einem Speichermedium gespeichert wird, kommt es ... nicht an. Die Datenübertragung im Internet erfordert ... einen für diese Form der Publikation spezifischen Verbreitensbegriff. Ein Verbreiten im Internet liegt danach dann vor, wenn die Datei auf dem Rechner des Internetnutzers – sei es im (flüchtigen) Arbeitsspeicher oder auf einem (permanentem) Speichermedium – angekommen ist. ... Der Senat hat erwogen, weiter danach zu differenzieren, ob die Daten durch eine explizite Handlung des Anbieters zum Nutzer „geschickt" werden (Upload), oder ob es ausreicht, dass der Nutzer angebotene Daten „abholt" (Download). Im Hinblick darauf, dass die jeweiligen technischen Vorgänge ineinander übergehen und deswegen kaum praktikabel unterschieden werden können, hat der Senat von einer solchen Differenzierung abgesehen. In diesem Sinne kann es keinen relevanten Unterschied machen, ob der Anbieter – etwa auf ein „Abonnement" des Nutzers – diesem Dateien zusendet oder ob der Nutzer durch Aktivieren eines Links auf der Internetseite des Anbieters die Dateien anfordert. Denn schon mit dem Einrichten des Links wird der Anbieter aktiv. Die Grenzen verfließen vollends, wenn sich der Nutzer in eine Mailing-Liste des Anbieters einträgt, über die womöglich sogar in Form eines „Tauschrings" Dateien gegenseitig zugesandt werden. ...

---

122 Anders noch das BayObLG, CR 2000, 843.

Zu den Publikationsdelikten zählen im Einzelnen folgende Straftatbestände:		**148**

▶ Verbreiten von **Propagandamitteln verfassungswidriger Organisationen**, § 86 StGB; dies gilt vor allem, aber nicht nur, für Nazi-Propaganda,[123]
▶ Verwenden von **Kennzeichen verfassungswidriger Organisationen**, § 86a StGB, wozu vor allem das Hakenkreuz gehört,
▶ Verbreitung oder öffentliche Verwendung von **Anleitungen zu Straftaten**, die dazu geeignet sind, den öffentlichen Frieden zu stören (z. B. Mord, Totschlag, Völkermord, schwere Körperverletzung, Menschenraub, Brandstiftung, gemeingefährliche Vergiftung)[124], § 130a StGB,
▶ Verbreitung oder öffentliche Verwendung von **Gewaltdarstellungen**, § 131 StGB,
▶ Verbreitung **pornografischer Darbietungen** (näher hierzu nachfolgende Rn.), § 184c StGB i. V. m. §§ 184 ff. StGB, und
▶ Verbreitung unzutreffender und ehrenrühriger Tatsachen über andere, §§ 186 f. StGB (**Üble Nachrede und Verleumdung**).

b) Die praktisch größte Bedeutung im Internet kommt bei allen diesen		**149**
Straftatbeständen der Pornografie (altgriechisch: pornos = Hure; grafein = [be]schreiben)[125] zu; der **sexuelle Urtrieb des Menschen** löst im Internet – nicht zuletzt wegen der Leichtigkeit, Schnelligkeit und relativen Anonymität seiner Nutzung – eine **gewaltige Nachfrage** aus, was zu zahlreichen und teilweise faktisch unbeherrschbaren Problemen führt. Ein besonders trauriges Beispiel stellt der allen Strafrechtssanktionen zum Trotz massiv ausgeweitete Kindesmissbrauch durch Herstellung und Einstellung entsprechenden pädophilen Bildmaterials ins Internet dar (zum Gesetz zur Erschwerung des Zugangs zu kinderpornografischen Inhalten in Kommunikationsnetzen s. u., Rn. 376 ff.).[126]

Der schillernde Begriff der Pornografie begegnet erheblichen **Definitions-**		**150**
schwierigkeiten, zumal hierunter ja nicht schon jeder sachbezogene und der sexuellen Aufklärung dienende Internetauftritt verstanden werden soll. Entscheidend muss sein, ob die Art der Darstellung – insbesondere bei starker Fokussierung auf die Genitalien – dazu geeignet ist, den **Sexualtrieb des Betrachters anzustacheln**. Die Rechtsprechung sieht Pornografie als das an, was „ausschließlich auf das lüsterne Interesse an sexuellen Dingen abzielt". Hierzu gehören die Verherrlichung von Perversitäten, sado-masochistische

---

123 Zu den Problemen und Erfolgschancen der Bekämpfung des Rechtsradikalismus im Internet vgl. Holznagel/Kussel, MMR 2001, 347.
124 Die vollständige Aufzählung findet sich in § 126 Abs. 1 StGB.
125 Vgl. KG, MMR 2004, 478, 479 m. Anm. Liesching = CR 2004, 619, 621.
126 Vgl. Kaiser, ZRP 2002, 30, 32, wonach die behördlichen Versuche, Rechtsextremisten und Päderasten mit Filtersystemen zuleibe zu rücken, häufig scheitern und nicht selten sogar kontraproduktiv sind, indem die gefilterten Listen problematischer Seiten geknackt werden und als Fundgrube in der jeweiligen Szene kursieren. Genau dies war auch eines der gewichtigsten Gegenargumente zum Gesetz zur Erschwerung des Zugangs zu kinderpornografischen Inhalten in Kommunikationsnetzen, s. u. Rn. 379.

Darstellungen, die Vorführung von Anal- und Oralverkehr sowie sexuelle Handlungen mit Urin und Kot, rassistischen Tendenzen oder an Leichen.[127]

151 Wichtig ist die **Unterscheidung zwischen einfacher und harter Pornografie.** Während die Verbreitung einfacher Pornografie gegenüber Volljährigen seit 1973 straffrei ist und gegenüber Minderjährigen „nur" max. ein Jahr Haftstrafe zur Folge hat, wird die Verbreitung harter Pornografie zielgruppenunabhängig (also auch bei Verbreitung nur gegenüber Erwachsenen) und strenger (nämlich mit max. drei bzw. in besonderen Qualifikationen mit max. fünf oder sogar max. zehn Jahren Haftstrafe) bestraft. Dies ist der Fall bei pornografischen Darstellungen, die mit Gewalttätigkeiten, mit sexuellen Handlungen von Menschen mit Tieren oder – und hier greifen die genannten zusätzlichen Strafschärfungen – mit sexuellem Missbrauch von Kindern verbunden sind (§§ 184a, 184b StGB).[128]

152 Im Internet ist also nur einfache Pornografie zulässig, sofern diese für Minderjährige unzugänglich bleibt; da das Internet als solches altersunabhängig stets und überall zugänglich ist, werden **Zugangshürden in Form von Altersverifikationssystemen** diskutiert (Näheres hierzu s. u., Rn. 200 ff.).[129]

2. Äußerungsdelikte

153 Unter Äußerungsdelikten werden solche Straftatbestände verstanden, bei denen die Tathandlung in bestimmten **inhaltlichen Erklärungen gegenüber anderen** besteht; bei manchen Äußerungsdelikten werden nur öffentliche Erklärungen, also gegenüber einer nicht bestimmbaren Personenzahl, oder Erklärungen in Versammlungen unter Strafe gestellt.

154 Zu den Äußerungsdelikten gehören

- ► die öffentliche **Aufforderung zu Straftaten,** § 111 StGB, die im Erfolgsfall wie die Anstiftung bestraft wird,
- ► **Volksverhetzung,** § 130 StGB, also die Aufstachelung zum Hass gegen Teile der Bevölkerung, insbesondere religiöse oder ethnische Minderheiten, oder das Leugnen des Holocaust (die sog. „Auschwitz-Lüge", § 130 Abs. 3 StGB),
- ► **Beleidigung,** § 185 StGB, d. h. die Äußerung eines je nach Sachzusammenhang geäußerten ehrenrührigen Werturteils gegenüber dem Betroffenen oder Dritten (z. B. Vogel oder „Stinkefinger" zeigen) bzw. ehrenrühriger Tatsachen gegenüber dem Betroffenen, soweit dies nicht vom Grundrecht der Meinungsfreiheit gem. Art. 5 Abs. 1 GG gedeckt ist (die

---

127 Strömer, Online-Recht, S. 412–417.
128 Vgl. Strömer, Online-Recht, S. 419–422. Unter die strafbare Kinderpornografie gem. § 184b StGB fallen auch pornografische Filme, in denen „Scheinjugendliche" – d. h. Volljährige, die aber minderjährig erscheinen – mitwirken, BVerfG, MMR 2009, 178.
129 Kritisch zu den damit auch für Volljährige verbundenen Zugangserschwerungen äußert sich Hörnle, NJW 2002, 1008.

Rechtsprechung des BVerfG ist diesbezüglich relativ großzügig, s. o., Rn. 80),[130]

► die Behauptung unzutreffender und ehrenrühriger Tatsachen über andere gegenüber Dritten, §§ 186 f. StGB (**Üble Nachrede und Verleumdung**); dies ist beispielsweise dann der Fall, wenn jemand über seinen Konkurrenten wahrheitswidrig behauptet, er werde bald zahlungsunfähig sein.

II. Besondere Straftatbestände des StGB mit Multimediabezug

1. Schutz der Intim- und Privatsphäre

Eine Gruppe der besonderen Straftatbestände mit Multimediabezug betrifft **155** den Schutz der Intim- und Privatsphäre, die – auch – durch die gewaltigen Speicherungs- und Publizitätsmöglichkeiten von PC und Internet besonderen Gefährdungen ausgesetzt ist. Hierzu gehören folgende Delikte:

a) Die **Verletzung des höchstpersönlichen Lebensbereichs durch Bildauf- 156 nahmen** wird durch § 201a StGB („Spannerschutz") unter Strafe gestellt. Danach wird das Herstellen, Übertragen oder Gebrauchen von Bildaufnahmen aus der Intimsphäre bestraft, wenn sich die abgebildete Person in einer Wohnung oder in einem gegen Einblick besonders geschützten Raum befunden hat. Das Merkmal des Übertragens erfasst ausweislich der Gesetzesbegründung auch Echtzeitübertragungen etwa durch WebCams.[131] Der Strafrahmen reicht bis zu einem Jahr Haft.

b) Die **Verletzung von Privatgeheimnissen** gem. § 203 StGB führt zur Be- **157** strafung von Angehörigen besonderer Berufsgruppen, die als „amtliche Geheimnisträger" ebenso sensible wie persönliche oder berufliche Informationen vom Betroffenen oder aus anderer Quelle bekommen haben und ausplaudern. Bekannteste Beispiele hierfür sind das Arzt- und Beichtgeheimnis; aber auch Apotheker, Berufspsychologen, Anwälte, Steuerberater, Wirtschaftsprüfer, Ehe-/Familienberater, Suchtberater, Schwangerenkonfliktberater, Sozialarbeiter und -pädagogen, Versicherungsangehörige und Beamte sind von dieser Strafnorm angesprochen. Der Strafrahmen geht bis zu max. einem Jahr Haft; wenn der Täter das Privatgeheimnis nicht nur ausplaudert, sondern wirtschaftlich verwertet und zu Geld macht, verdoppelt sich der Strafrahmen, § 204 StGB.[132]

---

130 Strömer, Online-Recht, S. 448 f., stellt in diesem Zusammenhang fest, dass „nirgendwo sonst auf der Welt … so viel geschimpft, beleidigt, verleumdet und gemobbt (wird) wie im Internet". Siehe dazu auch Reiter, DIE ZEIT vom 24. 10. 2009, V1.
131 BT-Drs. 15/2466, S. 5.
132 Siehe auch Steckler, IT-Recht, S. 304 f.

2. Übertragung alter Regelungen auf technische Fallkonstellationen

158 Die andere Gruppe der Mulitmedia-Straftatbestände regelt Sachverhalte, die bereits lange bestehende Regelungen auf die **technischen Besonderheiten von PC und Internet** übertragen, da die alten Normen wegen des Analogieverbots gem. § 1 StGB, Art. 103 Abs. 2 GG nicht auf die neuen Sachverhalte anwendbar sind.

159 a) Ein besonders augenfälliges Beispiel dafür ist der Betrugstatbestand. Danach erregt der Betrüger durch die Vorspiegelung falscher Tatsachen oder die Unterdrückung wahrer Tatsachen einen Irrtum beim Opfer, der dieses zu einer Vermögensverfügung veranlasst. Ein Irrtum bedeutet eine Fehlvorstellung, also einen nur menschlich möglichen intellektuellen Vorgang; ein Computer kann sich nie irren – wenn er falsche Daten „gefüttert" bekommt, macht er damit das, worauf er programmiert ist, ohne sich „Gedanken zu machen" oder „Fehlvorstellungen" zu entwickeln. Deshalb stellt der Tatbestand des **Computerbetrugs** gem. § 263a StGB darauf ab, dass die Vermögensverfügung nicht durch einen Irrtum, sondern u. a. durch eine unrichtige Programmgestaltung oder die Verwendung unrichtiger oder unvollständiger Daten verursacht wird. Der Strafrahmen reicht bis fünf Jahre Haft (wie beim „normalen" Betrug).[133]

160 Klassisches Beispiel ist das Geldabheben am Geldautomat mit einer gestohlenen oder gefälschten Scheckkarte. Aber auch das sog. „Phishing" (abgeleitet von Password-Fishing) gehört hierher: Mit einer eMail, die der der Hausbank des Opfers täuschend ähnlich sieht, fragt der Täter beim Opfer z. B. geheime Zugangsdaten des Online-Bankings ab, mit denen er dann vom Konto des Opfers Geld abhebt. Ebenso verhält es sich beim **„Pharming"**, bei dem das Opfer beim Aufrufen der Website seiner Hausbank auf Grund einer Datenmanipulation an den DNS-Servern auf einer täuschend ähnlichen Website des Täters landet und dort seine Daten eingibt. Während die bloße Datenbeschaffung beim „Phishing" strafrechtlich nicht präzise zu fassen ist,[134] liegt beim „Pharming" der Straftatbestand der Datenveränderung gem. § 303a StGB vor; in beiden Fällen erfüllt die Verwirklichung des eigentlichen Tatziels, nämlich die Verwendung der so gewonnenen Daten zum Herbeiführen einer Vermögensverfügung, den Computerbetrug gem. § 263a StGB.[135] Solche Identitätsmissbräuche, die auch in anderen Bereichen – etwa bei Internet-Auktionshäusern – vorkommen, stellen eine gefährliche Bedrohung der Rechtssicherheit im elektronischen Geschäftsverkehr dar.[136]

---

133 Vgl. Steckler, IT-Recht, S. 305; Fechner, Medienrecht, Kap. 6 Rn. 98.
134 Das gilt auch nach dem 41. StRÄndG, vgl. Ernst, NJW 2007, 2661, 2665.
135 Zur Strafbarkeit ausführlich Popp, MMR 2006, 84. Der betroffenen Bank steht unter bestimmten Voraussetzungen ein Rückbuchungsrecht der durch Phishing ausgelösten Überweisung zu, vgl. OLG Hamburg, MMR 2006, 749, und OLG Karlsruhe, MMR 2008, 752.
136 Vgl. Borges, NJW 2005, 3313, 3317.

b) Auch beim **Ausspähen von Daten** (§ 202a StGB) wird ein klassi-   **161**
sches Delikt – nämlich die Briefgeheimnisverletzung (§ 202 StGB) – auf
PC und Internet übertragen (manche sprechen auch vom „elektronischen
Hausfriedensbruch"[137]). Dieser Straftatbestand erfasst namentlich das
„**Hacking**", also die unbefugte Kenntnisnahme von fremden Daten, wenn
diese – entsprechend zum verschlossenen Briefumschlag – gegen den unberechtigten Zugang besonders gesichert sind. Eine solche Sicherung erfolgt
regelmäßig mittels eines **Passwortes**; streitig ist allerdings, ob an dieses
Passwort gewisse qualitative Anforderungen zu stellen sind, oder ob auch
Allerweltswörter wie „Passwort" oder „geheim" für diesen strafrechtlichen
Schutz ausreichen.[138] Dagegen reichen **Firewalls**, mit denen meist Firmen
und Behörden Hacker abzuwehren versuchen, als besondere Sicherung für
§ 202a StGB nicht aus.[139] 2007 wurde mit dem 41. StRÄndG der Tatbestand erweitert; so ist jetzt bereits die Überwindung der Sicherung – unabhängig von der Kenntnisnahme von den damit zugänglich gewordenen
Daten – strafbar. Der Strafrahmen reicht bis drei Jahre Haft (anders als bei
der „Offline-Version": Die Verletzung des Briefgeheimnisses wird mit max.
einem Jahr Haft bestraft).

Das seit 1986 existierende Computerstrafrecht (§§ 202a, 303a, 303b StGB)   **162**
hat sich angesichts der quantitativ wie qualitativ ausufernden Computer-
kriminalität im Laufe der Jahre als ergänzungsbedürftig erwiesen, um die
klassischen drei Hauptziele der IT-Sicherheit – Vertraulichkeit, Unversehrt-
heit, Funktionsfähigkeit von Daten und Systemen – schützen zu können.[140]
Für den Schutz sensibler Daten im Onlineverkehr hat der Gesetzgeber 2007
mit dem neu geschaffenen § 202b StGB auch das unbefugte **Abfangen von**
Daten aus einer nicht öffentlichen Datenübermittlung unter Strafe gestellt
(mit einem Strafrahmen bis zwei Jahren).[141]

Außerdem ist jetzt gem. § 202c StGB bereits die **Vorbereitung des Ausspä-**   **163**
hens oder Abfangens von Daten strafbar (mit einem Strafrahmen bis zu
einem Jahr). Darunter fallen die Herstellung, Verbreitung, Zugänglichmachung und der Erwerb von geeigneten Passwörtern oder Sicherungscodes
sowie von Computerprogrammen, deren Zweck auf das Ausspähen oder
Abfangen von Daten ausgerichtet ist (sog. „Hackertools"); allerdings muss
dies mit dem Ziel der Vorbereitung des (unbefugten) Ausspähens oder Abfangens von Daten – also einem entsprechend auf die Folgetat gerichteten
Tatvorsatz – geschehen.[142] Ein Sicherheitsinformatiker, der mit Wissen und

---

137 Ernst, NJW 2007, 2661.
138 Ernst, NJW 2003, 3233, 3236, lehnt eine Unterscheidung in „gute" und
     „schlechte" Passwörter ab und lässt auch den eigenen Namen o. Ä. ausreichen,
     m. w. N.; vgl. auch Steckler, IT-Recht, S. 304.
139 Fechner, Medienrecht, Kap. 4 Rn. 96.
140 Gröseling/Höfinger, MMR 2007, 549, 550.
141 Vgl. Ernst, NJW 2007, 2661, 2665; siehe auch Popp, MMR 2006, 84.
142 Ernst, NJW 2007, 2661, 2663 f.; BT-Drs. 16/3656, S. 12, 19. Zur umfassenden
     Kritik, die gerade diese Bestimmung des 41. StRÄndG ausgelöst hat, vgl. Vassi-
     laki, CR 2008, 131, 135 f.

Wollen seines Auftraggebers bei diesem in die EDV-Anlage einzudringen versucht, um Sicherheitslücken zu identifizieren, fällt deshalb ebenso wenig unter den Straftatbestand wie ein Hochschuldozent, der seinen Studierenden Hackertools zu Ausbildungszwecken zur Verfügung stellt.

164 **Strafbarer Umgang mit „Hackertools" – BVerfG, CR 2009, 673 m. Anm. Hornung:**

Aus den Gründen: ... [60] Tatobjekt des § 202c Abs. 1 Nr. 2 StGB kann nur ein Programm sein, dessen Zweck die Begehung einer Straftat nach § 202a StGB (Ausspähen von Daten) oder § 202b StGB (Abfangen von Daten) ist. Danach muss das Programm mit der Absicht entwickelt oder modifiziert worden sein, es zur Begehung der genannten Straftaten einzusetzen. Diese Absicht muss sich ferner objektiv manifestiert haben. [61] Schon nach dem Wortlaut nicht ausreichend wäre, dass ein Programm – wie das für so genannte dual use tools gilt – für die Begehung der genannten Computerstraftaten lediglich geeignet oder auch besonders geeignet ist. Der allgemeine Sprachgebrauch versteht unter „Zweck" „etwas, was jemand mit einer Handlung beabsichtigt, zu bewirken, zu erreichen sucht; ...

[69] Der Beschwerdeführer Prof. Dr. W... hat hinsichtlich der Programme, die er seinen Studenten zur Verfügung stellt, lediglich dargelegt, dass diese zur Begehung von Computerstraftaten geeignet sind, zu solchen Zwecken also verwendet werden können; ... Diese Eignung genügt zur Erfüllung des objektiven Tatbestands des § 202c Abs. 1 Nr. 2 StGB jedoch nicht. Der Beschwerdeführer hat keinerlei Angaben gemacht, die – wenn auch nur indiziell – auf eine deliktische Zweckbestimmung der betreffenden Software schließen ließen. Die Bezeichnung dieser Programme als „Sicherheitsanalysewerkzeuge" deutet ganz im Gegenteil darauf hin, dass der – legitime – Zweck der Sicherheitsanalyse bei diesen Instrumenten im Vordergrund steht. ...

[70] Der Beschwerdeführer F... hat hingegen vorgetragen, dass er im Rahmen seiner beruflichen Tätigkeit nicht nur objektiv (auch) zur Begehung von Computerstraftaten geeignete Software, also dual-use-Software, verwendet, sondern darüber hinaus „Schadsoftware" aus zweifelhaften Quellen im Internet beschafft oder beschaffen lässt, um sie bei Penetrationstests einzusetzen. Während nach dem Gesagten die verwendete (bloße) dual-use-Software nicht unter den objektiven Tatbestand des § 202c Abs. 1 Nr. 2 StGB fällt, kann hinsichtlich der vom Beschwerdeführer so bezeichneten Schadsoftware angesichts deren Herkunft und Vertriebsweise durchaus angenommen werden, dass sie gerade zum Zweck der Begehung rechtswidriger Taten entwickelt wurde und über Eigenschaften verfügt, in denen sich diese Zweckbestimmung manifestiert. [71] Insoweit scheitert eine mögliche Strafbarkeit des Beschwerdeführers nach § 202c Abs. 1 Nr. 2 StGB jedoch jedenfalls an dem subjektiven Merkmal der Vorbereitung einer Computerstraftat. ... [74] Hinsichtlich des Beschwerdeführers F... ist ... nicht zu sehen, dass diese das subjektive Merkmal der Vorbereitung einer Straftat nach § 202a oder § 202b StGB erfüllen, soweit sie objektiv unter den Tatbestand des § 202c Abs. 1 Nr. 2 StGB fallende Programme beschaffen oder diese innerhalb des Unternehmens weitergeben. Denn die bei diesen Tätigkeiten in Aussicht genommene Verwendung der Programme im Rahmen von Penetrationstests erfüllt den Tatbestand des § 202a oder § 202b StGB zweifellos nicht: Da die Unternehmen, für die der Beschwerdeführer tätig wird oder tätig geworden ist, im Auftrag und somit im Einverständnis mit den über die überprüften Computersysteme Verfügungsbe-

rechtigten handeln, fehlt es am Tatbestandsmerkmal des „unbefugten" Handelns, ...

[75] Zwar kann sich im Rahmen eines solchen Einsatzes objektiv unter § 202c Abs. 1 Nr. 2 StGB fallender Programme zu erlaubten Zwecken ein Strafbarkeitsrisiko ergeben, sobald die betreffenden Programme durch Verkauf, Überlassung, Verbreitung oder anderweitig auch Personen zugänglich gemacht werden, von deren Vertrauenswürdigkeit nicht ausgegangen werden kann. Hier macht sich auch ein Akteur, dessen eigentliche Absicht in einer legalen Verwendung des Programms liegt, dann strafbar, wenn er gleichwohl damit rechnet und es auch billigend in Kauf nimmt, dass die Person oder die Personen, die durch seine Handlung Zugang zu dem Programm erhalten, dieses zumindest unter anderem zu rechtswidrigen Zwecken einsetzen. ...

c) Die von den §§ 268 f. StGB unter Strafe gestellte **Fälschung technischer**   **165**
Aufzeichnungen bzw. beweiserheblicher Daten stellt die elektronische Variante der **Urkundenfälschung** dar. Entscheidend ist hier wie dort die Absicht, mit den so gefälschten Dokumenten den Rechtsverkehr täuschen zu wollen. Beispielhaft ist hier das IP-Spoofing (→ siehe Anhang 1) zu nennen, bei dem Hacker mit falschen IP-Nummern eine unzutreffende Identität vortäuschen und so in fremde EDV-Anlagen eindringen können.[143] Der Strafrahmen reicht bis fünf Jahre Haft (wie bei der „normalen" Urkundenfälschung).

d) Da Daten keine Sachen im körperlichen Sinn darstellen, fallen sie nicht   **166**
unter die **Sachbeschädigung** gem. § 303 StGB. Deshalb sieht § 303a StGB den Straftatbestand der **Datenveränderung** vor, wonach das Löschen, Unterdrücken, Unbrauchbarmachen und Verändern von Daten strafbar ist. Hierunter fallen u. a. Computerviren[144] und das Fremdcanceln von Nachrichten, d. h. das Löschen fremder Texte im Netz oder eMails durch entsprechende „cancel-Mitteilungen".[145] Der Strafrahmen reicht bis zwei Jahre Haft (wie bei der „normalen" Sachbeschädigung). Auch hier sind bereits Vorbereitungshandlungen strafbar gem. § 303a Abs. 3 i. V. m. § 202c StGB.

e) Die **Computersabotage** gem. § 303b stellt eine Qualifikation zur Sach-   **167**
beschädigung und zur Datenveränderung dar, bei der die physische Einwirkung oder die Dateneingabe bzw. -übermittlung eine Datenverarbeitung, die für einen anderen von wesentlicher Bedeutung ist, erheblich stört (Strafrahmen bis zu drei Jahren, § 303b Abs. 1 StGB). Wird eine wesentliche

---

143 Näher hierzu Rinker, MMR 2002, 663.
144 Koch, NJW 2004, 801, untersucht die zivilrechtliche Haftung von „Viren-E-Mails"; bei vorsätzlichem Handeln ist die deliktische Haftung ebenso klar wie beim Vorliegen vertraglicher Beziehungen, die geregelte oder konkludente Schutzpflichten enthalten. Fehlt es an beidem, will Koch die deliktische Haftung nur dann bejahen, wenn eine (verletzte) Verkehrssicherungspflicht besteht; eine solche sieht er nur im Verhältnis eines Unternehmers (oder einer Behörde) gegenüber einem Verbraucher als gegeben an; vgl. auch Eichelberger, MMR 2004, 594 f.
145 Dazu ausführlich Jüngel/Schwan/Neumann, MMR 2005, 820.

Datenverarbeitung eines fremden Betriebes bzw. Unternehmens oder einer Behörde gestört, erhöht sich der Strafrahmen auf bis zu fünf Jahre (§ 303b Abs. 2 StGB). Von wesentlicher Bedeutung ist in diesem Sinn schon ein einzelner Rechner, wenn dieser der einzige oder der Zentralrechner des Geschädigten ist.[146] Besonders schwerwiegend ist die Tat, wenn sie gewerbs- oder bandenmäßig begangen wird, oder zu einer Beeinträchtigung der Versorgung der Bevölkerung mit lebenswichtigen Gütern oder Dienstleistungen oder der Sicherheit der Bundesrepublik führt (Strafrahmen bis zu 10 Jahren, § 303b Abs. 4 StGB).

168 Eine Computersabotage kann beispielsweise bei entsprechend **gefährlichen Computerviren** erfüllt sein. Der „Sasser"-Wurm hat im Frühjahr 2004 nach Presseberichten den Absturz von 1200 PCs bei der EU-Kommission und von 1600 PCs der Post Taiwans verursacht; außerdem hat er dazu geführt, dass die britische Küstenwache für ihre Navigation wieder auf die guten alten Print-Seekarten zurückgreifen musste.[147] Hier konnten – soweit ersichtlich erstmals – die (deutschen) Täter gefasst werden, die neben den strafrechtlichen Konsequenzen horrenden Schadensersatzforderungen ausgesetzt waren. Mit den Fallgruppen des besonders schweren Falls tritt der Gesetzgeber auch den Bedrohungen des Cyber-Terrorismus entgegen.[148]

III. Sonstige Straftatbestände, v. a. in einzelnen Fachgesetzen

169 Aus dem StGB verdient im Zusammenhang mit dem Internet neben den genannten Deliktsgruppen noch ein Straftatbestand Erwähnung, nämlich die **unerlaubte Veranstaltung eines Glücksspiels** gem. § 284 StGB. Bietet jemand im Internet Glücksspiele an, die nicht behördlich genehmigt sind, setzt er sich einem hohen Strafbarkeitsrisiko aus. Als „Glücksspiele" gelten dabei alle entgeltlichen Gewinnspiele wie z. B. Poker oder Roulette. Die Strafbarkeit ist auch nicht erst dann verwirklicht, wenn jemand spielt oder gar Geld verloren hat; es reicht schon das bloße Angebot (abstraktes Gefährdungsdelikt).[149] Die Inanspruchnahme solcher strafbaren Glücksspielangebote dagegen ist nicht strafbar. Ob der Anbieter sich durch die **Verlagerung des Angebots auf einen ausländischen Server** exkulpieren kann, hängt davon ab, ob sich das spezifische Unrecht dieses Angebots gerade in Deutschland entfaltet (s. u., Rn. 176 f.); dies wird zu bejahen sein, wenn das Angebot nach verschiedenen Hilfskriterien wie Sprache u. Ä. als auf Deutschland ausgerichtet anzusehen ist.[150]

---

146 Ernst, NJW 2003, 3233, 3238; vgl. auch Eichelberger, MMR 2004, 594, 596.
147 Eichelberger, MMR 2004, 594.
148 Ernst, NJW 2007, 2661, 2665.
149 Strömer, Online-Recht, S. 461 ff.
150 A. A. Strömer, Online-Recht, S. 462 f., der aus dem Charakter des abstrakten Gefährdungsdelikts ableitet, dass nur der Handlungsort – der bei einem ausländischen Server im Ausland liegt – als Tatort angesehen werden kann (vgl. Rn. 176).

Daneben gibt es in den einzelnen Fachgesetzen zahlreiche Strafbestimmun- **170**
gen (auch „**Nebenstrafrecht**" genannt), von denen einige auch internetrechtlich relevant sind.

Im **Wettbewerbsrecht** werden Verhaltensweisen mit einem besonders hohen Gefährdungspotenzial für den Wettbewerb strafrechtlich sanktioniert.
Dies gilt bei besonders **gefährlichen Formen der Werbung** (max. zwei Jahre
Haftstrafe). Dies ist bei weit verbreiteten, auf Lügen beruhenden und damit
irreführenden Werbeaussagen (§ 16 Abs. 1 UWG) und bei Schneeballsys-
temen zulasten von Verbrauchern (§ 16 Abs. 2 UWG) der Fall. Die Strafbarkeit des Verrats von Geschäfts- und Betriebsgeheimnissen (§ 17 UWG,
max. drei Jahre Haftstrafe), der unbefugten Verwertung von Unterlagen
(§ 18 UWG, max. zwei Jahre Haftstrafe) und des Verleitens und Erbietens
zum Verrat (§ 19 UWG, max. zwei Jahre Haftstrafe) dient dem **wettbewerbsrechtlichen Geheimnisschutz.**

Im **Datenschutzrecht** werden u. a. **171**

► die unbefugte Erhebung oder Verarbeitung personenbezogener, nicht
  allgemein zugänglicher Daten,
► das Erschleichen der Übermittlung solcher Daten durch falsche Angaben und
► die Verletzung der Zweckbindung bei zweckwidriger Weitergabe von
  Daten an Dritte

unter Strafe bis zu zwei Jahren Haft gestellt, wenn dies in Bereicherungs-
oder Schädigungsabsicht erfolgt, § 44 Abs. 1 i.V.m. § 43 Abs. 2 BDSG.[151]

Von besonderer Bedeutung ist die Strafbarkeit der **unerlaubten Verwertung** **172**
urheberrechtlich geschützter Werke gem. § 106 UrhG. Hierunter fallen sowohl alle Software-Raubkopien wie auch beispielsweise das Herunterladen
neuester Musik- und Filmtitel, bei denen man realistischerweise nicht erwarten kann, dass es sich um legale Vorlagen handelt (Näheres zum Urheberrecht, s. u. Rn. 443 ff.); der Strafrahmen reicht bis zu drei Jahren Haft.

IV. Internationales Strafrecht

Das internationale Strafrecht kennt **weder ein materielles Recht noch all-** **173**
gemein gültige Kollisionsregeln, die aufeinander abgestimmt wären und
die Zuordnung von Fällen zu den nationalen Strafrechtsordnungen regeln
würden. Jeder Staat regelt – als Ausfluss seiner Gebietshoheit – seinen
Strafanspruch selbst, und dies durchaus auch grenzüberschreitend, wobei
klar ist, dass die Realisierung dieses Anspruchs erst dann möglich ist, wenn
man den Täter auf dem eigenen Territorium zu fassen bekommt (ggf. durch
Auslieferung).

---

151 Vgl. Steckler, IT-Recht, S. 307.

1. Strafanspruch des deutschen Strafrechts bei Taten mit Auslandsbezug

174   Das deutsche Strafrecht gilt zunächst grundsätzlich für **Inlandstaten** (§ 3 StGB) und nur **in Ausnahmefällen für Auslandstaten**, z. B. bei Straftaten auf deutschen Schiffen und in deutschen Flugzeugen (§ 4 StGB), gegen inländische Rechtsgüter wie etwa Hochverrat oder Gefährdung des demokratischen Rechtsstaates (§ 5 StGB) oder gegen international geschützte Rechtsgüter wie beispielsweise Menschen- und Drogenhandel oder Verbreitung harter Pornografie (§ 6 StGB).

175   Aber auch Inlandstaten müssen keineswegs nur Inlandsbezüge aufweisen. Von internetrechtlich praktisch erheblicher Bedeutung ist in diesem Zusammenhang der **Tatort-Begriff des** § 9 StGB. Danach ist der Tatort definiert als jeder Handlungsort (an dem die tatbestandlichen Handlungen begangen wurden bzw. bei Unterlassungsdelikten die unterlassenen Handlungen hätten vorgenommen werden müssen) und als jeder Erfolgsort (an dem der tatbestandliche Erfolg eintritt). Wird beispielsweise jemand auf einer Reise im Elsass vergiftet, stirbt aber erst nach seiner Rückkehr im heimatlichen Schwaben, liegt der Tatort sowohl in Frankreich (Handlungsort) als auch in Deutschland (Erfolgsort).

176   Strittig ist freilich, ob es **bei abstrakten Gefährdungsdelikten**, zu denen auch die Publikations- und Äußerungsdelikte und damit ein großer Teil der internetrelevanten Straftatbestände zählen, einen Erfolgsort überhaupt geben kann; diese Delikte haben eigentlich nur eine Handlungs-, aber keine **Erfolgskomponente**. Die eine Extremmeinung sagt folglich, mangels Erfolgskomponente gebe es bei solchen Delikten keinen Erfolgsort; dies würde bedeuten, dass keine aus dem Ausland kommende (einfache) Pornoseite im Internet in Deutschland strafbar wäre. Die andere Extremmeinung dagegen behauptet, bei abstrakten Gefährdungsdelikten bestehe der Erfolg darin, dass sich die **abstrakte Gefahr realisieren** könne, was überall der Fall sei; folglich sei der Erfolgsort überall, weshalb alle weltweiten Internetangebote dem deutschen Strafrecht als Inlandstaten unterlägen.[152]

177   Der BGH hat in einer Grundsatzentscheidung zur „Auschwitzlüge" den Erfolgsort dort gesehen, wo die konkrete Tat ihre **Gefährlichkeit im Hinblick auf das im Tatbestand umschriebene Unrecht** entfalten kann:

> **Geltung deutschen Strafrechts für Internet-Angriffe aus dem Ausland – BGH, CR 2001, 260 m. Anm. Vassilaki = JZ 2001, 1194 m. Anm. Lagodny:**
>
> **Stellt ein Ausländer von ihm verfasste Äußerungen, die den Tatbestand der Volksverhetzung i. S. d. StGB § 130 I oder des § 130 III erfüllen („Auschwitzlüge"), auf einem ausländischen Server in das Internet, der Internetnutzern in Deutschland zugänglich ist, so tritt ein zum Tatbestand gehörender Erfolg ... im Inland ein, wenn diese Äußerungen konkret zur Friedensstörung im Inland geeignet sind.**

---

152   Vgl. Strömer, Online-Recht, S. 462 f.

Aus den Gründen: Für die Eignung zur Friedensstörung genügt es …, dass berechtigte – mithin konkrete – Gründe für die Befürchtung vorliegen, der Angriff werde das Vertrauen in die öffentliche Rechtssicherheit erschüttern. …

Im Hinblick auf die Informationsmöglichkeiten des Internets, also auf Grund konkreter Umstände, musste damit gerechnet werden …, dass die Publikationen einer breiteren Öffentlichkeit in Deutschland bekannt werden. …

Dass gerade deutsche Internetnutzer – unbeschadet der Abfassung in englischer Sprache – zum Adressatenkreis der Publikationen gehörten und gehören sollten, ergibt sich insbesondere aus ihrem Inhalt, der einen nahezu ausschließlichen Bezug zu Deutschland hat …

Das Landgericht hat daher zu Recht angenommen, dass der Angekl. eine Gefahrenquelle schuf, die geeignet war, das gedeihliche Miteinander zwischen Juden und anderen Bevölkerungsgruppen empfindlich zu stören und die Juden in ihrem Sicherheitsgefühl und in ihrem Vertrauen auf Rechtssicherheit zu beeinträchtigen.

Das deutsche Strafrecht gilt für … Volksverhetzung … auch in den Internet-Fällen. … Denn hier liegt eine Inlandstat … vor, weil der zum Tatbestand gehörende Erfolg in der Bundesrepublik eingetreten ist.

Die Auslegung des Merkmals „zum Tatbestand gehörender Erfolg" muss sich an der ratio legis des § 9 StGB ausrichten. Nach dem Grundgedanken der Vorschrift soll deutsches Strafrecht – auch bei Vornahme der Tathandlung im Ausland – Anwendung finden, sofern es im Inland zur Schädigung von Rechtgütern oder zu Gefährdungen kommt, deren Vermeidung Zweck der jeweiligen Strafvorschrift ist …

178 Von besonderer Bedeutung ist in diesem Zusammenhang der **Grundsatz des Strafklageverbrauchs** („ne bis in idem"); danach kann niemand wegen derselben Tat mehrmals bestraft werden, Art. 103 Abs. 3 GG. Doch gilt dieser Grundsatz nach h. M. nicht für Verurteilungen durch ausländische Gerichte (soweit nicht innerhalb der EU), so dass bei diesen – gerade für das Internet relevanten – Fallkonstellationen durchaus **Mehrfachbestrafungen denkbar** sind.[153] Beispielsweise könnte ein amerikanischer Anbieter von Internetseiten mit einfach-pornografischen Darstellungen in den USA bestraft und nach einer späteren Auswanderung in die Bundesrepublik wegen dieses damaligen Angebots (vorbehaltlich nicht eingetretener Verjährung) erneut verurteilt werden. Allerdings wäre dann die bereits verbüßte Strafe bei der Strafmaßbemessung anzurechnen, § 51 Abs. 3 StGB.

---

153 Kunig, in: v. Münch/Kunig, GG, Art. 103 Rn. 44.

2. Budapester Konvention („Cybercrime-Abkommen")[154]

179 Die Internationalität des Internets erschwert die Verfolgung von Internet-Straftaten ganz erheblich. Um diese Situation zu verbessern, hat das **Ministerkomitee des Europarats**, dem mit 41 Mitgliedsstaaten neben vielen europäischen Ländern u. a. auch die USA, Kanada, Japan und Südafrika angehören, am 8. November 2001 in Budapest eine Konvention verabschiedet, in der sich alle Unterzeichner bezüglich der Internet-Straftaten zu einer **Harmonisierung ihrer nationalen Strafrechtsordnungen** und zu einer engeren Zusammenarbeit in der Strafverfolgung verpflichten.

180 Zur Strafrechtsharmonisierung sieht die Konvention eine Vielzahl internetrelevanter Tatbestände vor, die **in allen Unterzeichnerstaaten unter Strafe gestellt** werden sollen und für die Mindeststrafen vorgegeben sind. Dies gilt u. a. für

► illegales Eindringen und die Störung von Computersystemen,
► Stehlen, Manipulieren und Löschen von Daten,
► Verletzung von Urheberrechten und Umgehung von Kopierschutzsystemen,
► Herstellen, Verbreiten und Verfügbarmachen von Kinderpornografie,
► Straftaten, die unter Ausnutzung von Computer-Netzwerken begangen werden (Betrug u. a.).

Doch die Konvention stellt diese Tatbestände nicht selbst und unmittelbar unter Strafe, sondern verpflichtet lediglich die Vertragsstaaten dazu, diese Strafbarkeiten – soweit nicht bereits geschehen – jeweils in nationales Strafrecht umzusetzen.

181 Gleichzeitig verpflichten sich die Unterzeichnerstaaten zu einer **engeren Zusammenarbeit bei der Verfolgung dieser Straftaten** und vereinbaren hierzu insbesondere eine Erweiterung der Befugnisse zum Abhören der Internetkommunikation und zum grenzüberschreitenden Datenaustausch.

182 In einem **Zusatzprotokoll** haben sich viele Europaratsmitglieder auf eine darüber hinaus gehende Harmonisierung des Internet-Strafrechts verständigt, die auf Grund von Widerständen einzelner Mitgliedsstaaten (u. a. USA wegen Einschränkung der Meinungsfreiheit) nicht in die Konvention aufgenommen werden konnte. Davon betroffen ist das Hosting (also die bewusste Zurverfügungstellung von Speicherkapazität für Inhalte), soweit es Menschenhandel, die Verbreitung rassistischer Propaganda und Hassbotschaften betrifft.

---

154 Zit. nach heise online – <www.heise.de/newsticker/meldung/22923>; Chaos Computer Club e.V. – <www.ccc.de/cybercrime>; Volltext z. B. in BR-Drs. 666/07.

V. Ausgewählte Besonderheiten des Strafprozessrechts

1. Überwachung und Beschlagnahme von eMails

Schon seit geraumer Zeit gehört zum Arsenal der polizeilichen Ermitt- **183**
lungsinstrumente das **Abhören und Aufzeichnen von Telefongesprächen,**
ohne dass die Gesprächsteilnehmer davon wissen (§ 100a StPO). Dies ist
allerdings nur bei bestimmten schweren Straftaten (§ 100a Abs. 2 StPO)
unter Richtervorbehalt (§ 100b StPO) möglich. Des Weiteren erlaubt § 99
StPO die **Beschlagnahme von Postsendungen und Telegrammen,** soweit
sich diese noch in der Verfügungsgewalt des Postunternehmens befinden
(ebenfalls unter Richtervorbehalt, § 98 StPO). Seit sich ein wesentlicher
Teil des elektronischen Telekommunikationsverkehrs auf eMails verlagert
hat, wird diskutiert, ob und inwieweit auf diese Rechtsgrundlagen auch
die Überwachung und Beschlagnahme von eMails gestützt werden kann.
BGH und BVerfG haben in kurz aufeinander folgenden Entscheidungen für
eMails, die im Postfach beim Access Provider eingegangen sind, die Regelungen über die Beschlagnahme gem. §§ 94 ff. StPO für anwendbar erklärt,
wenngleich mit tlw. unterschiedlicher Begründung: Während das BVerfG
den Fortbestand des Kommunikationsprozesses bejaht hat, weil die eMail
noch nicht im alleinigen Machtbereich des Empfängers ist (s. o., Rn. 87 f.),
sieht der BGH wegen der „möglicherweise auch nur Sekundenbruchteile
andauernden Speicherung in der Datenbank des Mail-Providers" keinen
Telekommunikationsvorgang mehr.[155]

Beschlagnahme von eMails im Postfach beim Provider – BGH, NJW 2009, **184**
1828 = CR 2009, 446 = MMR 2009, 673 m. Anm. Krüger:

**Die Sicherstellung von E-Mails beim E-Mail-Provider ist entsprechend
den Voraussetzungen des § 99 StPO mit der Herausgabepflicht nach § 95
Abs. 2 StPO anzuordnen.**

Aus den Gründen: ... Die Verwertung von E-Mails des Angeklagten, welche
im Ermittlungsverfahren beschlagnahmt wurden, wobei alle in dem jeweiligen
E-Mail-Postfach des Angeklagten abgespeicherten – gelesenen und noch
nicht gelesenen – E-Mails betroffen waren und erfasst wurden, begegnet
letztlich keinen durchgreifenden rechtlichen Bedenken. ... Vielmehr ist die Beschlagnahme von E-Mails bei einem E-Mail-Provider, welche dort bis zu einem
ersten oder weiteren Aufruf abgespeichert sind, auch unter Berücksichtigung
des heutigen Kommunikationsverhaltens in jeder Hinsicht vergleichbar mit der
Beschlagnahme anderer Mitteilungen, welche sich zumindest vorübergehend
bei einem Post- oder Telekommunikationsdiensteleister befinden, bspw. von
Telegrammen, welche gleichfalls auf dem Telekommunikationsweg dorthin
übermittelt wurden. Daher können beim Provider gespeicherte, eingegangene
oder zwischengespeicherte, E-Mails – auch ohne spezifische gesetzliche Regelung – jedenfalls unter den Voraussetzungen des § 99 StPO beschlagnahmt
werden. ...

---

155 Zu den praktischen und rechtlichen Schwierigkeiten vgl. im Einzelnen Hoeren,
IuKR, Rn. 841 f.

185 | **Sicherstellung und Beschlagnahme von eMails im Postfach beim Provider – BVerfG, NJW 2009, 2431 = MMR 2009, 673 m. Anm. Krüger:**

Die Sicherstellung und Beschlagnahme von E-Mails auf dem Mailserver des Providers sind am Grundrecht auf Gewährleistung des Fernmeldegeheimnisses aus Art. 10 Abs. 1 GG zu messen. §§ 94 ff. StPO genügen den verfassungsrechtlichen Anforderungen, die an eine gesetzliche Ermächtigung für solche Eingriffe in das Fernmeldegeheimnis zu stellen sind.

Aus den Gründen: ... [55] Die strafprozessualen Regelungen der §§ 94 ff. StPO ermöglichen grundsätzlich die Sicherstellung und Beschlagnahme von E-Mails, die auf dem Mailserver des Providers gespeichert sind. [56] Beschränkungen des Fernmeldegeheimnisses dürfen gemäß Art. 10 Abs. 2 Satz 1 GG nur aufgrund eines Gesetzes angeordnet werden. §§ 94 ff. StPO genügen den verfassungsrechtlichen Anforderungen, die an eine gesetzliche Ermächtigung für Eingriffe der genannten Art in das Fernmeldegeheimnis zu stellen sind. [57] § 94 StPO kann ohne Verfassungsverstoß als Ermächtigung auch zu Eingriffen in Art. 10 Abs. 1 GG verstanden werden. ...

[68] Die Schwere eines Eingriffs erhöht sich, wenn er heimlich erfolgt. Ein längerfristiger Eingriff in einen laufenden Telekommunikationsvorgang wiegt schwerer als eine einmalige und punktuelle Datenerhebung, da Umfang und Vielfältigkeit des Datenbestands erheblich größer sind. Die Möglichkeit einer Verwendung erhobener Daten zu unbestimmten oder noch nicht bestimmbaren Zwecken erhöht ebenfalls die Schwere des Eingriffs schon in der Phase der Erhebung. Eine erhöhte Eingriffsintensität ist schließlich dann anzunehmen, wenn der Betroffene über keinerlei Einwirkungsmöglichkeiten auf seinen Datenbestand verfügt. [69] Im Bereich der Strafverfolgung sind daher bei heimlichen Eingriffen in das Fernmeldegeheimnis sowie etwa bei Zugriffen auf umfassende Datenbestände, die verdachtlos vorgehalten werden und auf die die Betroffenen nicht einwirken können, besonders hohe Anforderungen an die Bedeutung der zu verfolgenden Straftat und den für den Zugriff erforderlichen Grad des Tatverdachts zu stellen. Geht es hingegen um eine aus einer Durchsuchung folgende, offene und durch den Ermittlungszweck begrenzte Maßnahme außerhalb eines laufenden Kommunikationsvorgangs – wie die Sicherstellung und Beschlagnahme von E-Mails, die auf dem Mailserver des Providers gespeichert sind – verlangt das Übermaßverbot angesichts des Gewichts des staatlichen Strafverfolgungsinteresses nicht, die Sicherstellung und Beschlagnahme von auf dem Mailserver des Providers gespeicherten E-Mails nur bei der Verfolgung einer besonders schweren Straftat (wie § 100c StPO), einer schweren Straftat (wie § 100a StPO) oder einer Straftat von erheblicher Bedeutung (wie § 100g StPO) zuzulassen. Greifen Strafverfolgungsbehörden – wie bei Sicherstellungen und Beschlagnahmen – mit Kenntnis des Betroffenen, außerhalb eines laufenden Kommunikationsvorgangs auf Kommunikationsinhalte zu, kann der auch sonst im strafprozessualen Ermittlungsverfahren erforderliche Anfangsverdacht einer Straftat genügen. ...

[79] Die Maßnahme muss ... in angemessenem Verhältnis zu der Schwere der Straftat und der Stärke des Tatverdachts stehen. Hierbei ist nicht nur die Bedeutung des potentiellen Beweismittels für das Strafverfahren, sondern auch der Grad des auf die verfahrenserheblichen Gegenstände oder Daten bezogenen Auffindeverdachts zu bewerten. Auf die E-Mails darf nur zugegriffen werden, wenn ein konkret zu beschreibender Tatvorwurf vorliegt, also mehr

als nur vage Anhaltspunkte oder bloße Vermutungen. Beim Zugriff auf die bei dem Provider gespeicherten E-Mails ist auch die Bedeutung der E-Mails für das Strafverfahren sowie der Grad des Auffindeverdachts zu bewerten. Im Einzelfall können die Geringfügigkeit der zu ermittelnden Straftat, eine geringe Beweisbedeutung der zu beschlagnahmenden E-Mails sowie die Vagheit des Auffindeverdachts der Maßnahme entgegenstehen.

2. Heimliche Online-Durchsuchung

Schwieriger ist die rechtliche Absicherung der heimlichen Online-Durch-   **186**
suchung, bei der die Ermittlungsbehörden ohne Wissen des Betroffenen
über die Internetverbindung auf einen privaten Rechner zugreifen und ihn
„durchsuchen". Ein solches Vorgehen kann weder auf § 100a StPO gestützt werden (weil dafür die Daten ja im Übertragungsfluss sein müssen),
noch auf die „normale" Hausdurchsuchungsvorschrift des § 102 StPO,
weil diese Maßnahme nicht verdeckt erfolgen kann. Der BGH hat daher
eine **gesonderte gesetzliche Ermächtigungsgrundlage** gefordert, über deren
Einführung seither politisch heftig debattiert wird.

Ermächtigungsgrundlage für eine heimliche Online-Untersuchung – BGH,   **187**
NJW 2007, 930 m. Anm. Hamm = MMR 2007, 237 m. Anm. Bär = CR 2007,
253:

**Die „verdeckte Online-Durchsuchung" ist mangels einer Ermächtigungs-
grundlage unzulässig. Sie kann insbesondere nicht auf § 102 StPO gestützt werden. Diese Vorschrift gestattet nicht eine auf heimliche Ausführung angelegte Durchsuchung.**

Aus den Gründen: ... [9] Nach alledem ist es den Ermittlungsbehörden – unabhängig davon, wonach gesucht wird – verboten, eine richterliche Durchsu-
chungsanordnung bewusst heimlich durchzuführen, um auf diese Weise dem
Tatverdächtigen keine Hinweise auf die gegen ihn geführten Ermittlungen zu
geben und den Erfolg weiterer Ermittlungen nicht zu gefährden. ... [10] Ein
anderes Ergebnis lässt sich auch nicht mit der Erwägung begründen, eine verdeckt durchgeführte Durchsuchung sei von der Befugnisnorm des § 102 StPO
gedeckt, weil sie für den Betroffenen weniger belastend sei als die offen durchgeführte Durchsuchung, bei der eine Wohnung betreten wird. Das Gegenteil
trifft zu: Jede heimliche Durchsuchung ist im Vergleich zu der in §§ 102 ff. StPO
geregelten offenen Durchsuchung wegen ihrer erhöhten Eingriffsintensität eine
Zwangsmaßnahme mit einem neuen, eigenständigen Charakter. Die offene
Durchführung gibt dem Betroffenen die Möglichkeit, je nach den Umständen
die Maßnahme durch Herausgabe des gesuchten Gegenstandes abzuwenden
bzw. in ihrer Dauer und Intensität zu begrenzen, ferner ihr – gegebenenfalls mit
Hilfe anwaltlichen Beistands – bereits während des Vollzugs entgegen zu treten, wenn es an den gesetzlichen Voraussetzungen fehlt, oder aber zumindest
die Art und Weise der Durchsuchung zu kontrollieren, insbesondere die Einhaltung der im Durchsuchungsbeschluss gezogenen Grenzen zu überwachen.
Die heimliche Durchsuchung nimmt dem Betroffenen diese Möglichkeiten. ...
[16] Soweit argumentiert wird, sie sei zulässig, insbesondere sei das Anwe-
senheitsrecht gemäß § 106 Abs. 1 Satz 1 StPO gewahrt, weil der Computer-
nutzer während der Übertragung des zu durchsuchenden Datenbestandes an

die Ermittlungsbehörde „online" sein müsse, wird verkannt, dass nach Sinn und Zweck dieser Schutzvorschrift die Anwesenheit des Betroffenen oder der anderen Personen gerade die Beobachtung und Kontrolle der Durchsuchung ermöglichen soll, die rein körperliche Anwesenheit ohne die Möglichkeit der Kenntnisnahme dies aber nicht gewährleistet. ...

[18] Die Maßnahme kann nicht auf § 100 a StPO (Überwachung der Telekommunikation) gestützt werden. Zwar muss der Computerbenutzer bei der Übertragung der zu durchsuchenden Daten an die Ermittlungsbehörde mit Hilfe des aufgespielten Computervirus „online" sein, so dass diese Bestandteil des ohnehin bestehenden Datenstroms sind. Jedoch wird dadurch die verdeckte Online-Durchsuchung nicht zur Telekommunikation, weil nicht die Kommunikation zwischen dem Tatverdächtigen und einem Dritten überwacht, sondern zielgerichtet eine umfassende Übermittlung der auf dem Zielcomputer vor Beginn des Kommunikationsvorgangs gespeicherten Daten an die ermittelnde Stelle zum Zwecke der Suche nach Beweismitteln oder weiteren möglichen Ermittlungsansätzen ausgelöst wird. Der Datenfluss während des „Online"-Status des Computers wird somit lediglich aus technischen Gründen zum Zwecke der Übertragung der in den Speichermedien abgelegten Dateien benutzt. ...

188 An eine solche gesetzliche Ermächtigungsgrundlage einer heimlichen Online-Durchsuchung hat das BVerfG auf der Grundlage des aus diesem Anlass „erfundenen" Grundrechts auf Gewährleistung der Vertraulichkeit und Integrität informationstechnischer Systeme **hohe Anforderungen** gestellt.[156] Neben dem Erfordernis einer konkreten Gefahr für ein überragend wichtiges Rechtsgut (s. o., Rn. 75 f.) zählen dazu insbesondere der Richtervorbehalt und die Wahrung des Kernbereichs privater Lebensgestaltung:

189 **Anforderungen an eine Ermächtigungsgrundlage für heimliche Online-Durchsuchungen – BVerfGE 120, 274 = NJW 2008, 822 = MMR 2008, 315 m. Anm. Bär = CR 2008, 306 = DÖV 2008, 459:**

Die heimliche Infiltration eines informationstechnischen Systems ist grundsätzlich unter den Vorbehalt richterlicher Anordnung zu stellen. Das Gesetz, das zu einem solchen Eingriff ermächtigt, muss Vorkehrungen enthalten, um den Kernbereich privater Lebensgestaltung zu schützen.

Aus den Gründen: ... [257] Sieht eine Norm heimliche Ermittlungstätigkeiten des Staates vor, die – wie hier – besonders geschützte Zonen der Privatheit berühren oder eine besonders hohe Eingriffsintensität aufweisen, ist dem Gewicht des Grundrechtseingriffs durch geeignete Verfahrensvorkehrungen Rechnung zu tragen. Insbesondere ist der Zugriff grundsätzlich unter den Vorbehalt richterlicher Anordnung zu stellen. [258] Ein solcher Vorbehalt ermöglicht die vorbeugende Kontrolle einer geplanten heimlichen Ermittlungsmaßnahme durch eine unabhängige und neutrale Instanz. Eine derartige Kontrolle kann bedeutsames Element eines effektiven Grundrechtsschutzes sein. Sie kann ... gewährleisten, dass die Entscheidung über eine heimliche Ermittlungsmaßnahme

---

156 Puschke/Singelnstein, NJW 2008, 113, 115, sehen diese Anforderungen bei § 110 Abs. 3 StPO als nicht erfüllt an, obwohl diese Norm in bestimmten Fallkonstellationen zu einer speziellen Form der Online-Durchsuchung ermächtigt.

auf die Interessen des Betroffenen hinreichend Rücksicht nimmt, wenn der Betroffene selbst seine Interessen aufgrund der Heimlichkeit der Maßnahme im Vorwege nicht wahrnehmen kann. ... [259] ... Dem Gesetzgeber ist allerdings bei der Gestaltung der Kontrolle im Einzelnen, etwa bei der Entscheidung über die kontrollierende Stelle und das anzuwendende Verfahren, grundsätzlich ein Regelungsspielraum eingeräumt. Bei einem Grundrechtseingriff von besonders hohem Gewicht wie dem heimlichen Zugriff auf ein informationstechnisches System reduziert sich der Spielraum dahingehend, dass die Maßnahme grundsätzlich unter den Vorbehalt richterlicher Anordnung zu stellen ist. Richter können aufgrund ihrer persönlichen und sachlichen Unabhängigkeit und ihrer ausschließlichen Bindung an das Gesetz die Rechte des Betroffenen im Einzelfall am besten und sichersten wahren. Vorausgesetzt ist allerdings, dass sie die Rechtmäßigkeit der vorgesehenen Maßnahme eingehend prüfen und die Gründe schriftlich festhalten. ...

[271] Heimliche Überwachungsmaßnahmen staatlicher Stellen haben einen unantastbaren Kernbereich privater Lebensgestaltung zu wahren, dessen Schutz sich aus Art. 1 Abs. 1 GG ergibt. Selbst überwiegende Interessen der Allgemeinheit können einen Eingriff in ihn nicht rechtfertigen. Zur Entfaltung der Persönlichkeit im Kernbereich privater Lebensgestaltung gehört die Möglichkeit, innere Vorgänge wie Empfindungen und Gefühle sowie Überlegungen, Ansichten und Erlebnisse höchstpersönlicher Art ohne die Angst zum Ausdruck zu bringen, dass staatliche Stellen dies überwachen. [272] Im Rahmen eines heimlichen Zugriffs auf ein informationstechnisches System besteht die Gefahr, dass die handelnde staatliche Stelle persönliche Daten erhebt, die dem Kernbereich zuzuordnen sind. So kann der Betroffene das System dazu nutzen, Dateien höchstpersönlichen Inhalts, etwa tagebuchartige Aufzeichnungen oder private Film- oder Tondokumente, anzulegen und zu speichern. Derartige Dateien können ebenso wie etwa schriftliche Verkörperungen des höchstpersönlichen Erlebens einen absoluten Schutz genießen. ... Die absolut geschützten Daten können bei unterschiedlichen Arten von Zugriffen erhoben werden, etwa bei der Durchsicht von Speichermedien ebenso wie bei der Überwachung der laufenden Internetkommunikation oder gar einer Vollüberwachung der Nutzung des Zielsystems. ... [277] Eine gesetzliche Ermächtigung zu einer Überwachungsmaßnahme, die den Kernbereich privater Lebensgestaltung berühren kann, hat so weitgehend wie möglich sicherzustellen, dass Daten mit Kernbereichsbezug nicht erhoben werden. Ist es – wie bei dem heimlichen Zugriff auf ein informationstechnisches System – praktisch unvermeidbar, Informationen zur Kenntnis zu nehmen, bevor ihr Kernbereichsbezug bewertet werden kann, muss für hinreichenden Schutz in der Auswertungsphase gesorgt sein. Insbesondere müssen aufgefundene und erhobene Daten mit Kernbereichsbezug unverzüglich gelöscht und ihre Verwertung ausgeschlossen werden. ...

Allerdings stellt der erweiterte § 110 Abs. 3 StPO gewissermaßen eine **190** „Teilumsetzung" der heimlichen Online-Durchsuchung dar. So kann bei der (offenen) Durchsuchung der PC des Betroffenen „durchgesehen" werden; ist dabei der Zugriff auf „hiervon räumlich getrennte" PCs – etwa eines Mitbewohners über ein Netzwerk – möglich, ist dies ohne Information des Inhabers der Daten auf diesem anderen PC zulässig.[157]

---

157 Vgl. Puschke/Singelnstein, NJW 2008, 113, 115.

VI. Fazit

191

1. Von besonderer Internetrelevanz sind im Strafrecht die Publikations- und Äußerungsdelikte.

   a) Publikationsdelikte zeichnen sich durch die Verbreitung oder anderweitige öffentliche Handhabung inkriminierter Inhalte aus. Praktisch besonders bedeutsam im Internet sind dabei pornografische und rassistische Seiten. Die Verbreitung ist unabhängig davon zu bejahen, ob der User das Angebot heruntergeladen hat oder es ihm der Anbieter zugemailt hat.

   b) Äußerungsdelikte setzen inhaltlich nicht akzeptable Erklärungen gegenüber anderen oder in der Öffentlichkeit voraus, wie dies z. B. bei Ehrschutzdelikten der Fall ist.

2. Außerdem gibt es eine Reihe von Straftatbeständen des StGB mit Multimediabezug, die

   a) entweder den Schutz der Intim- und Privatsphäre betreffen,

   b) oder die Übertragung tradierter Strafbarkeiten auf die technischen Besonderheiten von PC und Internet wie z. B. Betrug (Computerbetrug), Briefgeheimnisverletzung (Ausspähen/Abfangen von Daten) oder Sachbeschädigung (Veränderung von Daten/Computersabotage).

3. Daneben gibt es schließlich noch zahlreiche Strafbestimmungen in den einzelnen Fachgesetzen wie im Wettbewerbs-, Datenschutz- oder Urheberrecht.

4. Ein internationales materielles oder kollisionsrechtliches Strafrecht gibt es nicht.

   a) Für die Reichweite des Anwendungsbereichs des deutschen Strafrechts ist der Tatort-Begriff maßgeblich, der sowohl den Handlungs- als auch den Erfolgsort umfasst.

   b) Für die Publikations- und Äußerungsdelikte muss die Frage der Erfolgskomponente differenziert betrachtet werden; der BGH stellt auf den Ort der spezifischen Unrechtsentfaltung ab.

   c) Auf internationaler Ebene hat sich der Europarat auf einen Kanon von internetrelevanten Straftatbeständen geeinigt, die in allen Unterzeichnerstaaten verfolgt und zumindest bezüglich der Mindeststrafe gleichermaßen pönalisiert werden sollen.

5. Internet und eMail bieten den Strafverfolgungsbehörden Ansätze für neue Ermittlungsinstrumente. Möglich ist nach den bestehenden Vorschriften der StPO die Beschlagnahme von eMails im Postfach des Access Providers; die heimliche Online-Durchsuchung hingegen hat bis jetzt keine wirklich tragfähige Rechtsgrundlage.

F. Jugendschutzrecht

I. Jugendmedienschutz-Staatsvertrag

1. Normadressaten

Die zentrale Norm des internetrelevanten Jugendschutzrechts ist der Ju- **192**
gendmedienschutz-Staatsvertrag (JMStV). Dieser richtet sich an die Anbieter **elektronischer Informations- und Kommunikationsmedien** (§ 2 Abs. 1
JMStV). Dazu zählen die **Rundfunkmedien** i. S. d. Rundfunkstaatsvertrags
(Hörfunk und Fernsehen) und **Telemedien** (§ 2 Abs. 1 JMStV). **Telekommunikationsdienstleistungen** sind nach § 2 Abs. 2 JMStV vom Anwendungsbereich ausdrücklich ausgenommen; zu diesen technischen Anbietern
gehören die Access Provider und die Host-Provider.[158]

2. Inhaltliche Vorgaben

Der JMStV indiziert eine Reihe von Inhalten in abgestufter Intensität. So **193**
nennt § 4 Abs. 1 JMStV „**absolut**" **unzulässige Angebote**, die schlechthin
verboten sind. Die darin enthaltene Enumerativaufzählung deckt weitgehend die ohnehin schon von den strafrechtlichen Publikationsdelikten
sanktionierten Inhalte wie Rassismus, Völkerhass, Gewalt- und Kriegsverherrlichung und harte Pornografie ab.

In § 4 Abs. 2 JMStV werden dann die „**beschränkt**" **unzulässigen Angebo- 194
te** genannt. Dabei handelt es sich ausweislich der Auffang-Generalklausel
gem. § 4 Abs. 2 Satz 1 Nr. 3 JMStV um Inhalte, die

> „offensichtlich geeignet sind, die Entwicklung von Kindern und Jugendli-
> chen[159] oder ihre Erziehung zu einer eigenverantwortlichen und gemein-
> schaftsfähigen Persönlichkeit unter Berücksichtigung der besonderen Wir-
> kungsform des Verbreitungsmediums *schwer zu gefährden*."[160]

Hierzu zählen namentlich die (einfache) Pornografie und sonstige jugendgefährdende Inhalte (Teile A und C der Liste nach § 18 JuSchG). Die Beschränkung der Unzulässigkeit dieser Inhalte liegt darin, dass es ein „**Hin-
tertürchen**" **zur Zulässigkeit** gibt: In Telemedien (also nicht in Hörfunk
und Fernsehen) dürfen diese Inhalte dann angeboten werden, wenn der
Anbieter – durch ein geeignetes **Altersverifikationssystem** – sicherstellt,

---

158 A. A. Grapentin, CR 2003, 458, 462, wonach der „weite Anbieterbegriff" des
§ 3 Abs. 2 Nr. 3 JMStV auch Host- und Access-Provider erfasse, die sich jedoch
auf die Haftungsprivilegien der §§ 6 ff. MDStV, 8 ff. TDG berufen könnten.
Doch obwohl diese Privilegien, die Grapentin ausdrücklich zugesteht, u. a. ausdrücklich eine Freistellung von einer präventiven Inhaltskontrolle beinhalten,
plädiert sie für eine „grundsätzliche" Pflicht von Host- und Access-Providern,
Filterprogramme einzusetzen und Jugendschutzbeauftragte zu bestellen.
159 Kinder sind 0–13 Jahre alt, Jugendliche 14–17 Jahre (§ 3 Abs. 1 JMStV).
160 Hervorhebung durch den Autor.

dass sie nur von Erwachsenen in Anspruch genommen werden können. Der JMStV spricht dann von einer „geschlossenen Benutzergruppe" (Näheres hierzu s. u., Rn. 200 ff.).

195 Am schwächsten ist der Eingriff in sog. „**entwicklungsbeeinträchtigende**" **Angebote** gem. § 5 JMStV, die grundsätzlich zulässig sind und unter denen

> „Angebote, die geeignet sind, die Entwicklung von Kindern oder Jugendlichen zu einer eigenverantwortlichen und gemeinschaftsfähigen Persönlichkeit *zu beeinträchtigen*,"[161]

zu verstehen sind. Hier müssen die Anbieter lediglich dafür sorgen, dass die Inhalte von Kindern und Jugendlichen „üblicherweise" nicht wahrgenommen werden. Diese Verpflichtung können die Anbieter entweder durch **technische Barrieren** oder eine **geeignete zeitliche Platzierung** der Angebote (§ 5 Abs. 3 JMStV) erfüllen. Für den letzteren Fall gibt § 5 Abs. 4 JMStV genaue Zeitfenster vor: Ist die Beeinträchtigungsgefahr noch so stark, dass sie auch noch 17-Jährige betrifft, darf das Angebot zwischen 23 und 6 Uhr verbreitet werden; sind von der Beeinträchtigungsgefahr die 16- und 17-Jährigen nicht mehr betroffen, ist die Verbreitung schon von 22 bis 6 Uhr zulässig. Bei einer nur geringen Beeinträchtigungsgefahr, die nur Kinder bis 11 Jahre noch tangiert, reicht es aus, wenn „bei der Wahl der Sendezeit dem Wohl jüngerer Kinder Rechnung" getragen wird.

196 Schließlich enthält § 6 JMStV inhaltliche Vorgaben für die **Werbung**, weil diese die höhere Leichtgläubigkeit von Kindern und Jugendlichen ansprechen kann. Von zentraler Bedeutung ist hierbei das Gebot, dass „Werbung Kindern und Jugendlichen weder körperlichen noch seelischen Schaden zufügen" darf; außerdem sind u. a.

► **direkte Kaufappelle** an Kinder und Jugendliche, die deren Unerfahrenheit und Leichtgläubigkeit ausnutzen (was auch wettbewerbsrechtlich unzulässig wäre, s. o., Rn. 125), oder zu einem entsprechenden Kaufverlangen gegenüber ihren Eltern auffordern (§ 6 Abs. 2 Nr. 1, 2 JMStV),

► das **Ausnutzen des besonderen Vertrauens**, das Kinder und Jugendliche bestimmten erwachsenen Vertrauenspersonen wie Eltern o. Ä. entgegenbringen (§ 6 Abs. 2 Nr. 3 JMStV), und

► Kinder und Jugendliche besonders ansprechende Darstellungen für Alkohol- und – bei Telemedien – für Tabakprodukte (§ 6 Abs. 5 JMStV)

verboten. Zudem schreibt § 6 Abs. 3 JMStV vor, dass entwicklungsbeeinträchtigende Werbung klar von Inhalten und anderer Werbung, die sich an Kinder und Jugendliche richten, getrennt sein muss.

---

161 Hervorhebung durch den Autor.

3. Instrumente

Das Instrumentarium des JMStV zur Durchsetzung der inhaltlichen Vorga- **197**
ben ist vielfältig:

► Pflicht zur Bestellung eines betrieblichen **Jugendschutzbeauftragten** für
geschäftsmäßige Telemedienanbieter mit entwicklungsbeeinträchtigen-
den und jugendgefährdenden Inhalten, für Suchmaschinen und für län-
derübergreifend sendende Fernsehanstalten (§ 7 JMStV),[162]
► **Aufsicht** durch die Landesmedienanstalten (§§ 20 ff. JMStV), die bis zu
Sperrungsverfügungen reichen kann,
► **Anerkennung** von Einrichtungen der **Freiwilligen Selbstkontrolle** (§ 19
JMStV) und
► **Sanktionen** strafrechtlicher Art oder durch ordnungswidrigkeiten-
rechtliche Bußgelder bis zu einer halben Million Euro (§§ 23 f. JMStV).

Von institutionell besonderer Bedeutung ist die **Kommission für Jugendme-** **198**
dienschutz (KJM), die die Landesmedienanstalten in ihrer Aufsichtsfunktion
unterstützt (§ 14 Abs. 2 JMStV). Sie besteht aus 12 nicht weisungsgebun-
denen Sachverständigen, darunter sechs der Direktoren der Landesmedienanstalten, von denen einer den Vorsitz hat, und sechs aus den für den Jugendschutz zuständigen Ministerien von Bund und Ländern; insgesamt vier
Mitglieder müssen Volljuristen sein (§ 14 Abs. 3 JMStV). Die für die grundsätzlichen und strategischen Fragen zuständige Stabsstelle der KJM ist beim
Vorsitzenden in der Bayerischen Landeszentrale für neue Medien angesiedelt;
Organisation und Koordination liegen bei der KJM-Geschäftsstelle in Erfurt.

Ihrerseits unterstützt wird die KJM von der von den zuständigen Landesmi- **199**
nisterien 1997 geschaffenen gemeinsamen Stelle **„jugendschutz.net"**, die an
die KJM auch organisatorisch angebunden ist (§ 18 JMStV). Sie überprüft
die Angebote der Telemedien und bietet diesen auch Beratungs- und Schu-
lungsleistungen an. Stellt „jugendschutz.net" Verstöße gegen inhaltliche
Vorgaben des JMStV fest, informiert sie hierüber den betroffenen Anbieter
und die KJM. Die Stelle „jugendschutz.net" ist im Jahr **2008 gegen mehr**
als 3000 unzulässige Angebote aus dem In- und Ausland vorgegangen
(2003 waren es noch gut 1200); von den 1369 beanstandeten deutschen
Online-Angeboten betrafen 62 % pornografische Darstellungen und 11 %
Verherrlichungen von Magersucht. Von den registrierten Verstößen auf ausländischen Websites kamen über 50 % aus den USA und betrafen zu 32 %
rechtsextremes Gedankengut. In rund 75 % der deutschen Fälle haben die
Anbieter bereits auf den Hinweis von jugendschutz.net ihre rechtswidrigen
Inhalte gelöscht bzw. in eine rechtskonforme Darstellung geändert, ohne
dass ein förmliches Aufsichtsverfahren eingeleitet werden musste.[163]

---

162 Unterhalb einer gewissen Relevanzschwelle (50 Mitarbeiter/weniger als 10 Mio.
Zugriffe im Monatsdurchschnitt) sind Telemedien von dieser Pflicht unter bestimmten Bedingungen befreit, § 7 Abs. 2 JMStV.
163 Jugenschutz.net: Jugendschutz im Internet, Ergebnisse der Recherchen und Kontrollen, Bericht 2008, S. 27 (<http://www.jugendschutz.net/pdf/bericht2008.pdf>);
zu 2003 siehe <www.jugendschutz.net/materialien/bericht2003.html>.

II. Besondere Problemkreise

1. Geschlossene Benutzergruppen (GBG)

200 Über die konkreten Anforderungen an die ausreichende Höhe der Zugangshürde für geschlossene Benutzergruppen ist nach Inkrafttreten des JMStV
eine ebenso heftig wie kontrovers geführte Diskussion ausgebrochen. Im Mittelpunkt stand dabei die Frage, ob eine **Altersverifikation allein über die Personalausweisnummer** – in die das Geburtsdatum des Inhabers eingearbeitet
ist – ausreichen kann; insbesondere von zahlreichen Unternehmen der deutschen Erotik- und Pornografiebranche wurde diese Auffassung vertreten.

201 Für eine insofern **ausreichende Altersüberprüfung** wurde ins Feld geführt,[164]
dass es sich beim Erfordernis der Zugangshürde um eine Beschränkung
sowohl des Angebots als auch der Nachfrage handele, die grundrechtsrelevant sei; so sei die Meinungs-, Kunst- und Berufsfreiheit des Anbieters
ebenso tangiert wie die Informationsfreiheit des Nachfragers. Hieraus folge, dass die Beschränkung restriktiv und **grundrechtsfreundlich auszulegen** sei, weshalb die Angabe der Personalausweisnummer ausreichen solle.
Hierfür spreche außerdem die in Art. 3 Abs. 2 der eCommerce-RL nieder-
gelegte **Dienstleistungsfreiheit für Internetangebote**. Dazu komme, dass die
Materialien zum JMStV „nur" ein verlässliches – also kein unüberwind-
bares – Altersverifikationssystem verlangten.[165] Schließlich wird argumentiert, dass eine härtere Linie letztlich dem Jugendschutz nicht diene, weil
dann das Erotikangebot ins Ausland verdrängt werde.[166]

202 Die Gegenmeinung hat demgegenüber geltend gemacht,[167] dass die alleinige **Personalausweisnummernprüfung viel zu leicht ausgetrickst** werden
könne. Das fange schon damit an, dass nur geprüft werde, ob die Nummer theoretisch existieren könne, also ob sie den inneren syntaktischen
Gesetzmäßigkeiten der Personalausweisnummer entspreche.[168] Nicht ge-

---

164 Argumentation nach Berger, MMR 2003, 773; so im Ergebnis AG Neuss,
MMR 2002, 837 m. Anm. Gercke = CR 2003, 296.

165 Dieses Argument hat durch die strengere Formulierung im novellierten § 184c
StGB an Bedeutung verloren; danach muss die Unzugänglichkeit „sicherstellt"
sein.

166 Genau auf dieser Linie liegt die Aktion deutscher Online-Erotikanbieter unter
<www.wir-wollen-bleiben.de>. Ein verfassungsrechtlich unterlegtes Plädoyer
in diesem Sinne hält Naumann, ZRP 2009, 44.

167 Vgl. den Beitrag der Jugendschutz.net-Juristen Döring/Günter, MMR 2004, 231.

168 Die Zusammensetzung der Personalausweisnummer ist im Personalausweisge-
setz festgelegt; sie besteht aus einer Seriennummer, die auch die ausstellende
Behörde anzeigt, dem Geburtstagsdatum des Inhaber und dem Ablaufdatum
der Ausweisgültigkeit, wobei die Daten umgestellt sind und die Gesamtnum-
mer mit Prüfziffern, die bestimmten Algorithmen folgen, durchsetzt sind. Die
Verwendung einer fiktiven (oder fremden) PA-Nummer zum „Knacken" einer
Altersverifikation ist im Normalfall nicht strafbar, vgl. KG, MMR 2004, 478 f.
m. Anm. Liesching = CR 2004, 619, 620.

prüft werden könne, ob diese Nummer wirklich existiert, weil es – schon aus Datenschutzgründen – keinen Online-Zugriff auf die Datenbestände der Bundesdruckerei gebe. Deshalb sei es leicht, sich unter Beachtung der syntaktischen Gesetzmäßigkeiten eine erfundene, aber wie eine echte PA-Nummer aussehende Nummer zu basteln oder im Internet generieren zu lassen und so die Testalgorithmen der Altersverifikation zu überlisten. Auch der sog. „Regionencheck", bei dem die PA-Nummer zusammen mit der Postleitzahl des Wohnorts des Ausweisinhabers abgefragt wird, stelle mit Hilfe geeigneter Rechenprogramme im Internet, die mit den einschlägigen Suchmaschinen leicht zu finden seien, für entsprechend motivierte und internetgeübte Jugendliche keine wirkliche Hürde dar.[169]

Aus diesen Gründen hat die KJM erklärt, dass eine alleinige Ausweisnummernidentifikation als Altersverifikation nicht ausreicht, sondern eine mindestens **einmalige zuverlässige Volljährigkeitsprüfung durch Vollidentifikation** (z.B. durch Übersendung einer Personalausweis-Fotokopie)[170] erfolgen muss und bei jedem späteren Nutzungsvorgang eine sichere Authentifizierung des einmal identifizierten Nutzers stattfinden muss, um Multiplikations- und Missbrauchsgefahren einzudämmen.[171] Dieser strengeren Auffassung hat sich auch der BGH (bezüglich der Zugänglichmachung von Pornografie an Minderjährige[172]) angeschlossen, womit die juristische Diskussion zunächst ihren Abschluss gefunden hat. Auch in der **Kombination mit einer Kostenpflichtigkeit** des Angebots sieht der BGH keine hinreichende Ausschlusswirkung für Jugendliche:[173]

203

---

169 Vgl. KG, MMR 2004, 478, 480 m. Anm. Liesching = CR 2004, 619, 621.

170 Strömer, Online-Recht, S. 432.

171 Döring/Günter, MMR 2004, 231, 232, unter Bezugnahme auf einen KJM-Beschluss vom 18.6.2003. Siehe in diesem Zusammenhang das von Liesching, MMR 2008, 802, entwickelte und vorgestellte „Vier Phasen-Modell"

172 Nach Döring/Günter, MMR 2004, 231, 232, entspricht die Schwelle für die Zugänglichmachung nach § 184 Abs. 1 StGB der für die geschlossene Benutzergruppe gem. § 4 Abs. 2 Satz 2 JMStV; dafür spricht auch der Auslegungsgrundsatz, gesetzliche Wertungen in Einklang zu bringen. Fraglich ist jedoch, ob diese Gleichstellung der Strafbarkeitsschwellen auch für den zwischenzeitlich strenger formulierten § 184c StGB n.F. gilt.

173 So auch OLG Düsseldorf, MMR 2004, 409 m. Anm. Erdemir = CR 2004, 456 m. Anm. Gercke. Das OLG Düsseldorf in der vorausgegangenen Entscheidung, CR 2003, 452 m. Anm. Gercke/Liesching = MMR 2003, 418, wonach die Kostenpflichtigkeit das Zugänglichmachen ausschließen soll. Ebenfalls strenge Anforderungen an ein den gesetzlichen Vorgaben genügendes Altersverifikationssystem stellt das KG, MMR 2004, 478 m. Anm. Liesching = CR 2004, 619, auf; auch danach reicht die auf der PA-Nummer basierende Kontrolle allein keinesfalls aus; ähnlich auch LG Duisburg, MMR 2004, 763.

204 | **Anforderungen an ein Altersverifikationssystem („ueber18.de") – BGH, NJW 2008, 1882 = JZ 2008, 738 m. Anm. Schumann = MMR 2008, 400 m. Anm. Liesching u. Anm. Waldenberger = CR 2008, 386:**

Ein Altersverifikationssystem, das den Zugang zu pornografischen Angeboten im Internet nach Eingabe einer Ausweisnummer sowie der Postleitzahl des Ausstellungsortes ermöglicht, stellt keine effektive Barriere für den Zugang Minderjähriger zu diesen Angeboten dar und genügt nicht den Anforderungen des § 4 Abs. 2 JMStV. Nichts anderes gilt, wenn zusätzlich die Eingabe einer Adresse sowie einer Kreditkartennummer oder Bankverbindung und eine Zahlung eines geringfügigen Betrages verlangt wird.

Aus den Gründen: ... [23] Welcher Grad an Zuverlässigkeit für die Altersverifikation geboten ist und welche Mittel zur Sicherstellung einzusetzen sind, ergibt sich nicht unmittelbar aus § 4 Abs. 2 JMStV. ... Dafür, wie ein verlässliches System beschaffen sein muss, ist der Zweck des Jugendmedienschutz-Staatsvertrags maßgeblich. Dieser Zweck ist darauf gerichtet, für den Jugendmedienschutz im Internet wie in den traditionellen Medien ein einheitliches Schutzniveau zu gewährleisten. Es ist daher geboten, die Auslegung des § 4 Abs. 2 Satz 2 JMStV an den Maßstäben auszurichten, die für die Zugänglichkeit pornografischer Inhalte in anderen Medien entwickelt worden sind.

[24] Nach der Rechtsprechung des Bundesverwaltungsgerichts liegt ein „Zugänglichmachen" i. S. des § 184 Abs. 1 Nr. 2 StGB nicht vor, wenn Vorkehrungen getroffen werden, die den Zugang Minderjähriger zu den pornografischen Inhalten regelmäßig verhindern. Dies erfordere, dass eine „effektive Barriere" zwischen der pornografischen Darstellung und dem Minderjährigen bestehe. ... [25] Das Bundesverwaltungsgericht hat ausgeführt, dass über die Verschlüsselung hinaus weitere Vorkehrungen zu treffen sind, um die Wahrnehmung pornografischer Fernsehfilme durch Minderjährige erheblich zu erschweren. Zunächst müsse sichergestellt sein, dass die Decodiereinrichtungen nur an Erwachsene abgegeben würden. Für den Nachweis der Volljährigkeit genüge es insbesondere nicht, Kopien von Dokumenten vorzulegen, weil dabei manipuliert werden könne. Es reiche aber aus, wenn beim Vertragsschluss persönlicher Kontakt mit dem Kunden bestehe und in diesem Zusammenhang eine zuverlässige Kontrolle seines Alters anhand amtlicher Lichtbildausweise erfolge. ... Über den Einsatz der allgemeinen Decodiereinrichtungen hinaus sei noch zumindest ein weiteres wirkungsvolles Hindernis gegenüber Minderjährigen erforderlich, um durch das Zusammenwirken der Wahrnehmungshindernisse die Annahme einer „effektiven Barriere" zu rechtfertigen. [26] Der Bundesgerichtshof hat diesen Maßstab der „effektiven Barriere" bei der Beurteilung einer Automaten-Videothek für pornografische Videokassetten übernommen. Eine zuverlässige Alterskontrolle hielt er für gewährleistet, wenn die zum Einlass in die Videothek erforderliche Chipkarte mit PIN erst nach persönlichem Kontakt mit dem Kunden und Überprüfung seines Alters ausgegeben und bei der persönlichen Anmeldung der Daumenabdruck des Kunden biometrisch erfasst wurde. ... [27] Beim Versandhandel mit jugendgefährdenden Trägermedien hat der Bundesgerichtshof erst jüngst ebenfalls eine zweistufige Altersverifikation für erforderlich gehalten. Zunächst ist vor dem Versand der Medien eine zuverlässige Alterskontrolle – etwa durch das Post-Ident-Verfahren – notwendig. Außerdem muss sichergestellt sein, dass die Ware nicht von Minderjährigen in Empfang genommen wird, was etwa bei

einer Übersendung per „Einschreiben eigenhändig" gewährleistet ist. [28] Entsprechend wirksame Vorkehrungen sind auch von den Anbietern pornografischer Inhalte im Internet zu fordern. ... Insbesondere sind die aufgrund der Anonymität des Mediums dem Internet immanenten Missbrauchsgefahren zu berücksichtigen. ... [30] Ohne Rechtsfehler ist das Berufungsgericht davon ausgegangen, dass die nicht fern liegende Möglichkeit besteht, Jugendliche könnten sich Ausweispapiere von Eltern oder erwachsenen Freunden beschaffen und dann die Personalausweisnummernkontrolle im System der Beklagten mit echten Daten umgehen. Keinen Bedenken begegnet auch, dass das Berufungsgericht in dem ... erforderlichen Zahlungsvorgang keine ausreichende weitere Sicherungsmaßnahme erkannt hat, weil viele Jugendliche über ein eigenes, von den Eltern nicht regelmäßig kontrolliertes Girokonto verfügen. ...

[34] Durch die danach bestehenden Anforderungen an die Verlässlichkeit eines Altersverifikationssystems wird der Zugang Erwachsener zu pornografischen Angeboten im Internet nicht unverhältnismäßig beschränkt. Es bestehen zahlreiche Möglichkeiten, ein System zuverlässig auszugestalten. Hinzuweisen ist zunächst auf die von der Kommission für Jugend- und Medienschutz (KJM) positiv bewerteten Konzepte (abrufbar unter www.jugendschutz.net), die eine persönliche Identifizierung der Nutzer durch einen Postzusteller oder in einer Postfiliale (Post-Ident-Verfahren), in einer Verkaufsstelle oder mittels des „Identitäts-Check mit Q-Bit" der Schufa Holding AG (Rückgriff auf eine bereits erfolgte persönliche Kontrolle durch ein Kreditinstitut) voraussetzen. Außerdem wird eine Authentifizierung des Kunden bei jedem einzelnen Abruf von Inhalten oder Bestellvorgang verlangt. Dafür kommt insbesondere ein Hardware-Schlüssel (etwa USB-Stick, DVD oder Chip-Karte) in Verbindung mit einer PIN in Betracht, die dem Kunden persönlich (etwa per Einschreiben eigenhändig) zugestellt werden. [35] Wie § 1 Abs. 4 JuSchG beim Versandhandel mit pornografischen Trägermedien lässt auch § 4 Abs. 2 JMStV eine rein technische Altersverifikation zu, wenn sie den Zuverlässigkeitsgrad einer persönlichen Altersprüfung erreicht. Grundsätzlich denkbar erscheint etwa, die Altersverifikation durch einen entsprechend zuverlässig gestalteten Webcam-Check durchzuführen oder unter Verwendung biometrischer Merkmale.

2. Internet-Cafés

a) Gewerberechtliche Erlaubnispflicht

Bei Internet-Cafés stellt sich zunächst die Frage nach der gewerberecht- **205**
lichen Erlaubnispflicht. Denn § 33i GewO stellt den gewerbsmäßigen[174]
Betrieb von „Spielhallen oder ähnlichen Unternehmen" unter Erlaubnispflicht. Gegen die **Anwendung des Spielhallenbegriffs auf Internet-Cafés**
wird angeführt, dass dieser stationär aufgestellte Spielautomaten, bei denen
Geld einzuwerfen ist, voraussetzt; damit können **multifunktional nutzbare
PCs** nicht verglichen werden, weshalb ein Internet-Café auch kein „ähnliches Unternehmen" sei.[175]

---

174 Als gewerbsmäßig i. S. d. GewO wird jede generell erlaubte, auf Dauer angelegte und selbständige Tätigkeit mit Gewinnerzielungsabsicht (Urproduktion und freie Berufe ausgenommen) angesehen, vgl. Ehlers, Rn. 12–25.
175 So Lober, MMR 2002, 730.

206 Diese Ansicht erscheint mir aber zu eng; warum sollen PCs, wenn diese nicht nur für Online-Angebote, sondern auch für **lokal installierte Computerspiele** genutzt werden, nicht als moderne „Unterhaltungsspielgeräte" i. S. v. § 33i GewO anzusehen sein? Dann kann es aber auch keinen Unterschied mehr machen, ob die Computerspiele lokal installiert sind oder online angeboten und genutzt werden. Der Münzeinwurf jedenfalls ist als Abgrenzungskriterium angesichts der technischen Entwicklung wenig überzeugend, zumal die **Art und Weise der Bezahlung** keine entscheidende Rolle spielen kann. Eine Spielhallenprägung wäre aber zu verneinen, wenn die **räumliche Atmosphäre des Internet-Cafés** in der Regel nicht von Spielaktivitäten – egal ob online oder lokal – dominiert ist, sondern z. B. von Informationsrecherchen.[176]

207 Die Erlaubnispflicht nach § 33i GewO hat eine klar **jugendschutzrechtliche Zielsetzung**; damit sollen die Gefahren eines „Sammelpunkts für die halbwüchsige Jugend" kontrolliert und Jugendliche vor besonderen Gefährdungen insbesondere krimineller Art bewahrt werden.[177] Bejaht man die Anwendbarkeit von § 33i GewO auf Internet-Cafés, greift deshalb dann auch das **Anwesenheitsverbot für Minderjährige** gem. § 6 Abs. 1 JuSchG, von dem Behörden in engen Ermessensgrenzen Ausnahmen zulassen können.[178]

208 Auch das BVerwG hat unter bestimmten Voraussetzungen ein Internet-Café als spielhallenähnlichen Betrieb angesehen und damit die gewerberechtliche Konzessionspflicht bejaht:

> **„Internet-Café" als erlaubnispflichtige Spielhalle – BVerwG, DVBl. 2005, 1265 = NVwZ 2005, 961 = MMR 2005, 525 = CR 2005, 594:**
>
> **Stellt ein Gewerbetreibender in seinen Räumen Cmoputer auf, die sowohl zu Spielzwecken als auch zu anderen Zwecken genutzt werden können, so bedarf er der Spielhallenerlaubnis nach § 33i Abs. 1 Satz 1 GewO, wenn der Schwerpunkt des Betriebs in der Nutzung der Computer zu Spielzwecken liegt.**
>
> *Aus den Gründen:* … Steht das Spielangebot im Vordergrund, so handelt es sich um eine Spielhalle oder ein spielhallenähnliches Unternehmen, das der Erlaubnispflicht nach § 33i GewO unterliegt. Steht hingegen die andere Nutzung im Vordergrund, so sind die Voraussetzungen dieser Vorschrift nicht erfüllt. Denn die Gewerbeordnung unterwirft in § 33i nur solche Unternehmen einer präventiven Kontrolle, die den dort angesprochenen Spielzwecken „ausschließlich oder überwiegend", also hauptsächlich und nicht nur nebenbei dienen. Nach diesem Maßstab ist auch zu entscheiden, ob ein Internet-Café mit der Möglichkeit der Nutzung der Computer zum Spielen der Erlaubnispflicht nach § 33i GewO unterliegt oder nicht. Infolgedessen ist ein Internet-Café-

---

176 Vgl. OVG Berlin, MMR 2003, 204; Liesching/Knupfer, MMR 2003, 439.
177 Liesching/Knupfer, MMR 2003, 439, 441.
178 So zumindest Liesching/Knupfer, MMR 2003, 439, 444.

dann als eine erlaubnispflichtige Spielhalle zu bewerten, wenn die Gesamtumstände darauf schließen lassen, dass die Betriebsräume hauptsächlich dem Spielzweck gewidmet sind und die anderweitige Nutzung der Computer dahinter zurücktritt. Als für diese Bewertung maßgebliche Umstände kommen vor allem die Ausstattung der Räumlichkeiten und die Programmierung der Computer, aber auch die Selbstdarstellung des Unternehmens nach außen und die von dem Unternehmer betriebene Werbung, kurz: sein Betriebskonzept, in Betracht. Unabhängig von derartigen oder vergleichbaren Umständen, die zur Nutzung der Computer zum Spielen anreizen oder eine solche Nutzung nahe legen, kann sich ein Internet-Café, das zunächst nicht die Voraussetzungen des § 33i GewO erfüllt, auch tatsächlich zu einer Spielhalle oder einem spielhallenähnlichen Unternehmen weiterentwickeln, nämlich dann, wenn sich ergibt, dass die Computer von den Kunden des Unternehmens hauptsächlich zum Spielen genutzt werden. Da der Unternehmer es in der Hand hat, diese Nutzung der Computer zur Abwendung der Rechtsfolge des § 33i GewO zu unterbinden, kann er sich gegenüber der Gewerbeaufsichtsbehörde nicht darauf berufen, die eingetretene Entwicklung sei seinen Kunden zuzuschreiben und entspreche nicht seinen Absichten. ...

b) Betreiberhaftung für den Zugang zu jugendgefährdenden Inhalten

Unabhängig von der Anwendung des § 33i GewO stellt sich die Frage nach **209** der Haftung von Internet-Café-Betreibern für den dort möglichen Zugang Jugendlicher zu jugendgefährdenden Inhalten. Sieht man die Betreiber als reine **Access-Provider**, die nur eine Durchleitung von Informationen ohne eigene inhaltliche (Mit-)Verantwortung gewährleisten, wären diese nach dem **Haftungsprivileg gem. § 9 TDG** von der Haftung befreit, solange sie keine eigene Kenntnis von der Inanspruchnahme problematischer Inhalte durch ihre Kunden haben; auch wären sie dann gem. § 8 Abs. 2 TDG von einer Präventivkontrolle – und sei sie nur stichprobenweise – befreit.[179]

Dem steht jedoch entgegen, dass sich die Rolle des Internet-Café-Betreibers **210** nicht – wie bei einem Telekommunikationsdienstleister – auf die Durchleitung von Informationen beschränkt; vielmehr eröffnet er durch sein Angebot zur Nutzung von Endgeräten zusätzlich einen Raum, in dem Minderjährige mit für sie problematischen Inhalten konfrontiert werden können; dies bringt nach der Wertung der §§ 4 ff. JuSchG **besondere Sorgfaltspflichten** mit sich, bezüglich derer sich der Betreiber auf kein Haftungsprivileg berufen kann. Dieser Pflichtenbindung kann er beispielsweise mit geeigneten Jugendschutzprogrammen auf seinen Geräten oder entsprechend umfangreichem Aufsichtspersonal Rechnung tragen.[180]

---

179 Liesching/Knupfer, MMR 2003, 562, 565 ff.
180 Vgl. Liesching/Knupfer, MMR 2003, 562, 568 ff., die hier mit einer aus der Schaffung einer Gefahrenquelle resultierenden Garantenstellung argumentieren.

III. Fazit

211
1. Die zentrale Norm des Jugendschutzrechts im Internet ist der Jugendmedienschutz-Staatsvertrag (JMStV). Dieser unterscheidet zwischen
a) absolut unzulässigen Angeboten,
b) beschränkt (nämlich auf Geschlossene Benutzergruppen bei Telemedien) zulässigen Angeboten und
c) entwicklungsbeeinträchtigenden Angeboten.
2. Zur Durchsetzung seiner Vorgaben sieht der JMStV u. a. betriebliche Jugendschutzbeauftragte, ein Aufsichtsrecht der Landesmedienanstalten, eine Freiwillige Selbstkontrolle und Sanktionen vor. Von
praktisch großer Bedeutung ist die Arbeit der Kommission für Jugendmedienschutz (KJM) und der bei ihr angebundenen Stelle „jugendschutz.net".
3. Geschlossene Benutzergruppen setzen bezüglich jugendgefährdender Inhalte eine zuverlässige Altersverifikation voraus, wofür eine
bloße Personalausweisidentifikation (auch bei einer Verbindung mit
einem „Regionencheck" oder einer Kostenpflichtigkeit des Angebots) nicht ausreicht. Es bedarf einer zumindest einmaligen Vollidentifikation.
4. Internet-Cafés sind als spielhallenähnliche Unternehmen erlaubnispflichtig, wenn die dortige PC-Nutzung stark von Spielaktivitäten
geprägt ist. Dann gilt auch ein grundsätzliches Anwesenheitsverbot
für Minderjährige.
5. Unabhängig davon haftet der Betreiber eines Internet-Cafés für den
durch ihn ermöglichten Zugang Jugendlicher zu jugendgefährdenden Inhalten, wenn er keine geeigneten Gegenmaßnahmen organisiert hat (Jugendschutzprogramme, Aufsicht).

G. Arbeitsrecht

I. Einführung von Internetdiensten im Betrieb

1. Arbeitsrechtliche Grundkonstellation

212 Der Arbeitgeber kann Internetdienste (gemeint sind hier das „world wide
web" und eMails) in seinem Betrieb einführen, ohne dass dies im Arbeitsvertrag geregelt ist oder der Zustimmung des Arbeitnehmers unterliegt.
Dies folgt aus seinem arbeitsrechtlich allgemein anerkannten **Weisungs-**
und Direktionsrecht. Der Arbeitnehmer ist dann zur Nutzung der Dienste
im Rahmen seiner Aufgaben verpflichtet, soweit er dazu von seiner Qualifikation und seinen Fähigkeiten her in der Lage ist.[181] Dies schließt die Pflicht

---

181 Strömer, Online-Recht, S. 359.

ein, sich um die Nutzung dieses neuen Mediums auch dann zu bemühen, wenn man damit bislang noch nicht in Berührung gekommen ist. So kann der Arbeitgeber auch von (z. B. älteren) Arbeitnehmern, die diesbezüglich noch eine Hemmschwelle haben, verlangen, diese zu überwinden und sich darauf einzulassen.

Umgekehrt hat der Arbeitnehmer **keinen Anspruch** darauf, einen Internet-Arbeitsplatz eingerichtet zu bekommen. Nur bei willkürlicher Verweigerung durch den Arbeitgeber, der allen anderen Kollegen mit ähnlichem Aufgabenprofil einen Internet-Arbeitsplatz zur Verfügung gestellt hat, kann aus dem **arbeitsrechtlichen Gleichbehandlungsgrundsatz** ausnahmsweise ein Anspruch auf Einrichtung eines solchen Arbeitsplatzes entstehen.[182] **212**

2. Betriebliche Mitbestimmung

Sowohl bei der Einführung als auch beim Handling von Internetdiensten im Betrieb sind die Mitbestimmungsrechte des Betriebsrates zu beachten. Diese gelten gem. § 87 Abs. 1 Nr. 6 BetrVG **214**

> „bei der Einführung und Anwendung von technischen Einrichtungen, die dazu bestimmt sind, das Verhalten oder die Leistung der Arbeitnehmer zu überwachen".

Da durch gesendete bzw. empfangene eMails eine **Überwachung von Arbeitnehmern** und Rückschlüsse auf das **Verhalten oder die Leistung des Einzelnen** möglich sind, fallen unter diesen Mitbestimmungstatbestand auch Internetdienste. Ob der Arbeitgeber solche Überwachungsabsichten überhaupt hegt, ist irrelevant; es reicht schon die objektive Möglichkeit zu einer solchen Nutzung, weil damit eine potenzielle Gefährdung der Arbeitnehmerrechte verbunden ist.[183]

Es empfiehlt sich deshalb für den Arbeitgeber, die beabsichtigte Nutzung in einer entsprechenden **Betriebsvereinbarung** mit dem Betriebsrat festzulegen. Verletzt der Arbeitgeber diese Mitbestimmungsrechte, ist ihm die Verwertung von dadurch gewonnenen Erkenntnissen verwehrt, während der Betriebsrat einen **Unterlassungs- und Beseitigungsanspruch** gegen die Internetnutzung im Betrieb hat. Ein Ausschluss dieses Mitbestimmungstatbestandes wäre nur dann möglich, wenn die Nutzung vollständig anonymisiert i. S. v. § 3 Abs. 6 BDSG erfolgen würde.[184] **215**

Will der Arbeitgeber eine früher (ausdrücklich oder konkludent) erteilte Erlaubnis zur privaten Nutzung geschäftlicher Internetanschlüsse aufheben, unterliegt dies nicht der betrieblichen Mitbestimmung. Nur wenn er sich gegenüber seinen Mitarbeitern (kollektiv oder individuell) vertraglich ge- **216**

---

182 Strömer, Online-Recht, S. 359.
183 Weißnicht, MMR 2003, 448, 452; Strömer, Online-Recht, S. 365.
184 Weißnicht, MMR 2003, 448, 452.

bunden hat, ist eine **Rücknahme der Erlaubnis zur privaten Nutzung** nicht mehr möglich.

> **Rücknahme einer Erlaubnis zur Privatnutzung des Internets – LAG Hamm, CR 2007, 124:**
>
> *Aus den Gründen:* ... Der Arbeitnehmer hat mangels einer besonderen Rechtsgrundlage keinen Anspruch darauf, Betriebsmittel privat nutzen zu dürfen. Dies gilt auch für die Privatnutzung des betrieblichen Internet-Zugangs oder der E-Mail-Systeme. ... Das Arbeitsgericht hat insoweit zutreffend erkannt, dass im Rahmen von freiwilligen Leistungen der Arbeitgeber bei der Frage des „Ob" der Leistungen frei ist und ein Mitbestimmungsrecht nicht besteht. Erst wenn sich der Arbeitgeber zur Gewährung einer freiwilligen Leistung entscheidet, existiert ein Mitbestimmungsrecht des Betriebsrats hinsichtlich des „Wie". Der Betriebsrat kann ... nicht die Gewährung bestimmter Leistungen an die Mitarbeiter verlangen, zu denen der Arbeitgeber gesetzlich oder tarifvertraglich nicht verpflichtet ist. Der Arbeitgeber ist vielmehr frei in seiner Entscheidung darüber, ob er solche freiwilligen Leistungen erbringt. ... So wie der Arbeitgeber allein darüber entscheidet, ob er freiwillige Leistungen überhaupt erbringt, kann er auch mitbestimmungsfrei über ihre vollständige Einstellung befinden. ...

3. Konsequenzen für den Arbeitgeber

217   Die Einführung von Internetdiensten im Betrieb ist für den Arbeitgeber nicht nur mit Vorteilen verbunden. Dies gilt vor allem (bei entsprechender Gestattung) für die während der Arbeitszeit und damit letztlich auf Kosten des Arbeitgebers erfolgende Privatnutzung der Internetdienste. Nach einer Studie des Bonner Informationsdienstes zum **privaten Nutzungsverhalten von Arbeitnehmern im Internet** surfen oder mailen über 90 % aller Arbeitnehmer mit Netzzugang während der Arbeitszeit auch zu privaten Zwecken, die Hälfte davon sogar mehr als drei Stunden in der Woche. Allein die deutsche Wirtschaft soll so um jährlich rund 50 Mrd. Euro geschädigt werden.[185]

218   Ein weiterer Nachteil ist der nicht geringe Risikofaktor, dass Arbeitnehmer beim Surfen im Internet **virenverseuchte Seiten** besuchen oder gefährliche **Viren-eMails** bekommen (was beides ja auch im Rahmen der dienstlichen Nutzung passieren kann) und dadurch die gesamte betriebliche EDV infiziert wird.[186] Folge hiervon ist, dass jeder Betrieb vernünftigerweise durch entsprechende Schutzmaßnahmen (Firewalls u. Ä.), die je nach Komplexität „ordentlich ins Geld gehen" können, Vorsorge gegen diese Gefahren treffen muss.

---

185 Zit. nach Strömer, Online-Recht, S. 360.
186 Weißnicht, MMR 2003, 448.

II. Rein geschäftliche oder auch private Nutzung

Zur Nutzung von Internetdiensten am Arbeitsplatz gibt es keine speziel- **219**
len arbeitsrechtlichen Vorschriften. Besonders umstritten ist die Frage der
Reichweite von Kontroll- und Überwachungsrechten des Arbeitgebers bezüglich des Nutzungsverhaltens der Arbeitnehmer. Inzwischen gibt es sogar
schon Softwareangebote, mit deren Hilfe gezielt festgestellt werden kann,
welche Dateien oder Programme welcher Mitarbeiter in welcher Zeit genutzt oder bearbeitet hat.[187]

1. Rein geschäftliche Nutzung

Der Arbeitgeber ist nicht verpflichtet, seinen Mitarbeitern die private **220**
Nutzung der Internetdienste zu gestatten. Untersagt er dies, besteht – zumindest theoretisch – **keine Gefahr, die Privatsphäre der Arbeitnehmer zu
verletzen.** Der Meinungsstand ist dennoch äußerst kontrovers. Teile der
Literatur bejahen in diesem Fall weitgehende Kontrollrechte des Arbeitgebers, insbesondere das anlassunabhängige Recht zur vollständigen Pro-
tokollierung von Webseiten mit Datum, Uhrzeit und Angabe des Nutzers
sowie bei eMails die Erfassung der eMail-Adressen der externen Kommu-
nikationspartner; zur Begründung wird darauf verwiesen, dass der Arbeitgeber die Einhaltung seines Verbots zur privaten Nutzung auch überprüfen
können muss.[188]

Andere Stimmen hingegen halten eine **Einzelfallrechtfertigung durch ein** **221**
überwiegendes Arbeitgeberinteresse für erforderlich; eine lückenlose Überprüfung der Beschäftigten wird als Verstoß gegen die Menschenwürde angesehen.[189] Aber es wird auch der Standpunkt vertreten, dass selbst bei rein
geschäftlicher Nutzungswidmung eines Internetarbeitsplatzes ein grundsätzliches Verbot zur Inhaltskontrolle besteht; hiervon soll allenfalls bei
begründetem Verdacht auf strafbare Handlungen oder für den Verrat von
Betriebs- und Geschäftsgeheimnissen eine Ausnahme möglich sein.[190] Eine
klare und gefestigte Rechtsprechungslinie zu dieser Frage ist noch nicht
erkennbar.

2. Auch private Nutzung (Mischnutzung)

a) Erlaubnis- bzw. Duldungsformen

Eine ungleich größere praktische Bedeutung hat die erlaubte oder zumin- **222**
dest geduldete Mischnutzung. Nicht zuletzt aus Gründen der **Motivation**

---

187 Barton, CR 2003, 839; Strömer, Online-Recht, S. 363 f.
188 Altenburg/v. Reinersdorff/Leister, MMR 2005, 135, 136.
189 Schmidl, MMR 2005, 343, 345.
190 Weißnicht, MMR 2003, 448, 451; Strömer, Online-Recht, S. 364 f., differen-
     ziert danach, ob der eMail-Verkehr den klassischen schriftlichen Verkehr weit-
     gehend ersetzt (also auch für Vertragsanbahnungen und -abschlüsse genutzt
     wird) oder eher dem Telefonverkehr vergleichbar ist.

ihrer **Mitarbeiter** sehen die meisten Betriebe von einem harten Verbot, einen Internetarbeitsplatz auch zu privaten Zwecken zu nutzen, ab. Der Siegeszug der Internetdienste in den vergangenen Jahren hat auch dazu geführt, dass diese **Kommunikationsformen zunehmend als normal empfunden** werden, weshalb ein Verbot zur privaten Nutzung regelmäßig auf wenig Verständnis stößt und als Misstrauensbeweis gegenüber den Beschäftigten verstanden wird. Dies gilt insbesondere für höher qualifizierte Mitarbeiter, bei denen ein Internetarbeitsplatz zur Unterstützung der regelmäßig anspruchsvolleren Dienstaufgaben gerade sinnvoll ist. Umgekehrt kann eine Erlaubnis zur auch privaten Nutzung nicht – z. B. durch übermäßiges privates Surfen – ausgenutzt werden, ohne dass dann eine Verletzung arbeitsvertraglicher Pflichten vorliegt (siehe auch unten, Rn. 233 f.).[191]

223   Die **Möglichkeiten zur Erlaubnis** der auch privaten Nutzung der Internetdienste am Arbeitsplatz sind vielfältig. So kann die Privatnutzung **zweiseitig** – und zwar sowohl kollektivrechtlich in Betriebsvereinbarungen[192] als auch individualrechtlich im einzelnen Arbeitsvertrag – geregelt sein; dann sind Änderungen nicht mehr einseitig möglich. Die Privatnutzung kann aber auch vom Arbeitgeber ausdrücklich (z. B. durch eine entsprechende Betriebsmitteilung) oder auch konkludent (z. B. durch eine widerspruchslose Duldung oder eine betriebliche Übung) erlaubt sein; hat der Arbeitgeber zur Frage der Privatnutzung von Internetdiensten keine Regelung getroffen, bedeutet dies daher im Zweifel – gerade wegen der o. g. Normalität der umfassenden Nutzung dieser Kommunikationsmittel – eine Erlaubnis in Form der Duldung.[193] Jedoch kann der Arbeitgeber in allen Fällen der **einseitigen Erlaubnis** diese im Rahmen seines Direktionsrechts auch wieder zurücknehmen, ohne hierfür die Zustimmung des Betriebsrates oder der einzelnen Mitarbeiter einholen zu müssen.

b) Kontrollrechte des Arbeitgebers

224   Auch bei der gemischten Nutzungswidmung der Internetarbeitsplätze gehen die Meinungen zu den Kontrollrechten des Arbeitgebers weit auseinander. Überwiegend wird die (inhaltliche) Kontrollbefugnis zugunsten des Arbeitgebers grundsätzlich verneint. Denn mit der Erlaubnis zur privaten Nutzung der für arbeitsvertragliche Zwecke zur Verfügung gestellten Internetarbeitsplätze ist der **Arbeitgeber als Telekommunikationsdienstanbieter** i. S. v. § 3 Nr. 6b) TKG („der ganz oder teilweise geschäftsmäßig an der Erbringung solcher Dienste mitwirkt") anzusehen. Dies gilt auch bei unentgeltlicher Überlassung (was in der Regel der Fall ist), weil das TKG

---

191 Weißnicht, MMR 2003, 448; so auch bezüglich telefonischer Privatgespräche, Strömer, Online-Recht, S. 361 f.

192 Vgl. den Vorschlag einer Mustervereinbarung von Pröpper/Römermann, MMR 2008, 514.

193 Weißnicht, MMR 2003, 448; siehe aber Strömer, Online-Recht, S. 361, der auf die arbeitsrechtlichen Grundsätze für Telefongespräche zurückgreifen will, wonach private Telefonate nur bei ausdrücklicher oder konkludenter Erlaubnis zulässig sind; hier ist im Zweifel gerade keine Erlaubnis zu vermuten.

„geschäftsmäßig" ausdrücklich als „nachhaltig ... mit oder ohne Gewinnerzielungsabsicht" legaldefiniert (§ 3 Nr. 10 TKG); es kommt also lediglich
auf die dauerhafte Leistungserbringung an, die bei einer erlaubten Privatnutzung am Arbeitsplatz getrost bejaht werden kann. Als Telekommunikationsdiensteanbieter ist der Arbeitgeber gem. § 88 Abs. 2 TKG zur **Wahrung des Fernmeldegeheimnisses** verpflichtet; nach § 88 Abs. 3 TKG ist es
dann dem Arbeitgeber auch

> „untersagt, sich ... über das für die geschäftsmäßige Erbringung [hier: Mit-
> wirkung] der Telekommunikationsdienste ... erforderliche Maß hinaus Kennt-
> nis vom Inhalt oder den näheren Umständen der Telekommunikation zu
> verschaffen."[194]

Allerdings gilt auch hier: Das Telekommunikationsgeheimnis ist auf den   **225**
Telekommunikations-, d.h. Übertragungsvorgang beschränkt.

Fernmeldegeheimnis bei eMails auf Betriebsrechnern – VGH Kassel, NJW 2009, 2470:

**Gestattet ein Arbeitgeber seinen Mitarbeitern, den Arbeitsplatzrechner
auch zum privaten E-Mail-Verkehr zu nutzen und E-Mails, die von den
Mitarbeitern nicht unmittelbar nach Eingang oder Versendung gelöscht
werden, im Posteingang oder -ausgang zu belassen oder in anderen auf
lokalen Rechnern oder zentral gesicherten Verzeichnissen des Systems
abzuspeichern, unterliegt der Zugriff des Arbeitgebers oder Dritter auf
diese Datenbestände nicht den rechtlichen Beschränkungen des Fernmeldegeheimnisses. Schutz gegen die rechtswidrige Auswertung dieser
erst nach Beendigung des Übertragungsvorgangsvorgangs angelegten
Daten wird durch die Grundrechte auf informationelle Selbstbestimmung
bzw. auf Gewährleistung der Vertraulichkeit und Integrität informationstechnischer Systeme gewährt.**

Auf der anderen Seite aber ist der Arbeitgeber für die **IT-Sicherheit seines**   **226**
Betriebes verantwortlich. Er muss also verhindern (können), dass sich über
eMails oder das Aufrufen von Internetseiten die IuK-Anlage seines Betriebes mit Viren, Würmern, Trojanern etc. infiziert. Deshalb soll der Arbeitgeber zur automatischen Virenkontrolle sowie zur **zentralen Filterung der
Mails** auf schädigende Anhänge einschließlich deren Löschung berechtigt
sein – auch ohne Zustimmung der Mailadressaten in seinem Betrieb; hierfür wird § 109 TKG herangezogen, der den TK-Anbieter dazu verpflichtet, geeignete technische Schutzmaßnahmen gegen Störungen zu treffen.[195]
Aber schon für Spams gilt diese Rechtsgrundlage nicht; denn hier ist nicht

---

194 Barton, CR 2003, 839, 840 f.; Weißnicht, MMR 2003, 448, 449; interessant
     in diesem Zusammenhang ist die Entscheidung des EGMR, MMR 2007, 431,
     wonach der Schutzbereich von Art. 8 Abs. 1 EMRK mit der Achtung von Pri-
     vatleben und Korrespondenz auch die Nutzung von eMail und Internet am
     Arbeitsplatz erfasst (einschl. der Überwachung von Verkehrsdaten).
195 Schmidl, MMR 2005, 353, 344; die Zustimmung des Betriebsrates ist aller-
     dings erforderlich gem. § 87 Abs. 1 Nr. 6 BetrVG, vgl. Schmidl, MMR 2005,
     353, 346.

die einzelne Mail potenziell gefährlich, sondern die „Masse macht's". Eine Ausfilterung kann deshalb nur an inhaltliche Schlüsselwörter o. Ä. anknüpfen, was ohne Zustimmung der Betroffenen nicht möglich ist (anders nur bei striktem Verbot zur Privatnutzung; hier wären Stichproben möglich).[196]

227 Auch bei **Vorliegen eines begründeten Missbrauchsverdachts** bezüglich arbeitsvertraglicher Pflichten oder der allgemeinen Rechtsordnung wird dem Arbeitgeber von weniger restriktiven Stimmen ein Überwachungs- und Kontrollrecht eingeräumt; zur Begründung wird auf die Fürsorgepflicht des Arbeitgebers für die gesamte Mitarbeiterschaft verwiesen.[197]

228 Am weitestgehend ist die sehr arbeitgeberfreundliche Sicht, die ein generelles Kontrollrecht für **„offene" eMail-Inhalte bejaht.** Hierzu zählt alles, was beim Öffnen der eMail – also ohne etwaige Attachements (Anhänge) – gesehen werden kann; denn für eMails, die auf einem geschäftlichen Account (vgl. Rn. 257) eingehen, besteht eine (widerlegliche) Vermutung zugunsten geschäftlicher Inhalte. Folglich soll dieses Kontrollrecht dann nicht bestehen, wenn die Betreffzeile eindeutig auf einen privaten Charakter der eMail hindeutet und damit die Vermutung widerlegt wird.[198]

229 Letztlich trägt aber der Arbeitgeber das Risiko, das mit der noch ungeklärten Rechtslage verbunden ist. Denn jede Ausfilterungs- und Kontrollmaßnahme bedeutet einen Eingriff in den Telekommunikationsvorgang und verwirklicht so den Tatbestand der **strafbaren Verletzung des Fernmeldegeheimnisses** (mindestens in der Form des § 206 Abs. 2 Nr. 2 StGB). Ob die im Schrifttum je nach Fallgestaltung angebotenen Rechtfertigungsgründe anerkannt werden, entscheidet dann der zuständige Strafrichter. Deshalb wird im Schrifttum eine zeitgemäße Anpassung dieser Strafvorschrift gefordert.[199] Dies wäre beispielsweise denkbar in Gestalt eines besonderen Rechtfertigungsgrundes in dem seit geraumer Zeit diskutierten Arbeitnehmerdatenschutzgesetz, das zugleich die übrigen Rechtsfragen der Kontrollrechte bei eMail- und Internet-Nutzung im Betrieb einer Klärung zuführen könnte.[200]

---

196 Schmidl, MMR 2005, 353, 345.
197 Weißnicht, MMR 2003, 448, 450.
198 Barton, CR 2003, 839, 841 m. w. N.; vgl. auch Strömer, Online-Recht, S. 320 f., der ein an den geschäftlichen Account gesandtes eMail einem an das Unternehmen „z. Hd." eines bestimmten Mitarbeiters geschickten Brief gleichstellt und daraus die Lese- und sogar Bearbeitungsbefugnis des Arbeitgebers ableitet.
199 Schmidl, MMR 2005, 343, 345 f.
200 Barton, CR 2003, 839, 844. Erst im Februar 2009 hat das Bundesministerium für Arbeit und Soziales dieses seit geraumer Zeit geforderte Gesetz angekündigt, vgl. <www.bmas.de/portal/31230/2009_02_16_arbeitnehmerdatenschutzgesetz. html>. In der Koalitionsvereinbarung von CDU, CSU und FDP von 2009, S. 106, findet sich ebenfalls die Ankündigung, „den Arbeitnehmerdatenschutz in einem eigenen Kapitel im Bundesdatenschutzgesetz auszugestalten".

Strafbarkeit des Ausfilterns von E-Mails in Unternehmen – OLG Karlsruhe, CR 2005, 288 m. Anm. Lejeune = MMR 2005, 178 m. Anm. Heidrich:

230

Der Begriff des Unternehmens i. S. v. § 206 StGB ist weit auszulegen. Hierunter ist jede Betätigung im geschäftlichen Verkehr anzusehen, die nicht ausschließlich hoheitlich erfolgt oder auf eine private Tätigkeit beschränkt ist.

Dem Tatbestandsmerkmal „unbefugt" kommt in § 206 StGB eine Doppelfunktion zu: Ein Einverständnis schließt bereits die Tatbestandsmäßigkeit des § 206 StGB aus, im übrigen handelt es sich um ein allgemeines Rechtswidrigkeitsmerkmal.

Als Rechtfertigungsgründe für Eingriffe in das Post- und Fernmeldegeheimnis kommen Erlaubnissätze in Betracht, die in einer gesetzlichen Vorschrift, d. h. in einem formellen Gesetz oder einer Rechtsverordnung niedergelegt sind, und die sich ausdrücklich auf Postsendungen, den Postverkehr oder Telekommunikationsvorgänge beziehen. Auch ein Rückgriff auf allgemeine Rechtfertigungsgründe ist möglich, so dass das technische Herausfiltern einer E-Mail gerechtfertigt sein kann, wenn ansonsten Störungen oder Schäden der Telekommunikations- und Datenverarbeitungssysteme eintreten können.

Aus den Gründen: ... Die Sendung muss dem Unternehmen „zur Übermittlung anvertraut" sein. Der Begriff Sendung i. S. v. § 206 Abs. 2 Nr. 2 StGB erstreckt sich auch auf unkörperliche Gegenstände, da § 206 Abs. 2 Nr. 2 StGB nicht – wie § 206 Abs. 2 Nr. 1 StGB – auf verschlossene Sendungen beschränkt ist. Tatobjekte des § 206 Abs. 2 Nr. 2 StGB sind daher nicht nur unverschlossene Postsendungen, sondern auch jede Form der dem Fernmeldegeheimnis unterliegenden Telekommunikation. Anvertraut ist eine Sendung dann, wenn sie auf vorschriftsmäßige Weise in den Verkehr gelangt ist und sich im Gewahrsam des Unternehmens befindet. Unproblematisch liegt der Gewahrsam an einer E-Mail spätestens dann vor, wenn die Anfrage zur Übermittlung von Daten den Mail-Server des Unternehmens erreicht hat und der versendende Mailserver die Daten dem empfangenden Server übermittelt hat ... Ein Unterdrücken der E-Mail ist dann anzunehmen, wenn durch technische Eingriffe in den technischen Vorgang des Aussendens, Übermittelns oder Empfangens von Nachrichten mittels Telekommunikationsanlagen verhindert wird, dass die Nachricht ihr Ziel vollständig oder unverstümmelt erreicht. Soweit auch die Auffassung vertreten wird, dass ein Unterdrücken bei einer E-Mail nicht das Zerstören oder Beschädigen der Nachricht, also ihr Löschen, Verstümmeln oder Verkürzen ist, sondern nur ihr vollständiges oder vorübergehendes Zurückhalten oder Umleiten an eine andere Adresse, greift dies zu kurz; denn letztlich kann es keinen Unterschied machen, wie verhindert wird, dass die Nachricht ihren Empfänger erreicht, nämlich ob dies durch Zurückhalten oder Umleiten der E-Mail oder durch deren Löschung oder sonstige Verstümmelung geschieht. Hierauf kommt es aber hier nicht an. Das Tatbestandsmerkmal „Unterdrücken" wird jedenfalls durch eine Ausfilterung der E-Mail erreicht. ...

Zur Vermeidung dieser Rechtsprobleme bieten sich **zwei Lösungsansätze** **231** an: So ist weitgehend unstrittig, dass der Arbeitnehmer auf seinen Schutz durch das Fernmeldegeheimnis individuell verzichten kann. Dann ist eine Inhaltskontrolle durch den Arbeitgeber in den Grenzen der vom Arbeitnehmer abgegebenen Einverständniserklärung zulässig.[201] Die andere Möglichkeit besteht darin, dass der Arbeitgeber zur Kanalisierung des eMail-Verkehrs seinen Mitarbeitern jeweils **einen dienstlichen und einen privaten eMail-Account** zur Verfügung stellt und so den dienstlichen Account nach den Grundsätzen einer rein dienstlichen Nutzung (s. o., Rn. 220 f.) kontrollieren kann; auch wenn diesbezüglich ebenfalls rechtliche Risiken bestehen, sind sie dennoch erheblich geringer als bei einem gemischt genutzten Account.[202]

3. Internet-Nutzung als Kündigungsgrund

232 Die **private Nutzung von Internetdiensten am Arbeitsplatz bei einer rein dienstlichen Nutzungswidmung** kann zur Kündigung führen, da dies eine Verletzung der arbeitsvertraglichen Pflichten des Arbeitnehmers darstellt. Im Normalfall ist eine **ordentliche Kündigung** aus diesem Grund erst im Wiederholungsfall nach (mindestens) einer vorherigen Abmahnung zulässig. Etwas anderes gilt jedoch dann, wenn der Arbeitnehmer besonders gröblich gegen die Nutzungswidmung verstoßen hat. Das ist nach der Rechtsprechung des BAG beispielsweise der Fall, wenn der Arbeitnehmer unerlaubt eine Anonymisierungssoftware auf dem Betriebsrechner installiert oder eine besonders exzessive Privatnutzung[203] – z. B. durch das Herunterladen großer Mengen pornografischer Dateien[204] – stattgefunden hat:

233 | **Außerordentliche Kündigung wegen unerlaubter Installation einer Anonymisierungssoftware – BAG, MMR 2007, 99:**

Aus den Gründen: ... [53] Nach Auffassung des Senats hat der Kläger bereits mit der unerlaubten Installation der Anonymisierungssoftware seine Pflichten erheblich verletzt. Zum einen hat er das sich aus der Dienstanweisung und der Dienstvereinbarung ergebende Verbot einer Installation von privater Software missachtet. Zum anderen hat er durch seine eigenmächtige Veränderung von technischen Instrumenten des Arbeitgebers seine arbeitsvertragliche Rücksichtnahmepflicht (§ 241 Abs. 2 BGB) erheblich verletzt und durch sein Handeln seine Obhuts- und Betreuungspflicht gegenüber den ihm überlassenen und anvertrauten Betriebsmitteln missachtet. ... [58] Durch die Installation der Anonymisierungssoftware auf dem betrieblichen Rechner des Beklagten hat der Kläger seine arbeitsvertraglichen Pflichten schwer verletzt. Die Rechtswidrigkeit seines Verhaltens war dem Kläger ohne weiteres erkennbar. Auch konnte er mit einer Hinnahme seines Handelns durch den Beklagten offensichtlich nicht rechnen. Auf Grund der Dienstanweisung und der Dienstvereinbarung wusste er, dass auf dem Dienstrechner keine private bzw. fremde

---

201 Barton, CR 2003, 839, 841; Weißnicht, MMR 2003, 448, 449.
202 Vgl. Weißnicht, MMR 2003, 448, 453.
203 Dieselbe Stoßrichtung hat BAG, MMR 2007, 782 = CR 2008, 110, wonach auf die Erheblichkeit der Privatnutzung abgestellt wird.
204 Hat der Mitarbeiter dagegen pornografische Seiten nur aufgerufen und angesehen, reicht dies für eine fristlose Kündigung noch nicht aus; so das LAG Mainz, MMR 2004, 475, obwohl der Mitarbeiter als Pädagoge mit entsprechenden Aufgaben eingestellt war (sic!).

Software geladen werden durfte. Ferner musste es sich ihm aufdrängen, dass insbesondere die Installation einer „Anonymisierungssoftware" dem Interesse des Beklagten eklatant zuwiderläuft. Aus den Hinweisen zum Programm JAP konnte der Kläger deutlich erkennen, dass niemand, also auch nicht der beklagte Arbeitgeber, herausbekommen kann, wann und welche Verbindungen zu einem bestimmten Rechner aufgebaut worden sind. Mit der Installation der Anonymisierungssoftware hat deshalb der Kläger nicht nur in das Betriebsmittel des Beklagten erheblich eingegriffen, sondern dem Arbeitgeber auch die Möglichkeit genommen, seine technisches Betriebsmittel ggf. zu überwachen bzw. zu kontrollieren. Dies gilt umso mehr, als die Installation durch den Kläger heimlich erfolgte und er den Beklagten auch nicht später von der Installation in Kenntnis gesetzt hat. ...

Außerordentliche Kündigung wegen ausschweifenden Surfens im Internet – BAG, NJW 2006, 540 = MMR 2006, 94: **234**

Ein wichtiger Grund zur außerordentlichen Kündigung an sich kann vorliegen, wenn der Arbeitnehmer das Internet während der Arbeitszeit zu privaten Zwecken in erheblichem zeitlichem Umfang („ausschweifend") nutzt und damit seine arbeitsvertraglichen Pflichten verletzt.

Aus den Gründen: ... Aus einer möglichen Berechtigung zur privaten Nutzung des Internets – die im Übrigen vom Landesarbeitsgericht auch nicht positiv festgestellt worden ist – folgt noch nicht, dass der Arbeitnehmer das Medium intensiv während der Arbeitszeit nutzen darf. Selbst wenn im Betrieb der Beklagten eine private Nutzung des Internets an sich erlaubt bzw. geduldet wäre, lässt sich daraus nicht zwingend schließen, diese Nutzung dürfe auch während der Arbeitszeit zeitlich unbegrenzt bzw. in erheblichem Umfang und nicht nur außerhalb der Arbeitszeit, beispielsweise während der Pausen, erfolgen. ...

Nicht in allen Fällen einer privaten Nutzung des Internets und damit im Zusammenhang stehender vertraglichen Pflichtverletzungen muss der Arbeitgeber den Arbeitnehmer vorher abgemahnt haben. Es sind zahlreiche Fallgestaltungen denkbar, in denen es einer Abmahnung nicht bedarf. Nutzt der Arbeitnehmer während seiner Arbeitszeit das Internet in erheblichem zeitlichen Umfang *(„ausschweifend")* privat, so kann er grundsätzlich nicht darauf vertrauen, der Arbeitgeber werde dies tolerieren. Er muss damit rechnen, dass der Arbeitgeber nicht damit einverstanden ist, wenn sein Arbeitnehmer seine Arbeitsleistung in dieser Zeit nicht erbringt und gleichwohl eine entsprechende Vergütung dafür beansprucht. Dies gilt selbst dann, wenn der Arbeitgeber keine klarstellende Nutzungsregelungen für den Betrieb aufgestellt hat. Bei einer fehlenden ausdrücklichen Gestattung oder Duldung des Arbeitgebers ist eine private Nutzung des Internets grundsätzlich nicht erlaubt. ... Der Arbeitnehmer kann weiter auch nicht damit rechnen, der Arbeitgeber sei, selbst wenn er prinzipiell eine private Nutzung des Internets duldet, damit einverstanden, dass er sich umfangreiche pornografische Dateien aus dem Internet herunterlädt. Der Arbeitgeber hat ein Interesse daran, von Dritten nicht mit solchen Aktivitäten seiner Mitarbeiter in Verbindung gebracht zu werden. Deshalb muss es jedem Arbeitnehmer klar sein, dass er mit einer exzessiven Nutzung des Internets während der Arbeitszeit seine arbeitsvertraglichen Haupt- und Nebenpflichten erheblich verletzt. Es bedarf daher in solchen Fällen auch keiner Abmahnung. Mit dem Erfordernis einer einschlägigen Abmahnung vor Kündigungsausspruch soll vor allem dem Einwand des Arbeitnehmers begegnet werden, er habe die Pflichtwidrigkeit seines Verhaltens nicht erkennen bzw. nicht damit rechnen können, der Arbeitgeber werde sein vertragswidriges Verhalten als so schwerwiegend ansehen. Dementsprechend bedarf es einer Abmahnung, wenn der Arbeitnehmer mit vertretbaren Gründen annehmen konnte, sein Verhalten sei nicht vertragswidrig oder werde vom Arbeitgeber zumindest nicht als ein erhebliches, den Bestand des Arbeitsverhältnisses gefährdendes Fehlverhalten angesehen. ...

III. Fazit

235

1. Der Arbeitgeber kann auf Grund seines Weisungs- und Direktionsrechts Internetdienste im Betrieb einführen; dies bedarf jedoch wegen der Überwachungsmöglichkeiten regelmäßig der Zustimmung des Betriebsrates und ist für den Arbeitgeber auch mit Risiken verbunden.

2. Die Mitarbeiter sind verpflichtet, einen ihnen zugewiesenen Internetarbeitsplatz im Rahmen ihrer Qualifikation und Fähigkeiten zur Erfüllung der dienstlichen Aufgaben zu nutzen. Umgekehrt haben sie keinen Anspruch auf Einrichtung eines Internetarbeitsplatzes.

3. Hat der Arbeitgeber eine private Nutzung der Internetdienste ausgeschlossen, hat er ein – in seiner Reichweite strittiges – Überwachungsrecht.

4. Ist neben der geschäftlichen auch eine private Nutzung vereinbart, erlaubt oder geduldet, ist der Arbeitgeber als geschäftsmäßiger Telekommunikationsdiensteanbieter anzusehen und an das Fernmeldegeheimnis gebunden. Eine Überwachung ist dann allenfalls unter engen Voraussetzungen oder bei Einverständnis des Betroffenen möglich.

5. Bei unerlaubter oder auch erlaubter, aber exzessiver Nutzung des Internets am Arbeitsplatz steht dem Arbeitgeber ein Kündigungsrecht – ggf. mit vorheriger Abmahnung – gegenüber dem betreffenden Mitarbeiter zu.

Kapitel 3: **Provider**

A. Providerdienstleistungen und ihre rechtliche Einordnung

I. Provider-Arten

Der im „Internet-Denglisch" weit verbreitete Begriff des „Providers" leitet **236** sich vom englischen Verb „to provide" ab, das so viel wie **beschaffen, liefern und bereitstellen** bedeutet. Damit sind auch die vielfältigen Tätigkeitsfelder der verschiedenen Provider-Arten im Internet erfasst. Im Kern geht es um drei verschiedene Arten von Dienstleistungen:

Access-Provider	Presence-Provider	Content-Provider
vermittelt – sowohl den anderen Providerarten als auch dem einzelnen User – den Netzzugang; wird auch „Primärprovider" oder „Internetprovider" genannt	bietet den inhaltlichen Anbietern im Internet Speicherkapazitäten auf seinen Servern	bietet aufbereitete Inhalte im Internet an (d. h. jeder Betreiber eines Internetauftritts)
	Mischformen (Bereitstellung von Speicherkapazität und eines inhaltlichen Angebots): – **Application-Service-Provider** – **Information-Provider**	
zunehmend inhaltsbezogene Dienstleistung $\longrightarrow$		
$\longleftarrow$ zunehmend technische Dienstleistung		

Übersicht 9:   Provider-Arten

1. Access-Provider

Den Zugang (engl.: access) zum Internet bietet der Access-Provider. Er stellt **237** die technischen Verbindungen zu den verschiedenen Servern der Presence-Provider her. Anders als bei den übrigen Provider-Arten muss jeder Internet-User mit (mindestens) einem solchen **Zugangsvermittler** einen Vertrag haben, um überhaupt ins Internet hinein zu kommen; spricht also jemand von „seinem" Provider, meint er in aller Regel den Access-Provider, der **im allgemeinen Sprachgebrauch als „der" Provider angesehen** wird.

Die Access-Provider lassen sich in zwei Untergruppen weiter differenzieren: **238** Zum einen gibt es die sog. „**Primär-Provider**", die selbst Leitungsnetze im

Internet betreiben, und zum anderen die „einfachen Access-Provider", die keine unmittelbare „eigene" Verbindung zum Internet haben, sondern diese ihrerseits über einen Primärprovider herstellen. Ein besonderes Beispiel für die letztgenannte Gruppe sind die „Points of Presence" (PoP), die lokale Zugangspunkte eines Primärproviders betreiben und daher in einem gewissen technischen Abhängigkeitsverhältnis zu ihrem Primärprovider stehen. Keine Access-Provider im eigentlichen Sinn sind die „Link-Provider", die ihre Leitungsnetze an andere zur Benutzung vermieten; hierbei handelt es sich um Infrastrukturanbieter, bei denen ein Access-Provider seine „Hardware" auf Zeit einkaufen kann.[1]

239   Als **rein technischer Dienstleister** handelt es sich beim Access-Provider fraglos um einen Telekommunikationsdienstleister (s. o., Rn. 23), der dem TKG unterliegt. Für ihn gelten daher u. a. die Meldepflicht gem. § 6 TKG und insbesondere auch die Verbraucherschutzbestimmungen in den §§ 43a ff. TKG. Gleichzeitig aber handelt es sich beim Access-Provider auch um einen Diensteanbieter i. S. des TMG, worunter ausdrücklich auch

> „jede natürliche oder juristische Person, die ... den Zugang zur Nutzung [von Telemedien] vermittelt"

verstanden wird (§§ 2 Nr. 1 TMG). Auch mit der Haftungsregelung für die „Durchleitung von Informationen" wird der Geltungsanspruch des TMG (§ 8 TMG) für Access-Provider unterstrichen.[2] Die Access-Provider bilden daher (zusammen mit den Presence-Providern, s. nachf. Rn.) die „Schnittmenge" zwischen den Telekommunikations- und Telemedien-Anbietern.

2. Presence-Provider

240   Auf der nächsten logischen Stufe stehen die Presence-Provider, zu deren Servern die Access-Provider den Zugang vermitteln. Sie stellen mit ihren Servern quasi die „Internet-Hardware", also die Rechnerkapazitäten, auf denen die Internetangebote der Content-Provider abgelegt sind. Sie bieten also als „Gastwirte" (engl.: host) den **technischen Raum für die Präsenz** der inhaltlichen Angebote im Internet, weshalb man für diese Providing-Art auch den Begriff „**Webhosting**" verwendet. Diese Dienstleistung ist sowohl **technischer als auch inhaltsbezogener Art:** Die technische Komponente liegt in der Bereitstellung von Rechnerkapazitäten, während der Inhaltsbezug in der Bereitschaft zur Einstellung fremder Inhalte auf den eigenen Servern besteht. Der Presence-Provider wirkt daher an der (vom Access-Provider geleisteten) Erbringung von Telekommunikationsdienstleistungen mit, weshalb er als Telekommunikationsdiensteanbieter i. S. v. § 3 Nr. 6 b) TKG anzusehen ist; zugleich fällt auch er unter den Anwendungsbereich des TMG.

---

1   Vgl. Strömer, Online-Recht, 3. Aufl., S. 10.
2   Dennoch gegen eine Anwendbarkeit von TDG und MDStV (als Vorgängernormen des heutigen TMG) auf Access Provider: Stadler, MMR 2002, 343, 344 – vgl. hierzu oben Kap. 2, Fn. 26 (S. 23).

Da ein Internetauftritt nicht nur Speicherkapazität benötigt, sondern auch **241**
in verschiedener Hinsicht gestaltet oder ausgerichtet sein muss, wird von
Webhosting-Anbietern mitunter ein **Leistungspaket** angeboten. Dieses enthält neben der Bereitstellung von Speicherkapazitäten auch die „layout-
mäßige" Gestaltung und Programmierung von Internetseiten (**„Webdesigning"**), die Entwicklung und Realisierung von Internet-Marketingstrategien
(**„Webvertising"**), die z. b. die Suchmaschinen durch Metatags oder Keywords gezielt ansprechen (s. u., Rn. 501, 507) und die Beratung in internetspezifischen Sicherheits- und Unternehmensfragen (**„Webconsulting"**).[3]

3. Content-Provider

Am Ende der Kette der Providerdienstleistungen steht der Content-Provi- **242**
der als Anbieter von Inhalten (engl.: content). Hierunter fällt – auch wenn
die Anwendung des Providerbegriffs hier eher ungewöhnlich ist – **jeder Internetauftritt**, vom kommerziellen Internet-Auktionshaus, das täglich über
das Medium Internet immense Umsätze erzielt, bis hin zu einer harmlosen
Privat-Homepage mit Urlaubsfotos. Während die großen Content-Provider
über eigene Internetserver verfügen (und damit gleichzeitig ihre eigenen
Presence-Provider sind), mieten die meisten Webseitenbetreiber bei einem
externen Presence-Provider die nötige Speicherkapazität. Damit ist auch
klar, dass Content-Provider (für sich genommen) keine technische, sondern
nur eine **inhaltliche „Dienstleistung"** erbringen und daher auch nur als
Diensteanbieter i. S. d. TMG anzusehen sind.

4. Mischformen

a) Application-Service-Provider (ASP)

Ein Application-Service-Provider bietet im Internet **Anwendungssoftware** **243**
(die sog. „applications") an, die man als Kunde aber nicht auf den eigenen
Rechner herunterladen kann, sondern die im Internetangebot des ASP verbleibt und dort vom Kunden **„online" (also im Fernzugriff) benutzt** werden. Will der Kunde die vom ASP angebotene Software mit eigenen Da-
tenbeständen nutzen, kann er dies beim ASP auf dessen Speicherplatz tun.
Denkbar ist auch, dass der ASP seinem Kunden die Übernahme einer weiteren Verarbeitung oder Auswertung von dessen Daten (z. B. die Erstellung
von Statistiken oder Kundenprofilen) anbietet.[4] Dabei agiert der ASP als
Presence- und Content-Provider; das Softwareangebot im Internetauftritt
des ASP ist dabei dem Content-Providing und das Angebot zur Nutzung
von Speicherkapazität dem Presence-Providing zuzurechnen.

---

3 Strömer, Online-Recht, 3. Aufl., S. 10.
4 Näher Röhrborn/Sinhart, CR 2001, 69 f.; v. Westerholt/Berger, CR 2002, 81 f.

b) Information-Provider

244 Ebenfalls um eine Providing-Mischform handelt es sich beim Information-Provider. Wie der Begriff „information" nahe legt, besteht die Dienstleistung hier in der Lieferung von Informationen. Dieser Informationshandel kann als **Informationsbroker** oder mit **Datenbankangeboten** betrieben werden (z. B. Pressearchive, Recherchedatenbanken). Die inhaltliche Komponente (Content) liegt dabei in dem Angebot der recherchierten oder vorgehaltenen Informationen, während deren Nutzung dem Charakter des Presence Providing nahe kommt.[5]

5. Fazit

245

> 1. Im Kern wird zwischen drei Providerarten unterschieden:
>   a) Access-Provider, der als technischer Dienstleister den Zugang zum Netz vermittelt und im Sprachgebrauch als „der" Provider angesehen wird; er ist ein Diensteanbieter sowohl i. S. d. TKG als auch i. S. v. TMG.
>   b) Presence-Provider, der die Speicherkapazitäten für die Internet-Auftritte bereitstellt; häufig bietet er ergänzend Webdesignung, Webvertising und Webconsulting an.
>   c) Content-Provider, der als Webseitenbetreiber die inhaltlichen Angebote im Internet schafft.
> 2. Als „Mischformen" gibt es
>   a) den Application-Service-Provider, der als Content Anwendungssoftware ins Netz stellt, die vom User nur im Fernzugriff genutzt werden kann und
>   b) den Information-Provider, der im Netz mit Informationen handelt.

II. Provider-Verträge

1. Allgemeines Vertragsrecht

a) Vertragsarten

246 Das Bürgerliche Recht kennt eine Reihe von Vertragstypen, von denen drei hier von besonderer Bedeutung sind:

► **Werkvertrag:** Der Werkunternehmer schuldet dem Besteller die „Herstellung des versprochenen Werkes", also einen konkreten Erfolg (§§ 631 ff. BGB). Dies ist beispielsweise der Fall bei der Reparatur eines Autos oder bei der Einrichtung von eMail-Accounts.

---

5 Strömer, Online-Recht, 3. Aufl., S. 10.

▶ **Dienstvertrag**: Geschuldet ist hier ein Bemühen, ohne dass ein hundertprozentiger Erfolg garantiert wäre (§§ 611 ff. BGB). Augenfälliges Beispiel hierfür ist ein Vertrag über Nachhilfestunden, bei dem nicht das Bestehen einer Prüfung vorab garantiert werden könnte. Im Cyberspace wäre zu denken an Netzwerkmanagement, Datensicherung und ggf. Hard- und Software-Wartung.

▶ **Mietvertrag**: Hier wird eine dem Vermieter gehörende Sache dem Mieter gegen (meist regelmäßig fortlaufende) Zahlung zur Nutzung überlassen (§§ 535 ff. BGB).

b) Verbraucherschutz

Bei Provider-Verträgen mit Endkunden (= Verbraucher i. S. v. § 13 BGB, **247** s. u., Rn. 790) ist das **Verbraucherschutzrecht** zu beachten; dies kann sowohl für Verträge von Access-Providern mit Usern als auch für Verträge von Presence-Providern mit Webseitenbetreibern gelten. Herauszuheben sind daraus folgende Bestimmungen:[6]

▶ **Einseitige Vertragsänderungen** auf Grund eines entsprechenden Vorbehalts in den Allgemeinen Geschäftsbedingungen (AGB) sind generell nur dann wirksam, wenn sie dem Kunden zumutbar sind (§ 308 Nr. 4 BGB). Dies setzt voraus, dass in den AGB klar beschrieben ist, worauf sich solche Vertragsänderungen beziehen und unter welchen Voraussetzungen sie erfolgen können.[7]

▶ **Haftungsausschlüsse durch AGB für materielle Schäden** – etwa aufgrund von Viren o. Ä. – sind nur wirksam, wenn sie sich auf Vorsatz und grobe Fahrlässigkeit beschränken (§ 309 Nr. 7b BGB). Ebenso ist ein Haftungsausschluss für Mängel bei den zentralen Leistungspflichten des Providers („Kardinalpflichten") nicht zulässig.

Die **Anforderungen der Rechtsprechung an Provider-AGBs** sind relativ **248** streng. Im Jahr 2004 hat das LG München I auf eine Verbraucherschutzklage hin eine ganze Reihe von Provider-AGBs für unwirksam erklärt; im Einzelnen betroffen waren Klauseln zur Fortgeltung in Folge-Geschäftsbeziehungen, zur Fortzahlungspflicht trotz rechtzeitigen Widerrufs, zur Vertragsstrafe, zu Lösch- und Sperrvorbehalten des Providers, zur Haftungsfreistellung des Providers, zu Vorauszahlungsansprüchen des Providers für 12 Monate, zu Bearbeitungsgebühren für Rücklastschriften im Bankeinzugsverfahren und zu einem pauschalen Schriftformerfordernis.[8] Auch vom BGH und – beispielsweise – vom OLG Koblenz gibt es interessante Entscheidungen zu Provider-AGBs:

6 Siehe Strömer, Online-Recht, 3. Aufl., S. 19–21; vgl. auch Spindler, CR 2004, 203, 211 ff.
7 Spindler, CR 2004, 208.
8 LG München I, MMR 2004, 265.

249 | **Unwirksame AGB-Klauseln in Access Provider-Vertrag – BGH, MMR 2008, 36:**

Folgende Klauseln in Allgemeinen Geschäftsbedingungen eines Unternehmens, das seinen Kunden den Zugang zum Internet verschafft und hiermit zusammenhängende Produkte (z. B.: DSL-Splitter, DSL-Modems, WLAN-Router) verkauft, benachteiligen die Kunden entgegen den Geboten von Treu und Glauben unangemessen und sind damit unwirksam:

„1. Die X AG [Verwender] behält sich das Recht vor, den Inhalt dieser AGB oder der jeweiligen LB/PL [= Leistungsbeschreibungen und Preislisten], Sondervereinbarungen und Online-Anzeigen anzupassen, soweit dies dem Kunden zumutbar ist.

2. Die X AG ist des Weiteren berechtigt, diese AGB oder die jeweilige Leistungs- und Produktbeschreibung mit einer Frist von sechs Wochen im Voraus zu ändern. Die jeweilige Änderung wird die X AG dem Kunden per E-Mail oder schriftlich bekannt geben. Gleichzeitig wird der Kunde ausdrücklich darauf hingewiesen, dass die jeweilige Änderung Gegenstand des zwischen den Vertragsparteien bestehenden Vertrages wird, wenn der Kunde dieser Änderung nicht innerhalb einer Frist von sechs Wochen ab Bekanntgabe der Änderung per E-Mail oder schriftlich widerspricht. Widerspricht der Kunde, hat jede Partei das Recht, den Vertrag mit der für eine ordentliche Kündigung geltenden Frist per E-Mail oder schriftlich zu kündigen."

Aus den Gründen: ... [11] Nach dem Inhalt der Klausel ist die Beklagte berechtigt, ihren Geschäftspartner nach Vertragsschluss durch Änderung vereinbarter Bedingungen schlechter zu stellen, als er bei Abschluss des Vertrages stand. Die Anpassung durch neue, allein vom Verwender aufgestellte Regelungen stellt einen Eingriff in ein bestehendes Vertragsverhältnis dar. Dieser lässt sich ... nach dem gemäß § 307 Abs. 1 BGB zu berücksichtigenden Interessen beider Vertragsparteien nur rechtfertigen, wenn durch unvorhersehbare Änderungen, die der Verwender nicht veranlasst und auf die er auch keinen Einfluss hat, das bei Vertragsschluss bestehende Äquivalenzverhältnis in nicht unbedeutendem Maße gestört wird. ... Lediglich unter diesen engen Voraussetzungen ist eine nachträgliche Anpassung des Inhalts des Versicherungsvertrags gerechtfertigt, die einseitig in Allgemeinen Geschäftsbedingungen geregelt werden kann. Soweit eine AGB-Klausel eine darüber hinausgehende Abänderungsbefugnis enthält, benachteiligt sie den Gegner des Verwenders unangemessen im Sinne des § 307 Abs. 1 BGB. Denn soweit sich der Verwender das Recht einräumt, über die Wiederherstellung des Äquivalenzverhältnisses oder das Füllen von Lücken hinaus vertragliche Positionen seines Partners zu verschlechtern, versucht er entgegen den Geboten von Treu und Glauben einseitig, seine eigenen Interessen zu Lasten des Geschäftspartners durchzusetzen. ...

[18] Schließlich ist auch der in Buchstabe A Nr. XIV 1 AGB enthaltene Vorbehalt der Beklagten, die für ihre Leistungen zu entrichtenden Preise anzupassen, unwirksam. Die von der Beklagten verwendete Anpassungsklausel unterliegt, soweit sie sich auf die Preise bezieht, als Preisnebenabrede gemäß § 307 Abs. 3 Satz 1 BGB der Inhaltskontrolle nach § 307 Abs. 1 und 2 BGB. [19] In Allgemeinen Geschäftsbedingungen enthaltene Preisanpassungsklauseln sind, insbesondere bei Dauerschuldverhältnissen, wie dem Vertrag über die Gewährung des Zugangs zum Internet, zwar nicht grundsätzlich unwirk-

sam. ... Die Schranke des § 307 BGB wird allerdings nicht eingehalten, wenn die Preisanpassungsklausel es dem Verwender ermöglicht, über die Abwälzung konkreter Kostensteigerungen hinaus den zunächst vereinbarten Preis ohne Begrenzung anzuheben und so nicht nur eine Gewinnschmälerung zu vermeiden, sondern einen zusätzlichen Gewinn zu erzielen. Dementsprechend sind Preisanpassungsklauseln nur zulässig, wenn die Befugnis des Verwenders zu Preisanhebungen von Kostenerhöhungen abhängig gemacht wird und die einzelnen Kostenelemente sowie deren Gewichtung bei der Kalkulation des Gesamtpreises offen gelegt werden. ...

[31] Buchstabe A Nr. XIV 2 AGB benachteiligt auch unter Berücksichtigung, dass keine einseitige Anpassungsbefugnis der Beklagten besteht, sondern Änderungen des Vertragsverhältnisses nur im Wege eines – gegebenenfalls fingierten – Konsenses zustande kommen sollen, die Kunden der Beklagten entgegen den Geboten von Treu und Glauben unangemessen (§ 307 Abs. 1 Satz 1 BGB). Nach der maßgeblichen kundenfeindlichsten Auslegung der Klausel sind Anpassungen nicht nur von einzelnen Details der vertraglichen Beziehungen der Parteien mittels der fingierten Zustimmung zulässig. Vielmehr soll insbesondere „die jeweilige Leistungs- und Produktbeschreibung" angepasst werden können. Hieraus ergibt sich, dass im Wege der Zustimmungsfiktion auch Änderungen von Essentialia des Vertrages, insbesondere aller von der Beklagten geschuldeten Leistungen, unter Einschluss der Hauptleistungen, möglich sind, ohne dass eine Einschränkung besteht. Die Beklagte erhält damit eine Handhabe, das Vertragsgefüge insgesamt umzugestalten, insbesondere das Äquivalenzverhältnis von Leistungen und Gegenleistungen erheblich zu ihren Gunsten zu verschieben und damit die Position ihres Vertragspartners zu entwerten. ... [32] Für solche weitreichenden, die Grundlagen der rechtlichen Beziehungen der Parteien betreffenden Änderungen ist ein den Erfordernissen der §§ 145 ff BGB genügender Änderungsvertrag notwendig. Eine Zustimmungsfiktion wie die in Buchstabe A Nr. XIV 2 AGB reicht hierfür unter Berücksichtigung der berechtigten Interessen der Kunden der Beklagten nicht aus. ...

Unterschiedliche Bindungsfristen in Provider-AGB – OLG Koblenz, MMR 2004, 106:   250

Aus dem Sachverhalt: ... Die Bekl. ist ein Provider, die dem Kunden entgeltlich Internetzugänge zur Verfügung stellt. In ihren AGB ... heißt es ...: „[Die Bekl.] ... ist bei Verträgen, in denen für den Kunden eine Mindestlaufzeit [von 12 Monaten] gilt, berechtigt, den Vertrag mit einer Frist von vier Wochen zu kündigen." Für den Kunden gilt dies nicht. Er kann nach dieser Klausel mit einer Frist von vier Wochen zum Ende der Mindestlaufzeit kündigen.

Aus den Gründen: ... Die Klausel bedeutet für den Kunden, dass er bei einer vereinbarten Mindestlaufzeit nicht vor Ende der Laufzeit kündigen kann, während der Bekl. an diese Mindestlaufzeit nicht gebunden ist. Er kann mit einer Frist von vier Wochen jederzeit das Vertragsverhältnis beenden, also sogar unmittelbar nach Vertragsabschluss. ... In dieser Regelung ist ein Ungleichgewicht zu Lasten des Kunden zu erkennen, denn die Dauer des Vertragsverhältnisses steht für diesen völlig unabsehbar im Belieben der Bekl., die sich aber ihrerseits auf die vereinbarte Mindestlaufzeit berufen kann. Entgegen ... verstößt diese Ungleichbehandlung gegen Treu und Glauben. Auch wenn zwar grds. unterschiedliche Regelungen über die zeitliche Bindung und unterschiedliche Kündigungsregelungen unter dem Gesichtspunkt des ... § 307 BGB nicht zu beanstanden sind, liegt hier eine einseitige Kündigungsmöglichkeit der Bekl. vor, für die kein berechtigter Grund vorliegt. ...

c) Kündigung

251 Providerverträge erschöpfen sich in aller Regel nicht in einem einmaligen Vollzug, sondern sind auf eine längere (bestimmte oder unbestimmte) Geltungsdauer angelegt. Solche **Dauerschuldverhältnisse** können neben vertragsgemäßem Ablauf der Gültigkeitsdauer auch durch Kündigung beendet werden. Bei einer **ordentlichen (normalen) Kündigung** sind hierfür in aller Regel Fristen, die sich entweder aus dem Vertrag oder subsidiär aus dem BGB ergeben, zu beachten. In schwerwiegenden Fällen ist auch immer – unabhängig davon, ob der Vertrag diese Möglichkeit vorsieht – eine **außerordentliche (fristlose) Kündigung** möglich. Dies ergibt sich aus dem allgemeinen Vertragsrecht und setzt einen sog. „wichtigen Grund" voraus. Dies kann zugunsten des Providers erfüllt sein bei dauerndem Zahlungsverzug des Kunden oder bei Einstellung grob rechtswidriger Inhalte durch den Content-Provider beim Presence-Provider. Dem Nutzer kann ein solches Kündigungsrecht beispielsweise zustehen, wenn der Server des Access-Providers über längere Zeit hinweg (z.B. ca. eine Woche) nicht erreichbar ist und die Einwahl deshalb ständig fehlschlägt. Ein Webseitenbetreiber kann seinem Presence-Provider fristlos kündigen, wenn dessen Server fortlaufend abstürzt und deshalb der Internetauftritt nur sehr eingeschränkt oder fast gar nicht erreichbar ist.[9]

2. Verträge der einzelnen Providerarten und Dienstleistungen

a) Access-Providing

252 Bei Access-Provider-Verträgen verpflichtet sich der Provider, dem User auf Zeit den Zugang zum Internet zu vermitteln. Hierbei ist die Abgrenzung zwischen Werk- und Dienstvertrag schwierig.[10] Ein Indiz bei der Vertragseinordnung kann das gewählte Vergütungssystem darstellen. Hängt die Vergütung ausschließlich von der Dauer der Nutzungsintervalle oder stark vom Volumen der transferierten Daten ab, steht der Erfolgsbezug im Vordergrund, so dass von einem Werkvertrag auszugehen ist; im Fall einer Grundgebühr, auch wenn sie durch eine zeitabhängige Tarifierung ergänzt wird, ist das dienstvertragliche Element stärker – was bei reinen Flatrate-Lösungen, die sich inzwischen im Access-Providing weitgehend durchgesetzt haben, erst recht gilt.[11] Daher wird überwiegend von einem **dienstvertraglichen Charakter des Access Provider-Vertrages** ausgegangen.

---

9 Strömer, Online-Recht, 3. Aufl., S. 21 f.
10 Spindler, CR 2004, 203, 206.
11 Spindler, CR 2004, 203, 207.

Rechtsnatur des Access-Provider-Vertrags – BGH, CR 2005, 816 m. Anm.   **253**
Schuppert = MMR 2005, 373:

Aus den Gründen: … Der Senat neigt der in der Literatur wohl überwiegend
vertretenen Auffassung zu, die den Access-Provider-Vertrag schwerpunkt-
mäßig als Dienstvertrag einordnet. Gegen die Qualifizierung als Mietvertrag
spricht, dass dem Kunden mit der Nutzung des Rechners des Providers nicht
gedient ist. Der Schwerpunkt der Leistung liegt vielmehr bei dem Transport
von Daten in das und aus dem Internet. Dass der Kunde hierfür den Rechner
des Anbieters benötigt, ist ihm gleichgültig, so dass nicht die Nutzung einer
Sache im Vordergrund steht. …

Die werkvertraglichen Regelungen der §§ 631 ff. BGB werden dem Bild der
geschuldeten Leistungen gleichfalls nicht gerecht. Die Leitungskapazitäten
des Providers sind begrenzt, und die Übertragungsgeschwindigkeit schwankt
je nach Netzauslastung gleichfalls. Der Anbieter kann daher nicht einen bestimmten Erfolg, das jederzeitige Zustandekommen einer Verbindung in das
Internet mit einer bestimmten Datenübertragungsgeschwindigkeit, verspre-
chen, und der Kunde kann einen solchen Erfolg nicht erwarten. Der Provider
schuldet daher nur die Bereithaltung des Anschlusses und das sachgerechte
Bemühen um die Herstellung der Verbindung in das Internet.

Für die Zuordnung des Zugangsverschaffungsvertrags zum Dienstleistungs-
recht spricht neben dem vorgenannten Aspekt die Parallele zu den Telefon-
festnetz- und Mobilfunkverträgen, die der Senat als Dienstleistungsverträge
qualifiziert. Die von dem Provider geschuldeten Leistungen, dem Kunden den
Zugang zum Internet zu eröffnen und ihm den Austausch von Daten zu ermöglichen, unterscheiden sich nicht wesentlich von denjenigen, die der Anbieter
von Telefonnetzen für die Öffentlichkeit zu erbringen hat. Auch dieser schuldet
die Herstellung von Verbindungen zwischen dem Kunden und Dritten sowie
den Transport von Informationen. …

Dieser Einordnungsstreit hat u. a. Folgen für die Bestimmung der Vertrags-   **254**
pflichten und insbesondere für das Gewährleistungsrecht. Von besonderer Bedeutung sind in diesem Zusammenhang die **Klauseln zur Zugangs-**
gewährung. So empfiehlt es sich zur Vermeidung von Unklarheiten, die
Leistungspflichten im Vertrag möglichst präzise zu beschreiben; dies gilt
insbesondere für die Festlegung eines klaren Prozentsatzes bezüglich der
Erreichbarkeit des Zugangsservers. Dann kann im Fall der Schlechterfüllung deren Grad verlässlich ermittelt werden; außerdem kann sich der
Kunde dann auf den zu erwartenden Umfang von Ausfallerscheinungen
einstellen und ggf. Vorsorge treffen. Wird dagegen der Zugang nur „im
Rahmen der bestehenden technischen und betrieblichen Möglichkeiten"
vereinbart, hat der Provider einen größeren Spielraum, vertragskonform
die versprochenen Dienstleistungen zumindest vorübergehend zu modifi-
zieren.[12] Allerdings hat das LG Karlsruhe bereits eine formularvertragliche
Klausel, die eine Zugangssicherheit von 99 % garantiert, als einen verhüll-
ten Haftungsausschluss AGB-rechtlich scheitern lassen.[13]

---

12 Strömer, Online-Recht, 3. Aufl., S. 18; Spindler, CR 2004, 203, 208.
13 LG Karlsruhe, CR 2007, 396.

255 Von besonderer Sensibilität sind beim Access-Providing die vertraglichen Regelungen zur **Sperrung des Netzzugangs:**[14]

- ▶ Klar ist, dass sich der Provider ein Recht zur Sperrung für den Fall vorbehalten kann, dass der User seinen vom Provider vermittelten Internetzugang **für rechtswidrige Handlungen missbraucht** (z. B. Versand eines Computerwurms); dies wäre letztlich nur ein Fall des Zurückbehaltungsrechts gem. § 273 BGB.

- ▶ Schon schwieriger wird es, wenn der Missbrauch nicht erwiesenermaßen vorliegt, sondern **nur ein entsprechender Missbrauchsverdacht** besteht. Ein vertragliches Recht zur Sperrung des Zugangs muss in solchen Fällen entweder davon abhängig sein, dass dem User zuvor Gelegenheit zur Ausräumung des Verdachts eingeräumt worden ist, oder es muss auf Verdachtsmomente infolge behördlicher Maßnahmen (z. B. Ermittlungsverfahren der Staatsanwaltschaft) beschränkt werden. Aus einer anonymen Denunziation kann sich dagegen noch kein Recht zur Sperrung ergeben.

- ▶ Wieder einfacher ist das Recht zur Sperre wegen Zahlungsverzugs oder anderer **Vertragsverletzungen** seitens des Users, wobei neben den Vorgaben von § 45k TKG (u. a. Zahlungsverzug von mehr als 75 €) der Grundsatz der Verhältnismäßigkeit einzuhalten ist.

256 Aus dem **Verbraucherschutzrecht** sind – soweit nicht Flatrate-Lösungen gewählt wurden – bei Access-Provider-Verträgen die §§ **45e ff. TKG zur Abrechnung** zu beachten. Dazu gehören die Verpflichtung zum Einzelverbindungsnachweis gem. § 45e TKG, die vor allem bei Sprachkommunikationsdienstleistungen Relevanz entfaltet, sowie die Vorgaben für die Preisermittlung gem. § 45g TKG und für die Rechnungsstellung gem. § 45h TKG einschließlich der Pflicht zur getrennten Ausweisung von Entgelten für andere Anbieter unter Nennung von deren Namen und Anschrift für alle Telekommunikationsdienstleister, zu denen – wie dargestellt – auch die Access-Provider gehören (s. o., Rn. 239). Gleiches gilt für die Einzelentgeltnachweispflicht bei Beanstandung der Rechnungshöhe durch den Kunden (§ 45i TKG) sowie für die Grundsätze zur Entgeltermittlung bei unrichtiger Ermittlung des Verbindungsaufkommens (§ 45j TKG, s. o., Rn. 34).

b) Account-Nutzung

257 Ein Unterfall des Access-Providing ist die **Einrichtung eines eMail-Briefkastens** (engl.: account). Mit der normalen Zuteilung einer eMail-Anschrift ist in der Regel die Einrichtung eines Account verbunden; dabei handelt es sich um eine für diese Anschrift reservierte Speicherkapazität auf dem Zugangsserver des Access-Providers, von dem der Inhaber der Anschrift regelmäßig seine eMails „abholt" und auf den eigenen Rechner herunterlädt. Der Vertrag zur Einrichtung eines solchen Accounts hat neben der dienst- oder werkvertraglich zu qualifizierenden Komponente des Datenabrufs und der Erreichbarkeit des Accounts eine **mietvertragliche Komponente bezüg-**

---

14 Nach Spindler, CR 2004, 209 f.

lich der Speicherfläche. Sinnvoll ist es, die maximale Aufnahmekapazität des Datenvolumens auf dem Account zu regeln.[15]

c) Presence-Providing (Webhosting)

Der Schwerpunkt eines Webhosting-Vertrages liegt in der **Zurverfügung-** **258** **stellung der (Server-)Speicherkapazität** des Providers für den Content seines Kunden und hat damit **mietvertraglichen Charakter.**[16] Die Einordnung der damit verbundenen Verpflichtung, dass die User einen Lesezugriff auf die Seite und der Content-Provider einen Lese- und Schreibzugriff auf seine Seite bekommen, ist strittig. Da zu einem Mietvertrag gehört, dass die Mietsache zugänglich und bestimmungsgemäß nutzbar ist, kann man **Zu-** **gangsstörungen** als Mangel der Mietsache oder Verletzung mietvertraglicher Nebenpflichten qualifizieren;[17] hierfür haftet der Vermieter allerdings nur bei Verschulden (Vorsatz oder Fahrlässigkeit auf Grund der Verletzung von Sorgfaltspflichten). Neben dem Umstand, dass Zugriffsstörungen häufig nicht vom Presence-Provider zu vertreten sind, trägt diese rechtliche Bewertung zu wenig dem Darstellungsbedürfnis des Content-Providers gegenüber Dritten – nämlich der User-Gemeinde – Rechnung. Denn das mietvertragliche Instrumentarium ist auf die Sachnutzung beschränkt, während eine dienst- oder werkvertragliche Einordnung auch das darüber hinaus gehende **Publizitätsinteresse** berücksichtigen kann.[18]

Die Qualifizierung der **Zugriffsbereitstellung als Werkvertrag** setzt eine ei- **259** ner Erfolgszusage entsprechende Zugangsgarantie voraus.

Rechtscharakter eines Webhosting-Vertrages – OLG Düsseldorf, MMR 2003, 474:

Aus den Gründen: ... Der zwischen den Parteien bestehende Webhosting-Vertrag verpflichtet die Kl., der Bekl. auf einem der Kl. gehörenden Server Speicherplatz und einen 24-stündigen Zugang zum Internet zur Verfügung zu stellen. Die Bekl. speichert auf diesem Server Daten, die über das Internet von Kunden der Bekl. abgerufen werden können. ... Diese Verträge sind als Werkverträge zu qualifizieren, da die Kl. den Erfolg schuldete, dass der Server und die Internetpräsenz der Bekl. rund um die Uhr gewährleistet ist. ...

In einem Presence-Providing-Vertrag sollte der **Umfang der gemieteten** **260** **Speicherfläche** in Form von Datenvolumen-Obergrenzen und einer Webseiten-Obergrenze definiert werden. Außerdem sollte sich der Kunde einen deutschen **Serverstandort** zusichern lassen, weil mit der größeren Nähe eine kürzere Zugriffszeit verbunden ist.[19] Bezüglich der zu regelnden **Abrechnungsweise** ist darauf hinzuweisen, dass die Rechtsprechung traffic-bezo-

---

15 Instruktiv dazu Strömer, Online-Recht, 3. Aufl., S. 25 f.
16 AG Charlottenburg, CR 2002, 297; OLG Köln, MMR 2003, 191.
17 So AG Charlottenburg, CR 2002, 297.
18 Wulf, CR 2004, 43, 44; Härting, CR 2001, 37.
19 Strömer, Online-Recht, 3. Aufl., S. 28.

gene Messungen noch nicht als Anscheinsbeweis[20] anzuerkennen bereit ist; das OLG Düsseldorf hat die Zahlungsklage eines Presence-Providers abgewiesen, weil dieser die der Rechnung zugrunde liegenden Volumina des zu bezahlenden Datenverkehrs nicht beweisen konnte.

261   **Anscheinsbeweis für Datenvolumen bei Webhosting-Vertrag – OLG Düsseldorf, MMR 2003, 474:**

Aus den Gründen: ... Entgegen der Auffassung der Kl. können die Grundsätze über den Anscheinsbeweis der Rspr. für die Abrechnung im Bereich der Festnetztelefonie nicht unbesehen auf die Abrechnung zwischen dem den Webhosting betreibenden Presence-Provider und seinem Kunden übertragen werden. Vielmehr muss sich erst die allgemeine Überzeugung bilden, dass die Mess- und Aufzeichnungsverfahren für das traffic-abhängige Vergütungsmodell einen vergleichbaren Sicherheitsstandard aufweisen, wie die automatischen Zähl- und Auswertungsverfahren für den Zeittakt im Bereich der Festnetztelefonie. ...

Hinsichtlich der Telefonie im Festnetz gilt zu Gunsten des TK-Unternehmens der Beweis des ersten Anscheins, dass die automatische Zählung zutreffend [ist] ..., weil diese Zählverfahren inzwischen über Jahrzehnte ausreichend getestet und wiederholt überprüft worden sind.[21] ...

Schon im Bereich der Mobilfunknetze wird aber in der Rspr. die Übernahme der Regeln des Anscheinsbeweises abgelehnt. ... Umso weniger kann bei dem vorliegenden Webhosting-Vertrag ohne weiteres angenommen werden, dass die von der Kl. behauptete Mess- und Auswertungsmethode fehlerfrei arbeitet und sichergestellt ist, dass auch nur der Datenverkehr der Bekl. zugerechnet wird, der tatsächlich ihren Server betraf. ... Die Abrechnung nach Datenmengen ist erst mit der zunehmenden Kommerzialisierung des Internet und der Fähigkeit der Infrastruktur, auch Bild-, Ton- und Filmdateien von großem Umfang über das Internet zu transportieren, aufgekommen. Deshalb kann noch nicht von einem gesicherten Abrechnungsstandard gesprochen werden. ...

262   Sonder- und Unterformen des Webhosting sind das Webhousing und das Serverhousing. Während der Kunde beim **Webhousing** einen Server des Presence-Providers ausschließlich für seinen Gebrauch mietet, stellt er beim **Serverhousing** seinen eigenen Server beim Presence-Provider unter, damit dieser dort technisch betreut, gewartet und an das Internet angeschlossen wird. In diesem Fall bezieht sich das mietvertragliche Element nur auf die Stellfläche, die der Server im Serverraum des Providers beansprucht; im Vordergrund steht jedoch die dienstvertragliche Komponente der Wartung und des Netzanschlusses.[22]

---

20 Unter einem Anscheinsbeweis wird eine durch die allgemeine Lebenserfahrung gestützte hohe Wahrscheinlichkeit für einen beweisbedürftigen Umstand angesehen. Wird diese Wahrscheinlichkeit vom Beweisgegner nicht durch eine von der Lebenserfahrung abweichende Atypik im konkreten Fall erschüttert, ist bereits mit dem Anscheinsbeweis der Beweis i. S. v. § 286 Abs. 1 ZPO erbracht.
21 Vgl. bspw. OLG Hamm, CR 2004, 671.
22 Wulf, CR 2004, 43 f.; Strömer, Online-Recht, 3. Aufl., S. 31 f.

d) Webdesigning

Der Vertrag über die technische und lay-out-mäßige Erstellung und Gestal- **263**
tung von Webseiten ist als **Werkvertrag** zu qualifizieren, weil ja ein kon-
kretes Ergebnis geschuldet ist. Da eine Webseite keine bewegliche Sache,
sondern ein geistiges Werk darstellt, handelt es sich um einen „normalen"
Werkvertrag und nicht um einen Werklieferungsvertrag i. S. v. § 651 BGB,
auf den das Kaufrecht anzuwenden wäre.[23] Ist eine fortlaufende Seitenak-
tualisierung und -pflege vereinbart, wäre dies als dienstvertragliche Zusatz-
abrede einzuordnen.

Der vertraglich festzulegende **Abrechnungsmodus** sollte einen vernünftigen **264**
Ausgleich zwischen dem Interesse des Designers, nicht erst nach erheblichen Vorarbeiten ganz am Ende bezahlt zu werden, und dem Interesse des
Bestellers, nicht zu früh bezahlen und damit „die Katze im Sack kaufen" zu
müssen darstellen. Deshalb empfiehlt es sich, **Abschlagszahlungen in Ab-
hängigkeit von den wesentlichen Arbeitsschritten** bei der Erstellung einer
Webseite zu vereinbaren; ergänzt werden kann dies ggf. durch jeweilige
zeitliche Vorgaben. Diese Arbeitsschritte sind

- die **Konzeptphase**, in der der Strukturbaum, das Framekonzept und die
  Platzierung von Links entwickelt werden,
- die **Entwurfsphase**, in der die Basisversion mit den wesentlichen Grund-
  funktionen erstellt wird,
- die **Herstellungsphase**, in der die Endversion erstellt wird und an deren
  Ende die Schlussabstimmung steht und
- (soweit vereinbart) die **Einstellung des Auftritts ins Netz** (was die ausdrückliche Netzfreigabe des Bestellers voraussetzt[24]).[25]

Eine **vorzeitige Vertragsbeendigung** ist nach werkvertraglichen Grundsät- **265**
zen möglich; so kann z. B. der Kunde den Vertrag vor Werkabnahme – z. B.
nach der Konzeptphase – kündigen, doch hat der Designer dann einen
Entgeltanspruch für die von ihm bereits erbrachten Leistungen und für
die evtl. bereits investierten Kosten bezüglich der weiteren Arbeitsphasen
(§ 649 Satz 2 BGB). Weder das Kündigungsrecht des Kunden noch der Teil-
Entgeltanspruch des Designers können durch AGBs abbedungen werden,
weil dies eine unangemessene Benachteiligung i. S. v. § 307 Abs. 1 BGB darstellen würde.[26]

Der Webdesigner hat notwendigerweise **Kenntnis von den – für ihn frem- 266**
den – Inhalten (zumindest für die von ihm erstellte Startversion). Ist er –
was häufig der Fall ist – zugleich der Presence-Provider für diesen Auftritt,
entfällt damit das Haftungsprivileg gem. §§ 10 TMG. Aus Sicht des Designers wäre es daher sinnvoll, sich im Vertrag mit dem Kunden einen dies-

---

23 Vgl. Deckers, CR 2002, 900, 901.
24 LG Stuttgart, CR 2002, 376.
25 Nach Deckers, CR 2002, 900, 901 f.
26 Deckers, CR 2002, 900, 903 f.

bezüglichen **Freistellungsanspruch im Innenverhältnis** einräumen zu lassen. Würde dann der Presence- und Design-Provider von einem Dritten etwa wegen Wettbewerbsverstößen auf Schadensersatz in Anspruch genommen, könnte er sein Geld bei seinem Kunden und Auftraggeber zurückholen und hierfür vertragliche Ansprüche geltend machen, die allemal stärker als deliktische Ansprüche sind. Freilich könnte eine solche Freistellungsregelung nur zivilrechtliche Ansprüche (v.a. Schadensersatz oder Unterlassung) erfassen; Strafbarkeit lässt sich dagegen nicht auf andere „abwälzen".

267 Der Kunde sollte seinerseits darauf achten, dass er vom Webdesigner die umfassenden und exklusiven **Nutzungsrechte am Urheberrecht** – das dieser ja an der Webseite als seinem Werk hat[27] – vertraglich übertragen bekommt. Sonst kann der Kunde ohne (meist dann kostenpflichtige) Zustimmung des Designers seinen Internetauftritt „layout-mäßig" weder umgestalten noch weiterentwickeln. Aus § 13 UrhG folgt außerdem das Recht des Designers, an seinem Werk eine **Urheberkennzeichnung** (also eine Art „Copyright-Vermerk") anzubringen. Je nachdem, ob der Kunde dies ausschließen oder zumindest eingrenzen möchte, sollte das „ob" oder ggf. das „wie" und das „wo" dieser Urheberkennzeichnung im Vertrag klar geregelt werden, um spätere Auseinandersetzungen in dieser Frage vorzubeugen.[28]

e) **Application-Service-Providing**

268 Der wirtschaftliche Zweck eines ASP-Vertrages besteht darin, dass der Kunde die auf dem ASP-Server angebotenen Softwareleistungen via Internet gegen Entgelt nutzt und dadurch **eigene Investitions- und Pflegekosten für die benötigte Software spart**; dies kann bei besonders schnelllebigen Softwareentwicklungen ein sehr attraktives Angebot darstellen.

269 Diese Nutzung der dem ASP gehörenden Software durch den Kunden gegen Entgelt auf Zeit ist als **Mietverhältnis** zu qualifizieren. Die Software hat die mietrechtlich notwendige Sachqualität, wenn sie auf einem Datenträger verkörpert ist, was beim Server des ASP der Fall ist. Einen unmittelbaren sächlichen Besitz der Mietsache setzt der mietrechtliche Nutzungsbegriff dagegen nicht voraus; ebenso muss der Gebrauch der Mietsache nicht ausschließlich sein – auch bei einem Wohnraum-Mietverhältnis, bei dem mehrere Studenten als WG die Wohnung gemeinschaftlich mieten, liegt rechtlich (auch bei interner Zimmeraufteilung) ein Mitgebrauch mehrerer Mieter nebeneinander vor.[29]

---

27 Und zwar unabhängig davon, ob die Webseite als ein im HTML-Code wiedergegebenes Programm i.S.v. § 69a UrhG oder ein Werk i.S.v. § 2 UrhG darstellt.
28 Strömer, Online-Recht, 3. Aufl., S. 33 f.; Zur rechtlichen Einordnung des Copyright-Zeichens siehe Rn. 445.
29 Röhrborn/Sinhart, CR 2001, 69, 70 f.; v. Westerholt/Berger, CR 2002, 81, 83 ff.

Rechtliche Einordnung eines ASP-Vertrages – BGH, MMR 2007, 243: ▎**270**

Aus den Gründen: ... [12] Bei dem ASP (Application Service Providing/Bereitstellung von Softwareanwendungen und damit verbundener Dienstleistungen)-Vertrag in der hier abgeschlossenen Variante stellt der Anbieter auf seinem Server Software bereit und gestattet dem Kunden, diese Software für eine begrenzte Zeit über das Internet oder andere elektronische Netze zu nutzen. Die Software verbleibt während der gesamten Nutzungsdauer auf dem Rechner des Anbieters. Dem Kunden werden die jeweils benötigten Funktionen der Anwendungen lediglich über Datenleitungen auf seinem Bildschirm zur Verfügung gestellt. Als zusätzliche Leistung übernimmt der Anbieter in der Regel – wie auch hier – die Softwarepflege, Updates und Datensicherung und stellt für die Nutzung Speicherplatz zur Verfügung. [13] Als typische Leistung steht beim ASP-Vertrag danach die Gewährung der Onlinenutzung von Software für eine begrenzte Zeit im Mittelpunkt der vertraglichen Pflichten. Es liegt deshalb nahe, mit der überwiegenden Meinung im Schrifttum, als Rechtsgrundlage für diese vertraglichen Ansprüche, einen Mietvertrag, der die entgeltliche Gebrauchsüberlassung einer beweglichen oder unbeweglichen Sache zum Gegenstand hat, anzunehmen.

[14] Entgegen der Ansicht der Revision scheidet eine Anwendung des Mietrechts nicht deshalb aus, weil es sich bei der Software nicht um eine Sache im Sinne des § 90 BGB handele. [15] Der Bundesgerichtshof hat wiederholt entschieden, dass eine auf einem Datenträger verkörperte Standardsoftware als bewegliche Sache anzusehen ist, auf die je nach der vereinbarten Überlassungsform Miet- oder Kaufrecht anwendbar ist. ... [18] Der Anwendbarkeit von Mietrecht steht auch nicht entgegen, dass die Beklagte keinen Besitz an den verkörperten Computerprogrammen erlangt, sondern diese ihr nur über das Internet zugänglich sind.

[19] Der Mietvertrag setzt keine Besitzverschaffung, sondern lediglich eine Gebrauchsüberlassung voraus. ... Ist ... eine Besitzverschaffung für den vertragsgemäßen Gebrauch nicht erforderlich, wie hier bei der Onlinenutzung von Software, so genügt es für die Gebrauchsgewährung, wenn dem Mieter der Zugang zur Mietsache verschafft wird, der auch online erfolgen kann. [20] Ebenso wie die zeitlich begrenzte Softwareüberlassung durch Onlinezugriff auf den Server der Klägerin ist auch die hier weiter vereinbarte Zurverfügungstellung von Speicherkapazitäten auf dem Server der Klägerin zur Speicherung der von der Beklagten im Rahmen der Softwarenutzung eingegebenen Daten mietvertraglich zu qualifizieren.

[21] Der Anwendung von Mietvertragsrecht auf die Softwareüberlassung steht auch nicht entgegen, dass in dem ASP-Vertrag weitere Leistungen wie Programmpflege, Programmupdates, Datensicherung, Hotlineservice und Einweisung in die Software vereinbart worden sind, die anderen Vertragstypen (Dienst- oder Werkvertrag) zugeordnet werden können. Insoweit handelt es sich bei dem ASP-Vertrag um einen zusammengesetzten Vertrag, bei dem jeder Vertragsteil nach dem Recht des auf ihn zutreffenden Vertragstypus zu beurteilen ist, soweit dies nicht im Widerspruch zum Gesamtvertrag steht.

3. Fazit

271 1. Bei allen Providerverträgen mit Endkunden hat das Verbraucher-
        schutzrecht eine hohe Bedeutung. Die Anforderungen der Recht-
        sprechung an Provider-AGBs sind vergleichsweise hoch.
      2. Die meisten Providerverträge sind als Dauerschuldverhältnisse aus-
        gestaltet; ihre Beendigung erfolgt durch Ablauf eines vorab definier-
        ten Zeitraums, durch eine Kündigung nach den vertraglich vorge-
        sehenen Fristen oder durch eine fristlose Kündigung aus wichtigem
        Grund.
      3. Die Providerverträge werden in das allgemeine Vertragssystem des
        BGB eingeordnet:
        a) Beim Access-Providing handelt es sich in der Regel (in Abhän-
            gigkeit von der konkreten Ausgestaltung) um Dienstverträge;
            besondere Bedeutung haben die Regelungen zur Sicherheit der
            Zugangsgewährung und zur Sperrung des Netzzugangs.
        b) Ein Vertrag zur eMail-Account-Nutzung ist vorrangig mietver-
            traglich zu qualifizieren; sinnvoll ist eine Regelung über das
            maximal im Postfach abzulegende Datenvolumen.
        c) Das Webhosting (Presence-Providing) besteht im Wesentlichen
            in der Vermietung von Speicherfläche; die damit verbundene
            Gewährleistung der Zugriffsbereitstellung des Servers ist dage-
            gen – je nach Zusicherungsgrad – dienst- oder werkvertraglich
            einzuordnen.
        d) Webdesigning-Verträge stellen Werkverträge dar, bei denen die
            Abrechnung sinnvollerweise in Arbeitsschritten festzulegen ist.
            Wegen der automatischen Kenntnis der Inhalte sollte sich der
            Webdesigner einen vertraglichen Freistellungsanspruch gegen
            seinen Kunden sichern, während der Kunde an klaren Regelun-
            gen zur Nutzung des Urheberrechts interessiert sein muss.
        e) Bei Application-Service-Provider-Verträgen wird die online
            nutzbare Software an den Nutzer vermietet.

B. Haftung für rechtswidrige Inhalte

I. Haftungsprivileg für Telemedien

1. Bedeutung und Anwendungsbereich des Haftungsprivilegs für Telemedien

272 Die Haftung für Inhalte ist in den §§ 7 ff. TMG geregelt. Dabei handelt es
sich aber nicht um Haftungsnormen im eigentlichen Sinn, die haftungs- oder
anspruchsbegründend wirken würden. Vielmehr haben diese Haftungsvor-
schriften eine gegenteilige, nämlich **haftungsbegrenzende Funktion**, denn
eine uferlose Haftung für die in aller Regel unbewusste Provider-Mitwir-

kung an den vielfältigen Rechtsverstößen im Internet würde das Providing wegen des unüberschaubaren Risikos wirtschaftlich völlig unattraktiv machen. Daher berücksichtigen die haftungsprivilegierenden Vorschriften für Provider die internettypischen Gefährdungslagen und tragen so wesentlich zur Funktions- und Leistungsfähigkeit des Internets bei. Im Mittelpunkt steht dabei die **Unterscheidung zwischen eigenen und fremden Inhalten**; bei letzteren ist die Verantwortung für Verbreitungshandlungen namentlich des Access- oder Presence-Providers eingeschränkt, weil die Menge fremder Inhalte deren Überprüfung auf Rechtsverstöße unzumutbar macht.

Allerdings begrenzen die §§ 7 ff. TMG nur die **strafrechtliche und scha-** **273** **densersatzrechtliche Haftung**, während sie Unterlassungsansprüchen nicht entgegengehalten werden können; dies leitet der BGH in seiner Rolex-Entscheidung aus § 8 Abs. 2 Satz 2 TDG (Vorgängervorschrift zu § 7 Abs. 2 Satz 2 TMG) ab.

Keine Geltung der Haftungsprivilegien für den Unterlassungsanspruch („Rolex") – BGH, NJW 2004, 3102 = MMR 2004, 668 m. Anm. Hoeren = CR 2004, 763 m. Anm. Volkmann:

Das Haftungsprivileg des § 11 Satz 1 TDG [heute: § 10 Satz 1 TMG], das den Diensteanbieter, der fremde Informationen für einen Nutzer speichert („Hosting"), von einer Verantwortlichkeit freistellt, betrifft nicht den Unterlassungsanspruch.

Aus den Gründen: ... Wie sich aus dem Gesamtzusammenhang der gesetzlichen Regelung ergibt, findet die Haftungsprivilegierung des § 11 TDG n. F. indessen keine Anwendung auf Unterlassungsansprüche. Dies kommt im Wortlaut des § 11 Satz 1 TDG nur insofern zum Ausdruck, dort darf von der Verantwortlichkeit des Diensteanbieters die Rede ist. Damit ist lediglich die strafrechtliche Verantwortlichkeit und die Schadensersatzhaftung angesprochen. ... Dass das Haftungsprivileg des § 11 Satz 1 TDG Unterlassungsansprüche nicht berührt, wird auch durch die Bestimmung des § 8 Abs. 2 TDG nahegelegt. ... In Satz 2 wird ... klargestellt, dass „Verpflichtungen zur Entfernung oder Sperrung der Nutzung von Informationen nach den allgemeinen Gesetzen ... auch im Falle der Nichtverantwortlichkeit des Diensteanbieters nach den §§ 9 bis 11 unberührt (bleiben)". § 8 Abs. 2 Satz 2 TDG ist auf alle Diensteanbieter nach §§ 9 bis 11 TDG anwendbar. Die Regelung des deutschen Gesetzgebers in § 8 Abs. 2 Satz 2 TDG deckt sich insofern mit Art. 14 der Richtlinie 2000/31/EG über den elektronischen Geschäftsverkehr. ... Absatz 3 macht ... deutlich, dass Unterlassungsansprüche von diesem Privileg nicht erfasst zu sein brauchen. ... Dass Unterlassungsansprüche von dem Haftungsprivileg ausgenommen sein können, erklärt auch, weswegen Art. 14 Abs. 1 lit. a der Richtlinie und ihm folgend § 11 Satz 1 Nr. 1 Alt. 2 TDG n. F. für Schadensersatzansprüche geringere Anforderungen stellt als für die Verantwortlichkeit im Übrigen: Eine Schadensersatzhaftung dürfen die Mitgliedstaaten bereits dann vorsehen, wenn der Diensteanbieter zwar keine Kenntnis von der rechtswidrigen Tätigkeit oder Information hat, wenn ihm aber Tatsachen oder Umstände bekannt sind, „aus denen die rechtswidrige Handlung oder Information offensichtlich wird". Wäre auch der Unterlassungsanspruch von der Haftungsprivilegierung in Art. 14 der Richtlinie und § 11 Satz 1 Nr. 1 Alt. 1 TDG n. F. erfasst, hätte dies die schwer verständliche Folge, dass an den Unterlassungsanspruch höhere Anforderungen gestellt wären als an den Schadensersatzanspruch. ...

2. Behandlung eigener Inhalte und die Haftungsprivilegien im Überblick

274 Für **eigene Inhalte** (namentlich des Content-Providers) gilt – was eigentlich selbstverständlich ist – die **uneingeschränkte Haftung** (§ 7 Abs. 1 TMG). Für fremde Inhalte hingegen gibt es weitreichende Haftungserleichterungen, die im Wesentlichen darauf abstellen, ob der Provider **von diesen fremden Inhalten Kenntnis hat**; solange und soweit dies nicht der Fall ist, können z. B. der Presence-Provider, auf dessen Server harte Pornoseiten abgelegt sind, oder der Access-Provider, durch dessen Leitungen ein Computer-Virus „braust", nicht strafrechtlich zur Verantwortung gezogen werden, obwohl sie einen kausalen Tatbeitrag zur Verbreitung dieser Daten leisten. Auch kann ihnen kein Fahrlässigkeitsvorwurf deshalb gemacht werden, weil sie nicht zumindest stichprobenweise die von ihnen verbreiteten Inhalte auf Rechtsverstöße überprüfen, oder eine entsprechende Filtersoftware installiert haben; denn § 7 Abs. 2 TMG MDStV statuiert einen ausdrücklichen **Ausschluss von Überwachungs- oder Erforschungspflichten** bezüglich fremder Inhalte, so dass keinerlei vorbeugende Inhaltskontrolle zu erfolgen hat.

275 Für die unter A. I. (Rn. 236 ff.) genannten wesentlichen Provider-Arten stellen sich die Haftungsprivilegien im Überblick wie folgt dar:

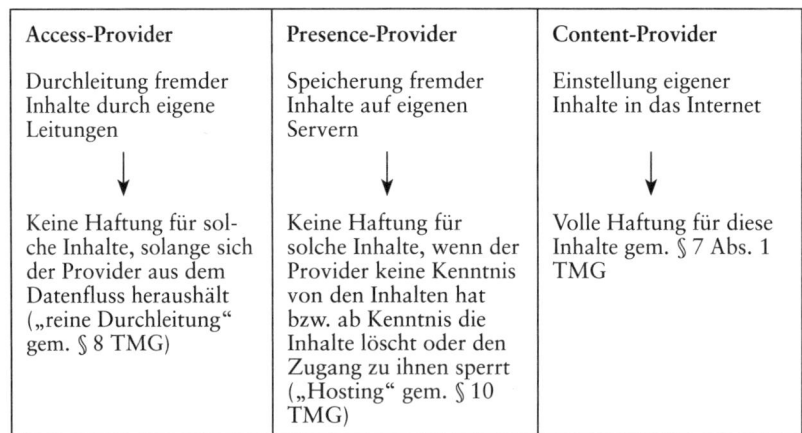

Access-Provider	Presence-Provider	Content-Provider
Durchleitung fremder Inhalte durch eigene Leitungen	Speicherung fremder Inhalte auf eigenen Servern	Einstellung eigener Inhalte in das Internet
↓	↓	↓
Keine Haftung für solche Inhalte, solange sich der Provider aus dem Datenfluss heraushält („reine Durchleitung" gem. § 8 TMG)	Keine Haftung für solche Inhalte, wenn der Provider keine Kenntnis von den Inhalten hat bzw. ab Kenntnis die Inhalte löscht oder den Zugang zu ihnen sperrt („Hosting" gem. § 10 TMG)	Volle Haftung für diese Inhalte gem. § 7 Abs. 1 TMG

Übersicht 10:   Haftungsprivilegien der Provider-Arten

3. Die einzelnen Fallgruppen der Haftungsprivilegien

Im Einzelnen unterscheidet die Haftungsbegrenzung für fremde Inhalte **276**
nach **drei verschiedenen technischen Verfahrenskategorien:**

a) **Reine Datendurchleitung und automatische kurzzeitige
    Datenzwischenspeicherung (§ 8 TMG):**

Wer sich auf den technischen Vorgang, ein Kommunikationsnetz zu betreiben (also die Daten zu übermitteln, sog. „Routing") oder den Zugang dazu
zu vermitteln (**Access-Providing**), beschränkt, haftet nicht. Er muss sich dabei allerdings **konsequent aus dem Datenfluss heraushalten**; sobald er selbst
eine Datenübermittlung veranlasst, Adressaten für eine Datenübermittlung
auswählt oder die übermittelten Daten auswählt oder verändert, unterliegt
er der vollen inhaltlichen Haftung. Auf die Kenntnis der Daten kommt
es dabei nicht an; es kann also jemand wegen Eingriffs in den Datenfluss
für Inhalte haften, die er nicht kennt. Umgekehrt kann sich jemand, weil
er sich aus dem Datenfluss herausgehalten hat, auf das Haftungsprivileg
auch dann berufen, wenn er von rechtswidrigen Inhalten (woher auch immer) weiß; nur bei **kollusivem Zusammenwirken mit einem Nutzer** gilt dies
nicht mehr (§ 8 Abs. 1 Satz 2 TMG).

Verantwortlichkeit des Access-Providers – OLG Frankfurt a. M., MMR 2008,   **277**
166 m. Anm. Spindler = CR 2008, 242:

**Der sog. Access-Provider ist auch unter dem Gesichtspunkt der wettbe-
werbsrechtlichen Verkehrspflicht für den Inhalt der Webseiten, zu denen er
seinen Kunden den Zugang vermittelt, grundsätzlich nicht verantwortlich.**

Aus den Gründen: ... Die Ag. ermöglicht ihren Kunden lediglich gegen Entgelt
den Zugang zum Internet; die Kunden der Ag. sind dabei – auch wenn sie
unter Inanspruchnahme des Dienstes der Ag. auf wettbewerbswidrigen Inhalte
stoßen – nicht Urheber dieser Wettbewerbsverstöße, sondern allernfalls deren
Nutznießer oder Opfer. Damit eröffnet die Ag. nicht ihn ihrem eigenen Verantwortungsbereich eine Gefahrenquelle für Wettbewerbsverstöße, sondern
ermöglicht nur den Zugang zu etwaigen Wettbewerbsverstößen, die aus einer
von einem Dritten eröffneten Gefahrenquelle herrühren. ...

Dasselbe gilt für eine **automatische kurzzeitige Datenzwischenspeicherung,**   **278**
die im Rahmen einer Datendurchleitung erfolgt und zeitlich nicht länger
dauert, als dies für die Durchleitung erforderlich ist. Damit wird dem technischen Umstand Rechnung getragen, dass selbst die bloße Durchleitung
über Zwischenspeicherungen erfolgt, dadurch aber keine haftungsauslö-
sende Lücke entstehen soll (§ 8 Abs. 2 TMG).

b) **Zeitlich begrenzte Datenzwischenspeicherung (Caching, § 9 TMG)**   **279**

Beim Caching handelt es sich um eine **Zwischenspeicherung von Daten,** um
deren Weiterleitung an andere Nutzer auf deren Anfrage schneller zu ermöglichen. So werden beispielsweise häufig nachgefragte Daten im Internet
in „Proxy-Servern" zwischengespeichert, um einen bei jeder Anforderung

sonst nötigen Abruf bei einem evtl. weit entfernten „Heimatserver" der entsprechenden Daten zu vermeiden und dadurch Ladezeiten zu verkürzen;[30] daher wirkt diese Haftungsbeschränkung **vorrangig im Urheberrecht**, weil diese für Dritte erstellten Kopien von urheberrechtlich geschützten Werken ansonsten Haftungsansprüche auslösen könnten.[31] Wie bei der reinen Durchleitung handelt es sich dabei um einen **vollautomatisierten Vorgang**, bei dem der Betreiber in aller Regel keinen eigenen Einblick in die Daten hat; anders aber als bei der Durchleitung ist die zeitliche Begrenzung der Zwischenspeicherung nicht auf die bloße Dauer des technischen Übermittlungsvorgangs beschränkt.

280   Doch ist auch hier das **Haftungsprivileg nicht grenzenlos**; der Betreiber eines Zwischenspeichers (cache) darf insbesondere die vom originären Dateninhaber vorgegebenen **Zugangsbedingungen** (was bei kostenpflichtigen oder jugendgefährdenden Angeboten besonders bedeutsam ist) nicht ausschalten; auch ist er zur Beachtung der anerkannten Regeln zur **Datenaktualisierung** verpflichtet und darf anerkannte Technologien zur Sammlung von Daten über die Nutzung von Informationen (z. B. Zugriffszähler) nicht beeinträchtigen. Erfährt er, dass die von ihm zwischengespeicherten Daten **auf ihrem „Heimatserver" entfernt oder gesperrt** wurden, muss er im cache die Daten unverzüglich löschen oder den Zugang zu ihnen sperren. Geht schließlich die Speicherung über die rein technische Zwischenspeicherung qualitativ oder zeitlich hinaus, entfällt das Haftungsprivileg.[32]

c)   Dauerhafte Datenspeicherung (Hosting, § 10 TMG)

281   Das Hosting (**Presence-Providing**) umfasst die dauerhafte Speicherung fremder Inhalte auf eigenen Servern. Auch hier ist einleuchtend, dass eine unbeschränkte Haftung für alle so erfassten Daten trotz des damit verbundenen Tatbeitrags zu ihrer Verbreitung zu völlig überzogenen Haftungsfolgen führen würde. Deshalb knüpft dieses Haftungsprivileg an die **Kenntnis des Host-Providers von den bei ihm gespeicherten fremden Inhalten** an; hat er diese Kenntnis bezüglich rechtswidriger Inhalte nicht, kann er sich auf die Haftungsfreistellung berufen. Ebenso haftet er nicht, wenn er Kenntnis von rechtswidrigen Inhalten erlangt und diese **unverzüglich löscht oder den Zugang zu ihnen sperrt**.

282   Streitig ist allerdings, ob sich die den Haftungsausschluss hindernde Kenntnis nur auf die rechtswidrigen Inhalte oder auch auf deren Bewertung als rechtswidrig beziehen muss. Für die Ansicht, dass der Wegfall des Haftungsprivilegs auch die **Kenntnis der Rechtswidrigkeit** erfordert, spricht, dass dem einzelnen Host-Provider der evtl. erhebliche Aufwand einer verlässlichen Klärung der Rechtslage nicht zugemutet werden kann. Denn die bei harten Porno- oder Nazi-Seiten noch relativ einfache Rechtswidrig-

---

30 Köhler/Arndt/Fetzer, RdI, Rn. 758.
31 BT-Drs. 14/6098, S. 24; Köhler/Arndt/Fetzer, Rn. 759.
32 Köhler/Arndt/Fetzer, RdI, Rn. 763.

keitsfeststellung kann bei Marken- oder Urheberrechtsverletzungen höchst diffizile juristische Prüfungen voraussetzen.[33]

Teilweise wird die Differenzierung in § 10 Satz 1 Nr. 1 TMG auf **einerseits** **283** **strafrechtliche und andererseits zivilrechtliche Haftung** bezogen. Daraus wird dann abgeleitet, dass für die zivilrechtlichen Schadensersatzansprüche die Kenntnis von den Inhalten unabhängig von deren Rechtswidrigkeit für die Haftung ausreiche; im Strafrecht hingegen erfordere der Wegfall des Haftungsausschlusses, dass der Host-Provider sowohl von den Inhalten als auch von deren Rechtswidrigkeit Kenntnis habe. Zur Begründung wird der Zweck des Haftungsprivilegs, den Providern Rechtssicherheit zu geben, angeführt.[34] Dagegen spricht allerdings, dass der Gesetzeswortlaut bei der angesprochenen Differenzierung nicht zwischen Straf- und Zivilrecht, sondern zwischen **rechtswidrigen Handlungen und Schadensersatzansprüche auslösenden Umständen** unterscheidet.

Die Gesetzesbegründung versteht deshalb diese Differenzierung etwas **284** anders: Wenn der Inhalt als solcher **objektiv – also gegenüber jedermann – rechtswidrig** ist, soll die Kenntnis des Inhalts für den Wegfall des Haftungsausschlusses reichen („rechtswidrige Handlungen"). Dies ist zugegebenermaßen vor allem – aber eben nicht nur – bei strafrechtlichen Handlungen der Fall, so beispielsweise bei für Minderjährige zugänglichen pornografischen Inhalten, Beleidigung, Aufforderungen zu Straftaten u. Ä. Ist der Inhalt demgegenüber nicht bereits als solcher rechtlich zu beanstanden, sondern ergibt sich seine **Rechtswidrigkeit aus der Verletzung subjektiver Rechte anderer** („Schadensersatzansprüche auslösende Umstände"), muss sich die Kenntnis auch auf die Rechtsverletzung beziehen, um den Haftungsausschluss zu verneinen. Dies ist relevant z. B. für urheberrechtlich geschützte Werke, deren Verbreitung als solche ja noch nicht rechtswidrig ist, sondern erst dann, wenn der Verbreitende dafür nicht die Erlaubnis des Rechteinhabers hat. In solchen Fällen soll sich die **Kenntnis auch auf die fehlende Verwendungsberechtigung** beziehen.[35]

Auszug aus der Gesetzesbegründung – BT-Drs. 14/6098, S. 25:

Da sich der Begriff „rechtswidrige" in der Richtlinie nur auf die Tätigkeit, nicht aber auf die Information bezieht (vgl. Artikel 15 Abs. 1 ECRL), erfasst Artikel 14 ECRL zwei Arten von Fällen. Zum einen die Fälle, in denen die Information als solche bereits zu beanstanden ist; insoweit lässt die (positive) Kenntnis von der Information bzw. von diesbezüglichen Tatsachen oder Umständen die Haftungsprivilegierung entfallen. Zum anderen sind die Fälle erfasst, in denen die Information als solche nicht zu beanstanden ist, sondern die insoweit entfaltete Tätigkeit, nämlich (insbesondere) die Verwendung von Informationen ohne Erlaubnis des Rechteinhabers. Da sich insoweit die Kenntnis auch auf den Umstand beziehen muss, dass eine Erlaubnis fehlt, wird insoweit auf die Kenntnis von der rechtswidrigen Handlung abgestellt.

---

33 Strömer, Online-Recht, S. 271.
34 Eck/Ruess, MMR 2003, 363, 364.
35 So auch Köhler/Arndt/Fetzer, RdI, Rn. 765.

Diese Auffassung überzeugt, weil sie sich eng an den **Wortlaut der Norm** anlehnt und außerdem dem allgemeinen Rechtsgrundsatz, dass Unkenntnis in der Regel nicht vor Strafe (bzw. Haftung) schützt, Rechnung trägt.

285 Ein in diesem Zusammenhang öfter (und nicht immer von seriöser Seite) praktiziertes „Spiel" sind **Abmahnungen,** in denen der (angeblich) in seinen subjektiven Rechten Verletzte den Presence-Provider zur Löschung der inkriminierten Inhalte auffordert. Wäre dies schon für den Eintritt der haftungsausschlusshindernden Kenntnis ausreichend, bliebe die Rechtsunsicherheit, ob wirklich (subjektive) Rechte verletzt worden sind, wieder beim Provider hängen; denn würde der Presence-Provider darauf hin die betroffenen Inhalte löschen, könnte er sich je nach Vertragsgestaltung mietrechtlichen Haftungsansprüchen des Content-Providers ausgesetzt sehen. Doch nach Sinn und Zweck des Haftungsprivilegs soll ja gerade dies nicht der Fall sein. Deshalb ist hier von einem **engen Kenntnisbegriff** auszugehen, der erst erfüllt ist, wenn die **subjektive Rechtsverletzung objektiv nachgewiesen wird** – etwa durch ein rechtskräftiges Urteil gegenüber dem Content-Provider.[36]

286 Ebenfalls problematisch kann in größeren Unternehmen – erst recht in Konzernen – die Frage der **Kenntniszurechnung** sein. Arbeitsteiligen Organisationen wird man erst dann die Kenntnis zurechnen können, wenn sie bei ihren Leitungsorganen oder zuständigen Mitarbeitern eingetreten ist. Damit jedoch diese internen Zuständigkeitsverteilungen nicht gegen den in seinen Rechten verletzten Anspruchsinhaber ausgespielt werden können, ist aus der **Organisationsgewalt** der Firma deren Pflicht abzuleiten, eine effiziente interne Kenntniserlangung sicherzustellen. Daraus folgt eine **Beweislastumkehr,** wonach nicht der Anspruchsinhaber die Kenntniserlangung an zuständiger Stelle beweisen muss, sondern die Firma ihre fehlende Kenntnis.[37]

4. Rechtliche Einordnung und Beweislastregelung

287 Noch unklar ist die rechtliche Einordnung des Haftungsprivilegs und damit insbesondere die **Zuweisung der Beweislast für die Voraussetzungen des Haftungsprivilegs.** Der Gesetzgeber sieht in den § 8 ff. TMG einen Nach-Haftungsfilter, der haftungsbegrenzend hinter die haftungsbegründenden Normen des Strafrechts, Wettbewerbsrechts, Urheberrechts o. Ä. geschaltet wird:

---

36 Köhler/Arndt/Fetzer, RdI, Rn. 768 ff.; Strömer, Online-Recht, S. 271.
37 Köhler/Arndt/Fetzer, RdI, Rn. 771.

Auszug aus der Gesetzesbegründung – BT-Drs. 14/6098, S. 23:

Wie bei den bisherigen verantwortlichkeitseinschränkenden Regelungen lässt sich die Wirkungsweise der §§ 9 bis 11 [jetzt im TMG: §§ 8 bis 10] untechnisch mit der eines Filters vergleichen. Die Vorschriften können eine Verantwortlichkeit im zivil- oder strafrechtlichen Bereich nicht begründen oder erweitern. Vielmehr muss sich eine solche aus den allgemeinen Vorschriften ergeben. Bevor ein Diensteanbieter auf deren Grundlage zur Verantwortung gezogen werden kann, muss allerdings geprüft werden, ob die aus den allgemeinen Vorschriften folgende Verantwortlichkeit nicht durch die §§ 9 bis 11 ausgeschlossen ist. Sind daher im Einzelfall die Voraussetzungen der allgemeinen Vorschriften für eine Haftung erfüllt, so ist der Diensteanbieter für die Rechtsgutsverletzung gleichwohl nicht verantwortlich, wenn er sich auf das Eingreifen der §§ 9, 10 oder 11 berufen kann.

Die Formulierung, dass sich der Diensteanbieter auf den Haftungsausschluss berufen kann, legt den Schluss nahe, dass er im Streitfall die Voraussetzungen dafür auch beweisen muss. Denn nach den **allgemeinen Beweislastregeln** muss stets derjenige die Voraussetzungen der Norm beweisen, auf die er sich beruft.

288

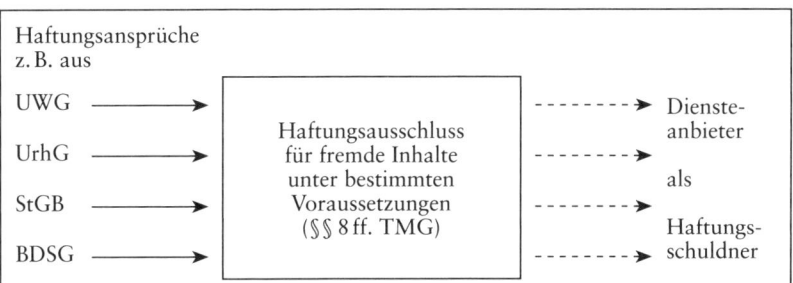

Übersicht 11: Haftungsfilter für Provider

Demgegenüber hat der BGH für die Vorvorgängervorschrift (§§ 5 TDG/ **289** MDStV a. F.) den Standpunkt vertreten, dass es sich bei den Haftungsbeschränkungen um **negative Tatbestandsmerkmale der jeweiligen allgemeinen Haftungsnorm** handelt. Damit erreicht der BGH, dass die Beweislast für die Voraussetzungen des Haftungsausschlusses den Haftungsgläubiger trifft; diese providerfreundliche Auslegung entspricht dem Regelungszweck des Haftungsprivilegs.

Providerhaftung für Internetseiten – BGH, NJW 2003, 3764 = MMR 2004, 166 **290** **m. Anm. Hoeren = CR 2004, 48 m. Anm. Spindler:**

Die Voraussetzungen der Verantwortlichkeit nach § 5 II TDG i. d. Fassung vom 22. 7. 1997 sind als anspruchsbegründende Merkmale für eine Haftung des fremde Inhalte anbietenden Internetproviders nach § 823 BGB anzusehen.

> **Die Bestimmung des § 5 II TDG a. F. hat an dem allgemeinen Grundsatz
> nichts geändert, dass der Kl.** bei einer deliktischen Haftungsgrundlage
> grundsätzlich alle Umstände darzulegen und zu beweisen hat, aus denen
> sich die Verwirklichung der einzelnen Tatbestandsmerkmale ergibt.
>
> *Aus den Gründen: ...* dem § 5 TDG a. F. [wird] im Schrifttum eine Art „Filter-
> funktion" beigelegt, weil die Vorschrift so auszulegen sei, dass die Voraus-
> setzungen dieser Norm erfüllt sein müssten, bevor die Prüfung der einschlägigen
> Vorschriften nach den Maßstäben des jeweiligen Rechtsgebiets erfolge ...
>
> Diese Auffassung entspricht auch dem Sinn und Zweck der Regelung. Nach
> der amtl. Begründung trägt die Begrenzung der Verantwortlichkeit des Dienste-
> anbieters der Tatsache Rechnung, dass es ihm auf Grund der technisch be-
> dingten Vervielfachung von Inhalten und der Unüberschaubarkeit der in ihnen
> gebundenen Risiken von Rechtsgutverletzungen zunehmend unmöglich ist,
> alle fremden Inhalte zur Kenntnis zu nehmen und auf ihre Rechtmäßigkeit zu
> überprüfen. § 5 II TDG a. F. soll dem Diensteanbieter dadurch, dass für die
> Verantwortlichkeit seine Kenntnis von dem fremden Inhalt verlangt wird, die er-
> forderliche Rechtssicherheit verschaffen. Dieses Ziel ließe sich nicht erreichen,
> würde dem Anbieter die Beweislast für seine mangelnde Kenntnis des fremden
> Inhalts auferlegt. ...
>
> Es ist dem Betroffenen als Anspruchsteller weder unzumutbar noch unmög-
> lich nachzuweisen, dass er den Internet-Provider konkret auf einen von ihm
> bereitgehaltenen rechtswidrigen fremden Inhalt in seinem Internetangebot hin-
> gewiesen hat. ...

291 Ob allerdings diese Grundsätze auch für die Haftungsprivilegien der §§ 8 ff.
TMG gelten können, ist mehr als fraglich. Denn die §§ 8 ff. TMG sind als
**rechtshindernde Einwendungen mit überwiegend negativen Tatbestands-
merkmalen** formuliert (vgl. §§ 8 Abs. 1 Nr. 1–3, 9 Satz 1 Nr. 1 und 4, 10
Satz 1 Nr. 1 TMG: „sofern"), was nach den klassischen Auslegungsregeln
für eine **Beweislast des Anspruchsgegners** – also des Providers – spricht.[38]

5. Fazit

292 1. Zur Vermeidung überzogener Haftungsfolgen für Internetinhalte
ist die Verantwortlichkeit von Providern für solche Inhalte eingeschränkt, die sie zwar verbreiten, ihnen jedoch nicht zuzurechnen

---

38 So Pankoke, MMR 2004, 211, 216 f.; a. A. OLG Düsseldorf, MMR 2004, 315,
317 m. Anm. Leupold, wonach die Tatbestandsmerkmale des § 11 TDG an-
spruchsbegründender Natur sein sollen; auch Spindler, CR 2004, 51, will in
seiner Anm. zur BGH-Entscheidung diese in zentralen Passagen auf die neue
Rechtslage übertragen, rügt jedoch auch die unklare dogmatische Einordnung
der Haftungsregelungen; die Filterlösungen seien nicht brauchbar und sollten
„einer klaren Zuordnung zum Tatbestand weichen"; in MMR 2004, 440, 444,
spricht sich Spindler für eine sphärenbezogene Aufteilung der Beweislast aus;
zum Spektrum der vertretenen Auffassungen zur dogmatischen Einordnung
vgl. auch Hoffmann, MMR 2002, 284, 285.

sind. Damit wird eine wesentliche rechtliche Bedingung für das Funktionieren des Internets gesetzt. Unterlassungsansprüche sind von dieser Haftungseinschränkung jedoch unberührt.

2. Diese Haftungsprivilegien bezüglich fremder Inhalte gelten für die
   a) Datendurchleitung (Access-Providing) einschließlich der dafür notwendigen kurzzeitigen Zwischenspeicherung, solange sich der Provider aus dem Datenfluss heraushält,
   b) Zwischenspeicherung von Daten, um diese anderen auf Anfrage schneller zuleiten zu können (Caching), solange die Interessen und Rechte des Content-Inhabers in verschiedener Weise beachtet werden,
   c) dauerhafte Datenspeicherung (Hosting/Presence-Providing), solange der Provider keine Kenntnis von den Inhalten hat bzw. sonst sofort den Zugang sperrt oder die Daten löscht; problematisch sind die Anforderungen an die Kenntnis bezüglich der Rechtswidrigkeit von Inhalten oder in arbeitsteiligen Organisationen.

3. Die Haftungsprivilegien sind nun als rechtshindernde Einwendungen des Providers ausgestaltet, weshalb diesen die Beweislast für deren Voraussetzungen trifft. Für die Vorgängerregelung hatte der BGH noch anders entschieden.

II. Haftung für Usergenerated Content

1. Haftung als Totengräber des „web 2.0"?

Ein ganz besonderes Reizthema für viele Angehörige der Internetcommunity ist die Frage nach der **Haftung für Handels-, Auktions- und Meinungsforen, Community-Plattformen wie YouTube und MySpace, Blogs, Gästebücher bis hin zu sozialen Internet-Netzwerken wie „studiVZ", „facebook",** etc. Kaum auf einem anderen Feld des Internetrechts stehen sich so sehr wie hier die argumentativen Bastionen gegenüber: Für die einen ist ein wirksames Haftungsregime für usergenerated Content gleichbedeutend mit dem Ende des „web 2.0", also der von Interaktivität lebenden Internetangebote, während für die anderen ein Haftungsfreibrief den nahtlosen Übergang in die Netzanarchie bedeutet. Letztlich stehen sich hier die **praktische Realisierbarkeit von interaktiven Mitmach-Angeboten** und der Durchsetzungsanspruch der Rechtsordnung – die ja nicht zuletzt zum Schutz des Schwächeren und rechtmäßig Handelnden geschaffen wurde – gegenüber.[39] **293**

---

39 Vermutlich bezieht sich die Ankündigung im Koalitionsvertrag von CDU, CSU und FDP 2009, S. 103, „die Regelungen zur Verantwortlichkeit im TMG fort(zu)entwickeln ... (und) auch zukünftig einen fairen Ausgleich der berechtigten Interessen der Diensteanbieter, der Rechteinhaber und der Verbraucher zu gewährleisten", nicht zuletzt auf dieses Problem.

Aus meiner Sicht kann die Lösung nur in der Mitte liegen: Zum einen darf das Haftungsrecht nicht zu einem Abwürgen von Kommunikation führen, zum anderen aber muss auch denjenigen geholfen werden, in deren Rechte durch Beiträge in Foren o. Ä. eingegriffen wird. Oder hätten Sie es gerne, in einem Forum von einem nickname-anonymisierten User beleidigt zu werden, ohne sich dagegen effektiv wehren zu können?[40]

294 Hauptanwendungsfälle sind:[41]

▶ **Meinungs- oder Diskussionsforen** z. B. bei Internetinformationsanbietern wie heise.de, in denen mehr oder minder thematisch eingegrenzt bestimmte Aspekte erörtert werden. Dabei ist es üblich, dass die Binnenstrukturierung durch den Betreiber allenfalls grob erfolgt, die User aber selbst „Themenstränge" (sog. threads) eröffnen können. Die Diskussion erfolgt dann in Form von Einzelbeiträgen (sog. „Postings") der User, meist begleitet von Moderatoren, die einzelne Beiträge auch löschen können.[42]

▶ **Auktionsplattformen** wie z. B. ebay, auf denen registrierte Nutzer Gegenstände oder Dienstleistungen zum Kauf anbieten oder erwerben können, sei es durch Versteigerungen (s. u., Rn. 732 ff.), sei es durch direkten Kauf.

▶ **Videoplattformen** wie z. B. YouTube oder **Fotocommunities**, auf denen User, die regelmäßig registriert sind, Filmbeiträge oder Bilder einstellen können,[43]

▶ **(Web-)Blogs**, in denen der Anbieter zu bestimmten Themen seine Meinung darlegt, die dann von Besuchern kommentiert oder ergänzt werden kann,

▶ **Bewertungsplattformen** wie z. B. MeinProf.de, auf denen bestimmte Angebote oder Dienstleistungen entweder offen oder nach Registrierung bewertet werden können,[44]

▶ **Informations-/Wikiplattformen** wie z. B. Wikipedia, auf denen strukturiert Informationen in Form eines virtuell-elektronischen Lexikons zusammengetragen sind, wobei der Betreiber nur die Plattformstruktur vorgibt und die User – mit Korrekturmöglichkeiten – ihr Wissen einbringen,[45]

---

40 Interessant ist in diesem Zusammenhang der Artikel „Im Bollwerk der eigenen Blogosphäre" von Markus Reiter in der ZEIT vom 24. 10. 2009, S. V1/V2. Reiter moniert darin das vergleichsweise geringe Niveau vieler Diskussionsforen, die nicht nur sprachlich und argumentativ schwach sind, sondern auch häufig mit sehr leichter Hand zahllose Beleidigungen enthalten. Die Beiträge, in denen ernsthaft argumentiert wird, lägen in manchen Foren bei 10 bis 20 %.
41 Übersicht in Anlehnung an Heckmann, Internetrecht, Kap. 1.7, Rn. 138.
42 Heckmann, Internetrecht, Kap. 1.7, Rn. 144 ff.
43 Heckmann, Internetrecht, Kap. 1.7, Rn. 216 ff.
44 Heckmann, Internetrecht, Kap. 1.7, Rn. 188 ff. unter Hinweis auf das immens hohe Missbrauchspotenzial.
45 Heckmann, Internetrecht, Kap. 1.7, Rn. 207 ff.

▶ **Gästebücher,** in die die Besucher – meist im Rahmen privater Internetauftritte, aber auch von berühmten Musikern oder Sportlern, Grüße oder Kommentare eintragen können,[46]

▶ **Social-Networking-Plattformen** wie z. B. studiVZ, auf denen – ggf. anhand persönlicher Voraussetzungen eingegrenzte – Personenkreise nach entsprechender Registrierung miteinander kommunizieren und sich darstellen.[47]

Bei aller Unterschiedlichkeit dieser Internet-Erscheinungsformen stimmen **295** sie doch in ihrer zentralen Struktur überein: Auf der einen Seite gibt es den „Anbieter", der einen unterschiedlich stark vorgeprägten Rahmen zur Verfügung stellt, und auf der anderen Seite gibt es den „User", der im Rahmen der interaktiven Möglichkeiten des Internets eigene Beiträge in diesen vom Anbieter vorgegebenen Rahmen einbringt. Dieses nicht nur technische, sondern auch **inhaltliche Zusammenwirken von Anbietern und Usern** macht die Frage nach der haftungsrechtlichen Verantwortung für die Inhalte eines solchen Angebots so schwierig.[48]

2. Haftungsrechtliche Einordnung

a) Grundkonflikt zwischen Presence- und Content-Providing

Keiner Diskussion unterliegt, dass der jeweilige Autor eines Beitrags für **296** dessen Inhalt voll haftet. Ebenfalls relativ einfach zu bejahen ist die Haftungsfrage für den Forenbetreiber, wenn er sich durch **zustimmende oder billigende Zusätze** Forenbeiträge zu Eigen macht und damit der Haftung für eigene Beiträge gleichstellt. Hat der Betreiber – was neben solchen Kommentierungen zu einzelnen Beiträgen auch durch eine entsprechende Vorauswahl zum Ausdruck käme – einen **maßgeblichen Einfluss auf die in seinem Forum verbreiteten Inhalte,** kann ebenfalls von einem Zueigenmachen ausgegangen werden; genauso bei einem unmittelbaren **wirtschaftlichen Eigeninteresse** des Forenbetreibers an den Forumbeiträgen.[49]

Schwieriger wird es, wenn der Forenbetreiber sich **aus den Inhalten des Fo- 297 rums ersichtlich heraushält** und sich vielleicht sogar ausdrücklich pauschal von den Inhalten distanziert. In diesen Fällen hatte die Rechtsprechung zunächst ein Zueigenmachen zumindest dann angenommen, wenn der Betreiber rechtswidrige – z. B. beleidigende – Inhalte **über längere Zeit hin ungeprüft** bzw. **unbeanstandet** gelassen hat; dann sei – so die Begründung – davon auszugehen, dass der Forenbetreiber die Inhalte billige.[50] Inzwischen aber sind die Haftungsprivilegien der §§ 7 ff. TMG in Kraft getreten, wo-

46 Heckmann, Internetrecht, Kap. 1.7, Rn. 180 ff.; in der Haftungsfolge zu weitgehend Hoeren, IuKR, Rn. 736.
47 Heckmann, Internetrecht, Kap. 1.7, Rn. 195 ff.
48 Für eine i. Erg. forenfreundliche Behandlung vgl. Köhler/Arndt/Fetzer, Rn. 809.
49 Ehret, CR 2003, 754, 757.
50 LG Trier, MMR 2002, 694; in der Tendenz ähnlich OLG Köln, CR 2002, 678 = MMR 2002, 548.

nach ein Diensteanbieter **ausdrücklich nicht zur Präventivkontrolle von fremden Inhalten verpflichtet** ist (§ 7 Abs. 2 TMG; vgl. oben, Rn. 274).

b) Behandlung durch die Rechtsprechung

aa) Gleichsetzung des Forenbetreibers mit dem normalen Host Provider

298 Mit der richtigen juristischen Einordnung dieser „Mischform" hat sich die Rechtsprechung sehr schwer getan (und tut es noch). Die forenfreundlichste Rechtsprechung hat die Haftung des Betreibers eines Meinungsforums verneint, solange er keine positive Kenntnis von haftungsauslösenden Inhalten hat:[51]

Keine Kontrollpflicht eines Forenbetreibers – LG Köln, MMR 2003, 601:

Aus den Gründen: ... eine Verantwortlichkeit der Ag. [scheitert] bereits daran, dass sie als Diensteanbieter i. S. d. §§ 9–11 TDG nicht verpflichtet ist, die von ihr übermittelten oder gespeicherten Informationen zu überwachen oder nach Umständen zu forschen, die auf eine rechtswidrige Tätigkeit hinweisen, § 8 II 1 TDG. Dafür, dass sich die Ag. die Inhalte der in ihrem Forum veröffentlichten Beiträge selbst zu Eigen gemacht hätte, bestehen keine Anhaltspunkte. Dementsprechend wäre sie erst nach Kenntniserlangung von dem Inhalt gem. § 11 Ziff. 1 TDG zur Überprüfung verpflichtet gewesen. ...

299   **Keine Haftung des Auktionshauses für Urheberrechtsverletzungen – LG Berlin, MMR 2004, 195:**

Aus den Gründen: ... Das Haftungsprivileg des § 11 TDG n. F. [jetzt: § 10 TMG] ist anwendbar. ... Auch sind die Voraussetzungen des § 11 Satz 1 TDG n. F. gegeben. Denn das streitgegenständliche Auktionsangebot ... des Verkäufers B ist für die fremde Information i. S. v. § 11 TDG, die sie sich nicht zu Eigen macht. Internetauktionshäuser sind für die ins Netz gestellten Inhalte nicht verantwortlich. Denn der jeweilige Interessent oder Kunde der Bekl. ist sich bewusst, dass das Warenangebot, insb. der die Ware beschreibende Text, vom Anbieter stammt und er im Falle des Höchstgebots von diesem direkt erwirbt. ... Letztlich erfährt der interessierte Kunde spätestens bei seiner Registrierung, die er benötigt, um etwa Gebote abgeben zu können, dass die Bekl. nur das Forum für die Auktion stellt. ...

300 Damit wurde der „neutrale" Forenbetreiber wie ein gewöhnlicher Host- oder Presence-Provider behandelt, der das Haftungsprivileg gem. § 10 TMG in Anspruch nehmen kann. Allerdings versteht das Gesetz unter den von § 10 TMG begünstigten Providern jemanden, der fremde Informationen für einen Nutzer speichert. Damit wird die rein operative Zurverfügungstellung von Speicherkapazität für fremde Inhalte beschrieben. Die Funktion eines Forenbetreibers geht aber darüber hinaus, indem er auch den inhaltlichen Rahmen für das Forum bereitstellt. Er ist daher als „Rahmen"-Content-Provider anzusehen, also eine Art „Mischform" zwischen dem Presence- und dem Content-Provider.

---

51 So auch Köhler/Arndt/Fetzer, RdI, Rn. 769; Spindler, MMR 2004, 440, 442.

bb) Die „harte Linie" des LG Hamburg und ihre Relativierung durch das OLG Hamburg

Demgegenüber hat das LG Hamburg in dieser Frage die härteste Haltung **301** eingenommen, wonach der Forenbetreiber **weitgehenden Kontrollpflichten** unterliegt; im Kern argumentiert das LG mit den Grundsätzen der Eröffnung einer Gefahrenquelle. Danach soll der Forenbetreiber generell und unabhängig von der Frage des Zueigenmachens für alle Userbeiträge in seinem Forum voll haften, wenn er nicht geeignete Vorkehrungen dagegen getroffen hat, dass im Forum rechtswidrige Beiträge verbreitet werden.

Verantwortlichkeit eines Forenbetreibers auch bei hoher Anzahl der Einträge **302** **(„heise") – LG Hamburg, CR 2006, 638 m. Anm. Wimmers/Schulz = MMR 2006, 491 m. Anm. Gercke:**

Aus den Gründen: ... Eine Einschränkung der Verantwortlichkeit der Antragsgegnerin für Inhalte, die über das von ihr eingerichtete und unterhaltene Internetforum verbreitet werden, ergibt sich auch nicht daraus, dass es der Antragsgegnerin aufgrund der – zu ihren Gunsten unterstellten – Vielzahl der Einträge in die von ihr unterhaltenen Foren unmöglich wäre, alle Einträge vor einer Freischaltung – wie dies vor pressemäßiger Verbreitung von Äußerungen grundsätzlich erforderlich ist – durch einen im Sinne von § 31 BGB verantwortlichen Mitarbeiter prüfen zu lassen. Die Kammer hat schon erhebliche Zweifel daran, dass die Vielzahl der verbreiteten Einträge allein überhaupt einen Grund dafür abgeben kann, den Verbreiter von seiner Verantwortlichkeit zu befreien. Denn wer Betriebsmittel bereit hält, die es ihm erlauben, über ein redaktionell gestaltetes Angebot in riesenhafter Anzahl Äußerungen zu verbreiten, unterhält damit eine Gefahrenquelle, indem er einem unbestimmten Vielzahl von Nutzern gerade damit die Möglichkeit eröffnet, in großer Zahl Äußerungen zu verbreiten, die geeignet sind, Rechte Dritter zu verletzen. Ein allgemeiner Grundsatz, dass derjenige, der eine besonders gefährliche Einrichtung unterhält, wegen deren Gefährlichkeit von eventuellen Haftungsrisiken freigehalten werden müsste, existiert nicht; die Tendenz geht im Gegenteil vielmehr dahin, dass derjenige, der eine Einrichtung unterhält, von der wegen ihrer schweren Beherrschbarkeit besondere Gefahren ausgehen, einer verschärften Haftung unterworfen wird. Wenn die Antragsgegnerin ein Unternehmen betreibt – und das Bereithalten von Internetforen stellt eine solche Form unternehmerischen Betriebs dar –, das in großer Zahl Einträge über solche Foren verbreitet, muss sie ihr Unternehmen daher so einrichten, dass sie mit ihren sachlichen und personellen Ressourcen auch in der Lage ist, diesen Geschäftsbetrieb zu beherrschen. Wenn die Zahl der Foren und die Zahl der Einträge so groß ist, dass die Antragsgegnerin nicht über genügend Personal oder genügend technische Mittel verfügt, um diese Einträge vor ihrer Freischaltung einer Prüfung auf ihre Rechtmäßigkeit zu unterziehen, dann muss sie entweder ihre Mittel vergrößern oder den Umfang ihres Betriebes – etwa durch Verkleinerung der Zahl der Foren oder Limitierung der Zahl der Einträge – beschränken. Insoweit kann für ein Unternehmen, dessen Geschäftsbetrieb in der Unterhaltung eines Internetauftritts liegt, nichts anderes gelten als für alle anderen Unternehmen auch.

303 Noch deutlicher wird das LG Hamburg, wenn es alle User-Beiträge in einem Meinungsforum automatisch zu eigenen Informationen des Forenbetreibers erklärt:[52]

Zurechnung von Foreninhalten – LG Hamburg, MMR 2007, 450 m. Anm. Meckbach/Weber:

Aus den Gründen: ... Der Kl. muss sich die Verbreitung dieser Äußerung auch zurechnen lassen, denn sie ist über ein von ihm unterhaltenes Internetforum verbreitet worden. ... Auf etwaige Haftungsprivilegierungen kann sich der Kl. auf Grund der Bestimmung des ... § 6 Abs. 1 MDStV [jetzt: § 7 TMG] nicht berufen, denn es handelt sich bei der angegriffenen Äußerung um eine eigene Information, die er zum Abruf bereithält. Eigene Informationen im Sinne dieser Vorschrift sind nicht „eigene Behauptungen" i.S.d. für Widerruf oder Richtigstellung entwickelten Grundsätze, sondern Informationen, für deren Verbreitung der Betreiber einer Internetseite seinen eigenen Internetauftritt zur Verfügung stellt, mag auch nicht er selbst, sondern eine dritte Person die konkrete Information eingestellt haben. Das ist die Folge des Umstandes, dass der Inhaber der jeweiligen Internetdomain diejenige Person ist, die für die Inhalte, die über den betreffenden Internetauftritt verbreitet werden, die rechtliche Verantwortlichkeit trägt. Eine Grenze der Zurechnung ist allenfalls dann erreicht, wenn durch das Umfeld, in dem die jeweilige Information steht, hinreichend deutlich wird, dass es sich dabei um eine solche Äußerung handelt, deren Verbreitung trotz ihrer Aufnahme in den Internetauftritt der Inhaber der Domain gerade nicht wünscht. Das setzt voraus, dass der Betreiber der Internetseite sich von der betreffenden Äußerung nicht pauschal, sondern konkret und ausdrücklich distanziert. ...

304 Es überrascht nicht, dass diese Rechtsprechung heftigen Widerspruch ausgelöst und vor der nächsthöheren Instanz – dem OLG Hamburg – keinen Bestand gehabt hat. Dem LG Hamburg ist kritisch vorzuhalten, dass es den **besonderen Charakter von Internetforen** nicht erkannt hat; die relativ pauschale Gleichbehandlung mit „normalen" Content-Providern, die die Inhalte ihres Internetauftritts selbst einstellen, wird dem Spannungsverhältnis zwischen Forenbetreiber und Usern nicht gerecht. Zutreffend hat daher das OLG Hamburg die Anforderungen an die Verantwortlichkeit des Forenbetreibers und die Zurechnungsmaßstäbe für User-Beiträge relativiert:

---

52 Ähnlich wie hier: LG Trier, MMR 2002, 694; OLG Köln, CR 2002, 678 = MMR 2002, 548; es gab in dieser „Frühzeit" der Rechtsprechung zur Forenhaftung aber auch andere (Gerichts-)Stimmen; so hat bspw. das LG Berlin, MMR 2004, 195, ausdrücklich hohe Hürden für das Zueigenmachen beim Forenbetreiber errichtet: „Der Umstand, dass die Bekl. vom Verkäufer eine Provision bezieht, führt ebenso wenig dazu, dass sie sich dessen Angebot zu Eigen macht." Ebenso das OLG Brandenburg, MMR 2006, 617 = CR 2006, 636: „Der Betreiber einer Internetplattform, der sich erkennbar darauf beschränkt, den Nutzern lediglich diese Plattform zur Verfügung zu stellen, macht sich dadurch die Angebote der Nutzer nicht zu eigen."

Eingeschränkte Verantwortlichkeit eines Forenbetreibers („heise") – OLG Hamburg, CR 2007, 44 = MMR 2006, 744 m. Anm. Feldmann:

Aus den Gründen: …Dabei ist insbesondere zu beachten, dass das Betreiben eines Internetforums unter dem Schutz der Presse- und Meinungsäußerungsfreiheit steht, und dass die Existenz eines derartigen Forums bei Überspannung der Überwachungspflichten gefährdet wäre. Auf der anderen Seite ist das verfassungsrechtlich geschützte Persönlichkeitsrecht der Betroffen zu berücksichtigen, die Gegenstand von Beiträgen der Nutzer des Forums geworden sind, und deren Verletzung durch die Bereitstellung des Forums erst ermöglicht worden ist. Die Besonderheit der Teilnahme an einem Internetforum besteht darin, dass die Verbreitung der eingestellten Beiträge, im Unterschied etwa zur Übernahme von Leserbriefen in ein Printmedium, nicht Folge einer ausdrücklichen kognitiven Freigabe durch den Betreiber ist. Die Veröffentlichung erfolgt vielmehr allein aufgrund eines Eingabeaktes durch den jeweiligen Nutzer ohne vorherige konkrete Kenntnis des Forumsbetreibers. …

Der Senat neigt … zu der Auffassung, dass die Antragsgegnerin ohne konkreten Anlass … nicht die Pflicht zur Überwachung aller von ihr betriebenen Foren gehabt hätte. Dies ergibt sich bereits aus § 6 Abs. 2 MDStV [jetzt: § 7 Abs. 2 TMG]. Diese Vorschrift schließt allerdings nicht aus, bei entsprechendem Anlass eine spezielle Prüfungspflicht des Forenbetreibers anzunehmen, bei deren Verletzung dessen Inanspruchnahme als Störer in Betracht käme. Hierbei ist abzuwägen zwischen der mit einer derartigen Überwachung verbundenen Belastung des Betreibers und der Gefahr von Persönlichkeits- oder Eigentumsverletzungen durch Nutzer des Forums. Während eine allgemeine Überwachungspflicht (im Falle der Antragsgegnerin bei rund 200 000 Einträgen im Monat …) mit vertretbaren Mitteln nur schwer durchführbar erscheint, wird die Kontrolle über ein einzelnes Forum, in welchem mit dem Auftreten von Rechtsverletzungen konkret zu rechnen ist, mit wesentlich geringerem Aufwand möglich sein. Eine solche Kontrolle ist dem Betreiber jedenfalls dann zuzumuten, wenn die Gefahr erheblicher Rechtsverletzungen droht. Bei vollständiger Freihaltung des Betreibers von Überprüfungspflichten auch in diesen Fällen entstände für den Schutz grundrechtlich geschützter Positionen der Betroffenen ein Vakuum, da diese vom Forenbetreiber dann lediglich die Löschung des konkreten Beitrags verlangen könnten, ohne einen darüber hinausgehenden Schutz vor künftigen Verletzungshandlungen erreichen zu können. Dem lässt sich nicht entgegen halten, dass es dem Verletzten unbenommen sei, gegen den Autor der verletzenden Äußerung vorzugehen, da dieser in vielen Fällen nicht identifizierbar oder erreichbar sein wird. Bei Abwägung der widerstreitenden Grundrechte der Meinungsäußerungsfreiheit einerseits und dem Persönlichkeitsrecht bzw. dem Schutz des Eigentums andererseits hält der Senat eine spezielle Überprüfungspflicht des Betreibers daher dann für angemessen, wenn dieser entweder durch sein eigenes Verhalten vorhersehbar rechtswidrige Beiträge Dritter provoziert hat, oder wenn ihm bereits mindestens eine Rechtsverletzungshandlung von einigem Gewicht im Rahmen des Forums benannt worden ist, und sich damit die Gefahr weiterer Rechtsverletzungshandlungen durch einzelne Nutzer bereits konkretisiert hat. …

Schließlich ist zu berücksichtigen, dass die Antragsgegnerin die Foren im Rahmen ihrer gewerblichen Tätigkeit betreibt, so dass ihr eine Überwachung eher zuzumuten ist, als dem privaten Betreiber eines solchen Forums. Selbst wenn sie unmittelbar aus den dort eingestellten Beiträgen keinen Nutzen zieht, profitiert sie doch mittelbar über ihre Werbeeinnahmen von der Häufigkeit der Nutzung ihrer Foren.

306 | Keine automatische Zurechnung von User-Beiträgen als Content des Forenbetreibers – OLG Hamburg, MMR 2009, 479:[53]

Aus den Gründen: ... Auch der Umstand, dass die Beklagten – wie alle Betreiber von Foren – die Themengruppen und Struktur der Diskussionsmöglichkeiten vorgegeben, besagt nichts dazu, dass sie sich hiermit auch die Inhalte konkret zu eigen machen wollen. Eine derartige Vereinheitlichung ist vielmehr der Eröffnung eines Diskussionsmediums immanent, um dem Entstehen einer unstrukturierten und damit letztlich wertlosen Gestaltung entgegenzuwirken. Sie ist ohne Aussagekraft für die Frage einer inhaltlichen Übernahme bzw. Identifikation mit den veröffentlichten Beiträgen, selbst wenn diese – wie hier – nicht (in erster Linie) meinungsbildender, sondern sonstiger Natur sind.

Der Umstand, dass die Homepage der Beklagten in nicht unerheblichem Umfang werbefinanziert ist, trägt ebenfalls nicht die Annahme, die Beklagten machten sich alle dort veröffentlichten Inhalte automatisch zu eigen, weil diese ihnen nutzen, um Einkünfte zu erzielen. Auch insoweit bedarf es einer deutlichen rechtlichen Differenzierung zwischen dem eigenen – redaktionellen – Angebot und dem im Rahmen derselben Homepage eröffneten Chat-Forum. ...

Allein der Umstand, dass die Beklagten ... willentlich eine „Gefahrenquelle" eröffnen und aufrechterhalten, aus der Rechtsverletzungen fließen können, rechtfertigt es nach Auffassung des Senats nicht, sie einschränkungslos und ohne vorherige Kenntnis hierfür zur Verantwortung zu ziehen. Dies gilt auch unter Berücksichtigung der Tatsache, dass die Veröffentlichungen in den Foren-Bereich der Beklagten unter einem Pseudonym und damit letztlich anonym erfolgen. ...

cc) Anwendung der Grundsätze der Störerhaftung durch den BGH

307 Zwischen diesen beiden Extrempolen – Behandlung wie einen (reinen) Presence (Host) Provider einerseits oder wie einen (reinen) Content Provider andererseits – hat der BGH eine vermittelnde Position eingenommen. Die erste Leitentscheidung des BGH zur Forenhaftung betrifft Markenrechtsverletzungen in Auktionsforen. Hier hat der BGH die **Grundsätze der Störerhaftung** – analog abgeleitet aus den §§ 1004, 823 BGB – angewendet. Als „Störer" wird jeder angesehen, der einen für die Rechtsverletzung („Störung") kausalen Tatbeitrag willentlich leistet oder „die Herbeiführung der Störung" fördert.[54] Auf ein wie auch immer geartetes Verschulden kommt es nicht an; das unterscheidet den Störer grundlegend vom (Mit-) Täter oder Gehilfen. Als einen solchen Störer sieht der BGH einen Forenbetreiber an, der durch die Einrichtung des Forums im Internet die Voraus-

---

53 Vgl. auch insoweit OLG Hamburg, CR 2008, 453, wonach ein Zueigenmachen erst dann vorliegt, wenn die User-Beiträge den redaktionellen Kerngehalt des gesamten Internetauftritts darstellen, der Forenbetreiber Abbildungen mit seinem Emblem kennzeichnet, darüber hinaus angibt, den Inhalt vor Freischaltung sorgfältig zu prüfen und sich durch seine AGBs die Nutzung und Verwertung der Userbeiträge vorbehält.
54 OLG Düsseldorf, MMR 2006, 618, 619; BGH, CR 2007, 523, 526.

setzung dafür schafft, dass die einzelnen User durch entsprechende Beiträge Rechte Dritter verletzen können.

Diese geringen Hürden auf der Tatbestandsseite führen freilich auch zu **308** überschaubaren Konsequenzen auf der Rechtsfolgenseite: So unterliegt der Störer einem **Unterlassungsanspruch** sowie ggf. darüber hinaus **Prüf- und Kontrollansprüchen zur Vermeidung künftiger weiterer Störungen.** Letztere dürfen jedoch wegen der vergleichsweise schwachen Beteiligungsform des Störers an der Störung nicht überspannt werden. Der BGH hat diese Kontrollpflichten zur Vermeidung gleichartiger Wiederholungsfälle bejaht. Diesen Kontrollpflichten steht auch nicht § 7 Abs. 2 TMG entgegen, weil der gesamte Haftungsfilter der §§ 7 ff. TMG nur für verantwortliches, also schuldhaftes Handeln, nicht jedoch für die Störerhaftung, gilt.[55]

Internetversteigerung I („Rolex") – BGH, NJW 2004, 3102 = MMR 2004, 668 **309** **m. Anm. Hoeren = CR 2004, 763 m. Anm. Volkmann = JZ 2005, 33 m. Anm. Spindler = BGHZ 158, 236:**

Der Umstand, dass ein Diensteanbieter im Rahmen des Hosting eine Plattform eröffnet, auf der private und gewerbliche Anbieter Waren im Internet versteigern können, reicht nicht aus, um ihn als Täter einer Markenverletzung anzusehen, falls ein Anbieter gefälschte Markenware ... zur Versteigerung stellt. ...

Eine Haftung als Störer setzt voraus, dass für Diensteanbieter zumutbare Kontrollmöglichkeiten bestehen, um eine solche Markenverletzung zu unterbinden. Ihm ist es nicht zuzumuten, jedes in einem automatisierten Verfahren unmittelbar ins Internet gestellte Angebot darauf zu überprüfen, ob Schutzrechte Dritter verletzt werden. ...

Aus den Gründen: ... Die Beklagte erfüllt durch ihre Tätigkeit nicht die Merkmale einer Markenverletzung nach § 14 Abs. 3 oder 4 MarkenG, weil sie selbst die gefälschte Ware nicht anbietet oder in Verkehr bringt und die Klagemarken auch nicht in der Werbung benutzt (§ 14 Abs. 3 Nr. 2 und 5 MarkenG). Auch eine Tätigkeit als Teilnehmerin an der Markenverletzung der Anbieter scheidet aus, weil die hier allein in Betracht zu ziehende Gehilfenstellung zumindest einen bedingten Vorsatz voraussetzt, der das Bewusstsein der Rechtswidrigkeit einschließen muss. Da die Beklagte die Angebote ... vor Veröffentlichung nicht zur Kenntnis nimmt, sie vielmehr im Rahmen des Registrierungsverfahrens automatisch durch den Anbieter ins Internet gestellt werden, scheidet eine (vorsätzliche) Teilnahme der Beklagten aus. ...

... Soweit in der neueren Rechtsprechung eine gewisse Zurückhaltung gegenüber dem Institut der Störerhaftung zum Ausdruck kommt ..., betrifft dies Fälle des Verhaltensunrechts, in denen keine Verletzung eines absoluten Rechts in Rede steht. Im Falle der Verletzung von Immaterialgüterrechten, die als absolute Rechte auch nach § 823 Abs. 1, § 1004 BGB Schutz genießen, sind die Grundsätze der Störerhaftung uneingeschränkt anzuwenden. Weil die Störerhaftung aber nicht über Gebühr auf Dritte erstreckt werden darf, die nicht

---

55 BGH, NJW 2008, 758, 759 m. w. N.; Köhler/Arndt/Fetzer, RdI, Rn. 776.

selbst die rechtswidrige Beeinträchtigung vorgenommen haben, setzt die Haftung des Störers die Verletzung von Prüfungspflichten voraus. Deren Umfang bestimmt sich danach, ob und inwieweit dem als Störer in Anspruch Genommenen nach den Umständen eine Prüfung zuzumuten ist. Einem Unternehmen, das – wie die Beklagte – im Internet eine Plattform für Fremdversteigerungen betreibt, ist es nicht zuzumuten, jedes Angebot vor Veröffentlichung im Internet auf eine mögliche Rechtsverletzung hin zu untersuchen. … Andererseits ist zu bedenken, dass die Beklagte durch die ihr geschuldete Provision an dem Verkauf der Piraterieware beteiligt ist. … Dies bedeutet, dass die Beklagte immer dann, wenn sie auf eine klare Rechtsverletzung hingewiesen worden ist, nicht nur das konkrete Angebot unverzüglich sperren muss (§ 11 Satz 1 Nr. 2 TDG n. F. [jetzt: § 10 Satz 1 Nr. 2 TMG]), sie muss vielmehr auch Vorsorge treffen, dass es möglichst nicht zu weiteren derartigen Markenverletzungen kommt. … Möglicherweise kann sich die Beklagte hierbei einer Software bedienen, die entsprechende Verdachtsfälle aufdeckt, wobei Anknüpfungspunkt für den Verdacht sowohl der niedrige Preis als auch die Hinweise auf Nachbildungen sein können. …

310 In der Folge hat der BGH die Störerhaftung von Forenbetreibern schrittweise ausgeweitet. So hat er die Kontrollpflichten über die Vermeidung gleichartiger Forenbeiträge hinaus auf **andere Beiträge desselben Users** erstreckt:

Haftung eines Auktionshauses (Jugendgefährdende Medien bei eBay) – BGH, NJW 2008, 758 = MMR 2007, 634 m. Anm. Köster/Jürgens = CR 2007, 728 m. Anm. Härting:

Aus der wettbewerbsrechtlichen Verkehrspflicht des Betreibers einer Internet-Auktionsplattform können sich neben der Verpflichtung, Angebote des konkreten Titels in Zukunft zu verhindern, besondere Prüfungspflichten hinsichtlich anderer Angebote des Versteigerers ergeben, der das ursprüngliche jugendgefährdende Angebot eingestellt hat.

Aus den Gründen: … [38] Die wettbewerbsrechtliche Verkehrspflicht eines Telediensteanbieters hinsichtlich rechtsverletzender fremder Inhalte konkretisiert sich als Prüfungspflicht. Voraussetzung einer Haftung des Telediensteanbieters ist daher eine Verletzung von Prüfungspflichten. Deren Bestehen wie Umfang richtet sich im Einzelfall nach einer Abwägung aller betroffenen Interessen und relevanten rechtlichen Wertungen. Überspannte Anforderungen dürfen im Hinblick darauf, dass es sich um eine erlaubte Teilnahme am geschäftlichen Verkehr handelt, nicht gestellt werden. Entsprechend den zur Störerhaftung entwickelten Grundsätzen kommt es entscheidend darauf an, ob und inwieweit dem in Anspruch Genommenen nach den Umständen eine Prüfung zuzumuten ist. … [39] Der Beklagten dürfen keine Anforderungen auferlegt werden, die ihr von der Rechtsordnung gebilligtes Geschäftsmodell gefährden oder ihre Tätigkeit unverhältnismäßig erschweren. … [41] Bei der gebotenen Abwägung … kann die Bereitstellung der Internet-Auktionsplattform durch die Beklagte für sich allein nicht schon Prüfungspflichten der Beklagten begründen. Die Beklagte nimmt die Angebote nach den Feststellungen des Berufungsgerichts vor Veröffentlichung auf ihrer Auktionsplattform nicht zur Kenntnis. … Sie werden vielmehr im Rahmen des Registrierungsverfahrens automatisch durch den Anbieter ins Internet gestellt. Der Beklagten ist es als Betreiberin einer

Plattform für Internetauktionen nicht zuzumuten, jedes Angebot vor Veröffentlichung im Internet auf eine mögliche Rechtsverletzung hin zu untersuchen. Dem entspricht die gesetzliche Regelung in § 7 Abs. 2 TMG, die eine entsprechende Verpflichtung ausschließt.

[42] Eine Handlungspflicht der Beklagten entsteht aber, sobald sie selbst oder über Dritte Kenntnis von konkreten jugendgefährdenden Angeboten erlangt hat. Ab Kenntniserlangung kann sie sich nicht mehr auf ihre medienrechtliche Freistellung von einer Inhaltskontrolle der bei ihr eingestellten Angebote berufen. … [43] Die Beklagte ist nicht nur verpflichtet, das konkrete jugendgefährdende Angebot, von dem sie Kenntnis erlangt hat, unverzüglich zu sperren. Sie muss auch Vorsorge dafür treffen, dass es möglichst nicht zu weiteren gleichartigen Rechtsverletzungen kommt. … Eine solche Prüfungs- und Überwachungspflicht ist schon deshalb notwendig, weil sich andernfalls der Versteigerer, dessen Angebot gelöscht wurde, ohne weiteres unter einem anderen Mitgliedsnamen bei der Beklagten registrieren lassen und das Angebot wiederholen könnte. … [50] Soweit eine Prüfungspflicht besteht, schuldet die Beklagte angemessene Bemühungen, entsprechende Angebote aufzudecken und zu entfernen. Sofern trotz angemessener Bemühungen ein vollständiger Ausschluss der fraglichen Angebote von der Handelsplattform technisch oder faktisch zuverlässig nicht möglich ist, fehlt es an einem Verstoß der Beklagten gegen die Prüfungspflicht. …

Noch bedeutsamer ist jedoch, dass der BGH in derselben Entscheidung **311** zugleich die Prüfungspflichten auf den weitergehenderen Begriff der Verkehrspflichten erweitert hat. Entscheidend ist jetzt die **Eröffnung einer Gefahrenquelle, für deren Beherrschung der Forenbetreiber verantwortlich ist** (insofern wie schon das LG Hamburg, s.o., Rn. 301 f.). Damit wird der Forenbetreiber als Störer – bei Verletzung solcher Verkehrspflichten – dem Täterbegriff angenähert.[56]

Haftung eines Auktionshauses (Jugendgefährdende Medien bei eBay) – BGH, NJW 2008, 758 = MMR 2007, 634 m. Anm. Köster/Jürgens = CR 2007, 728 m. Anm. Härting: **312**

Wer durch sein Handeln im geschäftlichen Verkehr die ernsthafte Gefahr begründet, dass Dritte durch das Wettbewerbsrecht geschützte Interessen von Marktteilnehmern verletzen, ist aufgrund einer wettbewerbsrechtlichen Verkehrspflicht dazu verpflichtet, diese Gefahr im Rahmen des Möglichen und Zumutbaren zu begrenzen. Wer in dieser Weise gegen eine wettbewerbsrechtliche Verkehrspflicht verstößt, ist Täter einer unlauteren Wettbewerbshandlung.

Aus den Gründen: … [24] Die Beklagte hat durch die Bereitstellung ihrer Internetplattform Dritten ermöglicht, mühelos Angebote im Internet zu veröffentli-

---

56 Vgl. Volkmann, CR 2008, 232 f.; dies kann wegen des Verschuldenselements auch zur Folge haben, dass aus der Verletzung von Verkehrspflichten Schadenersatzansprüche – die der eigentlichen Störerhaftung (da verschuldensunabhängig) fremd sind – abgeleitet werden können, vgl. Rössel/Kruse, CR 2008, 35. Insoweit müsste aber der an Verantwortlichkeiten anknüpfende Haftungsfilter der §§ 7 ff. TMG greifen, vgl. auch hierzu Rössel/Kruse, a.a.O., 39 f.

chen, die gegen das Jugendschutzrecht verstoßen. Sie hat damit in zure-
chenbarer Weise die ernsthafte Gefahr einer Verletzung des Jugendschutzrechts durch Dritte verursacht. [25] Dem Geschäftsmodell der Beklagten ist
die ernstzunehmende Gefahr immanent, dass es von Verkäufern zum Vertrieb
indizierter jugendgefährdender, volksverhetzender und gewaltverherrlichender
Medien und damit für die Begehung von Straftaten und unlauteren Wettbe-
werbshandlungen genutzt wird. Eine solche Gefahr folgt insbesondere aus der
durch die Möglichkeit zur freien Wahl eines Pseudonyms gewährleisteten Anonymität der Verkäufer, aus der problemlosen Abwicklung im Fernabsatz und
aus der für das Internet typischen, deutlich herabgesetzten Hemmschwelle
potenzieller Käufer ...

[36] ... Wer durch sein Handeln im geschäftlichen Verkehr die Gefahr schafft,
dass Dritte durch das Wettbewerbsrecht geschützte Interessen von Marktteilnehmern verletzen, ist wettbewerbsrechtlich dazu verpflichtet, diese Gefahr
im Rahmen des Möglichen und Zu-mutbaren zu begrenzen. Im Bereich der
deliktischen Haftung nach § 823 Abs. 1 BGB sind Verkehrspflichten als Verkehrssicherungspflichten in ständiger Rechtsprechung anerkannt. ... Dieser
Rechtsprechung aus unterschiedlichen Rechtsbereichen ist der allgemeine
Rechtsgrundsatz gemeinsam, dass jeder, der in seinem Verantwortungsbereich eine Gefahrenquelle schafft oder andauern lässt, die ihm zumutbaren
Maßnahmen und Vorkehrungen treffen muss, die zur Abwendung der daraus
Dritten drohenden Gefahren notwendig sind. ...

313   Außerdem hat der BGH den mit der Störerhaftung verbundenen **Unterlassungsanspruch auch vorbeugend** zugelassen, wenn der potenzielle Störer
eine „Erstbegehungsgefahr" verursacht:

**Vorbeugende Inanspruchnahme eines Störers (Internet-Versteigerung II) –
BGH, NJW 2007, 2636 = CR 2007, 523 m. Anm. Rössel = MMR 2007, 507 m.
Anm. Spindler:**

**Die Unanwendbarkeit des Haftungsprivilegs gemäß § 10 Satz 1 TMG
(= § 11 Satz 1 TDG 2001) auf Unterlassungsansprüche gilt nicht nur für
den auf eine bereits geschehene Verletzung gestützten, sondern auch für
den vorbeugenden Unterlassungsanspruch.**

**Ein Störer kann auch dann vorbeugend auf Unterlassung in Anspruch ge-
nommen werden, wenn es noch nicht zu einer Verletzung des geschützten Rechts gekommen ist, eine Verletzung in der Zukunft aber aufgrund
der Umstände zu befürchten ist. Voraussetzung dafür ist, dass der potentielle Störer eine Erstbegehungsgefahr begründet.**

Aus den Gründen: ... [41] Die Frage, ob der Störer auch dann vorbeugend auf
Unterlassung in Anspruch genommen werden kann, wenn es noch nicht zu
einer Verletzung des geschützten Rechts gekommen ist, eine Verletzung in der
Zukunft aber aufgrund der Umstände zu befürchten ist, hat der Senat in der
Vergangenheit offengelassen. Sie ist zu bejahen, wenn der potentielle Störer
eine Erstbegehungsgefahr begründet. Dies folgt bereits aus dem Wesen des
vorbeugenden Unterlassungsanspruchs, wonach bei einer drohenden Gefährdung nicht erst abgewartet zu werden braucht, bis der erste Eingriff in ein
Rechtsgut erfolgt ist. ...

Schließlich hat der BGH dem Forenbetreiber eine **sekundäre Darlegungs- 314 und Beweislast** auferlegt, wenn dem Anspruchssteller – was in aller Regel der Fall ist – mangels Einblicken eine substantiierte Darlegung der im Machtbereich des Forenbetreibers liegenden Umstände nicht möglich ist:

Darlegungs- und Beweislast bei Störerhaftung („Namensklau im Internet") – BGH, CR 2008, 727 m. Anm. Rössel = MMR 2008, 818:

Wird der Betreiber einer Internet-Auktionsplattform wegen Verletzung eines Kennzeichen- oder Namensrecht nach den Grundsätzen der Entscheidung „Internet-Versteigerung I" als Störer in Anspruch genommen, trifft den Gläubiger grundsätzlich die Darlegungs- und Beweislast dafür, dass es dem Betreiber technisch möglich und zumutbar war, nach dem ersten Hinweis auf eine Verletzung des Schutzrechts weitere von Nutzern der Plattform begangene Verletzungen zu verhindern. Da der Gläubiger regelmäßig über entsprechende Kenntnisse nicht verfügt, trifft den Betreiber die sekundäre Darlegungslast; ihm obliegt es daher, im Einzelnen vorzutragen, welche Schutzmaßnahmen er ergreifen kann und weshalb ihm – falls diese Maßnahmen keinen lückenlosen Schutz gewährleisten – weitergehende Maßnahmen nicht zuzumuten sind.

Aus den Gründen: … [20] Im Streitfall ist davon auszugehen, dass der Kläger keinen Einblick in die technischen Möglichkeiten hat und von sich aus nicht erkennen kann, ob der Beklagten der Einsatz einer bestimmten Maßnahme im Hinblick auf ihre internen Betriebsabläufe zumutbar ist. Unter diesen Umständen ist die Beklagte im Rahmen der sie treffenden sekundären Darlegungslast gehalten, im Einzelnen vorzutragen, welche Schutzmaßnahmen sie ergreifen kann und weshalb ihr – falls diese Maßnahmen keinen lückenlosen Schutz gewährleisten – weitergehende Maßnahmen nicht zuzumuten sind. Erst aufgrund eines solchen Vortrags der Beklagten wird der Kläger in die Lage versetzt, seinerseits darzulegen, aus seiner Sicht weitergehende Schutzmaßnahmen möglich sind. Außerdem wird er aufgrund eines solchen Vortrags der Beklagten in die Lage versetzt, seinen Antrag entsprechend zu konkretisieren und dabei die aus seiner Sicht bestehenden und zumutbaren technischen Möglichkeiten zu benennen. Nur wenn die Beklagte ihrer sekundären Darlegungslast nicht nachkommt, muss sie befürchten, insoweit uneingeschränkt zur Unterlassung verurteilt zu werden.

dd) Die Bedeutung der Identität des einzelnen Forenusers

Ein wesentlicher Grund für die hohe praktische Bedeutung der Haftung **315** für usergenerated Content liegt darin, dass der – unstreitig voll haftende – User, der den rechtswidrigen Beitrag verfasst hat, dem Geschädigten meist nicht bekannt ist. In den meisten Foren wird mit **Pseudonymen** („nicknames") gearbeitet, so dass die wahre Identität des Users verborgen bleibt. Da es nicht schwer ist, beim Eintritt in ein Forum eine erfundene Identität anzugeben, wird auch oft der Forenbetreiber die wahre Identität eines Users nicht kennen. Interessant sind in diesem Zusammenhang zwei Entscheidungen, nach denen der Geschädigte vom Forenbetreiber das Lüften der Identität eines für einen rechtswidrigen Beitrag verantwortlichen Users verlangen kann (OLG Düsseldorf),[57] diese Kenntnis der Identität des Users aber dem Unterlassungsanspruch gegen den Forenbetreiber nicht entgegensteht (BGH):[58]

316 | **Nennung der Identität eines Users durch den Forenbetreiber – OLG Düsseldorf, MMR 2006, 553 = CR 2006, 482:**

Aus den Gründen: … Da der Beitrag in einem Meinungsforum in der Regel über einen längeren Zeitraum im Internet abrufbar bleibt, muss der Verletzte … die Möglichkeit haben, den sich Äußernden in kurzer Zeit auf Unterlassung in Anspruch zu nehmen mit der Folge, dass dieser dafür zu sorgen hat, dass sein Beitrag aus dem Internet entfernt wird. Diese Möglichkeit besteht nur, wenn der Betreiber des Forums den Verletzten über die Identität des Teilnehmers informiert. … Dem Betreiber eines Meinungsforums ist es auch nicht unzumutbar, dafür zu sorgen, dass ihm die Identität und Adresse der Teilnehmer bekannt ist, um diese im Streitfall an die angeblich Verletzten weiterzugeben. Denn der Betreiber hat die Möglichkeit, die Teilnahme an dem Forum von einer Registrierung abhängig zu machen, bei der jeder Teilnehmer seinen Namen und seine Adresse angeben muss und dann erst das Recht erhält, unter einem Pseudonym Beiträge zu verfassen. … Da die Meinungsfreiheit ihre Schranken insbesondere in dem Recht der persönlichen Ehre findet, muss gewährleistet bleiben, dass derjenige, der durch einen Beitrag in seinem allgemeinen Persönlichkeitsrecht und seiner Ehre verletzt wird, den Verfasser auf Unterlassung in Anspruch nehmen kann. …

317 | **Unterlassungsanspruch auch bei Kenntnis der Identität – BGH, NJW 2007, 2558 = MMR 2007, 518 = CR 2007, 586 m. Anm. Schuppert:**

Ein Unterlassungsanspruch wegen eines in ein Meinungsforum im Internet eingestellten ehrverletzenden Beitrags kann auch dann gegen den Betreiber des Forums gegeben sein, wenn dem Verletzten die Identität des Autors bekannt ist.

Aus den Gründen: … [8] Dem Unterlassungsanspruch steht … nicht entgegen, dass der beanstandete Beitrag vorliegend in ein so genanntes Meinungsforum eingestellt worden ist. Entgegen der Auffassung des Berufungsgerichts können die Grundsätze, die der erkennende Senat für Fernsehsendungen aufgestellt hat, … auf den vorliegenden Fall nicht übertragen werden. … [9] … Die Revision weist zu Recht darauf hin, dass die für Live-Sendungen in Rundfunk und Fernsehen geltende mediale Privilegierung sich nicht auf Wiederholungen erstrecken kann, da dem Veranstalter hier die Möglichkeit offen steht, die (erneute) Verbreitung von Äußerungen Dritter zu verhindern. Entsprechendes gilt für Internetforen, sofern dem Betreiber … die erfolgte Rechtsverletzung bekannt ist. In dem Unterlassen, einen als unzulässig erkannten Beitrag zu entfernen, liegt eine der Wiederholung einer Rundfunk- oder Fernsehaufzeich-

---

57 Zu den datenschutzrechtlichen Implikationen vgl. auch Schmitz/Laun, MMR 2005, 208, 212 f.
58 Volkmann, CR 2008, 232, 237, plädiert für eine Verpflichtung des in seinen Rechten Verletzten, bei Kenntnis der Identität des Users diesen primär in Haftung nehmen zu müssen.

nung vergleichbare Perpetuierung der Verletzung des Persönlichkeitsrechts des Betroffenen. Der Betreiber eines Internetforums ist „Herr des Angebots" und verfügt deshalb vorrangig über den rechtlichen und tatsächlichen Zugriff. Internetangebote sind – wie etwa auch Aufzeichnungen im Fernsehen – dem nachträglichen Zugriff des Anbieters in keiner Weise entzogen. Auch wenn von ihm keine Prüfpflichten verletzt werden, so ist er doch nach allgemeinem Zivilrecht zur Beseitigung und damit zur Unterlassung künftiger Rechtsverletzungen verpflichtet. ...

[13] Die zivilrechtliche Verantwortlichkeit des Betreibers eines Internetforums für dort eingestellte Beiträge entfällt nicht deshalb, weil dem Verletzten die Identität des Autors bekannt ist. Wird ein ehrverletzender Beitrag in ein Forum eingestellt, ist der Betreiber als Störer i. S. v. § 1004 Abs. 1 Satz 1 BGB zur Unterlassung verpflichtet. Ebenso wie der Verleger die Quelle einer von einem Presseerzeugnis ausgehenden Störung beherrscht und deshalb grundsätzlich neben dem Autor eines beanstandeten Artikels verantwortlich ist, kann beim Fernsehen das Sendeunternehmen als „Herr der Sendung" zur Unterlassung verpflichtet sein. Diese Grundsätze gelten auch für den Betreiber eines Internetforums, der insoweit „Herr des Angebots" ist. Der gegen ihn gerichtete Unterlassungsanspruch des Verletzten besteht in gleicher Weise unabhängig von dessen Ansprüchen gegen den Autor eines dort eingestellten Beitrags.

ee) Allgemeingültigkeit der Grundsätze der Störerhaftung

Die zunächst marken- und wettbewerbsrechtlich begründete Störerhaftung **318** wird dem Grund nach für alle Formen von usergenerated Content, der in einen von einem Betreiber zur Verfügung gestellten Rahmen eingestellt wird, gelten müssen.[59] Letztlich läuft die BGH-Rechtsprechung darauf hinaus, dass ein Forenbetreiber zur Erfüllung seiner Prüfungs- bzw. Verkehrspflichten geeignete Filtertechniken vorsehen muss, um die Verletzung absoluter Rechte nach Möglichkeit verhindern zu können.[60] Allerdings können Umfang und **Reichweite der Prüf- und Kontrollpflichten** erheblich variieren. Dies richtet sich nach verschiedenen Kriterien:[61]

► Wegen des wirtschaftlichen Eigeninteresses des Anbieters eines **ge-** **319** **werblichen Handels- oder Auktionsforums** unterliegt dieser strengeren Pflichten, als der Betreiber eines reinen Informationsforums. Umgekehrt gelten für den Anbieter eines **Meinungsforums zu gesellschaftlichen und/oder politischen Fragen**, das dem besonderen Grundrechtsschutz der Meinungsfreiheit (für die User ebenso wie für den Betreiber) gem. Art. 5 Abs. 1 GG unterliegt, höhere Zumutbarkeitsschranken für die Prüf- und Kontrollpflichten.[62]

---

59 Volkmann, CR 2008, 232. Siehe auch die jeweiligen haftungsrechtlichen Anmerkungen zu den verschiedenen Erscheinungsformen bei Heckmann, Internetrecht, Kap. 1.7, Rn. 191, 202, 213 f.
60 Vgl. Rössel/Kruse, CR 2008, 35, 40 f.
61 Siehe auch Wilmer, NJW 2008, 1845, 1849 ff.; Fülbier, CR 2007, 515, 519 ff.
62 Libertus/Schneider, CR 2006, 626.

320 ▶ Einen wesentlichen Gesichtspunkt stellt auch die **Reichweite der potenziellen Störung** dar. So ist ein weltweit offen einsehbares Angebot tendenziell strenger zu behandeln, als ein nur für die User einsehbares Forum. Ähnliches gilt für die **inhaltliche „Gefahrgeneigtheit"** des Forums; der Anbieter eines Diskussionsforums, das sich beispielsweise mit Fragen der Sexualität oder des Rechtsextremismus befasst, muss besser aufpassen, als jemand, bei dem Informationen zum Wetter oder Kochrezepte ausgetauscht werden.

321 ▶ Auch sind an ein **privat oder ehrenamtlich betriebenes Forum** geringere Anforderungen zu stellen als an ein **professionell-gewerbliches Angebot**, das beispielsweise durch Werbebanner o. Ä. Gewinne erzielt. In diesem Zusammenhang ist eine Entscheidung des OLG Düsseldorf interessant; darin hat es dem Forenbetreiber – insbesondere beim „ehrenamtlich" betriebenen Forum – im Hinblick auf die praktische Umsetzbarkeit der Prüfungspflichten nur eine nachlaufende Löschungspflicht (die sich freilich auch für den reinen Presence Provider bereits aus § 10 TMG ergibt) auferlegt:

322 | **Erfüllbarkeit von Prüfungspflichten im Rahmen der Störerhaftung eines Forenbetreibers – OLG Düsseldorf, MMR 2006, 618 m. Anm. Eichelberger = CR 2006, 682:**

Aus den Gründen: ... Um zu vermeiden, dass über die Störerhaftung Dritte in zu großem Umfang in Anspruch genommen werden können, setzt die Haftung ... voraus, dass der Störer ihm obliegende Prüfungspflichten verletzt hat. Dabei ist zu beachten, dass dem Diensteanbieter gemäß § 8 Abs. 2 Satz 1 TDG [jetzt: § 7 Abs. 2 Satz 1 TMG] keine allgemeinen Überwachungs- oder Forschungspflichten dahingehend obliegen, ob rechtswidrige Inhalte überhaupt vorhanden sind. Solche Prüfungspflichten können ... auch nicht aus allgemeinen Grundsätzen – etwa von Gesichtspunkten der Sicherungspflichten – hergeleitet werden, da eine allgemeine Pflicht, die zahlreichen auf seinem Internetforum existierenden Diskussionsforen mit ihren in die Tausende gehenden Beiträgen auf möglicherweise rechtswidrige Inhalte hin zu überwachen, den Verfügungsbeklagten in technischer, persönlicher und wirtschaftlicher Hinsicht schlicht überfordern würde und das Betreiben von Internetforen letztlich wegen der sich aus der Überwachungspflicht ergebenden Haftungsrisiken unmöglich würde. Entsprechend hat der BGH ... sogar für einen professionellen Internet-Auktions-Anbieter festgestellt, dass es für diesen unzumutbar sei, jedes Angebot vor Veröffentlichung im Internet auf eine mögliche Rechtsverletzung hin zu überprüfen. Erst recht muss dies für den nicht professionellen Betreiber eines Internetforums mit angeschlossenen offenen Diskussionsforen gelten. ...

Auch in Ansehung dieser Umstände spricht jedoch zum einen entscheidend gegen die Annahme weiterer Prüfpflichten, dass der Verfügungsbeklagte als nicht professioneller Forumsbetreiber tätig war, der ... in keiner Weise von dieser Tätigkeit wirtschaftlich profitierte. ... Zum anderen ist nicht ersichtlich, wie mit zumutbaren Aufwand der Verfügungsbeklagte Vorsorge gegen weitere Rechtsgutverletzungen hätte treffen können. Wirtschaftlich war es unzumutbar, Mitarbeiter in ausreichender Zahl zu beschäftigen, die das gesamte Forum mit seinen verschiedenen Diskussionsforen rund um die Uhr hätten überwachen können. Technisch war

die Sperrung der IP-Nummern nicht geeignet, weitere Rechtsverletzungen zu vermeiden, wie der tatsächliche Umgehungserfolg zeigt. Eine
Sperrung der Pseudonyme war praktisch ungeeignet, da Pseudonyme
gewechselt werden können. ... Nach diesen Grundsätzen traf den Verfügungsbeklagten daher nur die Pflicht, ihm bekannt gewordene Beiträge rechtsverletzender Art unverzüglich zu löschen. ...

ff) Bewertung

Mir erscheint – entgegen mancher Kritik[63] – die Linie des BGH so schlecht   **323**
nicht. Sie trägt der besonderen Stellung von Foren, Blogs, Gästebüchern
etc. Rechnung, indem deren Anbieter nicht in ein unpassendes Schema –
nämlich entweder in das des Presence Providers oder in das des Content
Providers – gepresst werden. Die Grundsätze zur Störerhaftung bieten bei
der Bemessung der Reichweite und Intensität der Prüf- und Kontrollpflichten **viel Flexibilität und Spielraum für sachgerechte Lösungen angesichts
der Vielgestaltigkeit interaktiver Internetangebote.** Damit nimmt der BGH
den Forenanbieter in eine gewisse – aber eben auch nicht überzogene – Mit-
haftung für das, was im Forum passiert. Das führt dazu, dass der Betreiber
unabhängig von etwaigen Distanzierungsbekundungen für die „Ordnung"
in *seinem* Forum in einem gewissen Maß verantwortlich bleibt. In den USA
unterliegen Forenbetreiber dagegen für den bei ihnen eingestellten usergenerated Content keiner Verantwortung.[64]

3. Virtuelles Hausrecht

a) Im Verhältnis von Forenbetreibern und Usern

Korrespondierend zu dieser Verantwortung des Forenbetreibers für sein   **324**
Forum stellt sich die Frage, ob und gegebenenfalls wie und unter welchen
Voraussetzungen ein **Forenbetreiber intern gegen User in seinem Forum
vorgehen** kann. So leuchtet auf Anhieb ein, dass ein Forenbetreiber, der
wegen eines Userbeitrags auf Unterlassung in Haftung genommen wurde,
diesen Beitrag auch im Rechtsverhältnis zu dessen Urheber löschen können
muss. Das gesamte Spektrum vom Löschen einzelner Beiträge über „diszi-
plinarische Maßnahmen" (z.B. ein vorübergehendes „Schreibverbot") bis
hin zum „Rauswurf" von Usern (d.h. dem Löschen des Accounts) fällt
unter den Begriff des „virtuellen Hausrechts".

Rechtsprechung und Literatur bejahen die Existenz eines solchen virtuellen   **325**
Hausrechts; bei den meisten (größeren) Foren ist auf Grund der äußeren Umstände davon auszugehen, dass zwischen dem Forenbetreiber und dem User
mit der Registrierung ein Vertrag zustande gekommen ist, den der Forenbetreiber nicht willkürlich kündigen kann. Insbesondere eine sofortige Lö-

---

63 Vgl. etwa Leible, NJW 2007, 3324 f., der insbesondere rügt, dass der BGH
    wegen der Nichtanwendung der §§ 7 ff. TMG (die auf der eCommerce-RL be-
    ruhen) den EuGH anrufen müsste.
64 So Fülbier, CR 2008, 515, 520 f. m.w.N., der insoweit sogar von „Immunität"
    spricht.

schung des Accounts wäre danach als fristlose, außerordentliche Kündigung anzusehen, wofür seit jeher ein sog. „wichtiger Grund" erforderlich ist.[65]

326 **Virtuelles Hausrecht von Forenbetreibern – LG München I, CR 2007, 264 m. Anm. Redeker:**

Aus den Gründen: ... Dem Betreiber eines Internetforums steht ein virtuelles Hausrecht zu. Das virtuelle Hausrecht findet seine Grundlage zum einen im Eigentumsrecht des Forumbetreibers, sofern dieser das Eigentum an der Hardware hat, auf der die Beiträge der Nutzer gespeichert werden. Hat der Betreiber die Hardware nur gemietet, so kann er auf Grund des Besitzes und seines Rechtes zum Besitz andere von jeder Einwirkung ausschließen, §§ 858, 862 BGB. Zum anderen findet sich die Grundlage eines virtuellen Hausrechts auch darin, dass der Forumbetreiber der Gefahr ausgesetzt ist, für Beiträge anderer zu haften und etwa auf Unterlassung in Anspruch genommen zu werden. ...

Die Parteien haben ... einen Vertrag geschlossen, in dem der Bekl. sich ... bei der Kl. registrierte und diese die Registrierung durch eine E-Mail bestätigte. Dadurch erwarb der Bekl. das Recht, in den Foren der Kl. Beiträge zu veröffentlichen. ... Unstreitig ist ..., dass ein Nutzer, bevor er Beiträge in den Foren veröffentlichen kann, sich bei der Kl. unter Angabe seines richtigen Namens und unter Angabe einer ihm gehörenden E-Mail-Adresse anmelden muss und die Kl. diese Anmeldung durch E-Mail bestätigen muss, bevor der Nutzer Beiträge veröffentlichen kann. Darin liegt nach Auffassung des Gerichts der Abschluss eines Vertrages und nicht nur die Gestattung der Veröffentlichung von Beiträgen aus Gefälligkeit. ... Aus der Sicht eines verständigen Beobachters wollten die Beteiligten sich rechtlich binden und nicht nur in einem bloßen frei widerruflichen Gefälligkeitsverhältnis stehen. ... Internetnutzern geht es in der Regel nicht darum, nur einen Beitrag in einem Forum abzulegen. Oft kommt es nach der Veröffentlichung eines Beitrages zu einer Diskussion, bei der der Nutzer auf eine Entgegnung selbst wieder erwidern will. Viele Nutzer beteiligen sich über Jahre an Diskussionsforen und erwerben über ihre Kennung in diesem Forum eine eigene Identität. Davon will ein Nutzer für den Betreiber erkennbar nur dann ausgeschlossen werden können, wenn er gegen bestimmte Regeln verstoßen hat ... Für den sich anmeldenden Nutzer wiederum ist erkennbar, dass der Forumbetreiber ihn zur Einhaltung bestimmter Regeln verpflichten will, weil ein Forumbetreiber für den Inhalt der veröffentlichten Beiträge nicht unerheblichen Haftungsrisiken ausgesetzt ist. ...

327 Aus dieser vertraglichen Beziehung folgt eine **wechselseitige Rücksichtnahmepflicht** (§ 241 Abs. 2 BGB), deren Nichtbeachtung eine Kündigung – ggf. nach einer Abmahnung – rechtfertigen kann. Aus dieser Pflicht folgt für den Forenbetreiber beispielsweise das Verbot zu widersprüchlichem Verhalten; er kann also nicht grundlos einen Beitrag löschen oder einen User ausschließen.[66] Der User darf seinerseits sein Veröffentlichungsrecht

---

65 Vgl. Feldmann/Heidrich, CR 2006, 406, 409 ff.
66 Heckmann, Internetrecht, Kap. 1.7, Rn. 173. Kritisch zu den rechtlichen Hürden eines Hausrechts Köhler/Arndt/Fetzer, RdI, Rn. 810 f., die dem Forenbetreiber das Recht zur beliebigen Beendigung des Rechtsverhältnisses mit dem User zubilligen.

im Forum nicht dazu missbrauchen, die Rechte des Forenbetreibers oder Dritter (die dann den Forenbetreiber in Anspruch nehmen können) zu verletzen. Besondere Bedeutung kommt hierbei den **Forenregeln** zu, die jedenfalls dann als AGB-rechtlich vereinbarte Nutzungsbedingungen im Rahmen dieses Vertragsverhältnisses anzusehen sind, wenn diese vom User vor der Registrierung als gelesen und akzeptiert anzuklicken waren. Darin können klare Sanktionsmechanismen und -stufen beispielsweise gegen Off-Topic-Postings, aggressive Inhalte unterhalb der Beleidigungsschwelle, kommerzielle Werbung in Meinungsforen oder entwicklungsbeeinträchtigende Angebote i. S. v. § 5 JMStV festgelegt werden. In einem solchen Fall hat der Forenbetreiber eine rechtlich belastbare Handhabe für entsprechende Maßnahmen gegen unbotmäßige User.[67]

Große, professionell betriebene Plattformen insbesondere im kommerziellen Bereich – wie beispielsweise eBay – sehen in ihren AGBs klare Regelungen über Sanktionen bis hin zur Kündigung vor. So differenziert § 4 der eBay-AGBs zwischen dem Löschen von Angeboten oder sonstigen Inhalten, der Verwarnung von Mitgliedern, der Be-/Einschränkung der Nutzung des eBay-Marktplatzes, der Aberkennung des PowerSeller-Status, der vorläufigen Sperrung und der endgültigen Sperrung; diese Maßnahmen können verhängt werden, **328**

> „wenn konkrete Anhaltspunkte dafür bestehen, dass ein Mitglied gesetzliche Vorschriften, Rechte Dritter, die eBay-AGB oder die eBay-Grundsätze verletzt oder wenn eBay ein sonstiges berechtigtes Interesse hat, insbesondere zum Schutz der Mitglieder vor betrügerischen Aktivitäten."

Außerdem sieht § 4 Ziff. 5 ein beiderseitiges, voraussetzungsloses Kündigungsrecht vor, bei dem eBay eine Frist von 14 Tagen zum Monatsende beachten muss. Diese Klauseln sind bislang gerichtlich bestätigt worden.[68]

Sperrung eines eBay-Mitglieds – OLG Brandenburg, MMR 2009, 262: **329**

Aus den Gründen: ... [23] Zwischen den Parteien ist durch die Anmeldung der Antragsteller ein Nutzungsvertrag über die Nutzung der Internetseite der Antragsgegnerin zustande gekommen, ... Nach § 4 Nr. 2 der AGB ist die Antragsgegnerin jedoch unter bestimmten Voraussetzungen zur Sperrung der Nutzung berechtigt. Derartige Sperrklauseln sind grundsätzlich wirksam. Sie entsprechen einem legitimen Interesse des Marktplatzbetreibers, da er auch im Interesse der anderen Marktplatzteilnehmer die Aufrechterhaltung der Seriosität und Verlässlichkeit des Handelsgeschehens zu gewähren hat. Manipulationen am Handelsplatz drohen die Funktionsfähigkeit des gesamten Marktplatzes infolge des Vertrauensverlustes der übrigen Marktteilnehmer zu beeinträchtigen, so dass der Marktplatzbetreiber ein fundamentales und berechtigtes Interesse daran hat, derartige Manipulationen des Marktgeschehens zu unterbinden. Eine entsprechende Sperrbefugnis ist daher grundsätzlich ohne weiteres angemessen i. S. v. § 307 Abs. 2 BGB. ...

---

67 Feldmann/Heidrich, CR 2006, 406, 410; Heckmann, Internetrecht, Kap. 1.7, Rn. 175 ff., insbesondere zu den Nutzungsbedingungen.
68 Siehe auch KG, CR 2005, 818 m. Anm. Spindler.

[24] Die Antragsgegnerin stützt die erfolgte Sperrung in ihrem Schreiben vom 04.12.2008 darauf, dass über die Mitgliedskonten der Antragsteller eine von der Antragsgegnerin wegen negativer Bewertungen der Vertragspartner ausgesprochene Sperrung eines anderen Nutzers umgangen werden sollte, indem über die Mitgliedskonten der Antragsteller die vorher über das gesperrte Konto des Herrn J. L. vertriebenen Waren verkauft wurden und damit das Geschäft, was unter dem gesperrten Konto betrieben wurde, nunmehr unter einem anderen Mitgliedskonto fortgeführt werden sollte. Eine solche Umgehung einer Sperrung berechtigt die Antragsgegnerin zu einer Sperrung aus wichtigem Grund gem. § 4 Nr. 2 letzter Spiegelstrich ihrer Allgemeinen Geschäftsbedingungen. Die Antragsgegnerin hat ein berechtigtes Interesse daran, dass wirksame Sperrungen nicht auf diesem Weg umgangen werden können, da ansonsten eine Sperrung wirkungslos wäre (vgl. KG a. a. O., S. 1531). ...

330 Sofern der Forenbetreiber – was dem Alltag vieler kleinerer Online-Foren entspricht – keine förmliche Registrierung verlangt, sondern die User (u. U. sogar anonym) voraussetzungslos posten dürfen, kann man kaum von einem Rechtsbindungswillen und damit von einem Vertrag ausgehen. Das Recht des Forenbetreibers zur Löschung oder Suspendierung eines Users und/oder seiner Beiträge kann dann nur sachenrechtlich auf das **Eigentums- oder Besitzrecht am Forumserver** gestützt werden. Sollte man das Besitzrecht mangels physischer Zugriffsmöglichkeit verneinen, ist das Hausrecht des Forenbetreibers im Wege der analogen Anwendung der §§ 903, 1004 BGB auf das **Eigentumsrecht am (unkörperlichen) Forum** als solches zu stützen.[69]

b) Im Verhältnis von Internetshops und einzelnen Besuchern

331 Für den Zugang zu Internetshops – der als solcher keine vertragliche Grundlage hat – sind **wettbewerbsrechtliche Einschränkungen des Hausrechts** zu beachten. Dies gilt insbesondere dann, wenn die Zugriffe durch eine bestimmte IP-Nummer abgeblockt werden und so dem hinter dieser IP-Nummer stehenden Interessenten der Zugang zum Shop verwehrt wird. Dies ist jedoch dann zulässig, wenn von dieser IP-Nummer aus übermäßig stark auf die Internetseite des Shops zugegriffen wird, so dass eine Störung der Betriebsabläufe vorliegt.[70]

332 **Wettbewerbsrechtlich zulässige Zugangserschwerung zu einem Internetshop – OLG Hamburg, NJW 2007, 3361 = MMR 2008, 58 = CR 2007, 597:**

Aus den Gründen: ... So wird der Internetshop-Unternehmer auch hier Testmaßnahmen wie z. B. Testkäufe und Testbeobachtungen hinzunehmen haben, damit Wettbewerber Wettbewerbs- oder Vertragsverstöße seines Internetangebotes aufdecken können. Einen vollständigen Ausschluss des Wettbewerbers im Sinne eines virtuellen Hausverbotes wird der einen Internetshop betreibende Unternehmer nicht bewirken und durchsetzen können. Unter den

---

69 Maume, MMR 2007, 620, 623 f.
70 Siehe auch OLG Hamm, MMR 2008, 175 = CR 2008, 450; OLG Hamm, MMR 2009, 269.

Bedingungen des Internets ist grundsätzlich daher schon eine Erschwerung des Zuganges zu der Homepage des Internetshops als wettbewerbswidrig anzusehen, wenn dieses -wie hier- durch die Sperrung bestimmter IP-Nummern oder sonstige technische Zugangsbeschränkungen bewirkt wird. Andererseits wird der Betreiber eines Internetshops Wettbewerbern das Aufsuchen seiner Homepage auch nur im Rahmen des Üblichen zu gewährleisten haben. Testmaßnahmen können grundsätzlich dann unzulässig sein, wenn der Kontrolleur sich nicht wie ein normaler Kunde bzw. Nachfrager verhält. Sie sind insbesondere aber dann verboten und Gegenmaßnahmen im angemessenen Rahmen ihrerseits gerechtfertigt, wenn sie zu einer Störung des zu kontrollierenden Betriebes führen können. ...

Die Antragsstellerin hat sich bereits nicht wie ein normaler Nachfrager bei dem Aufsuchen der Weiterleitungsseite www.e.de verhalten. Denn sie hat unstreitig in 71 Fällen innerhalb kurzer Zeit am 10. 8. 2006 auf die Homepage zugegriffen. ... Diese über bestimmte IP-Nummern der Antragsstellerin veranlassten Zugriffe waren derart auffällig und ungewöhnlich, dass die Sicherheitssoftware der Antragsgegnerin die Zugriffe unstreitig als Angriff definiert und zur Meldung gebracht hat. Insbesondere hierdurch hat sich auch die Gefahr einer Betriebsstörung konkretisiert. Dieses wird dadurch hinreichend belegt, dass die Sicherheitssoftware der Antragsgegnerin Auffälligkeiten signalisierte und der Systemtechniker mit der Problematik befasst werden musste, um das Zugriffsverhalten analysieren und Abwehrmaßnahmen konzipieren zu können. Durch das Verhalten der Antragsstellerin sind somit Veränderungen der Betriebsabläufe erforderlich geworden, die auch nach Auffassung des Senates als Betriebsstörung einzuordnen sind. Die von dem Systemtechniker bewirkte Sperrung der IP-Nummern der Antragsstellerin war damit als Abwehrmaßnahme gerechtfertigt. ...

4. Fazit

1. Entgegen manchen Stimmen in Literatur und Rechtsprechung handelt es sich beim Anbieter einer Plattform für usergenerated Content (Forenbetreiber im weitesten Sinne) weder um einen reinen Presence (Host) Provider, noch um einen reinen Content Provider. Durch die Einrichtung der Plattform schafft der Anbieter einen Content, in dessen Rahmen fremde Inhalte eingestellt werden. **333**

2. Daraus folgt, dass dem Forenbetreiber weder alle eingestellten Beiträge als eigene Inhalte zugerechnet werden können, noch seine Haftung für die fremden Inhalte auf die Entfernung nach Kenntnisnahme beschränkt ist. Vielmehr muss die Forenhaftung dem Mischcharakter dieser interaktiven Internetangebote Rechnung tragen.

3. Der BGH hat hierfür die Grundsätze der verschuldensunabhängigen Störerhaftung herangezogen. Danach haben in ihren Rechten verletzte Dritte gegen den Forenbetreiber einen Unterlassungsanspruch sowie den Anspruch auf Kontrolle zur Vermeidung künftiger gleichartiger Störungen, insbesondere seitens desselben Users. Dabei kann der Unterlassungsanspruch ausnahmsweise auch vorbeugend geltend gemacht werden, wenn der Forenbetreiber eine „Erstbegehungsgefahr" begründet. In einer weitergehenden Entscheidung hat

der BGH auch eine wettbewerbsrechtliche Verkehrspflicht zur Vermeidung von Rechtsverletzungen statuiert, in dem er die Einrichtung der Plattform als die Eröffnung einer Gefahrenquelle angesehen hat.

4. Diese Störerhaftung ist dem Grunde nach auf alle interaktiven Plattform- und Forenangebote anzuwenden. Für die dabei unterschiedliche Intensität der Kontroll- und Überwachungspflichten sind die inhaltliche oder wirtschaftliche Nähe des Forenbetreibers zu den Userinhalten, die inhaltliche Gefahrgeneigtheit zu Rechtsverletzungen und die Reichweite der Rechtsverletzungen maßgeblich.

5. Dem Forenbetreiber steht gegen „seine" User ein „virtuelles Hausrecht" zu, auf dessen Grundlage er einzelne Beiträge löschen und einzelne User ganz oder vorübergehend von der Beteiligung an der Plattform ausschließen kann. Allerdings kann er dabei nicht willkürlich handeln, sondern ist wegen des in der Regel damit verbundenen Nutzungsvertrags auf entsprechende Rechtsfertigungsgründe angewiesen. Eine nähere Ausgestaltung der zulässigen Nutzung und möglicher Sanktionen kann in den Forenregeln erfolgen.

III. Haftung des Internetanschlussinhabers

1. Haftungsgrundlage

334 „Eltern haften für ihre Kinder" – dieser vor allem auf Baustellen- und Spielplatzschildern regelmäßig anzutreffende Satz wird auch für die Nutzung des Internets – genauer: des (familiär zur Verfügung gestellten) Internetanschlusses heftig diskutiert. Dahinter steht letztlich die Frage der Haftung eines Internetanschlussinhabers für Rechtsverstöße, die andere durch die erlaubte oder ermöglichte Nutzung des Internetanschlusses begehen. Auch wenn die Frage bislang nur im Eltern-Kind-Verhältnis und nur für Urheberrechtsverletzungen diskutiert und gerichtlich entschieden worden ist, steht dahinter eine grundsätzliche Haftungsfrage.

335 Dabei geht es zunächst um das (bereits umstrittene) „ob" dieser Haftung. Betrachtet man die **Überlassung des Internetanschlusses als Eröffnung einer Gefahrenquelle**, durch die (ansonsten unterbleibende) Rechtsverstöße begangen werden, wäre eine **Störerhaftung des Anschlussinhabers** mit entsprechenden Kontrollpflichten zu bejahen. Dagegen wird eingewandt, dass die meisten Bürger das Internet nur als Informationsmedium nutzen, folglich die Wahrscheinlichkeit von aktiven Rechtsverletzungen durch die Nutzung des Anschlusses vergleichsweise unwahrscheinlich ist und demnach durch die Nutzungsüberlassung keine Gefahrenquelle eröffnet wird.[71] Dem ist spätestens im Zeitalter des „web 2.0" entgegen zu halten, dass – gerade auch von Jugendlichen – das Internet keineswegs nur im

---

71 Solmecke/Müller, Anm. zu LG Düsseldorf, MMR 2009, 780, 781.

Sinne eines passiven Konsumierens von Informationen genutzt wird; wesentlich lebensnäher ist die Annahme, dass viele (v. a. jüngere) Internetuser das Internet aktiv nutzen, als Diskutanten in Foren, beim Hochladen von Handy-Filmaufnahmen bei Youtube oder eben beim Herunterladen urheberrechtlich geschützter Filme und Musikstücke. Es liegt auf der Hand, dass dabei potenziell eine Vielzahl von Rechtsverstößen begangen werden kann (von Beleidigungen über Persönlichkeitsrechtsverletzungen bis hin zu Urheberrechtsverstößen).[72] Demnach ist grundsätzlich von einer Störerhaftung des Internetanschlussinhabers auszugehen.

2. Haftungsreichweite

Damit stellt sich die Frage der **Reichweite dieser Haftung**. Am weitesten geht das LG Düsseldorf, das sowohl die Prüfpflichten der Störerhaftung sehr weitgehend definiert als auch eine täterschaftliche Zurechnung der Rechtsverletzung vornimmt. Es vertritt die Auffassung, dass der Anschlussinhaber auch volljährige Angehörige mindestens darauf hinzuweisen habe, dass diese mittels der Nutzung des Anschlusses keine illegalen Handlungen vornehmen dürften. **336**

Haftung des Internetanschlussinhabers für Rechtsverletzungen Dritter – LG Düsseldorf, MMR 2009, 780 m. Anm. Solmecke/Müller: **337**

Aus den Gründen: … Dem … Inhaber des Internetzugangs wird nichts Unzumutbares abverlangt, wenn man eine Pflicht dahingehend bejaht, dass er vor der mit seinem Willen erfolgenden Nutzung seines Internetzugangs die betroffenen Familienmitglieder zumindest auffordert, Urheberrechtsverletzungen mittels seines Computers und Internetzugangs zu unterlassen. … Da er derjenige ist, der eine neue Gefahrenquelle geschaffen hat, die nur er überwachen kann, und er es somit Dritten ermöglicht, sich hinter seiner Person zu verstecken und im Schutze der von ihm geschaffenen Anonymität jedenfalls zunächst einmal ohne Angst vor Entdeckung ungestraft Urheberrechtsverletzungen begehen zu können, erscheint es gerechtfertigt, ihm auch das Verhalten volljähriger Familienangehöriger zuzurechnen. …

Diese Entscheidung verkennt jedoch zweierlei: Zum einen kann es – ganz generell – nicht Ausfluss von Haftungsnormen sein, dass Volljährige andere Volljährige pauschal auf die Unzulässigkeit illegaler Handlungen hinzuweisen haben. Zum anderen aber muss bei der Zumutbarkeitsfrage berücksichtigt werden, dass die Eltern-Kind-Beziehung dem besonderen Schutz von Art. 6 GG unterliegt. Richtig ist daher, dass sich bei minderjährigen Angehörigen des Anschlussinhabers je nach Alter und Reifegrad die Notwendigkeit einer entsprechenden Einweisung in die Möglichkeiten und Gefahren der Internetnutzung einschließlich etwaiger Rechtsverstöße ergibt. Sind die Familienangehörigen dagegen schon volljährig, sind nur „normale" – d. h. zumutbare – **Prüfpflichten** angezeigt. Ohne konkrete Anhaltspunkte ist eine Überwachung von Familienangehörigen auf Grund des **338**

---

72 Vgl. auch Stang/Hübner, Anm. zu OLG Frankfurt a. M., CR 2008, 243, 245.

besonderen (und durch Art. 6 GG geschützten) Vertrauensbandes innerhalb einer Familie nicht zumutbar. Erst bei entsprechenden Anlässen ist der
Anschlussinhaber verpflichtet, das Nutzerverhalten eines Angehörigen auf
seinem Internetanschluss zu überprüfen.

339   **Haftung für Internetanschlussnutzung durch Angehörige – LG Mannheim, MMR
2007, 267 m. Anm. Solmecke:**

Aus den Gründen: ... [9] Der Umfang der Prüfungspflicht bestimmt sich danach, ob und inwieweit dem Beklagten als Störer nach den Umständen eine
Überprüfung der Internetnutzung zuzumuten ist. [10] Soweit ... ein Anschlussinhaber den Anschluss Familienangehörigen und insbesondere seinen Kindern
zur Verfügung stellt, beruht die Eröffnung des Zugangs zum Internet auf dem
familiären Verbund. Prüfungs- und Überwachungspflichten sind nur insoweit
anzunehmen, als diese im Rahmen der Erziehung von Kindern in Abhängig-
keit von deren Alter auch auf anderen Betätigungsfeldern notwendig ist. Eine
dauerhafte Überprüfung des Handelns der eigenen Kinder oder des Ehepart-
ners ist ohne konkreten Anlass nicht zumutbar. Ohne Anlass für die Annahme,
dass Familienmitglieder in rechtswidriger Weise Urheberrechte im Rahmen der
Nutzung des Internets verletzen, kommt eine ständige Überwachung oder gar
eine Sperrung des Anschlusses für diese nicht in Betracht. Ob es allerdings
bei Eröffnung des Internetverkehrs für die Kinder einer einweisenden Belehrung bedarf, ist nach dem Alter und dem Grad der Vernunft der jeweiligen
Nutzer im Einzelfall zu entscheiden. [11] ... Bei einem volljährigen Kind, das
nach allgemeiner Lebenserfahrung im Umgang mit Computer- und Internet-
technologie einen Wissensvorsprung vor seinen erwachsenen Eltern hat, kann
es sinnvollerweise keiner einweisenden Belehrung über die Nutzung des Internets bedürfen. ...

340   **Überwachungspflichten bei der Nutzung des Internetanschluss durch Angehörige – OLG Frankfurt a. M., CR 2008, 243 m. Anm. Stang/Hübner = MMR 2008, 169:**

Aus den Gründen: ... Der Umfang der Prüfungspflicht richtet sich danach, inwieweit dem als Störer in Anspruch Genommenen nach den Umständen eine
Prüfung zuzumuten ist. Überlässt der Inhaber eines Internetanschlusses diesen dritten Personen, kann ihn die Pflicht treffen, diese Nutzer zu instruieren
und zu überwachen, sofern damit zu rechnen ist, dass der Nutzer eine Urheberrechtsverletzung begehen könnte. Eine Pflicht, die Benutzung seines Internetanschlusses zu überwachen oder gegebenenfalls zu verhindern, besteht
jedoch nur, wenn der Anschlussinhaber konkrete Anhaltspunkte dafür hat,
dass der Nutzer den Anschluss zu Rechtsverletzungen missbrauchen wird.
Solche Anhaltspunkte bestehen deshalb grundsätzlich nicht, solange dem
Anschlussinhaber keine früheren Verletzungen dieser Art durch den Nutzer
oder andere Hinweise auf eine Verletzungsabsicht bekannt sind oder hätten
bekannt sein können. ... Auch wenn Urheberrechtsverletzungen im Internet
häufig vorkommen und darüber in den Medien umfangreich berichtet wird, hat
ein Anschlussinhaber nicht bereits deshalb einen Anlass, ihm nahe stehende
Personen wie enge Familienangehörige bei der Benutzung seines Anschlusses
zu überwachen. ...

Strenger sind die Prüfungs- und Überwachungspflichten des Anschlussin- **341**
habers bei der Nutzung des Internetanschlusses durch fremde Personen,
deren Nutzungsverhalten im Internet weniger gut einzuschätzen ist.

Haftung für Internetanschlussnutzung durch Fremde – LG Mannheim, Urteil vom 29. 9. 2006, Az. 7 O 62/06:

Aus den Gründen: … [21] Im Streitfall hat die Beklagte den Internetzugang
allerdings nicht lediglich ihren Kindern, sondern auch deren Freunden eröffnet. Sie hat vorgetragen, dass die Kinder gegebenenfalls zusammen mit ihren Freunden über den Anschluss der Beklagten „in das Internet gehen". Sie
selbst gehe regelmäßig abends früh zu Bett, so dass sie nicht wissen oder
überprüfen könne, ob der Internetanschluss möglicherweise noch spät abends
oder nachts von den erwachsenen Kindern bzw. deren Freunden genutzt wird.
Die Beklagte stellt damit ihren Internetanschluss nicht nur den eigenen Familienangehörigen, sondern auch Dritten zur Verfügung. Während sie bei ihren
eigenen Kindern beurteilen kann, ob sie Anlass für Belehrungen und Kontrollen
im Rahmen der Eröffnung des Internetzugangs hat, kann sie dies bei deren
Freunden nicht. Diese sind für sie Dritte. Wenn die Beklagte in einem solchen
Fall keinerlei Maßnahmen unternimmt, um die von ihrem Internetanschluss
ausgehenden Handlungen zu prüfen, verstößt sie gegen die ihr obliegenden
Prüfungspflichten. Eine Überprüfung wäre ihr auch zuzumuten. Es wäre ihr ein
Leichtes, derartige Handlungen, die in ihrem Haushalt geschehen, zu überprü-
fen und diese gegebenenfalls zu unterbinden. …

3. Fazit

1. Die Überlassung eines Internetanschlusses an eine andere Person **342**
   bedeutet grundsätzlich die Eröffnung einer Gefahrenquelle. Der Anschlussinhaber haftet deshalb für Rechtsverstöße anderer, die über
   seinen Internetzugang begangen werden, als Störer.
2. Bei engen Familienangehörigen bedingt der Schutz der familiären
   Gemeinschaft gem. Art. 6 GG, dass eine Überwachung nur bei Vorliegen konkreter Anhaltspunkte oder eines bestimmten Anlasses,
   die die Begehung von Rechtsverstößen über den Internetanschluss
   befürchten lassen, zumutbar ist.
3. Bei fremden Personen hingegen ist dem Anschlussinhaber eine Überwachung der Nutzung des Internetzugangs in der Regel zuzumuten.

IV. Haftung für verlinkte Inhalte

1. Keine Anwendbarkeit der Haftungsprivilegien für Provider

Bezüglich des alten Haftungsfilters für Provider (§§ 5 TDG a. F., 5 MDStV **343**
a. F.) war umstritten, ob dieser auch für Links gilt. Die Befürworter einer solchen Anwendung hoben darauf ab, dass Links letztlich nur Formen
einer **Zugangsvermittlung zu einem fremden Angebot** darstellen. Die Gegenauffassung wandte dagegen ein, dass Links keinen Zugang vermitteln,

sondern nur den Zugang dazu erleichtern;[73] hinzu kommt, dass der Link-setzende – anders als ein Access-Provider – nicht nur den Kontakt herstellt oder erleichtert, sondern auch eine **inhaltlich-wertende Auswahl** herstellt, welches Angebot er verlinkt und welches nicht.[74]

344 Demgegenüber besteht weitgehend Einigkeit, dass die heute gültigen Haftungsprivilegien gem. §§ 7 ff. TMG auf Links nicht anwendbar sind. Zwar regeln diese auch Haftungserleichterungen für das Access-Providing (§ 8 TMG; s. o., Rn. 276 ff.), in das die Befürworter der Anwendung des al-ten Haftungsfilters die Links eingeordnet hatten. Doch steht dem jetzt der **klare Gesetzgeberwille** entgegen. Denn bei der Umsetzung der den Haf-tungsprivilegien zugrunde liegenden eCommerce-Richtlinie in das Gesetz über rechtliche Rahmenbedingungen des elektronischen Geschäftsverkehrs (EGG) hat der Bundesrat ausdrücklich auf den **Regelungsbedarf für Links** hingewiesen;[75] doch hat die Bundesregierung in ihrer Gegenäußerung deutlich gemacht, dass die Links von den neuen Haftungsprivilegien nicht abgedeckt sein sollen, sondern insofern die Evaluation der eCommerce-RL abgewartet werden soll.[76] Damit ist nach h.M. sowohl die direkte als auch – **mangels unbewusster Regelungslücke** – die analoge Anwendung der §§ 7 ff. TMG auf Links in Deutschland ausgeschlossen.[77] Dem hat sich auch der BGH angeschlossen.

345 **Verantwortlichkeit für verlinkte Inhalte ("Schöner Wetten") – BGH, NJW 2004, 2158 = CR 2004, 613 m. Anm. Dietlein = MMR 2004, 529 m. Anm. Hoffmann:**[78]

Die Vorschriften der §§ 8 ff. TDG bzw. §§ 6 ff. MDStV [heute: §§ 7 ff. TMG] beziehen sich nicht auf die Haftung für verlinkte Inhalte. Die Haftung ist nach den allgemeinen Grundsätzen zu beurteilen.

Aus den Gründen: ... Spezialgesetzliche Vorschriften, nach denen die Verant-wortlichkeit der Beklagten für das Setzen eines Hyperlink in der beanstande-ten Art und Weise zu beurteilen wäre, bestehen nach der geltenden Rechtslage nicht. Die Vorschriften des Mediendienste-Staatsvertrages ... über die Verant-

73 Müglich, CR 2002, 583, 590.
74 Vgl. Spindler, MMR 2002, 495, der von einem "Compositum Mixtum" zwi-schen reiner Zugangsvermittlung und der wertenden Auswahl von Inhalten spricht.
75 Vgl. BT-Drs. 14/6098, S. 34.
76 Müglich, CR 2002, 583, 591, unter Hinweis auf Art. 21 Abs. 2 Satz 1 der eCommerce-RL.
77 Müglich, CR 2002, 583, 591; Köster/Jürgens, MMR 2002, 420, 422; Koch, CR 2004, 213, 214; Gercke, CR 2006, 844, 847 f.; ebenso Spindler, MMR 2002, 495, 498, der aber dafür votiert, bei der Anwendung allgemeiner Haf-tungsregelungen die Wertungen und Lösungen, die durch die Anwendung des alten Haftungsfilters gefunden wurden, einfließen zu lassen.
78 Leitsätze vom Autor; inhaltlich bekräftigt von BGH ("ueber18.de"), NJW 2008, 1882 = MMR 2008, 400 m. Anm. Liesching u. Anm. Waldenberger = CR 2008, 386 = JZ 2008, 738 m. Anm. Schumann.

wortlichkeit von Diensteanbietern sind – nicht anders als die entsprechenden Vorschriften des Teledienstegesetzes (§§ 8 ff. TDG) – auf Fälle der vorliegenden Art nicht anwendbar. Durch Art. 3 des Sechsten Rundfunkänderungsstaatsvertrags vom 20./21. Dezember 2001 (GBl. BW 2002 S. 208) ist der frühere § 5 MDStV aufgehoben und die Verantwortlichkeit der Diensteanbieter in den §§ 6 bis 9 MDStV neu geregelt worden. Diese Vorschriften beziehen sich ebenso wie die Richtlinie über den elektronischen Geschäftsverkehr (vgl. deren Art. 21 Abs. 2), die sie umgesetzt haben, nicht auf die Haftung für das Setzen von Hyperlinks. ...

In **Österreich, Portugal und Spanien** haben dagegen die nationalen Gesetzgeber – da die eCommerce-RL keine Vollharmonisierung vorgibt[79] – die **Haftung für Links und Suchmaschinen** geregelt (Haftungsausschluss für Links, sofern keine Kenntnis von rechtswidrigen Inhalten besteht, bzw. ab Kenntniserlangung der Link sofort entfernt wird[80]). In ihrem ersten Evaluationsbericht hat die EU-Kommission festgestellt, dass sie in einer gesetzlichen Regelung der Haftungsprobleme von Links und Suchmaschinen keine Gefahr der Fragmentierung des Binnenmarkts sieht.[81] **346**

2. Grundsätze des allgemeinen Haftungsrechts für Links

a) Haftung für eigene und zu eigen gemachte Inhalte

Für eigene und zu eigen gemachte Inhalte kann es – unabhängig von den Haftungsprivilegien für Provider – **keine Haftungserleichterungen** geben, da man sich diese in vollem Umfang zurechnen lassen muss. Allerdings macht die bewusste Auswahlentscheidung für die Aufnahme von Links in das eigene Angebot den fremden, verlinkten Inhalt noch nicht zu einem eigenen oder zu eigen gemachten Inhalt. Vielmehr muss zu der Verlinkung an sich noch ein weiteres – auf einen **näheren Bezug zwischen dem Linksetzenden und dem verlinkten Inhalt** hindeutendes – Kriterium hinzu treten. **347**

Dies kann beispielsweise der Fall sein, wenn **348**

▶ zwischen den Zeilen eine **Zustimmung** zum verlinkten Inhalt zu lesen ist,[82]

▶ der Link sich in einem entsprechend **wertend-kommentierenden Kontext** befindet,

▶ der Internetauftritt ein **besonderes (u. U. wirtschaftliches) Interesse** des Linksetzenden an dem verlinkten Inhalt erkennen lässt,

---

79 Spindler, MMR 2002, 495, 497.
80 Vgl. Müglich, CR 2002, 583, 591 f.; Gercke, CR 2006, 844, 845.
81 Koch, CR 2004, 213, 214, plädiert daher für haftungsbegrenzende Normen für Links und Suchmaschinen, die auf deren Besonderheiten Rücksicht nehmen (214 ff.).
82 Köster/Jürgens, MMR 2002, 420, 423.

▶ die **Link-Methode** den verlinkten Inhalt als Angebot des Linksetzenden erscheinen lässt (v. a. beim Framing, s. u., Rn. 496 ff.) oder
▶ das fremde Angebot einen ansonsten **selbst zu erstellenden Inhalt ersetzt.**[83]

b) Haftung für fremde Inhalte

aa) Bei Kenntnis der fremden Inhalte

349 Kennt der Linksetzende einen rechtswidrigen (z. B. beleidigenden) verlinkten Inhalt, handelt er bezüglich seines Tatbeitrages vorsätzlich. Dies kann je nach Fallgestaltung **als Beihilfehandlung oder als Mittäterschaft** einzuordnen sein. Bei nur fremden Rechtsverletzungen z. B. wettbewerbs-, marken- oder urheberrechtlicher Art wird eher an Beihilfe zu denken sein, während bei strafrechtlichen Publikationsdelikten (wie z. B. Pornografie, Verwendungen des Hakenkreuzes, Verleumdungen – s. o., Rn. 146 ff.) schon jede Publikations- und Verbreitungshandlung als Täterschaft zu werten ist.

350 **Strafrechtliche Verantwortung für Hyperlinks – OLG Stuttgart, MMR 2006, 387 m. Anm. Liesching = CR 2006, 542 m. Anm. Kaufmann:**

Aus den Gründen: … Im Grundsatz haftet der Angeklagte strafrechtlich für die Inhalte der mittels Link aufrufbaren Seiten sowie für die von dort über weitere Links erreichbaren Unterseiten. Die Grenzen des Haftungsumfangs werden unterschiedlich umrissen. Danach zu unterscheiden, ob sich der Linksetzer mit den Inhalten identifiziert oder sich davon distanziert, erweist sich hier als ungeeignet, da einer Billigung der Inhalte für die Tatbestände der §§ 86, 86a StGB keine Bedeutung zukommt. Andere Auffassungen bejahen eine Haftung des Linksetzers für strafbare Unterseiteninhalte, wenn sie sich in einer gewissen Nähe zur Ausgangsseite befinden, zwingend oder relativ schnell zu erreichen sind oder wenn er die Verzweigungen zu weiteren Seiten sowie deren Inhalte oder Zielsetzungen gekannt hat. Der Senat hält sie jedenfalls dort für gegeben, wo diese Kriterien – wie hier – zusammentreffen. Der Angeklagte hat durch das Setzen der Links bewusst die Möglichkeit geschaffen, dass Dritte die ihm bekannten Inhalte der problemlos erreichbaren Seiten und Unterseiten zur Kenntnis nehmen können. … Das Setzen eines Links – im Sinne – direkten Links auf strafbare Inhalte wird das Zugänglichmachen regelmäßig in der Form der Täterschaft erfüllen, da mit einem Seitenaufruf verbundene Schwierigkeiten beseitigt und die Verbreitung strafbarer Inhalte wesentlich beeinflusst werden können. …

bb) Bei fehlender Kenntnis der Inhalte

351 Kennt der Linksetzende die verlinkten Inhalte nicht (oder kann ihm dies nicht nachgewiesen werden), ist er noch nicht „aus dem Schneider". Denn er **haftet verschuldensunabhängig für die Verletzung ihm obliegender Verkehrssicherungspflichten.** Zu diesen Pflichten gehört die **Beherrschung selbst eröffneter Gefahrenquellen.** In diesem Sinn eröffnet er mit dem Setzen eines Links eine (potenzielle) Gefahrenquelle, weil er damit die Wahr-

---

83 Müglich, CR 2002, 583, 590 m. w. N.

scheinlichkeit für die Verbreitung rechtswidriger Inhalte und damit die Gefahr für Rechtsgutverletzungen kausal und unmittelbar erhöht. Außerdem hat der Linksetzende die tatsächliche Herrschaft über die Aufrechterhaltung bzw. Entfernung des Links.

Diese Haftung kann – ebenso wenig wie die zuvor behandelten Haftungsformen – durch einen **pauschalen Disclaimer** (engl.: Dementi) nicht ausgeschlossen werden, da dieser an der Gefahrenerhöhung nichts ändert;[84] besonders weit verbreitet ist bis heute der Hinweis auf die Entscheidung des LG Hamburg vom 12. Mai 1998[85] (die inzwischen ähnlich veraltet ist, wie dies PC-Geräte von 1998 sind), der etwa wie folgt lautet: **352**

> „Mit Urteil vom 12. Mai 1998 hat das Landgericht Hamburg entschieden, dass man durch die Anbringung eines Links die Inhalte der gelinkten Seite ggf. mit zu verantworten hat. Dies kann – so das LG – nur dadurch verhindert werden, dass man sich ausdrücklich von diesen Inhalten distanziert. Auf dieser und anderen Seiten befinden sich Links zu anderen Seiten im Internet. Für alle diese Links gilt: Wir … betonen ausdrücklich, dass wir keinerlei Einfluss auf die Gestaltung und die Inhalte der gelinkten Seiten haben. Daher distanzieren wir uns hiermit ausdrücklich von allen Inhalten aller gelinkten Seiten. Wir machen uns deren Inhalte nicht zueigen. Diese Erklärung gilt für alle auf dieser Homepage aufgebrachten Links.“

An den Umfang der aus der Verkehrssicherungspflicht folgenden **Kontroll- und Überwachungspflichten** dürfen wegen der Grundrechtsrelevanz im Zusammenhang mit der Meinungs- und Informationsfreiheit gem. Art. 5 Abs. 1 GG **keine überspannten Anforderungen** gestellt werden. Außerdem muss die Erfüllung der Pflichten zumutbar sein. Auch müssen der Rang der bedrohten Rechtsgüter und das Ausmaß deren Gefährdung berücksichtigt werden. Daraus folgt für die Kontroll- und Überwachungspflichten im Einzelnen Folgendes: **353**

▶ **Inhaltlich** muss die Überprüfung auf grobe und leicht erkennbare Gesetzesverstöße ausreichen,
▶ **zeitlich** darf nach der Linksetzung keine ständig fortlaufende Kontrollpflicht bestehen und
▶ bezüglich der **Reichweite** dürfen nicht mehr Seiten einbezogen werden, als unmittelbar vom Linksetzenden verlinkt sind; eine Haftung für Inhalte von Seiten, die mit den verlinkten Seiten ihrerseits verlinkt sind, wäre zu weit führend.[86]

Eine **erhöhte Kontroll- und Überwachungspflicht** in inhaltlicher und zeitlicher Hinsicht besteht allerdings dann, wenn der verlinkte Inhalt positiv bewertet (z.B. empfohlen) wird (kurz unterhalb der Grenze zum Zueigenmachen) oder besonders „gefahrgeneigt“ ist, so dass er bezüglich seiner Rechtmäßigkeit weniger vertrauenswürdig ist (so z.B. bei noch rechtmäßi-   **354**

84 Spindler, MMR 2002, 495, 501f.; Köster/Jürgens, MMR 2002, 420, 423.
85 LG Hamburg, CR 1998, 565.
86 Spindler, MMR 2002, 495, 501ff.

gen rechtsextremen Seiten). In ähnlicher Form finden sich diese Haftungsregelungen in der einschlägigen Grundsatzentscheidung des BGH:

355 | **Verantwortlichkeit für verlinkte Inhalte („Schöner Wetten") – BGH, NJW 2004, 2158 = CR 2004, 613 m. Anm. Dietlein = MMR 2004, 529 m. Anm. Hoffmann:**[87]

Der Umfang der Prüfungspflichten, die denjenigen treffen, der einen Hyperlink setzt oder aufrechterhält, richtet sich nach

a) dem Gesamtzusammenhang, in dem der Hyperlink verwendet wird,
b) dem Zweck des Hyperlinks,
c) der Kenntnis des den Link Setzenden von Umständen, die dafür sprechen, dass die Webseite oder der Internetauftritt, auf die der Link verweist, rechtswidrigem Handeln dienen,
d) nach den Möglichkeiten des den Link Setzenden, die Rechtswidrigkeit dieses Handelns in zumutbarer Weise zu erkennen.

Wenn Hyperlinks nur den Zugang zu ohnehin allgemein zugänglichen Quellen erleichtern, dürfen allerdings im Interesse der Meinungs- und Pressefreiheit (Art. 5 Abs. 1 GG) an die nach den Umständen erforderliche Prüfung keine zu strengen Anforderungen gestellt werden. Dabei ist auch zu berücksichtigen, dass die sinnvolle Nutzung der unübersehbaren Informationsfülle im „World Wide Web" ohne den Einsatz von Hyperlinks zur Verknüpfung der dort zugänglichen Dateien praktisch ausgeschlossen wäre.

Aus den Gründen: ... Der Umfang der Prüfungspflichten, die denjenigen treffen, der einen Hyperlink setzt oder aufrechterhält, richtet sich insbesondere nach dem Gesamtzusammenhang, in dem der Hyperlink verwendet wird, dem Zweck des Hyperlinks sowie danach, welche Kenntnis der den Link Setzende von Umständen hat, die dafür sprechen, dass die Webseite oder der Internetauftritt, auf die der Link verweist, rechtswidrigem Handeln dienen, und welche Möglichkeiten er hat, die Rechtswidrigkeit dieses Handelns in zumutbarer Weise zu erkennen. Auch dann, wenn beim Setzen des Hyperlinks keine Prüfungspflicht verletzt wird, kann eine Störerhaftung begründet sein, wenn ein Hyperlink aufrechterhalten bleibt, obwohl eine nunmehr zumutbare Prüfung, insbesondere nach einer Abmahnung oder Klageerhebung, ergeben hätte, dass mit dem Hyperlink ein rechtswidriges Verhalten unterstützt wird. Wenn

Hyperlinks nur den Zugang zu ohnehin allgemein zugänglichen Quellen erleichtern, dürfen allerdings im Interesse der Meinungs- und Pressefreiheit (Art. 5 Abs. 1 GG) an die nach den Umständen erforderliche Prüfung keine zu strengen Anforderungen gestellt werden. Dabei ist auch zu berücksichtigen, dass die sinnvolle Nutzung der unübersehbaren Informationsfülle im „World Wide Web" ohne den Einsatz von Hyperlinks zur Verknüpfung der dort zugänglichen Dateien praktisch ausgeschlossen wäre. ...

---

87 Leitsätze vom Autor.

cc) Haftung von Suchmaschinen

Eine **besondere Haftungskategorie** stellen die Suchmaschinen dar. Anders **356**
als ein „normaler" Linksetzender wählt die Suchmaschine die von ihr auf-
gelisteten Links nicht bewusst aus, sondern stellt diese auf Eingabe eines
Suchbegriffs automatisch zusammen. Bei der Haftungsfrage geht es sowohl
um Rechtsverletzungen, die bereits in einem Suchmaschineneintrag als sol-
chem enthalten sind, als auch um solche auf den verlinkten Seiten.[88]

Haftung einer Suchmaschine für verlinkte Inhalte – LG München I, CR 2001, 46: **357**

Aus den Gründen: ... die Besonderheit des hier zu beurteilenden Falles ...
ist ... die Tatsache, dass die Bekl. unstreitig Betreiberin einer Suchmaschine
für den Bereich des Internets ist, bei der die angebotenen Inhalte (nur) in ein
Verzeichnis eingestellt werden. Die Bekl. ist damit nur eine im Internet geführte
Auskunftsstelle ohne eigene willentliche Übernahme der fremden Inhalte, ähnlich wie herkömmliche Betreiber eines Informationsdienstes oder Herausgeber
eines Branchenbuches. Die Bekl. hat ... vorgetragen, dass sie ... nicht am
Vertrieb beteiligt gewesen sei: Es habe ihrerseits kein Angebot zum Download
gegeben. ... Auch wenn man berücksichtigt, dass der streitgegenständliche
Text im eigenen HTML-Code der Bekl. enthalten ist, so ändert dies ... nichts
daran, dass die Bekl. als Betreiberin einer Suchmaschine ... auch hierdurch
keine unterlassungsrechtlich relevanten Beiträge geleistet hat, aus der sich ...
eine eigene willentliche, objektiv kausale Mitwirkung an einer rechtswidrigen
Beeinträchtigung ergibt. Jedenfalls ist bei der hier vorliegenden Fallkonstella-
tion eine zumutbare Prüfungspflicht der Bekl. als Suchmaschinenbetreiberin
nicht gegeben. Die Zahl der Internetdomains „explodiert". Dies hat ja zur Notwendigkeit von Suchmaschinen geführt. ...

Zum Aspekt der nicht willentlichen Zusammenstellung der Links tritt die **358**
hohe „systemische" Bedeutung der Suchmaschinen für das Internet hinzu.
Das OLG Hamburg hat ausdrücklich anerkannt, dass ohne Suchmaschinen
eine sinnvolle Nutzung des Mediums Internet praktisch unmöglich wäre
und diesen daher eine besondere Förderungsfunktion für die grundrechtlich geschützte Informations- und Meinungsfreiheit (Art. 5 Abs. 1 GG)
zukommt. Anlass der Entscheidung war ein „Textschnipsel" im Rahmen
eines Suchergebnisses, das als Eingriff in die Rechte des Klägers gedeutet
werden konnte.

---

88 Vgl. auch die umfassende Studie von Sieber/Liesching, MMR-Beilage 8/2007;
   die Autoren sprechen sich dabei für den Fall der „klassischen" Suchmaschine
   (algorithmisch erzeugte Suchtrefferlisten) für eine Anwendung des Haftungsprivilegs für Access Provider (§ 8 TMG) aus – entgegen der h. M., vgl. Hoeren,
   IuKR, Rn. 724; Heckmann, Internetrecht, Kap. 1.8, Rn. 56 ff., insbes. Rn. 59:
   Anders als der Access Provider wählt die Suchmaschine (wenngleich vollautomatisch) die angezeigten Treffer selbst aus.

359   Haftung einer Suchmaschine – OLG Hamburg, MMR 2007, 315:

> Lässt der Text eines Suchergebnisses mehrere Deutungen zu, die nicht insgesamt rechtsverletzend sind, besteht kein Unterlassungsanspruch.
>
> *Aus den Gründen:* …Dem steht nicht der Einwand entgegen, dass zumindest eine von mehreren Deutungsmöglichkeiten zu der den Antragsteller belastenden Aussage führe, er sei Täter oder Teilnehmer eines derartigen Deliktes gewesen. Auch eine derartige Deutungsmöglichkeit führt nämlich nicht dazu, dass dem Antragsteller ein Unterlassungsanspruch zusteht. Dies ergibt sich aus der gebotenen Abwägung zwischen dem allgemeinen Persönlichkeitsrecht des Antragstellers einerseits und der Meinungsäußerungs- und Informationsfreiheit, die durch eine Suchmaschine in entscheidendem Maß gefördert wird. Ohne den Einsatz von Suchmaschinen wäre nämlich eine sinnvolle Nutzung der Informationsfülle im World Wide Web nicht möglich. Angesichts der ungeheuren Anzahl der zu erfassenden Websites kommt für die Erfassung, Übernahme und Darstellung nur ein automatisiertes Verfahren in Betracht. Im Unterschied zu Fällen der individuellen Äußerung einer Meinung durch eine Person ist es einer Suchmaschine nicht ohne weiteres möglich, sich künftig eindeutig „auszudrücken". Hierzu würde es nämlich eines menschlichen Eingriffs in ihr System und gegebenenfalls einer individuellen Überwachung und Korrektur bedürfen, welche dem Wesen einer Suchmaschine fremd ist und angesichts der Fülle der zu verarbeitenden Daten einen außergewöhnlichen Aufwand erfordern würde. …

360   Daher besteht für Suchmaschinen eine **deutlich höhere Haftungshürde**. So unterliegt auch eine Suchmaschine der verschuldensunabhängigen Störerhaftung, da sie durch die Auflistung eines Links auf rechtsverletzende Inhalte einen adäquat-kausalen Beitrag zur Verbreitung der Rechtsverletzung leistet; dies gilt auch für einen „technischen Verbreiter", der eine rechtsverletzende „Äußerung verbreitet, ohne zu ihr eine gedankliche Beziehung zu haben".[89] Die Störerhaftung führt – wie bei den Forenbetreibern – zu Prüfungspflichten, soweit dies ohne Gefährdung des Geschäftsmodells zumutbar ist. Diese Zumutbarkeitsgrenze ist in diesem Fall auf Grund der rein automatisierten Zusammenstellung der Links deutlich enger; so besteht bei Suchmaschinen der Unterlassungsanspruch erst nach einer erfolgten Beanstandung.[90]

361   Keine Störerhaftung ohne Abmahnung – OLG Nürnberg, CR 2008, 654:

> Für einen Internet-Suchmaschinenbetreiber besteht grundsätzlich keine Rechtspflicht, die von ihm verlinkten Seiten auf eine etwaige Verletzung des Persönlichkeitsrechts eines Dritten zu überprüfen. Erfolgt jedoch durch den Dritten eine inhaltlich sachlich gehaltene Abmahnung, dann ist es jedenfalls einem der weltweit größten Suchmaschinenbetreiber im Einzelfall zuzumuten, in eine Überprüfung der Abmahnung einzutreten.

---

89   Spieker, MMR 2005, 727, 729.
90   LG Berlin, MMR 2005, 786; Köhler/Arndt/Fetzer, RdI, Rn. 797; kritisch dazu Spieker, MMR 2005, 727, 730, der – nicht zuletzt im Hinblick auf die erheblichen wirtschaftlichen Interessen von Suchmaschinen – für eine weitergehende Haftung eintritt.

**Bei klaren und eindeutigen Rechtsverstößen ist der Beurteilungsspiel-
raum bei dieser Überprüfung eingeschränkt mit der Folge, dass der Suchmaschinenbetreiber als Störer nach § 1004 BGB zu qualifizieren ist, wenn
er die konkret beanstandete Verlinkung auf eine bestimmte Webseite weiter aufrechterhält.**

Liegt eine solche beanstandete Störung vor, muss die Suchmaschine durch **362**
geeignete Techniken die Rechtsverletzung ausschließen. In Frage hierfür
kommt neben der vollständigen Entfernung des Links aus der Datenbank[91]
auch die **Verwendung von Platzhaltern** anstelle der die Rechtsverletzung
auslösenden Wörter.

Platzhalter im Ergebniseintrag einer Suchmaschine – KG, MMR 2006, 817:   **363**

Aus den Gründen: … Eine unwahre Tatsachenbehauptung ist nicht deshalb hinzunehmen, weil der Rezipient über die Möglichkeit verfügt, die Wahrheit oder
Unwahrheit selbst festzustellen. … Der Bekl. muss … dafür sorgen, dass die Er-
gebniseinträge die beanstandete Wortkombination … nicht enthält. Es kann mit
entsprechender Programmierung sichergestellt werden, dass der Name der Kl.
nicht mit dem Begriff „nackt" wiedergegeben wird. Das Textfragment dazu kann
lückenhaft bleiben oder es kann anstelle des Wortes „nackt" ein Platzhalter gesetzt werden. Der Einsatz einer solchen Filtersoftware ist dem Bekl. unter dem
Gesichtspunkt der Berufsausübungsfreiheit (Art. 12 GG) möglich und zumutbar.

3. Fazit

1. Die Haftung für etwaige rechtswidrige Inhalte auf den verlinkten Sei-   **364**
   ten wird nicht – auch nicht analog – durch die Haftungsprivilegien
   der §§ 7 ff. TMG erfasst.
2. Es gelten vielmehr die allgemeinen Haftungsgrundsätze, wonach bei eigenen und zu eigen gemachten Inhalten ebenso wie bei fremden Inhalten,
   von denen der Linksetzende Kenntnis hat, weitgehende Haftung besteht.
3. Bei fremden Inhalten und fehlender Kenntnis hiervon haftet der Linksetzende bei Verletzungen seiner aus der Eröffnung einer Gefahrenquelle herrührenden Verkehrssicherungspflicht. Die Anforderungen
   an die daraus folgenden Kontroll- und Überwachungspflichten dürfen nicht überspannt werden, weil das Internet ohne Links in seiner
   Funktionsfähigkeit erheblich eingeschränkt wäre und das Setzen von
   Links grundrechtsrelevant (Art. 5 Abs. 1 GG) ist.
4. Wegen ihrer ebenfalls systemischen Bedeutung für das Funktionieren des Mediums Internet und ihrer vollautomatischen Arbeitsweise
   beschränkt sich die störerrechtliche Haftung von Suchmaschinen für
   Rechtsverletzungen in den Treffereinträgen ebenso wie in den verlinkten Inhalten auf eine Beseitigungspflicht nach entsprechender Beanstandung durch den Verletzten.

---

91 So Spieker, MMR 2005, 727, 731 f., der außerdem fordert, dass der Suchmaschinenbetreiber darüber hinaus im Rahmen der technischen Möglichkeit
   gleichartige Beiträge für die Zukunft verhindern muss.

V. Gefahrenabwehr im Internet („Internet-Polizeirecht")

1. Störer-Haftung

365 Die Grundsätze der polizeirechtlichen Störerhaftung gehen davon aus, dass jeder, der einen **kausalen Tatbeitrag zu einer Störung der öffentlichen Sicherheit oder Ordnung** leistet, behördlich auf Unterlassung in Anspruch genommen werden kann; ein Verschulden setzt diese Störerhaftung ausdrücklich nicht voraus. Hat beispielsweise jemand ein Baugrundstück erworben, ohne zu wissen, dass es mit umweltgefährdenden Stoffen belastet ist, muss er dennoch (als Zustandsstörer) die Entsorgung durchführen und bezahlen, wenn der Verursacher der Belastungen oder ein hiervon wissender Voreigentümer nicht zu fassen oder nicht hinreichend solvent ist.

366 Allerdings sind Diensteanbieter nach dem TMG, wenn kein Verschulden i.S.d. §§ 8 ff. TMG – Eingriff in den Datenfluss, Vorliegen besonderer Kenntnis o.Ä. – gegeben ist, durch die **Haftungsprivilegien** von der Haftung befreit. Strittig ist daher, ob die Grundsätze der verschuldensunabhängigen Störerhaftung dadurch verdrängt sind. Doch stellt § 7 Abs. 2 Satz 2 TDG unmissverständlich klar, dass

> „Verpflichtungen zur Entfernung oder Sperrung der Nutzung von Informationen nach allgemeinen Gesetzen … auch im Falle der Nichtverantwortlichkeit des Diensteanbieters nach den §§ 8 bis 10 TMG unberührt"

bleiben. Es bleibt also trotz der Haftungsprivilegien für Telemedien-Diensteanbieter bei dem allgemeinen Grundsatz, dass auch der unschuldige Störer zur aktiven Mitwirkung an der Beseitigung einer Gefahr für die öffentliche Sicherheit oder Ordnung verpflichtet werden kann.[92]

2. Zugangserschwerung im Einzelfall: Düsseldorfer Sperrungsverfügungen

367 Die Bezirksregierung von Düsseldorf hat 2002 gegenüber einigen Access-Providern angeordnet, dass diese den **Zugang zu bestimmten Internetseiten sperren** müssen. Die betroffenen Seiten enthielten verfassungswidrige und strafrechtlich relevante Inhalte rechtsradikaler Art; deren Content-Provider saßen im Ausland und waren deshalb für die deutschen Behörden nicht erreichbar. Die Inanspruchnahme der Access-Provider entsprach daher der klassischen **Störerhaftung zur Gefahrenabwehr**.

---

92 Vgl. LG Hamburg, MMR 2005, 55, das urheberrechtliche Auskunftsansprüche gegen den Access-Provider nach den allgemeinen Grundsätzen der Störerhaftung bejaht hat; siehe auch Strömer, Online-Recht, S. 225; a.A. Köhler/Arndt/Fetzer, RdI, Rn. 775, die die Beseitigungs- und Unterlassungspflichten der Störerhaftung als von der Haftungsregulierung der §§ 8–10 TMG erfasst ansehen.

Bezüglich der vorzunehmenden Sperrung gab die Bezirksregierung den Pro- **368**
vidern drei Alternativen, die alle ihre Tücken haben, vor:

▶ **Blockade von IP-Adressen,** damit der Zielserver nicht mehr erreichbar
  ist. Allerdings werden dann mit einigen wenigen illegalen Seiten auch
  die vielen anderen legalen Seiten auf dem Zielserver vom Netz abge-
  hängt.

▶ **Eingriffe an den DNS-Servern** (→ Anhang 1) der Access-Provider, wodurch der Zugang zu einer bestimmten IP-Adresse oder URL (→ Anhang 1) verhindert wird. Allerdings bestehen für die interessierten User
  genug Ausweichmöglichkeiten auf andere DNS-Server.

▶ **Einsatz von Proxy-Servern** (→ Anhang 1), durch die die Kommunikation unterbrochen und auf problematische Inhalte gefiltert wird. Doch
  dies würde auch die wesentlich umfangreichere legale Kommunikation
  betreffen, was unverhältnismäßig wäre.

Gegen diese Verfügungen der Düsseldorfer Bezirksregierung erhob sich in **369**
der Internet-Gemeinde ein **Sturm der Entrüstung,** der sich auch vielfältig in
der juristischen Fachliteratur niederschlug.[93] Mit großer Heftigkeit wurde
das behördliche Vorgehen als **Verletzung der Meinungsfreiheit und Verstoß
gegen das „kategorische Zensurverbot"**[94] gebrandmarkt. Völlig übersehen
wird bei derartigen Vorwürfen, dass die Meinungsfreiheit nicht schrankenlos gewährt ist, sondern in allgemeinen Gesetzen gem. Art. 5 Abs. 2 GG
ihre Grenze findet; hierzu zählen auch Regelungen zum Schutz des demokratischen Rechtsstaates (s. o., Rn. 80).

Letztlich sind diese Reaktionen ein Beleg für **fehlende Gewöhnung an po- 370
lizeirechtliche Gefahrenabwehr.** Die erheblichen Durchsetzungsprobleme
der Rechtsordnung im Internet hatten dort ein Gefühl der „rechtlichen
Vogelfreiheit" geschaffen, das durch die Düsseldorfer Verfügungen empfindlich getroffen wurde. Dabei können unzulässige – insbesondere strafrechtlich relevante – Internetinhalte ebenso die öffentliche Sicherheit oder
Ordnung beeinträchtigen, wie dies etwa bei Umwelt- oder Verkehrsgefähr-
dungen der Fall ist. Aus den **Vollzugsdefiziten im virtuellen Raum** darf
nicht der Fehlschluss abgeleitet werden, die Rechtsordnung würde dort
nicht ebenso gelten, wie in der „realen" Welt. Schon länger ist dies klar
bei der Verletzung subjektiver Rechte (etwa im Wettbewerbs- oder Markenrecht), weil hier der jeweils in seinen Rechten Verletzte dagegen vorgeht und so das Vollzugsdefizit reduziert. Aber auch beim objektiven Straf-
und Gefahrenabwehrrecht werden die Behörden im Internet zunehmend
aktiv.

---

93 Siehe z. B. das umfangreiche Gutachten von Engel, MMR-Beilage zu 4/2003;
   Greiner, CR 2002, 620; Stadler, MMR 2002, 343.
94 Engel, MMR-Beilage zu 4/2003, These 19; Stadler, MMR 2002, 343.

371 Die Bezirksregierung Düsseldorf hat ihre Verfügungen auf die **Ermächtigungsgrundlage** des § 22 Abs. 3 MDStV gestützt,[95] der wortgleichen Vorgängervorschrift des heutigen § 59 Abs. 4 RStV. Danach

> „können Maßnahmen zur Sperrung von [rechtswidrigen] Angeboten ... auch gegen den Diensteanbieter von fremden Inhalten nach den § 8 bis 10 des Telemediengesetzes gerichtet werden".

Dies setzt zunächst voraus, dass die vorrangige Haftung der Content-Provider gem. §§ 59 Abs. 3 RStV, 7 Abs. 1 TMG nicht realisiert werden kann. Des Weiteren muss den Access-Providern die Sperrung technisch möglich und zumutbar sein.

372 Genau bei dieser letztgenannten Bedingung setzt die rechtliche Kritik an den Verfügungen an. Eine **verlässliche Sperrung sei technisch eben nicht möglich,** was sich aus den bei den jeweiligen Varianten genannten Nachteilen ergebe.[96] Dieses Argument verkennt jedoch, dass die polizeirechtliche Gefahrenabwehr keineswegs eine völlige Gefahrenbeseitigung erreichen muss; auch eine bloße Gefahrenreduzierung ist von der Störerhaftung gedeckt. Weiter wird argumentiert, die Sperrungsverfügungen seien gar **kein adäquates Mittel der Gefahrenabwehr,** weil die inkriminierten Seiten durch die damit verbundene erhöhte Publizität noch viel bekannter und auch begehrter würden; damit werde die Gefahr für die öffentliche Sicherheit und Ordnung nicht eingedämmt, sondern sogar erhöht.[97] Denkt man dieses Argument zu Ende, dürfte gegen Publikations- oder Äußerungsdelikte nie vorgegangen werden, weder präventiv noch repressiv.

373 Außerdem wird die **Anwendbarkeit des von RStV und TMG** auf Access-Provider als rein technische Anbieter bestritten;[98] doch steht dem zum einen schon der Anbieterbegriff von § 2 Satz 1 Nr. 1 TMG entgegen (s. o., Rn. 239); außerdem ist dies nicht entscheidend, weil sonst die polizeirechtliche Generalklausel der §§ 1, 3 PolG greifen würde.[99] Schließlich vermögen auch Pauschalargumente (Verstoß gegen ein „völkergewohnheitsrechtliches Interventionsverbot")[100] nicht zu überzeugen. Noch am ehesten Gewicht hat die Kritik, dass die Verfügungen bei Auswirkungen der Sperrung auf zahlreiche legale Inhalte im Hinblick auf das **Informationsgrundrecht der Allgemeinheit** unverhältnismäßig seien;[101] doch ist dem entgegenzuhalten, dass dies nur bei einer der alternativ vorgegebenen Maßnahmen

---

95 Eine entsprechende Ermächtigungsgrundlage fehlt im TMG wie im Vorgängergesetz TDG (a. A. – ohne erkennbare Begründung – VG Düsseldorf, MMR 2003, 205). Hier müsste dann auf die polizeirechtliche Generalklausel zurückgegriffen werden.

96 Instruktiv zu den technischen Schwierigkeiten: Schneider, MMR 2004, 18.

97 Stadler, Anm. zu VG Düsseldorf, MMR 2003, 205.

98 Stadler, MMR 2002, 343, 344.

99 Greiner, CR 2002, 620, 621.

100 Engel, MMR-Beilage zu 4/2003, These 9.

101 Stadler, MMR 2002, 343, 346.

eintreten kann und außerdem bei einer Gesamtabwägung dem Schutz der Allgemeinheit vor volksverhetzenden Inhalten Vorrang vor dem Zugang zu den mitbetroffenen legalen Inhalten eingeräumt werden kann.

Deshalb ist dem VG Düsseldorf zuzustimmen, das die **Angriffe der betrof-** **374** **fenen Access-Provider gegen die Verfügungen zurückgewiesen** hat:[102]

Sperrungsverfügung gegen Access-Provider – VG Düsseldorf, CR 2005, 885 m. Anm. Volkmann = MMR 2005, 794:

Aus den Gründen: ... Die geforderte Sperrung ist – bezogen auf den damaligen Zeitpunkt – technisch möglich. Unter „Sperrung" ist nicht etwa die vollständige Entfernung der betroffenen Angebote aus dem Netz oder eine vollständige Verhinderung des Zugangs zu ihnen zu verstehen. Vielmehr geht es – auch für die Klägerin hinreichend erkennbar – um eine „Abschottung" in dem Sinne, dass der Zugriff für diejenigen, denen die Klägerin die Nutzung vermittelt, erschwert wird. Dies folgt insbesondere aus den o. g. Begründungserwägungen Nr. 42 und 45 zur ECR, wo ausdrücklich zwischen der Entfernung der Informationen aus dem Netz und der Sperrung des Zugangs zu ihnen differenziert wird. ... Eine ordnungsrechtliche Maßnahme ist geeignet, wenn durch sie irgendeine Förderung des gewünschten Erfolgs möglich ist bzw. sie einen Beitrag zu dessen Erreichung leistet. Daher kann es im vorliegenden Zusammenhang nur darum gehen, dass es sich bei der Sperrung um einen „Schritt in die richtige Richtung" handelt. Hiernach reicht es für die Geeignetheit der Maßnahme aus, dass sie den Zugriff auf die beiden gesperrten Angebote für den durchschnittlichen geschäftlichen, beruflichen oder privaten Nutzer, auf dessen Horizont insoweit abzustellen ist, erschwert. ... Nach diesen Grundsätzen kann die Sperrung, nämlich die Erschwerung des Zugriffs auf die beiden Angebote, nicht als zur Gefahrenabwehr ungeeignet eingestuft werden. ...

Es ist auch nicht erkennbar, dass mit der Sperrungsverfügung in die Grundrechte der Informations- bzw. Meinungsfreiheit oder Rundfunkfreiheit aus Art. 5 Abs. 1 Sätze 1 und 2 GG in erheblicher Weise eingegriffen würde. Denn jedenfalls ist ein Eingriff in jede der o. g. durch Art. 5 Abs. 1 Sätze 1 und 2 GG gewährleisteten Freiheiten durch die grundgesetzliche Schranke des Art. 5 Abs. 2 GG gedeckt. Gemäß Art. 5 Abs. 2 GG finden die Gewährleistungen des Art. 5 Abs. 1 GG ihre Schranken unter anderem in den Vorschriften der allgemeinen Gesetze und in den Bestimmungen zum Schutz der Jugend. Jedenfalls die genannten strafrechtlichen Bestimmungen, deren Verletzung durch § 22 Abs. 3 MDStV sanktioniert wird, sind „allgemeine Gesetze", denn sie richten sich nicht gegen eine Meinung als solche, sondern ihr Regelungsgegenstand ist der Schutz des Staates und seiner Verfassung gegen Angriffe auf ihren Bestand als schlechthin, unabhängig von der konkreten Tendenz oder Wirkung einer Meinungsäußerung, zu schützendes Rechtsgut. ... Schließlich lässt sich auch ein Verstoß gegen Art. 12 Abs. 1 Satz 1 und Art. 14 Abs. 1 Satz 1 GG, nicht feststellen, und zwar unabhängig davon, ob man eine Beeinträchtigung

---

102 Bereits im Verfahren des einstweiligen Rechtsschutzes hatten das VG Düsseldorf (MMR 2003, 205) und als 2. Instanz das OVG Münster (CR 2003, 361 m. Anm. Vassilaki = NJW 2003, 2183) die Beschwerden gegen die Verfügungen zurückgewiesen.

der Berufs- oder der Eigentumsfreiheit annimmt. Geht man davon aus, dass es sich bei der Tätigkeit der Klägerin um einen Beruf und bei der Sperrungsverfügung um einen Eingriff in die Berufsfreiheit handelt, kann ein Eingriff durch Gesetz oder auf Grund eines Gesetzes erfolgen (Art. 12 Abs. 1 Satz 2 GG). ... Sieht man in der auf den MDStV gestützten Maßnahme einen Eingriff in das durch Art. 14 Abs. 1 Satz 1 GG gewährleistete Recht am eingerichteten und ausgeübten Gewerbebetrieb, liegt eine Verletzung ebenfalls nicht vor. Denn gemäß Art. 14 Abs. 1 Satz 2 GG werden Inhalt und Schranken durch die Gesetze bestimmt. Ein solches Gesetz stellt § 22 Abs. 3 MDStV dar, auf das die angefochtene Entscheidung gestützt ist. ...

375 In einer Entscheidung des VG Köln wird insbesondere auch die **Verhältnismäßigkeit** (Geeignetheit, Erforderlichkeit, Angemessenheit) im einzelnen geprüft und bejaht:[103]

Sperrungsverfügung gegen Access-Provider – VG Köln, MMR 2005, 399 m. Anm. Kazemi = CR 2006, 201:

Aus den Gründen: ... Keine der drei in der Verfügung genannten Sperrungsalternativen kann im Rechtssinne als ungeeignet angesehen werden. Eine Maßnahme der Gefahrenabwehr ist nämlich bereits dann geeignet zur Erreichung eines legitimen Zweckes, wenn durch sie der gewünschte Erfolg gefördert, also die Gefahr gemindert wird. Voraussetzung der Rechtmäßigkeit einer entsprechenden Maßnahme ist also nicht, dass die Gefahr durch sie vollständig beseitigt wird; ausreichend, aber auch erforderlich ist vielmehr, dass die angeordnete Maßnahme einen wirksamen Beitrag zur Gefahrenabwehr leisten kann. ...

Die Maßnahme ist schließlich auch nicht unangemessen bzw. – so ausdrücklich § 22 Abs. 3 Satz 1 letzter Halbsatz MDStV – unzumutbar. Ausgangspunkt der Überlegungen muss insoweit allerdings die Feststellung sein, dass die von der Klägerin verlangte Maßnahme – wie oben gesehen – wenig effizient ist, weil ein erheblicher Teil der Nutzer nicht oder jedenfalls nicht dauerhaft am Zugriff auf die in Rede stehenden Seiten gehindert wird. Dies macht die Maßnahme zwar, da es vorliegend um den Schutz hochrangiger Rechtsgüter wie der Menschenwürde oder des Kinder- und Jugendschutzes geht, nicht von vornherein unzumutbar. Es erfordert aber einen genauen Blick auf den dem Adressaten der Sperrungsverfügung entstehenden Aufwand. Dieser darf zu der durch jede der Sperrungsalternativen erzielten, moderaten Wirkung nicht außer Verhältnis stehen. Dabei ist auf die Verhältnisse des jeweiligen Providers abzustellen, für den die Maßnahmen je nach der Organisation seines Betriebes unterschiedlich belastend sein können. Gemessen an diesen Maßstäben hält die Kammer die Verfügung für angemessen. ...

103 Hierzu vgl. auch OVG Lüneburg, NJW 2008, 1831, bzgl. einer jugendschutzrechtlich motivierten Untersagungsverfügung. Kritisch zur (technischen) Geeignetheit – allerdings vor einem wettbewerbsrechtlichen statt verwaltungsrechtlichen Hintergrund – LG Kiel, MMR 2008, 123 m. Anm. Schnabel.

3. Generelle Zugangserschwerung („Access Blocking") per Gesetz bei
    kinderpornografischen Angeboten

a) Inhalt des Zugangserschwerungsgesetzes

Den durch die Bezirksregierung Düsseldorf mit Einzelfallverfügungen be-   **376**
schrittenen Weg hat der Gesetzgeber mit dem „Gesetz zur Erschwerung
des Zugangs zu kinderpornografischen Inhalten in Kommunikationsnetzen" (Zugangserschwerungsgesetz – ZugErschwG) aufgegriffen und sich
zur Bekämpfung kinderpornografischer Angebote im Internet als **generell-
abstrakte Maßnahme** zu Eigen gemacht.

Das ZugErschwG schreibt **Access Providern**[104] vor, den Zugang zu „Tele-   **377**
medienangeboten, die Kinderpornografie nach § 184b des Strafgesetzbuchs
enthalten oder deren Zweck darin besteht, auf derartige Telemedienangebote zu verweisen" (§ 1 Abs. 1 Satz 1) zu erschweren.[105] Sie haben dafür **alle geeigneten und zumutbaren technischen Maßnahmen** zu ergreifen
(§ 2 Abs. 1 Satz 1), insbesondere die Auflösung der Domainnamen in die
zugehörigen IP-Adressen zu unterlassen (§ 2 Abs. 2). Außerdem müssen
die Access Provider die User, die eine solche gesperrte Seite aufrufen, auf
eine selbst betriebene Internetseite mit einem roten Stopp-Schild umleiten
(§ 4). Die Daten dieser User dürfen allerdings nicht für Zwecke der Strafverfolgung (z. B. versuchte Besitzverschaffung von kinderpornografischen
Schriften/Bildern) verwendet werden (§ 5); lediglich eine anonymisierte
Aufstellung über die Anzahl der Zugriffsversuche muss dem BKA übermittelt werden (§ 6).

Welche Internetangebote als kinderpornografisch anzusehen sind, legt das   **378**
Bundeskriminalamt (BKA) in einer sogenannten „Sperrliste" fest; darin
enthalten sind die Domainnamen, IP-Adressen und Zieladressen der betroffenen Internetangebote (§ 1 Abs. 1 Satz 1). Die Access Provider, die täglich
eine aktuelle Fassung der Sperrliste erhalten, haben diese geheim zu halten
(§ 3). Spätestens sechs Stunden nach der Zurverfügungstellung bzw. Aktualisierung der Sperrliste müssen die Zugangserschwerungsmaßnahmen
ergriffen worden sein (§ 2 Abs. 3). Die Aufnahme von Internetangeboten
in die Sperrliste ist jedoch subsidiär; zuvor muss versucht worden sein, die
Löschung der betreffenden Internetseite(n) zu erreichen. Sitzt der inhaltlich
verantwortliche Anbieter (Content Provider) innerhalb der Europäischen
Union, muss zunächst das Konsultationsverfahren gem. § 3 Abs. 5 Satz 2
TMG durchgeführt werden; bei Anbietern von außerhalb der EU ist die
Aufnahme in die Sperrliste sofort möglich, wenn nach Einschätzung des
BKA in dem betreffenden Staat mit keiner wirksamen Durchsetzung der
Löschungspflicht zu rechnen ist (§ 1 Abs. 2). Ein **Expertengremium unter**

---

104 Sofern sie mindestens 10 000 Teilnehmer oder sonstige Nutzungsberechtigte
     haben, § 2 Abs. 1 Satz 1 ZugErschwG.
105 Nach der Gesetzesbegründung zielt diese Vorgabe allein auf eine Handlungs-
     pflicht, nicht jedoch auf die Erreichung eines (vollständigen) Sperrungs*erfolgs*,
     vgl. BT-Drs. 16/12850, S. 6.

der Leitung des Bundesdatenschutzbeauftragten überwacht die Führung
der Sperrliste durch das BKA und kann auch Änderungen an der Sperrliste
verlangen (§ 9).

b) Bewertung

379 Das ZugErschwG ist, was wenig verwundert, von der Internet Communi-
tiy noch kritischer aufgenommen worden als die Düsseldorfer Sperrungsverfügungen. Am deutlichsten wurde dies durch **eine von 134 000 Unter-
zeichnern unterstützte Online-Petition** beim Bundestag.[106] Diese Kritik hat
Eingang in das sehr kontrovers diskutierte Gesetzgebungsverfahren gefunden und schlägt sich nicht zuletzt darin nieder, dass die Geltungsdauer des
ZugErschwG bis Ende 2012 befristet worden und eine Evaluierung des
Gesetzes nach zwei Jahren vorgeschrieben ist. Neben den (von den Düsseldorfer Sperrungsverfügungen) bekannten Einwänden der fehlenden Eignung wegen einfacher technischer Umgehungsmöglichkeiten und der „Kol-
lateralgefahr" für legale Inhalte wird vorgebracht, dass die Ausgestaltung
des Gesetzes sogar kontraproduktiv sei: Die Sperrliste lasse sich im Internet
gegenüber Personen mit entsprechender krimineller Energie nicht geheim
halten und stelle daher eine äußerst hilfreiche Übersicht für entsprechende
Straftäter dar. Außerdem – und hier liegt wohl der Kern der heftigen Kritik – wird mit diesem Gesetz erstmals eine abstrakte (also nicht auf einen
Einzelfall beschränkte) **„Zensur-Infrastruktur"** für das Internet geschaffen.
Schon jetzt ist aus dem politischen Raum die Forderung zu hören, dieses Instrumentarium auch auf andere unerwünschte Angebote (z. B. Nazi-Seiten,
Killer- und Glücksspiele bis hin zu Urheberrechtsverstößen) auszuweiten.[107]

380 Die massive Kritik aus der Internet-Community war jedenfalls bezüglich
des von den Regierungsfraktionen eingebrachten Gesetzentwurfs berechtigt. Denn dieser sah nicht vor, dass vorrangig auf eine Löschung der entsprechenden Angebote hingewirkt werden muss und die Aufnahme in die
Sperrliste subsidiär ist. Eine solche Subsidiarität sieht übrigens auch die
für die Düsseldorfer Sperrungsverfügungen maßgebliche Rechtsgrundlage
vor (vgl. heute § 59 Abs. 4 RStV). Des Weiteren war ausdrücklich vorgesehen gewesen, dass die personenbezogenen Daten von Usern, die gesperrte
Seiten aufrufen, zu Strafverfolgungszwecken genutzt werden können (§ 8a
TMG-Entwurf[108]). Auch die Kontrolle des BKA durch den Bundesdatenschutzbeauftragten und eine Expertenkommission war nicht geplant. Alle
diese **wichtigen Punkte wurden erst im Lauf des Gesetzgebungsverfahrens
aufgenommen.**

---

106 Stadler, MMR 2009, 581, 582.
107 Stadler, MMR 2009, 581, 582; Marberth-Kubicki, NJW 2009, 1792, 1796;
     zur französischen Internetsperre wegen Urheberrechtsverstößen vgl. Greve/
     Schärdel, ZRP 2009, 54. Im Koalitionsvertrag von CDU, CSU und FDP 2009,
     S. 103 f., findet sich die Zusicherung, dass „keine Initiativen für gesetzliche
     Internetsperren bei Urheberrechtsverstößen" ergriffen werden.
108 Vgl. BT-Drs. 16/12850, S. 3.

Mit diesen Änderungen wurden dem Gesetzentwurf die unter Rechtsstaatsgesichtspunkten äußerst problematischen Zähne gezogen,[109] so dass der Inhalt des verabschiedeten Gesetzes **verfassungsrechtlich haltbar** sein dürfte.[110] Rechtspolitisch und juristisch ist dies jedoch **nur durch die erhebliche Schwere der Kinderpornografie zu rechtfertigen.** Denn im Internet ist mit vergleichsweise geringer Hemmschwelle eine erhebliche Anzahl kinderpornografischer Angebote erreichbar. Der mit der Herstellung kinderpornografischen Materials verbundene Missbrauch der Kinder führt bei diesen nicht selten zu einer lebenslangen Traumatisierung; bei vielen Opfern verhindert dies außerdem die Entfaltung eines erfüllten Sexuallebens. Deshalb handelt es sich dabei um eine der perfidesten Straftaten überhaupt. Insofern ist in diesem besonderen Fall auch eine derart weit reichende Maßnahme wie das ZugErschwG zur Eindämmung der Nachfrage vertretbar.[111] **381**

Andererseits ist den Kritikern einzuräumen, dass es noch viele andere äußerst unschöne Erscheinungen im Internet gibt und das Gesetz eine erhebliche Besorgnis nach einer Ausweitung auf andere Internetangebote begründet. Auf Grund der hohen verfassungsrechtlichen Relevanz der Meinungs- und Informationsfreiheit ist es aber dem Gesetzgeber verwehrt, das Medium Internet substanziell zu ändern und strukturellen Zensurmechanismen zu unterwerfen; daher wird eine **Ausweitung des ZugErschwG auf andere Internetangebote** regelmäßig an dieser hohen verfassungsrechtlichen Hürde scheitern. Unterdessen hat die Bundesregierung erklärt, dass sie von der nun gesetzlich geschaffenen Sperrmöglichkeit zunächst für ein Jahr keinen Gebrauch machen und sich auf die Löschung kinderpornografischer Angebote konzentrieren möchte.[112] **382**

4. Fazit

1. Die Grundsätze der verschuldensunabhängigen Störerhaftung bleiben von den Haftungsprivilegien unberührt. **383**
2. Die Düsseldorfer Bezirksregierung hat in rechtlich sehr umstrittenen Verfügungen mehrerer Access-Provider aufgegeben, den Zugang zu bestimmten rechtsradikalen Seiten zu sperren, nachdem die ver-

---

109 Siehe dazu auch Sieber, JZ 2009, 653.
110 Zu der außerdem kontrovers diskutierten Frage, ob dieses Bundesgesetz als eine der Ländergesetzgebung vorbehaltene Polizeirechtsregelung anzusehen ist (mit der Folge, dass es formell verfassungswidrig wäre), vgl. BT-Drs. 16/12850, S. 5 f. sowie Stadler, MMR 2009, 581, 582; Schnabel, JZ 2009, 996, 997.
111 Vgl. insoweit die Begründung des Gesetzentwurfs, BT-Drs. 16/12850, S. 5; hier wird auch auf eine weit verbreitete Übung mit Internetsperren im Ausland verwiesen; nach Schnabel, JZ 2009, 996, 1000 f., ist das ZugErschwG unverhältnismäßig und damit grundrechtswidrig.
112 Koalitionsvertrag von CDU, CSU und FDP 2009, S. 105. Zudem hat der Bundespräsident das Gesetz erst nach mehrmonatiger Prüfung im Februar 2010 (Gesetz vom 17. 2. 2010, BGBl. S. 78) ausgefertigt, was nach Presseberichten verfassungsrechtlichen Bedenken geschuldet sein soll.

antwortlichen Content-Provider sich im Ausland befinden und nicht belangt werden konnten. Gestützt waren diese Anordnungen auf die Ermächtigungsgrundlage des § 22 Abs. 3 MDStV (heute: § 59 Abs. 4 RStV).

3. Diese Verfügungen haben zu einem Aufschrei in der bisher von solchen polizeirechtlichen Störerinanspruchnahmen verschonten Internetgemeinde geführt. Doch die gegen die Düsseldorfer Verfügungen vorgebrachten rechtlichen Einwände greifen letztlich nicht durch; vor Gericht wurden die Verfügungen bestätigt.

4. Das Zugangserschwerungsgesetz setzt diese Form des Access Blocking als flächendeckendes Instrument zur Bekämpfung der Kinderpornografie ein, was erhebliche Kritik ausgelöst hat. Verschiedene rechtsstaatlich gebotene Änderungen im Gesetzgebungsverfahren haben das Gesetz verfassungsrechtlich haltbar gemacht. Von besonderer Bedeutung sind dabei der Grundsatz „Vorrang von Löschung vor Sperrung" und das Verbot zur Nutzung von Userdaten zu Strafverfolgungszwecken. Dennoch berührt das Gesetz empfindlich die äußersten Grenzen des Zulässigen in einer auf Meinungs- und Informationsfreiheit aufgebauten Gesellschafts- und Verfassungsordnung.

C. Datenschutzrecht für Provider

I. Grundsätze des Provider-Datenschutzrechts

1. Bedeutung

384 In keinem anderen Bereich hat der Datenschutz eine größere Berechtigung als im Internet. Die Inanspruchnahme von Internetdiensten erfolgt nur scheinbar anonym. Tatsächlich aber hinterlässt jeder User im Internet seine Spuren, weil ihm mit dem Eintritt ins Netz eine IP-Nummer zugeteilt und dadurch sein **Surfverhalten erfasst** wird. Technisch ist es also gar kein Problem, auf subtile Weise **personenbezogene Persönlichkeitsprofile** zu erstellen, die Aussagen über die vom Betroffenen angeklickten Internetseiten und damit auch über seine **Vorlieben und Interessenschwerpunkte beim Surfen** zulassen. Dies ist namentlich für die Werbewirtschaft von einem hohen kommerziellen Interesse; denn dann können dem Einzelnen passgenau auf seine Bedürfnislage abgestimmte Werbeangebote unterbreitet werden, was für eine entsprechende Umsatzsteigerung bürgt. Da diese Erkenntnisse nirgendwo sonst – insbesondere **ohne Mitwirkung oder gar ohne Wissen des Betroffenen** – gewonnen werden können, ist die datenschutzrechtliche Gefährdungslage im Internet so besonders hoch.[113]

---

113 Köhler/Arndt/Fetzer, RdI, Rn. 875 ff.; Strömer, Online-Recht, S. 390 f.

Das BDSG (s. o., Rn. 93 ff.) ist in erster Linie auf den Schutz des Indivi- **385**
duums gegenüber datenschutzrechtlichen Bedrohungen durch den Staat
angelegt und kann die **spezifischen Gefährdungen des Internets** daher nicht
abschließend auflösen. Deshalb hat der Gesetzgeber **spezielle datenschutzrechtliche Bestimmungen** für

► Telekommunikationsdienste (§§ 91–107 TKG) und
► Telemedien (§§ 11–15 TMG)

geschaffen, die in weiten Teilen übereinstimmen.

Diese Sondernormen gelten jedoch nur für „onlinespezifische" Daten, die **386**
im Zusammenhang mit der Nutzung von Telekommunikations-, Tele- und
Mediendiensten erhoben werden. Sogenannte **Inhaltsdaten** dagegen, die
zwar online erhoben werden, aber in keinem unmittelbaren Zusammenhang mit dem Nutzungsverhältnis eines Online-Dienstes stehen, unterfallen
dem (allgemeinen) BDSG.[114] Hier gelten teilweise – wegen der schwächeren Gefährdungslage – geringere Anforderungen an die Datenverwendung;
so sieht z. B. § 28 BDSG bei der Datennutzung zu Werbezwecken oder
Markt- und Meinungsforschungszwecken keinen Zustimmungsvorbehalt,
sondern nur ein Widerspruchsrecht gem. Abs. 4 vor. Betroffen hiervon sind
vor allem **Vertragsdaten sogenannter „Offline-Verträge"**, die zwar online
geschlossen, aber offline erfüllt werden. Zu diesen Inhaltsdaten zählt beispielsweise die Anschrift eines Kunden, der bei einem Onlinehändler über
einen elektronischen Warenkorb ein Buch bestellt.[115] Durch die jüngste Novellierung des BDSG ist die Übermittlung von Daten an Dritte deutlich erschwert worden, indem nun die Einwilligung des Betroffenen (in der Regel
in Schriftform) erforderlich ist (§ 29 Abs. 2 Satz 2 i. V. m. § 28 Abs. 3, 3a
BDSG), während früher nur ein Widerspruchsrecht bestand (§ 28 Abs. 4
BDSG a. F.).

2. Datenschutzrechtliche Vorgaben für Kundendaten

a) Allgemeine Grundsätze

Von besonderer Bedeutung sind die Kundendaten, zu denen alle für die **387**
Durchführung des jeweiligen Provider-Vertragsverhältnisses erforderlichen
Informationen zählen, da gerade für diese teilweise ohne Zutun des Kunden erhobenen Daten die geschilderte onlinespezifische Gefährdungslage
besteht. Deshalb sind die Provider hier besonders dazu verpflichtet, von
sich aus und unaufgefordert ihre Kunden darüber zu **informieren, welche
ihrer Daten zu welchem Zweck wie verwendet werden** (§§ 93 TKG, 13
Abs. 1 TMG). Gerade bei diesen Verfahren, die eine meist leichte und vom
Kunden unbemerkte Datenerhebung ermöglichen, ist dieser Ausfluss des
allgemeinen datenschutzrechtlichen Transparenzgebotes besonders wichtig
(vgl. o., Rn. 100).

---

114 Wolber, CR 2003, 859, 860 f. m. w. N. (str.).
115 Wolber, CR 2003, 862.

388   Der allgemeine datenschutzrechtliche **Grundsatz der Datensparsamkeit** findet auch hier in einem präventiven Verbot der Datenerhebung, -verarbeitung und -nutzung mit Erlaubnisvorbehalt seinen Niederschlag (vgl. § 12 Abs. 1 TMG und s. o., Rn. 94). Die wichtigsten Kundendaten sind die Bestandsdaten und Verkehrsdaten (im Telekommunikationsrecht) oder Nutzungs- und Abrechnungsdaten (im Telemedienrecht). Für diese gelten **datenschutzrechtliche Erleichterungen**, in dem bestimmte Datenerhebungen und -verwendungen zu bestimmten Zwecken **zustimmungsfrei** gesetzlich erlaubt sind.

389   Außerhalb dieser Erleichterungen sind Datenerhebungen und -verwendungen nur mit **vorheriger Einwilligung des Betroffenen** möglich. Unter bestimmten Voraussetzungen kann diese Einwilligung **auch elektronisch erteilt** werden (§§ 94 TKG, 13 Abs. 2 TMG):[116]

- ►   Dem Betroffenen darf die Einwilligung **nicht „verdeckt abgeluchst"** werden, sondern er muss sich über die Bedeutung dieser Entscheidung im Klaren sein,

- ►   die Einwilligung muss **protokolliert** – also dauerhaft verkörpert – werden,

- ►   der Betroffene muss den Inhalt seiner Einwilligung **jederzeit wieder abrufen** können und

- ►   er muss die Einwilligung jederzeit (natürlich nur für die Zeit danach) **widerrufen** können.

390   Insbesondere ist die Anfertigung von **Nutzerprofilen** (etwa zu Interessenschwerpunkten im Surfverhalten), die identifizierbaren konkreten Personen zugeordnet werden können, ohne Einwilligung des Betroffenen nicht erlaubt. Telemedienanbieter können allerdings pseudonymisierte Nutzerprofile zu Zwecken der Werbung, der Marktforschung und der bedarfsgerechten Angebotsgestaltung erstellen, solange und soweit der hinter dem Pseudonym stehende Nutzer nicht widerspricht (§ 15 Abs. 3 TMG, näher hierzu s. u. Rn. 407).[117]

b) Bestands-, Verkehrs- und Nutzungs-/Abrechnungsdaten

391   Die Begriffe der Bestands-, Verkehrs- und Nutzungs-/Abrechnungsdaten knüpfen an verschiedene Abschnitte und Vollzugsakte des Nutzungsverhältnisses an:

---

116   Vgl. Köhler/Arndt/Fetzer, RdI, Rn. 930; Ohlenburg, MMR 2004, 431, 433.
117   Boehme-Neßler, Cyberlaw, S. 302 f.

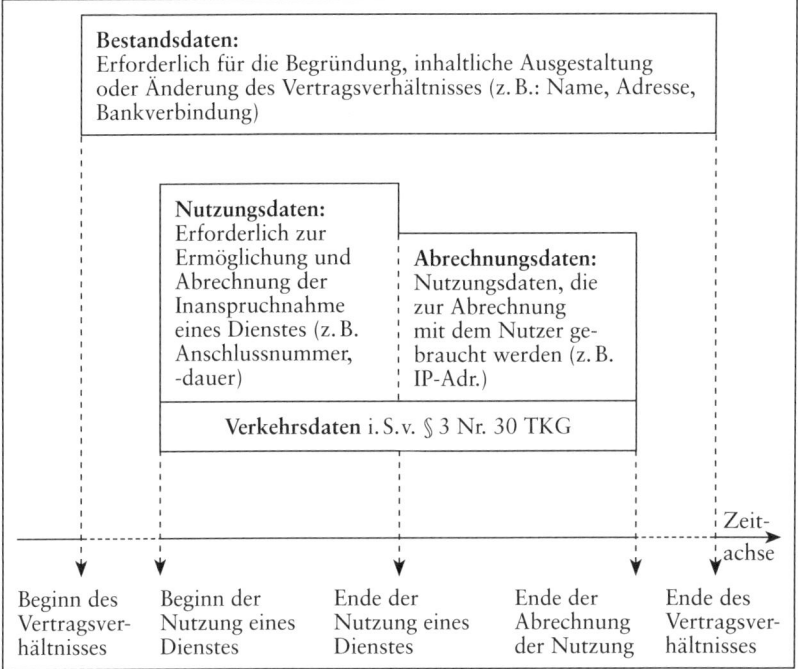

Übersicht 12: Bestands-, Verkehrs- und Nutzungs-/Abrechnungsdaten

aa) Bestandsdaten

Alle „**Grund- oder Dauerdaten**", die zur Begründung und nachhaltigen **392** Durchführung des Vertragsverhältnisses benötigt werden, sind Bestandsdaten. Das Telekommunikationsrecht (§ 3 Nr. 3 TKG) bezeichnet diese als

> „... Daten eines Teilnehmers, die für die Begründung, inhaltliche Ausgestaltung, Änderung oder Beendigung eines Vertragsverhältnisses über Telekommunikationsdienste erhoben werden; ..."

In § 14 Abs. 1 Satz 1 TMG werden die Bestandsdaten ähnlich als Daten eines Nutzers definiert, die

> „für die Begründung, inhaltliche Ausgestaltung oder Änderung eines Vertragsverhältnisses ... über die Nutzung von Telemedien erforderlich sind".

Zu solchen Bestandsdaten zählen beispielsweise der Name, die Rechnungs- **393** anschrift und die Bankverbindung des Kunden. Von der Angabe weiterer Daten wie z.B. Alter oder Beruf darf der Anbieter die Erbringung seiner **Leistungen nicht abhängig machen**, ebenso wenig von der Zustimmung zu anderen Verwendungszwecken (§§ 95 Abs. 5 TKG, 12 Abs. 3 TMG). Deshalb wird oft in Abfragemasken zwischen (meist mit Sternchen markierten) obligatorischen und freiwilligen Angaben unterschieden.

394 Die (zustimmungsfreie) Erhebung, Verarbeitung und Nutzung dieser Bestandsdaten ist nur soweit zugelassen, als dies für die Vertragsdurchführung unbedingt erforderlich ist.[118] Eine **anderweitige Verwendung** – etwa zu Zwecken der Werbung, Meinungsforschung und bedarfsgerechten Angebotsgestaltung – ist nur bei **ausdrücklicher vorheriger Einwilligung des Kunden** oder anderweitiger gesetzlicher Ermächtigung möglich (§§ 95 Abs. 2 TKG, 12 Abs. 2 TMG; für die elektronische Einwilligung s. o., Rn. 389).[119] Die **Weitergabe an Dritte** ist im Telekommunikationsrecht ebenfalls zustimmungspflichtig (§ 95 Abs. 1 Satz 3 TKG), während im Telemedienrecht eine Anzeige ausreicht (§ 13 Abs. 5 TMG). Aus der Zweckbestimmung ergibt sich außerdem, dass der Dienstleister nach Beendigung des Vertragsverhältnisses zur **Löschung der Daten** verpflichtet ist (so ausdrücklich geregelt mit einer „Schonfrist" in § 95 Abs. 3 TKG: „mit Ablauf des auf die Beendigung folgenden Kalenderjahres"; vgl. auch §§ 20, 35 BDSG).

bb) Verkehrs- bzw. Nutzungs-/Abrechnungsdaten

395 Alle für die **technische Herstellung und anschließende Abrechnung** einer konkreten Verbindung erforderlichen Daten zählen zu den Verkehrsdaten. Im Wesentlichen geht es dabei um Angaben zum Einwählverhalten des Kunden, also Anschlussnummer, ggf. Passwort, Beginn und Ende der Verbindung sowie – soweit abrechnungsrelevant – das in der Verbindung übertragene Datenvolumen (vgl. § 96 Abs. 1 TKG); strittig ist, ob auch die Zuordnung dynamischer IP-Nummern zu bestimmten Internet-Anschlüssen ein Verkehrsdatum darstellt.[120] Den Verkehrsdaten im Telekommunikationsrecht entsprechen die Nutzungsdaten im Telemedienrecht (z. B. abonnierte Newsgroups, um das Abonnement regelmäßig bedienen zu können)[121]; die dort außerdem definierten Abrechnungsdaten bezeichnen den Teil der Nutzungsdaten, die über die konkrete Erbringung der Dienstleistung hinaus für deren Abrechnung benötigt werden (§ 15 Abs. 4 TMG). Die Bedeutung dieser Unterscheidung liegt in den **verschiedenen Löschungsfristen,** die – da zweckabhängig – auch für die Verkehrsdaten nach dem TKG zu beachten sind (vgl. §§ 96 Abs. 2 TKG).[122]

396 Die (zustimmungsfreie) Verwendung dieser Daten ist immer **nur soweit und solange möglich, wie sie für ihre Zweckbestimmung benötigt werden**; so

118 Boehme-Neßler, Cyberlaw, S. 299 f., spricht vom „Erforderlichkeitsvorbehalt".
119 Allerdings schränkt § 95 Abs. 2 Satz 2 TKG dies für Post-, eMail- und SMS-Werbung des TK-Anbieters gegenüber seinen Kunden innerhalb der bestehenden Geschäftsbeziehung insofern ein, dass hier die Datenverwendung bis zum Widerspruch des Kunden zulässig ist („opt-out-Prinzip"; vgl. Ohlenburg, MMR 2004, 431, 433).
120 Pro: OLG Karlsruhe, CR 2009, 373; zweifelnd: OLG Zweibrücken, MMR 2009, 45; ablehnend Meyerdierks, MMR 2009, 8 bzgl. der Einordnung als personenbezogenes Datum i. S. v. § 3 Abs. 1 BDSG; ausführlich zum aktuellen Meinungsstand siehe Voigt, MMR 2009, 377, 378 ff.
121 Boehme-Neßler, Cyberlaw, S. 300.
122 Vgl. Ohlenburg, MMR 2004, 431, 434.

werden z. B. bei einem Flatrate-Abrechnungsverfahren die einzelnen Verbindungszeitpunkte nicht benötigt und dürfen deshalb auch nicht erfasst werden. Auch folgt daraus, dass die ausschließlich technisch nötigen Daten, die für die Abrechnung nicht benötigt werden, mit dem Ende der konkreten Nutzung des Dienstes – soweit sie im Telekommunikationsbereich nicht für den Aufbau weiterer Verbindungen o. a. benötigt werden – zu löschen sind (§ 96 Abs. 2 TKG, Umkehrschluss aus § 15 Abs. 4 Satz 1 TMG). Die für die Abrechnung benötigten Verkehrs- bzw. Nutzungsdaten müssen spätestens sechs Monate nach Beendigung der Verbindung oder Nutzung gelöscht werden, sofern die Abrechnung nicht streitig ist (§§ 97 Abs. 3 TKG, 15 Abs. 7 und 8 TMG).

Eine **darüber hinaus gehende Verwendung der Verkehrs- bzw. Nutzungs- 397 daten** zu Marketing- oder Zusatzangebotszwecken (vgl. § 98 TKG) ist – wie bei den Bestandsdaten – nur mit vorheriger Einwilligung des Kunden möglich; außerdem müssen die Daten des Gesprächs- oder Verbindungspartners des Kunden sofort anonymisiert werden (§§ 96 Abs. 3 TKG). Die **Weitergabe von Abrechnungsdaten durch den Diensteanbieter an Dritte** ist nur zulässig, wenn die kostenpflichtigen Leistungen von einem Dritten über den Diensteanbieter erbracht wurden oder der Diensteanbieter dem Dritten den Forderungseinzug übertragen hat; der Dritte ist in diesen Fällen (selbstverständlich) an das Fernmeldegeheimnis gebunden (§§ 97 Abs. 1 TKG, 15 Abs. 5 TMG). Telemedien sind außerdem zur **Übermittlung anonymisierter Nutzungsdaten** an Dritte zu Marktforschungszwecken berechtigt (§ 15 Abs. 5 Satz 3 TMG).

Diese „Verbindungsdaten" stehen vorrangig unter dem Schutz des Grund- 398 rechts auf informationelle Selbstbestimmung:

Grundrechtsschutz für TK-Verbindungsdaten – BVerfG, CR 2006, 383 = MMR 2006, 217:

Die nach Abschluss des Übertragungsvorgangs im Herrschaftsbereich des Kommunikationsteilnehmers gespeicherten Verbindungsdaten werden nicht durch Art. 10 Abs. 1 GG, sondern durch das Recht auf informationelle Selbstbestimmung (Art. 2 Abs. 1 in Verbindung mit Art. 1 Abs. 1 GG) und gegebenenfalls durch Art. 13 Abs. 1 GG geschützt.

Aus den Gründen: … Das Fernmeldegeheimnis schützt in erster Linie die Vertraulichkeit der ausgetauschten Informationen und damit den Kommunikationsinhalt gegen unbefugte Kenntniserlangung durch Dritte. … Die nach Abschluss des Übertragungsvorgangs im Herrschaftsbereich des Kommunikationsteilnehmers gespeicherten Kommunikationsverbindungsdaten werden jedoch nicht durch Art. 10 Abs. 1 GG, sondern durch das Recht auf informationelle Selbstbestimmung (Art. 2 Abs. 1 in Verbindung mit Art. 1 Abs. 1 GG) und gegebenenfalls durch Art. 13 Abs. 1 GG geschützt. Der Schutz des Fernmeldegeheimnisses endet insoweit in dem Moment, in dem die Nachricht bei dem Empfänger angekommen und der Übertragungsvorgang beendet ist. … Demgegenüber wird die von dem Bürger selbst beherrschbare Privatsphäre von anderen Grundrechten, insbesondere … dem Recht auf informationelle Selbstbestimmung (Art. 2 Abs. 1 in Verbindung mit Art. 1 Abs. 1 GG) geschützt. …

Die freie Entfaltung der Persönlichkeit setzt unter den modernen Bedingungen der Datenverarbeitung den Schutz des Einzelnen gegen unbegrenzte Erhebung, Speicherung, Verwendung und Weitergabe seiner persönlichen Daten voraus. Dieser Schutz ist von dem Grundrecht aus Art. 2 Abs. 1 in Verbindung mit Art. 1 Abs. 1 GG verbürgt. Das Grundrecht gewährleistet insoweit die Befugnis des Einzelnen, grundsätzlich selbst über die Preisgabe und Verwendung seiner persönlichen Daten zu bestimmen. … Fernmeldegeheimnis und Recht auf informationelle Selbstbestimmung stehen, soweit es den Schutz der Telekommunikationsverbindungsdaten betrifft, in einem Ergänzungsverhältnis. … Greift Art. 10 GG nicht ein, werden die in der Herrschaftssphäre des Betroffenen gespeicherten personenbezogenen Verbindungsdaten durch das Recht auf informationelle Selbstbestimmung aus Art. 2 Abs. 1 in Verbindung mit Art. 1 Abs. 1 GG geschützt. Damit wird der besonderen Schutzwürdigkeit der Telekommunikationsumstände Rechnung getragen und die Vertraulichkeit räumlich distanzierter Kommunikation auch nach Beendigung des Übertragungsvorgangs gewahrt. Bei den Verbindungsdaten handelt es sich um personenbezogene Daten, die einen erheblichen Aussagegehalt besitzen können und deshalb des Schutzes durch das Recht auf informationelle Selbstbestimmung (Art. 2 Abs. 1 in Verbindung mit Art. 1 Abs. 1 GG) bedürfen. Telekommunikation hat mit der Nutzung digitaler Übertragungsgeräte an Flüchtigkeit verloren und hinterlässt beständige Spuren. Durch die Digitalisierung fallen nicht nur bei den Diensteanbietern, sondern auch in den Endgeräten der Nutzer ohne deren Zutun vielfältige Verbindungsdaten an, die über die beteiligten Kommunikationsanschlüsse, die Zeit und die Dauer der Nachrichtenübertragung sowie teilweise auch über den Standort der Teilnehmer Auskunft geben und regelmäßig über den jeweiligen Kommunikationsvorgang hinaus gespeichert werden. Die Menge und der Aussagegehalt anfallender Verbindungsdaten lassen ein immer klareres Bild von den Kommunikationsteilnehmern entstehen. … Immer mehr Lebensbereiche werden von modernen Kommunikationsmitteln gestaltet. Damit erhöht sich nicht nur die Menge der anfallenden Verbindungsdaten, sondern auch deren Aussagegehalt. Sie lassen in zunehmendem Maße Rückschlüsse auf Art und Intensität von Beziehungen, auf Interessen, Gewohnheiten und Neigungen und nicht zuletzt auch auf den jeweiligen Kommunikationsinhalt zu und vermitteln – je nach Art und Umfang der angefallenen Daten – Erkenntnisse, die an die Qualität eines Persönlichkeitsprofils heranreichen können. …

II. Einzelne Problemkreise

1. Vorratsdatenspeicherung

399 In Umsetzung der Vorratsdatenspeicherungs-Richtlinie der EU (RL 2006/ 24/EG) hat der Gesetzgeber mit den §§ 113a, 113b TKG versucht, die **Rechtsgrundlagen für die Vorratsdatenspeicherung in Deutschland** zu schaffen. Nach § 113a TKG sollten alle Telekommunikationsdienstleister[123] verpflichtet sein, wesentliche Verkehrsdaten (s. o., Rn. 395) sechs Monate lang zu speichern; dies gilt

---

123 Hierzu zählen eigentlich auch solche Arbeitgeber, die ihren Beschäftigten die private Internet- und eMail-Nutzung erlauben (s. o., Rn. 224); nach Polenz, CR 2009, 225, gilt die Verpflichtung aus den §§ 113a, 113b TKG jedoch nur für Anbieter eines öffentlich zugänglichen Telekommunikationsdienstes für Endnutzer.

► bei jedem Telefongespräch und jeder SMS für die Rufnummern beider Verbindungspartner (§ 113a Abs. 2 TKG),
► bei jeder eMail für die eMail- und IP-Adressen des Absenders und aller Empfänger (§ 113a Abs. 3 TKG),
► bei jeder Internetnutzung für die jeweilige IP-Adresse und Anschluss-kennung des Users (§ 113a Abs. 4 TKG)

sowie jeweils für den Zeitpunkt der Nutzung (was bei einer Flatrate-Abrechnung sonst gar nicht zulässig wäre). Die Kommunikationsinhalte bleiben dabei ausdrücklich außen vor (§ 113a Abs. 8 TKG). Diese Vor-ratsdatenspeicherung sollte flächendeckend sowie völlig anlass- und ver-dachtunabhängig und grundsätzlich auf eigene Kosten der Telekommuni-kationsanbieter erfolgen (§ 110 Abs. 9 TKG).[124]

Die nachfolgende Bestimmung des § 113b TKG regelte dann die **Verwen-dung der so gespeicherten Daten**. Auf Verlangen der zuständigen Behör-den sollten die Telekommunikationsanbieter diesen die angeforderten Ver-kehrsdaten **400**

► zur Verfolgung von Straftaten (ohne jede Einschränkung, also bei-spielsweise auch für Schwarzfahren gem. § 265a StGB),
► zur Abwehr von erheblichen Gefahren für die öffentliche Sicherheit und
► zur Erfüllung der gesetzlichen Aufgaben der Verfassungsschutz- und Nachrichtendienste

unverzüglich übermitteln.

Diese ungewöhnlich weit reichenden Speicherungspflichten sowie die re-lativ geringen Hürden für ein behördliches Übermittlungsverlangen be-gegneten **erheblichen verfassungsrechtlichen Bedenken**; so erscheint diese Form der Präventivüberwachung der gesamten in Deutschland lebenden Bevölkerung – in der jedem einzelnen das Grundrecht auf informationelle Selbstbestimmung und auf die Unverletzlichkeit des Fernmeldegeheimnis-ses zusteht – ebenso wenig verhältnismäßig wie etwa ein Herausgabever-langen wegen einer vergleichsweise belanglosen Straftat.[125] **401**

Insofern überrascht es nicht, dass gegen die §§ 113a, 113b TKG **Verfassungs-beschwerden beim BVerfG** erhoben wurden. Bereits in seinen **einstweiligen Anordnungen** hat das BVerfG die Übermittlungszwecke der gespeicherten Daten erheblich eingeschränkt. Das betrifft zum einen die Datenübermitt-lung zur Verfolgung von Straftaten, die nur noch zulässig war, „wenn Ge-genstand des Ermittlungsverfahrens gemäß der Anordnung des Abrufs eine Katalogtat im Sinne des § 100a Absatz 2 der Strafprozessordnung ist und die Voraussetzungen des § 100a Absatz 1 der Strafprozessordnung vorliegen".[126] **402**

---

124 Hiergegen erhebt Berger, CR 2008, 557, 560, wegen eines nicht gerechtfertig-ten Eingriffs in die Berufsfreiheit und in das Eigentumsrecht verfassungsrecht-liche Bedenken; i. Erg. ebenso VG Berlin, MMR 2009, 355.
125 Vgl. etwa Graulich, NVwZ 2008, 485, 489 f.
126 Aus dem Leitsatz von BVerfG, MMR 2008, 303 m. Anm. Bär = CR 2008, 287.

Für die Datenübermittlung zur Abwehr von erheblichen Gefahren für die öffentliche Sicherheit durften Daten nur übermittelt werden, „wenn gemäß der Anordnung des Abrufs die Voraussetzungen der die Behörde zum Abruf der Verkehrsdaten ermächtigenden Rechtsnormen vorliegen und ihr Abruf zur Abwehr einer dringenden Gefahr für Leib, Leben oder Freiheit einer Person, für den Bestand oder die Sicherheit des Bundes oder eines Landes oder zur Abwehr einer gemeinen Gefahr erforderlich ist".[127] Schließlich verlangte das BVerfG für die Datenübermittlung zur Erfüllung der gesetzlichen Aufgaben der Verfassungsschutz- und Nachrichtendienste das Vorliegen der Voraussetzungen nach dem G 10-Gesetz, das ebenfalls an bestimmte, besonders schwere Straftaten anknüpft und bestimmte Anforderungen stellt (vgl. §§ 3 Abs. 1, 4 Abs. 4 G 10).[128]

403 In seiner **Hauptsacheentscheidung vom 2. März 2010** hat das BVerfG dann die §§ 113a, 113b TKG insgesamt wegen Verstoßes gegen Art. 10 GG (vgl. oben, Rn. 85 ff.) für verfassungswidrig und nichtig erklärt, so dass sowohl die Vorratsdatenspeicherung an sich als auch die (eingeschränkten) Übermittlungsrechte weggefallen sind.

> **Vorratsdatenspeicherung als schwerer Eingriff in die Telekommunikationsfreiheit – BVerfG, Urteil vom 2. 3. 2010 (1 BvR 256/08, 1 BvR 263/08, 1 BvR 586/08):**[129]
>
> *Aus den Gründen:* ... [192] Die in § 113a Abs. 1 TKG den Diensteanbietern auferlegte Speicherung der Telekommunikationsverkehrsdaten greift in das Telekommunikationsgeheimnis ein. ... Die insoweit zu speichernden Angaben geben Auskunft darüber, ob, wann, wo und wie oft zwischen welchen Telekommunikationseinrichtungen Verbindungen aufgenommen oder aufzunehmen versucht wurden. ... Einen Eingriff in Art. 10 Abs. 1 GG begründet dabei auch die Speicherung der den Internetzugang betreffenden Daten gemäß § 113a Abs. 4 TKG. Zwar ermöglicht der Internetzugang nicht nur die Aufnahme von Individualkommunikation, die dem Schutz des Telekommunikationsgeheimnisses unterfällt, sondern auch die Teilnahme an Massenkommunikation. Da eine Unterscheidung zwischen Individual- und Massenkommunikation ohne eine der Schutzfunktion des Grundrechts zuwiderlaufende Anknüpfung an den Inhalt der jeweils übermittelten Information nicht möglich ist, ist bereits in der Speicherung der den Internetzugang als solchen betreffenden Daten ein Eingriff zu sehen, auch wenn sie Angaben über die aufgerufenen Internetseiten nicht enthalten.
>
> [210] ... bei einer solchen Speicherung [handelt es sich] um einen besonders schweren Eingriff mit einer Streubreite, wie sie die Rechtsordnung bisher nicht kennt: Erfasst werden über den gesamten Zeitraum von sechs Monaten praktisch sämtliche Telekommunikationsverkehrsdaten aller Bürger ohne Anknüpfung an ein zurechenbar vorwerfbares Verhalten, eine – auch nur abstrakte –

---

127 Aus dem Leitsatz von BVerfG, NVwZ 2009, 96 = MMR 2009, 29 m. Anm. Bär.
128 BVerfG, NVwZ 2009, 96 = MMR 2009, 29 m. Anm. Bär.
129 Zitiert nach <www.bundesverfassungsgericht.de/entscheidungen/rs20100302_1bvr 025608.html>. Die Einarbeitung der Entscheidung in dieses Buch ist in der sprichwörtlichen letzten Sekunde vor der Druckfreigabe erfolgt; dem Verlag danke ich für diese Flexibilität herzlich.

Gefährlichkeit oder sonst eine qualifizierte Situation. Die Speicherung bezieht sich dabei auf Alltagshandeln, das im täglichen Miteinander elementar und für die Teilnahme am sozialen Leben in der modernen Welt nicht mehr verzichtbar ist. ... [211] Die Aussagekraft dieser Daten ist weitreichend. Je nach Nutzung von Telekommunikationsdiensten seitens der Betroffenen lassen sich schon aus den Daten selbst – und erst recht, wenn diese als Anknüpfungspunkte für weitere Ermittlungen dienen – tiefe Einblicke in das soziale Umfeld und die individuellen Aktivitäten eines jeden Bürgers gewinnen. Zwar werden mit einer Telekommunikationsverkehrsdatenspeicherung, wie in § 113a TKG vorgesehen, nur die Verbindungsdaten (Zeitpunkt, Dauer, beteiligte Anschlüsse sowie – bei der Mobiltelefonie – der Standort) festgehalten, nicht aber auch der Inhalt der Kommunikation. Auch aus diesen Daten lassen sich jedoch bei umfassender und automatisierter Auswertung bis in die Intimsphäre hineinreichende inhaltliche Rückschlüsse ziehen. Adressaten (deren Zugehörigkeit zu bestimmten Berufsgruppen, Institutionen oder Interessenverbänden oder die von ihnen angebotenen Leistungen), Daten, Uhrzeit und Ort von Telefongesprächen erlauben, wenn sie über einen längeren Zeitraum beobachtet werden, in ihrer Kombination detaillierte Aussagen zu gesellschaftlichen oder politischen Zugehörigkeiten sowie persönlichen Vorlieben, Neigungen und Schwächen derjenigen, deren Verbindungsdaten ausgewertet werden. ... Je nach Nutzung der Telekommunikation und künftig in zunehmender Dichte kann eine solche Speicherung die Erstellung aussagekräftiger Persönlichkeits- und Bewegungsprofile praktisch jeden Bürgers ermöglichen. Bezogen auf Gruppen und Verbände erlauben die Daten überdies unter Umständen die Aufdeckung von internen Einflussstrukturen und Entscheidungsabläufen.

[212] Eine Speicherung, die solche Verwendungen grundsätzlich ermöglicht und in bestimmten Fällen ermöglichen soll, begründet einen schwerwiegenden Eingriff. ... Auch die Missbrauchsmöglichkeiten, die mit einer solchen Datensammlung verbunden sind, verschärfen deren belastende Wirkung. ... Da die Speicherungspflicht kleinere Diensteanbieter mitbetrifft, stößt die Sicherung vor Missbrauch ungeachtet aller möglichen und erforderlichen Anstrengungen des Gesetzgebers auch in Blick auf deren Leistungsfähigkeit auf strukturelle Grenzen. ... Hierdurch ist die anlasslose Speicherung von Telekommunikationsverkehrsdaten geeignet, ein diffus bedrohliches Gefühl des Beobachtetseins hervorzurufen, das eine unbefangene Wahrnehmung der Grundrechte in vielen Bereichen beeinträchtigen kann.

Aber das BVerfG macht zugleich deutlich, dass ein solcher Eingriff bei ent- **404** sprechender gesetzlicher Ausgestaltung gerechtfertigt sein kann:[130]

Vorratsdatenspeicherung als potenziell zulässiges Instrument – BVerfG, Urteil vom 2. 3. 2010 (1 BvR 256/08, 1 BvR 263/08, 1 BvR 586/08):

Aus den Gründen: ... [204] Materiell verfassungsgemäß sind die Eingriffe in das Telekommunikationsgeheimnis, wenn sie legitimen Gemeinwohlzwecken

---

130 Diese Feststellung war auch deshalb nötig, um eine Vorlage an den EuGH zu vermeiden. Denn dieser hatte in EuGH, NJW 2009, 1801 = JZ 2009, 466 m. Anm. Ambos = MMR 2009, 244, entgegen dem Vortrag der Republik Irland entschieden, dass die Vorratsdatenspeicherungsrichtlinie in überwiegendem Maß das Funktionieren des Binnenmarkts betrifft und deshalb von der EU kompetenzgerecht erlassen wurde; vgl. hierzu auch Simitis, NJW 2009, 1782.

dienen und im Übrigen dem Grundsatz der Verhältnismäßigkeit genügen. [205] Eine sechsmonatige anlasslose Speicherung von Telekommunikationsverkehrsdaten für qualifizierte Verwendungen im Rahmen der Strafverfolgung, der Gefahrenabwehr und der Aufgaben der Nachrichtendienste, wie sie die §§ 113a, 113b TKG anordnen, ist danach mit Art. 10 GG nicht schlechthin unvereinbar. … [213] Trotz der außerordentlichen Streubreite und des mit ihr verbundenen Eingriffsgewichts ist dem Gesetzgeber die Einführung einer sechsmonatigen Speicherungspflicht, wie in § 113a TKG vorgesehen, verfassungsrechtlich nicht schlechthin verboten. …

[214] Maßgeblich ist hierfür zunächst, dass die vorgesehene Speicherung der Telekommunikationsverkehrsdaten nicht direkt durch den Staat, sondern durch eine Verpflichtung der privaten Diensteanbieter verwirklicht wird. Die Daten werden damit bei der Speicherung selbst noch nicht zusammengeführt, sondern bleiben verteilt auf viele Einzelunternehmen und stehen dem Staat unmittelbar als Gesamtheit nicht zur Verfügung. Dieser hat insbesondere, was durch entsprechende Regelungen und technische Vorkehrungen sicherzustellen ist, keinen direkten Zugriff auf die Daten. Der Abruf der Daten seitens staatlicher Stellen erfolgt erst in einem zweiten Schritt und nunmehr anlassbezogen nach rechtlich näher festgelegten Kriterien. …

[216] Eine Speicherung der Telekommunikationsverkehrsdaten für sechs Monate stellt sich auch nicht als eine Maßnahme dar, die auf eine Totalerfassung der Kommunikation oder Aktivitäten der Bürger insgesamt angelegt wäre. Sie knüpft vielmehr in noch begrenzt bleibender Weise an die besondere Bedeutung der Telekommunikation in der modernen Welt an und reagiert auf das spezifische Gefahrenpotential, das sich mit dieser verbindet. … Durch die praktisch widerstandsfreie Kommunikation wird eine Bündelung von Wissen, Handlungsbereitschaft und krimineller Energie möglich, die die Gefahrenabwehr und Strafverfolgung vor neuartige Aufgaben stellt. Manche Straftaten erfolgen unmittelbar mit Hilfe der neuen Technik. … [217] Hinzu kommt, dass es hinsichtlich der Telekommunikationsdaten mangels öffentlicher Wahrnehbarkeit auch kein gesellschaftliches Gedächtnis gibt, das es wie in anderen Bereichen erlaubte, zurückliegende Vorgänge auf der Grundlage zufälliger Erinnerung zu rekonstruieren: Telekommunikationsdaten werden entweder gelöscht und sind dann ganz verloren oder werden gespeichert und sind damit voll verfügbar. Daher darf der Gesetzgeber bei der Entscheidung, wie weit solche Daten zu löschen oder zu speichern sind, einen Interessenausgleich vornehmen und die Belange staatlicher Aufgabenwahrnehmung berücksichtigen.

[218] … Die verfassungsrechtliche Unbedenklichkeit einer vorsorglich anlasslosen Speicherung der Telekommunikationsverkehrsdaten setzt … voraus, dass diese eine Ausnahme bleibt. Sie darf auch nicht im Zusammenspiel mit anderen vorhandenen Dateien zur Rekonstruierbarkeit praktisch aller Aktivitäten der Bürger führen. … Dass die Freiheitswahrnehmung der Bürger nicht total erfasst und registriert werden darf, gehört zur verfassungsrechtlichen Identität der Bundesrepublik Deutschland. …

405 Deshalb definiert das BVerfG die Voraussetzungen für eine zulässige Vorratsdatenspeicherung, denen die §§ 113a, 113b TKG jedoch nicht genügen; im Hinblick auf die Pflicht zur Umsetzung der EU-Richtlinie wird der Bundesgesetzgeber einen wie auch immer gearteten neuen Anlauf machen müssen.

Zulässigkeitsvoraussetzungen für die Vorratsdatenspeicherung – BVerfG, Urteil vom 2. 3. 2010 (1 BvR 256/08, 1 BvR 263/08, 1 BvR 586/08):

Der Grundsatz der Verhältnismäßigkeit verlangt, dass die gesetzliche Ausgestaltung einer solchen Datenspeicherung dem besonderen Gewicht des mit der Speicherung verbundenen Grundrechtseingriffs angemessen Rechnung trägt. Erforderlich sind hinreichend anspruchsvolle und normenklare Regelungen hinsichtlich der Datensicherheit, der Datenverwendung, der Transparenz und des Rechtsschutzes.

Der Abruf und die unmittelbare Nutzung der Daten sind nur verhältnismäßig, wenn sie überragend wichtigen Aufgaben des Rechtsgüterschutzes dienen. Im Bereich der Strafverfolgung setzt dies einen durch bestimmte Tatsachen begründeten Verdacht einer schweren Straftat voraus. Für die Gefahrenabwehr und die Erfüllung der Aufgaben der Nachrichtendienste dürfen sie nur bei Vorliegen tatsächlicher Anhaltspunkte für eine konkrete Gefahr für Leib, Leben oder Freiheit einer Person, für den Bestand oder die Sicherheit des Bundes oder eines Landes oder für eine gemeine Gefahr zugelassen werden.

Aus den Gründen: ... [222] Angesichts des Umfangs und der potenziellen Aussagekraft der mit einer solchen Speicherung geschaffenen Datenbestände ist die Datensicherheit für die Verhältnismäßigkeit der angegriffenen Vorschriften von großer Bedeutung. Dieses gilt besonders, weil die Daten bei privaten Diensteanbietern gespeichert werden, die unter den Bedingungen von Wirtschaftlichkeit und Kostendruck handeln und dabei nur begrenzte Anreize zur Gewährleistung von Datensicherheit haben. Sie handeln grundsätzlich privatnützig und sind nicht durch spezifische Amtspflichten gebunden. Zugleich ist die Gefahr eines illegalen Zugriffs auf die Daten groß, denn angesichts ihrer vielseitigen Aussagekraft können diese für verschiedenste Akteure attraktiv sein. ...

[254] Weniger strenge verfassungsrechtliche Maßgaben gelten für eine nur mittelbare Verwendung der vorsorglich gespeicherten Daten in Form von behördlichen Auskunftsansprüchen gegenüber den Diensteanbietern hinsichtlich der Anschlussinhaber bestimmter IP-Adressen, die diese unter Nutzung der vorgehaltenen Daten zu ermitteln haben. Die Schaffung von solchen Auskunftsansprüchen ist unabhängig von begrenzenden Rechtsgüter- oder Straftatenkatalogen insgesamt weitergehend zulässig als die Abfrage und Verwendung der Telekommunikationsverkehrsdaten selbst. [261] Dementsprechend darf der Gesetzgeber solche Auskünfte auch unabhängig von begrenzenden Rechtsgüter- oder Straftatenkatalogen für die Verfolgung von Straftaten, für die Gefahrenabwehr und die Aufgabenwahrnehmung der Nachrichtendienste auf der Grundlage der allgemeinen fachrechtlichen Eingriffsermächtigungen zulassen. Hinsichtlich der Eingriffsschwellen ist allerdings sicherzustellen, dass eine Auskunft nicht ins Blaue hinein eingeholt werden, sondern nur aufgrund eines hinreichenden Anfangsverdachts oder einer konkreten Gefahr auf einzelfallbezogener Tatsachenbasis erfolgen darf. ...

2. Cookies

Unter Cookies (engl.: Kekse) werden **kleine Dateien** verstanden, die ein Diensteanbieter beim Nutzer abspeichern und später (wenn der Nutzer wieder online ist) abfragen kann. Damit sind umfangreiche Möglichkeiten **406** verbunden, Daten insbesondere zum Internet-Nutzungsverhalten von Kunden zu sammeln. Unproblematisch sind solche Cookies, soweit es um die **Gewinnung anonymer Nutzerprofile geht.** So kann es für einen Content-Provider interessant sein zu wissen, ob seine Zugriffszahlen breit gestreut sind (also viele einmalige Zugriffe), oder ob er viele „Stammkunden" (also viele Zugriffe von relativ wenigen Nutzern) hat.

407 Besonders interessant sind Cookies im eCommerce, weil damit die Möglichkeit eröffnet ist, einem Nutzer speziell auf sein Nutzungsprofil zugeschnittene Angebote zu unterbreiten. Hierfür werden bestimmte Angaben über das Surf- und Abrufverhalten des Nutzers im Internet in Protokolldateien gespeichert und bezüglich der Interessen und des Konsumverhaltens des Betroffenen ausgewertet.[131] Werden solche Nutzungsprofile **pseudonymisiert** verwendet, muss der Inhaber dieser Daten über diese Datenverwendung und über sein Recht, dagegen Widerspruch einzulegen, informiert werden. Diese Unterrichtung muss in allgemein verständlicher Form erfolgen (§ 13 Abs. 1 TMG). Sind diese Pflichten erfüllt, dürfen diese Daten für Werbe- und Marktforschungszwecke sowie zur bedarfsgerechten Gestaltung von Telemedien solange verwendet werden, bis der Dateninhaber dem widerspricht (§ 15 Abs. 3 TMG). Eine Übermittlung solcher Nutzerprofile an Dritte ist – auch pseudonymisiert – unzulässig.[132]

408 Erfolgt jedoch eine **Zusammenführung von Nutzungsdaten mit den personenbezogenen Daten** der dahinter stehenden Person (Name, eMail-Anschrift o. Ä.), ist dies nur bei einer ausdrücklichen und vorherigen Einwilligung des Betreffenden zulässig. Eine wirksame Einwilligung setzt allerdings voraus, dass dem Betroffenen alle entscheidungsrelevanten Gesichtspunkte mitgeteilt worden sind, insbesondere die Bedeutung und Reichweite des Cookies (vgl. § 4a Abs. 1 Satz 2 BDSG); die Einwilligung kann auch nicht pauschal durch AGBs erfolgen.[133] Erscheint dagegen bloß ein simples Abfragefenster, das den Nutzer fragt, ob der Telemedienanbieter ein Cookie einrichten darf, hat das Anklicken des „Ja"-Buttons mangels qualifizierter Informationen keine rechtliche Bedeutung. In solchen Fällen (die es leider zahlreich gibt) sind Cookies wie die auf ihrer Grundlage statt findende Datenverwendung wegen Missachtung der Verbotsnormen der §§ 12 Abs. 1, 15 Abs. 3 Satz 3 TMG rechtswidrig.[134]

3. Datenübermittlung durch Einstellung ins Internet

409 Umstritten ist die Frage, ob bereits die bloße **Nennung personenbezogener Daten auf einer Webseite** im Internet bereits den datenschutzrechtlichen Übermittlungsbegriff erfüllt. Dagegen wird ins Feld geführt, dass Übermittlung

---

131 Heckmann, Internetrecht, Kap. 1.15 Rn. 23 f.
132 Heckmann, Internetrecht, Kap. 1.15 Rn. 25.
133 Voigt, MMR 2009, 377, 382, kommt daher zum Ergebnis, dass die Datenverwendung von Google auf der Basis von Cookies rechtswidrig ist.
134 Ausführlich Strömer, Online-Recht, S. 398 ff.; s. auch Köhler/Arndt/Fetzer, RdI, Rn. 881; Boehme-Neßler, Cyberlaw, S. 285; Voigt, MMR 2009, 377, 381.

begrifflich einen **bewussten und finalen Akt der Weitergabe** voraussetze.[135]
Der EuGH ist dem für den europarechtlichen Übermittlungsbegriff weitgehend gefolgt, indem er zwar die datenschutzrechtliche Relevanz von
personenbezogenen Daten auf Webseiten bejaht, aber die **Übermittlung in
Drittländer** (vgl. §§ 4b, 4c BDSG) verneint hat. Im Sinne einer push-/pull-
Differenzierung hat er zur Begründung darauf abgehoben, dass die Daten
im Internet nicht automatisch verschickt werden, sondern der Empfänger
sich diese aus dem Netz holen muss. Letztlich argumentiert der EuGH vom
Ergebnis her: Würde man die Übermittlung bejahen, wäre jede Einstellung
personenbezogener Daten ins Internet stets rechtswidrig, weil sie dann zumindest auch in solche Länder erfolgen würde, in denen kein ausreichendes
datenschutzrechtliches Schutzniveau gewährleistet ist (vgl. § 4b Abs. 2 und
3 BDSG, s.o., Rn. 113).

Übermittlung personenbezogener Daten (Bodil Lindqvist) – EuGH, CR 2004,   **410**
286 = JZ 2004, 242 m. Anm. Fechner:

**Die Handlung, die darin besteht, auf einer Internetseite auf verschiedene
Personen hinzuweisen und diese entweder durch ihren Namen oder auf
andere Weise, etwa durch Angabe ihrer Telefonnummer oder durch Informationen über ihr Arbeitsverhältnis oder ihre Freizeitbeschäftigungen,
erkennbar zu machen, stellt eine ganz oder teilweise automatisierte Verarbeitung personenbezogener Daten ... dar.**

**Es liegt keine Übermittlung von Daten in ein Drittland ... vor, wenn eine sich
in einem Mitgliedstaat aufhaltende Person in eine Internetseite, die bei
einer in demselben oder einem anderen Mitgliedstaat ansässigen natürlichen oder juristischen Person gespeichert ist, die die Website unterhält,
auf der diese Seite abgerufen werden kann, personenbezogene Daten
aufnimmt und diese damit jeder Person, die eine Verbindung zum Internet herstellt, einschließlich Personen in Drittländern, zugänglich macht.**

Aus den Begründungserwägungen:

(67) Kap. IV der RL 95/46 enthält keine Bestimmung über die Benutzung des
Internets. So führt es auch keine Kriterien für die Klärung der Frage an, ob für
die unter Vermittlung von Host-Service-Providern ausgeführten Vorgänge auf
den Ort der Niederlassung oder des beruflichen Sitzes des Providers oder aber
auf den oder die Orte abzustellen ist, an denen sich die Rechner befinden, die
die EDV-Infrastruktur des Providers ausmachen.

(68) Angesichts des Entwicklungsstandes des Internets zur Zeit der Ausarbei-
tung der RL 95/46 und des Fehlens von Kriterien für die Internetbenutzung in
Kap. IV dieser RL kann nicht angenommen werden, dass der Gemeinschafts-
gesetzgeber unter den Begriff Übermittlung von Daten in ein Drittland im
Vorgriff auch den Vorgang fassen wollte, dass eine Person ... Daten in eine
Internetseite aufnimmt, auch wenn diese Daten dadurch Personen aus Dritt-
ländern zugänglich gemacht werden, die über die technischen Mittel für diesen
Zugang verfügen.

---

135 So Großbritannien vor dem EuGH, a.A. die EU-Kommission; vgl. Taraschka,
     CR 2004, 280f.

(69) Würde Art. 25 der RL 95/46 dahin ausgelegt, dass immer dann, wenn personenbezogene Daten auf eine Internetseite hochgeladen werden, eine Übermittlung von Daten in ein Drittland vorliegt, so wäre diese Übermittlung notwendig eine solche in alle Drittländer, in denen die für einen Zugang zum Internet notwendigen technischen Mittel vorliegen. ... Sobald die Kommission nach Art. 25 IV der RL 95/46 feststellen würde, dass auch nur ein Land kein angemessenes Schutzniveau aufweist, wären die Mitgliedstaaten nämlich verpflichtet, jede Aufnahme personenbezogener Daten in das Internet zu unterbinden.

411 Der Übermittlungsbegriff des deutschen Rechts ($ 3 Abs. 4 Satz 2 Nr. 3 BDSG, s. o., Rn. 102) ist dagegen enger, weshalb die h. M. bisher auch eine Veröffentlichung – also eine Bekanntgabe an eine nicht genau feststehende Mehrzahl von Adressaten – hierunter subsumiert, wenn ein Abruf der veröffentlichten Daten erfolgt.[136] Doch selbst wenn man den europarechtlichen Übermittlungsbegriff auf das nationale Recht überträgt, bleibt die Einstellung personenbezogener Daten ins Internet dennoch eine datenschutzrechtlich relevante Nutzung i. S. v. $ 3 Abs. 5 BDSG, die nach $ 4 Abs. 1 BDSG unter Erlaubnisvorbehalt steht.[137]

4. Öffentliche Personenverzeichnisse

a) Teilnehmerverzeichnisse von Telekommunikationsdienstleistern

412 Das „gute alte" Telefonbuch („Fernsprechverzeichnis") ist längst nicht nur in der Printversion, sondern auch elektronisch verfügbar. Die darin enthaltenen Angaben über Anschlussinhaber von Telekommunikationsnetzen sind in $ 104 TKG auf Name, Anschrift, Beruf, Branche und Art des Anschlusses beschränkt. Zu Zeiten der hoheitlichen Deutschen Bundespost konnte man nur unter bestimmten Voraussetzungen den Antrag stellen, nicht im Telefonbuch zu erscheinen, was dann als „Geheimnummer" bezeichnet wurde; inzwischen hat sich das Regel-Ausnahme-Verhältnis umgedreht, so dass heute die Eintragung in das Telefonbuch nur zulässig ist, wenn und soweit (also bezüglich welcher Angaben) der Anschlussinhaber dies beantragt hat ($ 104 Satz 1 und 2 TKG).

413 Diese Einschränkungen können für die Telefonauskunft nicht ohne Folgen bleiben. Diese kann über die Rufnummer eines Anschlussinhabers nur informieren, wenn dieser über sein Widerspruchsrecht informiert wurde und keinen Widerspruch erhoben hat ($ 105 Abs. 2 Satz 1 TKG); Gleiches gilt für den umgekehrten Fall, dass die Auskunft zu einer bestimmten Anschlussnummer den Namen oder die Anschrift des Anschlussinhabers mitteilt (sog. Inverssuche, $ 105 Abs. 3 TKG). Für weitergehende – im Telefonbuch veröffentlichte – Angaben gem. $ 104 Satz 1 TKG setzt die Auskunftserteilung sogar voraus, dass der Betroffene in diese Datenweitergabe positiv eingewilligt hat ($ 105 Abs. 2 Satz 2 TKG).[138]

---

136 Taraschka, CR 2004, 280, 283.
137 Taraschka, CR 2004, 280, 285.
138 Ohlenburg, MMR 2004, 431, 439.

b) Gruppenverzeichnisse

Die öffentliche Auflistung von Gruppenverzeichnissen ist auch im Inter- **414**
net gem. § 28 Abs. 3 Satz 2 BDSG zulässig, sofern dies zu Werbezwecken
erfolgt und auf bestimmte Angaben – Zugehörigkeit zu der betreffenden
Gruppe, Beruf oder Branche, Name ggf. mit Titeln und akademischen Gra-
den, Anschrift und Geburtsjahr – beschränkt ist. Solche Gruppen können
Kundenverzeichnisse, aber auch **Mitgliederlisten von Vereinen** o. Ä. sein.
Die Zustimmung der Betreffenden ist nicht nötig, solange **kein entgegenste-
hendes Interesse**, das schutzwürdig wäre, zu erkennen ist; ein solches Interesse wäre insbesondere dann anzunehmen, wenn die Gruppenzugehörigkeit
als problematisch oder gar ehrenrührig anzusehen wäre (z. B. Liste aller
Abonnenten eines Pornomagazins oder aller Mitglieder einer Alkoholiker-
Selbsthilfegruppe). Unabhängig vom Vorliegen eines entgegenstehenden Interesses haben alle Gruppenmitglieder ein **jederzeitiges Widerspruchsrecht**
gem. § 28 Abs. 4 BDSG.[139]

5. Rufnummernunterdrückung und Einzelverbindungsnachweis

Im gewerblichen und zunehmend auch im privaten Bereich hat mit der **415**
ISDN-Technologie die **Anzeige der Rufnummer des Anrufers bzw. des Ange-
rufenen auf dem Telefon-Display** Einzug gehalten. Da auch dies personenbezogene Daten betrifft, verpflichtet § 102 Abs. 1 TKG die Diensteanbieter dazu, dass die Anschlussteilnehmer auf beiden Seiten die Möglichkeit
haben müssen, diese Rufnummernanzeige sowohl im Einzelfall als auch
generell ohne besonderen Aufwand (und ohne Kosten) zu unterdrücken;
lediglich bei Notrufnummern dürfen die Anrufer ihre Rufnummer nicht
unterdrücken können (§ 102 Abs. 6 TKG).

Wer in Textform (§ 126b BGB) – also per normaler eMail – einen **Einzel-** **416**
verbindungsnachweis verlangt, bekommt für die Folgezeit die von ihm zu
bezahlenden Verbindungsnummern genannt. Dieses Verlangen von Einzel-
verbindungsnachweisen setzt voraus, dass bei Anschlüssen in Betrieben die
Mitarbeiter informiert und der Betriebsrat beteiligt worden ist; sogar bei
Privathaushalten müssen alle Haushaltsangehörigen darüber unterrichtet
sein, dass Einzelverbindungsnachweise angefordert werden (§ 99 Abs. 1
TKG). Damit soll das **Fernmeldegeheimnis** gewahrt werden.[140]

III. Perspektiven

Das Internet stellt für den Datenschutz eine Herausforderung ersten Ran- **417**
ges dar. Während man in Amerika auf die **Selbstregulierungskräfte der
Internet-Wirtschaft** setzt, verfolgt man in Europa dasselbe Ziel mit Hilfe

---

139 Strömer, Online-Recht, S. 395 f.
140 BT-Drs. 15/2316, S. 90.

staatlich-ordnungspolitischer Rechtsvorgaben.[141] Es liegt auf der Hand, dass beide Varianten Vor- und Nachteile haben. Um einen halbwegs zuverlässigen Datenschutz im Internet gewährleisten zu können, müsste man versuchen, die jeweiligen Vorteile – stärkere Eigenmotivation der Wirtschaft im Selbstregulierungsmodell und höhere Durchsetzungskraft beim staatlich-rechtlichen Modell – miteinander zu verbinden.[142] Erste Ansätze dafür gibt es: So sieht § 9a BDSG die Möglichkeit zur Einführung von **Datenschutz-Audits** vor.[143] Dabei handelt es sich um eine **wettbewerbliche Form der Qualitätssicherung**; Online-Dienste könnten beispielsweise ihre Datenschutzkonzepte von einer Art „Internet-Datenschutz-TÜV", der von der Internetwirtschaft getragen wird, prüfen und durch ein Datenschutz-Gütesiegel bestätigen lassen. So könnte die Qualität des Datenschutzes und der Datensicherheit ein Wettbewerbsfaktor werden, der mit wachsender Sensibilität der Kunden stärker als die ordnungsrechtlichen Instrumentarien wirken könnte.[144]

IV. Fazit

418 | 1. Die Bedeutung des Datenschutzes im Internet kann kaum hoch genug eingeschätzt werden; die technologischen Möglichkeiten lassen ohne weiteres den „gläsernen User" zu.
2. Das fachbereichsspezifische Internet-Datenschutzrecht umfasst Sondernormen im TKG und im TMG. Als allgemeine Grundsätze gelten auch hier die Informationspflichten der Provider und die Datensparsamkeit.
3. Besondere Bedeutung haben die für die Begründung und Durchführung des Nutzungsvertrags über Online-Dienstleistungen notwendigen Kundendaten, bei denen in engen Grenzen zustimmungsfreie Erhebungen und Verwendungen zulässig sind. Hierzu gehören die
   a) Bestandsdaten, die für die Begründung und inhaltliche Ausgestaltung des Rahmenvertrages notwendig sind, und die
   b) Verkehrsdaten/Nutzungsdaten, die für einzelne Verbindungen oder Nutzungen aus technischen Gründen und zu Abrechnungszwecken notwendig sind.
4. Solche Verbindungsdaten unterliegen außerhalb des eigentlichen Kommunikationsvorgangs dem Schutz des Grundrechts auf informationelle Selbstbestimmung.

---

141 Boehme-Neßler, Cyberlaw, S. 286 f.
142 Boehme-Neßler, Cyberlaw, S. 311 ff., plädiert für ein Dreisäulenmodell aus staatlichen Normen als Rahmen, privater Eigeninitiative zum Selbstschutz und einer gewerblichen Selbstverpflichtung.
143 Die in diesen Vorschriften allerdings vorgesehenen Konkretisierungsgesetze lassen schon seit längerem auf sich warten. Köhler/Arndt/Fetzer, RdI, Rn. 959 erwähnen insoweit einen Referentenentwurf vom 7.9.2007 m.w.N. und eine Vorreiterrolle Schleswig-Holsteins bezüglich des öffentlichen Sektors.
144 Köhler/Arndt/Fetzer, RdI, Rn. 957 ff.; Boehme-Neßler, Cyberlaw, S. 296 ff.

4. Solche Verbindungsdaten unterliegen außerhalb des eigentlichen Kommunikationsvorgangs dem Schutz des Grundrechts auf informationelle Selbstbestimmung.
5. Die Verwendung von Kundendaten, die über die enge Zweckbestimmung hinausgeht, bedarf der – auch elektronisch möglichen – Einwilligung des Betroffenen. Nach Erledigung des jeweiligen Verwendungszwecks sind alle Daten zu löschen.
6. Eine Ausnahme gilt für eine ganze Reihe bestimmter Verkehrsdaten, die von den Access Providern flächendeckend und anlassunabhängig für sechs Monate zu speichern sind; diese Daten sind den zuständigen Behörden auf deren Verlangen zu Zwecken der Strafverfolgung, der Abwehr erheblicher Gefahren und zu nachrichtendienstlichen Zwecken zu übermitteln. Angesichts erheblicher verfassungsrechtlicher Einwände hat das BVerfG die Voraussetzungen für diese Übermittlungspflichten einstweilen verschärft.
7. Weitere datenschutzrechtliche Sonderregelungen gelten u. a. für Eintragungen im Telefonbuch, Informationen der Telefonauskunft, Gruppenverzeichnisse im Internet, Display-Anzeigen von Rufnummern und für Einzelverbindungsnachweise. Cookies sind, wenn sie Daten einer konkreten und identifizierbaren Person erheben, unzulässig.
8. Die Nennung personenbezogener Daten auf einer Webseite stellt nach einer Entscheidung des EuGH noch keine Übermittlung im datenschutzrechtlichen Sinne dar.
9. Zur Bewältigung der Herausforderung für den Datenschutz im Internet müssen in der Zukunft stärker die ordnungspolitischen Strukturen des Datenschutzrechts mit wettbewerblichen Anreizinstrumenten verbunden werden; die Datenschutz-Audits weisen in die richtige Richtung.

D. Content-Providing (Webseiten)

I. Impressumspflicht

1. Vorgaben der §§ 5 TMG, 55 RStV

Nicht jeder, der im Internet ein Angebot unterhält, muss sich zu erkennen geben. Wer einen **ausschließlich persönlichen oder familiären Zwecken** dienenden Web-Auftritt betreibt, kann dies anonym tun (Umkehrschluss aus § 55 Abs. 1 RStV); damit soll die Privatsphäre des Anbieters vor öffentlicher Kenntnis geschützt werden.[145] Das ist beispielsweise bei einer privaten

419

---

145 LT-Drs. BW 14/558, S. 38 f.

Homepage mit Urlaubsbildern o. Ä. der Fall.[146] Sobald aber diese Voraussetzungen nicht mehr erfüllt sind – etwa bei einem Internetauftritt eines Ideal-
vereins[147] – besteht eine Impressumspflicht gem. § 55 Abs. 1 RStV, wonach
der Name und die Anschrift des inhaltlichen Anbieters sowie ggf. der gesetzliche Vertreter anzugeben sind (also bei Minderjährigen Nennung eines
Erziehungsberechtigten oder bei einem Verein Nennung des Vorsitzenden).

420 Weitergehende Informationspflichten gelten, wenn jemand im Internet
geschäftsmäßig – d. h. nachhaltig – auftritt und regelmäßig entgeltliche
Leistungen anbietet. Diese im deutschen Recht ungewöhnliche und etwas
sperrige Doppel-Formulierung ist der eCommerce-RL, die dieser Impressumspflicht zugrunde liegt, entnommen; gemeint sein dürfte damit das, was
im Sinne der Gewerbeordnung mit dem Begriff „**gewerblich**" umschrieben
wird. Danach muss es sich um einen auf Dauer („geschäftsmäßig", vgl. § 3
Nr. 10 TKG[148]) angelegten, generell erlaubten, auf eigene Rechnung (selbständig) betriebenen Internetauftritt mit Gewinnerzielungsabsicht („in der
Regel gegen Entgelt angeboten") handeln.[149] In einem solchen Fall muss das
Impressum über die genannten Angaben hinaus ggf. die Aufsichtsbehörde,[150]
die Eintragung im Handels- oder Vereinsregister, die Kammerzugehörigkeit
bis hin zur Umsatzsteueridentifikationsnummer enthalten. Außerdem können noch zusätzliche Angabepflichten aus anderen Gesetzen (z. B. Fernun-
terrichtsschutzgesetz, Versicherungsaufsichtsgesetz) hinzutreten.[151]

421 Besonders wichtig aber ist die Vorgabe gemäß § 5 Abs. 1 Nr. 2 TMG, dass
das Impressum „Angaben, die eine **schnelle elektronische Kontaktaufnahme und unmittelbare Kommunikation** mit [dem Diensteanbieter] ermöglichen, einschließlich der Adresse der elektronischen Post" enthalten muss.
Streitig ist, ob hierunter auch zwingend die Telefonnummer zu verstehen
ist; der Gesetzgeber hat dies in der Gesetzesbegründung bejaht, aber der
Meinungsstand in Rechtsprechung und Literatur ist sehr heterogen.[152]

---

146 Zu den konkreten Abgrenzungsschwierigkeiten vgl. Ott, MMR 2007, 354,
      355 f.
147 Vgl. BT-Drs. 16/3078, S. 14.
148 Geschäftsmäßig ist in § 3 Nr. 10 TKG legaldefiniert als „nachhaltig … mit oder
      ohne Gewinnerzielungsabsicht".
149 Vgl. Ehlers, Gewerbe-, Handwerks- und Gaststättenrecht, § 2 Rn. 11; Ott,
      MMR 2007, 354, 355; siehe auch OLG Düsseldorf, MMR 2008, 682, wonach
      die Impressumspflicht gem. § 5 Abs. 1 TMG bereits bei einer bloßen Werbung
      für Waren ohne unmittelbare Bestellmöglichkeit zu bejahen ist.
150 Das OLG Koblenz, MMR 2006, 624, hat die Pflicht zur Angabe der Aufsichts-
      behörde mit Belangen des Verbraucher- und Wettbewerbsschutzes begründet.
151 Zumindest im wettbewerbsrechtlichen Zusammenhang sind die Anforderun-
      gen der Rechtsprechung sehr streng. So hat das OLG Düsseldorf, MMR 2009,
      266, bereits einen Rechtsverstoß bejaht, weil der Vorname des Geschäftsfüh-
      rers des Telemedienanbieters nicht ausgeschrieben war.
152 BT-Drs. 14/6098, S. 2 (zur insofern wortgleichen Vorgängerregelung des § 6
      Abs. 1 Nr. 2 TDG); Heckmann, Internetrecht, Kap. 1.5 Rn. 29 f.; dagegen OLG
      Hamm, MMR 2004, 549; dafür OLG Köln, CR 2004, 694.

Nunmehr hat der EuGH (auf Vorlagebeschluss des BGH[153]) die Frage bezüglich der zugrunde liegenden EU-Richtlinie geklärt:

Kontaktdatenpflicht im Impressum – EuGH, MMR 2009, 25 m. Anm. Ott: 422

Art. 5 Abs. 1 Buchst. c der Richtlinie 2000/31 … ist dahin auszulegen, dass der Diensteanbieter verpflichtet ist, den Nutzern des Dienstes vor Vertragsschluss mit ihnen neben seiner Adresse der elektronischen Post weitere Informationen zur Verfügung zu stellen, die eine schnelle Kontaktaufnahme und eine unmittelbare und effiziente Kommunikation ermöglichen. Diese Informationen müssen nicht zwingend eine Telefonnummer umfassen. Sie können eine elektronische Anfragemaske betreffen, über die sich die Nutzer des Dienstes im Internet an den Diensteanbieter wenden können, woraufhin dieser mit elektronischer Post antwortet; anders verhält es sich jedoch in Situationen, in denen ein Nutzer des Dienstes nach elektronischer Kontaktaufnahme mit dem Diensteanbieter keinen Zugang zum elektronischen Netz hat und diesen um Zugang zu einem anderen, nichtelektronischen Kommunikationsweg ersucht.

Aus den Gründen: … [29] Dabei ist von vornherein darauf hinzuweisen, dass das Adverb „unmittelbar" im Sinne von Art. 5 Abs. 1 Buchst. c der Richtlinie nicht notwendigerweise eine Kommunikation in Form von Rede und Gegenrede, d. h. einen wirklichen Dialog, erfordert, sondern nur, dass kein Dritter zwischen den Beteiligten eingeschaltet ist. [30] Im Übrigen bedeutet eine effiziente Kommunikation nicht, dass eine Anfrage sofort beantwortet wird. Eine Kommunikation ist vielmehr dann als effizient anzusehen, wenn sie es erlaubt, dass der Nutzer angemessene Informationen innerhalb einer Frist erhält, die mit seinen Bedürfnissen oder berechtigten Erwartungen vereinbar ist.

[31] Es ist offensichtlich, dass es andere Kommunikationswege als das Telefon gibt, die den Kriterien einer unmittelbaren und effizienten Kommunikation im Sinne von Art. 5 Abs. 1 Buchst. c der Richtlinie, also einer hinreichend zügigen Kommunikation ohne eine zwischengeschaltete Person, genügen können, etwa die über den persönlichen Kontakt mit einer verantwortlichen Person in den Räumen des Diensteanbieters oder über Telefax. [32] Angesichts all dieser Umstände müssen die Informationen, die diesen weiteren Kommunikationsweg eröffnen, den der Diensteanbieter den Nutzern des Dienstes schon vor Vertragsschluss mit ihnen zur Verfügung stellen muss, nicht notwendigerweise eine Telefonnummer umfassen. … [35] Es trifft zu, dass eine elektronische Anfragemaske als unmittelbarer und effizienter Kommunikationsweg im Sinne von Art. 5 Abs. 1 Buchst. c der Richtlinie angesehen werden kann, wenn der Diensteanbieter, wie sich im Ausgangsverfahren aus den Akten ergibt, auf Anfragen der Verbraucher innerhalb von 30 bis 60 Minuten antwortet.

Alle diese Angaben sind auch bei einem **journalistisch-redaktionell gestal-   423
teten Angebot** erforderlich; hinzu kommt die Nennung der presserechtlich verantwortlichen Person („V. i. S. d. P."), ebenfalls ggf. mit dem Vertretungsberechtigten (§ 55 Abs. 2 RStV). Hierzu zählt jeder meinungsbildend („massenkommunikativ"[154]) angelegte Internetauftritt, sei es die Online-

---

153 BGH, MMR 2007, 505.
154 LT-Drs. BW 14/558, S. 39.

Ausgabe einer Print-Tageszeitung, seien es die Seiten einer politischen Partei oder ein entsprechend ausgerichteter Webblog.[155]

424   Im Überblick stellt sich die Impressumspflicht wie folgt dar:

	Vorgaben gem. §§ 5 TMG, 55 RStV	Anwendungsfall
ausschließlich persönlichen oder familiären Zwecken dienend	keine Impressumspflicht	private Homepage mit Urlaubsbildern
nicht ausschließlich persönlichen oder familiären Zwecken dienend, ohne aber gewerblich oder meinungsbildend zu sein	§ 55 Abs. 1 RStV: ► Name, Anschrift ► Bei jur. Personen Rechtsform und Name und Anschrift des Vertretungsberechtigen	Homepage eines Idealvereins, der über seine Aktivitäten informiert
geschäftsmäßig und i. d. R. gegen Entgelt angeboten	§ 5 Abs. 1 TMG: ► Name, Anschrift, ggf. Rechtsform und Vertretungsberechtigte(r) ► Kommunikationsdaten (insbes. E-Mail-Anschrift) ► Ggf. Aufsichtsbehörde, Handelsregister, Vereinsregister o. ä., Kammerzugehörigkeit, gesetzl. Berufsbez., Umsatzsteueridentifikationsnummer	alle im weitesten Sinne gewerblichen Internetauftritte, die unmittelbar oder mittelbar eine Gewinnerzielungsabsicht verfolgen, wie z. B. Handelsplattformen, Werbeseiten, Informationsangeboten für zahlende User
mit journalistisch-redaktionellem Angebot	§ 55 Abs. 2 RStV: wie § 5 TMG (Zeile darüber) sowie zusätzlich: ► V. i. S. d. P. mit Name, Anschrift, bei jur. Personen auch des Vertretungsberechtigten	alle meinungsbildend angelegten Internetauftritte wie z. B. der Online-Auftritt eines Printmediums, ein Nachrichtenblog, Seiten einer politischen Partei

Übersicht 13:   Impressumspflicht

---

155 Ott, MMR 2007, 354, 356 f., votiert ebenfalls für ein weites Begriffsverständnis.

2. Anforderungen an die leichte Erkennbarkeit und unmittelbare Erreichbarkeit

Als schwierig erwiesen hat sich die Auslegung der Anforderungen an die **425** **Darstellung und Platzierung der vorgeschriebenen Impressumsangaben** im Rahmen eines Internetauftritts. Denn die §§ 5 TMG, 55 RStV schreiben übereinstimmend vor, dass die Anbieterangaben „leicht erkennbar", „unmittelbar erreichbar" und „ständig verfügbar" sein müssen.

a) Leichte Erkennbarkeit

„Leicht erkennbar" heißt mit anderen Worten **„einfach und effektiv optisch** **426** **wahrnehmbar".**[156] Die Angaben dürfen also nicht „versteckt" werden, weder durch eine besonders geringe Schriftgröße noch durch eine Platzierung an einer dafür unüblichen Stelle. So reicht beispielsweise der Nachname des Seitenbetreibers zwischen Firmenname und Firmenanschrift nicht aus; dies gilt sogar dann, wenn der vollständige Name in den AGBs zu finden ist, weil man dort gewöhnlich nicht danach sucht.[157] Besondere Themen der „leichten Erkennbarkeit" sind die Notwendigkeit, zur Anbieterkennzeichnung scrollen zu müssen, die Bezeichnung der Anbieterkennzeichnung in ihrer Überschrift bzw. auf ihrem Linkbutton und die Berücksichtigung verschiedener Bildschirmauflösungen.

Die „leichte Erkennbarkeit" verlangt zunächst eine **klar verständliche Hin-** **427** **weisterminologie (als Überschrift oder Linkbutton).** Der BGH hat Bezeichnungen wie „Impressum" und „Kontakt" akzeptiert; auch hinreichend verständlich wären Begriffe wie „mich"[158], „wir" oder „über uns", nicht jedoch – wie das OLG Hamburg entschieden hat – „backstage".[159]

Erkennbarkeit eines Impressums im Internet – BGH NJW 2006, 3633 = MMR   **428**
2007, 40 = CR 2006, 850 m. Anm. Zimmerlich:

Aus den Gründen: … Zweck der Informationspflichten über Identität, Anschrift, Vertretungsberechtigten und Handelsregistereintragung ist es, dass der Unternehmer den Verbraucher klar und unmissverständlich darauf hinweist, mit wem er in geschäftlichen Kontakt tritt. Die erforderlichen Informationen müssen deshalb u. a. leicht erkennbar sein. Befinden sich die erforderlichen Angaben nicht auf der Startseite, gehört hierzu, dass der Anbieter für weiterführende Links Bezeichnungen wählt, die verständlich sind und sich dem Nutzer ohne weiteres erschließen. Diesen Anforderungen genügen die Begriffe „Kontakt" und „Impressum". Das Berufungsgericht hat festgestellt, dem durchschnittlich informierten Nutzer des Internets sei mittlerweile bekannt, dass mit den Begriffen „Kontakt" und „Impressum" Links bezeichnet würden, über die der Nutzer zu einer Internetseite mit den Angaben zur Anbieterkennzeichnung gelange.

---

156 Hoenike/Hülsdunk, MMR 2002, 415, 416 f.; Hoß, CR 2003, 687, 688; OLG München, MMR 2004, 321, 322.
157 So LG Berlin, CR 2003, 139.
158 KG, CR 2007, 595; LG Hamburg, MMR 2007, 131.
159 Siehe auch Hoß, CR 2003, 687, 689.

Haben sich im Internetverkehr aber die Begriffe „Kontakt" und „Impressum" zur Bezeichnung von Links durchgesetzt, die zur Anbieterkennzeichnung führen und ist dies dem durchschnittlichen Nutzer bekannt, sind die Anbieterinformationen auch leicht erkennbar dargestellt. ...

429 **Impressumspflicht – OLG Hamburg, CR 2003, 283 = MMR 2003, 105 m. Anm. Klute:**

Aus den Gründen: ... Eine leichte Erkennbarkeit setzt zugleich voraus, dass der Diensteanbieter bei der zur sinnvollen Gliederung der Seiten erforderlichen Verwendung weiterführender, durch entsprechende Oberbegriffe gekennzeichneter Links eine Terminologie wählt, die für den Nutzer auch als Hinweis auf die Angaben nach § 6 TDG [jetzt: § 5 TMG] verstanden wird. ... Denn der Zugriff auf die Informationen kann durch die optisch versteckte Anordnung in gleicher Weise vereitelt werden, wie durch die Verwendung unverständlicher Bezeichnungen. ... [Des Diensteanbieters] Gestaltungsfreiheit unterliegt insoweit Beschränkungen; der Diensteanbieter hat sich bei diesen Angaben an den Gepflogenheiten der beteiligten Verkehrskreise zu orientieren.

Bei dem Bereithalten von Telediensten hat sich im Verkehr die Bezeichnung „Kontakt" oder „Impressum" durchgesetzt, um den Nutzer auf die Angaben zur Person des Anbieters hinzuweisen. Der Begriff „Backstage" wird im allgemeinen Sprachgebrauch hingegen eher mit der Musikbranche in Verbindung gebracht. Mit ihm wird die Erwartung verbunden, auf unterhaltsame Weise Einblicke im Hinblick auf eine künstlerische Darbietung oder die Person eines Künstlers zu erhalten, die der Öffentlichkeit gewöhnlich nicht zugänglich sind ...

430 Das OLG München hat in diesem Zusammenhang die leichte Erkennbarkeit verneint, wenn direkt über einem mit „Impressum" gekennzeichneten Button ein **weiterer Link** „Über (Name des Anbieters)" angebracht ist; dann weiß der Besucher dieser Seite nicht auf Anhieb, unter welchem Button er das gesetzlich vorgeschriebene Impressum findet; sobald er aber herumprobieren muss, ist die „leichte Erkennbarkeit" nicht mehr gegeben:

431 **Impressumspflicht – OLG München, MMR 2004, 321 m. Anm. Ott = CR 2004, 843:**

Aus den Gründen: ... die Informationen gem. § 6 Satz 1 TDG [sind] ... auch deshalb nicht leicht erkennbar ..., weil sich in unmittelbarer Nachbarschaft zu dem am unteren Seitenrand platzierten einschlägigen Link „Impressum", nämlich in der Zeile darüber, auch der Link „Über.xxx.de" befindet. Im Hinblick darauf, dass für – grds. durchaus zulässige – Links, die zu den Informationen gem. § 6 Satz 1 TDG [jetzt: § 5 TMG] führen, nicht nur die Bezeichnung „Impressum", sondern auch die Bezeichnung „Wir über uns" verbreitet ist, die der Bezeichnung „Über.xxx.de" sehr ähnlich ist, ist der Link „Impressum" in diesem Umfeld als einschlägiger, zu den Informationen gem. § 6 Satz 1 TDG führender Link nicht leicht erkennbar. ...

432 Das OLG Hamburg verlangt für die „leichte Erkennbarkeit", dass die Anbieterkennzeichnung (bzw. ein zu ihr führender Link) ohne **vorheriges Scrollen** möglich ist.

Impressumspflicht – OLG Hamburg, CR 2003, 283 = MMR 2003, 105 m. Anm. Klute:

Aus den Gründen: … Eine leicht erkennbare Wiedergabe i. S. d. § 6 TDG [jetzt: § 5 TMG] setzt … zum einen voraus, dass die Informationen optisch leicht wahrnehmbar sind. Insbesondere dürfen sie nicht derart platziert werden, dass ein vorheriges Scrollen des Bildschirms erforderlich ist, um sie lesen zu können. …

Dieser sehr weitgehenden Forderung ist entgegenzuhalten, dass die zugrunde liegende Programmiersprache (HTML; siehe Anhang 1) keine absoluten Größenangaben in Bezug auf die Bildschirmdarstellung kennt; ein zumindest geringfügiges Scrollen muss noch möglich sein, ohne die „leichte Erkennbarkeit" schon verneinen zu müssen.[160]

Nicht zu kritisieren ist dagegen das OLG München, das ein Scrollen bis zur vierten Bildschirmseite nicht mehr für eine zulässige Anbieterkennzeichnung ausreichen lässt: **433**

Impressumspflicht – OLG München, MMR 2004, 321 m. Anm. Ott = CR 2004, 843:

Aus den Gründen: … Die … beanstandete Platzierung des zu den Informationen gem. § 6 Satz 1 TDG führenden Links „Impressum" am unteren Seitenende …, der bei einer üblichen Bildschirmauflösung von 1024 x 768 Bildschirmpunkten erst mittels Scrollens auf der vierten Bildschirmseite sichtbar wird, verstößt … gegen die Erfordernisse der leichten Erkennbarkeit und der unmittelbaren Erreichbarkeit i. S. v. § 6 Satz 1 TDG. Die Informationen nach § 6 TDG müssen an gut wahrnehmbarer Stelle und ohne langes Suchen und jederzeit auffindbar sein. …

Zur **Bildschirmauflösung** verlangt schließlich das OLG Hamburg, dass auch bei einer Auflösung mit 800×600 Pixeln kein für eine vollständige Anbieterkennzeichnung nötiges Wort über den Bildschirmrand hinausreichen darf: **434**

Impressumspflicht – OLG Hamburg, CR 2003, 283 = MMR 2003, 105 m. Anm. Klute:

Aus den Gründen: … Indem die Agg. die Angaben nach § 6 Ziff. 1, 2 und 4 TDG auf der folgenden Seite unter dem üblichen Begriff „Impressum" zugänglich macht, führt auch die wegen der bei einer Auflösung von 800×600 Pixeln nicht vollständige Lesbarkeit dieses Wortes zum Fehlen der leichten Erreichbarkeit. Diese Auflösung stellt eine im Verkehr verbreitete technische Ausstattung dar. … Diesen Umstand hatte die Agg. bei der Gestaltung zu beachten und im Hinblick auf die erforderliche Wahrnehmbarkeit eine geeignete Darstellung zu wählen.

---

160 Hoß, CR 2003, 687, 689; Brunst, MMR 2004, 8, 13.

Hiergegen ist einzuwenden, dass ein Verschieben des seitlichen Steuerungs-
balkens zumutbar ist, so dass ein je nach Bildauflösung nicht vollständiges
Wort für den jeweiligen User durch ein Scrollen zur Seite leicht zugänglich ist. Etwas anderes kann dann gelten, wenn die Anbieterkennzeichnung
vollständig und gezielt im „toten Winkel" versteckt wird.

b) Unmittelbare Erreichbarkeit

435 Unter „unmittelbarer Erreichbarkeit" wird eine **Zugangsmöglichkeit ohne
wesentliche Zwischenschritte** verstanden; um aber einen „informational
overkill" zu vermeiden, wird die Notwendigkeit eines einzigen Mausklicks
unstreitig akzeptiert.[161] Die Angaben müssen also nicht selbst direkt und
vollständig auf der Homepage stehen, sondern können durch einen entsprechenden Link angeklickt werden. Nimmt man etwa die Anbieterken-
zeichnung in die bei allen Seiten des Angebots unverändert stehen bleibende Steuerungsleiste (meist am linken Rand oder oben horizontal) auf, wäre
sie von jeder Seite aus mit einem einzigen Klick zu erreichen.

436 Die „**Konvention zur Anbieterkennzeichnung im Elektronischen Geschäftsverkehr mit Endverbrauchern**"[162] nimmt in diesem Zusammenhang eine
sachgerecht erscheinende Differenzierung vor: Demnach darf die Anbieterkennzeichnung von der Eingangsseite des Angebots (Homepage) einen
Klick weit entfernt sein („one click away"), während sie von jeder anderen
Seite „**two klicks away**" sein darf. Hat jede Seite eines Angebots einen direkten Link zur Homepage und gelangt man von dort aus mit einem Link
zur Anbieterkennzeichnung, wäre diesen Anforderungen Genüge getan.[163]
Diese Auffassung wird vom BGH gestützt:[164]

437 **Erreichbarkeit eines Impressums im Internet – BGH, NJW 2006, 3633 = MMR
2007, 40 = CR 2006, 850 m. Anm. Zimmerlich:**

Aus den Gründen: ... Die Anbieterkennzeichnung der Beklagten ist über den
Link „Kontakt" und den weiteren Link „Impressum" auch unmittelbar erreichbar. Davon ist auszugehen, wenn die erforderliche Information ohne wesentliche Zwischenschritte aufgerufen werden kann. Die Angaben müssen ohne
langes Suchen auffindbar sein. Eine unmittelbare Erreichbarkeit scheitert nicht
daran, dass der Nutzer nicht schon in einem Schritt, sondern erst in zwei
Schritten zu den benötigten Informationen gelangt. Das Erreichen einer Internetseite über zwei Links erfordert regelmäßig kein langes Suchen. ...

---

161 Hoenike/Hülsdunk, MMR 2002, 415; OLG München, MMR 2004, 321, 322;
      OLG Hamburg, CR 2003, 283 = MMR 2003, 105 m. Anm. Klute.
162 Siehe <www.dmmv.de>.
163 Brunst, MMR 2004, 8, 11 f.
164 So schon zuvor mit ähnlicher Argumentation OLG München, CR 2004, 53 m.
      Anm. Schulte = MMR 2004, 36.

Klar ist aber auch, dass ein **vierfaches Durchklicken** keine „unmittelbare   **438**
Erreichbarkeit" mehr bedeutet:

**Keine unmittelbare Erreichbarkeit auf der vierten Website – LG Düsseldorf,
CR 2003, 380:**

Aus den Gründen: … [wenn] die entsprechenden Angaben erst auf einem dem
Nutzer nicht ohne Weiteres und schon gar nicht leicht erkennbaren Weg in
mehreren Schritten durch Anklicken auf mehreren Seiten auf der vierten Website zu erhalten waren, kann von leicht erkennbaren und unmittelbar erreichbaren Informationen nicht gesprochen werden. …

c) Ständige Verfügbarkeit

Schließlich müssen die Impressumsangaben jederzeit abrufbar sein. Ist die   **439**
Impressumsseite allerdings nur wenige Minuten wegen einer Überarbei-
tung technisch unerreichbar, liegt noch kein Verstoß gegen das Gebot der
ständigen Verfügbarkeit vor:

**Anforderungen an die ständige Verfügbarkeit – OLG Düsseldorf, MMR 2009,
266:**

Aus den Gründen: … [23] Eine nur während der Dauer der Bearbeitung der
Impressumseite technisch bedingte Unerreichbarkeit stellt sich … nicht schon
als Verstoß gegen die von § 5 TMG geforderte ständige Verfügbarkeit dar, denn
wenn dies technisch bei einer Bearbeitung der Daten erforderlich ist, dann
würde ein Verbot insoweit dazu verpflichten, falsche Angaben im Impressum
unendlich fortzuführen. … Jedenfalls aber wäre ein derartiger nur wenige Minuten dauernder Verstoß gegen die Impressumpflicht nicht geeignet, die Interessen der übrigen Marktteilnehmer zu beeinträchtigen (§ 3 UWG). …

3. Wettbewerbsrechtliche Relevanz der Impressumspflicht

Neben der **Bußgeldbewehrung** (§ 16 Abs. 2 Nr. 1, Abs. 3 TMG) bis   **440**
50 000 € sind vor allem **wettbewerbsrechtliche Ansprüche** zu den wesentlichen Rechtsfolgen einer Verletzung der Pflicht zur Anbieterkennzeichnung
zu zählen. Die **Frage der wettbewerbsrechtlichen Wertbezogenzeit von § 5
TMG** (bzw. der Vorgängervorschriften) war lange streitig (insbesondere in
der Rechtsprechung); die ablehnende Meinung argumentierte damit, dass
die Wertbezogenheit nur bei unmittelbarer Wettbewerbsrelevanz zu bejahen sei, während dies beim TMG nur mittelbar – durch das Hinwirken
auf die Einhaltung bestimmter Standards – der Fall sei.[165] Dennoch hat der
BGH nunmehr die Streitfrage wegen der verbraucherschützenden Funktion
der Impressumspflicht zugunsten der Wertbezogenheit entschieden:

---

165 Gegen die Wertbezogenheit argumentieren Schulte/Schulte, NJW 2003, 2140,
2141; Hoß, CR 2003, 687, 690 f.; OLG Hamm, MMR 2003, 410; LG Berlin,
MMR 2003, 200.

441 Impressumspflicht im Internet – BGH, NJW 2006, 3633 = MMR 2007, 40 = CR
2006, 850 m. Anm. Zimmerlich:

Aus den Gründen: ... Nach § 4 Nr. 11 UWG handelt derjenige unlauter i. S. des
§ 3 UWG, der einer gesetzlichen Vorschrift zuwider handelt, die auch dazu
bestimmt ist, im Interesse der Marktteilnehmer das Marktverhalten zu regeln.
Zu den Vorschriften, die im Interesse der Marktteilnehmer, insbesondere der
Verbraucher, auch das Verhalten von Unternehmen bestimmen, zählen § 6
TDG und § 10 Abs. 2 MDStV [heute: § 5 TMG]. ... Sie sehen nähere Angaben
zur Anbieterkennzeichnung im Interesse des Verbraucherschutzes vor. Als Bestimmungen, die die Informationspflichten zur Anbieterkennzeichnung regeln,
kommt ihnen als Verbraucherschutzvorschriften eine auf die Lauterkeit des
Wettbewerbs bezogene Schutzfunktion zu. ...

442 Liegt eine Verletzung der Impressumspflicht und damit ein Wettbewerbsverstoß vor, kann der Wettbewerber im Wege des Unterlassungsanspruchs
verlangen, dass der Anbieter die Homepage ohne korrekte Angaben im
geschäftlichen Verkehr nicht mehr betreiben darf.[166] Ebenso steht ein **Unterlassungsanspruch** den nach § 3 UKlaG anspruchsberechtigten Stellen
(Wettbewerbsvereine und Verbraucherschutzverbände) zu.[167]

II. Urheberrecht

443 Auf vielen Webseiten werden fremde Texte oder Gestaltungen verwendet.
Oft haben die Verantwortlichen gar kein Bewusstsein dafür, dass dadurch
fremde Urheberrechte verletzt sein könnten. Gleichzeitig ermöglichen PC
und Internet in besonders leichter Weise die Herstellung unzähliger Kopien.
Deshalb hat das Urheberrecht gerade im Content-Providing eine besonders **hohe praktische Bedeutung.** Das europäische Urheberrecht unterliegt
zur Zeit – gerade wegen der Herausforderung durch das Internet – einem
starken Wandel. So hat der deutsche Gesetzgeber die Vorgaben der EU-
Richtlinie zur Harmonisierung bestimmter Aspekte des Urheberrechts und
der verwandten Schutzrechte in der Informationsgesellschaft (RL 2001/29/
EG) durch Änderungen des Urheberrechtsgesetzes (UrhG) im ersten und
zweiten „**Gesetz zur Regelung des Urheberrechts in der Informationsgesellschaft**" vom 10. September 2003 und vom 26. Oktober 2007 („1. und
2. Korb") umgesetzt. Die „entschlossene Weiterentwicklung" des Urheberrechts in einem dritten Korb ist schon angekündigt; dabei soll es nicht
zuletzt um „bessere und wirksame Instrumente zur konsequenten Bekämpfung von Urheberrechtsverletzungen im Internet" gehen.[168]

---

166 So LG Düsseldorf, CR 2003, 380, das die Wertbezogenheit bejaht hat.
167 Ott, MMR 2007, 354, 359.
168 Koalitionsvertrag von CDU, CSU und FDP 2009, S. 103.

1. Werksbegriff

Im Mittelpunkt des Urheberrechts steht der Werksbegriff. Denn urheber-   **444**
rechtlich geschützt sind alle Werke literarischer, wissenschaftlicher und
künstlerischer Natur (§ 1 UrhG), soweit sie persönliche geistige Schöpfungen darstellen (§ 2 Abs. 2 UrhG). Diese „**Schöpfungshöhe**" ist dann erfüllt,
wenn das Werk eine **Verkörperung menschlich-subjektiver und individueller
Kreativität** darstellt, die auf einer besonderen geistigen Leistung beruht;[169]
Ergebnisse eines durchschnittlichen handwerklichen Könnens erfüllen dies
noch nicht,[170] ebenso wenig bloße Wiederholungen oder Alltäglichkeiten.[171]
Allerdings können auch furchtbar hässliche Dinge den nötigen Originali-
tätsgrad erreichen; qualitative, ästhetische oder geschmackliche Kriterien
müssen bei der Prüfung der Schöpfungshöhe außen vor bleiben.[172]

Der Schutz des Urheberrechts **entsteht verfahrensfrei** (also ohne Eintragung   **445**
in ein Werksregister o. Ä.) mit der Schaffung des Werkes. Hierfür reicht die
Verlautbarung des Werkes.[173] Nötig ist allerdings, dass das Werk – unmittelbar oder mittelbar durch Hilfsgeräte wie z. B. ein CD-Player – **sinnlich
wahrnehmbar** ist; eine **bloße Idee** wie etwa die Konzeption einer Webseite
ist noch nicht urheberrechtlich geschützt – sie muss „ins Werk gesetzt"
werden.[174] Der gern verwendete ©-Zusatz ist daher im Geltungsbereich der
revidierten Berner Übereinkunft (RBÜ) – wozu auch Deutschland zählt –
überflüssig, weil er keine Rechtsposition begründen kann; entweder ist das
Werk bereits durch seine Entstehung geschützt oder es erfüllt die Schöpfungshöhe nicht und ist dann gar nicht urheberrechtsfähig. Auch in den
USA entsteht das Urheberrecht unabhängig vom ©-Zusatz, doch führt er
dort zu einer automatischen Bösgläubigkeit aller Verkehrsteilnehmer bezüglich eines bestehenden Urheberrechts.[175]

Webseiten werden nach h. M. als **urheberrechtsfähig** angesehen, wenn es   **446**
sich um eine individuelle Anordnung von Bildern, Texten, Grafiken und
Links handelt; teilweise werden deutlich überdurchschnittliche Webde-
signer-Leistungen verlangt.[176] Nach einer Entscheidung des OLG Rostock
kann die erforderliche Schöpfungshöhe auch durch die Verwendung einer
für Suchmaschinen besonders attraktiven Sprache erreicht werden:

---

169 Köhler/Arndt/Fetzer, RdI, Rn. 540.
170 Ilzhöfer, PMU, Rn. 562 f.
171 Strömer, Online-Recht, S. 210.
172 Köhler/Arndt/Fetzer, RdI, Rn. 541; Ilzhöfer, PMU, Rn. 564.
173 Ilzhöfer, PMU, Rn. 556.
174 Vgl. Köhler/Arndt/Fetzer, RdI, Rn. 540; Ilzhöfer, PMU, Rn. 555, 560.
175 Strömer, Online-Recht, S. 208; der Zusatz muss mit dem Entstehungsjahr und
     dem Urhebernamen verbunden werden; vgl. auch Steckler, IT-Recht, S. 199.
176 Köhler/Arndt/Fetzer, RdI, Rn. 544 ff., gelangen zu diesem Ergebnis mit einer
     Aufteilung einzelner Webseitenelemente (z. B. Texte, Fotografien) zu einzelnen
     Werkarten gem. § 2 Abs. 1 UrhG oder mit der Einordnung Webseiten als Da-
     tenbankwerke i. S. v. § 4 Abs. 2 UrhG; siehe auch Härting/Kuon, CR 2004,
     527; Boehme-Neßler, Cyberlaw, S. 250 ff.

447 | **Urheberrechtliche Werksqualität von Webseiten – OLG Rostock, MMR 2008, 116:**

Aus den Gründen: ... Es ist allgemein anerkannt, dass der Gestaltung von Webseiten unabhängig von der Digitalisierung ihres Inhalts ein Urheberrechtsschutz zukommen kann, sofern die Gestaltung die gemäß § 2 Abs. 2 UrhG erforderliche Schöpfungshöhe erreicht.

Der urheberrechtliche Schutz ergibt sich im vorliegenden Fall aus der Verwendung der Sprache, § 2 Abs. 1 Nr. 1 UrhG. Zwar bietet die vom Kläger auf den Webseiten verwendete Alltagssprache an sich keine Besonderheiten. Die sprachliche Gestaltung durch den Kläger führt jedoch dazu, dass die Webseiten der Beklagten bei Eingabe der plakativen Suchwörter „(...)" in die in Deutschland weit verbreitete Suchmaschine „Google" unter den ersten Suchergebnissen erscheint. ... Weil die Suchmaschinen im Internet ihre Ergebnisse auf der Grundlage der in den Quelltexten enthaltenen sogenannten Meta-Tags sowie dem Auftreten der Suchbegriffe im Dokumententitel oder in Überschriften sortieren, kommt der zielführenden Verwendung der Sprache bei der Suchmaschinen-Optimierung erhebliche Bedeutung zu. ... Um ... für eine gewisse Dauer die Auflistung der Webseiten an der Spitze der Suchergebnisse zu erreichen, bedarf es ... besonderer Kenntnisse und Fähigkeiten bei der Gestaltung des Internetauftritts. ...

Die Auswahl, die Einteilung und die Anordnung der Suchbegriffe aus der Alltagssprache auf den Webseiten und im Quelltext bilden hier die individuelle schöpferische Eigenheit des vom Kläger gestalteten Internetauftritts. Die Gestaltung mit Mitteln der Sprache erreicht die für die Urheberrechtsschutzfähigkeit hinreichende Gestaltungshöhe, denn sie übersteigt deutlich das Schaffen eines durchschnittlichen Webdesigners, das auf einer routinemäßigen, handwerksmäßigen und mechanisch-technischen Zusammenfügung des Materials beruht. Die durch geschickte Auswahl und Anordnung der Schlüsselwörter erzielte Spitzenposition in der Suchmaschine beruht auf der eigenen geistigen Schöpfung des Klägers. Die auf diese Weise vorgenommene Gestaltung verschafft den Webseiten eine individuelle Prägung und hebt sie deutlich aus der Vielzahl durchschnittlicher Internetauftritte anderer Anbieter von Häusern heraus. ...

448   Computerprogramme sind ebenfalls urheberrechtlich geschützt, soweit sie „statistisch einmalig" sind;[177] mit den §§ 69a ff. UrhG gelten hier sogar **Sondervorschriften**, die insgesamt schutzverstärkend wirken. Die Verwendung fremder Software ist daher nur möglich, wenn sie vom Urheberrechtsinhaber ausdrücklich freigegeben ist („Freeware"). Umstritten ist die Frage, ob Webseiten auch als Computerprogramme geschützt sind;[178] für normale Webseiten im HTML-Code hat dies das OLG Rostock verneint:

---

177 Köhler/Arndt/Fetzer, RdI, Rn. 542.
178 Vgl. Köhler/Arndt/Fetzer, RdI, Rn. 543.

Abgrenzung von Computerprogrammen zu Webseiten – OLG Rostock, MMR 2008, 116:

449

Aus den Gründen: ... Abzugrenzen ist der Begriff des Computerprogramms jedoch von sonstiger Software, insbesondere von reinen Daten, die nicht gemäß
§ 69 a ff. UrhG geschützt ist. Computerprogramme liegen nur vor, wenn sie
eine Folge von Befehlen enthalten, die zur Kontrolle bzw. Steuerung des Pro-
grammablaufs benutzt werden. Webseiten, die lediglich auf einer HTML-Datei
(Hyper Text Markup Language) basieren, sind deshalb regelmäßig keine Computerprogramme. Denn der HTML-Code allein enthält keine ablauffähige Folge
von Einzelanweisungen, die dazu dient, den Computer zur Ausführung einer
bestimmten Funktion zu veranlassen. Vielmehr werden mit Hilfe der im Internet
gebräuchlichen HTML-Codierung die Formatierung der Seite niedergelegt und
Texte sowie Grafiken sichtbar gemacht. Die HTML-Befehle im Quelltext einer
Webseite bewirken daher nur, dass die vorgegebene Bildschirmgestaltung im
Internet kommuniziert werden kann. ...

2. Urheberrechte

Ist ein Werk urheberrechtlich geschützt, folgt daraus eine ganze Reihe von
verschiedenen Rechten des Urhebers. Diese werden in zwei Gruppen unterschieden: Die **Urheberpersönlichkeitsrechte** schützen das ideelle, geistige und persönliche Verhältnis zwischen dem Urheber und seinem Werk,
während die **Verwertungsrechte** des Urhebers die Verwendung und wirtschaftliche Nutzbarmachung des Werkes betreffen; letztere werden nach
körperlichen und unkörperlichen Verwertungsformen unterschieden (§ 15
Abs. 1 und 2 UrhG).[179]

450

451

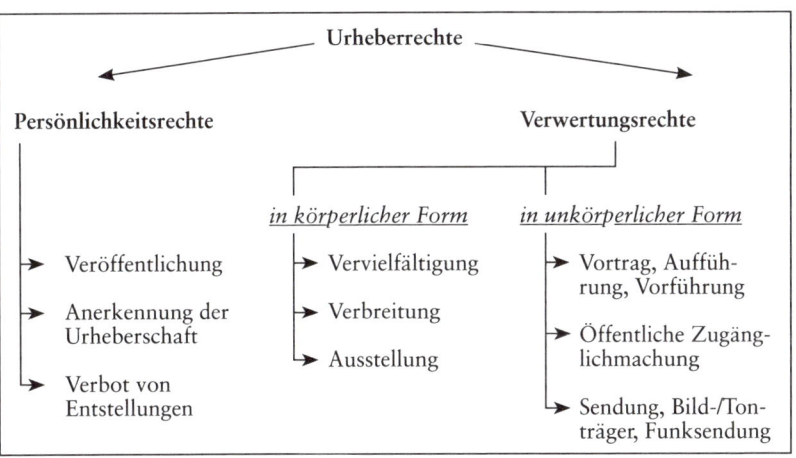

Übersicht 14:   Urheberrechte

---

179 Steckler, IT-Recht, S. 198 f.

a) Urheberpersönlichkeitsrechte

452 Zu den Urheberpersönlichkeitsrechten gehören:

- ► das **Veröffentlichungsrecht** (§ 12 UrhG), d. h. das Recht zur Entscheidung darüber, ob und ggf. in welcher Form und in welchem Rahmen das Werk gegenüber einem nicht bestimmbaren Personenkreis vorgestellt wird (wozu natürlich auch eine wie auch immer geartete Präsentation im Internet zählt); allerdings bezieht sich dieses Recht nur auf das Erstveröffentlichungsrecht, weshalb der Urheber nach einer einmal gestatteten Veröffentlichung weitere Veröffentlichungen nicht aus § 12 UrhG verhindern kann;[180]
- ► das **Recht auf Anerkennung der Urheberschaft** (§ 13 UrhG), d. h. das Recht zur Entscheidung darüber, ob und ggf. wie das Werk (zwingend) mit einem auf den Urheber hinweisenden Zusatz (z. B. ©-Zusatz mit Jahr und Name oder Hinzufügung eines Pseudonyms) verbunden werden muss; gleichzeitig folgt daraus der Anspruch gegenüber anderen, dass diese auf sich selbst hinweisende Zusätze unterlassen;[181]
- ► das **Recht zum Verbot von Entstellungen** (§ 14 UrhG) wie z. B. bei Plagiaten, Fotomontagen oder Einbeziehung in einen problematischen Kontext (etwa pornografischer oder rechtsradikaler Art).[182]

b) Verwertungsrechte

453 aa) Die Rechte zur **Verwertung in körperlicher Form** stehen ausschließlich dem Urheber zu (§ 15 Abs. 1 UrhG).

(1) Die praktisch höchste Bedeutung hat hier das **Recht zur Vervielfältigung** (§ 16 UrhG), d. h. das Recht zur „Herstellung einer oder mehrerer Festlegungen, die geeignet sind, das Werk den menschlichen Sinnen auf irgendeine Weise wiederholt unmittelbar oder mittelbar wahrnehmbar zu machen".[183] Hierunter fällt **jede körperliche Fixierung unabhängig von der Art des technischen Kopiervorgangs**, so beispielsweise die Digitalisierung eines Textes, die Fotografie eines Bildes, das Abspeichern auf einem Datenträger, also auch Uploading (Vervielfältigung auf dem Netzserver, auf den hochgeladen wird) und Downloading (Vervielfältigung beim User, auf dessen Rechner heruntergeladen wird), der Ausdruck einer Datei, ja sogar das Abschreiben eines Textes von Hand.[184] Gesetzlich ausgenommen ist die **nur vorübergehende Vervielfältigung im Rahmen eines technischen Verfahrens** ohne eigene wirtschaftliche Bedeutung (§ 44a UrhG), wie es beispielsweise

---

180 Ilzhöfer, PMU, Rn. 611; Steckler, IT-Recht, S. 198 f.; Strömer, Online-Recht, S. 214 f.
181 Ilzhöfer, PMU, Rn. 612; Steckler, IT-Recht, S. 199; der Urheber kann auf sein Recht der Urhebernennung (ggf. auch vertraglich) verzichten, vgl. Köhler/Arndt/Fetzer, RdI, Rn. 577.
182 Köhler/Arndt/Fetzer, RdI, Rn. 578; Boehme-Neßler, Cyberlaw, S. 237.
183 St. Rspr., zit. nach Köhler/Arndt/Fetzer, RdI, Rn. 579.
184 Steckler, IT-Recht, S. 202; Strömer, Online-Recht, S. 216; Ilzhöfer, PMU, Rn. 618 f.

beim Caching und Browsing der Fall ist.[185] Für Softwareprogramme, die als unkörperliche Werke nicht unter § 16 UrhG fallen, ist das Vervielfältigungsrecht des Urhebers nach § 69c Nr. 1 UrhG geschützt.

(2) Die weiteren Rechte zur Verwertung in körperlicher Form betreffen **454**

▶ die **Verbreitung** (§ 17 UrhG), also das Recht, das Original oder Vervielfältigungen in verkörperter Form der Öffentlichkeit anzubieten oder in Verkehr zu bringen; nach dem **Erschöpfungsgrundsatz** ist die Zustimmung des Berechtigten nach einem erstmaligen Verbreiten für weitere Verbreitungen nicht mehr erforderlich (außer bei Vermietung, § 17 Abs. 2 UrhG);[186] für (unkörperliche) Softwareprogramme wird dieser Schutz durch § 69c Nr. 3 UrhG gewährleistet;

▶ die **Ausstellung** (§ 18 UrhG), also die öffentliche Schaustellung des Originals oder von Kopien eines unveröffentlichten Werkes der bildenden Kunst oder eines unveröffentlichten Lichtbildwerkes.[187]

bb) Die Rechte zur **Verwertung in unkörperlicher Form** stehen dem Urheber ebenfalls ausschließlich zu, sofern sie sich **auf die öffentliche Wiedergabe beziehen** (§ 15 Abs. 2 UrhG). Hierzu gehören **455**

▶ das **Vortrags-, Aufführungs- und Vorführungsrecht** (§ 19 UrhG), d.h. das Recht, ein Sprach- bzw. Musik-, Bühnen- oder Filmwerk o. Ä. öffentlich darzubieten und damit wahrnehmbar zu machen,

▶ das **Recht der öffentlichen Zugänglichmachung** (§ 19a UrhG), worunter auch die Publikation im Internet zu subsumieren ist (etwa bei einem Music-on-Demand-Dienst),[188]

▶ das **Senderecht** (§ 20 UrhG), d.h. das Recht, das Werk durch Funk der Öffentlichkeit zugänglich zu machen (mit Sonderregelungen für europäische Satellitensendungen und Kabelweitersendung, §§ 20a f. UrhG),

▶ und die **Rechte zur Wiedergabe** von Vorträgen, Aufführungen, Vorführungen oder Sendungen (§§ 21, 22 UrhG).

Durch das Wort „insbesondere" in § 15 Abs. 2 Satz 2 UrhG wird deutlich, dass diese Rechte **nicht abschließend** sind, sondern weitere Nutzungsarten möglich sind.[189]

c) **Ansprüche bei Rechtsverletzung**

aa) Unterlassungs- und Schadensersatzanspruch und Folgeansprüche

Wird ein Urheber in seinen Urheberrechten verletzt, stehen ihm gegen den **456** Rechtsverletzer vor allem **Unterlassungsansprüche und Schadensersatzan-**

---

185 Vgl. Erwägung 33 der RL 2001/29/EG.
186 Ilzhöfer, PMU, Rn. 620 ff.; Steckler, IT-Recht, S. 203 ff.; Strömer, Online-Recht, S. 223.
187 Steckler, IT-Recht, S. 206; Ilzhöfer, PMU, Rn. 625.
188 OLG Stuttgart, CR 2008, 319.
189 Ilzhöfer, PMU, Rn. 626 ff.; Steckler, IT-Recht, S. 206 ff.; Köhler/Arndt/Fetzer, RdI, Rn. 585 f.

sprüche zu (§ 97 UrhG); hinzu kommen weitere Ansprüche auf Vernichtung oder Überlassung von Vervielfältigungsstücken und Vervielfältigungsvorrichtungen (§§ 98 f. UrhG). Der Unterlassungsanspruch wird zunächst mit einer Abmahnung – also mit der Aufforderung, die Rechtsverletzung sofort einzustellen – und bei deren Erfolglosigkeit mit einer Unterlassungsklage durchgesetzt. Bei einer berechtigten Abmahnung kann der in seinen Rechten Verletzte vom Verletzer den Ersatz der damit verbundenen Aufwendungen verlangen (§ 97a Abs. 1 Satz 2 (UrhG); bei harmlos und einfach gelagerten Fällen ist dieser Aufwendungsersatz auf 100 € gedeckt (§ 97a Abs. 2 UrhG).[190]

457 Beim Schadensersatzanspruch ist kein konkreter Nachweis der Schadenshöhe – was oft gar nicht möglich ist – erforderlich; die Anspruchshöhe wird abstrakt nach dem **Grundsatz der Lizenzanalogie** berechnet (was also der Rechtsverletzer bei ordnungsgemäßer Lizenzeinholung nach marktüblichen Preisen hätte bezahlen müssen, § 97 Abs. 2 Satz 3 UrhG).[191] Bei einer Verletzung von Urheberpersönlichkeitsrechten können zudem **immaterielle Schäden** geltend gemacht werden (§ 97 Abs. 2 Satz 4 UrhG). Hinzu kommt für den Rechtsverletzer die strafrechtliche Sanktion gem. § 106 UrhG (s. o., Rn. 172).

bb) Auskunftsanspruch, insbesondere direkt gegen Dritte

458 Bei Urheberrechtsverletzungen im Internet ist es für den Rechtsinhaber oft schwierig, den Rechtsverletzer und die Wege der Rechtsverletzung zu identifizieren. Deshalb hat das „Gesetz zur Verbesserung der Durchsetzung von Rechten des geistigen Eigentums" vom 7. Juli 2008 einen neuen § 101 in das UrhG aufgenommen, der einen **umfassenden Auskunftsanspruch zugunsten des Rechtsinhabers** statuiert. Dabei richtet sich der Anspruch zum einen **gegen den Rechtsverletzer**, der über die Herkunft und den Vertriebsweg rechtsverletzender Vervielfältigungsstücke Auskunft geben muss (§ 101 Abs. 1 UrhG); zum anderen aber richtet sich der Anspruch – unter bestimmten Voraussetzungen – **auch direkt gegen Dritte**, was bei „anonymen" Urheberrechtsverletzungen im Internet hohe praktische Relevanz hat. Durch eine „Geringfügigkeitsklausel" wird der Auskunftsanspruch ausnahmsweise im Einzelfall ausgeschlossen, wenn seine Geltendmachung unverhältnismäßig ist (§ 101 Abs. 4 UrhG) – also beispielsweise mit einem erheblichen Aufwand ein nur minimaler Rechtsverstoß verfolgt werden soll.

459 Ein solcher Auskunftsanspruch gegen Dritte hat **vier Voraussetzungen**:

▶ Die **Rechtsverletzung muss offensichtlich sein** oder der Rechtsinhaber muss gegen den Verletzer Klage erhoben haben. Da die Klageerhebung voraussetzt, dass der Rechtsinhaber Name und Anschrift des Rechtsverletzers schon kennt, kommt ein auf die Identität des Rechtsverletzers gerichteter Auskunftsanspruch nur in Frage, wenn der Rechtsverstoß auf Anhieb als solcher zu erkennen ist.

---

190 Hierzu ausführlich Hoeren, CR 2009, 378.
191 Strömer, Online-Recht, S. 261 ff. m. w. N.; a. A. LG Stuttgart, CR 2000, 663.

► Der Dritte muss **an der Rechtsverletzung mitgewirkt** haben, etwa durch den Besitz an unzulässigen Vervielfältigungsstücken oder als Erbringer von Dienstleistungen, die für die Rechtsverletzung genutzt wurden (§ 101 Abs. 2 UrhG). Zu den letztgenannten Dienstleistern zählen bei Urheberrechtsverletzungen im Internet in aller Regel auch der Presence- und der Access-Provider des Rechtsverletzers; denn ohne „seine" Provider kann er den urheberrechtsverletzenden Inhalt weder hochladen (Access Provider) noch im Netz stehen lassen (Presence Provider).[192]

► Des Weiteren muss der **Dritte „in gewerblichem Ausmaß"** gehandelt haben, also mit Gewinnerzielungsabsicht. Auch dies ist bei Presence- und Access-Providern in aller Regel gegeben, da sich deren Gewinnerzielungsabsicht auf ihre Tätigkeit an sich (also auf das Providing) beziehen muss.

Auskunftsanspruch gegen Provider: Gewerbliches Handeln des Dritten – OLG Oldenburg, MMR 2009, 188:   **460**

Aus den Gründen: ... Der Senat teilt die Ansicht des LG, dass das Erfordernis einer Verletzung des Urheberrechts „in gewerblichem Ausmaß" nicht nur für die Ansprüche gegen den Verletzer aus § 101 Abs. 1 UrhG gilt, sondern auch für die Ansprüche gegen Dritte, die das Gesetz in § 101 Abs. 2 UrhG zur Verfügung stellt. Dafür spricht zunächst die Bezugnahme im Text des § 101 Abs. 2 UrhG auf den „Anspruch" nach § 101 Abs. 1 UrhG. Gleiches gilt für den ersichtlich auf § 101 Abs. 1 UrhG Bezug nehmenden Begriff der „rechtsverletzenden Tätigkeiten" in § 101 Abs. 2 Nr. 3 UrhG. Ferner ist aus den Gesetzgebungsmaterialien ein entsprechender Regelungswillen des Gesetzgebers abzuleiten ... Schließlich gebietet auch der gesetzessystematische Regelungszusammenhang und der erkennbare Zweck der Vorschrift diese Auslegung: Wenn schon das „gewerbliche" Ausmaß der Rechtsverletzung unabdingbare Voraussetzung für eine Inanspruchnahme des Verletzers ist, dann muss dies bei wertender Betrachtung des Gesetzes auch gegenüber den in § 101 Abs. 2 UrhG benannten Dritten gelten. Denn deren Auskunftsverpflichtung hat keinen isoliert-originären Ursprung, sondern wird erst durch das in § 101 Abs. 1 UrhG definierte rechtswidrige Verhalten des Verletzers unter der zusätzlichen Voraussetzung einer „offensichtlichen Rechtsverletzung" ausgelöst. ... Nach § 101 Abs. 1 Satz 2 UrhG kann sich das gewerbliche Ausmaß sowohl aus der Anzahl der Rechtsverletzungen ergeben ... als auch aus der Schwere der Rechtsverletzung. Auch anhand dieser Legaldefinition fällt es schwer, den ... einmaligen Download eines Albums als derart schwere Rechtsverletzung zu bewerten, dass von einem gewerblichen Ausmaß gesprochen werden kann. ...

► Schließlich muss auch die **Rechtsverletzung selbst „in gewerblichem**   **460a**
Ausmaß" erfolgt sein. § 101 UrhG sieht dies zwar nur in Abs. 1 für den Anspruch gegen den Verletzer – und nicht ausdrücklich in Abs. 2 für den Anspruch gegen Dritte – vor; doch wird aus den Gesetzgebungsmaterialien und aus der systematischen Auslegung abgeleitet, dass dies auch für den Drittanspruch gelten muss; hierfür spricht auch der Erst-

---

192 Heymann, CR 2008, 568, 569.

recht-Schluss, da die Hürden für den Anspruch gegen den Verletzer schwerlich höher sein können, als gegen Dritte.[193]

461   **Auskunftsanspruch gegen Provider: Rechtsverletzung in gewerblichem Ausmaß I – OLG Zweibrücken, MMR 2009, 43:**

Aus den Gründen: ... der Drittauskunftsanspruch setzt ... neben der Erbringung der Dienstleistung in „gewerblichem Ausmaß" durch den Dritten voraus, dass die Rechtsverletzung selbst in „gewerblichem Ausmaß" begangen worden ist. Dies belegen die Gesetzgebungsmaterialien. Bereits im Erwägungsgrund (14) der Richtlinie 2004/48/EG vom 29. April 2004 wird auf dieses Erfordernis hingewiesen. Auch wenn der Wortlaut des § 101 Abs. 2 UrhG grundsätzlich beide Auslegungen zulässt, wurde in dem Gesetzentwurf der Bundesregierung vom 20. April 2007 ausdrücklich darauf hingewiesen, dass der Drittauskunftsanspruch eine Verletzungshandlung in „gewerblichem Ausmaß" voraussetze.

... Im Erwägungsgrund (14) der Richtlinie wird der Begriff im Zusammenhang mit den vorgenommenen Rechtsverletzungen durch den unmittelbaren Verletzer näher erläutert. Demnach zeichnen sich in „gewerblichem Ausmaß" vorgenommene Rechtsverletzungen dadurch aus, dass sie zwecks Erlangung eines unmittelbaren oder mittelbaren wirtschaftlichen oder kommerziellen Vorteils vorgenommen werden. In Anlehnung an den Erwägungsgrund (14) der Richtlinie 2004/48/EG geht die Begründung davon aus, dass Handlungen, die in gutem Glauben von Endverbrauchern vorgenommen werden, hiernach in der Regel nicht erfasst werden. Der Begriff des „gewerblichen Ausmaßes" ist deshalb einschränkend dahin auszulegen, dass eine Rechtsverletzung von erheblicher Qualität vorliegen muss. Durch diese Einschränkung wird zumindest klargestellt, dass bei illegalen Kopien und Verbreitungen im Internet (z. B. über Tauschbörsen) ein Umfang erreicht werden muss, der über das hinausgeht, was einer Nutzung zum privaten oder sonstigen eigenen Gebrauch entsprechen würde.

461a   **Auskunftsanspruch gegen Provider: Rechtsverletzung in gewerblichem Ausmaß II – OLG Karlsruhe, CR 2009, 806:**

Eine Rechtsverletzung in gewerblichem Ausmaß ist in der Regel anzunehmen, wenn eine besonders umfangreiche Datei, etwa ein vollständiger Kinofilm, ein Musikalbum oder ein Hörbuch, vor oder unmittelbar nach ihrer Veröffentlichung in Deutschland widerrechtlich im Internet einer unbestimmten Vielzahl von Dritten zugänglich gemacht wird.

Aus den Gründen: ... [29] ... Für die Beurteilung der *Schwere* der Rechtsverletzungen kann allein die Art und der wirtschaftliche Wert des Werks, das im Wege des Filesharings heruntergeladen wurde, herangezogen werden. Dementsprechend wird vielfach ... eine für ein gewerbliches Ausmaß hinreichende Schwere der Rechtsverletzung angenommen, wenn eine besonders umfangreiche Datei, etwa ein vollständiger Kinofilm oder ein Musikalbum oder ein Hörbuch, vor oder unmittelbar nach ihrer Veröffentlichung in Deutschland widerrechtlich im Internet öffentlich zugänglich gemacht

---

193 BT-Drs. 16/5048, S. 49; krit. Kindt, MMR 2009, 147, 152 m. w. N.

wird. ... [30] ... Nach Erwägungsgrund 14 der Enforcement-Richtlinie (RL 2004/48/EG) zeichnen sich in gewerblichem Ausmaß vorgenommene Rechtsverletzungen dadurch aus, dass sie zwecks Erlangung eines unmittelbaren oder mittelbaren wirtschaftlichen oder kommerziellen Vorteils vorgenommen werden. ... Entscheidend ... ist es, dass die Rechtsverletzung ein Ausmaß aufweist, wie dies üblicherweise mit einer auf einem gewerblichen Handeln beruhenden Rechtsverletzung verbunden ist. [31] Das ist ... der Fall, wenn der Verletzer ein kommerziell genutztes Werk nicht nur herunterlädt, sondern es einer unbestimmten Vielzahl von Dritten zugänglich macht. Dann nämlich steht der Fall mit Blick auf die Nutzungsintensität und damit auf die Schwere der Rechtsverletzung der unberechtigten Weitergabe an einen gewerblichen Zwischenhändler gleich, der die Vervielfältigung und weitere Distribution des Werks übernimmt ...

462 Sind die Voraussetzungen des Auskunftsanspruchs erfüllt, muss der Verpflichtete **Name und Anschrift der Hersteller, Lieferanten und anderer Vorbesitzer rechtswidriger Vervielfältigungsstücke** angeben (§ 101 Abs. 3 Nr. 1 UrhG). Ist dies nur unter **Verwendung von Verkehrsdaten** möglich, bedarf es einer richterlichen Anordnung auf Kosten (zunächst) des Rechtsinhabers (§ 101 Abs. 9 UrhG); dies ist etwa der Fall, wenn der Access Provider die meist dynamische IP-Nummer mit dem Namen des Users zusammenführen muss, um so dessen Identität nennen zu können. Da diese Daten (anders als die Bestandsdaten) dem Fernmeldegeheimnis unterliegen, erfüllt § 101 Abs. 10 UrhG mit dem Hinweis auf die Einschränkung dieses Grundrechts das Zitiergebot gem. Art. 19 Abs. 1 Satz 2 GG. Die richterliche Prüfung wird sich dabei auf die Voraussetzungen des Auskunftsanspruchs ebenso beziehen wie auf die Frage, ob die zu leistende Auskunft zwingend die Heranziehung von Verkehrsdaten erfordert. Mit der Einschaltung einer unabhängigen und neutralen Instanz wird dem schwierigen Dreiecksverhältnis zwischen Rechtsinhaber, Rechtsverletzer und dessen Providern angemessen Rechnung getragen.[194]

Auskunftsanspruch gegen Provider – OLG Zweibrücken, MMR 2009, 43:   **463**

Aus den Gründen: ... Bei den zur Ermittlung von Namen und Anschriften der jeweiligen Internetnutzer notwendigen dynamischen IP-Adressen handelt es sich um Verkehrsdaten im Sinne des § 101 Abs. 9 Satz 1 UrhG. Nach § 3 Nr. 30 TKG sind Verkehrsdaten solche Daten, die bei der Erbringung eines Telekommunikationsdienstes erhoben, verarbeitet oder genutzt werden. Der Name des Nutzers und seine Anschrift sowie die Tarifoption sind daher Bestandsdaten. Die dynamischen IP-Adressen werden bei der Erbringung der Telekommunikationsleistungen genutzt und sind damit Verkehrsdaten. Diese Verkehrsdaten dürfen nur mit richterlicher Anordnung erhoben werden. Durch die Namensauskunft werden die IP-Adresse mit einer Person und diese somit mit einem konkreten Nutzungsvorgang und -zeitpunkt verknüpft. Die Zuordnung zur dynamischen IP-Adresse ist eine Verwendung der IP-Adresse, durch die Umstände eines Telekommunikationsvorgangs berührt und offenbart werden.

464 Gerne würden die Rechteinhaber – also v.a. die Musikindustrie – auf diesem Weg auch auf die **vorratsgespeicherten Daten gem. § 113a TKG**

---

194 Heymann, CR 2008, 568, 571.

zugreifen;[195] da aber § 113b TKG die Verwendung dieser Daten ausdrücklich abschließend regelt, ist hierfür (unabhängig von der ausstehenden Hauptsacheentscheidung des BVerfG zur Vorratsdatenspeicherung) kein Raum. Der Auskunftsanspruch gem. § 101 UrhG kann sich demnach nur auf „normale" Verkehrsdaten gem. § 96 TKG beziehen.[196]

465 Die Einführung dieses direkten Auskunftsanspruchs gegen Dritte war europarechtlich möglich, aber nicht zwingend.[197] Mit diesem Anspruch wird den Rechteinhabern eine **Alternative zu dem bisher einzig möglichen Verfahren** eröffnet; bislang konnten diese nur über eine **Strafanzeige gegen Unbekannt** in Verbindung mit den Auskunftsansprüchen der Strafverfolgungsbehörden an entsprechende Informationen gelangen.[198] Denn die vor Einführung des § 101 UrhG n. F. unternommenen Bemühungen der Musikindustrie, über eine analoge Anwendung von § 101a UrhG a. F. einen zivilrechtlichen Auskunftsanspruch gegen Provider durchzusetzen, hatten in der Rechtsprechung keine Gegenliebe gefunden.[199]

3. Grenzen der Urheberrechte

a) Freie Benutzung (§ 24 UrhG)

466 Wird ein Werk so erheblich bearbeitet und umgestaltet, dass ein **neues Werk entsteht**, ist die Zustimmung des Urhebers des ursprünglichen Werks nicht erforderlich. Allerdings darf das alte Werk nicht in seinem Kern oder in seinen prägenden Zügen (wie z. B. bei den Asterix-Persiflagen) erhalten bleiben; das neue Werk muss sich vielmehr soweit vom ursprünglichen Werk lösen, dass dieses **nur noch als Anregung für das neue Werk** verstanden werden kann. Mit Ausnahme von Parodien sind die Anforderungen der Rechtsprechung an die Eigenständigkeit des neuen Werks sehr streng.[200]

b) Gemeinfreiheit (§§ 64 ff. UrhG)

467 Der Urheberrechtsschutz erlischt **70 Jahre nach dem Tod des Urhebers**. Seine Werke werden dann „gemeinfrei" und können dann von der Allgemeinheit

---

195 Vgl. Czycvhowski/Nordemann, NJW 2008, 3095, 3097 f., die diesbezüglich – gestützt auf die durch Art. 14 GG grundrechtlich abgesicherte Bedeutung des geistigen Eigentums – eine Klärung in der Hauptsacheentscheidung des BVerfG zur Vorratsdatenspeicherung erwarten.
196 Hoeren, NJW 2008, 3099, 3101.
197 EuGH, NJW 2008, 743 = CR 2008, 381; EuGH, CR 2009, 433 = MMR 2009, 242.
198 Vgl. Kindt, MMR 2009, 147, 148 ff.; die Staatsanwaltschaften haben sich zunehmend gegen diese Form der Instrumentalisierung zur Wehr gesetzt (Kindt, a. a. O., S. 148).
199 Siehe OLG Frankfurt a. M., MMR 2005, 241 m. Anm. Spindler = CR 2005, 285; OLG Hamburg, MMR 2005, 453 m. Anm. Linke = CR 2005, 512 m. Anm. Dorschel; KG, MMR 2007, 116 = CR 2007, 261.
200 Köhler/Arndt/Fetzer, RdI, Rn. 587 f.; Ilzhöfer, PMU, Rn. 645; Steckler, IT-Recht, S. 210 ff.

frei genutzt werden. So begegnet beispielsweise ein Gedicht von Friedrich von Schiller (1759–1805) auf einer Webseite keinen urheberrechtlichen Bedenken. Sind an einem Werk **mehrere Urheber** beteiligt, ist für den Fristbeginn der Tod des Letztversterbenden maßgeblich (§ 65 Abs. 1 UrhG). Bei Werken, deren **Urheber nicht bekannt** ist (anonym oder unter unbekanntem Pseudonym), beginnt die 70-Jahre-Frist bereits mit der Veröffentlichung bzw. bei fehlender Veröffentlichung mit der Schaffung des Werks (§ 66 UrhG).[201]

c) Privilegierte Nutzungsarten (§§ 44a ff. UrhG), v. a. Privatkopie

aa) Ebenfalls **kein oder nur eingeschränkter urheberrechtlicher Schutz** besteht bei den privilegierten Nutzungsarten gem. §§ 44a ff. UrhG. Hierzu gehören **468**

- ▶ die **Rechtspflege und die öffentliche Sicherheit** (§ 45 UrhG) bezüglich Vervielfältigung, Verbreitung, öffentlicher Ausstellung und Wiedergabe (bei letzterer unter Quellenangabe),
- ▶ **nichtgewerbliche Nutzungen zugunsten Behinderter** (§ 45a UrhG) bezüglich Vervielfältigung und Verbreitung bei Zahlung einer angemessenen Vergütung an eine Verwertungsgesellschaft,
- ▶ **sonstige nichtgewerbliche Zwecke** (§ 52 UrhG) bezüglich öffentlicher Wiedergabe bei – soweit kein bestimmter sozialer Zweck wie Jugendhilfe, Sozialhilfe o. Ä. damit verfolgt wird – Zahlung einer angemessenen Vergütung,
- ▶ die **Ausbildung** in Gestalt des Kirchen-, Schul- und Unterrichtsgebrauchs (§§ 46 f. UrhG) bezüglich Vervielfältigung, Verbreitung, öffentlicher Zugänglichmachung von Teilen eines Werkes unter Anzeige gegenüber dem Urheber und Zahlung einer angemessenen Vergütung,
- ▶ **Unterricht und Forschung** (§ 52a UrhG) bezüglich der öffentlichen Zugänglichmachung von Teilen von Werken oder kleinen Werken bei Zahlung einer angemessenen Vergütung an eine Verwertungsgesellschaft,
- ▶ **elektronische Leseplätze in öffentlichen Bibliotheken, Museen und Archiven** (§ 52b UrhG) bezüglich der öffentlichen Zugänglichmachung von Werken in dem Umfang, in dem die Werke in der jeweiligen Einrichtung vorhanden sind, für Zwecke der Forschung und privater Studien bei Zahlung einer angemessenen Vergütung an eine Verwertungsgesellschaft,
- ▶ die **öffentliche Information**, die öffentliche Reden (§ 48 UrhG), Zeitungsartikel und Rundfunkkommentare (§ 49 UrhG) sowie Bild- und Tonberichterstattungen über Tagesereignisse in Funk, Film und Zeitungen (§ 50 UrhG) umfasst, bezüglich Vervielfältigung, Verbreitung und öffentlicher Wiedergabe bei teilweiser Pflicht zur angemessenen Vergütung,
- ▶ und **Zitate** (§ 51 UrhG) bezüglich Vervielfältigung, Verbreitung und öffentlicher Wiedergabe.[202]

---

201 In Frankreich besteht das Urheberrecht ewig, vgl. Boehme-Neßler, Cyberlaw, S. 244.
202 Steckler, IT-Recht, S. 218 ff.; Ilzhöfer, PMU, Rn. 654 ff.

469 bb) Von besonders hoher praktischer Bedeutung auch im Internet ist die privilegierte Nutzungsart des „**privaten oder sonstigen eigenen Gebrauchs**" (§ 53 UrhG) bezüglich der Vervielfältigung von Werken. Dahinter verbirgt sich im Wesentlichen die berühmte „**Privatkopie**", die sich im schwierigen Spannungsverhältnis zwischen dem geistigen Eigentum des Urhebers und dem Allgemeinwohlbelang des öffentlichen Informationsbedürfnisses bewegt. Der Gesetzgeber hat sich 1965 für deren grundsätzliche Zulässigkeit entschieden, weil sie in der Bevölkerung als „gewachsenes Recht" tief verwurzelt ist und ein Verbot ohnehin nicht durchsetzbar wäre.[203]

470 (1) „**Privat**" im Sinne dieser Urheberrechtsschranke ist alles, was sich im häuslichen Bereich abspielt und nicht der beruflichen Tätigkeit dient; eine Wiedergabe von urheberrechtlich geschützten Werken auf einer „**privaten**" **Homepage** ist – wegen des weltweit möglichen Zugriffs – daher **nicht** mehr von diesem Begriffsverständnis **gedeckt**.[204] Daneben erfasst diese Nutzungsprivilegierung auch Vervielfältigungen zu eigenen **wissenschaftlichen Zwecken**, zur Aufnahme in ein **eigenes Archiv**, zur **eigenen Unterrichtung** über Tagesfragen bei funkgesendeten Werken und – soweit es sich um kleine Teile eines Werkes, einzelne Zeitungs- oder Zeitschriftenbeiträge oder um ein vergriffenes Werk handelt – zu **sonstigem eigenem Gebrauch**.

471 (2) Durch die Urheberrechtsnovelle von 2003 ist klargestellt, dass die grundsätzliche Zulässigkeit dieser Vervielfältigungen **auch für Kopien durch digitale Medien** gilt. Schon zuvor hatten Literatur und Rechtsprechung dies so gesehen; etwas anderes wäre auch nicht praktikabel und sinnvoll abgrenzbar gewesen.[205] Außerdem hat die Novelle klar gestellt, dass das Nutzungsprivileg **nicht für Kopien von offensichtlich rechtswidrig hergestellten Vorlagen** gilt; die rechtswissenschaftliche Literatur hatte das auch schon zuvor so gesehen, während der BGH die Frage offen gelassen hatte.[206]

472 Die „**offensichtliche Rechtswidrigkeit**" der Vorlage kann man als erfüllt ansehen, wenn eine objektive Unrechtmäßigkeit vorliegt und der User diese **auch subjektiv in der aktuellen Situation erkennen kann**. Dies ist z. B. dann der Fall, wenn

► es sich um neue Musik- oder Filmtitel bekannter Künstler handelt, die normalerweise nur über große und professionelle Anbieter **auf Trägermedien mit Kopierschutz** vertrieben werden,

► die Musiktitel oder Filme **noch gar nicht veröffentlicht** sind (z. B. Filme in der Kino-Ankündigungsphase)[207], weshalb sich einem verständigen User die Erkenntnis geradezu aufdrängen muss, dass eine solche im Internet vorhandene Vorlage nicht legal sein kann, oder

---

203 Pichlmaier, CR 2003, 910, 911.
204 Strömer, Online-Recht, S. 216.
205 Pichlmaier, CR 2003, 910, 911.
206 Köhler/Arndt/Fetzer, RdI, Rn. 616.
207 Mitunter wird sogar vertreten, dass jeder Film davon erfasst ist, weil inzwischen so gut wie jede Film-DVD einen Kopierschutz hat, der für das Uploading umgangen sein muss.

▶ Musiktitel/Filmkopien von bekannten Künstlern, die (entgegen der absolut üblichen Praxis) kostenlos angeboten werden.[208]

Im 2. Urheberrechts-Korb hat der Gesetzgeber dies noch weiter verschärft, **473** indem er das Nutzungsprivileg der Privatkopie auch für alle „**offensichtlich rechtswidrig öffentlich zugänglich gemachten Vorlagen**" ausgeschlossen hat. Damit sind nicht nur Kopiervorgänge in der Öffentlichkeit (z. B. in Supermärkten und Szene-Kneipen, wie das in Australien bereits der Fall ist) erfasst,[209] sondern darüber hinaus jede Kopie von einer im Internet (weil öffentlich zugänglich) vorhandenen Vorlage, bei der dem verständigen User klar sein muss, dass sie unzulässig ins Netz gestellt worden ist. Diese Verschärfung bewirkt, dass auch legal erstellte Vervielfältigungen, die aber offensichtlich illegal zum Download angeboten werden, nicht mehr als Vorlage für eine legale Privatkopie zu verwenden sind; der Urheberrechtsverstoß liegt hier nicht in der Herstellung der Kopie, sondern in deren unerlaubter öffentlicher Zugänglichmachung.[210] Damit ist ein rechtssicheres Downloading von Internetvorlagen im Wesentlichen nur noch bei erkennbarer Freeware möglich.[211]

(3) Die **Verbreitung urheberrechtswidriger Kopien namentlich von Musik-** **474** **titeln und Filmen im Internet** hat eine besonders große praktische Bedeutung erlangt. Die Tauschbörsen, egal ob zentral (z. B. Napster) oder dezentral (Peer-to-peer, kurz „p2p") organisiert, haben in Verbindung mit der mp3-Technologie zu einer weltweiten Erschütterung der hergebrachten Grundsätze des Urheberrechts geführt; nach Branchenschätzungen entsteht durch rechtswidrige Musik-Downloads Monat für Monat ein in die Milliarden gehender Schaden.[212] Die Verwertungsgesellschaft für die Urheberrechte an Musiktiteln GEMA hat im Jahr 2001 bei einem Gesamtertrag von 775 Mio. Euro nur ungefähr eine halbe Mio. Euro – also weniger als ein Promille – für Musiknutzungen im Internet erzielt; die erhebliche Musiknutzung im Internet erfolgte demnach unter fast völligem Ausschluss der GEMA und der von ihr vertretenen Musiker.[213] Die Brennerstudie der Gesellschaft für Konsumforschung hat für das Jahr 2002 ermittelt, dass 259 Mio. CD-Rohlinge (von insgesamt 515 Mio. gebrannter CDs) mit Musik bespielt wurden, während die Zahl der regulär verkauften Musik-CDs um knapp 100 Mio. darunter lag.[214]

Insoweit haben die Einschränkungen des Privilegs der Privatkopie erheb- **475** liche Auswirkungen. Nun ist klar gestellt, dass das **Betreiben und Nutzen von Musiktitel- und Film-Tauschbörsen gegen das Urheberrecht** verstößt. Auf einen gewerblichen Charakter dieser Tätigkeit kommt es dabei nicht

---

208 Pleister/Ruttig, MMR 2003, 763, 765; Gutmann, MMR 2003, 706, 707.
209 Köhler/Arndt/Fetzer, RdI, Rn. 617, für die die Einschränkung nur Kopiervorgänge im öffentlichen Raum erfasst.
210 Gerade auf den Download aus dem Internet zielt diese Gesetzesänderung, vgl. BT-Drs. 16/1828, S. 26.
211 Fechner, Medienrecht, Kap. 12 Rn. 283.
212 Köhler/Arndt/Fetzer, RdI, Rn. 628 ff.
213 Ventroni/Poll, MMR 2002, 648, 649.
214 Pleister/Ruttig, MMR 2003, 763.

an, weil jedes Uploading von Musiktiteln und Filmen offensichtlich nicht vom Privileg der Privatkopie gedeckt ist.[215] Da es nach wie vor zulässig ist, für einen guten Freund eine CD mit Musiktiteln zu brennen (soweit kein Kopierschutz umgangen wird, s. u. Rn. 481 ff.), ist eine legale Tauschbörse allenfalls noch in einem sehr kleinen und zugangssicher geschlossenen Benutzerkreis von Freunden denkbar.

476 (4) Um ein urheberrechtlich relevantes Geschäftsmodell handelt es sich auch bei den **Internet-Videorecordern.** Auf der Internetseite eines solchen Anbieters kann man aus einer elektronischen Programmzeitschrift bestimmte Sendungen auswählen, die dann auf dem „Persönlichen Videorecorder" des Kunden abgespeichert werden. Über das Internet kann der Kunde dann die Aufzeichnungen jederzeit beliebig oft ansehen. Rechtlich handelt es sich bei der Abspeicherung der Sendung um die Herstellung einer Vervielfältigung, die aber der BGH nicht dem Anbieter des Internet-Videorecorders zurechnet, sondern dem Auftraggeber. Hat dieser die Abspeicherung zum privaten Gebrauch veranlasst (was in der Regel der Fall sein dürfte), kann sich der Kunde auf das Privileg der Privatkopie berufen. Allerdings darf der Anbieter des Internet-Videorecorders nicht ohne Zustimmung des Rechteinhabers die Fernsehsendung weitersenden und öffentlich zugänglich machen (§ 87 Abs. 1 Nr. 1 UrhG); das wäre der Fall, wenn die Sendesignale an alle Kunden, die die Aufzeichnung derselben Sendung bestellt haben, weitergeleitet werden und diese betroffenen Kunden „in ihrer Gesamtheit eine Öffentlichkeit bilden".[216]

477 | **Zulässigkeit von Internet-Videorecordern – BGH, NJW 2009, 3511 m. Anm. Rössel = MMR 2009, 620 m. Anm. Brisch/Laue:**

Aus den Gründen: ... [16] Für die Frage, wer Hersteller einer Vervielfältigung ist, kommt es ... zunächst allein auf eine technische Betrachtung an. Die Vervielfältigung ist als körperliche Festlegung eines Werkes ein rein technisch-mechanischer Vorgang. Hersteller der Vervielfältigung ist daher derjenige, der diese körperliche Festlegung technisch bewerkstelligt. Dabei ist es ohne Bedeutung, ob er sich dabei technischer Hilfsmittel bedient, selbst wenn diese von Dritten zur Verfügung gestellt werden. Beispielsweise ist bei einem öffentlich zugänglichen CD-Kopierautomaten, mit dem mitgebrachte CDs ohne Hilfestellung des Aufstellers auf ebenfalls mitgebrachte Rohlinge kopiert werden, nicht der Automatenaufsteller, sondern der Kunde als Hersteller der Vervielfältigungsstücke anzusehen. [17] Hat der Hersteller die Vervielfältigung allerdings im Auftrag eines Dritten für dessen privaten Gebrauch angefertigt, ist die Herstellung der Vervielfältigungsstücke unter den Voraussetzungen des § 53 Abs. 1 Satz 2 UrhG dem Auftraggeber als Vervielfältigungshandlung zuzurechnen. ... Dabei ist maßgeblich darauf abzustellen, ob der Hersteller sich darauf beschränkt, gleichsam „an die Stelle des Vervielfältigungsgeräts" zu treten und als „notwendiges Werkzeug" des anderen tätig zu werden – dann ist die

---

215 Köhler/Arndt/Fetzer, RdI, Rn. 635 f.; auch in den USA hat sich Napster rechtlich nicht durchsetzen können, vgl. Köhler/Arndt/Fetzer, a. a. O., Rn. 632 f.
216 BGH, MMR 2009, 620, Leitsatz 3.

Vervielfältigung dem Besteller zuzurechnen –, oder ob er eine urheberrechtlich relevante Nutzung in einem Ausmaß und einer Intensität erschließt, die sich mit den Erwägungen, die eine Privilegierung des Privatgebrauchs rechtfertigen, nicht mehr vereinbaren lässt – dann ist die Vervielfältigung dem Hersteller zuzuordnen. ...

[26] Das Zugänglichmachen einer Funksendung ist im Sinne des § 87 Abs. 1 Nr. 1 Fall 2 UrhG öffentlich, wenn diese einer Mehrzahl von Mitgliedern der Öffentlichkeit zugänglich gemacht wird (§ 15 Abs. 3 UrhG). Diese Voraussetzung ist nicht erfüllt, wenn ... jede einzelne Aufzeichnung nur jedem einzelnen Kunden zugänglich ist. ...

cc) Umstritten ist, ob und inwieweit **Bildersuchmaschinen** einer privilegierten Nutzungsart unterliegen. Wie bei einer textbasierten Suchmaschine wird ein Suchbegriff eingegeben, worauf hin die Suchmaschine dazu passende Bilder aus dem Internet auflistet. Die Darstellung der Suchergebnisse ist dabei vereinfacht; so wie bei der textbasierten Variante Links mit „Wortschnipseln" genannt werden, zeigt die Trefferliste einer Bildersuchmaschine komprimierte (d.h. in Qualität und Größe reduzierte) Vorschaubilder (sogenannte „thumbnails") an, die zugleich als Link zur Webseite mit dem „richtigen" Bild funktionieren.[217] Nach der h.M. stellen die Herstellung und Speicherung solcher **Thumbnails** beim Suchmaschinenbetreiber Vervielfältigungen gem. § 16 UrhG und die Komprimierung des Originalbildes eine Bearbeitung gem. § 23 UrhG dar, und/oder die Auflistung in der Trefferliste im Internet wird als öffentliche Zugänglichmachung gem. § 19a UrhG angesehen.[218] Soweit dies ohne (mindestens konkludente) Zustimmung des Rechteinhabers erfolgt, müsste zur Vermeidung der Rechtswidrigkeit eine der Schranken des Urheberrechts eingreifen. Die Rechtsprechung hat bislang keine solche Schranke bejaht, weshalb die Bildersuchmaschinen derzeit als urheberrechtswidrig anzusehen sind.[219]   **478**

So haben das LG Hamburg und das OLG Jena u.a. die **Zitatfreiheit** nach § 51 UrhG und die **Katalogbildfreiheit** nach § 58 UrhG geprüft und verneint. Auch kann in der Einstellung von Bildern ins Internet keine konkludente Zustimmung zur Umwandlung in Thumbnails im Rahmen einer Bildersuchmaschine gesehen werden.   **479**

---

217 Niemann, CR 2009, 97, 98.
218 So Niemann, CR 2009, 97, Fn. 11, der die urheberrechtliche Relevanz für nicht zwingend hält. Das OLG Jena, CR 2008, 390 = MMR 2008, 408 m. Anm. Schack, lässt die Anwendung der §§ 16, 19a UrhG offen und bejaht die Bearbeitung gem. § 23 UrhG wie das LG Hamburg, MMR 2009, 55.
219 Hoffnungen ruhen auf der bei Drucklegung dieses Buches noch ausstehenden Revisionsentscheidung des BGH zur Entscheidung des OLG Jena. Niemann, CR 2009, 97, 98 ff., plädiert im Interesse einer sachgerechten Lösung unter verfassungs- und europarechtlichen Gesichtspunkten für eine analoge Anwendung von § 49 UrhG (Zeitungsartikel und Rundfunkkommentare).

Urheberrechtliche Unzulässigkeit von Thumbnails in Bildersuchmaschinen – OLG Jena, CR 2008, 390 = MMR 2008, 408 m. Anm. Schack:[220]

Aus den Gründen: … Eine gesetzliche Schrankenregelung, die eine Einwilligung des Urhebers in die Verwertung der thumbnails durch die Beklagte entbehrlich machen könnte, greift vorliegend nicht ein. … Auf § 58 Abs. 1 UrhG kann sich die Beklagte nicht berufen. Zum einen ist sie in Bezug auf die von der Klägerin im Internet „ausgestellten" Bilder nicht Veranstalter im Sinne von § 58 Abs. 1 UrhG, sondern lediglich Dritter, dem die Privilegierung des § 58 Abs. 1 UrhG nicht zugute kommen kann. Zum anderen lässt § 58 Abs. 1 UrhG die sonstige Umgestaltung eines Werkes im Sinne von § 23 UrhG nicht zu. … Schließlich scheidet auch aus, die thumbnails als zulässige Zitate im Sinne von § 51 UrhG anzusehen. Zwar ist infolge der Änderung der Formulierung des neu gefassten § 51 UrhG nicht mehr zwingend Voraussetzung, dass die das Bildzitat aufnehmende Trefferliste Werkcharakter hat, was zweifellos zu verneinen wäre. Jedenfalls aber fehlt es an einem berechtigten Zitatzweck. Zitate sollen zur Erleichterung der geistigen Auseinandersetzung Belegfunktion haben. Eine irgendwie geartete geistige Auseinandersetzung findet im Rahmen der Darstellung eines Bildes in einer Trefferliste, die rein maschinell zusammengestellt wird und oftmals auch völlig abwegige Treffer zeigt, nicht statt. …

Durch das Einstellen von Bildern zur freien Betrachtung und ohne technische Schutzmaßnahmen ins Internet hat die Klägerin keine konkludente Willenserklärung in Hinblick auf eine Nutzungsrechtseinräumung wegen der Umgestaltung ihrer Bilder zu thumbnails durch eine Suchmaschine im Sinne von § 23 UrhG abgegeben. Das Einstellen von Bildern ins Internet allein kann einen Erklärungsinhalt in Bezug auf eine Einwilligung in Nutzungen in Form von Umgestaltungen nicht haben. Derjenige, der Bilder frei ins Internet einstellt, will lediglich erreichen, dass sie von anderen Internetnutzern gesehen werden können. Ein darüber hinaus gehender Wille, irgendwelche Nutzungsverträge abzuschließen oder auch nur Einwilligungen zu erteilen, geht damit vernünftigerweise nicht einher, weil dies originären Urheberinteressen widersprechen würde. … Aufgrund der nicht absehbaren Entwicklungen in Hinblick auf die technischen Möglichkeiten des Internet und darin vorkommender Verwertungsformen liegt ein solch allgemeiner Wille desjenigen, der Bilder ins Internet einstellt, fern. … Das Einstellen von Bildern ins Internet kann außerdem auf ganz verschiedenen Beweggründen beruhen, die nicht alle (z.B. bei privaten Bildern) selbstverständlich zum Inhalt haben, dass ein Auffinden und Umgestalten durch Suchmaschinen und damit durch möglichst viele Internetnutzer nachgerade gewünscht wird. …

480 dd) Die privilegierten Nutzungsarten gelten **nicht für Softwareprodukte.** Wer also eine Privatkopie von einem Computerprogramm anfertigt, setzt sich dem Strafbarkeitsrisiko gem. § 106 UrhG aus. Die Vervielfältigung von Computerprogrammen unterliegt der **nahezu uneingeschränkten Entscheidungsgewalt des Urheberrechtsinhabers** (§ 69c Nr. 1 UrhG). Ausnahmen gelten vorbehaltlich anderer vertraglicher Regelungen dann, wenn dies für eine bestimmungsgemäße Benutzung des Programms durch den dazu Berechtigten erforderlich ist (§ 69d Abs. 1 UrhG); auch kann jeder Berechtigte (vertragsunabhängig) zumindest **eine Sicherungskopie** anfertigen (§ 69d Abs. 2 UrhG).

---

220 Ebenso im Ergebnis LG Hamburg, MMR 2009, 55.

4. Technische Kopierschutzmaßnahmen

Schließlich hat die Urheberrechtsnovelle von 2003 eine **rechtliche Absi-** **481** **cherung für die technischen Kopierschutzmaßnahmen** gebracht (§§ 95a ff. UrhG). So untersagt § 95a UrhG das Umgehen von Kopierschutzmaßnahmen. Außerdem sind die Herstellung, die Einfuhr, die Verbreitung, der Verkauf und die Vermietung von Hacking-Werkzeugen oder Umgehungssoftware, mit denen ein Kopierschutz umgangen werden könnte, verboten (§ 95a Abs. 3 UrhG). Für Softwareprodukte bzw. deren Kopierschutzmaßnahmen gelten die §§ 95a ff. UrhG ausdrücklich nicht (§ 69a Abs. 5 UrhG).

Das Umgehungsverbot gilt auch dann, wenn der Kopierschutz eine an sich **482** **legale Vervielfältigung verhindert** (z.B. die Privatkopie). Dagegen wurden **verfassungsrechtliche Einwände** vor dem Hintergrund der Meinungsfreiheit und des Eigentumsrechts vorgetragen,[221] die jedoch vom OLG München zurück gewiesen wurden. Die mit dem Umgehungsverbot verbundene Beschränkung des Rechts auf eine Privatkopie verletzt nicht den Besitzer einer Kopiervorlage in seinem Eigentumsgrundrecht, sondern stellt lediglich eine Inhalts- und Schrankenbestimmung i. S. v. Art. 14 Abs. 1 Satz 2 GG dar.[222]

Geltung des Umgehungsverbots von Kopierschutzmaßnahmen auch bei zu- **483** **lässigen Privatkopien – OLG München, CR 2009, 33 m. Anm. Feldmann, CR 2009, 106 = MMR 2009, 118:**

Aus den Gründen: … Das Verbot des Verbreitens von Erzeugnissen zur Umgehung von Kopierschutzmaßnahmen ist verfassungsrechtlich unbedenklich. Auch soweit das Verbot des Vertriebs von Erzeugnissen zur Umgehung wirksamer technischer Maßnahmen die Zulässigkeit der digitalen Privatkopie beschränkt (vgl. § 95a, § 95b Abs. 1 Satz 1 Nr. 6, § 108b Abs. 1 Nr. 1, Abs. 2, § 111a Abs. 1 Nr. 1 UrhG), ist damit keine Verletzung des Eigentumsrechts des Besitzers einer Kopiervorlage verbunden. Es handelt sich dabei lediglich um eine wirksame Inhalts- und Schrankenbestimmung im Sinne des Art. 14 Abs. 1 Satz 2 GG, da den Verbrauchern aus der Befugnis zur Privatkopie, die 1965 aus der Not der geistigen Eigentümer geboren wurde, kein Recht erwachsen ist, das sich heute gegen das seinerseits durch Art. 14 GG geschützte geistige Eigentum ins Feld führen ließe. Im Übrigen soll der Beklagten nicht die Unterstützung der Programmverbreitung durch Download gerade zur Anfertigung von Privatkopien untersagt werden, sondern die einschränkungslose Verbreitung.

---

221 So von Holznagel/Brüggemann, MMR 2003, 767, 771 f., die im Wege der verfassungskonformen Auslegung des Umgehungsbegriffs zum Ergebnis kommen, dass ein Durchbrechen von Kopierschutzmaßnahmen bei einer Privatkopie keine Umgehung i. S. d. § 95a UrhG darstellt. Auch Ulbricht, CR 2004, 674, konstatiert einen Wertungswiderspruch von § 95a UrhG zum materiellen Urheberrecht und sieht darin einen verfassungswidrigen Eingriff in die Informationsfreiheit und lehnt eine verfassungskonforme Auslegung lehnt er ab.

222 Dieselbe Auffassung hat auch das BVerfG, MMR 2005, 751, 753, ohne abschließende Festlegung zu erkennen gegeben: „Es kann … dahinstehen, ob mit einem strafbewehrten gesetzlichen Verbot der digitalen Privatkopie eine Verletzung des Eigentumsgrundrechts verbunden sein könnte, oder ob damit nicht – wofür vieles spricht – lediglich eine wirksame Inhalts- und Schrankenbestimmung im Sinn des Art. 14 Abs. 1 Satz 2 GG vorgenommen wäre.“

Ebenfalls ohne Erfolg macht die Beklagte geltend, § 95a UrhG enthalte einen
Eingriff in die Informationsfreiheit, der nicht nach Art. 5 Abs. 2 GG gerechtfertigt sei. Das Grundrecht der Informationsfreiheit nach Art. 5 Abs. 1 Satz 1 GG
schützt zwar das Recht, sich selbst aus allgemein zugänglichen Quellen ungehindert zu unterrichten, garantiert aber keinen kostenlosen Zugang zu allen
gewünschten Informationen, zumal der Besitzer der Kopiervorlage über die
darin verkörperten Informationen bereits verfügt und es ihm bei der Kopie-
anfertigung nicht um den Zugang dazu, sondern lediglich um deren Vervielfältigung geht. Weder derjenige, der Kopierschutzmaßnahmen umgeht, noch
diejenigen, die die Umgehungsmittel zur Verfügung stellen oder die Zurverfügungstellung unterstützen, können aus der Informationsfreiheit nach Art. 5
Abs. 1 Satz 1 GG eine Rechtfertigung ihres Handelns herleiten. ...

484 Den privilegierten Nutzungsarten trägt § 95b UrhG (teilweise) Rechnung,
indem in bestimmten Fällen **Kopierschutzmaßnahmen die Urheberrechtsschranken beachten** müssen, so z. B. bei einer Privatkopie auf Papier oder bei
Kopien zum eigenen wissenschaftlichen Gebrauch (§ 95b Abs. 1 Satz 1 Nr. 6
a, b UrhG). Aber auch wenn der Urheberrechtsinhaber einen gegen diese Vorschriften verstoßenden Kopierschutz unterhält, darf der zur Kopie Berechtigte **keine „Selbstjustiz"** üben, sondern hat dann (nur) einen entsprechenden
Leistungsanspruch gegen den Urheberrechtsinhaber (§ 95b Abs. 2 UrhG).[223]

5. Internationales Urheberrecht

485 Im internationalen Urheberrecht hat sich das **Schutzlandprinzip** durchgesetzt. Das bedeutet, dass immer dasjenige nationale Urheberrecht maßgeblich ist, **für dessen Territorium der rechtliche Schutz eingefordert** wird. Also
ist das deutsche Urheberrecht für alle urheberrechtlich relevanten Vorgänge
auf deutschem Boden zuständig, während auch deutsche Urheber ausländi-
schem Urheberrecht unterliegen, wenn sie sich in einem ausländischen Staat
urheberrechtlich verletzt sehen. Faktisch führt das Schutzlandprinzip dazu,
dass für jede Urheberrechtsverletzung im Internet in jedem Land Schutz beansprucht werden kann und damit der Urheber das strengste Urheberrecht
maßgeblich machen kann. Damit ist das internationale Urheberrecht nicht
wirklich internettauglich. Insofern wäre nur eine **internetspezifische Weiterentwicklung der RBÜ** – die inzwischen in allen wirtschaftlich wichtigen
Staaten gilt – zur Problemlösung geeignet.[224]

III. Die rechtlichen Probleme verschiedener Linkformen

486 Nur wenige Internet-Auftritte verzichten völlig auf Links zu anderen Angeboten im Netz. Das Setzen von Links kann je nach Linkform zu rechtlichen Problemen führen. Dabei geht es in diesem Abschnitt wohlgemerkt
gar nicht um Rechtsprobleme, die sich aus der Zurechnung der verlinkten
Inhalte ergeben (dazu s. o., Rn. 343 ff.), sondern nur um die Folgen, die mit

---

223 Pichlmaier, CR 2003, 910, 912.
224 Köhler/Arndt/Fetzer, RdI, Rn. 834 ff.; Boehme-Neßler, Cyberlaw, S. 228–230;
      Steckler, IT-Recht, S. 322 ff.; Ilzhöfer, PMU, Rn. 536 ff.

der **Linksetzung als solcher** – meist im Verhältnis zum Anbieter der verlinkten Seite(n) – verbunden sein können.

1. („Normale") Hyperlinks

a) Begriff

Beim „normalen" Hyperlink wird **auf die Homepage (Eingangsseite) eines**   **487**
fremden Internetangebots verwiesen. Dies kann in technisch verschiedener
Art programmiert werden: Entweder schließt sich beim Anklicken des Hyperlinks die ursprüngliche Seite automatisch und wird durch die verlinkte
Homepage ersetzt, oder aber die ursprüngliche Seite bleibt im Hintergrund
bestehen, während sich im Vordergrund ein neues Fenster mit der verlinkten Homepage öffnet.

b) Rechtliche Probleme

aa) Markenrecht

In einer Verlinkung kann eine – zunächst grundsätzlich unzulässige – **Benut-**   **488**
zung einer fremden Marke oder geschäftlichen Bezeichnung gem. §§ 14 f.
MarkenG liegen. Dies setzt jedoch voraus, dass die Verlinkung im geschäftlichen Verkehr erfolgt, also dadurch **wirtschaftliche Interessen objektiv ge-**
fördert werden. Teilweise wird jedoch auch vertreten, dass hierfür schon
jede Förderung eines beliebigen Wettbewerbs – unabhängig von Gewinner-
zielungsabsichten oder einer Entgeltlichkeit eines Angebots – ausreiche;[225]
darunter würden auch viele private Homepages fallen, was auch unter Berücksichtigung eines effektiven Markenschutzes überzogen erscheint.

Unabhängig davon ist eine solche Markenbenutzung zulässig, wenn die   **489**
Zustimmung des Rechtsinhabers vorliegt. Eine solche – konkludente – Zustimmung wird regelmäßig darin gesehen, dass der Markenrechtsinhaber
einen Internetauftritt unterhält; denn der Zweck eines Auftritts im *Netz* ist
es ja gerade, sich zu präsentieren und verlinkt (*vernetzt*) zu werden.[226] Von
dieser Zustimmung kann jedoch dann nicht ausgegangen werden, wenn die
Marke durch die Linksetzung in einen problematischen Kontext, der bei
objektiver Würdigung den Ruf der Marke und damit die schutzwürdigen
Interessen des Markeninhabers tangiert, gerät. Ebenso darf der Link nicht
kennzeichnend für die verlinkende Webseite sein.[227]

---

225 So Müglich, CR 2002, 583.
226 A.A. Müglich, CR 2002, 583, 589, der darin eine Überspannung der Grund-
    sätze zur Auslegung von Erklärungen nach §§ 133, 157 BGB sieht.
227 Köhler/Arndt/Fetzer, RdI, Rn. 718; zur Rufschädigung vgl. OLG Celle, MMR
    2007, 605, wonach die Verlinkung eines Bauträgers mit einer Seite „pfuscher-
    am-bau" für sich noch nicht zum Ausdruck bringt, dass der Bauträger eine
    „Pfuschfirma" ist.

bb) Wettbewerbsrecht

490 Die Nutzung eines Links als Gestaltungsmittel für den eigenen Internetauftritt kann – je nach konkreter Ausgestaltung – die Voraussetzungen einer Fallgruppe der Unlauterkeit gem. § 3 UWG erfüllen, so z. B. der Leistungsübernahme, Behinderung, Rufausbeutung oder Irreführung; auch dies setzt ein Handeln im geschäftlichen Verkehr, also die Förderung von wirtschaftlichen Interessen, voraus. Die Rechtsprechung ist **mit wettbewerbsrechtlichen Beanstandungen von Hyperlinks bislang relativ zurückhaltend**; dafür spricht, dass der Einsatz von Hyperlinks dem Allgemeininteresse an der Funktionsfähigkeit des Mediums Internet dient.[228]

491 **Wettbewerbsrechtliche Zulässigkeit von Links – OLG Jena, MMR 2003, 531 = CR 2003, 520:**

Die Aufnahme von Links zu Fachverbänden innerhalb der Internetpräsenz eines Unternehmens ist selbst dann nicht irreführend i.S.v. § 3 UWG, wenn das Unternehmen den Verbänden nicht angehört, solange die Gestaltung der Internetpräsenz eine besondere Nähebeziehung zum Verband nicht suggeriert.[229]

Aus den Gründen: ... Zwar können auch falsche Angaben über bestimmte Eigenschaften eines Geschäftsbetriebs irreführend i.S.v. § 3 UWG sein. Dazu kann auch gehören, dass ein Wettbewerber durch bestimmte Angaben suggeriert, einem bestimmten Verband oder einer Dachorganisation anzugehören, insb. wenn dadurch bei den betroffenen Kundenkreisen der Eindruck besonderer Sachkunde, Qualifikation oder Seriosität erweckt wird. Damit ist das schlichte Bereithalten von Links zu (Berufs- oder Dach-)Verbänden innerhalb einer besonderen Rubrik einer Internetpräsenz jedoch nicht zu vergleichen. Dabei sind inbs. die Funktion eines Links auf einer Internetseite im Allgemeinen sowie der Aufbau der Internetpräsenz der Verfügungsbekl. im Besonderen zu berücksichtigen.

Ein „Link" bedeutet, dass dem Internetnutzer durch das Anklicken des Links ermöglicht wird, direkt auf eine andere Internetseite zu gelangen, ohne dass dessen „Adresse" gesondert eingegeben werden muss. Es geht also zunächst einmal nur um einen technischen Weiterleitungsvorgang, ohne dass zwischen dem Anbieter des Links und dem verlinkten Unternehmen Nähebeziehungen bestehen müssten. ... Die bloße, kommentarlose Auflistung bzw. das schlichte Bereithalten von Links zu weiteren Verbänden oder Firmen unterschiedlicher Art auf einer für „Links" besonders ausgewiesenen Seite suggeriert jedoch keine besondere geschäftliche Verbindung der Verfügungsbekl. zu diesen Firmen bzw. Verbänden. ...

---

228 Köhler/Arndt/Fetzer, RdI, Rn. 719.
229 Die Vorinstanz – LG Erfurt (MMR 2003, 491) – hatte noch die gegenteilige Auffassung vertreten, wonach die Linksetzung eine Irreführung i.S.v. § 3 UWG dahingehend auslöse, dass die Firma Mitglied bei den verlinkten Verbänden sei.

2. Deep-Links

a) Begriff

Verweist ein Link nicht auf die Eingangsseite eines fremden Angebots, **492** sondern auf eine **Unterseite** davon, spricht man von einem „deep-link". Dadurch kann – je nach Struktur und Ähnlichkeit der fremden Seite – der Eindruck erzeugt werden, die verlinkte Seite gehöre zum Angebot des Linksetzers. Besonders hohe praktische Relevanz hat diese Linkform bei **Suchmaschinen und Informationsdiensten**, die den User regelmäßig direkt auf die Seite mit dem genannten Suchbegriff leiten.

b) Rechtliche Probleme

aa) Urheberrecht

Wird die Nennung des Urhebers der verlinkten Seite dadurch unterdrückt, **493** kann das Urheberpersönlichkeitsrecht auf **Anerkennung der Urheberschaft** (s. o., Rn. 452) verletzt sein.[230] Ansonsten sieht der BGH keine urheberrechtlichen Beanstandungsgründe:

Suchdienst für Zeitungsartikel (Paperboy) – BGH, CR 2003, 920 m. Anm. Nolte = MMR 2003, 719 m. Anm. Wiebe = NJW 2003, 3406 = JZ 2004, 146 m. Anm. Spindler:[231]

Wird ein Hyperlink zu einer Datei auf einer fremden Webseite mit einem urheberrechtlich geschützten Werk gesetzt, wird dadurch nicht in das Vervielfältigungsrecht an diesem Werk eingegriffen.

Ein Berechtigter, der ein urheberrechtlich geschütztes Werk ohne technische Schutzmaßnahmen im Internet öffentlich zugänglich macht, ermöglicht dadurch bereits selbst die Nutzungen, die ein Abrufender vornehmen kann. Es wird deshalb grundsätzlich kein urheberrechtlicher Störungszustand geschaffen, wenn der Zugang zu dem Werk durch das Setzen von Hyperlinks (auch in der Form von Deep-Links) erleichtert wird.

Aus den Gründen: ... Die Beklagten greifen durch das Setzen von Hyperlinks auch dann nicht in Vervielfältigungsrechte ein, wenn die Datei, zu der eine Verknüpfung hergestellt wird, ein geschütztes Werk enthält. Durch einen Hyperlink wird das Werk nicht im Sinne des § 16 UrhG vervielfältigt. Ein Link ist lediglich eine elektronische Verknüpfung der den Link enthaltenden Datei mit einer anderen in das Internet eingestellten Datei. Erst wenn der Nutzer den Link anklickt, um diese Datei abzurufen, kann es zu einer urheberrechtlich relevanten Vervielfältigung – im Bereich des Nutzers – kommen. ...

Die Gefahr rechtswidriger Nutzungen eines vom Berechtigten selbst im Internet öffentlich bereitgehaltenen Werkes wird durch Hyperlinks Dritter nicht

---

230 Auch eine Entstellung oder Bearbeitung eines Werks sind denkbar, vgl. Boehme-Neßler, Cyberlaw, S. 254 f.; vgl. auch Köhler/Arndt/Fetzer, RdI, Rn. 720 ff.
231 So auch die Vorinstanz: OLG Köln, MMR 2001, 387 = CR 2001, 708; ebenso schon vor der BGH-Entscheidung Joppich, CR 2003, 504.

qualitativ verändert, sondern nur insofern erhöht, als dadurch einer größeren Zahl von Nutzern der Zugang zum Werk eröffnet wird. … Ein Hyperlink verbindet mit einem solchen Hinweis auf die Datei, zu der die Verknüpfung gesetzt wird, lediglich eine technische Erleichterung für ihren Abruf. Er ersetzt die sonst vorzunehmende Eingabe der URL im Adressfeld des Webbrowsers und das Betätigen der Eingabetaste. … Wer einen Hyperlink auf eine vom Berechtigten öffentlich zugänglich gemachte Webseite mit einem urheberrechtlich geschützten Werk setzt, begeht damit keine urheberrechtliche Nutzungshandlung, sondern verweist lediglich auf das Werk in einer Weise, die Nutzern den bereits eröffneten Zugang erleichtert. Er hält weder das geschützte Werk selbst öffentlich zum Abruf bereit, noch übermittelt er dieses selbst auf Abruf an Dritte. Nicht er, sondern derjenige, der das Werk in das Internet gestellt hat, entscheidet darüber, ob das Werk der Öffentlichkeit zugänglich bleibt. Wird die Webseite mit dem geschützten Werk nach dem Setzen des Hyperlinks gelöscht, geht dieser ins Leere. Einem Nutzer, der die URL als genaue Bezeichnung des Fundorts der Webseite im Internet noch nicht kennt, wird der Zugang zu dem Werk durch den Hyperlink zwar erst ermöglicht und damit das Werk im Wortsinn zugänglich gemacht; dies ist aber auch bei einem Hinweis auf ein Druckwerk oder eine Webseite in der Fußnote einer Veröffentlichung nicht anders. …

bb) Wettbewerbsrecht

494 Die Linkform des deep-links kann außerdem als Leistungsübernahme wettbewerbsrechtlich unlauter sein. Sie kann das Amortisationsinteresse des Anbieters der verlinkten Seite verletzen, wenn dadurch z. B. **Werbung auf der Homepage des Anbieters umgangen** wird; dies führt dann zu geringeren Zugriffszahlen bei der werbetragenden Homepage und damit zu wirtschaftlichen Einbußen des verlinkten Anbieters.[232] Doch auch hier hat der **BGH sehr „link-freundlich"** entschieden:

495 **Suchdienst für Zeitungsartikel (Paperboy) – BGH, CR 2003, 920 m. Anm. Nolte = MMR 2003, 719 m. Anm. Wiebe = NJW 2003, 3406 = JZ 2004, 146 m. Anm. Spindler:**[233]

Ein Internet-Suchdienst, der Informationsangebote, insbesondere Presseartikel, auswertet, die vom Berechtigten öffentlich zugänglich gemacht worden sind, handelt grundsätzlich nicht wettbewerbswidrig, wenn er Nutzern unter Angabe von Kurzinformationen über die einzelnen Angebote durch Deep-Links den unmittelbaren Zugriff auf die nachgewiesenen Angebote ermöglicht und die Nutzer so an den Startseiten der Internetauftritte, unter denen diese zugänglich gemacht sind, vorbeiführt. Dies gilt auch dann, wenn dies dem Interesse des Informationsanbieters widerspricht, dadurch Werbeeinnahmen zu erzielen, dass Nutzer, die Artikel über die Startseiten aufrufen, zunächst der dort aufgezeigten Werbung begegnen. …

---

232 Vgl. Köhler/Arndt/Fetzer, RdI, Rn. 722.
233 So auch die Vorinstanz: OLG Köln, MMR 2001, 387 = CR 2001, 708; ebenso schon vor der BGH-Entscheidung Joppich, CR 2003, 504.

Aus den Gründen: ... Durch das Setzen von Hyperlinks auf Artikel aus „Handelsblatt" und „DM" übernehmen die Beklagten keine Leistung der Klägerin. Sie erleichtern ... nur den Zugriff auf Artikel, die der Öffentlichkeit bereits ohnehin zugänglich sind. Mit ihrem Suchdienst, der eine Vielzahl von Internetauftritten auswertet, bieten die Beklagten eine eigene Leistung an. Diese wäre ihnen zwar nicht möglich, wenn nicht Unternehmen wie die Klägerin ihre Informationsangebote im Internet öffentlich zugänglich machen würden, die Beklagten bieten aber der Allgemeinheit einen erheblichen zusätzlichen Nutzen durch die gemeinsame Erschließung dieser Informationsquellen. Die Herkunft der nachgewiesenen Artikel wird nicht verschleiert. ... deshalb [werden] die Nutzer von „Paperboy" nicht irregeführt; ebenso wenig wird der gute Ruf von Informationsanbietern wie der Klägerin ausgebeutet.

Die Beklagten handeln auch nicht deshalb unlauter, weil ihr Suchdienst durch Deep-Links den unmittelbaren Zugriff auf die von ihm nachgewiesenen Artikel ermöglicht und die Nutzer so an den Startseiten der Internetauftritte der Klägerin vorbeiführt. Nach den Feststellungen des Berufungsgerichts widerspricht dies zwar dem Interesse der Klägerin an Werbeeinnahmen, die sie dadurch erzielen kann, dass Nutzer, die Artikel über die Startseiten aufrufen, zunächst der dort aufgezeigten Werbung begegnen. Die Klägerin, die ihre Artikel im Internet selbst öffentlich zugänglich macht, kann aber nicht verlangen, dass nur der umständliche Weg über die Startseiten ihrer Internetauftritte gegangen wird und die Möglichkeiten der Hyperlinktechnik ungenutzt bleiben. ... die Klägerin [muss], wenn sie das Internet für ihre Angebote nutzt, auch die Beschränkungen in Kauf nehmen ..., die sich aus dem Allgemeininteresse an der Funktionsfähigkeit des Internets für die Durchsetzung ihrer Interessen ergeben. Ohne die Inanspruchnahme von Suchdiensten und deren Einsatz von Hyperlinks (gerade in der Form von Deep-Links) wäre die sinnvolle Nutzung der unübersehbaren Informationsfülle im World Wide Web praktisch ausgeschlossen. ...

3. Frames

a) Begriff

Mit Framing wird die **Zergliederung des Bildschirmfensters in mehrere Teilfenster** bezeichnet; dies ist beispielsweise sinnvoll, um die Navigationsleiste neben wechselnden Unterseiten stehen lassen zu können. Diese Präsentationsform kann für die Link-Technik so eingesetzt werden, dass **verlinkte Inhalte (nur) in einem Teilfenster des ursprünglichen Angebots** erscheinen. In einem solchen Fall bildet das ursprüngliche Angebot unter seiner URL (→ siehe Anhang 1) den Rahmen (engl.: frame) für den verlinkten fremden Inhalt. Hinzu kommt, dass solche Links – anders als im „Normalfall" – meist nicht vom User angeklickt, sondern automatisch aktiviert werden. Die Missbrauchsgefahr ist evident: Bei dieser Linkform ist es besonders leicht, **fremde Inhalte als Teile des eigenen Angebots** erscheinen zu lassen. Der User kann nicht mehr erkennen, ob dieses Teilfenster in dem von ihm angewählten Angebot „geklaut" oder ein originärer Teil dieses Angebots ist.[234]

496

---

234 Vgl. *Boehme-Neßler,* Cyberlaw, S. 255 f.

b) Rechtliche Probleme

aa) Wettbewerbsrecht

497 Diese Linkform ist wettbewerbsrechtlich problematisch, wenn sich auf dem Rahmen (der vom Linksetzenden stammt) Werbung befindet; denn dann wird das gerahmte fremde Angebot für die Verbreitung der Werbung des Linksetzenden missbraucht. Wird dann noch der Eindruck erweckt, das verlinkte Angebot stamme vom Linksetzer, liegt eine **unlautere Leistungsübernahme** i. S. v. § 3 UWG vor (vgl. o., Rn. 132).[235] Je nach konkreter Ausgestaltung des Framing können auch **Täuschungs- und Ausbeutungsgesichtspunkte** der Unlauterkeit verwirklicht sein.[236]

bb) Urheberrecht

498 Zunächst gilt auch für das Framing der Grundsatz, dass Links keine Vervielfältigung eines fremden Werks darstellen, sondern nur eine Hilfe für den User sind, seinerseits (auf seinem Rechner) solche Kopien herzustellen (BGH: Paperboy, s. o., Rn. 495). Hier tritt aber das Problem hinzu, dass der User oft gar nicht bemerkt, dass ihm in einem Internetauftritt fremdes geistiges Eigentum angeboten wird. Dies ist urheberrechtlich dann problematisch, wenn dadurch die **Nennung des Urhebers** des verlinkten/geframten Angebots unterdrückt wird; denn dann wird dessen Urheberpersönlichkeitsrecht auf Nennung des Urhebers gem. § 13 UrhG verletzt (s. o., Rn. 452). Außerdem kann das **Verwertungsrecht der Vervielfältigung** beim Framing durch die automatische Aktivierung des Links verletzt sein; denn dann hat nicht der User durch Anklicken, sondern der Linksetzer die Kopie des fremden Inhalts auf dem Rechner des Users veranlasst. Während sich der User, der durch eigenes Anklicken die Vervielfältigung auslöst, u. U. noch auf die Urheberrechtsschranken (insbes. Kopie zu eigenen Zwecken) berufen kann, trifft dies auf den Linksetzer beim automatischen Framing gerade nicht zu.[237]

499 Deshalb kann beim Framing auch nicht – anders als bei normalen Links (s. o., Rn. 489) – davon ausgegangen werden, dass die Einstellung eines Angebots ins Netz bereits eine **konkludente Einwilligung** in diese Verlinkung enthält;[238] etwas anderes gilt nur dann, wenn „gerade nicht der Eindruck

---

235 Vgl. OLG Düsseldorf, CR 2000, 184; LG München I, CR 2003, 526 m. Anm. Niemann = MMR 2003, 197 m. Anm. Maslaton. Siehe auch Köhler/Arndt/ Fetzer, RdI, Rn. 724.
236 OLG Düsseldorf, MMR 1999, 729 – a. A. OLG Köln, MMR 2001, 387, wonach das Allgemeininteresse an schnellen Zugriffen („öffentliches Kommunikationsinteresse") das Individualinteresse an Werbeeinnahmen überwiegen soll.
237 Strömer, Online-Recht, S. 220; Boehme-Neßler, Cyberlaw, S. 256; a. A. LG München I, MMR 2003, 197, wonach auch die automatische Kopieerstellung im Rechner des Users von der Privatkopie gedeckt ist.
238 Daran ändert auch der Umstand nichts, dass man sich gegen das „Fremdframing" durch sogenannte „Frame-Killer" bei der HTML-Programmierung wehren kann, vgl. Strömer, Online-Recht, S. 221.

erweckt wird, es handele sich bei der durch den Link übernommenen Seite um ein eigenes Angebot"[239] des Linksetzenden.

Urheberrechtsverletzung durch Framing – OLG Hamburg, CR 2001, 704 = MMR 2001, 533:

500

Aus den Gründen: ... Die Vervielfältigung des Werks der Ast. unter der beanstandeten Einschaltung des von der Agg. auf ihrer Website gesetzten Links ist widerrechtlich, die Ast. hat dieser Nutzungshandlung nicht zugestimmt. Eine ausdrückliche Zustimmung hat die Ast. der Agg. unstreitig nicht erteilt. ... eine konkludente Zustimmung seitens der Ast. liegt ebenfalls nicht vor. ... Das Bereitstellen im Internet bedeutet nur, dass die betreffende Website aufgerufen werden kann und soll und deren Inhalt genutzt werden kann. ... [technische] Sperren würden der Ast. dienlich sein können, ihr Fehlen kann nicht als Freigabe für jede beliebige Form gewerblicher Drittnutzung verstanden werden. Dass ... die Ast. selbst um die Aufnahme eines Hinweises auf [ihr Angebot] ... im Internet-Dienst der Agg. gebeten hat, ist ebenfalls nicht als konkludente Zustimmung für die hier in Rede stehende Nutzungshandlung zu werten. Es ging ersichtlich nur um Werbung für das (Angebot) ..., nicht aber um ein in die Website der Agg. inkorporiertes Framing. Etwas anderes ist auch nicht dem Umstand zu entnehmen, dass die Ast. das Schalten von Links auf der Website der Agg. ... als solches nicht beanstandet, wenn das Betätigen des Links zu einem vollständigen Verlassen der Website der Agg. führt, auf der sich der Link befindet, und der Nutzer so direkt auf die Website der Ast. gelangt. Das Einverständnis erfasst das angegriffene Verhalten der Agg. nicht, die Links auf der Website der Agg. sind so geschaltet, dass das (Angebot) der Ast. in die Website der Agg. inkorporiert bleibt. ...

4. Metatags

a) Begriff

Enthält eine Webseite für den User unsichtbare **Schlagwörter, die sich an Suchmaschinen richten,** spricht man von Metatags. Die Webseiten-Anbieter verfolgen damit das Ziel, dass ihr Angebot bei Suchmaschinenabfragen überproportional häufig und möglichst weit vorne genannt wird. Dies kann relativ harmlos sein, wenn ein Anbieter juristischer Fachliteratur Schlagwörter wie „Gefängnis", „Strafe", „Klage" o. Ä. verwendet; schon schwieriger ist es, wenn der Betreiber einer Autowerkstatt berühmte Automarken (mit denen er keinen Werkstattvertrag hat), oder die Namen konkurrierender Autowerkstätten verwendet. Metatags werden meist für den normalen User **unsichtbar im HTML-Quelltext der Webseite – oder in „Weiß-auf-Weiß-Schrift"[240] – „versteckt",** weil sie sich ja gar nicht an den Betrachter der Webseite, sondern an die Suchmaschinentechnologie richten.[241]

501

---

239 LG München I, CR 2003, 526 m. Anm. Niemann.
240 Dazu vgl. BGH, CR 2007, 589 = MMR 2007, 648 (AIDOL).
241 Vgl. Köhler/Arndt/Fetzer, RdI, Rn. 725.

b) Rechtliche Probleme

aa) Marken- und Kennzeichenrecht

502 Obwohl für Metatags häufig fremde Marken und Kennzeichen verwendet werden, ist deren **kennzeichenrechtliche Relevanz streitig**; denn normalerweise setzt eine kennzeichenrechtliche Benutzung voraus, dass sie gegenüber Menschen erfolgt, was bei Metatags jedenfalls unmittelbar nicht der Fall ist.[242] Dennoch hat der BGH – anders als noch die Vorinstanz[243] – die kennzeichenrechtliche Benutzung bejaht.[244] Ihm folgend hat dann das OLG Celle in einem „Namens-Metatag" auch einen rechtswidrigen Namensgebrauch gesehen.[245]

503   Verwendung eines fremden Kennzeichens als Metatag („impuls") stellt Benutzung dar – BGH, NJW 2007, 153 = MMR 2006, 812 m. Anm. Hoeren = CR 2007, 103:

Im geschäftlichen Verkehr stellt die Verwendung eines fremden Kennzeichens als verstecktes Suchwort (Metatag) eine kennzeichenmäßige Benutzung dar. Wird das fremde Zeichen dazu eingesetzt, den Nutzer zu einer Internetseite des Verwenders zu führen, weist es – auch wenn es für den Nutzer nicht wahrnehmbar ist – auf das dort werbende Unternehmen und sein Angebot hin.

Aus den Gründen: ... Es ist in der Rechtsprechung und im Schrifttum umstritten, ob es eine kennzeichenmäßige Benutzung darstellen kann, wenn der Betreiber einer Internetseite im für den Benutzer nicht ohne weiteres sichtbaren Quelltext ein fremdes Kennzeichen als Suchwort verwendet, um auf diese Weise die Trefferhäufigkeit seines Internetauftritts zu erhöhen (Metatag). ... Die Beklagten haben das Wort „Impuls" zur Kennzeichnung ihrer Dienstleistungen ... verwendet. Entgegen der Auffassung des Berufungsgerichts ... lässt sich die kennzeichenmäßige Benutzung nicht mit der Begründung verneinen, ein Metatag sei für den durchschnittlichen Internetnutzer nicht wahrnehmbar. Gibt ein Nutzer in eine Suchmaschine das Wort „Impuls" ein, bedient er sich einer technischen Einrichtung, mit deren Hilfe er in kurzer Zeit eine große Zahl von Internetseiten nach dem eingegebenen Wort durchsucht, um auf ihn interessierende Seiten zugreifen zu können, die dieses Wort enthalten. Schließt die Suchmaschine den normalerweise für den Nutzer nicht sichtbaren Quelltext der Internetseiten in die Suche ein, werden auch Seiten als Suchergebnis aufgelistet, die das Suchwort lediglich im Quelltext enthalten. Dabei ist nicht

---

242 Köhler/Arndt/Fetzer, RdI, Rn. 726.
243 OLG Düsseldorf, MMR 2004, 257 = CR 2004, 462; bestätigt durch OLG Düsseldorf – Metatag III –, MMR 2004, 319 = CR 2004, 936; so i. E. auch OLG Köln, CR 2003, 93; auf derselben Linie auch OLG Düsseldorf, CR 2006, 695 = MMR 2006, 396.
244 Bestätigt durch Anschlussentscheidung BGH, CR 2007, 589 = MMR 2007, 648 (AIDOL); so bereits auch LG Hamburg, CR 2002, 136, das eine über die Suchmaschine vermittelte „mittelbare Wahrnehmbarkeit" durch den User für ausreichend hält; konsequenterweise bejaht LG Hamburg, CR 2002, 374, auch eine namensrechtliche Zuordnungsverwirrung bei Metatags; auch das LG München I, MMR 2004, 689 m. Anm. Pankoke, hat die markenrechtliche Benutzung bei der Verwendung von Marken als Metatags bejaht.
245 OLG Celle, MMR 2006, 817 = CR 2006, 679.

entscheidend, dass das Suchwort für den Nutzer auf der entsprechenden Internetseite nicht sichtbar wird. Maßgeblich ist vielmehr, dass mit Hilfe des Suchworts das Ergebnis des Auswahlverfahrens beeinflusst und der Nutzer auf diese Weise zu der entsprechenden Internetseite geführt wird. Das Suchwort dient somit dazu, den Nutzer auf das dort werbende Unternehmen und sein Angebot hinzuweisen. ...

bb) Wettbewerbsrecht

Auch die wettbewerbsrechtliche Relevanz von Metatags wurde zunächst zurückhhaltend bewertet. So wurden die **durch allgemein-begriffliche Metatags erzielten Wettbewerbsvorteile** (in Form der höheren Internetaufmerksamkeit) noch **nicht als unlauter** i.S.v. § 3 UWG bewertet.[246] Aber auch hier hat der BGH sich anders entschieden.

504

Metatag („impuls") kann wettbewerbswidrige Verwechslungsgefahr auslösen – BGH, NJW 2007, 153 = MMR 2006, 812 m. Anm. Hoeren = CR 2007, 103:

505

Eine Verwechslungsgefahr kann sich in diesem Fall – je nach Branchennähe – bereits daraus ergeben, dass sich unter den Treffern ein Hinweis auf eine Internetseite des Verwenders findet, nachdem das fremde Zeichen als Suchwort in eine Suchmaschine eingegeben worden ist.

Aus den Gründen: ... Die Beklagten haben das Unternehmenskennzeichen der Klägerin in identischer Form in derselben Branche verwendet. ... Eine Verwechslungsgefahr kann sich bereits daraus ergeben, dass die Internetnutzer, die das Firmenschlagwort der Klägerin kennen und als Suchwort eingeben, um sich über deren Angebot zu informieren, als Treffer auch auf die Leistung der Beklagten hingewiesen werden. Zwar ist der Internetnutzer darauf eingerichtet, dass sich nicht alle Treffer auf das von ihm gesuchte Ziel beziehen. Gerade wenn es sich bei dem als Suchwort eingegebenen Unternehmenskennzeichen um einen gängigen Begriff der deutschen Sprache handelt, rechnet er mit einer Fülle von Treffern, die nichts mit der ihn interessierenden Dienstleistung zu tun haben. Weist aber ein Treffer auf eine Internetseite der Beklagten hin, auf der diese die gleichen Leistungen anbieten wie die Klägerin, besteht die Gefahr, dass der Internetnutzer dieses Angebot aufgrund der Kurzhinweise mit dem Angebot der Klägerin verwechselt und sich näher mit ihm befasst. Dies reicht für die Annahme einer Verwechslungsgefahr aus ...

Erst recht kann danach ein Verstoß gegen das Wettbewerbsrecht vorliegen, wenn das verwendete Schlagwort den Namen, eine Marke oder einen bekannten Werbespruch eines Mitbewerbers, der einen guten Ruf genießt, beinhaltet. Dann kommt eine **Ausnutzung** dieses vom Mitbewerber kosten- und arbeitsintensiv aufgebauten guten Rufs[247] oder (in extremen Fällen)

506

---

246 OLG Düsseldorf, MMR 2003, 407 m. Anm. Pohle = CR 2003, 133; auch hat das OLG Düsseldorf die Verwendung von Metatags wie „StVO", „ZPO", „NJW", „Uni", „Urteil" o.Ä. durch einen Verkäufer von Richter-, Staatsanwalts- und Rechtsanwalts-Roben nicht beanstandet.

247 Köhler/Arndt/Fetzer, RdI, Rn. 728; vgl. auch LG Essen, MMR 2004, 692, das das „kompendiumartige Auflisten vieler hundert Metatags ohne jeden inhaltlichen Zusammenhang zur Internetseite" wettbewerbsrechtlich beanstandet hat.

ein **Abwerben von Kunden** in Betracht, wobei letzteres über die Metatags hinaus besondere Unlauterkeitsgesichtspunkte erfordert.[248]

5. Adwords/Keywords

a) Begriff

507 Bei Adwords oder Keywords handelt es sich um eine **Weiterentwicklung des Grundgedankens von Metatags.** Letztere haben ihre praktische Bedeutung erheblich eingebüßt, denn die Suchmaschinen haben ihre Technologie inzwischen so weiterentwickelt, dass sie sich von Metatags nicht mehr so leicht „täuschen" lassen; zum Teil führen Metatags inzwischen sogar zum gegenteiligen Ergebnis und verhindern gerade die Auflistung durch eine Suchmaschine. Denn die Suchmaschinenbetreiber haben den hohen (werbeökonomischen) Wert für sich erkannt und von sich aus das (natürlich kostenpflichtige) Angebot eingeführt, dass der Betreiber einer Webseite Stichwörter in eine Kurzanzeige eintragen kann. Wenn ein solches Stichwort von der Sucheingabe eines Users erfasst wird, erscheint dann diese Anzeige neben den Suchergebnissen unter der Überschrift „Anzeigen". Diese Stichwörter nennt man „Adword" (abgekürzt für „Advertising Word", also Werbewort) oder „Keyword" (also Schlüsselwort). Die Adwords/Keywords haben sich rasch zu einer **zentralen Einnahmequelle der Suchmaschinenbetreiber** und einem bedeutenden Instrument der Werbewirtschaft entwickelt.[249]

b) Rechtliche Probleme

508 Technisch unterscheiden sich Adwords oder Keywords demnach zunächst nicht von Metatags.[250] Denn wie diese richten sie sich zunächst an die Suchmaschinen und erst mittelbar an die User. Nach der Grundsatzentscheidung des BGH „impuls" zu Metatags (s. o., Rn. 503) steht diese Mittelbarkeit einer kennzeichenrechtlichen Benutzung nicht entgegen. Allerdings gibt es zwischen Metatags und Keywords einen wesentlichen – und womöglich rechtlich entscheidenden – Unterschied: Während Metatags dazu führen (sollen), dass sich eine entsprechend gekennzeichnete Seite an prominenter Stelle in das Suchergebnis nach Eingabe des Markenbegriffs „schummelt", führen Keywords oder Adwords zu einer Nennung der damit verlinkten Seite in einem **vom Suchergebnis räumlich und optisch klar getrennten Anzeigenblock.**[251] Der BGH hat in einer Vorlageentscheidung an den EuGH ausdrücklich offen gelassen, ob die räumliche und optische Trennung des Werbeblocks eine kennzeichenrechtliche Benutzung ausschließt oder nicht:

---

248 OLG Düsseldorf, MMR 2004, 319 = CR 2004, 936.
249 Backu, CR 2009, 326 (Anm. zu BGH, CR 2009, 323); Köhler/Arndt/Fetzer, RdI, Rn. 730.
250 Vgl. LG Braunschweig, CR 2007, 188 m. Anm. Hüsch; OLG Braunschweig, CR 2007, 177 und MMR 2007, 249.
251 Ohly, JZ 2009, 858 f. (Anm. zu BGH, JZ 2009, 856 – „bananabay"), verweist in diesem Zusammenhang auf eine nautische Metapher: Während der Werbende beim Metatag „unter falscher Flagge segelt", schwimmt er bei Keywords „im Kielwasser des Konkurrenten".

Kennzeichenrechtliche Relevanz von Keywords I („bananabay") – BGH, JZ 2009, 856 m. Anm. Ohly = CR 2009, 330 = MMR 2009, 326 m. Anm. Hoeren:

Aus den Gründen: ... [13] Teilweise wird vertreten, eine Bezeichnung werde bei einer Verwendung als Schlüsselwort nicht zur Unterscheidung von Produkten eines Anbieters von denen eines anderen eingesetzt. Der Mehrzahl der Internetnutzer sei bekannt, dass es sich bei AdWord-Anzeigen um kontextbezogene Werbung handele, die gesondert von der über Metatags erzeugten Trefferliste unter der Rubrik „Anzeigen" auf dem Bildschirm sichtbar werde. Die Verwendung von Metatags sei mit der Angabe von Schlüsselwörtern bei der AdWord-Werbung nicht vergleichbar. Nur bei den in der Trefferliste aufgeführten Treffern erwarte der Internetnutzer einen Zusammenhang mit dem Suchbegriff. [14] Die Gegenauffassung sieht in der Verwendung von Schlüsselwörtern hingegen eine markenmäßige Benutzung. Es mache keinen Unterschied, ob sich der Werbende eines sogenannten Metatags oder eines Schlüsselworts bediene. Der Umstand allein, dass das Suchergebnis bei der Verwendung eines Metatags in der sogenannten Trefferliste aufgelistet werde, die Anzeige bei der AdWord-Werbung dagegen nur unter der räumlich abgesetzten Rubrik „Anzeigen" erscheine, rechtfertige keine unterschiedliche Behandlung beider Fälle. Ebenso wie bei einem Metatag bestehe die Funktion des Schlüsselworts in der Beeinflussung des Suchvorgangs. ...

Hebt man darauf ab, dass die bei Metatags denkbare Fehlzurechnung einer „falschen" Seite zu einer geschützten Marke bei Keywords auf Grund der Trennung kaum eintreten kann, ist die Bejahung einer Markenrechtsverletzung (wie im Übrigen auch einer Wettbewerbsrechtsverletzung unter den Gesichtspunkten der anlehnenden Produktnachahmung, der Rufausbeutung und der Behinderung) schon sehr viel schwieriger. Denn dann ist die **Herkunftsfunktion** der Marke – nämlich die klare Zuordnung der dahinter stehenden Waren oder Dienstleistungen zum Markeninhaber – nicht tangiert.[252] Eine Markenrechtsverletzung wäre dann nur noch möglich, wenn die Marke **weitere rechtlich geschützte Funktionen** beanspruchen könnte. Auch diese Frage hat der BGH in seiner Vorlageentscheidung thematisiert, aber offen gelassen:

Kennzeichenrechtliche Relevanz von Keywords I („bananabay") – BGH, JZ 2009, 856 m. Anm. Ohly = CR 2009, 330 = MMR 2009, 326 m. Anm. Hoeren:

Aus den Gründen: ... [17] Geht man davon aus, dass der Marke neben ihrer Hauptfunktion als Herkunftshinweis weitere von der Rechtsordnung geschützte Funktionen zukommen und jede Verwendung des Zeichens, die eine dieser Funktionen beeinträchtigt oder beeinträchtigen kann, als eine Benutzung als Marke i. S. von Art. 5 Abs. 1 Satz 2 lit. a MarkenRL anzusehen ist, so kann eine markenmäßige Benutzung im Streitfall darin liegen, dass die Werbefunktion der Marke beeinträchtigt wird. Der Marke kommt auch die Funktion zu, als Kommunikations- und Werbemittel eingesetzt zu werden (vgl. Art. 5 Abs. 3 lit. d MarkenRL). Der Schutz der Marke beschränkt sich, wie etwa Art. 5 Abs. 2 MarkenRL (Schutz vor Beeinträchtigung der Wertschätzung der Marke) entnommen werden kann, nicht auf die Herkunftsfunktion. Kommt der Werbe-

---

252 Vgl. Ohly, JZ 2009, 858, 859 (Anm. zu BGH, JZ 2009, 856 – „bananabay").

funktion der Marke neben der Herkunftsfunktion eine selbständige Bedeutung in dem Sinne zu, dass bereits die Beeinträchtigung der Werbefunktion zur Annahme einer markenmäßigen Benutzung führt, auch wenn die Herkunftsfunktion nicht berührt ist, so kann eine solche Beeinträchtigung der Werbefunktion und demzufolge eine markenmäßige Benutzung im Streitfall anzunehmen sein, weil durch das identische Schlüsselwort erreicht wird, dass die Anzeige des Mitbewerbers auf der durch den Suchvorgang aufgerufenen Internetseite erscheint, und dadurch die vom Klagezeichen ausgehende Werbekraft geschwächt wird.

[18] Muss dagegen die Herkunftsfunktion der Marke immer zumindest auch beeinträchtigt sein, so ist zunächst zu prüfen, ob eine Beeinträchtigung der Herkunftsfunktion schon darin gesehen werden kann, dass das Schlüsselwort benutzt wird, um auf die eigene Werbung hinzuweisen. Insofern stellt sich die Frage, ob es für die Annahme einer Benutzung im Sinne des Art. 5 Abs. 1 Satz 2 lit. a MarkenRL genügen kann, dass der Werbende mit dem Einsatz der fremden Marke als Schlüsselwort darauf abzielt, den Absatz der eigenen Waren oder Dienstleistungen zu fördern. [19] Das Erfordernis, dass die Herkunftsfunktion als Hauptfunktion der Marke beeinträchtigt sein muss, könnte aber auch in der Weise zu verstehen sein, dass eine Beeinträchtigung der Herkunftsfunktion nur in Betracht kommt, wenn durch die Benutzung des Zeichens der Eindruck erweckt wird, es bestehe eine Verbindung im geschäftlichen Verkehr zwischen den betroffenen Waren oder Dienstleistungen und dem Markeninhaber. Wenn … nach Eingabe des als Schlüsselwort gebuchten Begriffs als Suchwort durch einen Internetnutzer die Anzeige des werbenden Unternehmens in einem mit der Überschrift „Anzeigen" gekennzeichneten, deutlich abgesetzten besonderen Werbeblock ohne irgendeinen Hinweis auf das eingegebene Markenwort erscheint, könnte freilich die Annahme eher fernliegen, der Nutzer stelle eine Verbindung zwischen dem eingegebenen Suchwort und der Anzeige her und verstehe das mit dem Suchwort übereinstimmende Zeichen als Hinweis auf die Herkunft der in der Anzeige beworbenen Produkte. …

512 Auch wenn der BGH die entscheidenden Fragen in diesem Fall offen gelassen hat, zeigt sich doch in zwei weiteren Entscheidungen vom selben Tag – teilweise entgegen der instanzgerichtlichen Judikatur[253] – eine **keyword-freundliche Tendenz.**[254] So kann laut BGH die Verwechslungsgefahr zwischen dem Marken- oder Kennzeichenbegriff und dem wortidentischen Keyword zu verneinen sein, wenn in der dazugehörigen Anzeige selbst der Begriff nicht auftaucht („Beta Layout"). Erst recht liegt keine Kennzeichenrechtsverletzung vor, wenn das Keyword nur beschreibenden Charakter

---

253 Zu „pcb" vgl. OLG Stuttgart, MMR 2007, 649; OLG Braunschweig, MMR 2007, 789; siehe auch KG, CR 2007, 108; OLG München, CR 2008, 590 = MMR 2008, 334; OLG Braunschweig, CR 2007, 177 und MMR 2007, 249; gegenteiliger Auffassung – also Verneinung einer kennzeichenrechtlich relevanten Benutzung – ist das OLG Frankfurt a. M., MMR 2008, 471. Jedenfalls die Verwechslungsgefahr verneinen das OLG Düsseldorf, CR 2007, 256 m. Anm. Renner = MMR 2007, 247 m. Anm. Hüsch, und das OLG Dresden, CR 2007, 738.

254 Vgl. auch Hoeren, MMR 2009, 328, 329 (Anm. zu BGH, MMR 2009, 326 – „bananabay"), der die Vorlagefrage so formuliert sieht, dass sie auf eine Ablehnung der markenmäßigen Benutzung gerichtet ist.

hat, teil-wortidentisch mit einer geschützten Marke ist und diese in der Anzeige nicht erscheint („pcb").

Kennzeichenrechtliche Relevanz von Keywords II („Beta Layout") – BGH, CR 2009, 328 = MMR 2009, 329 — 513

Wird ein mit einem fremden Unternehmenskennzeichen übereinstimmender Begriff bei einer Internetsuchmaschine als sogenanntes Schlüsselwort (Keyword) angemeldet, so kann eine Verwechslungsgefahr zwischen dem Schlüsselwort und dem geschützten Kennzeichen zu verneinen sein, wenn bei Eingabe des Begriffs durch einen Internetnutzer auf der dann erscheinenden Internetseite rechts neben der Trefferliste unter einer Rubrik mit der Überschrift „Anzeigen" eine Werbeanzeige des Anmelders des Schlüsselworts eingeblendet wird, in der das geschützte Zeichen selbst nicht verwendet wird.

Aus den Gründen: ... [15] Beim Einsatz von Metatags hat der Senat eine Verwechslungsgefahr darin gesehen, dass Internetnutzer, die das mit dem als Metatag verwendeten Begriff übereinstimmende Unternehmenskennzeichen des Dritten kennen und als Suchwort eingeben, um sich über dessen Angebot zu informieren, als Treffer auch auf die Leistung des Unternehmens hingewiesen werden, das den Begriff als Metatag verwendet. Dem Internetnutzer ist zwar bekannt, dass sich nicht alle Treffer auf das von ihm gesuchte Ziel beziehen. Weist aber ein Treffer auf die Internetseite eines Unternehmens hin, auf der dieses die gleichen Leistungen anbietet wie das Unternehmen, dessen geschäftliche Bezeichnung der Nutzer als Suchwort eingegeben hat, besteht die Gefahr, dass der Internetnutzer aufgrund der Kurzhinweise die Angebote verwechselt.

[16] Demgegenüber ist der Nutzer einer Internetsuchmaschine nach den Feststellungen des Berufungsgerichts darauf eingerichtet, zwischen den Treffern in der Liste der Suchergebnisse, die unmittelbar von der Suchmaschine aufgelistet werden, und den bezahlten Anzeigen zu unterscheiden, über die sich die Suchmaschine finanziert. Bereits der Hinweis „Anzeigen" mache auch dem unerfahrenen Internetnutzer deutlich, dass es sich bei den in dieser Rubrik aufgeführten Anbietern um Anzeigenkunden des Betreibers der Internetsuchmaschine handele. Deren Werbung sei grafisch deutlich abgegrenzt von der Liste der Suchergebnisse. Wenn wie im Streitfall in dem für Anzeigen vorgesehenen Bereich ein mit einem anderen Zeichen als dem gesuchten gekennzeichneter elektronischer Verweis (Link) bereitgestellt werde und das Suchwort in der Anzeige selbst nicht enthalten sei, nehme der Internetnutzer nicht an, die Werbeanzeige stamme von dem Unternehmen, dessen Kennzeichen als Suchwort eingegeben worden sei. [17] Die dagegen gerichteten Angriffe der Revision bleiben ohne Erfolg. ...

Kennzeichenrechtliche Relevanz von Keywords III („pcb") – BGH, MMR 2009, 331 m. Anm. Hoeren = CR 2009, 323 m. Anm. Backu: — 514

Wird bei einer Internetsuchmaschine eine Bezeichnung, die von den angesprochenen Verkehrskreisen als eine beschreibende Angabe über Merkmale und Eigenschaften von Waren verstanden wird (hier: „pcb" als Abkürzung von „printed circuit board"), als sogenanntes Schlüsselwort (Keyword) angemeldet, ist eine kennzeichenmäßige Verwendung zu

verneinen, wenn bei Eingabe einer als Marke geschützten Bezeichnung durch einen Internetnutzer (hier: „pcb-pool") auf der dann erscheinenden Internetseite rechts neben der Trefferliste unter einer Rubrik mit der Überschrift „Anzeigen" eine Werbeanzeige des Anmelders des Schlüsselworts eingeblendet wird, in der das geschützte Zeichen selbst nicht verwendet wird.

Aus den Gründen: ... [23] Maßgeblich für die Frage, ob die Bezeichnung „pcb-pool" markenmäßig verwendet wird, wenn sie bei Google als Suchbegriff in die Suchzeile eingegeben wird und die als Anlage K 2 vorgelegte Internetseite mit der Werbung des Beklagten erscheint, ist das Verständnis des Internetnutzers. Diesem stellt sich der in der Suchzeile sichtbar bleibende Suchbegriff nach wie vor zu-nächst als derjenige Begriff dar, den er selbst eingegeben hat. Eine markenmäßige Verwendung dieses Begriffes durch Google, die dem Beklagten über § 14 Abs. 7 MarkenG oder unter dem Gesichtspunkt der Störerhaftung zugerechnet werden könnte, würde dagegen voraussetzen, dass der Internetnutzer in dem nach Erscheinen der aufgerufenen Seite im Textfeld sichtbar bleibenden Suchbegriff nicht lediglich seine eigene Verwendung dieses Begriffs (wieder)erkennt, sondern zugleich die Verwendung dieses Begriffs durch Google, möglicherweise auch im Auftrag eines Dritten (hier: des Beklagten), als einen Hinweis auf die Herkunft von bestimmten Waren oder Dienstleistungen aus einem bestimmten Unternehmen versteht. [24] Für eine solche Annahme besteht nach der Lebenserfahrung ... jedenfalls dann kein Anhaltspunkt, wenn – wie im Streitfall – in der unter der Überschrift „Anzeigen" erscheinenden Werbung das betreffende Suchwort nicht wiederholt wird und auch sonst kein Hinweis auf dieses Zeichen enthalten ist. Das objektive Erscheinungsbild der sich nach Eingabe des Suchworts öffnenden Internetseite lässt eine Verknüpfung zwischen dem Suchwort und der Anzeige des Beklagten nicht erkennen. ...

6. Pop-Up-Fenster

a) Begriff

515 Bei Pop-Up-Fenstern handelt es sich um eine Technik, die beim Aufrufen einer bestimmten Internetseite selbständig – ohne Zutun des Users – weitere (i. d. R. Werbe-)Fenster öffnet. Der Versuch des Users, solche Fenster wieder zu schließen, wird dann mit dem **automatischen Öffnen weiterer Fenster** beantwortet; die Situation ist vergleichbar dem Abschlagen eines Kopfes der Hydra, der dann sofort mehrere Köpfe nachwachsen. Meist kann eine solche Seite dann nur noch über die Beendigung des Internet-Browsers im Task-Manager verlassen werden.

b) Rechtliche Probleme

516 Da die Ausstiegsmöglichkeit vielen Usern nicht bekannt ist, bewirkt die Pop-Up-Fenster-Technik, dass der User gegen seinen Willen gezwungen wird, den Kontakt mit den (Werbe-)Fenstern aufrechtzuerhalten und die dortigen Angebote zumindest zur Kenntnis zu nehmen. Dieses „Gefangenhalten" des Users auf einer Webseite hat das LG Düsseldorf als unlauter i. S. v. § 3 UWG eingestuft:

Unzulässige Verwendung von Pop-Up-Fenstern – LG Düsseldorf, CR 2003, 525:   **517**

Aus den Gründen: … Die Verwendung von Exit-Pop-Up-Fenstern verstößt gegen die guten Sitten des Wettbewerbs. … [Denn der Internetnutzer] wird … gegen seinen ausdrücklich erklärten Willen gezwungen, den Kontakt mit dem Bekl. bzw. seiner Internetseite aufrechtzuerhalten und dessen Angebote zur Kenntnis zu nehmen. Denn unstreitig ist es dem Besucher nach Erscheinen des Fensters „Sicherheitswarnung" trotz Anklicken des Textes „Nein" verwehrt, die Internetseite des Bekl. zu verlassen. Vielmehr erscheint dann das Fenster „Zugangsassistent", das ihm wieder nur die Wahl zwischen erneuter Installation und Eigeninstallation der Software des Bekl. lässt, nicht aber den Ausstieg. Denn beim Schließen der Eingangsseite der Webseite des Bekl. erscheinen, ohne dass der Internetnutzer darauf Einfluss hätte, mehrere neue Internetseiten … Dies führt aber zu einer nicht hinnehmbaren belästigenden oder sonst unerwünschten Störung des Nutzers, und zwar im Hinblick auf die aus seiner Sicht nutzlos aufgewendete Zeit und den aus der Belästigung resultierenden Ärger sowie im Hinblick auf die mit Kosten verbundene Belegung des Internetanschlusses für die Dauer des unfreiwillig fortgeführten Besuchs, welche als sittenwidrig zu beurteilen ist. Diese sittenwidrige Störung wird vorliegend dadurch verstärkt, dass beim Versuch, ein Pop-Up-Fenster zu schließen, in endloser Kette weitere Pop-Up-Fenster erscheinen.

Dass dem Internetbesucher die Beendigung seines Besuchs über den Browser oder den Task-Manager möglich ist, rechtfertigt keine andere Bewertung. Zum einen handelt es sich dabei nicht um den „üblichen" Weg. … Zum anderen kann auch nicht davon ausgegangen werden, dass jeder Internetnutzer so erfahren ist, dass er den Weg über den Task-Manager kennt …

IV. Fazit

1. Alle nicht ausschließlich persönlichen oder familiären Zwecken die-   **518**
    nenden Internetauftritte unterliegen der Impressumspflicht.
    a) Diese umfasst Name und Anschrift des Anbieters sowie – bei
        auf Dauer angelegten, in der Regel gewerblich betriebenen Internetauftritten – auch die elektronischen Kontaktdaten und
        ggf. weitere Angaben.
    b) Das Impressum muss leicht erkennbar (d. h. nicht hinter irreführenden Begriffen oder im toten Winkel der Seitenauflösung versteckt) und unmittelbar (also spätestens nach zwei Mausklicks)
        erreichbar sein.
    c) Verstöße gegen die Impressumspflicht sind im geschäftlichen
        Verkehr regelmäßig wettbewerbswidrig.
2. Das Urheberrecht hat im Content-Providing erhebliche Bedeutung.
    a) Entscheidend ist dabei der Werksbegriff, der auf besondere Individualität und Originalität abstellt.
    b) Der Urheber eines solchen Werkes hat Urheberpersönlichkeits-
        und erwertungsrechte. Hierzu gehören u. a. das Recht zur Veröffentlichung, auf Anerkennung der Urheberschaft, zur Vervielfältigung, zur Verbreitung und zur öffentlichen Zugänglichmachung.

c) Die Verletzung dieser Rechte löst Unterlassungs- und Schadensersatzansprüche des Urheberrechtsinhabers und evtl. auch Strafbarkeit des Verletzers aus. Zur Verfolgung dieser Ansprüche kommen dem Rechteinhaber außerdem weitgehende Auskunftsansprüche auch gegen Dritte (insbesondere Access und Presence Provider) zu; ist für Auskunftserteilung ein Rückgriff auf Verkehrsdaten erforderlich, bedarf es einer richterlichen Anordnung.

d) Bei erheblicher Umgestaltung eines Werkes (freie Benutzung) und Ablauf von 70 Jahren seit dem Tod des Urhebers fällt der urheberrechtliche Schutz für das Werk weg.

e) Ebenso ist der Urheberrechtsschutz bei einer Reihe privilegierter Nutzungsarten – die überwiegend öffentliche Belange betreffen – eingeschränkt. Dies gilt insbesondere auch bei Vervielfältigungen zum privaten, eigenen wissenschaftlichen oder anderen eigenen Gebrauch; dieses Kopierrecht gilt nicht, wenn die Vorlage offensichtlich urheberrechtswidrig hergestellt oder öffentlich zugänglich gemacht (also ins Internet gestellt) worden ist. Dies hat im Internet v. a. für Musiktitel und Filme Bedeutung.

f) Technische Kopierschutzmaßnahmen dürfen nicht umgangen werden. Sind davon privilegierte Nutzungsarten betroffen, bestehen teilweise Leistungsansprüche gegenüber dem Urheberrechtsinhaber.

g) Für Computerprogramme gelten weitgehend Sonderbestimmungen, die geringere Eingriffe in die Urheberrechte zulassen.

h) Das internationale Urheberrecht geht vom Schutzlandprinzip aus, weshalb im Internet faktisch jedes nationale Urheberrecht gilt.

3. Das Setzen von Links kann – je nach Ausgestaltung und Technik – zu rechtlichen Problemen führen:

a) „Normale" Hyperlinks sind noch relativ unproblematisch, weil von einer konkludenten Zustimmung der verlinkten Anbieter (auf Grund deren Auftritt im Netz) auszugehen ist.

b) Deep-Links und Frames können urheberrechtlich (Unterdrückung der Urhebernennung) und wettbewerbsrechtlich (Übernahme fremder Arbeitsergebnisse) problematisch sein. Entscheidend ist, wie sehr sie den Anschein erwecken, das verlinkte Angebot stamme vom Linksetzer selbst.

c) Metatags, die sich (vorrangig) an Suchmaschinen richten, können eine unerlaubte Markenbenutzung oder eine wettbewerbsrechtlich unlautere Rufausbeutung oder Kundenabwerbung darstellen. Adwords oder Keywords, die bei der Auflistung eines Suchergebnisses dazu führen, dass bestimmte Anzeigen neben dem Suchergebnis in einer gesonderten Anzeigenspalte erscheinen, sind dagegen kennzeichen- und wettbewerbsrechtlich eher möglich.

d) Pop-Up-Fenster sind wettbewerbsrechtlich unzulässig, wenn „normale" User dadurch gegen ihren Willen gezwungen werden, Werbeangebote zur Kenntnis zu nehmen.

Kapitel 4: Domains

A. Domains als Internet-Adressen

I. Technische und rechtliche Einordnung

1. Begriff und Bedeutung

Das Internetangebot ist nach Domains (engl.: Bereiche) geordnet; jeder ein- **519**
zelne Content-Auftritt im Internet benötigt eine solche Internetanschrift,
um **technisch und faktisch erreichbar** zu sein. Denn nur durch eine entsprechende URL-Eingabe (egal ob durch Direkteingabe oder durch Anklicken
eines Links, eines Suchmaschinen-Angebots o. Ä.) kann ein Internetauftritt
erreicht und aufgerufen werden. Insoweit nehmen Domains im Internet
dieselben Aufgaben wahr, wie Hausanschriften bzw. Postfächer beim Post-
versand oder Telefonnummern bei der Sprechtelefonie. Das Internet ist
technisch zwar auch nach IP-Nummern organisiert,[1] denen dann aber die
Domainnamen zugeordnet werden.

Bei Internetdomains kommt zu dieser Adressierungsfunktion außerdem **520**
noch hinzu, dass sie als sinntragende, verbale Zeichenverbindungen auch –
anders als Telefonnummern – in **Namen, Wörter, ja sogar ganze Aussagen,**
umgesetzt werden können. Damit sind sie wesentlich leichter zu merken
und können bei entsprechender Eignung **werbewirksam** eingesetzt werden.
Kaum ein Werbeplakat kommt mehr ohne gut sichtbare Internetanschrift
aus, und auf vielen Firmenwagen auch kleinerer und mittlerer Betriebe und
Handwerker prangt die Domain. Damit kann geschickt die Wahrnehmung
eines Schlagwortes oder einer griffigen Aussage im real-öffentlichen Raum
mit dem Internetangebot verknüpft und ein großes Identifikationspotenzial
geschaffen werden. Auch sind viele Domains so selbsterklärend angelegt,
dass sie von den Usern durch Direkteingabe „auf gut Glück" erreichbar
sind (z. B. bundesgerichtshof.de, baden-württemberg.de). Angesichts der
unübersehbaren Informationsflut im Internet ist die Erzielung von **User-**
Aufmerksamkeit für den **Wahrnehmungserfolg** entscheidend; hierfür ist die
Domain von herausragender Bedeutung.[2]

Daher kann es nicht verwundern, dass Domains in Anbetracht der weiten **521**
Verbreitung des Internets inzwischen **veritable wirtschaftliche Werte** darstellen und auf Tauschbörsen (siehe z. B. www.sedo.de) zu teilweise horrenden Preisen den „Eigentümer" wechseln. Auch wenn für die meisten
Domains in Deutschland Preise zwischen 300 und 2 500 € bezahlt werden,

---

1 Die Internet-Protocol-Numbers bestehen aus vier Zahlenblöcken, die jeweils
    eine Zahl von 0 bis 255 enthalten; daraus ergeben sich rund vier Milliarden
    möglicher IP-Nummern, vgl. Köhler/Arndt/Fetzer, RdI, Rn. 18.
2 Vgl. Boehme-Neßler, Cyberlaw, S. 91, 99 f.

wurde beispielsweise die Domain „business.com" im Jahr 2000 für sage und schreibe 7,5 Mio. US-Dollar verkauft.[3] Dieser teilweise hohe Werbe- und Marktwert hat auch dazu geführt, dass eine Pfändung von Domains wirtschaftlich interessant sein kann (s. u., Rn. 529 f.).

2. Rechtliche Einordnung von Domains

a) Anwendung des Namens- und Kennzeichenrechts

522 In technischer Hinsicht stellen Domains lediglich Rechneradressierungen dar. Ihre rechtliche Einordnung ist ungleich schwieriger; mangels eigener Gegenständlichkeit ist klar, dass es sich nur um ein **unkörperliches Recht** handeln kann. Nach anfänglicher Unsicherheit in der Frühphase des Internets wendet die h. M. bereits seit Jahren die Grundsätze des Namens-, Firmen-, Marken- und Kennzeichenrechts auf Domains an.[4] Denn neben der technischen Adressierungsfunktion haben Domains eine **Kennzeichnungsfunktion**, d. h. die Möglichkeit zur Identifikation des Namens- oder Kennzeichenträgers (Identifikationsfunktion) sowie die Möglichkeit der Unterscheidung von anderen (Abgrenzungsfunktion).

> **Rechtscharakter von Domains („luckau.de") – OLG Brandenburg, MMR 2001, 174:**
>
> *Aus den Gründen:* ... Unbeschadet dessen, dass die Domain-Bezeichnung im technischen Sinne einem Computer zugeordnet ist, es sich also streng genommen um die Adresse eines Computers bzw. der darauf abgelegten Homepage handelt, bringt der Internetanwender, der eine Domain aufruft, damit den dahinter stehenden Anbieter in Verbindung. Demzufolge kommt der Domain-Bezeichnung – wie im Wirtschaftsleben längst erkannt und genutzt – mindestens mittelbar Namensfunktion zu. ... Anders als etwa mit einer Telefonnummer, die für sich allein den Betreiber des Anschlusses nicht erkennen lässt, verbindet sich mit einer Domain-Bezeichnung die Vorstellung eines Gegenübers. ...

b) Absolutes oder relatives Recht?

523 Noch umstritten ist jedoch die Frage, ob Domains ein absolutes – also gegenüber jedermann bestehendes – und eigenständiges Recht darstellen. Auf Grund der **technischen Einmaligkeit jeder Domain** kommt ihr faktisch eine **absolute Verdrängungswirkung** zu; wer eine bestimmte Domain hat, verhindert zugleich, dass irgendjemand anderes diese Domain haben kann.[5] Doch kann aus einer faktischen Monopolstellung keineswegs auf eine rechtliche Ausschließlichkeitsposition geschlossen werden. Wäre eine Domain ein absolutes Recht, wäre sie eigentumsfähig und als sonstiges Recht

---

3 Strömer, Online-Recht, 3. Aufl., S. 53; Ernst, MMR 2002, 714, 720 m. w. N.
4 So bereits 1996 das LG Mannheim, NJW 1996, 2736 (heidelberg.de); a. A. ebenfalls 1996 das LG Köln, NJW-CoR 1997, 307 (kerpen.de). Ausführlich zur Zuordnungsfunktion Perrey, CR 2002, 349.
5 Vgl. Welzel, MMR 2001, 131, 133.

i. S. v. § 823 Abs. 1 BGB schutzfähig. Der Inhaber könnte nicht nur faktisch, sondern auch rechtlich jeden anderen von der Domain fernhalten.[6]

Ein solches absolutes Recht wäre dann zu bejahen, wenn die Domain als **524** ein Namens- oder Kennzeichenrecht zu qualifizieren wäre. Dagegen spricht jedoch, dass Namen und Marken auch unabhängig von Domains verwendet und rechtlich geltend gemacht werden können; im Regelfall stellt die Domain daher gerade kein eigenes Namens- oder Kennzeichenrecht dar, sondern ist nur eine **unselbständige Gebrauchsform eines von ihr unabhängig bestehenden Namens- oder Kennzeichenrechts.** Lediglich in Ausnahmefällen kann eine Domain ein eigenes Namens- oder Kennzeichenrecht darstellen, nämlich dann, wenn sie dieses Recht erst hat entstehen lassen (so verhält es sich bei besonders bekannten Domains, die es zuvor als Namen oder Kennzeichen nicht gab: yahoo, ebay, etc.).

Ansonsten wäre ein absolutes Recht nur als ein **Recht sui generis** denkbar.[7] **525** Dann könnten Domains unabhängig von etwaigen Namens- oder Kennzeichenrechten, die an der Domain bestehen, übertragen werden;[8] abgesehen davon, dass dadurch von der Rechtsordnung durch Namen und Kennzeichen verfolgten Ziele vereitelt würden, ergibt sich daraus gerade kein Argument für eine rechtliche Selbständigkeit von Domains. Daran ändert auch der Umstand nichts, dass nicht jede Domain die Identifikations- und Abgrenzungsfunktion des Namens- und Kennzeichenrechts erfüllt (z. B. Gattungsbegriffe oder ganze Sätze).[9] Außerdem werden gegen die Qualifizierung der Domain als absolutes Recht der **sachenrechtliche Numerus clausus und die Mitwirkung eines Dritten** – nämlich der Registrierungsstelle – an der Entstehung der Domain geltend gemacht.[10]

Bei Licht betrachtet besteht die „rechtliche" Domain im Normalfall schlicht **526** und einfach aus den **schuldrechtlichen Ansprüchen des Domaininhabers aus dem Domainvertrag** gegen die Registrierungsstelle. Dabei handelt es sich um den Anspruch auf Registrierung sowie um den Daueranspruch auf Konnektierung und damit auf Erreichbarkeit im Internet (Adressierungsfunktion). Beide Ansprüche sind erfolgsbezogen und nicht durch ein bloßes Bemühen zu erfüllen; sie sind daher **werkvertraglich zu qualifizieren.**[11] Hinzutreten kann ein namens- oder kennzeichenrechtlicher Gebrauch (s. o.), der aber an der rechtlichen Qualität der Domain in der Regel nichts ändert. Das BVerfG qualifziert die Domain daher als ein **relatives Nutzungsrecht,**

---

6 Koos, MMR 2004, 359.
7 Vgl. LG Essen, CR 2000, 247.
8 Koos, MMR 2004, 359, 364.
9 Koos, MMR 2004, 359.
10 Vgl. Hanloser, CR 2001, 456, 458 f.; Köhler/Arndt/Fetzer, RdI, Rn. 46, 114; kritisch hierzu Koos, MMR 2004, 359, 361 f.
11 Hanloser, CR 2001, 456, 457; Welzel, MMR 2001, 131, 132; Ernst, MMR 2002, 714, 715 f.

das allerdings als solches im Sinne von Art. 14 GG eigentumsfähig ist;[12] ebenso hat sich der EGMR im Hinblick auf Art. 1 des 1. Zusatzprotokolls zur EMRK geäußert. Wird eine Domain verkauft, handelt es sich um einen normalen Forderungskauf.

527   **Eigentumsfähigkeit von Domains (ad-acta.de) – BVerfG, MMR 2005, 165 m. Anm. Leopold/Kazemi = CR 2005, 282:**

Aus den Gründen: ... Entgegen vereinzelten Literaturstimmen erwirbt der Inhaber hingegen weder das Eigentum an der Internet-Adresse selbst noch ein sonstiges absolutes Recht an der Domain, welches ähnlich der Inhaberschaft an einem Immaterialgüterrecht verdinglicht wäre. Vielmehr erhält er als Gegenleistung für die an die DENIC e.G. zu zahlende Vergütung das Recht, für seine IP-Adresse eine bestimmte Domain zu verwenden – und damit ein relativ wirkendes, vertragliches Nutzungsrecht, wobei die unbestimmte Vertragsdauer verbunden mit den vorgesehenen Kündigungsmöglichkeiten auf den Charakter des Rechtsverhältnisses als Dauerschuldverhältnis hinweisen. Dieses Nutzungsrecht stellt einen rechtlich geschützten Vermögenswert dar. Es ist dem Inhaber der Domain ebenso ausschließlich zugewiesen wie Eigentum an einer Sache. Die Berechtigung der DENIC e.G., den Vertrag aus wichtigem Grund zu kündigen, steht der Qualifizierung des vertraglichen Nutzungsanspruchs als verfassungsrechtlich geschütztes Eigentum nicht entgegen, sondern begrenzt lediglich den Umfang des Rechts. Unabhängig von diesem dem verfassungsrechtlichen Eigentumsschutz zugänglichen Nutzungsrecht kann dem Inhaber einer Internet-Domain an der die Second Level Domain bildenden Zeichenfolge eine marken- oder kennzeichenrechtlich begründete Rechtsstellung zukommen, die nach der Rechtsprechung des Bundesverfassungsgerichts ihrerseits grundsätzlich gleichfalls vom Schutzbereich des Art. 14 Abs. 1 Satz 1 GG erfasst sein kann. ...

528   **Eigentumsfähigkeit von Domains – EGMR, MMR 2008, 29 m. Anm. Kazemi:**

Aus den Gründen: ... In determining whether the denial of the applicant company's right to use the domain names registered for it amounted to an interference with its "possessions", the Court recalls that the concept of "possessions" referred to in Article 1 of Protocol No. 1 has an autonomous meaning which is not limited to ownership of physical goods and is independent from the formal classification in domestic law. Certain other rights and interests constituting assets can also be regarded as "property rights", and thus as "possessions" for the purposes of this provision. ... In the instant case, the contracts with the registration authority gave the applicant company, in exchange for paying the domain fees, an open-ended right to use or transfer the domains registered in its name. As a consequence, the applicant could offer to all internet users entering the domain name in question, for example, advertisements, information or services, possibly in exchange for money, or could sell the right to use the domain to a third party. The exclusive right to use the domains in question thus had an economic value. Having regard to the above criteria, this right therefore constituted a "possession", which the court decisions prohibiting the use of the domains interfered with. ...

---

12 Vgl. Koos, MMR 2004, 359, 360; Strömer, Online-Recht, S. 15.

c) Pfändbarkeit von Domains

Auch als Forderungen sind Domains – exakt formuliert: die damit bezeich- **529** neten Ansprüche gegen die Registrierungsstelle – grundsätzlich pfändbar, da sie dann „andere Vermögensrechte" i.S.v. § 857 Abs. 1 ZPO darstellen.[13]

Pfändung einer Internet-Domain – BGH, NJW 2005, 3353 = CR 2006, 50:

Eine „Internet-Domain" stellt als solche kein anderes Vermögensrecht i.S.v. § 857 Abs. 1 ZPO dar. Gegenstand zulässiger Pfändung nach § 857 Abs. 1 ZPO in eine „Internet-Domain" ist vielmehr die Gesamtheit der schuldrechtlichen Ansprüche, die dem Inhaber der Domain gegenüber der Vergabestelle aus dem der Domainregistrierung zugrunde liegenden Vertragsverhältnis zustehen.

Aus den Gründen: ... Als Vermögensrecht nach § 857 Abs. 1 ZPO pfändbar sind Rechte aller Art, die einen Vermögenswert derart verkörpern, dass die Pfandverwertung zur Befriedigung des Geldanspruchs des Gläubigers führen kann. Ob eine „Internet-Domain" als ein derartiges pfändbares Vermögensrecht i.S.v. § 857 Abs. 1 ZPO anzusehen ist, ist in Literatur und Rechtsprechung umstritten. Nach einer Auffassung stellt bereits eine Internet-Domain als solche ein absolutes Recht dar, welches nach § 857 Abs. 1 ZPO pfändbar ist. Diese Ansicht wird teilweise damit begründet, dass es sich bei einer Internet-Domain um ein Recht sui generis, vergleichbar mit einer Lizenz, handele, und somit die Übertragbarkeit und Pfändbarkeit gegeben sei. ... Vereinzelt wird die Pfändbarkeit einer Internet-Domain verneint. Eine Internet-Domain könne mangels eines der Domainvergabe vorgeschalteten Prüfungsverfahrens durch die DENIC nicht als ein vom Inhaber losgelöstes Recht angesehen werden mit der Folge, dass diese nicht der Pfändung unterliege. Nach anderer und richtiger Auffassung stellen die schuldrechtlichen Ansprüche, die dem Inhaber einer Internet-Domain gegenüber der DENIC oder einer anderen Vergabestelle zustehen, ein Vermögensrecht i.S.v. § 857 Abs. 1 ZPO dar.

Eine Internet-Domain als solche ist kein „anderes Vermögensrecht" i.S.v. § 857 Abs. 1 ZPO. Der Domain kommt keine etwa mit einem Patent-, Marken- oder Urheberrecht vergleichbare ausschließliche Stellung zu. Diese Rechte zeichnen sich dadurch aus, dass sie ihrem Inhaber einen Absolutheitsanspruch gewähren, der vom Gesetzgeber begründet worden ist und nicht durch Parteivereinbarung geschaffen werden kann. Eine Internet-Domain ist lediglich eine technische Adresse im Internet. Die ausschließliche Stellung, die darauf beruht, dass von der DENIC eine Internet-Domain nur einmal vergeben wird, ist allein technisch bedingt. Eine derartige, rein faktische Ausschließlichkeit begründet kein absolutes Recht i.S.v. § 857 Abs. 1 ZPO. Die Inhaberschaft an einer „Internet-Domain" gründet sich auf die Gesamtheit der schuldrechtlichen Ansprüche, die dem Inhaber der Domain gegenüber der Vergabestelle aus dem Registrierungsvertrag zustehen. Diese Ansprüche sind Gegenstand der Pfändung nach § 857 Abs. 1 ZPO. ...

---

13 LG Essen, CR 2000, 247; LG Düsseldorf, CR 2001, 468; Hanloser, CR 2001, 456, 458; Welzel, MMR 2001, 131; Fechner, Medienrecht, Kap. 12 Rn. 268; a.A. LG München I, MMR 2001, 319 = CR 2001, 342.

530 Drittschuldnerin ist die Registrierungsstelle, die die Rechte an der Domain dem Pfändungsgläubiger zu übertragen hat.[14] Da die Domain – anders als z.b. ein Lohnanspruch – keine unmittelbare finanzielle Befriedigung ermöglicht, der Gläubiger mit der konkreten Domain in der Regel selbst nicht viel anfangen kann und der Aufbau eines neuen Internetauftritts für die begrenzte Nutzungsdauer (nämlich bis zur Gläubigerbefriedigung) kaum lohnend sein dürfte, empfiehlt sich eine andere Verwertungsart gem. § 844 ZPO. Dies kann beispielsweise durch eine **Weiterleitung auf einen bereits bestehenden und der Domain affinen Auftritt eines Dritten** erfolgen; dann setzt eine sinnvolle Verwertung des Anspruchs meist eine Vereinbarung mit einem Dritten über die Nutzung der Domain für einen klar definierten Zeitraum zu einem festgelegten Entgelt voraus.[15] Denkbar sind unter bestimmten Voraussetzungen auch die freihändige **Veräußerung** oder die **Versteigerung**.[16]

II. Domain Name System

1. Top Level Domains (RFC 1591)

a) Arten von Top Level Domains

531 aa) Das Internet ist **streng hierarchisch geordnet**. Die oberste Ebene ist die „Top Level Domain"-Ebene. Dies geht auf Jonathan B. Postel (1943–1998), einen der Väter des Internet, zurück. Als damaliger Leiter der IANA, einer Vorgängereinrichtung von ICANN, hat er 1994 die Domainstruktur in RFC 1591 (Request for Comments, → Anhang 1) festgelegt. Danach sind bei den Top Level Domains zwei Arten – die generischen TLDs und die country-code-TLDs – zu unterscheiden.

532   RFC 1591 (Domain Name System Structure and Delegation) – Ziff. 2 (Auszug):

2. The Top Level Structure of the Domain Names

In the Domain Name System (DNS) naming of computers there is a hierarchy of names. The root of system is unnamed. There are a set of what are called „top-level domain names" (TLDs). These are the generic TLDs (EDU, COM, NET, ORG, GOV, MIL, and INT), and the two letter country codes from ISO-3166. It is extremely unlikely that any other TLDs will be created.

---

14 Was freilich sehr umstritten ist. Die .de-Registrierungsstelle DENIC eG – und allen voran deren Chefsyndikus Welzel – bestreitet die Drittschuldnerstellung (vgl. Anm. zu AG Frankfurt, MMR 2009, 709, 710). Ausführlich dagegen hält Stadler, MMR 2007, 71. Die – soweit ersichtlich – erste Gerichtsentscheidung in dieser Frage gibt jedoch DENIC Recht, vgl. AG Frankfurt, MMR 2009, 709 („geencard-select.de") mit (natürlich zustimmender) Anm. Welzel.
15 Hanloser, CR 2001, 456, 458; Welzel, MMR 2001, 131, 138.
16 Welzel, MMR 2001, 131, 137 f.

Under each TLD may be created a hierarchy of names. Generally, under the generic TLDs the structure is very flat. That is, many organizations are registered directly under the TLD, and any further structure is up to the individual organizations.

In the country TLDs, there is a wide variation in the structure, in some countries the structure is very flat, in others there is substantial structural organization. In some country domains the second levels are generic categories (such as, AC, CO, GO, and RE), in others they are based on political geography, and in still others, organization names are listed directly under the country code. The organization for the US country domain is described in RFC 1480 [1].

Each of the generic TLDs was created for a general category of organizations. The country code domains (for example, FR, NL, KR, US) are each organized by an administrator for that country. These administrators may further delegate the management of portions of the naming tree. These administrators are performing a public service on behalf of the Internet community. Descriptions of the generic domains and the US country domain follow. ...

bb) Die **generischen Top Level Domains** (gTLDs) knüpfen an die inhaltliche Ausrichtung des Angebots oder die Form des Anbieters an.[17] Zudem wird innerhalb der gTLDs differenziert zwischen nicht gesponserten und gesponserten TLDs. Die nicht gesponserten gTLDs werden von ICANN selbst nach den dort geltenden Vergabebedingungen verwaltet, während die gesponserten gTLDs von unabhängigen Organisationen – die dann auch die gesamte Finanzierung übernehmen – nach eigenen Regeln kontrolliert werden.[18] **533**

534

„.com"	nicht gesponsert	für kommerziell ausgerichtete Angebote,
„.edu"	gesponsert	für ausbildungsbezogene Angebote von Colleges und Hochschulen mit (mindestens) vierjährigen Ausbildungsangeboten (was sich in Deutschland nicht durchgesetzt hat; die hiesigen Hochschulen firmieren alle unter der Länder-TLD „.de"),
„.net"	nicht gesponsert	für Netzwerkprovider,
„.org"	nicht gesponsert	für Organisationen, die nicht von den anderen gTLDs abgedeckt sind,
„.int"	gesponsert	für Organisationen, die auf internationalen Verträgen und Vereinbarungen beruhen,
„.gov"	gesponsert	für Behörden der US-Bundesregierung,

---

17 Im Einzelnen erläutert in RFC 1591 Ziff. 2.
18 Köhler/Arndt/Fetzer, RdI, Rn. 21; nachfolgende Tabelle nach <http://www.iana.org/domains/root/db/#>.

„.mil"	gesponsert	für Einrichtungen des US-Militärs.
„.aero"	gesponsert	für die Luftfahrtindustrie,
„.biz"	nicht gesponsert	für Unternehmen,
„.coop"	gesponsert	für genossenschaftliche Organisationen,
„.info"	nicht gesponsert	für jedermann und jede Verwendung,
„.museum"	gesponsert	für Museen,
„.name"	nicht gesponsert	für Privatpersonen,
„.pro"	nicht gesponsert	für professionelle Nutzung, v. a. Freiberufler (Ärzte, Rechtsanwälte, Steuerberater) und andere Selbständige,
„.cat"	gesponsert	für die katalanische Sprache und Kultur,
„.arpa"	nicht gesponsert	Infrastruktur-TLD im Internet,
„.jobs"	gesponsert	für Stellenangebote,
„.mobi"	gesponsert	für Nutzer und Anbieter mobiler Produkte und Dienstleistungen,
„.tel"	gesponsert	zur Veröffentlichung von Kontaktdaten,
„.travel"	gesponsert	für die Reise- und Tourismusindustrie.

535 Die Vergabepraxis bei zahlreichen gTLDs hat dazu geführt, dass die dargestellte **Gruppentypisierung oft erheblich aufgeweicht** worden ist, so dass bei einem Internetauftritt unter einer bestimmten gTLD keine Gewähr für die tatsächliche Gruppenzugehörigkeit des Seitenanbieters besteht.[19] Außerdem gibt es seit einiger Zeit auch TLDs, die die strikte Trennung zwischen den ccTLDs und den gTLDs verwischen, wie die (g)TLDs für Weltregionen wie „.eu" und „.asia". Um die Internetzugänglichkeit noch weiter zu verbreitern, beabsichtigt ICANN die Einführung eines standardisierten Verfahrens zur Beantragung beliebiger neuer TLDs,[20] was die Typenbindung der gTLDs vollends bedeutungslos machen dürfte.

536 cc) Die **ca. 240 country-code-Top Level Domains (ccTLDs)** ergeben sich aus der ISO-Liste 3166-1 (ISO = International Organization for Standardization); darin sind **für jeden Staat zweibuchstabige Abkürzungen** festgelegt, so z. B. für Deutschland „de", für Frankreich „fr", für Großbritannien

---

19 Köhler/Arndt/Fetzer, RdI, Rn. 21.
20 <http://www.denic.de/de/hintergrund/top-level-domains.html>.

„uk", für Österreich „at", für die Schweiz „ch", für Spanien „es" etc.[21]
Mitunter gibt es ccTLDs, die wieder generisch von Interesse sind: So hat
der Zwergstaat Tuvalu seine ccTLD „.tv" zur kommerziellen Nutzung –
die vor allem für Fernsehanstalten interessant ist – freigegeben und damit
rund 50 Mio. $ verdient.[22] Des Weiteren kann die ccTLD „.ag" von An-
tigua für deutsche Aktiengesellschaften attraktiv sein. Allerdings wird es
wettbewerbsrechtlich eng, wenn – was ja durchaus denkbar ist – eine nicht
als Aktiengesellschaft organisierte Firma ihren Internetauftritt unter einer
„.ag"-Domain anbietet:

Wettbewerbsrechtliche Irreführung durch TLD „.ag" – LG Hamburg, MMR 2003, 796 = CR 2004, 143 m. Anm. Stögmüller: | **537**

**Die Top-Level-Domain „.ag" führt – insbesondere in ihrer Großschreib-
weise „AG" – zu der Verkehrsvorstellung, die Inhaberfirma werde in der
Rechtsform einer Aktiengesellschaft geführt. Wegen der besonderen Vertrauenswürdigkeit dieser Rechtsform ist die Verwendung dieser Domain
dann wettbewerbswidrig, wenn die Firma tatsächlich in einer anderen
Rechtsform geführt wird.[23]**

Aus den Gründen: ... Durch die Verwendung der angegriffenen Bezeichnung
„tipp.AG" und „tipp.ag" verstößt die Bekl. gegen §§ 1, 3 UWG, denn sie führt
die angesprochenen Verkehrskreise dadurch in wettbewerbsrechtlich relevanter Weise über die Rechtsform ihres Unternehmens in die Irre. ... Die [Bekl.]
benutzt die Bezeichnung „tipp.AG" ... im Rahmen ihres Internetangebots an
prominenter Stelle nicht nur als Internetdomain, sondern als besondere Geschäftsbezeichnung auch zur Kennzeichnung ihres Geschäftsbetriebs. Sie bietet ihre Dienstleistung unter der herausgestellten und vielfach verwendeten
Bezeichnung „tipp.AG" an, weshalb ein erheblicher Teil des Verkehrs annehmen wird, jene Bezeichnung sei mit dem Firmennamen der [Bekl.] identisch,
die [Bekl.] sei also eine Aktiengesellschaft. ... Dem Verkehr ist in der Regel
schon nicht bekannt, dass die Endung „.ag" i. R. e. Internetadresse eine Länderkennung ist, die auf Antigua und Barbuda verweist. ...

Dass auf einer anderen Seite des Internetangebots ... die Rechtsform ...
(GmbH) noch einmal ausdrücklich genannt ist, schließt eine Irreführung des
Verkehrs, der jene Seiten, insbs. das Impressum oder die AGB ..., nicht stets
zur Kenntnis nehmen wird, keinesfalls aus. ... Ein erheblicher Teil des Verkehrs
nimmt ... an, dass ein in der Form einer Aktiengesellschaft geführtes Unternehmen in besonders professioneller Weise und/oder in besonderem Umfang
Gelder für die Teilnahme an den angebotenen Spielgemeinschaften einsam-
melt und mit einer entsprechenden Gewinnchance einsetzt. Das ist geeignet,
Vertrauen zu schaffen und die Entscheidung für oder gegen eine Teilnahme an
den von der [Bekl.] angebotenen Lottospielgemeinschaften zu beeinflussen. ...

Diese Praxis führt jedoch dazu, dass den TLDs (auch im cc-Bereich) **keine 538
besondere namens- oder kennzeichenrechtliche Relevanz** zukommt; so wird

---

21 Vgl. i. E. <www.iana.org/cctld/cctld-whois.htm>; <www.iso.org>.
22 Köhler/Arndt/Fetzer, RdI, Rn. 20.
23 Leitsatz vom Autor.

die Erwartung, dass der Anbieter eines Internetauftritts mit einer bestimmten ccTLD im damit angezeigten Land säße, rechtlich nicht geschützt.

**Geringe namensrechtlich relevante Kennzeichenkraft von TLDs („sartorius.at") –
LG Hamburg, MMR 2005, 190 = CR 2005, 307:**

Aus den Gründen: ... Country-Code TLDs (Länderkennungen) besitzen im Verkehr keine hinreichende namensrechtlich relevante Kennzeichnungskraft. Der
Verkehr erwartet hinter einer Domain mit der TLD „.at" keineswegs zwingend
ein Angebot mit einem wie auch immer gearteten Österreich-Bezug. ... Einer Vielzahl ... Internetnutzer dürfte ... völlig unklar sein, welche Bedeutung
die Endungen von Internetdomainnamen überhaupt haben. ... Eine erhebliche
Verwässerung der Bedeutung von TLDs bewirkt schließlich auch die im Internet weit verbreitete Übung, Country-Code-TLDs gezielt zweckentfremdet,
nämlich gerade nicht als Kennzeichen für eine bestimmte geografische Herkunft, sondern als Fortsetzung der jeweiligen Namensbezeichnung einzusetzen. Als Beispiel aus der Rspr. ist hierfür etwa der Domainnamen „tipp.ag"
anzuführen, in dem die Endung „.ag" ersichtlich nicht als Länderkennung für
„Antigua und Barbuda" verwendet wird, sondern für „Aktiengesellschaft" stehen soll. Weitere Beispiele sind „verona.tv", „bullypara.de" und „ich.ag". ...

539   dd) Daneben bemüht sich ICANN schon seit Jahren um die Einführung
von „**Internationalized Domain Names**" (IDNs), die andere Schriftzeichen
enthalten (können), als im „American Standard Code for Information In-
terchange" (ASCII) vorgesehen sind. Da der ASCII im Wesentlichen dem
Zeichensatz einer englischsprachigen Tastatur entspricht, fallen bereits
deutsche Umlaute aus diesem Spektrum heraus. Bei den IDNs geht es aber
insbesondere um die Ermöglichung von TLDs mit nichtlateinischen Schriftzeichen; dazu gehören beispielsweise die arabische, chinesische und kyrilli-
sche Schrift. Wohl nicht zuletzt wegen des amerikanischen Ursprungs und
der nach wie vor klar amerikanisch-europäischen Dominanz im Netz ist
ICANN allerdings bis heute über Probeläufe noch nicht hinaus gekommen.[24]

b) Unterschiedliche Inanspruchnahme der TLDs

540   Auf Grund der militärisch-wissenschaftlichen Herkunft des Internets waren Anfang der 1990er Jahre noch mehr als 75 % aller Internetadressen
unter der gTLD „.edu" registriert. Im Zuge der zunehmenden Ökonomisie-
rung und Kommerzialisierung des Internets übernahm dann Mitte der 90er
Jahre die **gTLD „.com"** – bis heute – (mit großem Abstand) **die Führung.**
Auf Platz 2 folgte lange Zeit die deutsche ccTLD „.de", was das deutlich
überproportionale Gewicht der deutschen Internet-Gemeinde im world
wide web belegt; inzwischen liefern sich die chinesische ccTLD „.cn" und
die gTLD „.net" ein Kopf-an-Kopf-Rennen mit „.de". Auffällig ist auch,
dass sich **unter den zehn bedeutendsten TLDs nur vier ccTLDs** befinden.
Das liegt u. a. daran, dass sich in anderen Staaten die gTLDs deutlich stär-

---

24 Vgl. <www.icann.org/en/topics/idn/>.

ker durchgesetzt haben als die jeweilige ccTLD; besonders deutlich ist dies
in den USA bezüglich der TLD „.com" (82,4 Mio.), während „.us" gar
nicht unter den Top Ten liegt. Bei den **zehn stärksten Top Level Domains**
(nach SLD-Registrierungszahlen) haben in den letzten fünf Jahren teilwiese
erhebliche Verschiebungen statt gefunden:[25]

	Sept. 2009	Juli 2004
„.com"	82,4 Mio.	29,6 Mio.
„.de"	13,1 Mio.	7,8 Mio.
„.cn"	12,5 Mio.	(keine Angabe)[26]
„.net"	12,5 Mio.	4,8 Mio.
„.uk"	7,9 Mio.	5,5 Mio.
„.org"	7,8 Mio.	3,1 Mio.
„.info"	5,3 Mio.	1,2 Mio.
„.nl"	3,5 Mio.	1,2 Mio.
„.eu"	3,0 Mio.	(keine Angabe)
„.biz"	2,0 Mio.	1,0 Mio.

541

2. Second Level Domains

Unter der TLD steht die Second Level Domain (SLD), die im allgemeinen   **542**
Sprachgebrauch als die **eigentliche Domain** angesehen wird. Denn während
die TLD nur eine begrenzte Auswahl bietet (s. o.) und zudem allenfalls eine
schwache Aussage über den Domaininhaber enthält (bei einer ccTLD u. U.
das Heimatland), „spielt bei der SLD die Musik". Denn hier sind der Wahl-
freiheit des Domaininhabers kaum (s. u., Rn. 595 f.) Grenzen gesetzt; für
die SLD werden Namen, Firmen, Marken, Kennzeichen, Werbeaussagen
u. Ä. gewählt, die die **Aussagekraft und damit auch den wesentlichen wirtschaftlichen Wert** der Domain ausmachen.

Da es unter jeder TLD jede Second Level Domain (SLD) aus technischen   **543**
Gründen nur ein einziges Mal geben kann, wird der Auswahlspielraum
insbesondere bei den stark nachgefragten TLDs zunehmend enger; deshalb

---

25 <www.denic.de/hintergrund/statistiken/internationale-domainstatistik.html>,
    für 2004 siehe Vorauflage Rn. 382.
26 Allerdings lag „.cn" im April 2007 nach den damaligen Angaben bei DENIC
    erst bei knapp 1,9 Mio. (seinerzeit Platz 9), was das extrem rasante Wachstum
    dieser ccTLD veranschaulicht.

wird die Anzahl der gTLDs ständig ausgeweitet (s. o., Rn. 535).[27] Damit wird die **Verwendung derselben SLD unter verschiedenen TLDs** mehreren Interessenten (z. B. Gleichnamigen) ermöglicht. Allerdings lassen die Gerichte die „Parallel-SLDs" teilweise aus namens- oder kennzeichenrechtlichen Gründen nicht zu; damit verpufft zumindest ein Teil des durch weitere TLDs geschaffenen zusätzlichen Handlungsspielraums.[28]

544 So hat der BGH beispielsweise einer Privatperson die Verwendung der Domain „solingen.info" wegen einer damit verbundenen **namensrechtlichen Zuordnungsverwirrung** untersagt:[29]

> **Rechtsverletzung auch bei anderer TLD („solingen.info") – BGH, MMR 2007, 38 = CR 2007, 36:**
>
> **Verwendet ein Dritter, der kein Recht zur Namensführung hat, den Namen einer Gebietskörperschaft ohne weitere Zusätze als Second-Level-Domain zusammen mit der Top-Level-Domain „info", liegt darin eine unberechtigte Namensanmaßung nach § 12 Satz 1 Alt. 2 BGB.**
>
> *Aus den Gründen:* ... Bei einer Internet-Adresse wird eine Zuordnungsverwirrung nicht dadurch ausgeschlossen, dass der Name der Gebietskörperschaft mit der Top-Level-Domain „info" verknüpft wird. Der Internet-Nutzer wird sich ... bei der Zuordnung des Domain-Namens zu einem Namensträger an der Second-Level-Domain „solingen" orientieren. Die allgemeine Top-Level-Domain „info" ist dagegen nicht geeignet, an der Zuordnung der Bezeichnung „solingen" zu der gleichnamigen deutschen Stadt als Namensträger etwas zu ändern. Zwar ist nicht auszuschließen, dass allgemeine, nicht länderspezifische Top-Level-Domains einer Zuordnung zu bestimmten Namensträgern entgegenwirken, wenn diese nicht den typischen Nutzern derartiger Top-Level-Domains zuzurechnen sind. Nicht von vornherein auszuschließen könnte dies etwa bei Top-Level-Domains wie „biz" (für business) oder „pro" (für professions) sein. Zu derartigen Domains rechnet die Top-Level-Domain „info" jedoch nicht. Sie ist weder branchen- noch länderbezogen und grenzt auch anhand anderer Kriterien den Kreis der Namensträger nicht ein. Die von der isolierten Verwendung der Second-Level-Domain „solingen" ausgehende Zuordnungsverwirrung besteht danach nicht nur bei einer Kombination mit der länderspezifischen Top-Level-Domain „de", sondern auch mit „info". Insbesondere folgt aus der Verwendung der Top-Level-Domain „info" für den Internet-Nutzer nicht, dass es sich um das Informationsangebot eines Dritten und nicht des Namensträgers handelt. ...

---

27 Vgl. Köhler/Arndt/Fetzer, RdI, Rn. 34 f. bzgl. „.eu".
28 Kritisch hierzu Boehme-Neßler, Cyberlaw, S. 114 f., der aber selbst einräumt, dass bei gleicher SLD unter verschiedenen TLDs wegen der technischen Funktionsweise der Suchmaschinen Verwechslungsprobleme auftreten können (S. 109).
29 So schon die Vorinstanz, OLG Düsseldorf, MMR 2003, 748 = CR 2004, 538 (vgl. Vorauflage, Rn. 385); im Ergebnis ebenso – für vergleichbare Fallgestaltungen – KG, MMR 2007, 600 („tschechische-republik.at/.ch/.com"), und OLG Hamburg, CR 2009, 512 („telekom-bundesliga.eu").

3. Zusammensetzung einer Internetadresse (URL)

Diese hierarchische Ordnung des Internet bildet sich auch in jeder Internet-   **545**
adresse ab. Diese enthält daher zunächst eine **TLD** (z. B. „.de"); darunter
(d. h. links daneben) kommt die von einer Registrierungsstelle vergebene
SLD wie z. B. „uni-stuttgart". Jeder Inhaber einer SLD kann wiederum eigenständig – d. h. ohne Beteiligung der SLD-Registrierungsstelle – **Subdomains** vergeben und deren Verwaltung entweder selbst übernehmen oder
dezentral nachgeordneten Einheiten (z. B. Verbandsmitgliedern) überlassen;
die Subdomain („Third Level Domain")[30] wird durch einen weiteren Punkt
getrennt der SLD (wiederum links) vorangestellt. Die Universität Stuttgart
beispielsweise hat ihren Instituten Subdomains zur eigenen Betreuung zur
Verfügung gestellt; die Subdomain des Instituts für Volkswirtschaftslehre
und Recht der Universität Stuttgart lautet „ivr" Die Gesamtdomain des
Instituts heißt folglich „www.ivr.uni-stuttgart.de". Die **einzelnen Seiten des
jeweiligen Angebots** werden dann durch einen nach der Domain angefüg-
ten Schrägstrich mit Pfad und Datei angegeben.[31]

Für die Adresse der Homepage des Autors hat dies beispielsweise folgenden   **546**
Aufbau zur Folge:

www.	Internetdienst „world wide web"	Domain
ivr	Subdomain des Instituts für Volkswirt-schaftslehre und Recht	
.uni-stuttgart	SLD der Universität Stuttgart	
.de	TLD	
/wipo	Pfad zur Unterseite der Abteilung Wirt-schaftspolitik und Öffentliches Recht des Instituts	Pfad zu Unterseiten der Domain
/abteilung	Pfad zu Organisation und Personal der Abteilung	
/mitarbeiter		
/Haug.shtml	Pfad zur Seite des Autors (als Angehöri-gem der Abteilung)	

Übersicht 15: Aufbau einer Internetadresse (URL)

---

30 Boehme-Neßler, Cyberlaw, S. 91.
31 Siehe auch Köhler/Arndt/Fetzer, RdI, Rn. 19 ff.

III. Fazit

547

1. Domains sind in technischer Hinsicht als Rechneradressierungen anzusehen, denen IP-Nummern zugeordnet sind. Als sinntragende Zeichenverbindung kommt ihnen eine besondere Wahrnehmungsbedeutung zu, weshalb sie teilweise einen hohen wirtschaftlichen Wert haben.

2. In rechtlicher Hinsicht stellen Domains kein absolutes Recht, sondern (relative) schuldrechtliche Ansprüche des Domaininhabers auf Registrierung und Konnektierung dar; der häufig anzutreffende namens- oder kennzeichenrechtliche Gebrauch ist nicht zwingend.

3. Domains sind als vermögenswerte Rechte pfändbar; die Verwertung richtet sich sinnvollerweise nach § 844 ZPO (Lizenzierung durch einen Dritten, Verkauf, Versteigerung).

4. Das Domain Name System ist streng hierarchisch geordnet.

   a) Auf der obersten Stufe stehen die Top Level Domains (TLDs), die entweder inhaltlich (generische TLDs) oder länderbezogen (country-code TLDs) ausgerichtet sind. Am häufigsten wird die gTLD „.com" verwendet; mit großem Abstand folgen auf den Plätzen 2 bis 4 dicht beieinander die ccTLDs „.de" und „.cn" sowie die gTLD „.net".

   b) Auf der zweiten Stufe stehen die Second Level Domains (SLDs), die als die eigentlichen Domains angesehen werden. Hier besteht eine weitreichende Gestaltungsfreiheit, die häufig zu namens- und kennzeichenrechtlichen Zwecken, aber auch zu werbewirksam einprägsamen Aussagen genutzt wird.

   c) Daraus ergibt sich – ggf. mit weiteren Subdomains – der Gesamtaufbau einer Domain als Internetadresse.

B. Domainvergabe

I. Vergabestellen

1. ICANN als Hüterin des Domain Name Systems

a) Vorgeschichte

548 Das Internet ist aus der **US-amerikanischen Militärtechnologie** entstanden, hat dann zunächst den wissenschaftlichen und schließlich auch den Popularbereich erreicht. Das Domain Name System (DNS) wurde 1984 eingeführt; damals waren es noch rund 1000 Rechner in den USA, die miteinander vernetzt waren. Die Verwaltung und Steuerung lag zunächst beim „Defense Data Network Information Center" und ging dann auf die „Internet Assigned Numbers Authority" (IANA) über.[32] Beide Einrichtungen

---

32 Strömer, Online-Recht, S. 7.

waren US-Behörden; die IANA unterstand der Aufsicht des US-Handelsministeriums.

Die IANA begriff sich als zentrale Koordinierungsstelle des weltweiten **549**
Internet und beschränkte sich weitgehend auf **Koordinierungs- und Auf-
sichtsaufgaben**. Die operative Arbeit der Domainvergabe delegierte IANA

► für die gTLDs auf das „**International Network Information Center**"
(**InterNIC**), wobei die technische Seite von dem privatrechtlichen Unternehmen „**Network Solutions Inc.**" (NSI) in Monopolstellung wahrgenommen wurde, und
► für die ccTLDs auf weltregionale Organisationen (**RIPE NCC**[33] für Europa, **ARIN**[34] für Amerika und Afrika sowie **APNIC**[35] für Asien und
Australien), die die Registrierung auf meist nationale Registrierungsstellen (wie DENIC in Deutschland) weiterübertragen haben.[36]

Mit der wachsenden weltweiten Verbreitung des Internet wurde sowohl **550**
die ausschließlich **us-amerikanische Internetkontrolle** als auch die **Monopolstellung von NSI** zunehmend kritisiert. Die IANA und die „Internet Society" (ISOC) haben daher gemeinsam mit der „World Intellectual Property Organization" (WIPO), der „International Trademark Organization"
(INTA) und der „International Telecommunikation Union" (ITU) das „Internet ad hoc Committee" (später CORE) gebildet, das eine Diskussion
über eine **Internationalisierung und Liberalisierung des Internet- und DNS-
Managements** anstieß.[37]

b) Gründung und Aufgaben von ICANN

Ergebnis dieser Diskussion, an der sich auch die US-Regierung und die **551**
Europäische Union intensiv beteiligten, war die Gründung der „Internet-
Corporation for Assigned Names and Numbers" (ICANN) im Jahr 1998.
Dabei handelt es sich um eine **gemeinnützige privatrechtliche Organisation
nach kalifornischem Recht** mit Sitz in Marina del Rey (Kalifornien). Seit
Oktober 2000 obliegt ihr

► die **Kontrolle der technischen Ressourcen** des Internets, insbesondere
die IP-Nummernblöcke und das Root-Server-System,
► sowie die **Koordination des Domain Name Systems**, d. h. die Entscheidung über neue gTLDs und über die Zulassung von Registrierungsstellen.

---

33 Réseaux IP Européen Network Coordination Centre (<www.ripe.net>).
34 American Registry for Internet Numbers (<www.arin.net>).
35 Asia Pacific Network Information Centre (<www.apnic.net>).
36 Köhler/Arndt/Fetzer, RdI, Rn. 24; Strömer, Online-Recht, S. 7; Boehme-Neßler,
Cyberlaw, S. 93.
37 Köhler/Arndt/Fetzer, RdI, Rn. 25.

Diese umfassenden Kompetenzen haben ICANN die Bezeichnung „Internet-Regierung" eingebracht, was deren offiziellem Selbstverständnis einer bloßen Koordinierungsinstanz widerspricht.[38]

552 Mit der Gründung von ICANN wurden die Verträge mit NIC gekündigt und neu verhandelt; inzwischen erfolgt die Registrierung von SLDs unter den gTLDs längst durch eine **Vielzahl miteinander konkurrierender Registrierungsunternehmen**, was eine erhebliche Marktliberalisierung gegenüber den früheren Strukturen bedeutet; allerdings ist NIC (heute: VeriSign), die mit der Verwaltung der mit Abstand stärksten TLD (.com) betraut ist (sowie mit der Verwaltung von „.net"), nach wie vor als Marktführerin anzusehen.[39]

553 Wie ihre behördliche Vorgängereinrichtung untersteht auch ICANN der **Aufsicht des US-Handelsministeriums**; auch kontrolliert die US-Regierung immer noch den Root Server A. Jedoch wurde durch die Schaffung eines beratenden ICANN-Ausschusses, den die nationalen Regierungen beschicken („**Governmental Advisory Committee**" – GAC), ein erster Schritt in Richtung Internationalisierung gemacht.[40] Zum GAC äußerte sich die Bundesregierung in einer amtlichen Stellungnahme gegenüber dem Bundestag wie folgt:

554 **Amtliche Stellungnahme der Bundesregierung – BT-Drs. 14/4016; Schreiben des BMWi vom 17.8.2000 (Auszug):**

Welche Rolle spielt für die Bundesregierung das Governmental Advisory Committee? Welche Ergebnisse sind aufgrund der Aktivitäten der Bundesregierung in diesem Gremium erzielt worden?

Die Bundesregierung nimmt seit Gründung der ICANN durch einen Vertreter des Bundesministeriums für Wirtschaft und Technologie aktiv an den Sitzungen des beratenden Regierungsausschusses (GAC) teil. Die GAC-Mitglieder aus den EU-Staaten bemühen sich um ein geschlossenes Auftreten unter Wortführung der jeweiligen EU-Präsidentschaft und der ebenfalls an den GAC-Sitzungen teilnehmenden EU-Kommission. Für die Geltendmachung deutscher Interessen von besonderer Bedeutung sind dabei die regelmäßig stattfindenden Sitzungen der „Informellen Arbeitsgruppe Internet Governance" auf Ebene der EU-Kommission, in denen die Mitgliedstaaten ihre Positionen gegenüber ICANN abstimmen. Die Bundesregierung hat sich in diesem Rahmen unter anderem für eine dauerhafte Begrenzung der Kompetenzen von ICANN gegenüber nationalen Registries und Regierungen sowie für ein faires Beitragssystem eingesetzt. Im GAC selbst hat die Bundesregierung durch die von ihr angeregte und finanzierte Teilnahme eines Mitarbeiters der Standardisierungsorganisation ISO an der ICANN-Tagung in Kairo im März d.J. die Diskussion zugunsten der Einführung einer neuen Top Level Domain „.eu" positiv beeinflusst. …

---

38 Vgl. Köhler/Arndt/Fetzer, RdI, Rn. 26; Strömer, Online-Recht, S. 9; Boehme-Neßler, Cyberlaw, S. 92 f.
39 Strömer, Online-Recht, S. 7 f., 10.
40 Köhler/Arndt/Fetzer, RdI, Rn. 28.

Danach sehen die **Legitimationsstränge im DNS** heute im Wesentlichen wie   **555**
folgt aus:

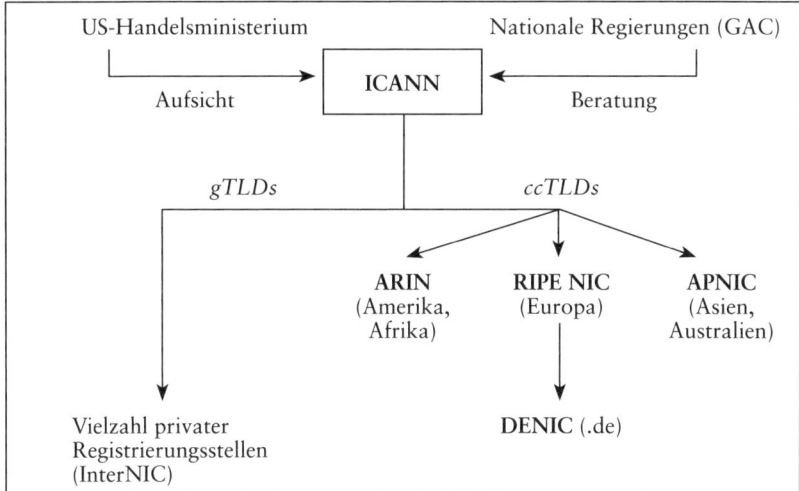

Übersicht 16:   Legitimationsstränge im Domain Name System

c) Interne Strukturen

ICANN war zunächst mit einer Struktur gestartet, die eine **starke Mitwir-**   **556**
kung der Endkunden (Domaininhaber – „At Large") vorsah. Danach wurden neun der 19 Vorstandsmitglieder von den Domaininhabern gewählt
(die sogenannten At-Large-Direktoren), darunter auch Andy Müller-Maguhn vom „Chaos Computer Club e.V.".[41] Die Bundesregierung sah in einer Stellungnahme aus dem Jahr 2000 in diesen At-Large-Wahlen ein hilf-
reiches Korrektiv zur im Übrigen fehlenden demokratischen Legitimation
von ICANN:

Amtliche Stellungnahme der Bundesregierung – BT-Drs. 14/4016; Schrei-   **557**
ben des BMWi vom 17. 8. 2000 (Auszug):

Welche Haltung nimmt die Bundesregierung zur ICANN ein?
Welche Bedeutung misst die Bundesregierung den erhobenen Vorwürfen
zu, die ICANN sei nur unzureichend demokratisch legitimiert, und welche
Folgerungen zieht sie hieraus?

Die Bundesregierung ist der Überzeugung, dass eine Selbstverwaltungsstruk-
tur den vielfältigen Erfordernissen der Internet Governance am ehesten gerecht werden kann. Im Hinblick auf das erforderliche technische Know-how,

---

41 Siehe <www.ccc.de>; Zu Müller-Maguhns Rolle und „Regierungsprogramm"
    gegen die „Krawatti-Juristen" siehe Hoeren, NJW 2001, 1184.

die notwendige Flexibilität sowie die Vielschichtigkeit der Interessen innerhalb der Internet Community sieht sie zu ICANN derzeit keine Alternative. Der fortschreitende und durch die anstehenden sog. At Large-Wahlen in eine entscheidende Phase tretende Übergang von ernannten hin zu gewählten Mitgliedern im ICANN-Direktorium (Board) erhöht die demokratische Legitimation der Organisation. Die Bundesregierung wird aber, im Zusammenwirken mit der deutschen Nutzerschaft sowie den europäischen Partner, den ICANN-Prozess weiterhin aufmerksam begleiten und dabei insbesondere beobachten, inwieweit die Organisation auch zukünftig allen Nutzergruppen offensteht.

558 Da sich jedoch im Herbst 2000 relativ wenige Endkunden an den Wahlen beteiligten, waren die Ergebnisse **nur eingeschränkt repräsentativ**; in Europa beispielsweise hatten fast nur deutsche User – nachdem die deutschen Printmedien die Wahl stark begleitet hatten – abgestimmt. Außerdem führte die regionale Zuordnung eines Teils der At-Large-Direktoren zu einer erheblichen **Verzerrung im Zählwert der Stimmen**; so hatten Millionen im südlichen Asien den dortigen Direktor gewählt, während einige Tausende in Nordamerika und in Europa ebenfalls jeweils einen Direktor zu wählen hatten.[42]

559 Der ICANN-Vorstandsvorsitzende von 2001–2003, Stuart Lynn, initiierte daher eine **weitreichende Strukturreform**, die auf eine Verlagerung der Nutzerbeteiligung in beratende Funktionen zielte. Im Herbst 2002 wurden die neuen Statuten beschlossen,[43] die drei wesentliche Organe kennt:

► den **President and CEO** (Chief Executive Officer), d. h. Vorstandsvorsitzender, dem (allein!) der ICANN-Apparat untersteht,
► den „**Board of Directors**" (als Vorstand),
► und das „**Nominating Committee**".

Hinzu kommen fünf beratende Gremien, darunter[44]

► das bereits erwähnte **Governmental Advisory Committee (GAC)**, in dem die nationalen Regierungen vertreten sind, und
► das neu geschaffene **At Large Advisory Committee (ALAC)**, in dem die Domaininhaber repräsentiert werden.

560 Der **Board of Directors** ist das Leitungsorgan, in dem **alle wichtigen Entscheidungen** getroffen werden. Er besteht aus 15 stimmberechtigten und sechs nicht stimmberechtigten Mitgliedern. Von den **stimmberechtigten Mitgliedern** werden

► sechs von den drei Supporting Organizations (je zwei) gewählt; dabei handelt es sich um Organisationen, die zu den drei Hauptaufgabenfeldern von ICANN – Adressen, gTLDs, ccTLDs – mit jeweils eigener

---

42 So ICANN-CEO Twomey in zdnet.de.
43 Die Statuten im Volltext siehe <www.icann.org/general/bylaws.htm>.
44 Hinzu kommen noch das Security and Stability Advisory Committee (SSAC), das Root Server System Advisory Committee (RSSAC) und die Technical Liasion Group (TLG).

Mitgliederstruktur gebildet wurden (Adress Supporting Organization –
ASO; Generic Names Supporting Organization – GNSO; Country
Code Name Supporting Organization – CCNSO),
► acht vom Nominating Committee und
► eines – nämlich der Vorsitzende und CEO – von den übrigen 14 stimmberechtigten Vorstandsmitgliedern im Wege der Kooptation

gewählt. Die **nicht stimmberechtigten Mitglieder** werden von den fünf beratenden Ausschüssen (darunter zwei von der Technical Liaison Group)
entsandt.

Das **17-köpfige Nominating Committee** besteht aus Vertretern der Wirt-   **561**
schaft, der Adressenverwalter, der fünf ICANN-Weltregionen (Europa,
Nordamerika, Süd-/Mittelamerika, Afrika, Asien/Australien) und der Endkunden.[45] Im Mittelpunkt der stark reduzierten At-Large-Mitwirkung steht
der **At Large Advisory Council** (ALAC), der aus 15 Mitgliedern besteht.
Davon sind je zwei von den fünf regionalen At-Large Organisationen (Zu-
sammenschlüsse der Endkunden in den ICANN-Weltregionen) und fünf
vom Nominating Committee gewählt.[46] Da der ALAC seinerseits fünf Mitglieder des Nominating Committees wählt, besteht hier ein nicht geringes
Maß an „Gremien-Inzucht".

Als unabhängige, unparteiische und neutrale Anlaufstelle für Alternative   **562**
Konfliktlösungsmöglichkeiten (auch zur Vermeidung von Rechtsstreitigkeiten) gibt es die Einrichtung des **Ombudsmannes**. Er wird vom Board
auf zwei Jahre gewählt und kann (vorzeitig) nur mit einer 3/4-Mehrheit
des Boards entlassen werden. Direkt dem Board unterstellt hat der Ombudsmann Zugriff auf sämtliche ICANN-Dokumente und Dateien sowie
ein Befragungsrecht gegenüber den Board-Mitgliedern wie gegenüber allen
Mitarbeitern von ICANN. Mit Ausnahme von internen Verwaltungs- und
Personalangelegenheiten ist er für alle Beschwerden über eine als ungerecht empfundene Behandlung durch ICANN zuständig. Aber er hat nur
eine Untersuchungs- und Vermittlungszuständigkeit; Entscheidungen oder
Richtlinien von ICANN kann der Ombudsmann nicht ändern oder aufheben.[47]

Grafisch lässt sich die interne ICANN-Struktur wie folgt darstellen: **563**

---

45 ICANN-Bylaws, Art. VII (Nominating Committee), Section 2 (Composition).
46 ICANN-Bylaws, Art. XI, Section 2 (4).
47 ICANN-Bylaws, Art. V.

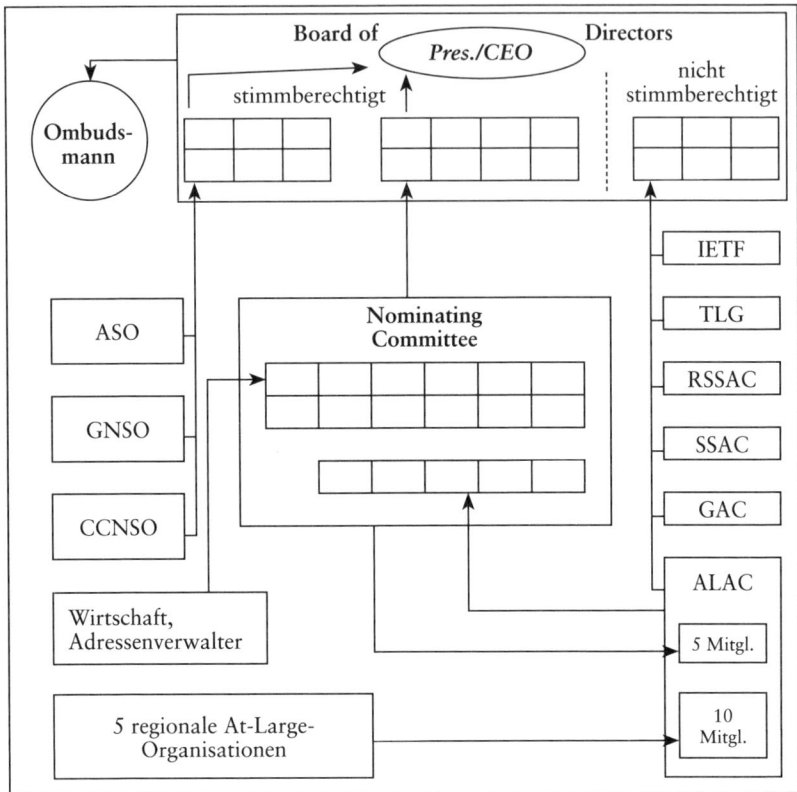

Übersicht 17: Interne Struktur von ICANN

d) Probleme und Perspektiven

aa) Mangelnde Transparenz, Legitimationsvakuum und US-Lastigkeit

564 Ein Problem von ICANN ist die **geringe Transparenz der Entscheidungsprozesse**; selbst für Insider ist inzwischen kaum mehr zu durchschauen, wie die Entscheidungen bei ICANN mit den zahlreichen Unterorganisationen und Ausschüssen (vgl. vorige Rn.) zustande kommen.[48] Auch die **fehlende rechtliche und demokratische Legitimation** der in Rechtsform einer Stiftung betriebenen Institution stellt angesichts der enormen politischen, ökonomischen und rechtlichen Bedeutung des Internet ein gravierendes Defizit von ICANN dar.[49]

---

48 Vgl. Strömer, Online-Recht, S. 10, der in diesem Zusammenhang die Begünstigung monopolistischer Strukturen durch ICANN anspricht.
49 Köhler/Arndt/Fetzer, RdI, Rn. 29 ff.; zum Legitimationsdefizit siehe auch unten bei DENIC, Rn. 576 ff.

Im Mittelpunkt der Kritik an ICANN steht deren fortbestehende US-Las- **565**
tigkeit. Dafür sind der **Sitz von ICANN in den USA** sowie deren **Beaufsichtigung durch die US-Regierung** die wesentlichen Ursachen; dass von 2003
bis 2009 mit Dr. Paul Twomey erstmals ein Nichtamerikaner (Australier)
als CEO an der Spitze von ICANN stand, hat daran nicht viel geändert.[50]
Vor allem arabische, asiatische und afrikanische Länder wehren sich gegen
das Übergewicht der USA, während die Europäische Union eine moderate-
re Haltung einnimmt.[51] Auch die deutsche Bundesregierung hält das Inter-
nationalisierungsproblem für weniger gravierend:

Amtliche Stellungnahme der Bundesregierung – BT-Drs. 14/4016; Schrei- **566**
ben des BMWi vom 17. 8. 2000:

*Hat sich die Bundesregierung für eine stärkere Internationalisierung der
Internet-Organisation eingesetzt? Wenn nein, warum nicht? Wenn ja, warum ohne Erfolg?*

Trotz der besonderen privatrechtlichen Organisationsform kann ICANN de fac-
to als internationale Einrichtung betrachtet werden; dies zeigt sich z. B. auch
an der Zusammensetzung des ICANN-Direktoriums. Der Grundsatz der „regionalen Vielfalt" ist in den Statuten (Bylaws) von ICANN verankert und spielt bei
allen, von der weltweiten Internet Community aufmerksam verfolgten Aktivitäten der Organisation eine große Rolle.

*Warum wird das Internet im Ergebnis von einer Körperschaft kaliforni-
schen Rechts organisiert und nicht z. B. von der International Telecommunication Union (ITU),der Welthandelsorganisation (WTO) oder der Organisation für wirtschaftliche Zusammenarbeit und Entwicklung (OECD)?*

Aufgabe von ICANN ist nach Statuten und Selbstverständnis nicht die Organisation des Internet insgesamt, sondern lediglich das Management der technischen Ressourcen. Der Gründung von ICANN gingen mehrmonatige und sehr
engagiert geführte Beratungen innerhalb der globalen Internet Community
voraus. Diskussionsgrundlage waren dabei die im Vorfeld veröffentlichten, als
„White Paper" bzw. „Green Paper" bekannt gewordenen Grundsatzpapiere
der US-Regierung. Die Übertragung der Internet-Verwaltung an die ITU war
zeitweise im Gespräch, letztlich unter Hinweis auf die sehr zeitaufwendigen
Abstimmungs- und Entscheidungsprozesse einer internationalen Regierungs-
organisation aber nicht konsensfähig.

---

50 Seit dem 1. Juli 2009 steht mit Rod Beckstrom wieder ein US-Amerikaner an
    der Spitze von ICANN.
51 Das Governmental Advisory Committee – in dem die nationalen Regierungen
    (und auch die Europäische Kommission) ihren Einfluss geltend machen – hat
    seinen Sitz in Brüssel – „ein Schelm, wer Böses dabei denkt ..."; siehe zur in-
    ternationalen Kritik auch Kleinwächter, MMR 2008, 637, 638, der darin „eine
    Art Glaubenskrieg zwischen der Netzwerkkultur der Internet-Community und
    dem staatlichen Souveränitätsverständnis von Regierungen" sieht.

567 Der Streit über die US-Dominanz auf die Internet-Strukturen stellt nun schon seit geraumer Zeit ein internationales Konfliktthema dar, ohne dass eine durchgreifende Lösung in Sicht wäre; insbesondere ist die US-Regierung unverändert nicht bereit, ihre Vormachtstellung aufzugeben. Inzwischen fanden zwei UN-Weltgipfel der Informationsgesellschaft (WSIS) in Genf (2003) und in Tunis (2005) statt. Als Kompromiss ist bislang lediglich die Gründung des „Internet Governance Forums" (IGF) heraus gekommen, das aber als globale Diskussionsplattform – wie auch der GAC, in dem die nationalen Regierungen bei ICANN vertreten sind (s. o., Rn. 559) – nur beratenden Charakter hat.[52]

568 Der Deutsche Bundestag hat in einer Entschließung daher gefordert, dass auch im IGF weiterhin auf eine internationale Aufsicht hingewirkt wird:

Antrag der Fraktionen von CDU/CSU und SPD: Weiterentwicklung des Adressraums im Internet – BT-Drs. 16/4564 vom 7. 3. 2007:

… Der Deutsche Bundestag fordert die Bundesregierung auf …, im Rahmen ihrer Mitarbeit im Internet Governance Forum (IGF) der UN dar- auf hinzuwirken, dass die Verwaltung der Domains und Top-Level-Domains weiter im Rahmen einer Selbstverwaltung der Internetgemeinschaft unter Aufsicht einer internationalen Kooperation durchgeführt wird.

bb) Alternativmodelle

569 Alternativ zur privatrechtlichen Selbstverwaltungslösung US-amerikanischer Prägung wäre beispielsweise denkbar, den Aufgabenbereich von ICANN nur als **eine von vielen Formen der Telekommunikation** anzusehen. Dann wäre hierfür eigentlich die von zahlreichen Staaten und privaten TK-Unternehmen getragene „International Telecommunications Union" (ITU) zuständig.[53] Will man dagegen an ICANN festhalten, könnte diese statt der US-Regierung den **Vereinten Nationen oder dem Governmental Advisory Committee unterstellt** sein. Gegenwärtig erscheinen solche Ansätze jedoch wenig aussichtsreich; für die derzeitige Form des Internet- und DNS-Managements streitet ungeachtet ihrer Legitimationsmängel die normative Kraft des Faktischen.[54] Noch am ehesten denkbar ist die Weiterentwicklung im System, d. h. die weitere Stärkung des legitimationsvermittelnden Governmental Advisory Committee. Interessant sind in diesem Zusammenhang aber auch die zunehmenden Bemühungen von Unternehmen und Staaten, die Bedeutung und den Einfluss von ICANN durch die Schaffung neuer „alternativer" Adressierungssysteme im Internet einzudämmen.[55]

---

52 Vgl. Kleinwächter, MMR 2008, 637, 638, der sich sehr optimistisch über die erzielten Fortschritte äußert.
53 Welchering in <www.dradio.de>.
54 Köhler/Arndt/Fetzer, RdI, Rn. 33.
55 Die Möglichkeit, Domainnamen unter alternativen Adressierungssystemen anzumelden, bestehen bereits; vgl. hierzu im Einzelnen Utz, MMR 2006, 789.

2. DENIC als Registrierungsstelle für „.de"-SLDs

a) Aufgabe und Vorgeschichte

Die zentrale Aufgabe von DENIC besteht in der **Registrierung der Second**   **570**
Level Domains unter der ccTLD „.de". In der Frühphase des Internets hat
dies zunächst der Informatik-Fachbereich der Universität Dortmund auf
ehrenamtlicher Basis für RIPE NCC übernommen. Mit dem Ansteigen der
Nachfrage war der Fachbereich rasch überfordert, so dass die großen deutschen Provider den „**Interessenverband Deutsches Network Information
Center**" (**IV DENIC**) mit Sitz in Frankfurt a. M. gründeten. Der IV DENIC
übertrug die technische Abwicklung des Registrierungsgeschäfts (einschließlich des Betriebs des deutschen Primary Name Servers) nach einer
Ausschreibung ab 1994 dem Rechenzentrum der Universität Karlsruhe.[56]

1997 strukturierte sich der IV DENIC zu einer **eingetragenen Genossen-**   **571**
schaft um (DENIC e. G.), die für jeden Provider, der Domains unterhalb
der TLD „.de" verwaltet, **beitrittsoffen** ist (§ 3 Abs. 1 DENIC-Statut).[57] Die
Mitgliederzahl hat sich seither mehr als versechsfacht; waren es 1997 noch
ca. 40 Mitglieder, wurde 2003 die 200er-Grenze deutlich überschritten;
heute sind es über 270 Mitglieder.[58] Seit 1999 sind alle DENIC-Aktivitä-
ten – einschließlich der technischen Abwicklung – am Standort Frankfurt
a. M. zusammengeführt. Die Registrierungszahlen der Second Level Domains unter der TLD „.de" schnellten rasch in die Höhe:

- ► Oktober 1999:   1 Million,
- ► November 2001:   5 Millionen,
- ► Dezember 2002:   6 Millionen,
- ► Oktober 2004:   8 Millionen,
- ► Juni 2006:   10 Millionen,
- ► April 2008:   12 Millionen.

Heute (Oktober 2009) liegt die Zahl der „.de"-Domains bei **etwas über
13 Mio.**, die von **knapp 120 Mitarbeitern** verwaltet werden.[59]

Interessant ist auch die **regionale Verteilung der „.de"-Domaininhaber:**   **572**

- ► Von den Ende 2008 vergebenen 11,2 Mio. Domains kommen 2,6 Mio.
  Domaininhaber aus Nordrhein-Westfalen, gefolgt von 2,0 Mio. aus
  Bayern und 1,4 Mio. aus Baden-Württemberg. Die Schlusslichter sind
  das Saarland und Mecklenburg-Vorpommern mit 112 und 125 Tausend Domaininhabern.

---

56 Strömer, Online-Recht, S. 11 f.; <www.denic.de/hintergrund/geschichte-der-denic-
eg.html>.
57 Das Statut vom 27. 3. 1997, zuletzt geändert am 27. 5. 2008, kann eingesehen
werden unter: <www.denic.de/denic/mitglieder/statut-der-denic-eg.html.html>.
58 Stand Oktober 2009, vgl. <www.denic.de/denic/mitglieder/mitgliederliste.html>.
59 Laut einer eMail-Auskunft der DENIC-Pressestelle gegenüber dem Autor vom
29. Okt. 2009 sind es genau 117 Mitarbeiter; siehe auch <www.denic.de/hinter-
grund/geschichte-der-denic-eg.html>, <www.denic.de/hintergrund/statistiken.html>.

▶ Prozentual gesehen hat Hamburg die höchste Domaininhaberdichte (26,8 %), gefolgt von Berlin (19,7 %) und Bayern (16,2 %) als stärkstem Flächenland. Am geringsten ist die Dichte in den östlichen Bundesländern mit 5,9 % (Sachsen-Anhalt), 7,4 % (Mecklenburg-Vorpommern), 7,7 % (Thüringen), 8,2 % (Brandenburg) und 8,9 % (Sachsen); von den alten Bundesländern liegen das Saarland (10,8 %) und Niedersachsen (11,4 %) auf den letzten Plätzen. Aber auch das innovative Baden-Württemberg liegt mit 13,4 % leicht unter dem Bundesdurchschnitt mit 13,7 %.[60]

b) Interne Struktur

573 Geleitet und nach außen vertreten wird die Genossenschaft Denic von einem (maximal) fünfköpfigen **Vorstand** (§ 13 DENIC-Statut), der aus ein bis drei haupt- oder nebenamtlichen Mitgliedern sowie zwei ehrenamtlichen Mitgliedern besteht. Ihm obliegen die Außenvertretung und die Leitung der Genossenschaft (§ 13 Abs. 6, 7 DENIC-Statut). Der drei- bis fünfköpfige, ehrenamtliche **Aufsichtsrat** bestellt die ein bis drei haupt- oder nebenamtlichen Vorstandsmitglieder und kontrolliert den gesamten Vorstand (§§ 13 Abs. 2, 15 DENIC-Statut).[61] Besonders wichtige Entscheidungen – z. B. Grundstückserwerb, Verträge mit laufenden Verpflichtungen oder einem außerplanmäßigen Volumen von über 50 T€, Darlehensverträge von über 50 T€, Erteilung und Widerruf einer Prokura, die Aufnahme oder Aufgabe eines Geschäftszweigs, die Errichtung von Zweigniederlassungen – werden von Vorstand und Aufsichtsrat gemeinsam in getrennten Abstimmungen getroffen (§ 17 Abs. 1, 2 DENIC-Statut). Über die Aufnahme von Mitgliedern entscheidet der Vorstand und bei dessen Ablehnung der Aufsichtsrat (§ 3 Abs. 4 DENIC-Statut).

574 Basisorgan der DENIC-Struktur ist die in der Regel einmal jährlich tagende **Generalversammlung** (§§ 18 f. DENIC-Statut), die den Aufsichtsrat und die beiden ehrenamtlichen Vorstandsmitglieder wählt; außerdem hat sie das Recht zur Abberufung des Vorstandes (§ 13 Abs. 4 DENIC-Statut). Der Generalversammlung, der alle Genossenschaftsmitglieder angehören, obliegt außerdem die Entlastung von Vorstand und Aufsichtsrat sowie die Entscheidung über Umwandlungen nach dem Umwandlungsgesetz (§ 18 Abs. 3 DENIC-Statut), ferner die Feststellung des Jahresabschlusses und die Entscheidung über die Verwendung des Reingewinns und über die Deckung eines Jahresfehlbetrages (§ 20 Abs. 6, 7 DENIC-Statut).

575 Grafisch lässt sich die interne DENIC-Struktur wie folgt darstellen:[62]

---

60 <www.denic.de/hintergrund/statistiken/regionale-verteilung/regionale-verteilung-2008.html#c2259>.
61 Gegenwärtig ist der Aufsichtsrat mit fünf und der Vorstand mit vier Personen besetzt, vgl. <www.denic.de/denic/organisation/organe-der-denic-eg.html>.
62 Vgl. auch <www.denic.de/denic/organisation/organigramm.html>.

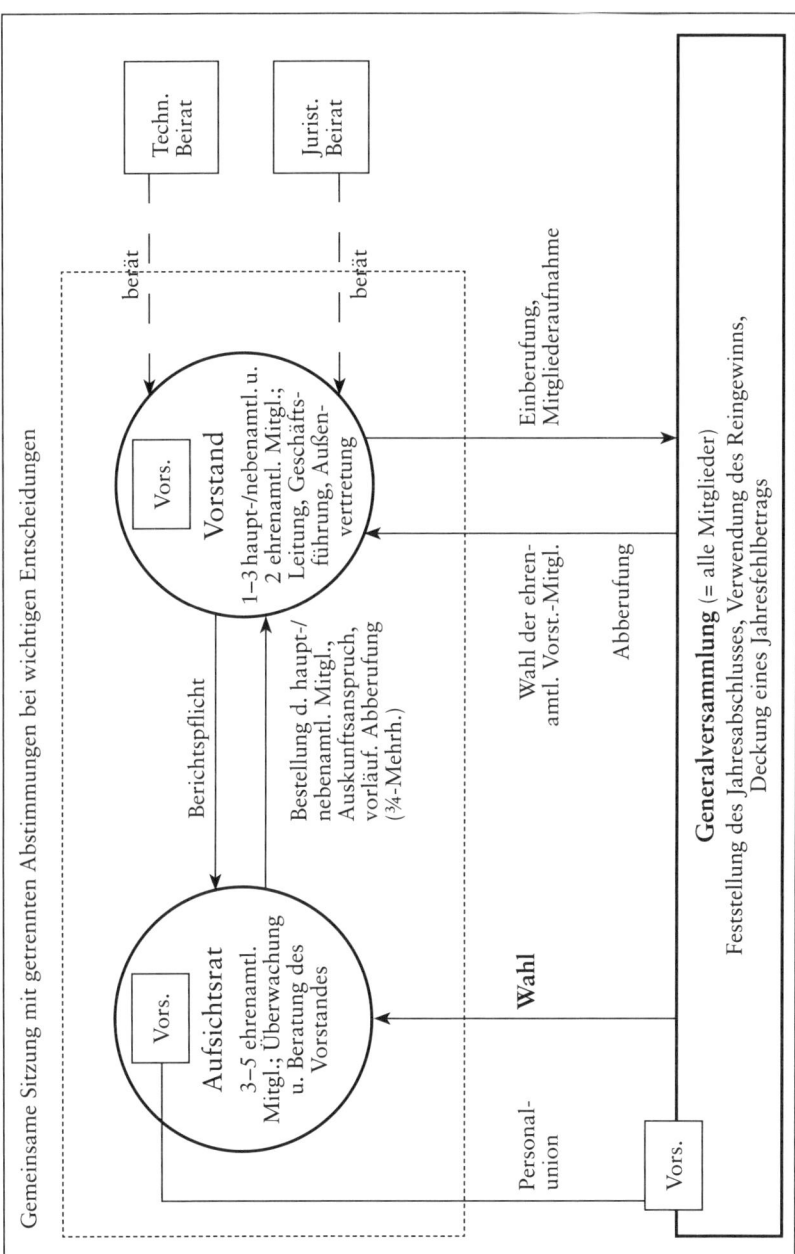

Übersicht 18: Interne Struktur von DENIC

c) Legitimationsproblem: Öffentliche Macht in privaten Händen

576   „Namensräume im Internet sind ein öffentliches Gut".[63] Angesichts dieser
hohen öffentlichen und auch ökonomischen Bedeutung der Internetdomains stellt sich hier (wie bei ICANN auch, s. o., Rn. 564) die Frage nach
der Legitimation von DENIC als eingetragene Genossenschaft, diese öffentliche Macht auszuüben. DENIC leitet ihre Registrierungsberechtigung
durch entsprechende Lizenzen über RIPE NIC letztlich von ICANN ab, die
der Aufsicht der (durch öffentliche Wahlen legitimierten) US-Bundesregie-
rung untersteht (s. o., Rn. 555). Allerdings übt DENIC ihre Tätigkeit weit
überwiegend gegenüber der Bevölkerung in Deutschland aus (nur rund
6 % der „.de"-Domaininhaber haben keinen Wohnsitz in der Bundesrepublik[64]). Deshalb kann die – außerdem erheblich mediatisierte – us-amerikanische Legitimation keine Grundlage für die Ausübung öffentlicher Macht
in Deutschland darstellen.

577   Denkbar wäre, die Legitimation von DENIC von der **Erfüllung der IANA-
Vorgaben für (Länder-) Registrierungsstellen im RFC 1591** (Ziffer 3) abzuleiten; danach muss die Registrierungsstelle strukturell, organisatorisch
und technisch in der Lage sein, ihre Aufgaben angemessen, gerecht, redlich
und kompetent zu erfüllen, ihren Sitz im betreffenden Land haben, eine
Gleichbehandlung aller Antragsteller gewährleisten und in der betroffen
Internetgemeinschaft verwurzelt und anerkannt sein.

**RFC 1591 (Domain Name System Structure and Delegation) – Ziff. 3 (Aus-
zug):**

3. The Administration of Delegated Domains

... The major concern in selecting a designated manager for a domain is that it
be able to carry out the necessary responsibilities, and have the ability to do a
equitable, just, honest, and competent job.

The key requirement is that for each domain there be a designated manager
for supervising that domain's name space. In the case of top-level domains
that are country codes this means that there is a manager that supervises the
domain names and operates the domain name system in that country. ... For
top-level domains that are country codes at least the administrative contact
must reside in the country involved.

The designated manager must be equitable to all groups in the domain that
request domain names. This means that the same rules are applied to all requests, all requests must be processed in a non-discriminatory fashion, and
academic and commercial (and other) users are treated on an equal basis. ...

---

63 ICANN-Direktor Schink in <www.handelsblatt.com>.
64 Ende 2008 hatten knapp über 800 Tausend von etwas über 12 Mio. .de-Do-
    maininhabern keinen deutschen Wohnsitz, vgl. <www.denic.de/hintergrund/
    statistiken/regionale-verteilung/regionale-verteilung-2008.html#c2260>.

Significantly interested parties in the domain should agree that the designated manager is the appropriate party. The IANA tries to have any contending parties reach agreement among themselves, and generally takes no action to change things unless all the contending parties agree; only in cases where the designated manager has substantially mis-behaved would the IANA step in. ...

Die Erfüllung der RFC 1591-Vorgaben und die hohe Effizienz, mit der die **578** DENIC e.G. ihre Aufgaben wahrnimmt, hat zu ihrer **hohen Akzeptanz in der deutschen Internetgemeinschaft** geführt. Des Weiteren ist anzuerkennen, dass DENIC in ihren juristischen Beirat – der die Entscheidungsgremien in Fragen der Registrierungspolitik berät – u.a. auch (als Beobachter) Vertreter der Bundesregierung aufgenommen hat.[65] Eine durchgreifende öffentliche Legitimation ist damit freilich mit alledem nicht verbunden. Verschärft wird dies zusätzlich dadurch, dass DENIC ihre Vergabeverfahren und -entscheidungen nicht nach (legitimationsvermittelnden) gesetzlichen Bestimmungen, sondern weitgehend nach **eigenen Spielregeln** handhabt; nicht zuletzt wegen der jederzeitigen Änderungsmöglichkeit besteht damit in einem ökonomisch sensiblen Bereich ein **nicht geringes Rechtssicherheitsrisiko.**[66]

Dies wirft die Frage auf, ob nicht eine **behördliche Wahrnehmung der Do-** **579** **mainverwaltung** erforderlich wäre. Da Domains „Zeichenfolgen, die in Telekommunikationsnetzen Zwecken der Adressierung dienen", darstellen und damit die Definition von „Nummern" im TKG (§ 3 Nr. 13 TKG) erfüllen, wurde vor der TKG-Novellierung 2004 unter Hinweis auf § 43 TKG a.F. teilweise eine bereits bestehende Zuständigkeit der damaligen RegTP (heute: Bundesnetzagentur) für die Domainvergabe vertreten;[67] daraufhin hat der Gesetzgeber mit § 66 Abs. 1 Satz 4 TKG klargestellt, dass die „Verwaltung von Domänennamen oberster und nachgeordneter Stufen" von der Nummerierungsaufgabe der Bundesnetzagentur ausgenommen ist.

Letztlich spricht für DENIC ihr Erfolg. Sie bewältigt mit geringen Kosten **580** einen immensen Domainbestand, was im Wesentlichen an der vollautomatischen Registrierung liegt. Da aus Legitimations- und Rechtssicherheitsgründen eine **behördliche Lösung keineswegs zwingend** ist, spricht m.E. am meisten für eine **nachträgliche Legitimierung des funktionierenden Status quo.** Dies müsste **durch ein Bundesgesetz** (im Rahmen der TK-Kompetenz) erfolgen, das die DENIC mit der Domainvergabe betraut (als Beleihungsakt) und dafür einige wenige zentrale Grundregeln (vollautomatische Vergabe, transparente und diskriminierungsfreie Domainverwaltung, weitgehender Verantwortungsausschluss der Registrierungsstelle, first-come-first-served-Prinzip) festlegt.[68]

---

65 Vgl. <www.denic.de/de/denic/organisation.html>.
66 Strömer, Online-Recht, S. 12 f.
67 Dafür Strömer, Online-Recht, S. 13 f.; a.A. Holznagel, MMR 2003, 219, 222, mit einer m.E. sehr konstruierten Begründung (teleologische Reduzierung des Anwendungsbereichs von § 43 TKG a.F.); sein Beitrag beruht, wie ausdrücklich ausgewiesen wird, auf einem der DENIC e.G. erstatteten Kurzgutachten.
68 Für eine gesetzliche Regelung votiert auch Fechner, Medienrecht, Kap. 12 Rn. 242.

581 Die Bundesregierung sieht jedoch keinen Anlass für ein gesetzgeberisches Tätigwerden, solange DENIC zur Zufriedenheit der Nutzer arbeitet.

Amtliche Stellungnahme der Bundesregierung – BT-Drs. 14/3956; Schreiben des BMJ vom 26.7.2000:

Vorbemerkung

... die Registrierungsstellen wie die deutsche Denic e.g. [führen] nach eigenem Verständnis keine „Vergabe", sondern lediglich eine „Registrierung" von Domain-Namen durch ... Der Unterschied besteht darin, dass die Denic e.G. – von Ausnahmen eindeutig problematischer Anmeldungen abgesehen – keine rechtliche Prüfung vornimmt ... Nach Auskunft der Denic e.G. ist die Zahl der in Zusammenhang mit Domain-Registrierungen resultierenden Rechtsstreitigkeiten, bezogen auf die von ihr betreute Landes-Domain „.de", mit weniger als einem Prozent aller Fälle vergleichsweise gering. ...

Eine Alternative zur Domain-Namen-Registrierung nach Priorität und zur fallbezogenen Streitentscheidung ist in dieser Diskussion noch nicht ersichtlich geworden. Die Organisationsleistungen der an der Internet-Regulierung beteiligten Stellen sind bisher erfolgreich gewesen und haben es im Zusammenwirken mit nationalen und internationalen Angeboten der außergerichtlichen Streitbeilegung und Streitentscheidungen der Gerichte vermocht, den Schutz von Domain-Namen zu gewährleisten. ...

Angesichts des nach wie vor rasanten Wachstums des Internets, das sich außerhalb staatlicher Vergabe- und Regulierungsverfahren selbst organisiert, sowie der weltweiten Nutzung greifen einseitige nationale Regelungen über die Domain-Namen-Registrierung und -Nutzung zu kurz. Nationale Alleingänge bergen die Gefahr, die rasante globale informationstechnische Entwicklung auszublenden sowie die Internet-Entwicklung in Deutschland zu hemmen. ... Die Bundesregierung hält deshalb an ihrer Unterstützung der internationalen Selbstregulierung aller Beteiligten im Bereich der Internet-Adressenverwaltung fest. ...

Wie bewertet die Bundesregierung das derzeitige ... nationale Vergabeverfahren von Domain-Namen?

... Die Vergabe von Domain-Namen in den verschiedenen Landes-Domains erfolgt im europäischen und internationalen Vergleich nach sehr unterschiedlichen Grundsätzen. Die Spannbreite reicht dabei von rein privatwirtschaftlichen Organisationsformen bis hin zur alleinigen Vergabe durch öffentliche Stellen wie etwa nachgeordnete Behörden von Telekommunikationsministerien. In Deutschland führte die Entwicklung ausgehend vom wissenschaftlichen Bereich zur Gründung der von den Internet Service Providern getragenen Genossenschaft Denic e.G. Nach Erkenntnis der Bundesregierung arbeitet die Denic e.G. bislang zur Zufriedenheit der deutschen Internet-Gemeinschaft. Ihr Registrierungsverfahren leistet eine funktionsfähige und faire Versorgung aller Antragsteller mit Domain-Namen. Insofern besteht grundsätzlich kein Anlass, die Registrierung von Domain-Namen in einen anderen rechtlichen und organisatorischen Rahmen zu überführen. Die Versorgung mit Domain-Namen und die schnelle und effektive Registrierung ist der Hauptzweck des Registrierungsverfahrens. ...

Sieht die Bundesregierung gesetzgeberischen Handlungsbedarf zum Schutz von Domain-Namen?

Die Bundesregierung sieht derzeit keinen gesetzgeberischen Handlungsbedarf zum Schutz von Domain-Namen. In Deutschland ist der effektive Schutz der Rechte an Namen und Marken durch die bestehenden gesetzlichen Regelungen und ihre Anwendung durch die Gerichte gewährleistet. Für den anzustrebenden besseren Schutz im Vorfeld rechtlicher Streitigkeiten bedarf es aus Sicht der Bundesregierung derzeit keiner gesetzgeberischen Maßnahmen. ...

Diese Auffassung hat die Bundesregierung in der Begründung des Regie- **582** rungsentwurfs zur TKG-Novelle 2004 bekräftigt.[69] Sie wird damit dem **Erfordernis einer ausreichenden Legitimation** als Basis für ein Mindestmaß an **objektiv-verlässlichen rechtlichen Rahmenbedingungen** – trotz der einleitend genannten hohen öffentlichen und ökonomischen Bedeutung – nicht gerecht.

3. Perspektiven durch ENUM

Die heute noch bestehende Trennung des **Domain Name Systems** einerseits **583** und des **Telefonnummersystems** andererseits ist entwicklungshistorisch bedingt, muss aber keineswegs so bestehen bleiben. Denn beide Systeme beruhen im Wesentlichen auf den **gleichen Strukturprinzipien** und sind deshalb konvergenzfähig:[70]

► Beide Systeme sind **hierarchisch aufgebaut**. Die Ländervorwahl (++49 für Deutschland) entspricht der ccTLD (.de).

► Jede Ebene organisiert **dezentral** ihre jeweiligen Unterebenen selbst, ob es sich jetzt um Ortsvorwahlen bzw. Endnummern oder um SLDs handelt. Die internationalen Rufnummerngassen werden von der internationalen Organisation ITU reguliert, während die nationale Nummernblockvergabe bei der nationalen Behörde Bundesnetzagentur liegt. Dem entspricht die internationale TLD-Kontrolle durch ICANN, während die SLDs unter der nationalen TLD „.de" von DENIC verwaltet werden.

► Schließlich führen beide Systeme zu einer **eindeutigen Adressierung**.

Deshalb wird seit einiger Zeit an Überlegungen zur **Zusammenführung** **584** **beider Systeme** gearbeitet. Dies soll **im ENUM**[71]**-System** durch ein für sämtliche Kommunikationssysteme einheitliches Vermittlungsprotokoll – nämlich das Internet-Protokoll (IP) – erfolgen.[72] Dann können über eine Adressierung zahlreiche verschiedene Kommunikationsmittel eines Anschlussinhabers (Festnetztelefon, Fax, Mobilfunk, Voice Mail Systeme,

---

69 Vgl. die Begründung zu § 64 TKG-RegE, BT-Drs. 15/2316, S. 82.
70 Schäfer, CR 2002, 690, 691 f.
71 Electronic Numbering/Telephone Number URI Mapping – Schäfer, CR 2002, 690, 692.
72 Zu den technischen Details siehe Schäfer, CR 2002, 692; <www.denic.de/enum/allgemeine-informationen/beispiele.html>.

eMail, Webseiten u. a.) erreicht werden. Durch diese **Verknüpfung von Telefonnummern und Internetmöglichkeiten** kann z. B. ein einziger Anruf, der
zunächst auf den Festnetzanschluss geschaltet ist, bei Nichtannahme an die
Handy-Nummer weitergeleitet werden; geht auch hier niemand ans Telefon, kann eine Nachricht aufgezeichnet und als Audio-Datei an die eMail-
Adresse des Anschlussinhabers weitergeleitet werden. Die verschiedenen
Kommunikationsformen, die derzeit noch getrennt angewählt werden müssen, verschmelzen dann **zu einem gemeinsamen Kommunikationsstrang
mit verschiedenen Optionen.**[73]

585   Damit ist auf nationaler Ebene die bedeutsame Frage verbunden, ob die
Bundesnetzagentur oder DENIC diesen zusammengeführten ENUM-Raum
kontrolliert. DENIC hat sich schon früh – angefangen mit einer Versuchs-
genehmigung von der Bundesregierung im Jahr 2002[74] – stark bei der
ENUM-Vergabe in Deutschland engagiert und sich so eine starke Stellung gesichert. Seit Abschluss des dreijährigen Feldversuchs hat DENIC
im Januar 2006 den produktiven ENUM-Betrieb für deutsche Rufnummern aufgenommen.[75] Diese Entwicklung verschärft das dargestellte Legitimationsproblem (s. o., Rn. 576 ff.) erheblich, weil dadurch die gesamte
elektronische Kommunikation bei einem einzigen privaten Anbieter mit erheblicher öffentlicher Macht konzentriert wird. Gerade in einer modernen
Kommunikationsgesellschaft kommt der **Kommunikationsgewährleistung**
ein derart großes Gewicht zu, dass sie als **hoheitliche Aufgabe** anzusehen
ist, die dem verfassungsrechtlichen Gewährleistungsgebot nach Art. 87f
Abs. 1 GG und dem Auftrag bundeseigener Verwaltung nach Art. 87f
Abs. 2 GG unterliegt.[76] Spätestens also als (zumindest faktischer) ENUM-
Monopolist bedarf DENIC zwingend einer gesetzlichen Legitimation und
einer behördlichen Beaufsichtigung (durch die Bundesnetzagentur), damit
auch die Bundesregierung für dieses wichtige gesellschaftliche Aufgabenge-
biet die **parlamentarische Verantwortung** übernehmen kann. Die elektronische Kommunikation kann nicht (und schon gar nicht nahezu komplett)
der öffentlichen Rechenschaft entzogen sein.

II. Vergabeverfahren bei DENIC

1. Verfahrensablauf

586   Wer eine „.de"-Domain bei DENIC registrieren lassen möchte, informiert
sich zunächst in der **DENIC-whois-Datenbank**, ob die gewünschte Domain
noch frei ist (Domainabfrage auf der DENIC-Homepage). Über diese Datenbank kann man (in einem zweiten Schritt) alle relevanten Kontaktdaten
des Inhabers einer bestimmten Domain abfragen, wenn man daran ein **be-**

---

73 Vgl. die Darstellung bei <www.denic.de/enum.html>.
74 Schäfer, CR 2002, 690, 692 f.
75 <www.denic.de/denic.html>.
76 Schäfer, CR 2002, 690, 693.

rechtigtes Interesse hat (also z. B. gegen den Domaininhaber wegen einer Rechtsverletzung vorgehen will); datenschutzrechtlich problematisch ist dies wegen der ohnehin bestehenden grundsätzlichen Impressumspflicht (s. o., Rn. 419 ff.) nicht.[77]

Ist die gewünschte Domain frei, stellt der Interessent bei DENIC entweder **587** direkt oder über einen der DENIC angehörenden Internetprovider den **Registrierungsantrag**; dies ergibt sich aus Ziff. II der **DENIC-Domainrichtlinien (DDRL)** und aus § 1 Abs. 1 der **DENIC-Domainbedingungen (DDB)**;[78] diese beiden Regelwerke sind für die Registrierung und den Domainvertrag maßgeblich und sind rechtlich als Allgemeine Geschäftsbedingungen zu qualifizieren.[79] Meist erfolgt die Antragstellung über den Provider des Interessenten;[80] ist dieser Provider selbst kein DENIC-Mitglied, stellt er seinerseits den Kontakt zu einem DENIC-Mitglied her. Dadurch kommt es bei der Domainregistrierung nicht selten zu kettenartigen Vertragsbeziehungen (siehe auch Rn. 600).

Im **Registrierungsantrag** sind der Domaininhaber (Ziff. VII DDRL), der **588** administrative Ansprechpartner (Ziff. VIII DDRL) und der technische Ansprechpartner (Ziff. IX DDRL) jeweils mit Name und Anschrift sowie den elektronischen Kontaktdaten bei den Ansprechpartnern (Telefon, eMail, beim tech-c außerdem Fax) anzugeben.

► Bei der **Angabe des Domaininhabers** ist darauf zu achten, dass sich **589** nicht der Provider selbst einträgt, sondern seinen Auftraggeber (was im Vertrag zwischen Auftraggeber und „erstem" Provider festzulegen wäre; näher hierzu s. u., Rn. 600 ff.); der Domaininhaber kann aus einer Personenmehrheit bestehen, eine juristische Person sein und seinen Sitz im Ausland haben.

► Der **administrative Ansprechpartner** („admin-c") muss eine natürliche **590** Person sein, die als Bevollmächtigter des Domaininhabers alle die Domain betreffenden Fragen für diesen entscheiden kann. Sitzt der Domaininhaber im Ausland, ist der admin-c außerdem der Zustellungsbevollmächtigte i. S. v. §§ 174 f. ZPO, dem eine gegen den Domaininhaber gerichtete Klage zugestellt werden kann; in diesem Fall muss der admin-c seinen Sitz im Inland haben. Auf Grund seiner Entscheidungskompetenz für die Domain bis hin zur Löschung unterliegt der admin-c der verschuldensunabhängigen **Störerhaftung bezüglich der Domain** als

---

77 So Ernst, MMR 2002, 714, 717; Strömer, Online-Recht, S. 20 f. Allerdings müssen der Domaininhaber und der Content-Anbieter nicht identisch sein (ebenso wenig wie der Herausgeber und der Chefredakteur einer Zeitung).

78 Volltexte unter <www.denic.de/domainrichtlinien.html> und <www.denic.de/domainbedingungen.html>; Abkürzungen vom Autor.

79 Köhler/Arndt/Fetzer, RdI, Rn. 38; Strömer, Online-Recht, S. 22 (in Voraufl. noch kritisch wegen fehlender Einbeziehung, vgl. 3. Aufl., S. 68).

80 99,7 %, vgl. Strömer, Online-Recht, S. 23.

solcher.[81] Da aber die Stellung des admin-c zunächst nur auf das Innenverhältnis zwischen DENIC und Domaininhaber – und nicht auf (eigene) Rechtspflichten gegenüber außenstehenden Dritten – bezogen ist,
sind die Anforderungen an diese Störerhaftung hoch anzusetzen;[82] bei
einer markenrechtsverletzenden Domain muss dem admin-c die Rechtsposition des Markenrechtsinhabers erst bekannt werden, weshalb ihm
keinesfalls schon die ersten Abmahnkosten abverlangt werden können:

591   **Hohe Anforderungen an etwaige Prüfungspflichten eines admin-c – OLG
           Köln, MMR 2009, 48:**

           Aus den Gründen: ... Der Admin-C nimmt ... die Stellung eines allein im
           internen Vertragsverhältnis zwischen Vergabestelle und Domaininhaber
           Bevollmächtigten ein. Seine Berechtigung, gegenüber der Denic mit Wir-
           kung für den Domaininhaber über die Domain zu verfügen, ist zwar umfas-
           send und unbeschränkt. Mit einer zugleich für den Domaininhaber auch
           gegenüber außenstehenden Dritten wirkenden Vollmacht ist sie aber nicht
           verbunden. Diese ist auch nicht intendiert, weil die Einrichtung der Funk-
           tion des Admin-C rein verwaltungstechnischen Notwendigkeiten dient, ...
           Soweit der Admin-C erstmals im Zuge der Domainregistrierung befasst
           wird, erscheint es angesichts der solcherart angelegten Funktion und
           Aufgabenstellung unzumutbar, ichm in Zusammenhang mit dem einzutra-
           genden Domainnamen stehende Prüfungspflichten auf potenzielle (Kenn-
           zeichen-)Verletzungen aufzuerlegen. Eingedenk dessen, dass die Prüfung
           der rechtlichen Zulässigkeit einer bestimmten Domainbezeichnung grund-
           sätzlich zunächst allein in den Verantwortungsbereich des Anmelders fällt,
           ist nämlich nicht nachvollziehbar, warum ihn dennoch i. E. gleichrangige
           Untersuchungspflichten treffen sollen, die zudem auch noch den Zweck
           haben, außerhalb des Vertragsverhältnisses zwischen Denic und Domain-
           inhaber – und nur in dieses ist er eingebunden – stehende Rechtsinhaber
           zu schützen. ...

592   Einzelne Gerichtsentscheidungen gehen sogar soweit, dass der admin-c –
           zumindest als ultima ratio – auch auf Löschung und gar Schadensersatz
           wegen **Rechtsverletzungen in dem hinter der Domain stehenden Webauf-
           tritt** in Anspruch genommen werden kann; als zentrales Argument wird
           angeführt, dass ohne die Vermittlungsfunktion des admin-c die Domain
           (und damit wohl auch der dahinter stehende Webauftritt) im Netz gar
           nicht vorhanden wäre.[83] Die meisten Gerichte dagegen lehnen zu Recht

---

81 OLG Stuttgart, MMR 2004, 38 = CR 2004, 133; in diesem Fall war als Do-
    maininhaber eine nicht existierende juristische Person eingetragen. Siehe auch
    Stadler, CR 2004, 521, 522 ff., der den admin-c als reine Hilfsperson des Do-
    maininhabers ansieht und dessen Störerhaftung deshalb auf solche Rechts-
    verstöße begrenzen will, die offensichtlich oder zumindest mit nur geringem
    Aufwand erkennbar sind. Ausführlich zur Störerhaftung des admin-c vgl.
    Wimmers/Schulz, CR 2006, 754.
82 Das OLG Düsseldorf, CR 2009, 534 = MMR 2009, 336, lehnt wegen der Auf-
    gabenstellung des admin-c sogar jegliche Prüfungspflichten gegenüber Dritten
    ab.
83 LG Berlin, MMR 2009, 348; KG, MMR 2006, 392; LG Bonn, CR 2005, 527.

eine Störereigenschaft des admin-c für die hinter der Domain stehenden Inhalte ab:[84]

Keine Störerhaftung des admin-c für rechtswidrige Inhalte im Internetauftritt – OLG Hamburg, CR 2007, 707:   **593**

Aus den Gründen: … Es erscheint indessen fraglich, ob allein die Innehabung dieser Vermittlerstelle zur DENIC als maßgeblicher Beitrag zur Vermittlung zum Zugang zu im … stehenden rechtswidrigen Inhalten im Sinne einer Störereigenschaft anzusehen ist. Eine solche Ausweitung des Störerbegriffs könnte dazu führen, dass jeder Mitarbeiter eines Betriebs, von welchem rechtswidrige Handlungen ausgehen, als Störer in Betracht kommen würde, auch wenn er selbst unmittelbar mit deren Ausführung nicht befasst wäre, sofern er nur in der Lage wäre, den gesamten Betrieb durch eigene Handlung lahm zu legen. Selbst wenn man der Antragsgegnerin eine potentielle Störereigenschaft … zubilligen würde, würde es doch hier an der zusätzlich zu fordernden Zumutbarkeit der künftigen Einflussnahme fehlen. …

► Als **technischer Ansprechpartner** („**tech-c**") wird in der Regel der   **594** „Haus"-Provider des Domaininhabers (der auch die Domain „besorgt" hat) eingetragen; dies setzt eine entsprechende vertragliche Regelung zwischen Domaininhaber und Provider voraus. Unterhält der Domaininhaber eigene Nameserver, ist als dessen technischer Betreuer außerdem ein **Zonenverwalter** („**zone-c**") zu benennen, für den die gleichen Regeln wie für den tech-c gelten (Ziff. X DDRL). Eine Inanspruchnahme als Störer ist nur bei Offensichtlichkeit einer Rechtsverletzung oder bei Vorlage eines rechtskräftigen Urteils möglich.[85]

Die **Prüfung der beantragten Domain** durch DENIC beschränkt sich auf **for-**   **595** **male und technische Gesichtspunkte.** So kann die Domain nicht vergeben werden, wenn dies bereits zugunsten eines anderen Antragstellers erfolgt ist; es gibt keine Doppelvergabe und es wird nach zeitlichem Eingang der Anträge vorgegangen („first come, first served" – Ziff. III DDRL). Auch darf kein **Dispute-Eintrag** vorliegen; dies ist dann der Fall, wenn die Domain streitbefangen ist und der Gegner des Domaininhabers sicherstellen will, dass im Erfolgsfall kein Dritter die Domain „abräumt" (§ 2 Abs. 3 DDB; der Eintrag wirkt praktisch wie eine Grundbuchvormerkung gem. § 883 BGB).[86]

---

84 A. A. Hoeren/Eustergerling, MMR 2006, 132, 136 f.
85 LG Bielefeld, CR 2004, 701, 702.
86 Siehe auch KG, CR 2007, 735 = MMR 2008, 53, zu einem Verfügungsverbot über SLDs unter der TLD „.eu". Das OLG Köln, MMR 2006, 469 m. Anm. Utz = CR 2006, 487, hat in einem unberechtigten Dispute-Eintrag einen Eingriff in ein sonstiges Recht gem. § 823 Abs. 1 BGB gesehen und deshalb dem Löschungsanspruch statt gegeben. Eine Zwischenbilanz zur Bewährung des Dispute-Verfahrens zum zehnjährigen Bestehen von DENIC zieht Rössel, CR 2007, 376; interessant ist dabei seine Feststellung, dass DENIC auf Grund ihrer marktbeherrschenden Stellung, aber auch zur Vermeidung eigener Haftungsrisiken zur Schaffung dieses Instruments gehalten gewesen sei.

Außerdem muss die Domain einige Vorgaben beachten, wobei seit März 2004 Umlaute und seit Oktober 2009 auch ein- und zweistellige Domains sowie reine Zifferndomains zulässig sind:[87]

596 DENIC-Domainrichtlinien – Ziffer V

> Ungeachtet der TLD .de kann eine Domain nur bestehen aus Ziffern (0 bis 9), Bindestrichen, den lateinischen Buchstaben A bis Z und den weiteren Buchstaben, die in der Anlage aufgeführt sind. Sie darf mit einem Bindestrich weder beginnen noch enden sowie nicht an der dritten und vierten Stelle Bindestriche enthalten. Groß- und Kleinschreibung werden nicht unterschieden. Die Mindestlänge einer Domain beträgt ein, die Höchstlänge 63 Zeichen; sofern die Domain Buchstaben aus der Anlage enthält, ist für die Höchstlänge die gemäß dem Request for Comments 3490 in der sogenannten ACE-Form kodierte Fassung der Domain maßgebend.

597 Eine **inhaltliche Prüfung** der Domain findet dagegen so gut wie gar nicht statt (vgl. § 2 Abs. 2 DDB). So sind beispielsweise Domains vergeben wie „nazi.de", „heil-hitler.de" oder „auschwitzluege.de". Nur wenn die Registrierung „offenkundig rechtswidrig wäre", behält sich DENIC die Ablehnung vor (Ziff. III DDRL); dies setzt in der Regel ein rechtskräftiges Urteil voraus, dass z. B. eine beantragte Domain die Markenrechte eines Dritten verletzt. Im Übrigen wälzt DENIC die Verantwortung dafür, dass die Domain keine Rechte Dritter verletzt und nicht gegen allgemeine Gesetze verstößt, auf den Domaininhaber ab (vgl. u., Rn. 604, 696 ff.), der dies im Registrierungsantrag zu versichern hat (§§ 2, 3 Abs. 1 DDB).

598 Wird ein Registrierungsantrag für eine freie Domain ordnungsgemäß und vollständig gestellt, besteht ein Rechtsanspruch gegen DENIC auf Abschluss des Domainvertrags. Denn als ein bezüglich der Domainvergabe marktbeherrschendes Unternehmen i. S. d. Kartellrechts unterliegt DENIC

---

87 Außerdem hat DENIC die Sperrung von Domains, die einem Kfz-Kennzeichen oder einer TLD entsprechen, freigegeben, vgl. <www.denic.de/domains/allgemeine-informationen/einfuehrung-neuer-domains.html>. Zu den Kfz-Kennzeichen hatte kurz zuvor noch das LG Frankfurt a. M., MMR 2009, 703, entschieden, dass DENIC diese Domains von der Registrierung ausnehmen durfte, während das OLG Frankfurt a. M., CR 2008, 656 = MMR 2008, 609 m. Anm. Welzel, bezüglich der zweistelligen SLD „vw.de" der auf technischen Gefahren beruhenden Argumentation von DENIC nicht gefolgt ist. Umgekehrt hat das OLG Frankfurt a. M., MMR 2008, 614, bezüglich der reinen Zifferndomain in der „11880.de"-Entscheidung genau diese technisch geprägte Linie von DENIC gebilligt. Der Umstand, dass DENIC nun in einem Befreiungsschlag alle diese Restriktionen auf einmal aufgibt, zeigt, dass die Genossenschaft selbst diese Befürchtung technischer Fehlverbindungen für nicht völlig zwingend gehalten haben kann. Das OLG Frankfurt a. M., MMR 2008, 614, 615, stellt zudem fest, DENIC habe „einen konkreten Vorfall nicht namhaft machen können".

insoweit einem **Kontrahierungszwang.**[88] Die Registrierung erfolgt dann vollautomatisch.

2. Domainvertrag

a) Vertragspartner

Der Vertrag kommt zwischen DENIC und dem im Registrierungsantrag genannten **Domaininhaber** – unabhängig davon, wie viele Provider dazwischengeschaltet sind – zustande; dies setzt freilich voraus, dass die „Zwischenhändler" als Vertreter des späteren Domaininhabers auftreten und in dessen (und nicht in eigenem) Namen handeln.[89] Der Domaininhaber ist der **Träger aller Rechte und Pflichten aus dem Domainvertrag** und damit der „Eigentümer" der Domain. Es ist daher von erheblicher Bedeutung, ob als Domaininhaber der Endkunde oder dessen Hausprovider eingetragen wird.   **599**

Ist nämlich der Endkunde der Domaininhaber und damit direkter Vertragspartner von DENIC, ist er mit seinem Provider – auch wenn dieser wichtige Vermittlungsdienste zum Abschluss des Vertrages geleistet hat und als tech-c fungiert – nicht „verheiratet". Er kann jederzeit (im Rahmen der Kündigungsvorschriften des mit dem Hausprovider geschlossenen Vertrages) den **Provider wechseln** und durch eine Erklärung gegenüber DENIC den **tech-c austauschen.** Ist aber der Hausprovider als Domaininhaber eingetragen, kann die Domain nur mit seiner Zustimmung übertragen bzw. von einem anderen Provider betreut werden; auch wenn er zu dieser Zustimmung verpflichtet ist, kann er doch – z.B. mit einem Zurückbehaltungsrecht wegen behaupteter noch offener Forderungen – dem Kunden viel Ärger machen. Im schlimmsten Fall muss der Kunde „seine" Domain erst in einem langwierigen Rechtsstreit herausverlangen.[90]   **600**

---

88 Ernst, MMR 2002, 714. Die Tatsache, dass andere Vergabestellen SLDs unter anderen TLDs vergeben, ändern hieran nichts.
89 Strömer, Online-Recht, S. 18 f.
90 Vgl. Strömer, Online-Recht, S. 23.

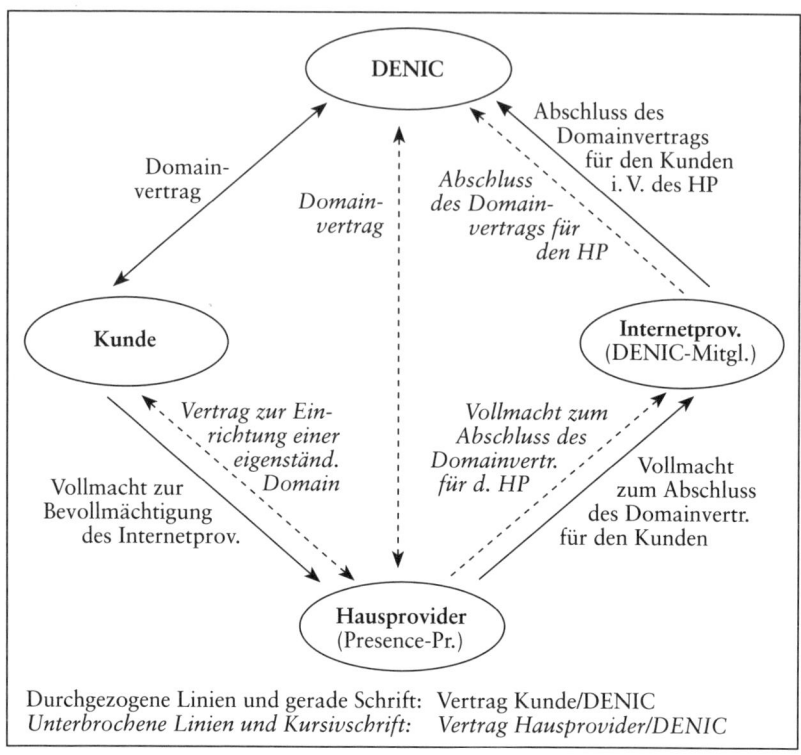

Übersicht 19:   Domainvertrag und -inhaberschaft

601 Von besonderer Bedeutung ist der **Vertrag zwischen dem Kunden und seinem Hausprovider** (HP). Dieser ist bezüglich der Anmeldung der Domain als Geschäftsbesorgungsvertrag mit dem werkvertraglich zu qualifizierenden Registrierungserfolg (§§ 675, 631 ff. BGB) sowie bezüglich der Funktion als admin-c bzw. tech-c als Geschäftsbesorgungsvertrag mit der dienstvertraglich zu qualifizierenden Betreuungspflicht (§§ 675, 611 ff. BGB) anzusehen.[91] Unbeschadet des noch ungeklärten Bestehens einer diesbezüglichen nebenvertraglichen Aufklärungspflicht, sollte der Provider den Kunden auf namens-, marken- oder wettbewerbsrechtliche Probleme einer Domain ggf. hinweisen.[92]

602 Im Zweifel ist davon auszugehen, dass Kunde und Provider eine Domaininhaberschaft des Kunden vereinbart haben:

---

91 Ernst, MMR 2002, 714, 717.
92 Ernst, MMR 2002, 714, 718.

Domaininhaberschaft bei Vermittlung über Dritte – OLG München MMR 2003, 795:

Eine Beauftragung zur Besorgung einer bestimmten Domain ist als ein Geschäftsbesorgungsvertrag zu qualifizieren, bei dem in der Regel – abhängig vom durch die vorausgegangene Werbung des Auftragnehmers geprägten Empfängerhorizont beim Auftraggeber – eine Übertragung der Domaininhaberschaft auf den Auftraggeber als vereinbart anzusehen ist.[93]

Aus den Gründen: ... Der Kl. steht ein vertraglicher Anspruch auf Übertragung der Domain „ritter.de" zu. Nach Auffassung des Senats haben die Parteien einen Geschäftsbesorgungsvertrag gem. § 675 BGB hinsichtlich der Domain „ritter.de" geschlossen. ... Ein schriftlicher Vertrag liegt nicht vor. ... Es ist daher auf die beiderseitigen Willenserklärungen bei Vertragsschluss abzustellen. Dabei ist der Empfängerhorizont maßgeblich. ... Bei der Auslegung sind auch die außerhalb der Erklärungsakte liegenden Begleitumstände mit einzubeziehen. ... [So] ist für den Empfängerhorizont die Internetwerbung des Bekl. ... maßgeblich ...

b) Wesentliche Vertragsinhalte

aa) Hauptpflichten

Der Domainvertrag verpflichtet DENIC zur **Registrierung und dauerhaften Konnektierung** der Domain (§ 2 Abs. 1 DDB). Der Domaininhaber ist im Gegenzug zur **Bezahlung der Gebühren** verpflichtet; dabei sieht § 4 Abs. 1 DDB einen direkten Vergütungsanspruch von DENIC gegen den Inhaber vor, der aber nach § 4 Abs. 2 DDB ruht, wenn die Domain über ein DENIC-Mitglied verwaltet wird und dieses die Ansprüche von DENIC befriedigt (was fast immer der Fall ist und wofür der Kunde dem DENIC-Mitglied gegenüber gebührenpflichtig ist). Die Preise von DENIC sind im Internet einzusehen (www.denic.de/de/preisliste.html); da aber die **Gebühren in aller Regel von den Providern eingezogen** werden und diese eigene Sätze haben (in die auch deren eigene Leistungen eingerechnet sind), sind die DENIC-Preise für den Endkunden selten unmittelbar von Interesse. Die den Providern gegenüber zu bezahlenden Vergütungen variieren erheblich und setzen sich meist aus einer einmaligen Einrichtungsgebühr und laufenden Wartungsgebühren zusammen.[94]

603

bb) Haftungs- und Nebenabreden

Der Kunde haftet für die Richtigkeit seiner Angaben, insbesondere für seine (ggf. vorrangige) **Berechtigung an der Domain** (§§ 3 Abs. 1, 5 Abs. 4 DDB) und für sämtliche Schäden, die DENIC auf Grund unrichtiger Registrierungsangaben entstehen (§ 5 Abs. 3 DDB). DENIC haftet für von ihr grob fahrlässig oder vorsätzlich verschuldete **Schäden des Kunden** sowie für von ihr verschuldete **Verletzungen wesentlicher Vertragspflichten**, wobei eine Haftung für die zwischen DENIC und Kunden geschalteten DENIC-Mitglieder ausdrücklich nicht einbezogen ist (§ 5 Abs. 1, 2 DDB).

604

---

93 Leitsatz vom Autor.
94 Vgl. Strömer, Online-Recht, S. 16.

605   Der Vertrag wird **auf unbestimmte Zeit** abgeschlossen (§ 7 Abs. 1 DDB). Der **Domaininhaber** kann den Vertrag **jederzeit fristlos kündigen** (bei Vertragsschluss über ein DENIC-Mitglied muss auch die Kündigung über das DENIC-Mitglied geleitet werden, § 1 Abs. 2 DDB), während **DENIC** den Vertrag **nur aus wichtigem Grund** (Kontrahierungspflicht!) kündigen kann; § 7 Abs. 2 DDB enthält hierfür eine stattliche Aufzählung von Regelbeispielen, so z. B. bei rechtskräftig festgestellter Verletzung der Rechte Dritter, bei nachhaltiger Verletzung wesentlicher Vertragspflichten durch den Domaininhaber oder bei falsch angegebenen Daten des Domaininhabers oder des admin-c.

606   Die **Domain ist übertragbar**, d. h. der Domaininhaber kann seine Rechte aus dem Domainvertrag an einen Dritten abtreten, solange kein Übertragungsverbot auf Grund eines Dispute-Eintrags besteht (s. o., Rn. 595). Für diese Übertragung muss der bisherige Inhaber seinen Domainvertrag gegenüber DENIC kündigen und den Dritten benennen, der dann einen Registrierungsantrag stellen muss (§ 6 DDB). Da die Domain rechtlich als das aus dem Domainvertrag folgenden Rechte anzusehen ist (s. o., Rn. 526), handelt es sich dabei um einen **Forderungskauf** i. S. v. § 453 BGB.[95] Aus dem argumentum a maiore ad minus folgt außerdem, dass die Rechtsposition nicht nur verkauft, sondern auch verpachtet werden kann (**Rechtspacht**), d. h. wenn Verkauf möglich ist, dann ist **erst Recht** Pacht möglich.[96]

III. Fazit

607   1.   Die internationale Kontrolle des Domain Name Systems liegt – heute – bei ICANN, einer gemeinnützig-privaten Körperschaft nach kalifornischem Recht. Sie untersteht der Aufsicht des US-Handelsministeriums und wird u. a. von einem Ausschuss, den die nationalen Regierungen der anderen Staaten beschicken, beraten.

     2.   Die interne Struktur von ICANN stützt sich auf einen von Suborganisationen und einem von Wirtschaft, Gesellschaft und Adressenverwaltern beschickten Wahlmännergremium gewählten Vorstand,

---

95   Härting, CR 2001, 37; Ernst, MMR 2002, 714, 720; siehe auch Strömer, Online-Recht, S. 27; Köhler/Arndt/Fetzer, RdI, Rn. 40 ff. verneinen den Rechtskauf (und sprechen vom „Verkauf einer Verzichtserklärung") wegen des vorgegebenen Verfahrens, weil die Rechtsposition nicht einfach übertragen, sondern – durch Kündigung – erst geräumt und dann durch DENIC neu begründet wird.

96   Ernst, MMR 2002, 714, 720; OLG Köln, CR 2002, 832 = MMR 2003, 191. Allerdings bleibt der Domaininhaber und -verpächter in einer Restverantwortung für den unter der Domain erscheinenden Internetauftritt. Der BGH, MMR 2009, 752 m. Anm. Spieker = CR 2009, 730 = NJW-RR 2009, 1413, hat festgestellt, dass der Verpächter grundsätzlich als Störer in Haftung genommen werden kann; allerdings trifft den Verpächter keine generelle Überprüfungspflicht bezüglich der unter seiner Domain erscheinenden Website, solange „er keine konkreten Anhaltspunkte für (drohende) Rechtsverletzungen hat".

dem zahlreiche Beratungsausschüsse (mit nicht stimmberechtigten weiteren Vorstandsmitgliedern) beigeordnet sind.

3. ICANN ist wegen ihrer US-Lastigkeit und mangelnder Transparenz ihrer Entscheidungsprozesse nicht unumstritten. Hinzu kommt eine fehlende weltöffentliche Legitimation.

4. Die „.de"-SLDs werden von der DENIC e. G. vergeben, die daher auf nationaler Ebene die beherrschende Registrierungsstelle darstellt. Bislang wurden rund 13 Millionen „.de"-Domains vergeben, weshalb „.de" die zweitstärkste TLD weltweit ist.

5. In der DENIC e. G. sind über 270 Provider genossenschaftlich organisiert; die interne Struktur kennt neben der Generalversammlung als Basisorgan v. a. einen Vorstand als Leitungsorgan und einen Aufsichtsrat als Kontrollorgan.

6. Bei aller Akzeptanz in der deutschen Internetgesellschaft mangelt es auch DENIC und ihrem Vergabeverfahren an öffentlich-rechtlicher Legitimation. Wegen der erheblichen gesellschaftlichen und ökonomischen Bedeutung der Domainvergabe bedarf es (auch aus Rechtssicherheitsgründen) einer gesetzlichen Grundlage, durch die beispielsweise diese Aufgabe auf DENIC übertragen wird und auch einige Vergabegrundsätze geregelt werden. Die Bundesregierung teilt diese Sicht nicht.

7. Das Domain Name System wächst mit dem Telefonnummernsystem wegen hoher Strukturähnlichkeiten im ENUM-System zusammen, was attraktive technische Perspektiven eröffnet und bei monopolisierter Kontrolle durch DENIC das Legitimationsproblem weiter verschärft.

8. Die Domainvergabe der „.de"-SLDs setzt einen Registrierungsantrag an DENIC voraus. Darin sind der Domaininhaber sowie weitere Ansprechpartner (admin-c, tech-c, ggf. zone-c) anzugeben. Die Prüfung des Antrags durch DENIC bezieht sich im Wesentlichen auf technische Gesichtspunkte; die inhaltlich-rechtliche Verantwortung wird dem Domaininhaber zugewiesen. Der Domainvertrag begründet eine Registrierungs- und Konnektierungspflicht bei DENIC und eine Zahlungspflicht beim Domaininhaber; Haftung, Kündigung und Übertragung der Domain auf Dritte richten sich nach den DENIC-Domainbedingungen.

C. Domainstreitigkeiten

I. Überblick zum Namens- und Kennzeichenrecht

1. Übersicht

Domainstreitigkeiten werden nach **namens- bzw. kennzeichenrechtlichen** **608** **Grundsätzen** entschieden (s. o., Rn. 522). Diese lassen sich zusammengefasst wie folgt darstellen:

	Definition	Anwendungsbereich	Schutzbegründung	Schutzwirkung
Name (BGB)	Kennzeichnung einer Person (auch jur. Pers., z. B. Städte), § 12	Nationaler Bereich oder private/persönliche Sphäre	Namenszuteilung (z. B. durch Geburtsurkunde)	Beseitigungs- und Unterlassungsanspruch, §§ 12, 1004
Firma (HGB)	Kennzeichnung der Geschäftstätigkeit eines Kaufmanns mit starker Betonung des Unterscheidungsgebots, §§ 1, 17 (z. B. Optik-Haug)	Nationale Bedeutung für kommerzielle Sphäre	Anmeldung im Handelsregister, § 29	Unterlassungs- und Schadensersatzanspruch, § 37 Abs. 2; Ordnungsgeldfestsetzung durch Registergericht, § 37 Abs. 1
Marke (MarkenG)	Wörter/Zeichen/Bilder/Töne zur Kennzeichnung bestimmter Waren oder Dienstleistungen, § 3 Abs. 1 (z. B. VW Golf)	EU- und weltweite Bedeutung für kommerzielle Sphäre (Pariser Verbandsübereinkunft)	▲ Eintragung ins Markenregister (Patentamt), § 4 Nr. 1 ▲ Benutzung im geschäftlichen Verkehr bei Verkehrsgeltung, § 4 Nr. 2 ▲ Notorische Bekanntheit i. S. d. Pariser Verbandsübereinkunft, § 4 Nr. 3	Unterlassungs-, Schadensersatz-, Beseitigungs- und Auskunftsansprüche, §§ 14 Abs. 5, 6, 18, 19
Geschäftl. Bezeichnung (MarkenG)	Unternehmenskennzeichen = Kennzeichen eines Anbieters kommerzieller Leistungen, § 5 Abs. 2 (z. B. Daimler) Werktitel = Kennzeichen bestimmter (Druck-, Film-, Ton- o. Ä.) Werke, § 5 Abs. 3 (z. B. Focus)		Aufnahme der Benutzung oder – bei fehlender Unterscheidungskraft – durch Verkehrsgeltung	Unterlassungs-, Schadensersatz-, Beseitigungs- und Auskunftsansprüche, §§ 15 Abs. 4, 5, 18, 19
Geograf. Herkunftsangabe (MarkenG)	Namen von Orten, Gegenden, Gebieten oder Ländern zur Kennzeichnung der geografischen Herkunft von Waren oder Dienstleistungen, § 126 Abs. 1 (z. B. Champagner)		Aufnahme der Benutzung	Unterlassungs-, Schadensersatzansprüche, § 128

Übersicht 20:   Grundsätze des Namens- und Kennzeichenrechts

270

2. Namens- und Firmenrecht

a) Begriffe und Anwendungsbereich

aa) Name

Der Name ist (bei natürlichen Personen) als **Ausfluss des allgemeinen**   **609**
Persönlichkeitsrechts grundrechtlich geschützt (s. o., Rn. 64); der Name
dient vorrangig zur **Identifikation** von natürlichen (tlw. auch juristischen)
Personen und zu deren **Abgrenzung von Dritten** (§ 12 BGB). Die internetspezifische Bedeutung des Namensrechts bezieht sich auf Domains im
nichtkommerziellen Bereich. Dies gilt vor allem für Domains von Privatpersonen, aber **auch öffentlich-rechtlicher Namensträger** wie Städte[97] oder
Behörden.[98] Begründet wird das Namensrecht mit der Namenszuteilung,
also bei natürlichen Personen mit der Ausstellung der Geburtsurkunde und
bei Städten mit der erstmaligen urkundlichen Erwähnung.

bb) Firma

Den **Namen eines Kaufmannes,** unter dem dieser sein Handelsgewerbe be-   **610**
treibt, nennt man „**Firma**" (entgegen dem üblichen Sprachgebrauch, der
darunter das Unternehmen versteht). Es handelt sich dabei also um eine
gesetzlich besonders typisierte Form des Pseudonyms. Da auch die Firma –
wie der Name – der Identifikation des Kaufmannes und seiner Abgrenzung
gegenüber anderen Kaufleuten dient, muss eine Firma **Unterscheidungs-**
kraft besitzen (§§ 18 Abs. 1, 30 HGB); auch wer den eigenen bürgerlichen (Vor- und Nach-) Namen als Firma verwenden möchte, muss dies
beachten und ggf. einen unterscheidungskräftigen Zusatz beifügen (§ 30
Abs. 2 HGB). Die Firma entsteht durch ihre Anmeldung zur Eintragung
ins Handelsregister (§ 29 HGB). Die **räumliche Reichweite des Namens**
und der Firma beschränkt sich auf den Wirkungskreis des Namens- bzw.
Firmeninhabers; besonders deutlich wird dies für die Firma in § 30 Abs. 1
HGB, wonach sich das Unterscheidungsgebot auf die anderen Firmen „an
demselben Ort oder in derselben Gemeinde" bezieht.

cc) Pseudonyme

Auch Pseudonyme können namensrechtlichen Schutz gem. § 12 BGB be-   **611**
anspruchen, wenn sie **Verkehrsgeltung** erlangt haben. Dies ist unter Anwendung kennzeichenrechtlicher Grundsätze bei einem Bekanntheitsgrad
ab 20 % bezogen auf die von dem Pseudonym angesprochenen Kreise zu

---

97 Strömer, Online-Recht, S. 76 f. m. w. N.; allerdings ist die Reichweite des Schutzes nicht grenzenlos, vgl. LG Düsseldorf, MMR 2001, 626 („duisburg-info.
de").
98 LG Hannover, CR 2001, 860 – „verteidigungsministerium.de" (s. u., Rn. 615).

bejahen, was nur bei einer **öffentlichen Verwendung** zu erreichen ist. Hierzu äußert sich der BGH in seiner Maxem-Entscheidung:[99]

612 | **Namensrecht bei Pseudonymen („maxem.de") – BGH, MMR 2003, 726 m. Anm. Hoffmann = CR 2003, 845 m. Anm. Eckhardt = NJW 2003, 2978:**

> **Das Pseudonym ist dem namensrechtlichen Schutz zugänglich, wenn der Verwender unter diesem Namen im Verkehr bekannt ist, also mit diesem Namen Verkehrsgeltung besitzt.**
>
> *Aus den Gründen:* ... Der Umstand, dass der Bekl. den Namen „Maxem" seit einigen Jahren im Internet ... als Aliasnamen benutzt, führt nicht zu einer eigenständigen namensrechtlichen Berechtigung, die den Bekl. ggü. dem Kl. als Gleichnamigen ausweisen würde. Hierfür wäre erforderlich, dass der Bekl. mit dem Aliasnamen Verkehrsgeltung erlangt hätte, vergleichbar mit einem Schriftsteller oder Künstler, der unter einem Pseudonym veröffentlicht oder in der Öffentlichkeit auftritt. ...
>
> Stünde jedem Decknamen sofort mit Benutzungsaufnahme ein namensrechtlicher Schutz zu, würde dies zu einer erheblichen Beeinträchtigung des Schutzes derjenigen Namensträger führen, die für ihren eigenen bürgerlichen Namen Schutz beanspruchen. Denn dann könnte der Träger des Aliasnamens ggü. Trägern desselben bürgerlichen Namens bereits mit der Aufnahme der Benutzung die Grundsätze des Rechts der Gleichnamigen für sich in Anspruch nehmen. Dadurch würde der Namensschutz erheblich beeinträchtigt, weil jeder Nichtberechtigte sich auf den Standpunkt stellen könnte, er verwende nicht einen fremden Namen, sondern einen eigenen Aliasnamen. ...

b) Namensrechtsverletzungen

aa) Namensleugnung/-bestreiten

613   Wird ein Namensträger in seiner Namensführung be- oder gehindert, liegt ein Fall der **Namensleugnung oder des Namensbestreitens** vor.[100] Eine solche Namensrechtsverletzung ist **stets rechtswidrig**, kommt jedoch im Do-

---

99   Dem Prozess lag eine Klage eines Rechtsanwalt mit dem Nachnamen „Maxem" gegen den Inhaber des gleichnamigen Pseudonyms auf Freigabe der Domain „maxem.de" zugrunde. Während noch das OLG (Köln, MMR 2001, 170 = CR 2000, 696) das Pseudonym auch ohne Verkehrsgeltung als gleichwertig akzeptierte und deshalb die Klage unter Hinweis auf den Prioritätsgrundsatz abwies, hat das Verkehrsgeltungserfordernis des BGH dem Kläger zum Prozesserfolg verholfen. In der Sache hatte der Kläger dennoch das Nachsehen: Da er es versäumt hatte, die Domain „maxem.de" durch einen Dispute-Eintrag bei DENIC gegen eine Übertragung sperren zu lassen, konnte der Beklagte die Domain bei Abzeichnen der Niederlage vor dem BGH noch rechtzeitig auf einen anderen Träger des Nachnamens Maxem übertragen, der auf der Startseite einen Link zur Homepage des Pseudonymträgers geschaltet hat und den Kläger nicht erwähnt (vgl. Urteilsanm. Hoffmann, MMR 2003, 728). Ein klassischer Pyrrhus-Sieg, der auch nicht dadurch besser wurde, dass der Inhaber des Pseudonyms mit seiner Verfassungsbeschwerde gegen das BGH-Urteil ohne Erfolg blieb, BVerfG, NJW 2007, 671 = CR 2006, 770 m. Anm. Kitz = MMR 2006, 735 m. Anm. Hoffmann.
100   Vgl. Ellenberger, Palandt, § 12 Rn. 21.

mainrecht in der Regel nicht vor. Insbesondere stellt das „Wegschnappen" einer Domain noch kein Namensbestreiten dar, da der Namensträger seinen Namen in modifizierter Form (z. B. durch eine andere Trennung von Vor- und Nachname oder unter einer anderen TLD) immer noch führen kann;[101] anders verhält es sich allenfalls, wenn jemand gezielt alle vernünftig denkbaren Domains für einen Namen blockiert.

bb) Namensanmaßung

Ebenfalls eine Namensrechtsverletzung liegt dann vor, wenn jemand einen **614** Namen (oder eine Firma) führt, ohne dessen Träger zu sein. In diesem Fall spricht man von einer **Namensanmaßung**, die immer dann rechtswidrig ist, wenn folgende Bedingungen kumulativ erfüllt sind:[102]

► Der unberechtigte Namensgebrauch löst eine **Zuordnungsverwirrung** aus. Das ist der Fall, wenn Dritte bezüglich der Identifikation verunsichert sind; eine besonders starke Zuordnungsverwirrung liegt bei einer Verwechslung des Anmaßenden mit dem (echten) Namensinhaber vor. Im Domainrecht ist eine solche Zuordnungsverwirrung regelmäßig schon dann erfüllt, wenn die Domain von einem Nichtnamensträger verwendet wird.

► Außerdem müssen **schutzwürdige Interessen des Namensträgers verletzt** sein. Durch die technisch bedingte Einmaligkeit von Domains liegt dieses berechtigte Interesse darin, unter einer dem eigenen Namen entsprechenden Domain im Internet auftreten zu können; anders als bei der Namensleugnung muss sich der Namensträger hier nicht auf andere Schreibweisen verweisen lassen.

Diese beiden Voraussetzungen sind bei der Entscheidung „verteidigungsmi- **615** nisterium.de" geradezu klassisch erfüllt:

Namensrechtsverletzung einer Behörde („verteidigungsministerium.de") – LG Hannover, CR 2001, S. 860:

Aus den Gründen: ... Im allgemeinen Sprachgebrauch wird in der Bundesrepublik unter dem Begriff „Verteidigungsministerium" generell das bundesdeutsche Bundesministerium der Verteidigung verstanden, soweit nicht aus dem Sinnzusammenhang klar zu erkennen ist, dass ein ausländisches Verteidigungsministerium gemeint ist. Die Domainbezeichnung des Bekl. beinhaltet die Top-Level-Bezeichnung „de". Da diese Top-Level-Domain auf Deutschland hindeutet, wird durch die Verwendung der Domainbezeichnung „verteidigungsministerium.de" der Eindruck erweckt, als würde diese Seite vom Bundesministerium der Verteidigung der Bundesrepublik Deutschland autorisiert sein. Der Namensgebrauch durch den Bekl. begründet somit eine Zuordnungsverwirrung. ... Durch den Hinweis, dass diese Domain nicht vom Bundesministerium der Verteidigung verfasst sei, wird lediglich nachträglich die bereits entstandene Zuordnungsverwirrung eingeschränkt.

---

101 Vgl. Strömer, Online-Recht, S. 82 f.
102 BGH MMR 2003, 726 = CR 2003, 845 = NJW 2003, 2978 („maxem.de");
vgl. Ellenberger, Palandt, § 12 Rn. 22 ff.

Bei Abwägung der wechselseitigen Interessen der Kl. und des Bekl. überwiegen die Namensschutzinteressen der Kl. ... Da das Bundesministerium der Verteidigung für die Sozialgemeinschaft eine herausragende Funktion hat, sind seine Interessen grundsätzlich stärker schützenswert als bloße Gewinnmaximierungsinteressen gewerblicher Unternehmen. ... Die auf der Homepage des Bekl. publizierten Inhalte laufen den Interessen der Kl. zuwider. Ihre Aufgabe ist die Landesverteidigung. Zu diesem Zweck benötigt sie bei der gegenwärtigen Organisationsform der Bundeswehr ... Wehrpflichtige. Die seitens des Bekl. auf seiner Internetseite erteilten Anleitungen für die Wehrdienstverweigerung wirken daher den Interessen der Kl. entgegen, da die Anleitungen des Bekl. geeignet sind, Wehrpflichtige von der Erfüllung des Wehrdienstes abzuhalten. ...

616 Der Bundesgerichtshof hat in seiner bereits zitierten Maxem-Entscheidung grundsätzliche Ausführungen zur Namensanmaßung im Domainrecht gemacht:

Namensanmaßung durch Internetadressen („maxem.de") – BGH, MMR 2003, 726 m. Anm. Hoffmann = CR 2003, 845 m. Anm. Eckhardt = NJW 2003, 2978:

Bereits in der Registrierung eines fremden Namens als Domainname liegt eine Namensanmaßung und damit eine Verletzung des Namensrechts derjenigen, die diesen bürgerlichen Namen tragen.

Aus den Gründen: ... Verwendet ein Nichtberechtigter ein fremdes Kennzeichen als Domainnamen, ist darin eine Namensanmaßung, nicht dagegen eine Namensleugnung zu sehen. Eine – stets rechtswidrige – Namensleugnung würde voraussetzen, dass das Recht des Namensträgers zur Führung seines Namens bestritten würde. Auch wenn jeder Domainname aus technischen Gründen nur einmal vergeben werden kann, fehlt es bei der Registrierung als Domainname an einem solchen Bestreiten der Berechtigung des Namensträgers. Anders als die Namensleugnung ist die Namensanmaßung an weitere Voraussetzungen gebunden. Sie liegt nur dann vor, wenn ein Dritter unbefugt den gleichen Namen gebraucht, dadurch eine Zuordnungsverwirrung auslöst und schutzwürdige Interessen des Namensträgers verletzt.

Schon jeder private Gebrauch des fremden Namens durch einen Nichtberechtigten führt zu einer Zuordnungsverwirrung. Hierfür reicht aus, dass der Dritte, der diesen Namen verwendet, als Namensträger identifiziert wird. Nicht erforderlich ist dagegen, dass es zu Verwechslungen mit dem Namensträger kommt. Eine derartige Identifizierung tritt auch dann ein, wenn ein Dritter den fremden Namen namensmäßig i. R. e. Internetadresse verwendet. Denn der Verkehr sieht in der Verwendung eines unterscheidungskräftigen, nicht sogleich als Gattungsbegriff verstandenen Zeichens als Internetadresse einen Hinweis auf den (bürgerlichen) Namen des Betreibers des jeweiligen Internetauftritts. Zwar wiegt diese Verwirrung über die Identität des Betreibers für sich genommen nicht besonders schwer, wenn sie durch die sich öffnende Homepage rasch wieder beseitigt wird. Aber auch eine geringe Zuordnungsverwirrung reicht für die Namensanmaßung aus, wenn dadurch das berechtigte Interesse des Namensträgers in besonderem Maße beeinträchtigt wird.

Diese Voraussetzung ist ... gegeben. ... Denn die mit dieser Bezeichnung gebildete Internetadresse kann nur einmal vergeben werden. Jeder Träger eines unterscheidungskräftigen Namens hat das berechtigte ... Interesse, mit dem eigenen Namen unter der im Inland üblichen und am meisten verwendeten TLD „.de" im Internet aufzutreten. ...

cc) Keine Namensrechtsverletzung bei Gattungsbegriffen

617

Keine Namensanmaßung liegt dagegen dann vor, wenn der Name nicht zu Namenszwecken (Identifikation und Abgrenzung), sondern **als beschreibender Sachbegriff** (Gattungsbegriff) verwendet wird.[103]

Name ./. Inhaltsbeschreibung (saeugling.de) – LG München I, MMR 2001, 545:

Aus den Gründen: ... Eine Namensanmaßung liegt vor, wenn ein anderer unbefugt den gleichen Namen gebraucht und dadurch ein schutzwürdiges Interesse des Namensträgers verletzt. Im Falle des Gebrauchs des gleichen Namens setzt der Anspruch aus § 12 BGB voraus, dass durch den Gebrauch des Namens die Gefahr einer Zuordnungsverwirrung entsteht. Sie ist gegeben, wenn der Name dazu benutzt wird, eine andere Person, deren Einrichtungen oder Produkte namensmäßig zu bezeichnen. Eine namensmäßige Bezeichnung liegt jedoch bei der Domain des Bekl. „saeugling.de" nicht vor, da der Bekl. kein Unternehmen, keine Einrichtung oder Erzeugnis mit dem Namen des Kl. bezeichnet hat, sondern einen beschreibenden Domain-Namen gewählt hat, der auf den Inhalt der Seiten Bezug nimmt. Den Namen des Kl. hat der Bekl. gerade nicht für sich in Anspruch genommen. ...

618

Es ist sogar möglich, dass die Zuordnungsverwirrung eher bei einem Obsiegen des Namensinhabers eintritt. So konnte sich die 3 500 Einwohner zählende Gemeinde Winzer aus Niederbayern beim Streit um die Domain „winzer.de" nicht gegen den Winzer-Berufsstand durchsetzen.

Gemeindename ./. Berufsbezeichnung („winzer.de") – LG Deggendorf, CR 2001, 266):

Aus den Gründen: ... Es ist in der Rechtsprechung inzwischen allgemein anerkannt, dass Städte und Gemeinden in ihrem Namensrecht gem. § 12 BGB verletzt sein können, wenn Dritte den Namen der Stadt oder einer Gemeinde für sich als Internetadresse nutzen. ... Der Schutz, der Städten zuteil wird, ist auch auf Orte anwendbar, die wie hier nur 3 500 Einwohner zählen. ...

Im vorliegenden Fall handelt es sich bei dem Wort „Winzer" um einen Begriff, der neben dem Kläger als kommunale Gebietskörperschaft auch einen Beruf bezeichnet. Insofern handelt es sich bei „Winzer" um einen Gattungsbegriff. ... Nach Auffassung der Kammer trifft es zwar zu, dass im regionalen Umfeld des Kl. eine Erwartungshaltung vieler Internetnutzer dahingehend besteht, unter der Domain „winzer.de" auf die Homepage des Marktes Winzer zu stoßen. Allerdings ist bei der Einschätzung der drohenden Zuordnungs- und Identitätsverwirrung auf die gesamte Zielgruppe der Top-Level-Domain „.de" abzustel-

---

103 Siehe auch OLG Stuttgart, MMR 2002, 388 = CR 2002, 529 („netz.de").

len, also im Wesentlichen auf den gesamten deutschen Sprachraum. Bezogen auf diesen gesamten deutschen Sprachraum ist die Kammer der Ansicht, dass der überwiegende Teil der Internetnutzer unter dem Wort „Winzer" den Beruf bzw. die Bezeichnung „Weinbauern" versteht. Im Verhältnis zur deutschsprachigen Bevölkerung Europas dürfte nur ein geringer Teil dieser Bevölkerung den Markt Winzer überhaupt kennen. ... [Daher] kann es dem Kl. zugemutet werden, statt der streitgegenständlichen Domain die Domain „markt-winzer. de" zu nutzen. ...

Abschließend ist anzumerken, dass gerade die umgekehrte Situation, nämlich dass ein einzelner Ort einen Gattungsbegriff für sich in Anspruch nehmen könnte, die Gefahr einer Zuordnungsverwirrung hervorrufen könnte. Der Nutzer des Internets, der einen Winzer bzw. Weinbauern sucht (bzw. Informationen über diesen Berufsstand), wird ... „verwirrt" sein, einen Ort in Niederbayern zu finden.

dd) Postmortaler Namensschutz

619 Der Namensschutz endet nicht mit dem Tod des Namensträgers, sondern wirkt als postmortales Recht weiter. Dies gilt zunächst für die **ideellen Bestandteile** des Rechts, weshalb die Erben des Namensträgers gegen eine herabsetzende oder als unwürdig empfundene Verwendung des Namens durch Dritte vorgehen können. Aber für die Dauer von zehn Jahren nach dem Tod des Namensträgers soll auch die **vermögenswerte Verwendung** des Namens – in Anlehnung an § 22 Satz 3 KunstUrhG für das Recht am Bild – den Erben vorbehalten bleiben.

620 **Schutzdauer des postmortalen Namensrechts („kinski-klaus.de") – BGH, NJW 2007, 684 m. Anm. Wanckel = MMR 2007, 196 m. Anm. Stieper = CR 2007, 101:**

Aus den Gründen: ... [8] ... Das Namensrecht einer Person aus § 12 BGB, das auch ihren Künstlernamen schützt, erlischt mit dem Tod des Namensträgers. Ein Toter ist nicht mehr Rechtssubjekt und kann daher nicht mehr Träger des Namensrechts sein. Eine Schutzlücke entsteht dadurch nicht. Das Namensrecht ist eine Erscheinungsform des durch § 823 Abs. 1 BGB geschützten allgemeinen Persönlichkeitsrechts. Wird der Name nach dem Tod der Person in einer Weise benutzt, die in das postmortale allgemeine Persönlichkeitsrecht eingreift, besteht weiterhin Schutz. ...

[11] Bei einer Verletzung der ideellen Bestandteile des zivilrechtlichen postmortalen Persönlichkeitsrechts stehen dem Wahrnehmungsberechtigten Abwehransprüche, nicht auch Schadensersatzansprüche zu. [12] Das zivilrechtliche postmortale allgemeine Persönlichkeitsrecht schützt allerdings mit seinen vermögenswerten Bestandteilen auch vermögenswerte Interessen der Person. Bei einer Verletzung können Schadensersatzansprüche bestehen, die von den Erben des Verstorbenen geltend gemacht werden können. [13] ... Die Befugnisse des Erben aus den vermögenswerten Bestandteilen des postmortalen Persönlichkeitsrechts leiten sich ... vom Träger des Persönlichkeitsrechts ab und dürfen nicht gegen dessen mutmaßlichen Willen eingesetzt werden. Sie sollen es nicht dem Erben ermöglichen, die öffentliche Auseinandersetzung mit Leben und Werk des Verstorbenen zu kontrollieren oder gar zu steuern. Die Verwendung seines Namens kann danach nicht ohne weiteres als ein zum

Schadensersatz verpflichtender Rechtseingriff in die vermögenswerten Bestandteile des postmortalen Persönlichkeitsrechts beurteilt werden. ...

[17] Das Recht am eigenen Bild, das zu den Erscheinungsformen des allgemeinen Persönlichkeitsrechts gehört, hat nach der Entscheidung des Gesetzgebers eine Schutzdauer von zehn Jahren. Die Begrenzung der Schutzdauer beruht nicht nur auf dem Gedanken, dass das Schutzbedürfnis nach dem Tod mit zunehmendem Zeitablauf abnimmt. Sie schafft auch Rechtssicherheit und berücksichtigt das berechtigte Interesse der Öffentlichkeit, sich mit Leben und Werk einer zu Lebzeiten weithin bekannten Persönlichkeit auseinandersetzen zu können. [18] Die Entscheidung des Gesetzgebers über die Dauer des Schutzes des postmortalen Rechts am eigenen Bild ist auf die Dauer des Schutzes für die vermögenswerten Bestandteile des postmortalen Persönlichkeitsrechts zu übertragen. Das Persönlichkeitsbild einer zu Lebzeiten sehr bekannten Person ist nach ihrem Tod auch Teil der gemeinsamen Geschichte. Das Interesse der Angehörigen (§ 22 KUG) oder – bei den vermögenswerten Bestandteilen des postmortalen Persönlichkeitsrechts – das der Erben an einer wirtschaftlichen Verwertung des Persönlichkeitsbildes muss deshalb nach Ablauf von zehn Jahren zurücktreten. ... Der postmortale Schutz des allgemeinen Persönlichkeitsrechts endet damit nicht insgesamt nach Ablauf von zehn Jahren. Unter den Voraussetzungen und im Umfang des postmortalen Schutzes der ideellen Bestandteile des postmortalen Persönlichkeitsrechts besteht er fort. ...

3. Kennzeichenrecht

Kennzeichen sind Marken, geschäftliche Bezeichnungen und geografische Herkunftsangaben (§ 1 MarkenG).

a) Marken

aa) Begriff und Schutzbegründung

Marken dienen der **Kennzeichnung von Waren oder Dienstleistungen** (z. B. „VW Golf"). Dies kann durch **alle möglichen Zeichen** – v. a. Wörter, aber auch visuelle Darstellungen (zwei- und dreidimensional) bis hin zu Form- oder Farbgebungen und akustisch wahrnehmbare Signale (z. B. eine bestimmte Melodie) – erfolgen (§ 3 Abs. 1 MarkenG).   **621**

Der markenrechtliche Schutz wird begründet   **622**

► durch **Eintragung** in das beim Patentamt geführte Markenregister, was nur bei grafisch (nicht aber akustisch) darstellbaren Zeichen[104] möglich ist (§§ 4 Nr. 1, 8 Abs. 1 MarkenG),[105]

---

104 Zu den Anforderungen an die grafische Darstellbarkeit vgl. die Markenverordnung.
105 Zum Eintragungsverfahren ausführlich Ilzhöfer, PMU, Rn. 380–412; auch Domains als solche können bei hinreichender Unterscheidungskraft als Marken eingetragen werden, vgl. Strömer, Online-Recht, S. 40 f.

▶ durch die kennzeichenmäßige **Benutzung der Marke,** wenn diese innerhalb der davon betroffenen Verkehrskreise **Verkehrsgeltung** – d. h. einen Bekanntheitsgrad von mindestens 20 %[106] – erlangt hat (§ 4 Nr. 2 MarkenG) oder

▶ durch das Erlangen „**notorischer (d. h. allgemeiner) Bekanntheit**" i. S. d. Pariser Verbandsübereinkunft (§ 4 Nr. 3 MarkenG).

623 Mit der bloßen **Registrierung und Konnektierung einer Domain allein** wird noch kein kennzeichenrechtlicher Schutz für den Domainbegriff begründet. Dies erfolgt erst, wenn der Domainbegriff mit konkreten Inhalten, auf die er sich dann als Kennzeichen beziehen kann, verbunden wird. Denn die Benutzung setzt die im Verkehr wahrnehmbare Verknüpfung des Zeichens mit einer Ware oder Dienstleistung voraus (§ 26 MarkenG).[107]

624   **Beginn markenrechtlichen Schutzes einer Domain – OLG Hamburg, CR 2007, 47:**

Aus den Gründen: ... Zuvor war dieser Internet-Auftritt nach Art und Inhalt vollkommen unspezifisch. Es wurde mit einem „Baustellen"-Schild lediglich auf das beabsichtigte Entstehen einer Internetpräsenz hingewiesen. Hiermit konnten die Beklagten unter keinem denkbaren Gesichtspunkt einen zeichenrechtlichen Schutz erlangen. Allein die Registrierung einer Internet-Domain vermag jedenfalls so lange keine Kennzeichenrechte zu begründen, als hiermit keine konkreten Inhalte verbunden sind. Denn es entspricht der Grundfunktion eines Kennzeichenrechts, als Herstellerhinweis für bestimmte Waren, Dienstleistungen oder geschäftlichen Aktivitäten zu dienen. Solange das Bezugsobjekt eines potentiellen Zeichens noch nicht konkretisiert ist, kann sich diese Funktion nicht entwickeln. ...

625 Der **Untergang des Rechtsschutzes** tritt bei der eingetragenen Marke mit Zeitablauf (§ 47 MarkenG), Verzicht (§ 48 MarkenG) oder Verfall (§ 49 MarkenG) durch Löschung (§§ 52 ff. MarkenG) und bei der Benutzungsmarke mit Sinken des Bekanntheitsgrades unter 20 % oder mit ihrer Nichtbenutzung ein.[108] Korrespondierend zu den Anforderungen an den Beginn des markenrechtlichen Schutzes steht die Fortführung eines Kennzeichens als Domain für sich allein einer Schutzbeendigung nicht entgegen:

626   **Verlust eines Unternehmenskennzeichens auch bei Fortbestand der Domain („seicom") – BGH, CR 2006, 54:**

Mit der endgültigen Aufgabe der Firma ist in der Regel auch der Verlust des aus dem Firmenschlagwort gebildeten Unternehmenskennzeichens verbunden. Davon unberührt bleibt, dass das alte Firmenschlagwort als besondere Geschäftsbezeichnung gemäß § 5 Abs. 2 Satz 1 Altern. 3 MarkenG neben der neuen Firma Schutz (für einen Teil des Geschäftsbetriebs) mit eigener Priorität erlangen kann.

---

106 Ilzhöfer, PMU, Rn. 325; Strömer, Online-Recht, S. 35, spricht von „einem nicht ganz unerheblichen Teil der Verkehrskreise".
107 Vgl. Ilzhöfer, PMU, Rn. 321.
108 Vgl. Ilzhhöfer, PMU, Rn. 415 ff.

Aus den Gründen: ... Das ältere Recht der Beklagten an dem Firmenschlagwort „Seicom" ist mit dem Wegfall der Firma, deren Bestandteil es war, erloschen. Der Schutz an der aufgegebenen geschäftlichen Bezeichnung besteht nicht dadurch fort, dass die Bezeichnung noch in den Domain-Namen „seicom.de" und „seicom.com" sowie als Bestandteil der E-Mail-Adresse von Mitarbeitern der Beklagten existiert. Eine solche Art der Verwendung rechtfertigt nicht die Annahme, die frühere Bezeichnung „Seicom" im Firmennamen der Beklagten werde als besondere geschäftliche Bezeichnung prioritätswahrend fortgeführt. Grundsätzlich kann zwar auch durch die Benutzung eines Domain-Namens ein entsprechendes Unternehmenskennzeichen erworben werden. Eine solche Annahme liegt dann nahe, wenn der Verkehr in der als Domain-Namen gewählten Bezeichnung einen Herkunftshinweis erkennt. Wird der Domain-Name, der an sich geeignet ist, auf die betriebliche Herkunft und die Geschäftstätigkeit eines Unternehmens hinzuweisen, jedoch ausschließlich als Adreßbezeichnung verwendet, wird der Verkehr annehmen, es handele sich dabei um eine Angabe, die – ähnlich wie eine Telefonnummer – den Zugang zu dem Adressaten eröffnen, ihn aber nicht in seiner geschäftlichen Tätigkeit namentlich bezeichnen soll. ...

bb) Eintragungshindernisse

In bestimmten Fällen – nämlich beim Vorliegen von Eintragungshindernissen – können Zeichen nicht in das Markenregister eingetragen werden.

(1) Zeichen mit Freihaltebedürfnis

Die größte Bedeutung haben hierbei **Zeichen ohne Unterscheidungskraft,** **627** § 8 Abs. 2 Nr. 1 MarkenG; für solche Zeichen, die keine Assoziation mit einer bestimmten Ware oder Dienstleistung vermitteln können, besteht ein Freihaltebedürfnis, weil sie nicht bei einzelnen Rechtsinhabern monopolisiert werden sollen. So wurde beispielsweise dem „Klammeraffen" – @ – als Symbol für das Internet und seine Kultur die Unterscheidungskraft abgesprochen; hier ist das Freihaltebedürfnis besonders evident.[109] Aber auch Mehrwortzeichen, die nur beschreibender Art sind oder längere Wortfolgen mit nur allgemeiner Aussagekraft darstellen, oder konturlose Farbzeichen fallen hierunter.[110]

Außerdem freihaltebedürftig sind die Angaben, die zur **Bezeichnung von** **628** **Merkmalen oder Eigenschaften** (z. B. des Herstellungsortes, des Gewichts, der Beschaffenheit, der Menge etc.) von Waren oder Dienstleistungen verwendet werden, § 8 Abs. 2 Nr. 2 MarkenG. Damit wird die Identifikations- und Erläuterungsfunktion dieser Angaben für den gesamten Verkehr offen gehalten.[111]

---

109 BPatG, CR 2000, 854.
110 Vgl. Ilzhöfer, PMU, Rn. 362–370; EuG, CR 2008, 576 = MMR 2008, 390, zu „suchen.de".
111 Ilzhöfer, PMU, Rn. 372–374.

629 Schließlich sind **allgemein- oder verkehrsgebräuchliche Begriffe**, die der Bezeichnung von Waren oder Dienstleistungen dienen, freihaltebedürftig, § 8 Abs. 2 Nr. 3 MarkenG.[112] Dazu zählen vor allem rein beschreibende Begriffe (die sogenannten „**Gattungsbegriffe**"). So wurde der Domain „urlaubstip.de" der markenrechtliche Schutz verwehrt, weil dieser Begriff für den Internettourismus lediglich beschreibend sei.[113] Ebenso wenig kann beispielsweise der Begriff „Ochsen" als verkehrsgebräuchlicher Begriff für viele Gastwirtschaften in das Markenregister eingetragen werden.

630 Allerdings kann das **Freihaltebedürfnis** in allen diesen drei Fallgruppen (fehlende Unterscheidungskraft, Bezeichnung von Merkmalen oder Eigenschaften, Gattungsbegriffe) „**überwunden**" werden, wenn sich die Marke „in den beteiligten Verkehrskreisen durchgesetzt hat"; dann ist gem. § 8 Abs. 3 MarkenG eine Eintragung abweichend von § 8 Abs. 2 Nr. 1–3 MarkenG möglich. Auch wenn die Rechtsprechung für die Frage der **Verkehrsdurchsetzung** stets auf den Einzelfall abstellt und allgemeine Prozentsätze ablehnt, muss hierfür ein deutlich höherer Bekanntheitsgrad als bei der Verkehrsgeltung (> 20 %) vorliegen. Zumindest als grobe Faustregel kann für die Verkehrsdurchsetzung ein erforderlicher **Bekanntsheitsgrad von mindestens 50 %** und mehr angenommen werden.[114]

(2) Weitere Eintragungshindernisse

631 Ebenfalls nicht eintragungsfähig sind Zeichen, die den Verkehr über wesentliche Eigenschaften – z. B. Beschaffenheit, Art oder Herkunft – von Waren oder Dienstleistungen **zu täuschen geeignet** sind, § 8 Abs. 2 Nr. 4 MarkenG. Außerdem können solche Zeichen, die **hoheitlichen Belangen** dienen (staatliche Hoheitszeichen, § 8 Abs. 2 Nr. 6 MarkenG; Prüf- und Gewährzeichen, § 8 Abs. 2 Nr. 7 MarkenG; Wappen, Flaggen und Bezeichnungen internationaler Organisationen, § 8 Abs. 2 Nr. 8 MarkenG) oder aus Gründen des öffentlichen Interesses **nicht öffentlich verwendet werden dürfen** (§ 8 Abs. 2 Nr. 5, 9 MarkenG), nicht als Marken eingetragen werden.

b) Geschäftliche Bezeichnungen

632 Geschäftliche Bezeichnungen sind Unternehmenskennzeichen und Werktitel (§ 5 Abs. 1 MarkenG). Unternehmenskennzeichen dienen der **Kennzeichnung von Unternehmen** bzw. Betrieben als kommerzielle Anbieter von Waren oder Dienstleistungen (z. B. Daimler), § 5 Abs. 2 MarkenG.

---

112 Ilzhöfer, PMU, Rn. 375 f.
113 LG Düsseldorf, MMR 2003, 131.
114 Ilzhöfer, PMU, Rn. 325, 371; Strömer, Online-Recht, S. 40, hält (anders als noch in der Vorauflage, S. 97) 60 % für das Minimum (unter Bezugnahme auf die „01051 Telecom"-Entscheidung des BGH (v. 27.11.2003, Az. I ZR 79/01), bei der für den an sich nur beschreibenden Begriff „Telekom" ein Bekanntheitsgrad von 60 % ermittelt wurde; allerdings hat der BGH dies nicht zur Untergrenze erklärt).

Werktitel **kennzeichnen Werke** wie z. B. Druckschriften, Film-, Ton- und Bühnenwerke, Computerprogramme o. Ä., § 5 Abs. 3 MarkenG (z. B. Playboy, Focus, Casablanca, Power Point).[115] In beiden Fällen ist entweder eine hinreichende **Unterscheidungskraft** oder aber eine **Verkehrsgeltung** erforderlich.

Unterscheidungskraft bei Unternehmenskennzeichen („Telekom") – BGH, MMR 2004, 396:   633

Die Bezeichnung „Telekom" ist eine geläufige Abkürzung des Begriffs „Telekommunikation" und deshalb als Unternehmenskennzeichen von Hause aus nicht unterscheidungskräftig; sie kann die für einen Schutz nach § 5 Abs. 2 MarkenG erforderliche namensmäßige Unterscheidungskraft nur durch Verkehrsgeltung erwerben.

Aus den Gründen: … Der Bekanntheitsgrad bei den allgemeinen Verkehrskreisen lag … bei 60 %. Einen höheren Bekanntheitsgrad hat die Kl. [DTAG] nicht konkret dargelegt. Verfügt der Bestandteil „Telekom" in der Firma der Kl. über den … Bekanntheitsgrad von 60 %, ist nicht von einer gesteigerten, sondern von einer normalen Kennzeichnungskraft auszugehen. …

Bei geschäftlichen Bezeichnungen entsteht der kennzeichenrechtliche Schutz   **634** mit **Benutzungsaufnahme** (z. B. bei Werktiteln von periodischen Presseorganen mit dem ersten Erscheinen) oder, wenn es an Unterscheidungskraft mangelt, mit **Verkehrsgeltung** (z. B. Spiegel); eine Eintragung ist nicht möglich. Die Rechtsprechung stellt an die Unterscheidungskraft von Werktiteln (insbesondere bei Zeitschriftentiteln) nur sehr geringe Anforderungen, weshalb hier selten die Verkehrsgeltung erforderlich ist:[116]

Verwechslungsgefahr bei Werktiteln von bekannten Presseorganen („eltern-   **635** **online.de") – OLG Hamburg, MMR 2004, 174:**

Aus den Gründen: … Der Begriff „Eltern" ist als Titel einer Zeitschrift von Haus aus unterscheidungskräftig und daher auch ohne den Nachweis der Verkehrsgeltung bereits vom Zeitpunkt seiner Ingebrauchnahme an nach § 15 I und II sowie § 5 III MarkenG schutzfähig. An die Unterscheidungskraft von Zeitschriftentiteln werden nur geringe Anforderungen gestellt, weil auf dem Zeitungs- und Zeitschriftenmarkt seit jeher Zeitungen und Zeitschriften unter mehr oder weniger farblosen Gattungsbezeichnungen angeboten werden. …

c) Geografische Herkunftsangaben

Geografische Herkunftsangaben dienen der **Kennzeichnung der geogra-**   **636** **fischen Herkunft von Waren oder Dienstleistungen** (z. B. Champagner, Dresdner Stollen), § 126 MarkenG.

---

115 Vgl. Strömer, Online-Recht, S. 64 f.
116 OLG Hamburg, MMR 2002, 825 – „Motorradmarkt"; die Unterscheidungskraft allerdings verneint hat das OLG Stuttgart, MMR 2002, 754, für den Katalogtitel „Herstellerkatalog".

> **Geografische Herkunftsangabe („champagner.de") – LG München I, CR 2001,191:**
>
> *Aus den Gründen: ...* Nach § 127 MarkenG darf eine geografische Herkunftsangabe mit besonderem Ruf unabhängig von der Irreführungsgefahr für Waren und Dienstleistungen anderer Herkunft nicht verwendet werden, sofern darin die Gefahr einer Ausbeutung oder Beeinträchtigung des Rufes liegt. ... Unstreitig genießt die geografische Herkunftsangabe „Champagner" einen besonderen Ruf i. S. d. § 127 Abs. 3 MarkenG. ...

637 Der kennzeichenrechtliche Schutz wird für **Agrarerzeugnisse und Lebensmittel** durch Registrierung bei der EU begründet (VO Nr. 2081/92 EWG; §§ 130 ff. MarkenG); im Übrigen entsteht er durch Benutzungsaufnahme.[117] Wer für **Dienstleistungen** den Schutz geografischer Herkunftsangaben in Anspruch nehmen will, muss laut BGH in dem geografisch bezeichneten Gebiet seinen Sitz haben und „von dort" auch die Dienstleistungen erbringen; eine in Bayern befindliche und wirkende Englisch-Sprachschule darf daher nicht die Bezeichnung „Cambridge Institute" führen:

638 > **Anforderungen an Benutzer geografischer Herkunftsangaben bei Dienstleistungen („Cambridge Institute") – BGH, CR 2007, 655:**
>
> **Berechtigte Benutzer einer geografischen Herkunftsangabe, die für Dienstleistungen verwendet wird, sind nur diejenigen Personen und Unternehmen, die in dem durch die geografische Herkunftsangabe bezeichneten Gebiet geschäftsansässig sind und von dort ihre Dienstleistungen erbringen.**
>
> *Aus den Gründen: ...* [38] Das Berufungsgericht hat angenommen, dass die angesprochenen Verkehrskreise die von den Beklagten verwendete Bezeichnung „Cambridge Institute" im Zusammenhang mit einem Geschäftsbetrieb, der Kurse und Prüfungen für die englische Sprache anbietet, dahin auffassen, dass die Kurse jedenfalls in Abstimmung mit der Universität in Cambridge erarbeitet und die Prüfungen in Zusammenarbeit mit der Universität abgenommen werden. Selbst wenn der Kläger diese Verkehrserwartung erfüllt, ist er nicht berechtigter Benutzer der geografischen Herkunftsangabe, weil er nicht in Cambridge geschäftsansässig ist. Die gegenteilige Ansicht liefe auf eine Lizenzierung der geografischen Herkunftsangabe durch die Universität Cambridge hinaus. Eine Lizenzierung geografischer Herkunftsangaben ist jedoch unzulässig. ...

d) Wirkungen des kennzeichenrechtlichen Schutzes bei Marken und Geschäftlichen Bezeichnungen

639 aa) Der kennzeichenrechtliche Schutz von Marken und Geschäftlichen Bezeichnungen schließt alle Nichtinhaber des Schutzrechtes von der **Benutzung im geschäftlichen Verkehr**[118] aus (**absolutes Recht**), §§ 14 Abs. 1, 15

---

117 Ilzhöfer, PMU, Rn. 487–490.
118 Die Anforderungen für die Bejahung des „geschäftlichen Verkehrs" sind vergleichsweise gering; davon wird alles abgedeckt, was nicht der rein privaten oder hoheitlichen Betätigung zuzuordnen ist; vgl. Ilzhöfer, PMU, Rn. 320; rein private Webseiten sind jedoch davon nicht erfasst; siehe auch Köhler/Arndt/Fetzer, RdI, Rn. 58 ff.; Strömer, Online-Recht, S. 52 ff.; Boehme-Neßler, Cyberlaw, S. 105.

Abs. 1 MarkenG. Daraus folgt, dass kein Dritter die gleichen Zeichen, Begriffe o. Ä. für gleiche Waren und Dienstleistungen oder andere Unternehmen und Werke verwenden darf (§ 14 Abs. 2 Nr. 1 MarkenG). Eine bloße Registrierung einer Domain stellt jedoch noch kein Handeln im geschäftlichen Verkehr dar:[119]

Begriff des geschäftlichen Verkehrs („lotto-privat.de") – OLG Köln, CR 2002, 285:   **640**

Aus den Gründen: ... Beim Handeln im geschäftlichen Verkehr muss es sich um eine selbständige, wirtschaftliche Zwecke verfolgende Tätigkeit handeln, in der eine Teilnahme am Erwerbsleben zum Ausdruck kommt. Nicht dem geschäftlichen Verkehr zuzuordnen sind danach Handlungen, die allein privaten Zwecken dienen. ... Maßgeblich ist allein, ob sich das Handeln innerhalb oder außerhalb der Teilnahme am Erwerbs- oder Berufsleben abspielt. Liegt es außerhalb dessen, was sich im Bereich von Erwerb und der Berufsausübung abspielt, ist es privat. ...

Ebenso stellt die Eintragung eines Zeichens als Marke für sich genommen noch keine kennzeichenrechtliche Benutzung für die betroffenen Waren oder Dienstleistungen dar, kann aber einen vorbeugenden Unterlassungsanspruch auslösen.   **641**

Anforderungen an die kennzeichenmäßige Benutzung („metrosex.de") – BGH, CR 2008, 730:[120]

Die Anmeldung und die Eintragung eines Zeichens als Marke stellen als solche noch keine kennzeichenmäßige Benutzung des Zeichens für die in Anspruch genommenen Waren oder Dienstleistungen dar, so dass darin noch keine Verletzung eines prioritätsälteren Kennzeichens i. S. von § 14 Abs. 2, § 15 Abs. 2 und 3 MarkenG liegt. Sie können jedoch unter dem Gesichtspunkt der Erstbegehungsgefahr einen vorbeugenden Unterlassungsanspruch des Inhabers des älteren Zeichenrechts begründen.

Aus den Gründen: ... [19] Aus der Tatsache, dass die Domainnamen von der Beklagten als einem kaufmännischen Unternehmen angemeldet worden sind, kann nicht hergeleitet werden, dass bei einer Verwendung der Domainnamen neben dem Handeln im geschäftlichen Verkehr notwendig auch die weiteren Voraussetzungen der § 14 Abs. 2, § 15 Abs. 2 MarkenG erfüllt sind. Der Schutz

---

119 BGH CR 2002, 525 = NJW 2002, 2031 = MMR 2002, 382 = JZ 2002, 1052 („shell.de"); a. A. noch OLG Hamm, CR 2002, 217 = MMR 2001, 749, das die kennzeichenrechtlichen Verbotstatbestände zur Vermeidung einer Schutzlücke auch schon auf die bloße Registrierung anwendet und dadurch § 12 BGB verdrängt sieht.

120 Ebenso BGH, NJW 2005, 2315 = MMR 2005, 534 m. Anm. Viefhues = CR 2005, 593 („weltonline.de"); danach kann „der Inhaber des bekannten Zeitungstitels DIE WELT ... gegen einen Dritten, der sich den Domainnamen ,weltonline.de' hat registrieren lassen, nicht vorgehen, solange keine Anhaltspunkte dafür bestehen, dass der Domainname im geschäftlichen Verkehr in einer das Kennzeichen verletzenden Weise verwendet werden soll" (Leitsatz).

dieser Kennzeichen setzt voraus, dass der als Verletzer in Anspruch genommene Dritte die verwechslungsfähige Bezeichnung kennzeichenmäßig verwendet. ... [27] Eine Verletzungshandlung i. S. des § 14 Abs. 2 Nr. 1 und 2 MarkenG (Art. 5 Abs. 1 und 2 MarkenRL) kann in der bloßen Anmeldung und Eintragung eines Zeichens als Marke für bestimmte Waren und Dienstleistungen nicht gesehen werden, weil darin noch keine markenmäßige Benutzungshandlung liegt. ... Durch die bloße Benennung der Waren oder Dienstleistungen in dem mit der Anmeldung einzureichenden Waren- oder Dienstleistungsverzeichnis (§ 32 Abs. 2 Nr. 3 MarkenG), das ... gewöhnlich weit gefasst ist und häufig nur Oberbegriffe von Waren und Dienstleistungen enthält, wird eine solche für eine Benutzungshandlung i. S. des § 14 Abs. 2 Nr. 1 und 2 MarkenG (Art. 5 Abs. 1 und 2 MarkenRL) erforderliche kennzeichnende Verbindung zwischen der Marke und bestimmten Waren oder Dienstleistungen dahingehend, dass der angesprochene Verkehr die angemeldete und eingetragene Marke bereits mit ihrer Anmeldung und Eintragung als Bezeichnung des Ursprungs bestimmter Waren oder Dienstleistungen des Markenanmelders auffasst, noch nicht hergestellt. ...

642 bb) Dasselbe gilt (im geschäftlichen Verkehr) für die Benutzung

▶ gleicher Zeichen, Begriffe o. Ä. für ähnliche Waren oder Dienstleistungen,

▶ ähnlicher Zeichen, Begriffe o. Ä. für gleiche oder ähnliche Waren oder Dienstleistungen bzw. für andere Unternehmen oder Werke (§§ 14 Abs. 2 Nr. 2, 15 Abs. 2 MarkenG),

wenn damit eine **Verwechslungsgefahr** verbunden ist. Das ist sowohl dann der Fall, wenn die Verkehrsteilnehmer Original und Plagiat nicht auseinanderhalten können oder beide Zeichen wegen ihrer Ähnlichkeit demselben Rechtsinhaber zuordnen bzw. von einer engen wirtschaftlichen Verbundenheit der Rechtsinhaber ausgehen.[121]

643 **Verwechslungsgefahr bei Werktiteln von bekannten Presseorganen („eltern-online.de") – OLG Hamburg, MMR 2004, 174:**[122]

Aus den Gründen: ... Die Kl. ist seit Erscheinen der Zeitschrift „Eltern" im Jahre 1966 Inhaberin des Werktitels „Eltern". ... Zwischen dem Werktitel „Eltern" und dem angegriffenen Domainnamen „eltern-online.de" ... besteht Verwechslungsgefahr. ... Für die Frage der Verwechslungsgefahr ist von dem allgemeinen kennzeichenrechtlichen Grundsatz der Wechselwirkung zwischen allen in Betracht kommenden Faktoren, insb. der Ähnlichkeit der Bezeichnungen und der Werk- bzw. Branchennähe sowie der Kennzeichnungskraft des älteren Titels auszugehen. ...

Auch die erforderliche Zeichenähnlichkeit ist gegeben. Maßgebend für die Verwechslungsgefahr zweier Kennzeichen ist dabei der Gesamteindruck, den sie vermitteln. Die Domain der Bekl. enthält in identischer Form den Begriff „eltern". Die weiteren Zeichenbestandteile „.de" sowie „-online" führen nicht aus einer Zeichenähnlichkeit heraus ..., denn in der Endung „.de" erkennt der

---

121 Ilzhöfer, PMU, Rn. 323.
122 Ebenso LG München I, MMR 2003, 677 – „freundin-online.de".

Nutzer lediglich einen Hinweis darauf, welcher geografischen Herkunft – hier: Deutschland – das Angebot ist.

... der Zusatz „-online" [führt] nicht nur nicht aus der Verwechslungsgefahr heraus ..., sondern [erhöht] eine solche sogar ... Dies gilt jedenfalls im Hinblick auf Werktitel von – wie hier – bekannten Presseobjekten. Denn in dem Begriff „online" versteht der Internetnutzer ... die Umschreibung eines Angebots, welches über das Internet abrufbar ist. Wird der Begriff „online" wie hier durch einen Bindestrich mit einem Werktitel eines verkehrsbekannten Presseobjekts verbunden, dann ist es für den Verkehr nahe liegend, dass unter dieser Internetadresse das Onlineangebot der Redaktion des Presseobjekts erreicht werden wird. ...

Der Kreativität sind dabei keine Grenzen gesetzt; auch bei Wortzeichen **644** kann eine **Ähnlichkeit im phonetischen Klang**, der beim Aussprechen entsteht, eine Verwechslungsgefahr begründen:

Phonetische Verwechslungsgefahr bei Wortzeichen („donline") – BGH, MMR 2004, 158:[123]

Ist dem Verkehr im Bereich der Telekommunikation der Begriff „online" wie auch die Marke „T-Online" bekannt, kann dadurch auch die für die Beurteilung der Verwechslungsgefahr maßgebliche Sprechweise eines anderen Zeichens auf demselben Geschäftsbereich (hier: „DONLINE") beeinflusst sein.

cc) Des Weiteren setzt eine kennzeichenrechtliche Kollision voraus, dass **645** die beiden Rechtsinhaber zumindest teilweise den **geografisch-regional identischen Markt** ansprechen. Dies ist bei lokal voneinander getrennten Anbietern innerhalb Deutschlands nicht schon der Fall, wenn einer davon das streitige Kennzeichen als SLD eines Internetauftritts unter der auf Deutschland zielenden TLD „.de" verwendet.[124]

Lokaler Wirkungskreis und globaler Internetauftritt („soco.de") – BGH, MMR 2005, 171 = CR 2005, 284: **646**

Unternehmen mit einem lokalen oder regionalen Wirkungskreis weisen mit ihrer Präsenz im Internet nicht notwendig darauf hin, dass sie ihre Waren oder Leistungen nunmehr jedem bundesweit anbieten wollen.

Aus den Gründen: ... Das Berufungsgericht hat angenommen, die Parteien seien in ihrer geschäftlichen Tätigkeit räumlich so weit voneinander entfernt, dass auch eine identische Verwendung von „SoCo" durch den Beklagten das Klagekennzeichen nicht verletze. Der Beklagte habe jedoch dadurch, dass er aus „soco" den Domainnamen gebildet habe, unter dem er im Internet auftrete, die

---

123 Siehe auch OLG Hamburg, MMR 2003, 669 – „be-mobile.de".
124 Auch in der „Cambridge Institute"-Entscheidung betont der BGH, CR 2007, 655, dass „der Schutz des Unternehmenskennzeichens einer Sprachschule, die nur regional und nicht bundesweit tätig ist, ... auf deren räumliches Tätigkeitsfeld beschränkt" ist.

herkömmlichen räumlichen Grenzen seiner bisherigen Tätigkeit durchbrochen und biete nunmehr seine Leistungen überall, jedenfalls überall in Deutschland, und damit auch im räumlichen Schutzbereich des Klagekennzeichens an.

Mit Recht rügt die Revision, dass allein der Internetauftritt eines Unternehmens nicht ausreicht, um auf einen räumlich unbeschränkten Wirkungsbereich schließen zu können. Trotz des vom Berufungsgericht angeführten ubiquitären Charakters des Internet bleiben stationäre Betriebe, die sich und ihr Angebot im Internet darstellen, grundsätzlich auf ihren räumlichen Tätigkeitsbereich beschränkt. Auch sonst weisen Unternehmen wie z. B. ein Handwerksbetrieb, ein Restaurant oder ein Hotel, die sich – aus welchen Gründen auch immer – auf einen bestimmten Wirkungskreis beschränkt haben, mit ihrer Präsenz im Internet nicht notwendig darauf hin, dass diese Beschränkung in Zukunft wegfallen solle. Im Streitfall ist bislang nicht festgestellt, dass der Beklagte, der sich in der Vergangenheit allein im Städtedreieck Köln-Düsseldorf-Aachen geschäftlich betätigt hat, an dieser regionalen Ausrichtung etwas ändern wollte. Hat er – nach dem Inhalt seines Angebots zu urteilen – diese Begrenzung seines räumlichen Tätigkeitsbereichs beibehalten, führt allein die Tatsache, dass auch Kunden im Raum Stuttgart das Angebot des Beklagten im Internet zur Kenntnis nehmen können, nicht dazu, dass sich nunmehr die Wirkungskreise der Parteien überschneiden. Etwas anderes würde nur dann gelten, wenn der Beklagte mit seinem Internetauftritt auch Kunden, die außerhalb seines bisherigen Wirkungskreises ansässig sind, anspräche und ihnen seine Dienstleistungen anböte. ...

647   Derselbe Grundsatz gilt aber auch auf internationaler Ebene:

Internationale Markenrechtskollision im Internet – BGH, CR 2005, 359 m. Anm. Junker = JZ 2005, 736 m. Anm. Ohly = MMR 2005, 239:

Nicht jedes im Inland abrufbare Angebot ausländischer Dienstleistungen im Internet kann bei Verwechslungsgefahr mit einem inländischen Kennzeichen i.S. von § 14 Abs. 2 Nr. 2 MarkenG kennzeichenrechtliche Ansprüche auslösen. Erforderlich ist, dass das Angebot einen wirtschaftlich relevanten Inlandsbezug aufweist.

Aus den Gründen: ... Nach dem im Immaterialgüterrecht maßgeblichen Territorialitätsprinzip richtet sich der Schutz der inländischen Kennzeichen der Klägerin nach dem Recht des Schutzlandes und damit nach deutschem Recht. Aufgrund des Territorialitätsprinzips ist der Schutzbereich einer inländischen Marke oder eines inländischen Unternehmenskennzeichens auf das Gebiet der Bundesrepublik Deutschland beschränkt. Ein Unterlassungsanspruch nach § 14 Abs. 2 Nr. 2, Abs. 5 MarkenG oder § 15 Abs. 2, Abs. 4 MarkenG setzt deshalb eine das Kennzeichenrecht verletzende Benutzungshandlung im Inland voraus. Diese ist regelmäßig gegeben, wenn im Inland unter dem Zeichen Waren oder Dienstleistungen angeboten werden. Nicht jede Kennzeichenbenutzung im Internet ist jedoch dem Schutz von Kennzeichen gegen Verwechslungen nach der nationalen Rechtsordnung unterworfen. Ansonsten würde dies zu einer uferlosen Ausdehnung des Schutzes nationaler Kennzeichenrechte und – im Widerspruch zur Dienstleistungsfreiheit nach Art. 49 EG – zu einer unangemessenen Beschränkung der Selbstdarstellung ausländischer Unternehmen führen. Damit einhergehen würde eine erhebliche Beschränkung der Nutzungsmöglichkeiten von Kennzeichenrechten im Internet, weil die Inhaber verwechslungsfähiger Kennzeichenrechte, die in verschiedenen Ländern geschützt sind, unabhängig von der Prioritätslage wechselseitig beanspruchen könnten, dass die Benutzung des Kollisionszeichens unterbleibt. Die Anwendung des Kennzeichenrechts in solchen Fällen darf nicht dazu führen, dass jedes im Inland abrufbare Angebot ausländischer Dienstleistungen im Internet bei Verwechslungsgefahr mit einem inländischen Kennzeichen kennzeichenrechtliche Ansprüche auslöst. Erforderlich ist vielmehr, dass das Angebot einen hinreichenden wirtschaftlich relevanten Inlandsbezug (von der WIPO als „commercial effect" bezeichnet) aufweist. ...

dd) Schließlich ist die Verwendung gleicher oder ähnlicher Zeichen, Begriffe o. Ä. sowohl für Waren und Dienstleistungen als auch für Unternehmen und Werke unzulässig, wenn damit eine **unlautere Ausnutzung der Wertschätzung oder Beeinträchtigung der Unterscheidungskraft** von bekannten[125] Marken oder Geschäftlichen Bezeichnungen verbunden ist (§§ 14 Abs. 2 Nr. 3, 15 Abs. 3 MarkenG, vgl. auch § 3 UWG). **648**

Besonders **berühmte Kennzeichen** mit einem Bekanntheitsgrad von mindestens 80 %[126] sind unabhängig vom Vorliegen einer Verwechslungsgefahr gegen jede Beeinträchtigung ihrer Alleinstellung und Werbekraft namensrechtlich geschützt (**Verwässerungsgefahr**). Denn bei ähnlichen Zeichen geht auch bei Nichtvorliegen einer Verwechslungsgefahr mit der erhöhten Häufigkeit die Prägnanz eines berühmten Kennzeichens verloren. Schutzgegenstand ist in diesen Fällen nicht – wie sonst im Kennzeichenrecht – die Identifikationsfunktion bezüglich einer Ware, einer Dienstleistung, eines Unternehmens oder eines Werks, sondern die besonders hohe Werbekraft und die mit erheblichem Aufwand erarbeitete Alleinstellung.[127] **649**

4. Fazit

1. Das Namensrecht gilt für natürliche und juristische Personen außerhalb des kommerziellen Bereichs, also im privaten und im hoheitlichen Bereich. Das Firmenrecht stellt ein besonderes Namensrecht für Kaufleute gem. HGB dar, bei dem die Unterscheidungsfunktion besonders wichtig ist. Auch Pseudonyme genießen namensrechtlichen Schutz, wenn sie Verkehrsgeltung erlangt haben. **650**
2. Das Namensrecht wird verletzt,   a) wenn die Namensführung dem Rechtsinhaber verwehrt wird (Namensleugnung, -bestreiten) – was stets rechtswidrig ist –, oder

---

125 Hierfür soll ein Bekanntheitsgrad von ca. 30–40 % in der Gesamtbevölkerung erforderlich sein, vgl. Strömer, Online-Recht, S. 62 m. w. N.

126 Linke, CR 2002, 271, 273, halt die früher für die Berühmtheit geforderten 65–80 % für nicht ausreichend, m. w. N.; siehe auch Ellenberger, Palandt, § 12 Rn. 34.

127 Vgl. Linke, CR 2002, 271, 273; Ilzhöfer, PMU, Rn. 517; Strömer, Online-Recht, S. 63.

      b) wenn ein anderer den Namen ohne Berechtigung führt (Namensanmaßung); dies ist dann rechtswidrig, wenn eine Zuordnungsverwirrung verursacht und dadurch schutzwürdige Interessen des Namensträgers verletzt werden.

3. Kennzeichen sind
      a) Marken, die der Kennzeichnung von Waren oder Dienstleistungen dienen und durch Eintragung oder durch Verehrsgeltung entstehen; nicht eintragungsfähig sind u. a. freihaltungsbedürftige Zeichen ohne Unterscheidungskraft und allgemeingebräuchliche Begriffe (was durch Verkehrsgeltung aber überwunden werden kann) sowie hoheitliche Zeichen,
      b) Geschäftliche Bezeichnungen, die der Kennzeichnung von Unternehmen oder von Werken dienen und i. d. R. durch Benutzungsbeginn entstehen,
      c) Geografische Herkunftsangaben, die die Herkunft von Waren oder Dienstleistungen kennzeichnen.

4. Das Kennzeichenrecht schließt im geschäftlichen Verkehr alle Nichtberechtigten vom Gebrauch aus (absolutes Recht). Auch dürfen keine ähnlichen Zeichen für Marken und Geschäftliche Bezeichnungen verwendet werden, wenn dadurch eine Verwechslungsgefahr ausgelöst oder die Wertschätzung oder der Ruf einer Marke ausgenutzt wird. Besonders berühmte Kennzeichen sind unabhängig davon in ihrer Alleinstellung gegen Verwässerung geschützt.

II. Anwendung des Namens- und Kennzeichenrechts auf Domainstreitigkeiten

1. Fallgruppen

651 Die Rechtsprechung sieht in Domains,

- ► die der Identifikation von natürlichen und juristischen Personen außerhalb des geschäftlichen Verkehrs dienen, **Namen,**
- ► die der Kennzeichnung von Waren und Dienstleistungen dienen, **Marken,** sofern sie eingetragen oder entsprechend bekannt sind; so sind beispielsweise die Domains der großen Suchmaschinen (z. B. google) als Marken kraft Verkehrsgeltung anzusehen,
- ► die der Kennzeichnung von Anbietern solcher Waren oder Dienstleistungen dienen, **Unternehmenskennzeichen.**[128]

652 Der weit überwiegende Teil der Domainstreitigkeiten dreht sich um die Fragen der **Namensanmaßung, der Verwechslungs- und Verwässerungsgefahr** von Kennzeichen und der **unlauteren Ausnutzung** von Namen oder Kennzeichen. Die Standard-Prozesssituation sieht so aus, dass der Inhaber eines Namens- oder Kennzeichenrechts, der die dazugehörige Domain

---

128 Vgl. Fechner, Medienrecht, Kap. 12 Rn. 247 ff.

nicht hat, gegen den Inhaber der Domain, der das dazugehörige Namens- oder Kennzeichenrecht nicht hat, klagt.

Zum **Verhältnis von Kennzeichen- und Namensrecht** hat sich der BGH in **653** seiner „shell.de"-Entscheidung geäußert; danach kommt dem Namensrecht eine Hilfsfunktion für den Bereich außerhalb des geschäftlichen Verkehrs zu:

Kennzeichenrecht und Namensschutz („shell.de") – BGH, CR 2002, 525 = NJW 2002, 2031 = MMR 2002, 382 = JZ 2002, 1052:

Der kennzeichenrechtliche Schutz aus §§ 5, 15 MarkenG geht in seinem Anwendungsbereich grundsätzlich dem Namensschutz aus § 12 BGB vor.

Schon die Registrierung, nicht erst die Benutzung eines fremden Unternehmenskennzeichens als Domain-Name im nichtgeschäftlichen Verkehr, stellt einen unbefugten Namensgebrauch nach § 12 BGB dar.

Aus den Gründen: ... Der aus § 12 BGB abgeleitete namensrechtliche Schutz einer Firma ... ist ... stets auf den Funktionsbereich des betreffenden Unternehmens beschränkt und reicht nur so weit, wie geschäftliche Beeinträchtigungen zu befürchten sind. Diese Voraussetzung ist bei einer Benutzung des Namens einer Unternehmens durch einen Dritten außerhalb des geschäftlichen Verkehrs im Allgemeinen nicht gegeben. ... Verwendet ein Nichtberechtigter ein fremdes Kennzeichen als Domain-Namen, liegt darin eine Namensanmaßung. ... Ein solcher Gebrauch des fremden Namens führt im Allgemeinen zu einer Zuordnungsverwirrung, und zwar auch dann, wenn der Internet-Nutzer beim Betrachten der geöffneten Homepage alsbald bemerkt, dass er nicht auf der Internet-Seite des Namensträgers gelandet ist. Ein – zu einer Identitätsverwirrung führender – unbefugter Namensgebrauch ist i. Ü. bereits dann zu bejahen, wenn der Nichtberechtigte den Domain-Namen bislang nur hat registrieren lassen. Denn die den Berechtigten ausschließende Wirkung setzt bei der Verwendung eines Namens als Internet-Adresse bereits mit der Registrierung ein.

Der kennzeichenrechtliche Schutz ist also dem des Namensrechts vorran- **654** gig; nur wenn der kennzeichenrechtliche Schutzbereich gar nicht tangiert ist, kommen namensrechtliche Ansprüche in Betracht.

Verhältnis von Namens- und Kennzeichenrecht – OLG Köln, CR 2006, 549:

Aus den Gründen: ... Wie das LG zu Recht ausgeführt hat ..., ist § 12 BGB neben §§ 14, 15 MarkenG mit der Einschränkung anwendbar, dass der zeichenrechtliche Schutz in seinem Anwendungsbereich dem Namensrecht vorgeht und Ansprüche aus § 12 BGB daher in diesem Anwendungsbereich der § 14, 15 MarkenG ausscheiden. Das bedeutet ..., dass ein Anspruch aus § 12 BGB „außerhalb der Verwechslungsgefahr" in Betracht kommt. Eine solche Auslegung würde bedeuten, dass Ansprüche aus § 12 BGB auch dann bestehen könnten, wenn die §§ 14, 15 MarkenG zwar anwendbar sind, die Prüfung der Tatbestandsvoraussetzungen aber zu einer Verneinung der Verwechslungsgefahr führt. Die Rechtsprechung des BGB ist vielmehr in dem Sinne zu verstehen, dass Ansprüche aus § 12 BGB (nur) in Betracht kommen, wenn die §§ 14, 15 MarkenG nicht anwendbar sind, weil der Schutzbereich der

Marke bzw. des Unternehmenkennzeichens nicht betroffen ist. Das ist auch dann der Fall, wenn es an Zeichenähnlichkeit, Warenähnlichkeit oder Kennzeichnungskraft ganz fehlt, nicht aber, wenn deren jeweilige Grade in der Gesamtschau zur Verneinung der Verwechslungsgefahr führen. ...

655 Die **einzelnen Fallgruppen** mit ihren entscheidungserheblichen Anspruchsnormen können danach wie folgt dargestellt werden:[129]

	im geschäftlichen Verkehr	außerhalb des geschäftlichen Verkehrs
Namensleugnung/-bestreiten	§ 12 BGB	
Namensanmaßung		
Verwechslungsgefahr (Identitäts-/ Zuordnungsverwirrung)	§§ 14 Abs. 2 Nr. 2, 15 Abs. 2 MarkenG	§ 12 BGB[130]
(unlautere) Ausnutzung	§§ 14 Abs. 2 Nr. 3, 15 Abs. 3 MarkenG	
Verwässerung des berühmten Kennzeichens	§ 12 BGB[131]	

Übersicht 21:   Fallgruppen der namens- und kennzeichenrechtlichen Domainstreitigkeiten

2. Anspruchsvoraussetzungen

a) Nichtberechtigung des Domaininhabers

656 Der beklagte **Domaininhaber** darf zur Benutzung des Namens oder des Kennzeichens **nicht befugt** sein; aus der bloßen Inhaberstellung allein kann nach h. M. keine „eigentumsentsprechende" Befugnis abgeleitet werden.[132] An der Nichtberechtigung des Domaininhabers fehlt es – in der Regel – bei den Gleichnamigkeitsfällen (s. u., Rn. 671 ff.). Allerdings kann eine völlig realitätsferne Verbindung des bürgerlichen Namens mit einem auf eine Tätigkeit o. Ä. hinweisenden Zusatz zur Nichtberechtigung an der Domain führen.

---

129 Übersicht in Anlehnung an Foerstl, CR 2002, 518; Linke, CR 2002, 271.
130 Eigentlich systemwidrig, da § 12 BGB gar keine Kennzeichen betrifft; aber die kennzeichenrechtlichen Fallgruppen werden von der Rechtsprechung bei fehlendem geschäftlichem Verkehr teilweise auch unter § 12 BGB subsumiert, so etwa bei Städte-Namen, vgl. Linke, CR 2002, 271, 274 f.
131 Linke, CR 2002, 271, 273 m. w. N.
132 A. A. Kazemi/Leopold, MMR 2004, 287.

Namensanmaßung durch „name-unternehmensgruppe.de" – OLG Stuttgart, MMR 2008, 178 = CR 2008, 120

Aus den Gründen: … [17] Den damit im Hinblick auf § 12 BGB in seiner Gesamtheit zu sehenden (Domain-)Namen „S.-Unternehmensgruppe" gebraucht der Beklagte unbefugt. Denn der Beklagte heißt zwar S., betreibt aber keine Unternehmensgruppe, noch nicht einmal ein einzelnes Unternehmen. Selbst wenn der Beklagte entsprechend seinem Vortrag in naher Zukunft einen Internet-Handel mit LKW-Ersatzteilen und „gegebenenfalls anderen aus dem asiatischen Raum stammenden Waren" plant, wäre damit begrifflich noch lange keine „S.-Unternehmensgruppe" kreiert. Gleiches gilt, wenn er entsprechend seinen zuletzt gemachten Angaben beabsichtigt, es anderen Unternehmen zu ermöglichen, ihre Waren über die Domains anzubieten. Der streitgegenständliche Domainname erweist sich für den Beklagten, der gerade die eidesstattliche Versicherung abgegeben hat, als maßlos überzogen, er entspricht nicht entfernt der Realität. …

[19] Die Interessenverletzung als letzte Voraussetzung des Namensschutzes gemäß § 12 BGB liegt im Bereich der Domainnamen regelmäßig bereits darin, dass der Namensträger von der Nutzung der – nur einmal zu vergebenden – Internetdomain ausgeschlossen ist. Die Klägerin ist Namensträgerin in diesem Sinne. Denn bei der Klägerin handelt es sich um eine – und zudem nach dem unwidersprochen gebliebenen Vortrag der Klägerin um die einzige – unter dem für sie geschützten Namen S. operierende Unternehmensgruppe mit Gesellschaften in D., F., den N., Ö. und der S. sowie Auslandsvertretungen in 19 anderen Ländern. Dass die Klägerin, die mit ihren Gesellschaften die „S.-Unternehmensgruppe" bildet, im Verkehr nicht ausdrücklich unter diesem Namen auftritt, ist unerheblich. …

Andererseits kann die grundrechtlich garantierte **Meinungsfreiheit** ausnahmsweise einen Markengebrauch durch einen Dritten rechtfertigen und so die Nichtbefugnis ausschließen:

Befugnis zum Markengebrauch durch Grundrechte („oil-of-elf.de") – KG, CR 2002, 760:

Aus den Gründen: … Im Übrigen gebraucht der Ag. den Namen der Ast. nicht „unbefugt". Unbefugt ist der Gebrauch, wenn ein eigenes Benutzungsrecht nicht gegeben ist. Die Namensverwendung kann auch durch die Meinungs- und Pressefreiheit gerechtfertigt sein, und zwar je nach den Umständen auch in blickfangartiger Wiedergabe. Der Ag. hat … glaubhaft gemacht, dass er mit seiner Domain-Angabe in erheblichem Umfang bei der Suche durch Suchmaschinen gegenüber bloßen Suchangaben auf den Seiten begünstigt wird, er also eine weit größere Öffentlichkeit erreichen kann. Denn die Angaben in einer Domain würden von den Suchmaschinen überwiegend gegenüber bloßen Angaben auf den Seiten bevorzugt, also eher und in der Auflistung früher genannt. Eine besondere inhaltliche Gestaltung einer Verlautbarung zur Erzielung einer größeren Öffentlichkeit steht unter dem Schutz des Art. 5 GG. …

b) Prioritätsgrundsatz

659 aa) Haben beide Seiten Rechte an dem Namen oder an dem Kennzeichen, gilt der uralte **Rechtsgrundsatz des Vorrangs der zeitlichen Priorität.** Hieß es früher „wer zuerst kommt, mahlt zuerst", sagt man heute im Internet-Denglisch dazu „**first come, first served**". Diesen aus Ziff. III DDRL folgenden Grundsatz hat der BGH für die Domainvergabe akzeptiert.[133] Diese Kollisionsentscheidungsregel gilt auch innerhalb des Kennzeichenrechts (§ 6 MarkenG). Dies hat zur Folge, dass eine ältere Domain auch einer jüngeren Marke vorgehen kann:

660 Prioritätsgrundsatz auch gegenüber Markenrecht – LG Stuttgart, MMR 2003, 675:

Der Prioritätsgrundsatz gilt auch zugunsten einer früher registrierten Domain gegenüber einer später eingetragenen Marke, wenn der Domain eine eigene Kennzeichnungskraft für einen Werktitel zukommt.[134]

Aus den Gründen: ... Die Bekl. ist ... Inhaberin der Domain „snowscoot.de" und benutzt diese ... seit dieser Zeit für das von ihr in das Internet gestellte Internetportal mit Informationen nach Art eines Werktitels i. S. v. § 5 III MarkenG, wobei unerheblich ist, ... ob diesem redaktioneller Charakter zukommt. Sie hat damit zeitlich vor der Anmeldung der Klagemarke ein eigenes Kennzeichenrecht erworben, das sie der Klagemarke entgegenhalten kann ...

661 bb) Auf den Prioritätsgrundsatz kann sich auch derjenige berufen, der eine namens- oder kennzeichenfremde Domain auf eigenen Namen, aber **im Auftrag des dazu berechtigten Namens- oder Kennzeichenrechtsinhabers** registriert hat. Allerdings muss dieses Auftragsverhältnis einfach und zuverlässig überprüft werden können. Denkbar sind solche Fälle im Verhältnis von Holding und Tochtergesellschaft oder von Familienangehörigen.[135]

662 Prioritätsgrundsatz auch für Treuhänder des Rechteinhabers („grundke.de") – BGH, NJW 2007, 2633 = CR 2007, 590 m. Anm. Klees = MMR 2007, 594 m. Anm. Hoeren:

Wird ein Domainname aufgrund des Auftrags eines Namensträgers auf den Namen eines Treuhänders registriert, kommt dieser Registrierung im Ver-hältnis zu Gleichnamigen nur dann die Priorität der Registrierung zugute, wenn für Gleichnamige eine einfache und zuverlässige Möglichkeit besteht zu überprüfen, ob die Registrierung im Auftrag eines Namensträgers erfolgt ist (im Anschluss an BGH, Urt. v. 9. 6. 2005 – I ZR 231/01, GRUR 2006, 158 Tz 16 = WRP 2006, 90 – segnitz.de).

---

133 BGH, MMR 2001, 671 – „ambiente.de".
134 Leitsatz vom Autor.
135 Vgl. BGH, NJW 2006, 146 („segnitz.de"); OLG Stuttgart, MMR 2006, 41; LG München I, MMR 2006, 56. Etwas anderes soll für Markenlizenznehmer – die im Unterschied zum Treuhänder eine eigene Rechtsposition wahrnehmen – gelten, vgl. LG Bremen, MMR 2008, 479 („winther.de"), und Bücker/Fürsen, MMR 2008, 719.

Befindet sich unter dem Domainnamen schon zu einem Zeitpunkt, zu dem noch kein Gleichnamiger Ansprüche angemeldet hat, die Homepage des Namensträgers, kann davon ausgegangen werden, dass der Namensträger den Treuhänder mit der Registrierung beauftragt hat. Besteht eine solche Homepage (noch) nicht, kann eine einfache und zuverlässige Überprüfung – abgesehen von einer notariellen Beurkundung des Auftrags – dadurch geschaffen werden, dass die DENIC dem Treuhänder im Zuge der Registrierung die Möglichkeit einräumt, einen Hinweis auf seine Treuhänderstellung und den Treugeber zu hinterlegen, und diese Information nur mit Zustimmung des Treuhänders offenbart.

Hat der Namensträger einen Dritten auf eine einfach und zuverlässig zu überprüfende Weise mit der Registrierung seines Namens als Internet-Adresse beauftragt, so ist es für die Priorität der Registrierung gegenüber Gleichnamigen nicht von Bedeutung, wenn der Vertreter den Domainnamen abredewidrig auf den eigenen Namen und nicht auf den Namen des Auftraggebers hat registrieren lassen.

Aus den Gründen: … [15] Der Namensträger kann einem anderen schuldrechtlich gestatten, seinen Namen zu benutzen, wobei diese Gestattung auf einen bestimmten Zweck beschränkt werden kann. Eine solche Gestattung ist jedoch nicht schrankenlos zulässig. So hat der Senat eine Gestattung nach § 134 BGB, § 3 UWG a. F. für unwirksam gehalten, wenn sie zu einer Täuschung der Allgemeinheit und einer Verwirrung des Verkehrs führt. Eine derartige Täuschung oder Verwirrung ist jedoch ausgeschlossen, wenn – wie hier – ein durch einen Namen geprägter Domainname für einen Vertreter des Namensträgers registriert und dann alsbald – noch bevor ein anderer Namensträger im Wege des Dispute-Eintrags ein Recht an dem Domainnamen anmeldet – für eine Homepage des Namensträgers genutzt wird. Denn der Internetnutzer wird bei Eingabe des Domainnamens unmittelbar zur Homepage des Namensträgers geführt. Seine Erwartung, dass sich der Domainname auf einen Namensträger oder dessen Produkte bzw. Dienstleistungen bezieht, wird nicht enttäuscht.

[17] … Insbesondere muss ausgeschlossen werden, dass ein Namensträger, der an sich aufgrund Priorität einen Domainnamen wirksam beanspruchen kann, daran dadurch gehindert wird, dass der Domainname in fremdem Namen registriert wird und erst nachträglich, wenn der Namensträger seine Rechte geltend macht, ein Auftrag eines anderen Namensträgers zur Registrierung eingeholt wird. [18] Das Gerechtigkeitsprinzip der Priorität führt im Domainrecht nur dann zu einem angemessenen Interessenausgleich unter Gleichnamigen, wenn deren Chancengleichheit bei der Wahrnehmung der Priorität nicht durch Interventionen unberechtigter Dritter beeinträchtigt wird. …

c) Betroffenheit schützenswerter Interessen

Schließlich müssen **schützenswerte Interessen des Klägers betroffen** sein.

aa) Dies ist im Bereich des Namensrechts in Form einer Zuordnungsver- **663** wirrung in der Regel der Fall, wenn der Name des Klägers durch einen Nichtberechtigten als Domain benutzt wird.

Zuordnungsverwirrung einer Namensdomain eines Nichtberechtigten („afilias. de") – BGH, NJW 2008, 3716 = MMR 2008, 815 m. Anm. Kazemi:

Aus den Gründen: … [25] Verwendet ein Dritter einen fremden Namen namensmäßig im Rahmen einer Internet-Adresse, tritt eine Zuordnungsverwirrung ein, weil der Verkehr in der Verwendung eines unterscheidungskräftigen, nicht sogleich als Gattungsbegriff verstandenen Zeichens als Internet-Adresse einen Hinweis auf den Namen des Betreibers des jeweiligen Internet-Auftritts sieht. Wird der eigene Name durch einen Nichtberechtigten als Domain-Name unter der in Deutschland üblichen Top-Level-Domain „.de" registriert, wird dadurch über die Zuordnungsverwirrung hinaus ein besonders schutzwürdiges Interesse des Namensträgers beeinträchtigt, da die mit dieser Bezeichnung gebildete Internet-Adresse nur einmal vergeben werden kann. [26] Einer erheblichen Beeinträchtigung der Interessen der Klägerin steht … nicht entgegen, dass die Klägerin unter der Top-Level-Domain „.info" im Internet erreichbar ist. Der Verkehr erwartet, dass Unternehmen, die … auf dem deutschen Markt tätig und im Internet präsent sind, unter der mit ihrem eigenen Namen als Second-Level-Domain und der Top-Level-Domain „.de" gebildeten Internet-Adresse auf einfache Weise aufgefunden werden können. …

664 Ist allerdings das Recht des Klägers an dem Namen oder Kennzeichen erst nach der Domainregistrierung entstanden, sieht es mit seinen schützenswerten Interessen eventuell anders aus. Insbesondere bei einem Unternehmenskennzeichen hätte er ja bereits bei der Entstehung seines Rechts feststellen können, dass die Domain bereits vergeben ist, und sich für ein anderes Kennzeichen entscheiden können.

Entstehung des Namens- oder Kennzeichenrechts erst nach der Domainregistrierung („afilias.de") – BGH, NJW 2008, 3716 = MMR 2008, 815 m. Anm. Kazemi:

Grundsätzlich verletzt ein Nichtberechtigter, für den ein Zeichen als Domainname unter der in Deutschland üblichen Top-Level-Domain „.de" registriert ist, das Namens- oder Kennzeichenrecht desjenigen, der an einem identischen Zeichen ein Namens- oder Kennzeichenrecht hat. Etwas anderes gilt jedoch regelmäßig dann, wenn das Namens- oder Kennzeichenrecht des Berechtigten erst nach der Registrierung des Domainnamens durch den Nichtberechtigten entstanden ist.

Aus den Gründen: … [32] Die Revision macht demgegenüber zu Recht geltend, dass die Registrierung eines zum Zeitpunkt der Registrierung in keinerlei Rechte eingreifenden Domainnamens im Hinblick auf die eigentumsfähige, nach Art. 14 GG geschützte Position des Domaininhabers nicht ohne weiteres wegen später entstandener Namensrechte als unrechtmäßige Namensanmaßung qualifiziert werden kann. … Es begegnet zwar keinen verfassungsrechtlichen Bedenken, dass derjenige, der durch die Registrierung eines Domainnamens bereits bestehende Kennzeichen- oder Namensrechte verletzt, zur Beseitigung der Störung verpflichtet ist. Anders verhält es sich aber, wenn das Namensrecht erst nach der Registrierung entsteht. In einem solchen Fall setzt sich das Namensrecht des Berechtigten nicht ohne weiteres gegenüber dem Nutzungsrecht des Domaininhabers durch; vielmehr ist eine Abwägung der betroffenen Interessen geboten.

[33] Dabei wird sich der Dritte, der den Domainnamen als Unternehmenskennzeichen verwenden möchte, regelmäßig nicht auf ein schutzwürdiges Interesse berufen können. Er kann vor der Wahl einer Unternehmensbezeichnung, die er auch als Internet-Adresse verwenden möchte, unschwer prüfen, ob der entsprechende Domainname noch verfügbar ist; ist der gewünschte Domainname bereits vergeben, wird es ihm oft möglich und zumutbar sein, auf eine andere Unternehmensbezeichnung auszuweichen. Die Interessenabwägung geht dann in aller Regel zugunsten des Domaininhabers aus. Anders verhält es sich allerdings, wenn es dem Domaininhaber wegen Rechtsmissbrauchs versagt ist, sich auf seine Rechte aus der Registrierung des Domainnamens zu berufen. So verhält es sich insbesondere dann, wenn der Domaininhaber den Domainnamen ohne ernsthaften Benutzungswillen in der Absicht registrieren ließ, sich diesen von dem Inhaber eines entsprechenden Kennzeichen- oder Namensrechts abkaufen zu lassen. ...

bb) Als schützenswerte Interessen kommen aber auch ein geschäftliches **665** Eigeninteresse ebenso in Betracht wie eine Verwechslungs- oder Verwässerungsgefahr, wobei die Rechtsprechung hier durchaus Anforderungen stellt:

Interessenabwägung bei Verwechslungsgefahr („oil-of-elf.de") – KG, CR 2002, 760:

Aus den Gründen: ... Auch die Ast. macht hier eine Verwechselungsgefahr nur „auf den ersten Blick" geltend, denn auf den zweiten Blick sei erkennbar, dass der Nutzer auf eine Webseite des Ag. geleitet worden sei. ... Nutzer, die Informationen von der Ast. suchen, werden allenfalls für den Bruchteil von Sekunden getäuscht. Denn in den von der Ast. vorgetragenen Fundmeldungen der Suchmaschinen wird die Domain des Ag. sogleich näher erläutert ... Schon bei einem kurzen Überfliegen der Suchergebnisse wird dem Nutzer deutlich, dass er unter der Domain des Ag. Informationen von diesem über die Ast. erhält. Die Verwechselungsgefahr aus der Namensführung kann insoweit nur zu einem kurzzeitigen „Blickfang" führen, nicht aber zu einem irregeführten Aufruf der Webseite. Selbst wenn kleinere Suchmaschinen bei der Auflistung des Suchergebnisses keine weiter gehenden Informationen geben sollten, so bleibt allein für diesen Fall eine weiter gehende Zuordnungsverwirrung. Wird aber die Domain aufgerufen, kommt eine Irreführung über den Informationsgeber nach ihrem Inhalt noch weniger in Betracht. ... Eine vorübergehende Unklarheit in der Zuordnung einer Domain bis zum Aufruf der Internet-Seite begründet grundsätzlich noch keine hinreichende Interessenbeeinträchtigung, soweit es sich nicht um ein Firmenschlagwort mit überragender Verkehrsgeltung handelt. ...

Inzwischen hat sich eine kaum mehr überschaubare **Kasuistik zu den na-** **666** **mens- und kennzeichenrechtlichen Domainstreitigkeiten** gerade unter dem Gesichtspunkt der Verwechslungsgefahr herausgebildet.[136] Hier eine kleine Auswahl:

---

136 Künftig können für die Bestimmung der Verwechslungsgefahr einer Domain – angesichts der erhöhten Bandbreite – auch gTLDs eine Rolle spielen, vgl. Köhler/Arndt/Fetzer, RdI, Rn. 72.

Fall mit Fundstelle	Entscheidung
WestLotto ./. lotto-privat.de OLG Köln, CR 2002, 285	Gefahr einer Zuweisungsverwirrung i. S. v. § 12 BGB verneint.
Lotto ./. LottoTeam.de Lotto ./. Freelotto.de OLG Köln, MMR 2003, 114	Verwechslungsgefahr i. S. v. § 14 Abs. 2 Nr. 2 MarkenG – auch wegen sachlicher Nähe der jeweils dahinter stehenden Tätigkeit – bejaht.
Versandhandel für Damenbekleidung ./. Internetmagazin „siehan.de" OLG Hamburg, CR 2002, 833	Branchennähe und Verwechslungsgefahr i. S. v. § 15 MarkenG verneint.
Playboy ./. playmate-moni96.de LG Stuttgart, MMR 2002, 486	Verwechslungsgefahr i. S. v. § 14 MarkenG wegen des untrennbaren sprachlichen Zusammenhangs von Playboy und Playmate bejaht.
Motorradmarkt (Zeitschrift) ./. motorradmarkt.de OLG Hamburg, MMR 2002, 825	Unterscheidungskraft des Begriffs „Motorradmarkt" bejaht, ebenso dann – schon wegen Branchenidentität – die Verwechslungsgefahr i. S. v. § 15 MarkenG
PubliKom ./. publi-com.de LG Hamburg, MMR 2003, 127	Trotz Branchenidentität (Werbung) und gleichem Aktionsradius (bundesweit) Verwechslungsgefahr i. S. v. § 15 MarkenG wegen unterschiedlicher Schreibweise verneint, da diese bei der Kl. eine deutschsprachige und bei der Bekl. eine englischsprachige Wahrnehmung nahe legt.
Bioland ./. biolandwirt.de LG München I, MMR 2002, 832	Klage der Marke trotz Branchenidentität wegen fehlender Verwechslungsgefahr abgewiesen.
Versicherungsrecht (Zeitschrift) ./. versicherungsrecht.de OLG Düsseldorf, MMR 2003, 177	Klage der Zeitschrift wegen fehlender Verwechslungsgefahr abgewiesen, weil der maßgebliche Verkehrskreis selten mit dieser Fachzeitschrift zu tun habe und in dem Begriff lediglich eine hinweisende Bezeichnung gesehen werde.
Eltern (Zeitschrift) ./. eltern-online.de OLG Hamburg, MMR 2004, 174	Klage des Verlags, in dem u. a. die Zeitschrift „Eltern" erscheint, wegen Verwechslungsgefahr stattgegeben.

Fall mit Fundstelle	Entscheidung
T-Mobile, T-Mobil ./. be-mobile.de OLG Hamburg, MMR 2003, 669	Klage stattgegeben. Große klangliche Ähnlichkeit führt zu Verwechslungsgefahr bzgl. der betrieblichen Zuordnung i. S. v. § 14 Abs. 2 Nr. 2 MarkenG.
Flüssiggas-Bayern GmbH & Co. KG ./. fluessiggas-bayern.de OLG München, MMR 2003, 397	Klage stattgegeben. Verwechslungsgefahr bejaht, weil „Flüssiggas-Bayern" (also ohne Rechtsformzusatz) ein unterscheidungsfähiger Firmenbestandteil darstellt, der weder der Umgangssprache zuzurechnen noch als Gattungsbegriff zu qualifizieren ist.

Übersicht 22: Namens- und kennzeichenrechtliche Domain-Entscheidungen

3. Rechtsfolgen

a) Unterlassungsanspruch und Auskunftsanspruch

667 Wird jemand in seinem Namens- oder Kennzeichenrecht verletzt, steht ihm als Hauptanspruch ein Unterlassungsanspruch zu, §§ 12, 1004 BGB, 14 Abs. 5, 15 Abs. 4 MarkenG. Setzt sich also der Kläger in einer namens- oder kennzeichenrechtlichen Domainstreitigkeit durch, ist der Beklagte zur **Unterlassung der Domainnutzung** verpflichtet. Dies impliziert auch die **Pflicht zur Rückgängigmachung der Domainregistrierung** bei DENIC; erforderlichenfalls unterliegt diese Pflicht der Zwangsvollstreckung.[137] Neben dem Unterlassungsanspruch hat der Rechtsinhaber auch einen Anspruch auf **Auskunft über die einzelnen Nutzungen** des Namens oder Kennzeichens seitens des Rechtsverletzers, §§ 242 BGB, 19 MarkenG, nicht zuletzt deshalb, um einen etwaigen Schadensersatzanspruch konkretisieren zu können.[138]

b) Schadensersatzanspruch

668 Außerdem kann der Rechtsinhaber Schadensersatz verlangen, wenn ihm durch die Rechtsverletzung ein Schaden entstanden ist, § 823 Abs. 1 i.V.m. § 12 BGB, §§ 14 Abs. 6, 7, 15 Abs. 5, 6 MarkenG. Bezüglich der Ermittlung der Schadenshöhe kann auch auf die **Berechnungsmethode der Lizenzanalogie** zurückgegriffen werden.

---

137 Wobei freilich streitig ist, ob die Zwangsvollstreckung nach § 890 (Erzwingung von Unterlassungen oder Duldungen), § 888 ZPO (Vollstreckung bei nicht vertretbaren Handlungen durch Zwangsgeld oder -haft) oder nach § 894 ZPO zu erfolgen hat (Fiktion der Abgabe einer Willenserklärung, was mir bezüglich des Registrierungswiderrufs gegenüber DENIC am einleuchtendsten erscheint; so auch Köhler/Arndt/Fetzer, RdI, Rn. 136), vgl. LG Berlin, MMR 2001, 323; OLG Frankfurt a. M., MMR 2002, 471.
138 Köhler/Arndt/Fetzer, RdI, Rn. 133; Boehme-Neßler, Cyberlaw, S. 106.

Schadensersatzberechnung bei markenrechtswidriger Domainnutzung – LG Hamburg, CR 2002, 296:

Kann die Höhe eines Schadens, der durch eine markenrechtsverletzende Domain verursacht wurde, nicht konkret dargelegt und bewiesen werden, ist die abstrakte Schadensermittlung mit Hilfe der Grundsätze zur Lizenzanalogie zulässig.[139]

Aus den Gründen: ... Für die Lizenzanalogie ist es ... typisch, dass sie sich an den Umsätzen orientiert, die unter rechtsverletzender Verwendung der geschützten Kennzeichnung von dem Verletzter erzielt worden sind. ... Dabei ist maßgebend, dass die Bekl. es zwar mit der Benutzung der Internetdomain offenbar darauf angelegt haben, Interessenten, die die konkurrierende Software ... der Kl. kannten, auf das eigene Angebot hinzuweisen. Der hierdurch für die Kl. entstandene Schaden dürfte allerdings nicht zuletzt deswegen begrenzt sein, weil eine derartige Internetdomain für die Investitionsentscheidungen der von den Parteien angesprochenen Kunden noch eher von untergeordneter Bedeutung gewesen sein dürfte. ...

669 Da das Ziel des Klägers bei einer Domainstreitigkeit in aller Regel darin besteht, die streitbefangene Domain selbst zu nutzen, wurde teilweise aus dem Schadensersatzanspruch auch ein **Übertragungsanspruch** abgeleitet. Danach sollte der Schaden in der fehlenden Nutzungsmöglichkeit der Domain liegen, der nur durch die Übertragung der Domain ausgeglichen werden kann. Diese Argumentation war jedoch stark vom rechtspolitisch gewünschten Ergebnis geprägt;[140] die Domainnutzung durch den Rechtsverletzer ist nicht der Schaden, sondern die Ursache für den Schaden. Da weder das Namens- noch das Kennzeichenrecht einen Übertragungsanspruch kennen (Ausnahme: Agentenmarke, § 17 MarkenG), kann der Rechtsinhaber **keine direkte Übertragung der Domain verlangen.** Genau deswegen sehen die DENIC-Domainbedingungen ja den Dispute-Eintrag vor, der – einer grundbuchrechtlichen Vormerkung vergleichbar – eine Übertragung der Domain auf einen Dritten oder die Registrierung eines Dritten nach Freigabe durch den Rechtsverletzer verhindert (§ 2 Abs. 3 DDB; s. o., Rn. 595) und im Übrigen in der Rechtspraxis zur Umschreibung der Domain auf den Kläger führt, wenn dieser einen rechtskräftigen Titel vorweisen kann.[141]

670 **Kein Übertragungsanspruch bezüglich einer rechtswidrig genutzten Domain („shell.de") – BGH, CR 2002, 525 = NJW 2002, 2031 = MMR 2002, 382 = JZ 2002, 1052:**

Dem Berechtigten steht gegenüber dem nichtberechtigten Inhaber eines Domain-Namens kein Anspruch auf Überschreibung, sondern nur ein Anspruch auf Löschung des Domain-Namens zu.

---

139 Leitsatz vom Autor.
140 Vgl. Fechner, Medienrecht, Kap. 12 Rn. 253.
141 Köhler/Arndt/Fetzer, RdI, Rn. 134 f., weisen darauf hin, dass durch den Dispute-Eintrag in Verbindung mit der Vorlage eines rechtskräftigen Urteils die Umschreibung automatisch erfolgt, weshalb es für die Übertragungskonstruktion keine praktische Notwendigkeit gibt.

Aus den Gründen: ... Der Kl. steht kein Anspruch auf Umschreibung der bestehenden Registrierung zu. Sie kann jedoch ... einen gegenüber der DENIC zu erklärenden Verzicht des Bekl. auf den Domain-Namen „shell.de" beanspruchen. ... es (gibt) zwar ein absolutes Recht an einer Erfindung oder an einem Grundstück, nicht aber ein absolutes, gegenüber jedermann durchsetzbares Recht auf Registrierung eines bestimmten Domain-Namens ... Dem Gesetz lässt sich kein Anspruch auf die Registrierung eines bestimmten Domain-Namens entnehmen. ... Auch unter dem Gesichtspunkt des Schadensersatzes kann die Kl. nicht die Umschreibung des Domain-Namens auf sich beanspruchen. Denn mit einem Anspruch auf Umschreibung würde der Anspruchsteller u. U. besser gestellt, als er ohne das schädigende Ereignis gestanden hätte. Denn es bleibt dabei unberücksichtigt, dass es noch weitere Prätendenten geben kann, die – wird das schädigende Ereignis weggedacht – vor ihm zum Zuge gekommen wären. Im Übrigen besteht für einen Anspruch auf Umschreibung oder Übertragung auch kein praktisches Bedürfnis: Ist der Anspruchsteller der erste Prätendent, kann er sich seinen Rang durch einen sog. Dispute-Eintrag bei der DENIC absichern lassen; hat dagegen ein Dritter bereits vor ihm seinen Anspruch durch einen solchen Eintrag angemeldet, besteht kein Anlass, dessen Rangposition durch einen Übertragungsanspruch in Frage zu stellen. ...

4. Sonderproblem der Gleichnamigkeit

Das Namens- und Kennzeichenrecht ist die Grundlage dafür, andere von **671** der Führung des eigenen Namens oder Kennzeichens im Internet ausschließen zu können. So kann Herr Müller von Herrn Maier verlangen, dass Herr Maier die Domain „mueller.de" freigeben muss. Schwierig wird es allerdings, wenn nicht Herr Maier, sondern ein anderer Herr Müller – was bei diesem Namen ja vorkommen soll – bereits die Domain hat. Dann streiten sich **zwei Gleichnamige** um die Domain, die aus technischen Gründen eben **nur ein einziges Mal vergeben** werden kann. Bei einem Zusammentreffen grundsätzlich gleichrangiger Rechtspositionen ist eine **Interessenabwägung** vorzunehmen, bei der das Erhaltungsinteresse des Domaininhabers in aller Regel das Erlangungsinteresse des anderen Namensinhabers überwiegt. Deshalb gilt hier im Normalfall der Grundsatz „first come, first served" (sog. „**Prioritätsgrundsatz**"). Der zweite Herr Müller „ist halt zu spät dran" und hat deshalb das Nachsehen.

Der BGH begründet den Prioritätsgrundsatz bei Gleichnamigen mit Ge- **672** rechtigkeits- und (ganz offen auch mit) Effizienzgesichtspunkten.

Domainstreitigkeit bei Gleichnamigkeit („shell.de") – BGH, CR 2002, 525 = NJW 2002, 2031 = MMR 2002, 382 = JZ 2002, 1052:

Kommen mehrere berechtigte Namensträger für einen Domain-Namen in Betracht, führt die in Fällen der Gleichnamigkeit gebotene Abwägung der sich gegenüberstehenden Interessen im Allgemeinen dazu, dass es mit der Priorität der Registrierung sein Bewenden hat.

Aus den Gründen: ... Kommen mehrere Personen als berechtigte Namensträger für einen Domain-Namen in Betracht, gilt für sie hinsichtlich der Registrierung ihres Namens als Internet-Adresse grundsätzlich das Gerechtigkeitsprinzip der Priorität. Ihm muss sich grundsätzlich auch der Inhaber eines relativ stärkeren Rechts unterwerfen, der feststellt, dass sein Name oder sonstiges Kennzeichen bereits von einem Gleichnamigen als Domain-Name registriert worden ist. Denn im Hinblick auf die Fülle von möglichen Konfliktfällen muss es im Allgemeinen mit einer einfach zu handhabenden Grundregel, der Priorität der Registrierung, sein Bewenden haben. ...

673 Aber keine Regel ohne **Ausnahme:** Der Prioritätsgrundsatz gilt nicht, wenn ein Namensinhaber eine „**überragende Verkehrsgeltung**" (also einen **Bekanntheitsgrad von ca. 80 %** oder höher) für sich geltend machen kann, also wenn besonders viele Internet-Nutzer unter dieser Domain gerade diesen Namensinhaber erwarten. Hier wiegen die Interessen des prioritätsjüngeren Rechtsinhabers mit überragender Verkehrsgeltung so viel schwerer als die des prioritätsälteren Domaininhabers, dass der **Grundsatz „first come, first served" durchbrochen** wird. Erstmalig entschieden wurde dies im Fall „krupp.de"; hier hatte sich ein Herr Krupp zeitig die Domain „krupp.de" besorgt; der Stahlkonzern gleichen Namens kam erst später auf diese Idee und setzte sich vor Gericht auf Grund der überragenden Verkehrsgeltung seines Namens durch.

674 **Abweichung vom Prioritätsgrundsatz („krupp.de") – OLG Hamm, MMR 1998, 214:**

Aus den Gründen: ... Das Firmenschlagwort „Krupp" der Klägerin ist ... aufgrund seiner überragenden Verkehrsgeltung nicht nur gegen Verwechslungsgefahr, sondern auch gegen Verwässerungsgefahr geschützt. ... Der Name „Krupp" steht für eine ganze Epoche deutscher Industriegeschichte. Er ist fast zum Synonym für die Stahlindustrie schlechthin geworden. Diese überragende Verkehrsgeltung ihres Firmenschlagwortes „Krupp" gibt der Klägerin prinzipiell das Recht, zur Erhaltung der Kennzeichnungskraft ihres Namens daneben keine weiteren Unternehmen gleichen Namens dulden zu müssen. ...

675 Diese Linie hat der BGH in dem parallel gelagerten Fall, in dem der Mineralölkonzern Shell gegen die natürliche Person Andreas Shell auf Freigabe der Domain geklagt hatte, bestätigt:[142]

Domainstreitigkeit bei Gleichnamigkeit („shell.de") – BGH, CR 2002, 525 = NJW 2002, 2031 = MMR 2002, 382 = JZ 2002, 1052:

Nur wenn einer der beiden Namensträger eine überragende Bekanntheit genießt und der Verkehr seinen Internet-Auftritt unter diesem Namen erwartet, der Inhaber des Domain-Namens hingegen kein besonderes Interesse gerade an dieser Internet-Adresse dartun kann, kann der Inhaber des Domain-Namens verpflichtet sein, seinem Namen in der Internet-Adresse einen unterscheidenden Zusatz beizufügen.

---

142 Kritisch Körner, NJW 2002, 3442.

Aus den Gründen: ... die Verwendung des eigenen Namens (stößt) an Grenzen. ... Wird durch den Gebrauch des Namens die Gefahr der Verwechslung mit einem anderen Namensträger hervorgerufen, kann ausnahmsweise auch im privaten Verkehr die Pflicht bestehen, den Namen nur in einer Art und Weise zu verwenden, dass diese Gefahr nach Möglichkeit ausgeschlossen ist. Ein derartiges Gebot zur Rücksichtnahme trifft den Namensträger jedoch nur, wenn sein Interesse an der uneingeschränkten Verwendung seines Namens gegenüber dem Interesse des Gleichnamigen, eine Verwechslung der beiden Namensträger zu vermeiden, klar zurücktritt. ... Auf Seiten der Kl. ist zu berücksichtigen, dass sie mit ihrem Kennzeichen „Shell" eine überragende Bekanntheit genießt. ... ein Internet-Nutzer, der in der Adresszeile den Domain-Namen „shell.de" eingibt, erwartet, auf die Homepage der Kl. ... zu treffen. Insofern verhält es sich anders als bei der Suche mit Hilfe eines Gattungsbegriffs: Wer einen solchen Begriff als Internet-Adresse eingibt, setzt von vornherein auf den Zufall und rechnet mit einer gewissen Streubreite des Suchergebnisses. Dagegen kann derjenige, der den Namen eines berühmten Unternehmens eingibt, im Allgemeinen erwarten, dass er auf diese Weise relativ einfach an sein Ziel gelangt. ...

Zwischen der knallharten Anwendung des Prioritätsgrundsatzes einerseits **676** und dem „Rausschießen" auf Grund überragender Verkehrsgeltung andererseits hat sich inzwischen eine **Mittelgruppe** herausgebildet. So hat der BGH in einem Gleichnamigkeitsfall, bei dem zwar keine überragende Verkehrsgeltung vorlag, es aber vertragliche Absprachen zwischen den Streitparteien über die Führung des gemeinsamen Namens[143] gab, eine **Pflicht des Domaininhabers zur Rücksichtnahme auf den anderen Namensträger** „erfunden". Danach kann der Löschungsanspruch des anderen Namensträgers zwar abgewiesen werden, aber nur der Domaininhaber – quasi als „milderes Mittel" – zugleich verpflichtet wird, auf seiner Homepage einen **Abstandshinweis (am besten mit Link) auf den anderen Namensträger** anzubringen. Damit, so der BGH, könne die ansonsten bestehende Verwechslungs- und Irreführungsgefahr vermieden werden.

Abstandsgebot und Rücksichtnahmepflicht unter Gleichnamigen („vossius. de") – BGH, CR 2002, 674 = MMR 2002, 456: **677**

Ist ein Namensträger nach dem Recht der Gleichnamigen verpflichtet, seinen Namen im geschäftlichen Verkehr nur mit einem unterscheidenden Zusatz zu verwenden, folgt daraus nicht zwingend das Verbot, den Namen als Internet-Adresse zu verwenden. Vielmehr kann eine mögliche Verwechslungsgefahr auch auf andere Weise ausgeräumt werden. So kann der Internetnutzer auf der ersten sich öffnenden Seite darüber aufgeklärt werden, dass es sich nicht um die Homepage des anderen Namensträgers handelt, zweckmäßigerweise verbunden mit einem Querverweis auf diese Homepage.

---

143 Beide Parteien waren Anwaltskanzleien, die von einer gemeinsamen „Mutterkanzlei" abstammten und deshalb beide den prägenden Personennamen des Kanzleigründers in ihrem Kanzleititel hatten.

Aus den Gründen: ... Zwar kann den Bekl. nicht verwehrt werden, sich als Patent- oder Rechtsanwälte unter ihrem bürgerlichen Namen zu betätigen. Sie trifft aber eine Pflicht zur Rücksichtnahme, weil sie erst seit 1992 den Namen „V." in Alleinstellung benutzen, während die Kanzlei der Kl. bereits seit 1986 als „V. & Partner" firmiert. Dieser Pflicht zur Rücksichtnahme kann dadurch genügt werden, dass die Bekl. ihrem Namen in der Internet-Adresse einen unterscheidenden Zusatz beifügen (z. B. „volkervossius.de"). Der Gefahr einer Verwechslung, die bei Verwendung der Domain-Namen besteht, kann aber auch auf andere Weise begegnet werden. ...

Das Rücksichtnahmegebot führt indessen nicht dazu, dass die Bekl. die Domain-Namen „vossius.de" und „vossius.com" als Adresse für ihren Internet-Auftritt zwingend aufgeben müssen. Die in Fällen der Gleichnamigkeit vorzunehmende Abwägung der Interessen der Beteiligten gebietet es vielmehr, auch mildere Mittel als ein Verbot in Erwägung zu ziehen. So können die Bekl. das Gebot der Rücksichtnahme auch auf andere Weise unter Beibehaltungdes Domain-Namens „vossius.de" oder „vossius.com" erfüllen, indem sie auf der ersten Internetseite, die sich für den Besucher öffnet, deutlich machen, dass es sich nicht um das Angebot der Kanzlei „Vossius & Partner" handelt, und zweckmäßigerweise – wenn die Kl. an einem solchen Hinweis interessiert sind – zusätzlich angeben, wo dieses Angebot im Internet zu finden ist. ...

678 Mit dieser Entscheidung weist der BGH über den Einzelfall hinaus einen generellen **Lösungsweg für die Gleichnamigkeitskonflikte.** Denn die Anregung, auf der Homepage auf den anderen Namensträger – am besten per Link – hinzuweisen, bedeutet letztlich nichts anderes als ein unechtes **Domain-Sharing.** Entweder durch geeignete **Third Level Domains** unterhalb einer gemeinsamen SLD und/oder durch ein gemeinsames **Portal mit weiterführenden Links** zu den einzelnen Rechtsinhabern könnten die Gleichnamigen zu konsensfähigen Lösungen kommen; lediglich bei Bestehen eines erheblichen Bekanntheitsgefälles zwischen den einzelnen Rechtsinhabern wäre diese Vorgehensweise wegen der Relativierung der Vorrangstellung des „Platzhirsches" problematisch.[144]

679 Dennoch werden bislang noch die allermeisten Gleichnamigkeitskonflikte nach dem Prioritätsprinzip entschieden. Dabei konkurrieren munter Privatnamen, Gemeindenamen, Firmenschlagworte und Wortmarken unter- und miteinander:[145]

---

144 Linke, CR 2002, 271, 279; kritisch zur Zurückhaltung des BGH bei Portallösungen Körner, NJW 2002, 3442, 3444.
145 Zu den verschiedenen Konstellationen ausführlich Linke, CR 2002, 271, 273 ff.; Fechner, Medienrecht, Kap. 12 Rn. 260 ff.

Fall	Kläger(in) ./. Beklagte(r)[146]	Entscheidung
boos.de OLG München, CR 2002, 56	Gemeindename ./. Firmenschlagwort	Klage abgewiesen. Prioritätsgrundsatz; keine überragende Bedeutung des Gemeindenamens bei 2000 Einwohnern.
vallendar.de OLG Koblenz, CR 2002, 280 = MMR 2002, 466	Gemeindename ./. Firmenschlagwort	Klage abgewiesen. Prioritätsgrundsatz (trotz älterem NamensR der Stadt); keine überragende Bekanntheit der Gemeinde. Rechtliche Gleichwertigkeit von Wahlnamen und hoheitlich verliehenem/gesetzlichem Namen.
bocklet.de LG Düsseldorf, MMR 2002, 398	Firmenschlagwort ./. Gemeindename	Klage abgewiesen. Gemeinde kann auch unter prägender Kurzform ihres Namens auftreten („bocklet.de" für Markt Bad Bocklet). Im Übrigen gilt der Prioritätsgrundsatz.
raule.de BGH, NJW 2009, 1756 = MMR 2009, 394 = CR 2009, 679	(Privat-)Nachname ./. (ausgefallener) Vorname	Klage abgewiesen, Prioritätsgrundsatz; Leitsatz: „Als Namensträger, der – wenn er seinen Namen als Internetadresse hat registrieren lassen – einem anderen Namensträger nicht weichen muss, kommt auch der Träger eines ausgefallenen und daher kennzeichnungskräftigen Vornamens (hier: Raule) in Betracht."
suhl.de LG Erfurt, MMR 2002, 396 = CR 2002, 302 (Ls.)	Gemeindename ./. Privatname	Klage abgewiesen. Prioritätsgrundsatz; keine Vorrangstellung von Gemeinden, im Gegenteil: Schutzbedürfnis von Firmen wegen der damit verbundenen Existenzgrundlage des Unternehmens sogar höher.
krupp.de OLG Hamm, CR 1998, 241 = NJW-RR 98, 909	Firmenschlagwort ./. Privatname	Klage statt gegeben. Firmenschlagwort der Kl. genießt wegen überragender Verkehrsgeltung Schutz gegen Verwässerungsgefahr.

---

146 Alle Klagen sind auf Löschung/Übertragung der Domain gerichtet. Der jeweilige Bekl. ist daher stets der Domaininhaber (einzige Ausnahme: hudson.de).

Fall	Kläger(in) ./. Beklagte(r)	Entscheidung
shell.de BGH, CR 02, 525 = NJW 02, 2031 = MMR 02, 382 = JZ 02, 1052	Firmenschlag-wort ./. Privat-name	Klage statt gegeben. Firmenschlag-wort der Kl. genießt wegen über-ragender Verkehrsgeltung Schutz gegen Verwässerungsgefahr.
hufeland.de BGH, CR 2006, 193 = MMR 2006, 159	Firmenschlag-wort in den neuen Ländern ./. Firmen-schlagwort in den alten Ländern	Fall (mit klagabweisender Tendenz) an OLG zurück verwiesen; Geltung des Prioritätsgrundsatz betont – jedenfalls „… solange sie [die Bekl.] ihren bisherigen räumlichen Tätigkeitsbereich im Wesentli-chen beibehält und die bestehende Gleichgewichtslage nicht stört", also die beiden Firmen (hier: zwei Krankenhäuser) sich nicht örtlich ins Gehege kommen.
Alcon.de OLG Frankfurt, MMR 2000, 486	Firmenschlag-wort ./. Firmen-schlagwort	Klage abgewiesen. Im konkreten Fall bestand aufgrund fehlender Branchennähe keine Verwechslungs-gefahr i. S. v. § 15 II MarkenG.
veltins.com OLG Hamm, CR 2002, 217 = MMR 2001, 749	Firmenschlag-wort ./. Firmen-schlagwort	Klage statt gegeben. Die Werbe-kraft des kl. Kennzeichens ist vor Verwässerung zu schützen und das Schlagwort ist für die Bekl. nur ein Teil des Firmennamens, so dass die jetzige Alleinstellung willkürlich ist.
joop.de LG Hamburg, MMR 2000, 620	Firmenschlag-wort ./. Firmen-schlagwort	Klage statt gegeben. Kl. kann sich auf überragende Verkehrsgeltung – trotz fehlender Verwechslungsge-fahr – berufen und damit Verwäs-serungsschutz beanspruchen. Außerdem ist der Bekl. der jüngere Namensträger.
hudson.de LG Düsseldorf, MMR 2004, 111	Privatname ./. Wortmarke	Klage (neg. Feststellungsklage) stattgegeben. Überragende Bekannt-heit der Marke des Bekl. wird nicht hinreichend dargetan. Außerdem hat Kl. durch langjährige Nutzung und Ablehnung von Kaufangebo-ten sein erhebliches Interesse an der Domain i. S. d. shell.de-Recht-sprechung des BGH belegt und so einen schutzwürdigen Besitzstand begründet.

Fall	Kläger(in) ./. Beklagte(r)	Entscheidung
bandit.de KG, CR 2004, 135	Wortmarke ./. Begriffsportal	Kl. abgewiesen. Keine Verwechslungsgefahr wegen weiten Branchenabstandes der Parteien und allenfalls normaler Kennzeichenkraft des Wortes „Bandit".

Übersicht 23:   Domain-Entscheidungen in Gleichnamigkeitsfällen

5. Fazit

1. Hinter den meisten Domainstreitigkeiten stehen namens- und kennzeichenrechtliche Ansprüche.   **680**
2. Eine erfolgreiche namens- bzw. kennzeichenrechtliche Domain-Klage setzt voraus:
   a) Fehlende Befugnis des Domaininhabers zur Führung des Namens oder Kennzeichens.
   b) Haben beide Seiten Rechte an der Domain, gilt der Prioritätsgrundsatz „first come, first served".
   c) Es müssen schützenswerte Interessen des Klägers betroffen sein, was insbesondere bei Zuordnungsverwirrung sowie Verwechslungs- oder Verwässerungsgefahr der Fall ist.
3. Im Erfolgsfall kann der Kläger die Freigabe der Domain verlangen; diese beruht auf dem namens- und kennzeichenrechtlichen Unterlassungsanspruch. Ggf. kann auch ein durch die Rechtsverletzung entstandener Schaden geltend gemacht werden; ein direkter Übertragungsanspruch lässt sich daraus aber nicht ableiten.
4. Bei Gleichnamigkeit gilt in der Regel der Prioritätsgrundsatz. Nur bei überragender Verkehrsgeltung (mit einem Bekanntheitsgrad von ca. 80 % und mehr) kann sich auch der prioritätsjüngere Rechtsinhaber durchsetzen. In besonderen Fallgestaltungen sind auch Zwischenlösungen denkbar (z.B. Hinweispflicht auf das Angebot des Gleichnamigen auf der Homepage).

III. Sonstige Problemkreise zu Domainstreitigkeiten

1. Wettbewerbsrechtliche Domainstreitigkeiten

a) Gattungsdomains (Abwerben von Kunden)

Domainstreitigkeiten müssen nicht immer einen namens- oder kennzei-   **681**
chenrechtlichen Hintergrund haben. Denkbar sind auch wettbewerbsrechtliche Konflikte. So war lange Zeit heftig umstritten, ob sog. Gattungsdomains (auch: generische Domains) wettbewerbsrechtlich zulässig sind. Dabei handelt es sich um **beschreibende Domains, die einen ganzen Bereich abdecken** – so z.B. „rechtsanwaelte.de", „mitwohnzentrale.de", „autover-

mietung.com", „presse.de", etc. Denn hinter diesen Domains stand nicht ein Anbieter, der alle Rechtsanwälte, Mitwohnzentralen oder Autovermietungen z. B. durch Links zugänglich machte, sondern eben jeweils nur ein einziger Anbieter aus dieser Branche. Im Markenrecht sind solche Begriffe gar nicht „markenfähig" (sog. Freihaltebedürfnis gem. § 8 Abs. 2 MarkenG, s. o., Rn. 629), weil deren **Monopolisierung durch einzelne Anbieter** verhindert werden soll.

682 Die Frage war, ob man dieses Freihaltebedürfnis auch auf Internet-Domains übertragen kann. Die Gerichte, die dafür waren, beriefen sich darauf, dass Gattungsdomain-Inhaber den Eindruck erweckten, sie seien alleiniger Anbieter; sie würden die **Kundenströme unter Ausschluss von Mitbewerbern auf sich umlenken,** weil viele Internet-Nutzer nicht über die umständlichen Suchmaschinen, sondern durch die Direkteingabe von Domains nach dem Motto „trial and error" nach Angeboten suchen würden. Deshalb sei dieses Vorgehen wettbewerbswidrig.[147]

683 | **Wettbewerbsrechtliche Unzulässigkeit von Gattungsdomains ("rechtsanwaelte. de") – LG München I, CR 2001, 128:**

> *Aus den Gründen:* ... Die Verwendung einer ... Gattungsbezeichnung kann aus nahe liegenden Gründen eine besondere Attraktivität für sich in Anspruch nehmen: Ihre Verwender versprechen sich davon einen erleichterten und damit erhöhten Zugriff auf ihre Websites ... Eine solche Erwartungshaltung wird vor allem durch das Suchverhalten der Internetnutzer gerechtfertigt. Diese bedienen sich bei ihrer Suche häufig der Möglichkeit der Direkteingabe, anstatt auf die Leistungen von Suchmaschinen zuzugreifen. ... Während der Erfolg der Direkteingabe einer Domain ... von deren Existenz abhängt, sieht sich der eine Suchmaschine zur Hilfe nehmende Nutzer meist mit einem nur mit erheblichen Zeitaufwand zu bewältigenden, unübersichtlichen Suchergebnis konfrontiert. Dabei erhält der Suchende regelmäßig unzählige, unbrauchbare Verweise, die es durch das mühsame und zeitraubende Aufrufen der jeweiligen Seite auszusortieren gilt; dies insbesondere dann, wenn das Thema der Suche sehr allgemein gehalten ist ...

684 Die anderen Gerichte betonten, so dumm sei der Verbraucher auch wieder nicht: Wer wirklich durch Direkteingabe von Domains bestimmte Angebote suche, sei sich über das Risiko im Klaren. Deshalb läge keine unlautere Manipulation von Kundenströmen vor. Außerdem gebe die Gattungsdomain ihrem Inhaber **kein Ausschlussrecht** gegenüber anderen (z. B. bezüglich der gleichen Second level domain unter einer anderen TLD) – anders als im Markenrecht, weshalb man das Freihaltebedürfnis bei Marken nicht übertragen könne.[148] Dieser Ansicht hat der Bundesgerichtshof mit der Grund-

---

147 LG Köln, CR 2001, 193 – „zwangsversteigerungen.de"; OLG Celle, MMR 2001, 531 – „anwalt-hannover.de"; so i. E. auch Boehme-Neßler, Cyberlaw, S. 103 f.
148 LG München I, CR 2001, 194, und OLG München, CR 2001, 463 – „autovermietung. com".

satzentscheidung „mitwohnzentrale.de" zum Sieg verholfen, allerdings mit zwei Einschränkungen: Es darf **keine Irreführungsgefahr** vorliegen (was anhand des Einzelfalls zu klären ist) und es darf **keine missbräuchliche Domain-Bündelung** vorliegen, d. h. man darf nicht lauter ähnliche Domains unter der TLD „.de" oder die identische SLD unter vielen verschiedenen TLDs („.de", „.com", „.biz", …) gleichzeitig belegen.[149]

Gattungsbegriff als Domainname („mitwohnzentrale.de") – BGH, CR 2001, 777:

685

Die Verwendung eines beschreibenden Begriffs als Domain-Name ist nicht generell wettbewerbswidrig.

Im Einzelfall kann in der Verwendung eines beschreibenden Begriffs als Domain-Name eine irreführende Alleinstellungsbehauptung liegen.

Aus den Gründen: … Wettbewerbswidrig ist die Beeinträchtigung im Allgemeinen dann, wenn gezielt der Zweck verfolgt wird, den Mitbewerber an seiner Entfaltung zu hindern und ihn dadurch zu verdrängen. Ist eine solche Zweckrichtung nicht festzustellen, muss die Behinderung doch derart sein, dass der beeinträchtigte Mitbewerber seine Leistung am Markt durch eigene Anstrengung nicht mehr in angemessener Weise zur Geltung bringen kann. …

[Es] ist allgemein anerkannt, dass wegen des … Suchverhaltens der Einsatz von Gattungsbezeichnungen als Internet-Adressen zu einer gewissen Kanalisierung der Kundenströme führen kann. Entgegen der Ansicht des Berufungsgerichts haben sich die Bekl. jedoch den Vorteil, der sich aus dem Einsatz der Gattungsbezeichnung „Mitwohnzentrale" als Domain-Name ergibt, nicht in unlauterer Weise zunutze gemacht. … Teilweise wird das Unlautere in der Verwendung eines Gattungsbegriffs als Domain-Name in einer unsachlichen Beeinflussung des Internet-Nutzers gesehen. Der Internet-Nutzer bedarf indessen – von der Gefahr einer Irreführung abgesehen – nicht des Schutzes gegen die Verwendung beschreibender Begriffe. Der Senat geht … von dem Leitbild eines durchschnittlich informierten und verständigen Verbrauchers aus, der das fragliche Werbeverhalten mit einer der Situation angemessenen Aufmerksamkeit verfolgt. Erscheint einem solchen Internet-Nutzer … die Verwendung einer Suchmaschine lästig und gibt er stattdessen direkt einen Gattungsbegriff als Internet-Adresse ein, ist er sich im Allgemeinen über die Nachteile dieser Suchmethode im Klaren. Er ist sich bewusst, dass es auf Zufälle ankommen kann (etwa auf die Schreibweise mit oder ohne Binde- oder Unterstreichungsstrich), ob er auf diese Weise das gesuchte Angebot findet. Lädt der fragliche Gattungsbegriff … ferner nicht zur Annahme einer Alleinstellung des auf diese Weise gefundenen Anbieters ein, erkennt der Internet-Nutzer auch, dass er mit dieser Suchmethode kein vollständiges Bild des Internet-Angebots erhält. …

---

149 Vgl. auch Köhler/Arndt/Fetzer, RdI, Rn. 100 ff.; Strömer, Online-Recht, S. 117 ff.; auch Beater, JZ 2002, 275, 278, zieht in der Abwägung die Begriffsmonopolisierung der strikten – negativen – Gleichbehandlung der Marktteilnehmer als letztlich wettbewerbsfördernde Alternative vor.

Nach der Rechtsprechung liegt ein unlauteres Abfangen von Kunden ... nur dann vor, wenn sich der Werbende gewissermaßen zwischen den Mitbewerber und dessen Kunden stellt, um diesem eine Änderung des Kaufentschlusses aufzudrängen. Bei der Verwendung einer Gattungsbezeichnung als Domain-Name kann nicht von einer entsprechenden Situation ausgegangen werden. Denn das beanstandete Verhalten ist allein auf den eigenen Vorteil gerichtet, ohne dass auf bereits dem Wettbewerber zuzurechnende Kunden in unlauterer Weise eingewirkt würde. Es geht ... nicht um ein Ablenken, sondern um ein Hinlenken von Kunden. ...

Dabei ist unumstritten, dass sich die Verwendung eines Gattungsbegriffs im Einzelfall – nicht zuletzt unter dem Gesichtspunkt einer unzutreffenden Alleinstellungsbehauptung – als irreführend darstellen kann. Darüber hinaus kann sich die Registrierung eines Gattungsbegriffs als Domain-Name dann als missbräuchlich erweisen, z. B. wenn der Anmelder die Verwendung des fraglichen Begriffs durch Dritte dadurch blockiert, dass er gleichzeitig andere Schreibweisen des registrierten Begriffs unter derselben Top-Level-Domain (hier „de") oder dieselbe Bezeichnung unter anderen Top-Level-Domains für sich registrieren lässt. ...

686 Nach Unsicherheiten zur Handhabung der Ausnahme der Irreführungsgefahr[150] hat der BGH die **Messlatte für die Bejahung dieser Ausnahme hoch gelegt** und insbesondere die Startseite des hinter der Domain stehenden Internetauftritts in die Beurteilung der Irreführungsfrage einbezogen.[151]

Irreführungsgefahr bei Gattungsdomains („presserecht.de") – BGH, MMR 2003, 252 m. Anm. Schulte = CR 2003, 355 m. Anm. Hoß = NJW 2003, 662:

Der Gebrauch des Domainnamens „presserecht" durch eine Anwaltskanzlei ist nicht irreführend.

Der aus der Nutzung eines Gattungsbegriffs als Internetdomain resultierende Wettbewerbsvorteil, der sich systembedingt daraus ergibt, dass allein das Prioritätsprinzip gilt und jeder Name nur einmal vergeben werden kann, ist weder unlauter noch generell zu missbilligen.

Aus den Gründen: ... Es liegt nahe und kann vorliegend als richtig unterstellt werden, dass ein Internetnutzer, der durch Direkteingabe des Begriffs Presserecht Zugang zu einer Homepage sucht, erwartet, auf diesem Wege allgemeine Informationen zu dem Thema Presserecht zu erhalten. Derartige Informationen werden dem Nutzer auch gegeben. ... Auf Grund dieser ... Breite des Angebots des Ast., bei dem allgemeine, presserechtlich relevante Informationen mit zusätzlichen Informationen über die Kanzlei des Ast. und ihre Tätigkeitsschwerpunkte gegeben werden, könnte von einer Irreführungsgefahr allenfalls gesprochen werden, wenn der durchschnittlich informierte und verständige Internetnutzer, auf den insoweit maßgeblich abzustellen ist, mit dem

---

150 LG Berlin, MMR 2003, 490 – „deutsches-anwaltsverzeichnis.de" (Irreführungsgefahr bejaht); OLG Frankfurt a. M., MMR 2002, 811 – „drogerie.de" (Irreführungsgefahr verneint).
151 So auch OLG Hamburg, CR 2007, 258 („Deutsches-Handwerk.de").

Gattungsbegriff Presserecht die Vorstellung verbinden würde, der hinter diesem Begriff stehende Anbieter würde mit seiner Homepage ausschließlich das Informationsinteresse der Nutzer befriedigen wollen, ohne dabei eigene, geschäftliche oder berufsbezogene Werbeinteressen zu verfolgen. Dafür besteht nach der Lebenserfahrung kein hinreichender Anhalt. ...

I. Ü. darf bei der rechtlichen Bewertung nicht außer Acht gelassen werden, dass die mögliche Fehlvorstellung eines Internetnutzers über die Person des Anbieters spätestens durch „Aufschlagen" der ersten Seite der Homepage des Ast. ausgeräumt würde. Dem Umstand, dass eine etwaige ursprüngliche Fehlvorstellung auf diese Weise umgehend korrigiert wird, kommt aber eine erhebliche Bedeutung bei der Beantwortung der Frage zu, ob eine relevante Irreführung des Verkehrs vorliegt. ...

In Fortführung dieser Rechtsprechung hat das OLG Dresden zudem festgestellt, dass eine rein beschreibende Domain auch keinen Eingriff in den eingerichteten und ausgeübten Gewerbebetrieb darstellt: **687**

Gattungsdomain kein Eingriff in den eingerichteten und ausgeübten Gewerbebetrieb („kettenzüge.de") – OLG Dresden, CR 2006, 856:

Aus den Gründen: ... Ein Unterlassungsanspruch wegen Eingriffs in den eingerichteten und ausgeübten Gewerbebetrieb nach §§ 1004, 823 Abs. 1 BGB steht der Kl. ebenfalls nicht zu. Nach diesen Vorschriften ist der eingerichtete und ausgeübte Gewerbebetrieb geschützt gegen eine unmittelbare Beeinträchtigung des Gewerbebetriebs als solchen. Der Eingriff muss unmittelbar betriebsbezogen sein, d. h. sich spezifisch gegen den betrieblichen Organismus oder die unternehmerische Entscheidungsfreiheit und nicht nur gegen vom Betrieb ohne Weiteres ablösbare Rechte oder Rechtsgüter richten. Mittelbare Beeinträchtigungen des Betriebes durch Ereignisse, die außerhalb des Betriebes einzutreten drohen und die mit der Wesenseigentümlichkeit des Betriebes nicht in Beziehung stehen, genügen daher nicht. Zu einer solchen mittelbaren Beeinträchtigung zählt etwa die Nichteintragung des Betriebes in ein Branchentelefonbuch. Dem entspricht die hier vorliegende Nichtverfügbarkeit der dem Bekl. gehörenden Top-Level-Domain „www.kettenzüge.de". ... Es fehlt daher die Betriebsbezogenheit des Eingriffs. ...

b) Kombination von Gattungsdomains mit Ortsbezeichnungen (Irreführungsgefahr)

Eng verwandt – aber nicht identisch – mit der Fallgruppe der Gattungsdomains sind die Kombinationsdomains aus Gattungs- und Ortsbezeichnungen. Wenn eine solche Domain bezüglich ihres Inhabers einen unzutreffenden Eindruck erweckt, kann dies im geschäftlichen Verkehr eine wettbewerbswidrige Irreführungsgefahr begründen. Während dem User bei einer allgemeinen Gattungsdomain klar sein muss, dass diese nicht das gesamte Angebotsspektrum dieses beschreibenden Begriffs abdeckt, kann bei der Kombination mit einer Ortsbezeichnung der **Eindruck einer – tatsächlich nicht bestehenden – Spitzen- oder gar Alleinstellung** (bezogen auf den jeweiligen Ort) entstehen. **688**

689   Irreführende Domain I („tauchschule-dortmund.de") – OLG Hamm, MMR 2003, 471 m. Anm. Karl = CR 2003, 522 m. Anm. Beckmann:

Wird in einer Domain der Name eines Geschäftsbetriebs mit einer Ortsbezeichnung verbunden, geht der Verkehr von einer überragenden Stellung des Geschäftsbetriebs in der entsprechenden Branche aus.[152]

Aus den Gründen: ... die Bezeichnung „Tauchschule Dortmund" erweckt nicht nur den Eindruck, dass es sich um eine Tauchschule in Dortmund handelt, sondern dass es sich gewissermaßen um die Tauchschule in Dortmund handelt. Wird – wie hier – die Ortsbezeichnung zugleich mit dem Namen des Geschäftsbetriebs verknüpft, geht der Verkehr von einer überragenden Stellung des so bezeichneten Geschäftsbetriebs in der entsprechenden Branche aus. Im Verkehr mag zwar bekannt sein, dass es in einer Stadt von der Größe Dortmunds noch weitere Tauchschulen geben mag, sodass hier keine Alleinstellungswerbung vorliegt. Es liegt aber zumindest eine Spitzenstellungswerbung vor. Denn die Gleichsetzung des Namens der Tauchschule mit dem Stadtnamen, wo sie residiert, erweckt auch den Eindruck einer Gleichsetzung mit der Größe der so in Bezug genommenen Stadt. Die Kunden gewinnen den Eindruck, dass es in Dortmund jedenfalls eine Tauchschule, die sich mit der Bekl. vergleichen kann, nicht gibt, wenn der Bekl. glaubt, allein schon durch die Wahl des Namens der Stadt, in der er residiert, sich hinreichend von den anderen Tauchschulen abgrenzen zu können. ...

690   Irreführende Domain II („rechtsanwaelte-dachau.de") – OLG München, CR 2002, S. 757 = NJW 2002, 2113:

Der durchschnittlich verständige Internetnutzer wird wegen der Kombination des Bestandteils „rechtsanwaelte" mit dem Städtenamen „dachau" unter dieser Domainbezeichnung nicht eine einzelne Kanzlei, sondern ein örtliches Anwaltsverzeichnis vermuten.[153]

Aus den Gründen: ... Eine Angabe ist irreführend i.S.v. § 3 UWG, wenn sie die Wirkung einer unzutreffenden Angabe hat, d.h. den von ihr angesprochenen Verkehrskreisen einen unrichtigen Eindruck vermittelt. Für den Begriff der Irreführung ist es erforderlich, aber auch ausreichend, dass die Angabe zur Täuschung des Verkehrs und zur Beeinflussung seiner Entschließung geeignet ist; es genügt die Gefahr einer Täuschung. ... Der situationsadäquat durchschnittlich aufmerksame, informierte und verständige Internetnutzer (Verbraucher), der nach Rechtsanwälten im Raum Dachau per Internet sucht, wird wegen der Kombination des Bestandteils „rechtsanwaelte" mit dem Städtenamen „dachau" unter dieser Domainbezeichnung nicht eine einzelne Kanzlei, sondern ein örtliches Anwaltsverzeichnis mit einer Auflistung sämtlicher Rechtsanwälte im Raum Dachau oder jedenfalls in der Stadt Dachau vermuten. ... Für die Irreführung (Irreführungsgefahr) reicht es aus, dass sich der angesprochene Verkehr aufgrund der irreführenden Angaben überhaupt erst oder näher mit dem Angebot befasst. Schon das Anlocken durch irreführende Angaben, das dem Werbenden einen wettbewerblichen Vorsprung verschafft, ist unzulässig.

---

152 Leitsatz vom Autor.
153 Leitsatz vom Autor.

Insoweit ist es für § 3 UWG ausreichend, dass potentielle Mandanten durch die Domainbezeichnung *www.rechtsanwaelte-dachau.de* veranlasst werden, die Homepage der Bekl. aufzurufen und sich mit dieser zu beschäftigen. …

Die vorstehende Beurteilung steht nicht im Widerspruch dazu, dass nach der Rechtsprechung des Bundesgerichtshofs mit der Verwendung des Domain-Namens *www.rechtsanwaelte.de* keine Irreführungsgefahr verbunden ist. Bei der Domainbezeichnung www.rechtsanwaelte.de erkennt der Verkehr von vornherein, dass unter der betreffenden Internetadresse nicht das gesamte Angebot an Rechtsanwaltskanzleien in Deutschland repräsentiert wird. Anders liegt der Fall hier durch den örtlichen Bezug infolge des Bestandteils „dachau". …[154]

In der Folgezeit hat die obergerichtliche Rechtsprechung die **Anforderungen an die Irreführungsgefahr erhöht.** So hat das OLG Hamm in der Verbindung „anwaltskanzlei-ortsname.de" noch keine Spitzenstellungsbehauptung gesehen, weil diese erst durch die Hinzufügung des bestimmten Artikels („die-anwaltskanzlei-ortsname.de") begründet werde.

691

Irreführende Domain IV: Erforderlichkeit des bestimmten Artikels („anwalts-kanzlei-ortsname.de") – OLG Hamm, MMR 2009, 50:

692

Aus den Gründen: … Mit der Führung dieser Domain suggerieren die Ag. nicht, dass ihnen unter den in E. ansässigen Rechtsanwälten eine Spitzenstellung zukommt, … Eine solche Spitzenstellungswerbung lässt sich nicht schon damit begründen, dass die fragliche Domain nur einmal vergeben wird … Dabei ist zu berücksichtigen, dass dem Verkehr bekannt ist, dass eine Domain nur einmal vergeben werden kann und dass diese Vergabe nach dem Prioritätsgrundsatz erfolgt. Von daher weiß der Verkehr, dass die Vergabe einer Domain als solche noch nichts darüber besagt, ob diese Vergabe im Hinblick auf den Aussagegehalt der Domain zu Recht erfolgt ist. Auch der Gesichtspunkt des Umleitens von Kundenströmen führt nicht zur Irreführung. Der Vorteil, den derjenige erlangt, der ein knappes Gut für sich sichern will, ist nicht per se wettbewerbswidrig. … In der Regel setzt eine Spitzenstellungswerbung zumindest voraus, dass einer Bezeichnung der bestimmte Artikel vorangestellt wird, weil bei dessen Betonung der jeweilige Geschäftsbetrieb gemäß den allgemeinen Sprachgewohnheiten als hervorgehoben erscheint. … Eine solche Herausstellung leistet auch nicht der Ortsname E. Dem Verkehr ist es nämlich bekannt, dass es in großen Städten eine Fülle von Rechtsanwaltskanzleien gibt. Von daher misst der Verkehr der Anfügung des Ortsnamens nur die Bedeutung der Angabe des Sitzes der Kanzlei zu. …

---

154 Eine Feinheit stellt noch der Umstand dar, dass das OLG München bei Verwendung des Singulars „rechtsanwalt" in Verbindung mit einem Ortszusatz gebilligt hat („rechtsanwalt-kempten.de"), weil dann klar sei, dass unter dieser Adresse kein Verzeichnis erwartet werden könne; mit der Tauchschulenargumentation, dass damit eine Alleinstellungs- oder zumindest Spitzenwerbung verbunden sein könnte, setzt sich das Gericht nicht auseinander. Hingegen für unzulässig gehalten haben diese Konstellation das OLG Celle, MMR 2001, 531 („anwalt-hannover.de") und das LG Duisburg, NJW 2002, 2114 („anwalt-muehlheim.de").

2. Domain-Grabbing

693 Mit dem Begriff „Domain-Grabbing" wird die sittenwidrige Blockade einer Domain zu Lasten eines Namens- oder Markeninhabers bezeichnet. Dies ist insbesondere dann der Fall, wenn sich jemand freie Domains sichert, die aber nicht für ihn selbst, sondern für andere (mit entsprechenden Namen oder Marken) interessant sind, um sie dann später **den Namens- und Markeninhabern für teures Geld („Lösegeld")** anzubieten. In rechtlicher Hinsicht ist der Geschäftsgedanke dieser sogenannten „Namens-Piraterie"[155] im Internet für den „Grabber" aber nicht erfolgreich. Der Namens- oder Markeninhaber kann aus dem Namens- bzw. Markenrecht die **kostenlose Freigabe der Domain verlangen,** weil er logischerweise die besseren Rechte daran hat; neben namens- und kennzeichenrechtlichen Ansprüchen sind – z. B. bei rein beschreibenden Domains – auch wettbewerbsrechtliche Ansprüche (Behinderung, Irreführung, u. a.) oder deliktsrechtliche Ansprüche bei Eingriff in den eingerichteten und ausgeübten Gewerbebetrieb (§§ 823 Abs. 1, 826 BGB) denkbar.[156]

694 Eine Sonderform des Domain-Grabbing liegt vor, wenn der „Grabber" die Domain zwar nicht verkaufen, aber doch **zulasten des Rechteinhabers wirtschaftlich verwerten** will. Das ist auch dann der Fall, wenn er die mit der Domain verbundene Homepage als Werbefläche anbietet.

> **Sonderform des Domain-Grabbing durch Vermietung von Werbeflächen („champagner.de") – LG München I, CR 2001, 191:**
>
> *Aus den Gründen:* … Entgegen dem Versuch der Bekl., ihr Handeln als nicht wirtschaftlich orientiert und i. S. eines freien Internetzugangs für alle Bewerber darzustellen, ist die Kammer überzeugt, dass das Vorgehen der Bekl. von handfesten wirtschaftlichen Motiven geprägt ist. Der Bekl. geht es nicht um die altruistische Einrichtung eines Informationsportals für Champagner, sondern um den Verkauf von Werbeflächen auf ihrer Homepage. … Die Bekl. versucht daher in Kenntnis der Rspr. zur Domain-Registrierung in einer neuen Spielart Kapital aus der Reservierung von Domain-Namen zu erwirtschaften. … Die Bekl. versucht – ohne in irgendeiner Weise hierzu berechtigt zu sein –, von der herausragenden Bekanntheit der geografischen Herkunftsangabe „Champagner" zu profitieren … Das Interesse der Bekl. unterscheidet sich bei Berücksichtigung der gesamten Umstände und der Interessenlage der Parteien nicht von dem eines solchen Domain-Inhabers, dessen Ziel es ist, die Domain zum Verkauf anzubieten. In beiden Fällen ist es Ziel des Inhabers, die Inhaberschaft für sich wirtschaftlich auszunutzen, ohne einen sonstigen nachvollziehbaren Bezug zu der Domain zu haben …

695 Schließlich kann Domain-Grabbing eine **Erpressung** und bei Marken außerdem eine **Kennzeichenverletzung im strafrechtlichen Sinn** darstellen: Das LG München II (CR 2001, 847) beispielsweise hatte über einen Angeklagten zu urteilen, der in neun Fällen von den Berechtigten Beträge zwi-

---

155 Vgl. Fechner, Medienrecht, Kap. 12 Rn. 241.
156 Strömer, Online-Recht, S. 121 ff.; Köhler/Arndt/Fetzer, RdI, Rn. 95 ff.; Boehme-Neßler, Cyberlaw, S. 111 ff.

schen 6 000 und 14 900 DM für die Domainübertragung gefordert, aber nicht erhalten hat, und in drei weiteren Fällen Beträge zwischen 2 500 und 4 000 DM gefordert und erhalten hat. In zehn weiteren Fällen hatte der Angeklagte sich Domainnamen reservieren lassen, ohne dass es zu einem Kontakt mit den Berechtigten gekommen ist. Dem Gericht erschien es tat- und schuldangemessen, den Angeklagten für die neun Fälle der vollendeten strafbaren Kennzeichenverletzung und versuchten Erpressung zu je drei Monaten Freiheitsstrafe, für die drei Fälle der vollendeten strafbaren Kennzeichenverletzung und vollendeten Erpressung zu je vier Monaten Freiheitsstrafe und für die zehn Fälle der versuchten strafbaren Kennzeichenverletzung zu je einem Monat Freiheitsstrafe zu verurteilen. Auch wenn daraus eine erheblich unter der Summe dieser Einzelstrafen liegende Gesamtstrafe gebildet wurde, zeigt das Urteil doch, dass Domain-Grabbing keineswegs nur als Kavaliersdelikt angesehen wird.

3. Mitstörerhaftung von DENIC

Da DENIC mit der Domainregistrierung einen kausalen und notwendigen **696** Tatbeitrag zu einer mit der Domain verbundenen Rechtsverletzung leistet, stellt sich die Frage, ob DENIC nach den Grundsätzen der verschuldensunabhängigen Störerhaftung (s. o., Rn. 307, 365) in Domainstreitigkeiten einbezogen werden kann. Immerhin hat DENIC die **uneingeschränkte tatsächliche Sachherrschaft über die Konnektierung der Domains** und könnte so ohne großen Aufwand einem Unterlassungsanspruch zum Durchbruch verhelfen; doch würde DENIC eine Domain wegen eines ungerechtfertigten Unterlassungsanspruchs dekonnektieren, hätte sie Schadensersatzansprüche des Domaininhabers zu erwarten. Deshalb würde eine Störerhaftung von DENIC eine – ggf. sehr komplexe und diffizile – **juristische Prüfung des Konflikts zwischen Domaininhaber und Rechtsinhaber durch DENIC selbst** – mit den damit verbundenen Kosten, die über die Gebühren auf alle Domaininhaber umgelegt werden müssten – notwendig machen. Da DENIC aber nicht (auch noch) die **Rolle eines „Domaingerichts"** übernehmen soll (und will), kann keine weitreichende Störerhaftung in Betracht kommen.

Genau aus diesem Grund zeichnet sich das Domain Name System nach **697** RFC 1591 von den durch Domains ermöglichten Rechtsverletzungen frei; erst wenn der Domaininhaber **gerichtlich zur Unterlassung der Domainnutzung verurteilt** ist, muss die Registrierungsstelle handeln.

RFC 1591 (Domain Name System Structure and Delegation) – Ziff. 4.1:

4. Rights to Names

1) Names and Trademarks

In case of a dispute between domain name registrants as to the rights to a particular name, the registration authority shall have no role or responsibility other than to provide the contact information to both parties. The registration of a domain name does not have any Trademark status. It is up to the requestor to be sure he is not violating anyone else's Trademark.

698 Dieses **Prinzip der „bewussten Verantwortungslosigkeit"** hat auch DENIC in ihre Vergabegrundsätze übernommen, wonach

> „DENIC … zu keinem Zeitpunkt [prüft], ob die Registrierung der Domain für oder ihre Nutzung durch den Domaininhaber Rechte Dritter verletzt" (§ 2 Abs. 2 DDB).

Gleichwohl sichert sich DENIC auch im Innenverhältnis zum Domaininhaber ab, indem sie sich von diesem von allen Ansprüchen Dritter wegen Rechtsverletzungen durch die Domains freistellen lässt (§ 5 Abs. 4 DDB).

699 Diese Grundsätze hat der BGH in einer Grundsatzentscheidung zur Haftung von DENIC akzeptiert. Danach wird eine (Mit-)Störerhaftung von DENIC für rechtsverletzende Domains in der **Registrierungsphase** generell verneint; damit trägt der BGH der vollautomatischen Abwicklung dieser Phase Rechnung. In der daran anschließenden (**Dauer-)Phase der Konnektierung** ist DENIC allerdings zur Löschung dann verpflichtet, wenn sie einen ausdrücklichen **Hinweis auf eine offenkundige Rechtsverletzung** erhält; dies setzt entweder eine rechtskräftige Verurteilung des Domaininhabers oder einen für die DENIC-Mitarbeiter auf Anhieb erkennbaren Rechtsverstoß (z. B. Verletzung einer Marke mit überragender Verkehrsgeltung) voraus.[157]

700 **Haftung von DENIC bei Verletzung Rechte Dritter („ambiente.de") – BGH, MMR 2001, 671:**

Die für die Registrierung von Domain-Namen unter der Top-Level-Domain (TLD) „.de" zuständige DENIC ist vor der Registrierung grds. weder unter dem Gesichtspunkt der Störerhaftung noch als Normadressatin des kartellrechtlichen Behinderungsverbots zur Prüfung verpflichtet, ob der angemeldete Domain-Name Rechte Dritter verletzt.

Wird die DENIC von einem Dritten darauf hingewiesen, dass ein registrierter Domain-Name seiner Ansicht nach ein ihm zustehendes Kennzeichenrecht verletzt, kommt eine Haftung als Störerin oder eine kartellrechtliche Haftung für die Zukunft nur in Betracht, wenn die Rechtsverletzung offenkundig und für die DENIC ohne weiteres feststellbar ist. Im Regelfall kann die DENIC den Dritten darauf verweisen, eine Klärung im Verhältnis zum Inhaber des umstritten Domain-Namens herbeizuführen.

Aus den Gründen: … Weil die Störerhaftung … nicht über Gebühr auf Dritte erstreckt werden darf, die nicht selbst die rechtswidrige Beeinträchtigung vorgenommen haben, setzt die Haftung des Störers die Verletzung von Prüfungspflichten voraus. Deren Umfang bestimmt sich danach, ob und inwieweit dem als Störer Inanspruchgenommenen nach den Umständen eine Prüfung zuzumuten ist … Wie weit die Prüfungspflichten eines möglichen Störers reichen, hat der Senat unter Berücksichtigung der Funktion und Aufgabenstellung des als Störer Inanspruchgenommenen sowie mit Blick auf die Eigen-

---

157 Vgl. auch Köhler/Arndt/Fetzer, RdI, Rn. 153 ff.; Boehme-Neßler, Cyberlaw, S. 118 ff.

verantwortung des unmittelbar handelnden Dritten beurteilt. Um die Arbeit der Betroffenen nicht über Gebühr zu erschweren und die Verantwortlichen nicht zu überfordern, wurde beispielsweise nur eine eingeschränkte Prüfungspflicht angenommen, wenn der Störungszustand für den als Störer Inanspruchgenommenen nicht ohne weiteres oder nur mit unverhältnismäßigem Aufwand erkennbar ist. Für die Phase der ursprünglichen Registrierung sind der Beklagten nach diesen Grundsätzen unter Berücksichtigung ihrer Funktion und Aufgabenstellung sowie mit Blick auf die Eigenverantwortung des Anmelders keine Prüfungspflichten zuzumuten. ... Die Beklagte, die nur wenige Mitarbeiter beschäftigt, versucht das Registrierungsverfahren insbesondere dadurch effektiv zu gestalten und eine möglichst schnelle und preiswerte Registrierung zu gewährleisten, dass sie die angemeldeten Domain-Namen in einem automatisierten Verfahren allein nach dem Prioritätsprinzip vergibt, ohne dabei zu prüfen, ob an der angemeldeten Bezeichnung Rechte Dritter bestehen. Nur auf diese Weise war die Beklagte bislang in der Lage, die Registrierung einer großen Zahl von Second-Level-Domains zu bewältigen. Jede Prüfung – auch wenn sie sich auf völlig eindeutige, für jedermann erkennbare Verstöße beschränken würde – ließe sich mit dem bewährten automatisierten Verfahren nicht in Einklang bringen.

Aber auch wenn die Beklagte von einem Dritten auf eine – angebliche – Verletzung seiner Rechte hingewiesen wird, treffen sie nur eingeschränkte Prüfungspflichten. In dieser zweiten Phase ist die Beklagte nur dann gehalten, eine Registrierung zu löschen, wenn die Verletzung der Rechte Dritter offenkundig und für die Beklagte ohne weiteres feststellbar ist. Auch für diese zweite Phase gilt, dass weiterreichende Prüfungspflichten die Beklagte überfordern und ihre Arbeit über Gebühr erschweren würden.

Die Prüfung der rechtlichen Zulässigkeit einer bestimmten Domain-Bezeichnung fällt ... grundsätzlich zunächst allein in den Verantwortungsbereich des Anmelders. ... Die Beklagte könnte ihre Aufgabe nicht mehr in der gewohnt effizienten Weise erfüllen, wenn sie verpflichtet wäre, in jedem Fall, in dem ein Dritter eigene Rechte an einer registrierten Domain-Bezeichnung geltend macht, in eine rechtliche Prüfung einzutreten. ... Anders liegt es nur dann, wenn die Beklagte ohne weitere Nachforschungen zweifelsfrei feststellen kann, dass ein registrierter Domain-Name Rechte Dritter verletzt. Bei solchen offenkundigen, von dem zuständigen Sachbearbeiter der Beklagten unschwer zu erkennenden Rechtsverstößen kann von der Beklagten erwartet werden, dass sie die Registrierung aufhebt. Die ... Verletzung von Kennzeichenrechten kann die Beklagte ... nur dann unschwer erkennen, wenn ihr ein rechtskräftiger gerichtlicher Titel vorliegt oder wenn die Rechtsverletzung derart eindeutig ist, dass sie sich ihr aufdrängen muss ... Eine Markenrechtsverletzung kann ... für die Beklagte allenfalls dann offensichtlich sein, wenn der Domain-Name mit einer berühmten Marke identisch ist, die über eine überragende Verkehrsgeltung auch in allgemeinen Verkehrskreisen verfügt ...

Hieraus folgt auch, dass von DENIC nicht (vorbeugend) verlangt werden **701** kann, bestimmte **Domains nicht zu registrieren.** Daher kann niemand – selbst bei überragender Verkehrsgeltung – eine seinem Namens- oder Kennzeichenrecht entsprechende oder auch nur verwechslungsfähige Domain bei DENIC auf Dauer – und mit Wirkung gegenüber jedermann – sperren lassen (wenn er sie selbst nicht für sich registrieren lassen will). Denn zum einen müsste dann doch wieder in der Registrierungsphase eine Prüfung erfolgen, und zum anderen kann dann u. U. doch noch ein Gleichnamiger auftreten, der nicht ausgeschlossen werden darf. Diese schmerzliche Erfahrung mussten die größte deutsche Fluggesellschaft Lufthansa bezüglich „Tippfehler-Domains" zu „Lufthansa" (z. B. „lufthnasa", „lufhtansa", „lutfhansa", „lfthansa")[158] und der vormalige sächsische Ministerpräsident Kurt Biedenkopf bezüglich seiner Namensdomain („kurt-biedenkopf.de") machen.

702 | **Kein dauerhafter Domain-Sperrungsanspruch („kurt-biedenkopf.de") – BGH, MMR 2004, 467 = CR 2004, 531 = NJW 2004, 1793:**

Dem Namensinhaber, der die Löschung eines Domainnamens wegen Verletzung seiner Rechte veranlasst hat, steht ein Anspruch auf „Sperrung" des Domainnamens für jede zukünftige Eintragung eines Dritten nicht zu. Die für die Vergabe von Domainnamen zuständige DENIC ist auch bei weiteren Anträgen Dritter auf Registrierung desselben Domainnamens grundsätzlich nicht zu der Prüfung verpflichtet, ob die angemeldete Bezeichnung Rechte des Namensinhabers verletzt.

Aus den Gründen: ... Die Bekl. zu 2 [DENIC] gebraucht mit der bloßen Registrierung und Verwaltung die Internetadresse nicht namensmäßig. ... [DENIC] verwendet] den registrierten Domainnamen auch nicht zur Bezeichnung eines Dritten (des Anmelders) mit einem dieser Person nicht zukommenden Namen. Vielmehr stellt sie lediglich die technischen Voraussetzungen für die (namensmäßige) Verwendung der Internetadresse durch den Anmelder her. ... Die Bekl. zu 2 haftet ... nicht ... als Störerin ... Eine Störerhaftung setzt die Verletzung von Prüfungspflichten voraus. ... Die Bekl. zu 2 treffen bei der Erstregistrierung eines Domainnamens grds. keinerlei Prüfungspflichten. ... Die Verletzung einer Prüfungspflicht der Bekl. zu 2 kann folglich ... nicht damit begründet werden, es habe sich bei der Anmeldung durch den Bekl. zu 1 [Anmelder] um einen – auch für die Bekl. zu 2 – offensichtlichen Rechtsverstoß gehandelt, weil dieser mit der beantragten Domain, die mit dem Namen einer allseits bekannten Person der Zeitgeschichte übereinstimmte, namentlich nicht identisch war. ...

... Anerkennenswerte Interessen des Kl. gebieten eine andere Beurteilung nicht. Wird ein eingetragener Domainname gelöscht, weil wie im vorliegenden Fall die Berechtigung des Anmelders vom Namensträger bestritten wird, so kann dieser den Domainnamen für sich selbst registrieren und vor der Eintragung seinen Rang durch einen so genannten Dispute-Eintrag bei der Bekl. zu 2 absichern lassen. Will er wie der Kl. den Domainnamen nicht für sich selbst als Internetadresse in Anspruch nehmen, kann er, sofern die spätere Registrierung des Domainnamens für einen anderen seine Rechte verletzt, von der Bekl. zu 2 Löschung verlangen, wenn die konkrete Rechtsverletzung offenkundig und für die Bekl. zu 2 ohne weiteres feststellbar ist. Da der Kl. somit seine Interessen ... hinreichend wahren kann, ist es nicht geboten, der Bekl. zu 2 nach der Lö-

---

158 Das LG Frankfurt a. M., MMR 2009, 704, hat eine entsprechende Klage der Lufthansa gegen DENIC abgewiesen: „Eine Verpflichtung der Bekl. ..., bestimmte Zeichenfolgen als Domain nicht ... zu registrieren, sowie die damit einhergehende vorbeugende Sperrungsverpflichtung und eine Negativliste in Bezug auf bestimmte Zeichenfolgen als Bestandteile (künftiger) Domains würde der vom BGH hervorgehobenen Bedeutung der Automatisierung für das Registrierungsverfahren gerade zuwiderlaufen."

schung des Domainnamens bei einer erneuten Registrierung für einen neuen Anmelder irgendwelche Prüfungspflichten aufzuerlegen. ... I. Ü. kann ... nicht davon ausgegangen werden, dass jede denkbare Registrierung eines Dritten unter der Domain einen offensichtlichen und für die Bekl. zu 2 erkennbaren Rechtsverstoß darstellt. Ein namensgleicher Dritter könnte sich auf das Prioritätsprinzip berufen, weil der Kl. bislang weder seinen Namen hat registrieren noch sich seinen Rang durch einen sog. Dispute-Eintrag hat absichern lassen ...

Daraus folgt außerdem, dass DENIC (erst recht) – zumindest im Normal- **703** fall – nicht für Rechtsverstöße verantwortlich gemacht werden kann, die sich nicht aus der Domain, sondern aus der dahinter stehenden Webseite ergeben.

Keine Haftung von DENIC für Webseiten-Inhalte unter „.de"-Domains – OLG Hamburg, CR 2005, 523:

Aus den Gründen: ... Die Antragsgegnerin treffen schon bei der (...) Erstregistrierung eines Domain-Namens grundsätzlich keinerlei Prüfungspflichten, denn sie nimmt ihre Aufgabe, die Second-Level-Domains unterhalb der deutschen Top-Level-Domain „de" zu vergeben und zu verwalten, im Interesse sämtlicher Internet-Nutzer und zugleich im öffentlichen Interesse wahr. ... Hieraus ergibt sich für den vorliegenden Sachverhalt zunächst, dass die Antragsgegnerin erst recht keine Prüfungspflicht für – irgendeine – Werbung auf den Seiten der Domain (...) bis zu deren positiven Kenntnis trifft und traf ...; da die Antragsgegnerin insoweit keine Pflichtverletzung begangen haben konnte, scheidet insoweit eine Störerhaftung aus. Denn es würde der Aufgabe und Zielsetzung der Antragsgegnerin zuwiderlaufen, wenn sie von sich aus die Inhalte von Webseiten irgendwie zu überprüfen hätte. ...

Es mögen durchaus Fallgestaltungen denkbar sein, in denen der Inhalt einer Webseite ein solches Ausmaß einer Rechtsverletzung darstellt, dass bei deren positiver Kenntnis die Antragsgegnerin trotz ihrer besonderen Aufgabenstellung verpflichtet wäre, gegenüber dem jeweiligen Vertragspartner die für die Unterbindung erforderlichen Schritte (von einer Kündigung bis zur Beendigung der Konnektierung) zu unternehmen. Je nach Art und Intensität des Rechtsverstoßes auf der Webseite könnten die Handlungspflichten der Antragsgegnerin (etwa die zur Fristsetzung usw.) auch unterschiedlich sein. ...

4. Internationale Domainstreitigkeiten (Schiedsverfahren)

Bei internationalen Domainstreitigkeiten hat sich das bereits 1999 von **704** ICANN eingeführte Schiedsverfahren „**Uniform Domain-Name Dispute-Resolution Policy**" (UDRP) – ergänzt durch die „Rules for Uniform Domain Name Dispute Resolution Policy" (RUDRP) – durchgesetzt. Die von ICANN zertifizierten Registrierungsstellen für alle gTLDs (.aero, .asia, .biz, .cat, .com, .coop, .info, .jobs, .mobi, .museum, .name, .net, .org, .pro, .tel und .travel) wenden das UDRP-Verfahren an.[159] Dabei handelt es sich nicht um ein für die Streitparteien freiwilliges Schiedsgerichtsverfahren, sondern

---

159 Vgl. <www.icann.org/en/udrp/udrp.htm>; zur geringen Akzeptanz bei den nationalen Vergabestellen siehe Stotter, MMR 2002, 11; ausführlich Köhler/ Arndt/Fetzer, RdI, Rn. 142 ff.

um ein kraft Autorität der Registrierungsstellen etabliertes Streitentschei-
dungsverfahren, dem sich alle Domaininhaber mit der Anerkennung der
jeweiligen Vergabeordnung unterwerfen müssen.[160]

705 Das **Verfahren** wird mit der Einreichung der Beschwerdeschrift und Zahlung
der Verfahrensgebühr (1 500 US-$ bei einem einköpfigen und 4 000 US-$
bei einem dreiköpfigen Spruchkörper) gestartet; während des Verfahrens
wird die Domain „eingefroren" (ähnlich dem DENIC-Dispute-Eintrag)
und kann nicht mehr übertragen werden. Der Domaininhaber (d. h. Be-
schwerdegegner) hat nach Zustellung der Beschwerdeschrift eine 20-tägige
Erwiderungsfrist, in der er auch mitteilen muss, ob er (im Hinblick auf die
Kostenfolgen) einen drei- oder nur einköpfigen Spruchkörper wünscht. Anschließend ernennt ein von ICANN akkreditiertes Schiedsgericht (Dispute
Resolution Provider)[161] den oder die Richter, die aus einer Liste im internationalen Kennzeichenrecht qualifizierter Personen ausgewählt werden.
Binnen zwei weiterer Wochen erfolgt dann die **Entscheidung**; diese gibt
der Beschwerde dann statt, wenn der Beschwerdeführer eine Namens- oder
Kennzeichenverletzung dartun kann, ohne dass der Domaininhaber dies
durch ein eigenes berechtigtes Interesse an der Domain erschüttern kann.[162]

706 Im Erfolgsfall wird – je nach Antrag – die Übertragung oder Löschung der
Domain angeordnet. Die **Zuständigkeit staatlicher Gerichte** bleibt hiervon
unberührt. Weist der unterlegene Domaininhaber binnen zehn Tagen nach
Entscheidungszustellung nach, dass er die staatliche Gerichtsbarkeit eingeschaltet hat, wird die schiedsgerichtliche Entscheidung ausgesetzt. Das
UDRP-Verfahren bietet – v. a. wegen seines meist rein schriftlichen und
elektronischen Verfahrensablaufs – eine **schnelle und kostengünstige Klärung** des Konflikts, ist aber **nur für einfache bzw. eindeutige Fälle** geeignet,
weil es ansonsten allenfalls als verlängerndes Vorverfahren zu einem ordentlichen Gerichtsverfahren anzusehen ist.[163]

707 Zwischen Verfahrenseinführung am 1. 1. 2000 und dem 10. 5. 2004 wurden auf der Grundlage der UDRP **insgesamt 15 710 Verfahren** zu 9 377 Domains durchgeführt, davon endeten 13 311 Verfahren zu 7 790 Domains
mit einer Entscheidung.[164] Dabei wurde die Domain in 10 719 Verfah-

---

160 Bettinger, CR 2000, 234, 235.
161 Als solche „Dispute Resolution Provider" sind derzeit anerkannt das Asian Do-
     main Name Dispute Resolution Centre (ADNDRC) seit 2002, The National Ar-
     bitration Forum (NAF) seit 1999, das WIPO Arbitration and Mediation Center
     seit 1999 und das Czech Arbitration Court (CAC) seit 2008, vgl. <www.icann.
     org/en/dndr/udrp/approved-providers.htm>; ausgeschieden sind das Internatio-
     nal Institute for Conflict Prevention and Resolution (CPR) und eResolution
     Consortium (eRes), vgl. <www.icann.org/en/dndr/udrp/former-providers.htm>.
162 Bettinger, CR 2000, 234, 235 ff.; Köhler/Arndt/Fetzer, RdI, Rn. 146 ff.
163 Bettinger, CR 2000, 234, 237 f., 239; vgl. auch Köhler/Arndt/Fetzer, RdI,
     Rn. 149; Boehme-Neßler, Cyberlaw, S. 122.
164 Die höhere Verfahrenszahl gegenüber der jeweils betroffenen Domainzahl
     zeigt, dass es eine nicht unerhebliche Zahl von Domains gibt, über die mehrere
     Verfahren angestrengt wurden.

ren auf den Beschwerdeführer übertragen und in 60 Verfahren gelöscht; 1892 Verfahren endeten mit einer Zurückweisung der Beschwerde und 640 mit einer Vergleichsentscheidung.[165]

5. Fazit

1. Domainstreitigkeiten können auch einen wettbewerbsrechtlichen Hintergrund haben. **708**
   a) Dies gilt vor allem für das Problem der (allgemein beschreibenden) Gattungsdomains. Die damit eventuell verbundenen Vorteile (bei einem auf Direkteingabe basierenden Suchverhalten) sind ausgehend vom Leitbild des mündigen Verbrauchers wettbewerbsrechtlich nicht – etwa als Kundenabfangen oder als Alleinstellungsbehauptung – zu beanstanden. Etwas anderes gilt nur in besonders gelagerten Missbrauchsfällen oder bei Irreführungsgefahr, die unter Einbeziehung der unter der Domain zu erreichenden Homepage zu bestimmen ist.
   b) In der Kombination mit Ortsbezeichnungen wird der Eindruck einer Alleinstellungsbehauptung wesentlich eher bejaht, was eine wettbewerbsrechtlich zu beanstandende Irreführungsgefahr begründet.
2. Die gezielte sittenwidrige Blockade von Domains, die Rechte Dritter verletzen, um sie dann diesen Dritten gegen „Lösegeld" zu überlassen, wird „Domain-Grabbing" genannt. Das Opfer braucht sich darauf nicht einzulassen, sondern kann die kostenfreie Domainfreigabe verlangen; zudem ist Domain-Grabbing strafbar (Kennzeichenrechtsverletzung, Erpressung).
3. DENIC kann – obgleich „Herrin" der .de-Domains – in aller Regel nicht auf Löschung einer rechtsverletzenden Domain im Wege der verschuldensunabhängigen Mitstörerhaftung in Anspruch genommen werden, weil ihr im Rahmen ihres automatisierten Registrierungsverfahrens eine juristisch-inhaltliche Prüfung der Domains nicht zuzumuten ist. Auch auf einen ausdrücklichen Hinweis hin muss DENIC eine Domain nur löschen, wenn der Rechtsverstoß offenkundig ist oder ein rechtskräftiges Urteil vorliegt. Dasselbe gilt (erst recht) für die Inhalte einer Webseite unter einer „.de"-Domain.
4. Im internationalen Bereich (bei allen gTLDs) wird meist nach dem ICANN-Schiedsverfahren UDRP/RUDRP verfahren, das sehr zügig und kostengünstig ist, aber nur für relativ klare Rechtsverstöße geeignet ist. Der ordentliche Rechtsweg ist unabhängig davon eröffnet.

---

165 Zahlen nach <www.icann.org/udrp/proceedings-stat.htm>; eine neuere Statistik bietet ICANN leider nicht an, allerdings weist die täglich aktualisierte Verfahrenssuchmaske unter <www.icann.org/cgi-bin/udrp/udrp.cgi> am 31.10.2009 insgesamt 18754 Verfahren aus.

Kapitel 5: ecommerce

709 Im elektronischen Geschäftsverkehr (eCommerce) wird zwischen Handelsgeschäften **von Unternehmen mit Unternehmen** (business-to-business-Geschäften, kurz: „b2b") einerseits und **von Unternehmen mit (End-) Kunden** (business-to-consumer-Geschäfte, kurz: „b2c") andererseits unterschieden. Während die „b2b"-Geschäfte regelmäßig in Extranets oder auf der Grundlage von Rahmenverträgen mit entsprechenden Festlegungen zu den verschiedenen Rechtsproblemen stattfinden, erfolgen die „b2c"-Geschäfte teilnehmeroffen und ohne vertragliche Rahmenvorgaben über das Internet.[1] Aus diesem Grund konzentriert sich dieses Kapitel auf den „b2c"-Bereich.

710 Eine weitere Unterscheidung setzt an der **Art der Vertragserfüllung** an. Von **Offline-Geschäften** spricht man, wenn der Vertragsschluss zwar online, die Leistungserbringung aber offline erfolgt (z. B. bei einer Lieferung von im Internet bestellten Kleidungsstücken oder Möbeln). **Online-Geschäfte** demgegenüber setzen neben dem elektronischen Vertragsschluss auch eine Online-Vertragserfüllung voraus, was allerdings eine digitalisierbare Dienstleistung voraussetzt (z. B. bei einer kostenpflichtigen Nutzung einer über das Internet zugänglichen Datenbank).[2]

A. Elektronischer Vertragsschluss

I. Allgemeine Probleme

1. Angebot und Annahme

711 Das Zustandekommen eines Vertrages setzt **zwei deckungsgleiche Willenserklärungen**[3] voraus, nämlich Angebot und Annahme. Das Austauschen dieser beiden Erklärungen kann **unter Anwesenden** – also bei gleichzeitiger Anwesenheit der Erklärenden (besonders augenfällig bei der Eheschließung, die nur unter Anwesenden möglich ist) – geschehen (vgl. § 147 Abs. 1 BGB), aber auch **unter Abwesenden** (§ 147 Abs. 2 BGB); Letzteres ist bei Vertragsschlüssen im Internet der Fall.

---

1 Köhler/Arndt/Fetzer, RdI, Rn. 162; Boehme-Neßler, Cyberlaw, S. 127 ff.
2 Vgl. Köhler/Arndt/Fetzer, RdI, Rn. 163 ff.; zur Frage, ob ein echter Online-Vertrag wegen fehlender Körperlichkeit der Ware kaufrechtlich (als Werklieferungsvertrag) oder werkvertragsrechtlich einzuordnen ist, vgl. Spindler/Klöhn, CR 2003, 81.
3 Eine Willenserklärung i. S. d. §§ 116 ff. BGB ist definiert als eine auf einen rechtlichen Erfolg gerichtete Willensäußerung mit Rechtsbindungswillen.

Hier stellt sich beim Offline-Vertragsschluss die Frage der **Abgrenzung zwi-   712
schen dem Angebot und der Einladung zur Abgabe eines Angebots** (sog.
„invitatio ad offerendum"). So wie der Print-Warenkatalog eines Versand-
hauses nur als invitatio zu werten ist, gilt dies auch für normale Leistungs-
angebote im Internet. Es ist im Regelfall nicht davon auszugehen, dass der
Verkäufer mit der Einstellung von Waren oder Dienstleistungen bereits ein
bindendes Angebot abgeben will (weil er dies – je nach Lagerkapazität –
gar nicht gegenüber allen Usern erfüllen könnte), sondern nur „Werbung
macht", also den User zur Abgabe eines Kaufvertragsangebots in Gestalt
einer Bestellung ermuntern möchte.[4]

Internetangebot = invitatio ad offerendum – LG Essen, MMR 2004, 49:   **713**

**Das Einstellen eines Warenangebots im Internet stellt kein Angebot, son-
dern lediglich eine invitatio ad offerendum dar.[5]**

Aus den Gründen: ... die Kl. [hat nicht] durch ihre Bestellung ... ein Kaufver-
tragsangebot der Bekl. angenommen ... Zu diesem Zeitpunkt lag ein wirksames Angebot der Bekl. nicht vor, da es sich bei dem Einstellen des Wa-
rensortiments im Internet nicht um ein solches handelt, sondern um die
Bereitschaftserklärung zur Entgegennahme entsprechender Angebote (sog.
invitatio ad offerendum). ...

Folglich ist (erst) die Kundenbestellung als Angebot zu werten. Die **Annah-   714
me seitens des Verkäufers** kann ausdrücklich oder konkludent – z. B. durch
die Erfüllung, also Zusendung der Ware – erklärt werden. Bei Verträgen von
Unternehmern mit Endverbrauchern muss der Zugang der Bestellung unverzüglich auf elektronischem Weg bestätigt werden (§ 312e Abs. 1 Satz 1
Nr. 3 BGB);[6] je nach Formulierung dieser in aller Regel vollautomatisch
erfolgenden „**Auto-Reply-Erklärung**" kann diese auch als Annahme verstanden werden. Hierfür ist der Empfängerhorizont – also auf die verständige Wahrnehmung durch den Kunden – maßgeblich. Ist die Bestätigung
so zu verstehen, dass beim Absender ein **Annahme- bzw. Erfüllungswille**
vorliegt, ist von einer Annahme und damit von einem verbindlichen Vertragsschluss auszugehen; so z. B. dann, wenn neben der Eingangsbestäti-
gung auch eine umgehende Ausführung des Auftrags in Aussicht gestellt
wurde.[7] Auch wenn die Rechtsprechung hier noch uneinheitlich ist, sollte
der Verkäufer – der nach § 312e Abs. 1 Satz 1 Nr. 3 BGB nur zur Eingangs-
bestätigung, nicht aber zur Angebotsannahme verpflichtet ist – in seiner
Auto-Reply-Erklärung sprachlich klarstellen, dass er – nur – den Eingang
bestätigt, aber noch nicht das Angebot annimmt. Denkbar wäre etwa folgende Formulierung:

---

4 Vgl. Köhler/Arndt/Fetzer, RdI, Rn. 173; gegen die Anwendbarkeit der invitatio-
   Grundsätze Boehme-Neßler, Cyberlaw, S. 141 f.
5 Leitsatz vom Autor.
6 Köhler/Arndt/Fetzer, RdI, Rn. 188, wollen diese Pflicht auch auf den nichtun-
   ternehmerischen Verkäufer ausdehnen.
7 LG Köln, MMR 2003, 481 = CR 2003, 613; a. A. LG Essen, MMR 2004, 49;
   ausführlich Stockmar/Wittwer, CR 2005, 118.

„Lieber Kunde, hiermit bestätigen wir den Eingang Ihrer Bestellung folgender Ware: ... (§ 312e Abs. 1 Satz 1 Nr. 3 BGB). Eine Vertragsbestätigung ist damit noch nicht verbunden; Sie hören bald wieder von uns. Mit freundlichen Grüßen ...“

715 An einer rechtlich erheblichen Willenserklärung für einen Vertragsschluss fehlt es allerdings, wenn der Erklärende erkennbar ohne Rechtsbindungswillen handelt. Das ist insbesondere dann der Fall, wenn ein User (scheinbar) kostenlose Angebote im Internet (z. B. einen Routenplaner) in Anspruch nehmen möchte und die zu diesem Zweck verlangte Registrierung mit seinen persönlichen Daten vornimmt. Leider passiert es dann nicht selten, dass der User unerwartet eine Rechnung für das angeblich kostenlose Angebot erhält. Die Rechnungshöhe bewegt sich dabei meist in einer Höhe, die zwar spürbar ist, aber viele Leute vom Gang zum Rechtsanwalt noch abhält (59–84 €[8]). Umso drastischer wird das Zahlungsverlangen mit Mahnungen und Anwaltsschreiben eingefordert. In diesen Fällen, für die sich der Begriff **„Vertragsfallen im Internet"** eingebürgert hat, liegt kein Vertragsschluss, sondern eine besonders dreiste Form des Betrugs oder versuchten Betrugs vor.[9] Und sollte doch einmal eine Auslegung der Registrierungserklärung als bindende Vertragswillenserklärung auszulegen sein, stehen dem User eine Reihe von Gegenstrategien zur Verfügung (Einstufung des Vertrages als sittenwidrig wegen Missverhältnis von Leistung und Gegenleistung, Widerruf gem. §§ 312d, 355 BGB und Anfechtung).[10]

2. Zugang von Willenserklärungen

716 Eine Willenserklärung unter Abwesenden wird erst mit deren **Zugang beim Adressaten** wirksam (§ 130 Abs. 1 Satz 1 BGB). Dies setzt zunächst voraus, dass die Willenserklärung in den **Machtbereich des Empfängers** gelangt ist. Für eine elektronisch übersandte Willenserklärung bedeutet dies, dass sie auf dem Server des Haus-(Access-)Providers des Empfängers angekommen sein muss[11] – entsprechend zu einer klassischen Banküberweisung, die auch erst dann schuldbefreiend für den Überweisenden wirkt, wenn das Geld

8 Buchmann/Majer/Hertfelder/Vögelein, NJW 2009, 3189.
9 Buchmann/Majer/Hertfelder/Vögelein, NJW 2009, 3189, 3193 f.; Ellbogen/ Saerbeck, CR 2009, 131, 134 f.
10 Ausführlich zur rechtlichen Bewertung und zu den Gegenstrategien Buchmann/ Majer/Hertfelder/Vögelein, NJW 2009, 3189; Ellbogen/Saerbeck, CR 2009, 131.
11 Ellenberger, Palandt, § 130 Rn. 7a; aus einem erfolgreichen Übertragungsprotokoll einer abgesandten eMail kann ein Anscheinsbeweis für den entsprechenden Zugang hergeleitet werden, wenn das Protokoll durch eine DNS-Erweiterung den erfolgreichen Eingang beim Empfänger an den Absender rückmeldet, vgl. Köhler/Arndt/Fetzer, RdI, Rn. 181; Mankowski, NJW 2004, 1901; für einen „OK"-Vermerk auf einem Fax-Sendebericht hatte dies der BGH verneint, vgl. Strömer, Online-Recht, S. 314.

bei der Bank des Gläubigers angekommen ist. Wird dann die eMail beim Empfänger-Provider – aus welchen Gründen auch immer – nicht im Account des Empfängers abrufbereit gehalten (oder der überwiesene Betrag nicht auf dem Konto des Empfängers gutgeschrieben), hat dies im Verhältnis Absender/Empfänger Letzterer zu vertreten; etwaige finanzielle Nachteile, die dem Empfänger hierdurch entstehen, muss dieser dann bei seinem Hausprovider aus vertraglicher Haftung geltend machen.[12]

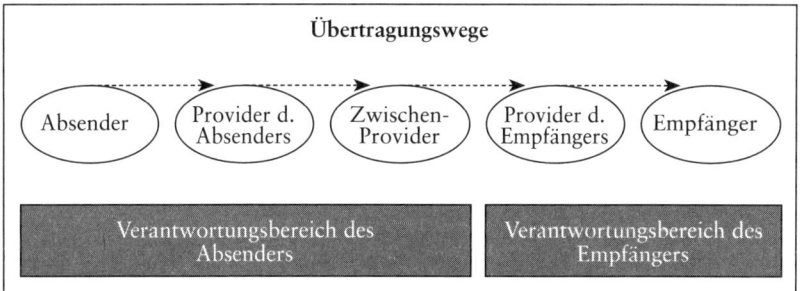

717

Übersicht 24: Verantwortungsbereich des Absenders und des Empfängers

Des Weiteren setzt ein wirksamer Zugang voraus, dass mit einer Kenntnisnahme seitens des Empfängers **nach normaler Lebenserfahrung gerechnet** werden darf. So ist beispielsweise längst anerkannt, dass ein am Abend in den Hausbriefkasten eingeworfener Brief erst am nächsten Vormittag, wenn üblicherweise nach dem Posteinwurf des Briefträgers der Briefkasten geleert wird, zugegangen ist.[13]

718

Zugang bei Briefeinwurf in den Hausbriefkasten – BGH, NJW 2008, 843:

Wird ein Schriftstück erst am 31. Dezember nachmittags in den Briefkasten eines Bürobetriebes geworfen, in dem branchenüblich Silvester nachmittags – auch wenn dieser Tag auf einen Werktag fällt – nicht mehr gearbeitet wird, so geht es erst am nächsten Werktag zu.

Für den Zugang elektronischer Post haben sich noch keine derart gefestigten Gepflogenheiten herausgebildet. Jedoch kann im geschäftlichen Verkehr – insbesondere bei **Widmung des elektronischen Postfachs für die geschäftliche Nutzung** (z. B. bei entsprechender Nennung auf dem Firmenbriefbogen) – während der **regulären Geschäfts-/Bürostunden** von einem jederzeitigen und sofortigen Zugang ausgegangen werden. Bei einer **privaten Account-Nutzung** kommt es darauf an, in welcher Regelmäßigkeit und wann der Empfänger seine eMails abruft, ob er diesen Kommunikationskanal auch für verbindliche Handlungen eröffnet hat (also im Rechtsver-

719

---

12 Vgl. Strömer, Online-Recht, S. 315.
13 Ellenberger, Palandt, § 130 Rn. 6.

kehr – auch – mit seiner eMail-Adresse auftritt) und ob dieses dem Absender bekannt ist.[14]

720 **Zugang von eMails im Geschäftsverkehr – LG Nürnberg-Fürth, CR 2003, 293 = MMR 2003, 620 (Ls.):**

Aus den Gründen: ... [Der Kläger] tritt ... im Geschäftsverkehr unter Verwendung beider genannter Internet-Adressen auf. Aus diesem Grund gilt eine elektronische Erklärung am Tag des Eingangs in den elektronischen Empfängerbriefkasten als zugegangen. Mit Eingang der Erklärung in die Mailbox des Empfängers geht das Verlust- und Verzögerungsrisiko auf diesen über, da es zum Risikobereich des Empfängers gehört, wenn Störungen in seinem Machtbereich eintreten, beispielsweise der unterlassene Abruf seiner Mailbox. Der Umstand, dass die E-Mails dem Kl. während dessen Urlaubs zugesandt wurden, ist für die Feststellung des Zugangs der Mitteilung unschädlich. ...

3. Anfechtung

721 Unterlag einer der Vertragspartner bei der Abgabe seiner Willenserklärung einem Irrtum, kann er diese Erklärung anfechten und so den geschlossenen **Vertrag hinfällig machen** (§§ 119, 142 Abs. 1 BGB). Er ist dann jedoch dazu verpflichtet, dem Vertragspartner den **Schaden zu ersetzen**, den dieser durch sein Vertrauen auf den Bestand des Vertrages erlitten hat, z. B. bereits getätigte Aufwendungen zur Vertragserfüllung oder Ablehnung eines anderen Vertragsangebots zum gleichen Gegenstand (§ 122 BGB). Dieses Anfechtungsrecht gilt nur für **Erklärungsirrtümer** (wenn durch Verschreiben, Vertippen o. Ä. die Erklärung etwas anderes aussagt, als der Erklärende will und denkt)[15] und für **Inhaltsirrtümer** (wenn die Erklärung bei objektiver Auslegung aus Sicht des Empfängerhorizonts etwas anderes aussagt, als der Erklärende subjektiv darunter verstanden hat).[16] Sogenannte **Motivirrtümer sind unbeachtlich** (z. B. die Braut kauft ein teures Brautkleid ohne zu wissen, dass der Bräutigam bereits die Auflösung der Verlobung vorbereitet).[17] Darüber hinaus muss die Anfechtung fristgerecht (nämlich ohne schuldhaftes Zögern, § 121 BGB) und gegenüber dem Vertragspartner (§ 143 BGB) erfolgen.

722 Besondere Bedeutung für die Online-Vertragsschlüsse kommt dabei dem **Erklärungsirrtum durch Vertippen oder Verrutschen des Cursors beim Klicken der Maustaste** zu.[18] Bietet beispielsweise jemand im Internet einen gebrauchten Smart, der zwei Jahre alt ist, 17 000 km Laufleistung hat und unfallfrei ist, auf Grund eines Zahlendrehers für 1 900 € statt 9 100 € an,

---

14 Vgl. Köhler/Arndt/Fetzer, RdI, Rn. 176 ff.; Strömer, Online-Recht, S. 315 f.; BT-Drs. 14/4987, S. 11. Für eine differenzierte Behandlung des Zugangs von eMails und eMail-Anhängen siehe Wietzorek, MMR 2007, 156.
15 Ellenberger, Palandt, § 119 Rn. 10.
16 Ellenberger, Palandt, § 119 Rn. 11 ff.
17 Ellenberger, Palandt, § 119 Rn. 29; Köhler/Arndt/Fetzer, RdI, Rn. 194 ff.
18 Köhler/Arndt/Fetzer, RdI, Rn. 198; Boehme-Neßler, Cyberlaw, S. 147.

kann er einen Erklärungsirrtum geltend machen. Weil hier der Preis schon auffällig günstig ist, entfällt auch die Schadensersatzpflicht; denn der Käufer musste bei diesem Angebot vernünftigerweise davon ausgehen, dass der Preis nicht stimmt (vgl. § 122 Abs. 2 BGB). Aber auch ein – im Verantwortungsbereich des Erklärenden aufgetretener – **Fehler im Datentransfer** kann zu einer nicht gewollten Preisangabe führen und eine Anfechtung wegen Erklärungsirrtums rechtfertigen.

Erklärungsirrtum bei Fehler im Datentransfer – BGH, NJW 2005, 976 = JZ 2005, 791 m. Anm. Spindler = CR 2005, 355 m. Anm. Ernst = MMR 2005, 233:

723

Aus den Gründen: ... Die Klägerin wollte auf ihrer Internetseite für das Notebook den Verkaufspreis von 2 650 € angeben, den ihr zuständiger Mitarbeiter festgelegt hatte. Die tatsächlich auf der Internetseite erschienene Preisangabe von 245 € entsprach daher nicht ihrem Erklärungswillen. Zwar ist der Irrtum in der Erklärungshandlung nicht dem Mitarbeiter der Klägerin selbst unterlaufen, da er den von ihm festgelegten Verkaufspreis zutreffend in ihr Warenwirtschaftssystem eingegeben hat. Vielmehr beruhte die Änderung des eingegebenen Verkaufspreises auf einem Fehler im Datentransfer durch die im übrigen beanstandungsfrei laufende Software. Die Verfälschung des ursprünglich richtig Erklärten auf dem Weg zum Empfänger durch eine unerkannt fehlerhafte Software ist als Irrtum in der Erklärungshandlung anzusehen. Denn es besteht kein Unterschied, ob sich der Erklärende selbst verschreibt beziehungsweise vertippt oder ob die Abweichung vom gewollten Erklärungstatbestand auf dem weiteren Weg zum Empfänger eintritt. Dies ergibt sich auch aus § 120 BGB, wonach eine Willenserklärung, welche durch die zur Übermittlung verwendete Person oder Einrichtung unrichtig übermittelt worden ist, unter der gleichen Voraussetzung angefochten werden kann wie nach § 119 BGB eine irrtümlich abgegebene Willenserklärung. ... Keine andere Beurteilung ist gerechtfertigt, wenn – wie im vorliegenden Fall – aufgrund fehlerhaften Datentransfers ein Übermittlungsfehler geschieht, bevor die Willenserklärung den Bereich des Erklärenden verlassen hat.

Entgegen der Auffassung der Revision handelt es sich nicht um einen Irrtum in der Willensbildung bzw. in der Erklärungsvorbereitung. Die Klägerin hat ihren Erklärungswillen fehlerfrei gebildet, indem ihr zuständiger Mitarbeiter den Verkaufspreis für das Notebook auf 2 650 € festlegte und dieser Betrag nach ihrer Vorstellung vom Ablauf des verwendeten Computerprogramms in die Produktdatenbank der Internetseite übernommen werden sollte. Der vorliegende Fall ist daher auch nicht mit einem ... (verdeckten) Kalkulationsirrtum vergleichbar, bei dem der bereits im Stadium der Willensbildung unterlaufene Fehler als Irrtum im Beweggrund (Motivirrtum) grundsätzlich nicht zur Anfechtung berechtigt, auch wenn die falsche Berechnung auf Fehlern einer vom Erklärenden verwendeten Software beruht. Denn die Angabe des falschen Betrags von 245 € beruhte nicht auf einer fehlerhaften Berechnung des Preises im Stadium der Willensbildung der Klägerin, sondern auf einem nachfolgenden Fehler bei der Übertragung der Daten. ...

Umstritten ist noch, ob auch eine **falsche Preisangabe in einer** (als verbindliche Annahme zu wertenden) **Auto-Reply-Erklärung** zur Irrtumsanfechtung berechtigt. Da die Erklärung nur elektronisch generiert wird und die Vertragsdaten aus der invitatio ad offerendum übernimmt, ist deren falsche

724

Preisangabe als technische Fortsetzung des (Tipp-)Fehlers beim Einstellen der Ware bzw. Dienstleistung ins Netz anzusehen (§§ 119, 120 BGB).[19] Dementsprechend muss die Irrtumsanfechtung dann möglich sein.

725 ⁝ **Falsche Preisangabe in einer Auto-Reply-Erklärung – OLG Frankfurt a. M., MMR 2003, 405:**

⁝ *Aus den Gründen:* ... Auch eine automatisierte, vom Computer erstellte Erklärung unterliegt den Regeln der Willenserklärung und ist damit einer Anfechtung zugänglich. ... Da ... der Rechner nur Befehle ausführt, die zuvor mittels Programmierung von Menschenhand festgelegt worden sind, hat jede automatisch erstellte Computererklärung ihren Ursprung in einer menschlichen Handlung, die von dem Erklärenden veranlasst wurde und die auf seinen Willen zurückgeht. Auch Computererklärungen sind deshalb als Willenserklärungen dem jeweiligen Betreiber zuzurechnen. ... Der Irrtum, der der Bekl. hier unterlaufen ist, unterliegt den Regeln des Übermittlungsirrtums gem. § 120 BGB. Zurückzuführen ist dieser Irrtum auf eine von der Bekl. nicht erkannte Formeländerung in der Software durch den Provider, die letztlich bewirkte, dass die von der Bekl. in ihrem Auftragssystem korrekt erfassten glatten DM-Beträge unter Setzen zweier Kommastellen (aus DM 7215 wurden DM 72,15) in die Datenbank des Providers und von dort in die Internetdatenbank transportiert wurden. ...

4. Beweiskraft (einfacher) eMails

726 Viele Online-Verträge werden durch einfache – also nicht qualifiziert elektronisch signierte – eMails geschlossen. Bestreitet nun beispielsweise der Verkäufer, dass die Annahme-eMail von ihm stammt, stellt sich im Prozess die Frage, ob einer vorgelegten einfachen eMail eine Beweiskraft – zumindest als **Anscheinsbeweis**[20] – bezüglich der **Identität seines Absenders** zukommt. Verneint man die Qualität als Anscheinsbeweis, führt dies faktisch zu einer Beweislastumkehr zu Lasten des Empfängers, der in aller Regel keine Möglichkeit hat, den Beweis zu erbringen, dass die eMail auch wirklich vom darin genannten Absender stammt; weiter wird zugunsten einer Anerkennung von eMails als Anscheinsbeweis ins Feld geführt, dass entsprechende Manipulationen, durch die eine eMail so aussieht, als sei sie von jemand anderem, strafbar (§§ 269, 303a StGB) und technisch sehr anspruchsvoll sind.[21] Des Weiteren ist § 292a ZPO, der den Anscheinsbeweis nur für qualifiziert elektronisch signierte Dokumente angeordnet hat und folglich Dokumenten mit deutlich geringerer Sicherheitsqualität diesen Beweiswert verwehrt hat,[22] im Jahr 2005 durch § 371a ZPO ersetzt worden; danach können jetzt qualifiziert elektronisch signierte Dokumente die

---

19 So i. Erg. OLG Hamm, NJW 2004, 2601 = MMR 2004, 761; a. A. allerdings LG Köln, MMR 2003, 481 = CR 2003, 613; Köhler/Arndt/Fetzer, RdI, Rn. 200.
20 Zum Begriff des Anscheinsbeweises s. o., Rn. 260 m. w. N.
21 Mankowski, CR 2003, 44; die Informatiker unter meinen Hörern haben bei diesem Argument allerdings eine erhebliche Heiterkeit gezeigt.
22 Roßnagel/Pfitzmann, NJW 2003, 1209; OLG Köln, CR 2003, 55; LG Konstanz, MMR 2002, 835.

volle Beweiskraft wie „klassische" Urkunden beanspruchen.[23] Für einfache eMails besteht dadurch Spielraum für die Anerkennung als Anscheinsbeweis; bislang scheint die Rechtsprechung diesen Spielraum jedoch nicht nutzen zu wollen und berücksichtigt eMails lediglich im Rahmen der freien richterlichen Beweiswürdigung.[24] Wird die Identität vom Absender dagegen nicht bestritten, kann auch eine einfache eMail mit ihrem Inhalt als ordentliches Beweismittel (Urkundsbeweis) verwendet werden.

Beweislast für Identität des Erklärenden bei eMails – LG Bonn, CR 2002, 293, m. Anm. Hoeren: **727**

Aus den Gründen: ... Die Kl. ist ... abzuweisen, weil nicht feststeht, dass es der Bekl. war, der das Gebot ... abgegeben hat. Die Beweislast hierfür liegt ... bei dem Kl. Grundsätzlich trägt jede Partei die Beweislast dafür, dass der Tatbestand der ihr günstigen Rechtsnorm erfüllt ist. Danach musste der Kl. hier das Zustandekommen eines Vertrages mit dem Bekl., d.h. auch die Abgabe der vertragsbegründenden Willenserklärung durch diesen beweisen. Eine davon abweichende Verteilung der Beweislast aus Billigkeitsgesichtspunkten ist auch im Hinblick auf die dem Vertragsschluss zugrunde liegenden Gefahrenbereiche nicht geboten. Es handelt sich hier um die Gefahr eines Eingriffs von unbefugten Dritten in die Online-Kommunikation zwischen zwei Geschäftspartnern. Dieser Gefahr haben sich beide Parteien gleichermaßen ausgesetzt. ...

... nach dem derzeitigen Stand der Verschlüsselungsmöglichkeiten (kann) nicht davon ausgegangen werden, dass der Handelnde tatsächlich mit der Person identisch ist, auf die der verwendete Namen registriert wurde. Des Weiteren erfolgt die Erstanmeldung für die Nutzung der von GMX betriebenen Website allein online, so dass die Identität des Teilnehmers als eindeutig feststehend angesehen werden kann. Vielmehr hätte sich bspw. jede beliebige Person unter Eintragung des Namens und der Postanschrift des Bekl. bei GMX registrieren lassen können. Die entsprechenden personenbezogenen Angaben kann der Anmeldende im Allgemeinen allein anhand des Telefonbuchs ermitteln. ...

5. Vertragsschluss durch autonome elektronische Agenten

Angesichts der gigantischen Informations- und Angebotsfülle im Internet **728** gibt es inzwischen **Computerprogramme**, die dem Nutzer dabei helfen, das vorhandene Angebot bestimmter Waren im Internet zu strukturieren. Solche Programme können in besonders entwickelten Versionen sich den Vorlieben des Nutzers zunehmend anpassen und über die Informationssuche hinaus auch die **Verhandlungsführung bis hin zum Vertragsabschluss gestalten**; der Nutzer erfährt von seinen vertraglichen Bindungen dann erst aus dem Bericht seines Agenten. Diese Softwareprodukte[25] werden „elektronische Agenten" oder „Softwareagenten" genannt.[26]

---

23 Dazu ausführlich Roßnagel/Fischer-Dieskau, NJW 2006, 806.
24 Köhler/Arndt/Fetzer, RdI, Rn. 291.
25 Cornelius, MMR 2002, 353.
26 Da erscheint die Science-Fiction-Vision einer Machtübernahme durch die Maschinen im Film „Matrix" gar nicht mehr so unwahrscheinlich.

729 Fraglich ist jedoch, ob ein solcher „Vertragsschluss" juristisch bindend ist. Die hierfür nötigen Willenserklärungen implizieren jeweils eine menschliche Handlung. Mangels Menschlichkeit und mangels eigener Rechtspersönlichkeit kann der elektronische Agent nicht als Vertreter i. S. d. §§ 164 ff. BGB angesehen werden; außerdem liefe sonst die Haftung für den falsus procurator (§ 179 BGB) ins Leere, weshalb auch Analogien nicht möglich sind.[27] Der Agent muss also eine Willenserklärung des ihn einsetzenden Nutzers „überbringen". Im Kern geht es daher um die Frage, welcher **Grad menschlicher Beeinflussung** für die vom Agenten abgegebene Willenserklärung erforderlich ist. So könnte man die **Erstellung einer Willenserklärung** „im gestreckten Verfahren" konstruieren, bei der sich Mensch und Maschine die Arbeit teilen. Die **abstrakte Vorgabe der Zieldaten** (z. B. Kauf einer Stereoanlage mit Tuner, CD-Player und Radio, ohne Boxen, die neuwertig sein und unter 1 000 € kosten soll) stellt dann als eine auf die automatische Erstellung einer Willenserklärung gerichtete Vorbereitungshandlung den „menschlichen" Part dar.[28] Lässt man dies als den notwendigen menschlichen Mitwirkungsakt ausreichen, wäre der Vertragsschluss für den Nutzer, der den Agenten so einsetzt, bindend.

730 Doch handelt es sich dabei um eine m. E. **zu weitgehende Entpersönlichung der Willenserklärung.** Die Software kann nur Unterstützung bieten, die rechtlich erhebliche – konkrete – Entscheidung muss dem mit Rechtspersönlichkeit ausgestatteten Menschen vorbehalten bleiben. Bei der Konstruktion einer Willenserklärung „im gestreckten Verfahren" bleibt der Wille des Erklärenden noch zu abstrakt; die **nicht unwesentliche Willenskonkretisierung** kann nicht allein durch den Agenten erfolgen. Hinzu kommt, dass ein Vertragsschluss in aller Regel den Schlusspunkt eines **interaktiven Kommunikationsprozesses** darstellt, was durch die vielfältigen verbraucherschützenden Informationspflichten besonders augenfällig wird; hieran nimmt aber der mit einem Agenten arbeitende Nutzer nicht teil. Bei einer Bejahung des rechtlich bindenden Vertragsschlusses wären zudem verschiedene **Folgeprobleme** (z. B. Behandlung von Irrtümern, Einbeziehung von AGBs)[29] nicht systemgerecht lösbar.

6. Fazit

731 1. Ein online geschlossener Vertrag setzt Angebot und Annahme voraus. Dabei wird eine Internetpräsentation von Waren oder Dienstleistungen regelmäßig als invitatio ad offerendum anzusehen sein, so dass erst die Bestellung des Kunden das Angebot darstellt. Die für den Fernabsatz vorgeschriebene Auto-Reply-Erklärung kann je nach Formulierung als Annahme gewertet werden. Nimmt ein User jedoch nur eine Registrierung bei einem scheinbar kostenlosen In-

---

27 Cornelius, MMR 2002, 353, 354 f.
28 Cornelius, MMR 2002, 353, 355.
29 Vgl. Cornelius, MMR 2002, 353, 358.

ternetangebot vor, fehlt es in aller Regel schon am Rechtsbindungswillen; daran ändert das oft sehr aggressive Einfordern angeblicher
Zahlungspflichten bei solchen „Vertragsfallen im Internet" nichts.

2. Der Zugang von eMails ist erst zu bejahen, wenn diese beim Haus-
Provider des Empfängers angekommen sind und mit einem Abrufen
durch den Empfänger gerechnet werden kann. Im gewerblichen Bereich ist dies zu regulären Arbeitszeiten sofort der Fall; im privaten
Bereich hängt es von den diesbezüglichen Dispositionen des jeweiligen Empfängers ab.

3. Eine per eMail übersandte Willenserklärung kann nach den allgemeinen Anfechtungsregelungen angefochten werden, insbesondere
wegen (Erklärungs-)Irrtums durch Vertippen.

4. Einfachen eMails wird regelmäßig keine Beweiskraft als Anscheinsbeweis zugestanden, während qualifiziert elektronisch signierte
eMails gesetzlich als vollwertige Beweismittel wie eine „klassische"
Urkunde anerkannt sind.

5. Der Einsatz autonomer elektronischer Agenten kann bei der Suche
nach geeigneten Angeboten hilfreich sein; der Vertragsschluss kann
aber nicht „im gestreckten Verfahren" der Software überlassen bleiben.

II. Internet-Auktionen

Selten hat sich eine Erscheinungsform im Internet so durchgesetzt wie die **732**
Auktionsplattformen, allen voran „eBay". Sowohl für Neuware wie für
gebrauchte Dinge handelt es sich um eine **äußerst attraktive Verkaufsmög-
lichkeit**, was vor allem daran liegt, dass das Angebot in ganz Deutschland
Interessierten zur Verfügung steht und so einen großen potenziellen Abneh-
mermarkt erreicht. Die Beliebtheit geht inzwischen sogar soweit, dass auch
der Staat davon offiziell Gebrauch machen will. So sieht das „Gesetz über
die Internetversteigerung in der Zwangsvollstreckung und zur Änderung
anderer Gesetze"[30] in § 814 Abs. 2 Nr. 2 ZPO ausdrücklich die Möglichkeit
vor, dass sich der Gerichtsvollzieher bei einer öffentlichen **Versteigerung im
Rahmen der Zwangsvollstreckung** auch für eine „allgemein zugängliche
Versteigerung im Internet über eine Versteigerungsplattform" entscheiden
kann.

1. Angebot und Annahme

a) Bei einer normalen Versteigerung stellt das Gebot des Bieters das An- **733**
gebot und der **Zuschlag des Versteigerers** die Annahme dar, § 156 BGB.
Für solche Versteigerungen gilt **das für Fernabsatzverträge gewöhnlich geltende Widerrufsrecht** gem. § 312d Abs. 1 BGB nicht, § 312d Abs. 4 Nr. 5

---

30 Gesetz vom 30. Juli 2009, BGBl. I, S. 2474.

BGB. Während hier aber die Angebotsannahme durch den Verkäufer erfolgt, sieht dies bei Internet-Auktionen in der Regel anders aus. Hier wird üblicherweise ein Versteigerungsgegenstand ins Netz gestellt und zugleich erklärt, das in einem bestimmten Zeitraum eingegangene Höchstgebot anzunehmen. Dann stellt aber dieses verkäuferseitige Handeln das Angebot dar, während die Abgabe des höchsten Gebots durch den Käufer bereits die Annahme bedeutet.[31] Dann ist für § 156 BGB – und damit auch für die Ausnahme vom Widerrufsrecht – kein Raum mehr.[32]

734 **Zustandekommen eines Kaufvertrags bei einer Internetauktion („ricardo.de") – BGH, MMR 2002, 95 m. Anm. Spindler = JZ 2002, 504 m. Anm. Hager:[33]**

Aus den Gründen: ... Ein Vertragsschluss nach § 156 BGB scheidet im Streitfall aus, weil auf das Gebot des Kl. kein Zuschlag erfolgt ist. ... Ein Vertrag ist jedoch nach den allgemeinen Vorschriften der §§ 145 ff. BGB zu Stande gekommen. Außer Frage steht, dass das online abgegebene Höchstgebot des Kl. eine wirksame, auf den Abschluss eines Kaufvertrags mit dem Bekl. gerichtete Willenserklärung darstellt. ... [Auch] auf Seiten der Bekl. [fehlt es] nicht an einer entsprechenden Willenserklärung. Diese liegt ... darin, dass der Bekl. die von ihm eingerichtete Angebotsseite für die Versteigerung seines Pkw mit der (ausdrücklichen) Erklärung freischaltete, er nehme bereits zu diesem Zeitpunkt das höchste, wirksam abgegebene Kaufangebot an. Dabei kann – weil für die Rechtsfolgen ohne Bedeutung – dahingestellt bleiben, ob die Willenserklärung des Bekl. rechtlich ... als Verkaufsangebot und das spätere Höchstgebot des Kl. als dessen Annahme zu qualifizieren sind oder ob, wie es der Wortlaut der vom Bekl. abgegebenen Erklärung nahe legt ..., die Willenserklärung des Bekl. eine – rechtlich zulässige – vorweg erklärte Annahme des vom Kl. abgegebenen Höchstgebots darstellt. ... Die vom Bekl. abgegebene Erklärung i.V.m. der zugleich bewirkten Freischaltung seiner Angebotsseite [stellt] eine auf den Verkauf des angebotenen PKW gerichtete Willenserklärung dar ... und nicht lediglich eine unverbindliche Aufforderung zur Abgabe von Angeboten (invitatio ad offerendum). ... Das Berufungsgericht hat ... zu Recht nicht allein auf den Inhalt der Angebotsseite, der bei der Online-Auktion auf dem Bildschirm erscheint, abgestellt, sondern die Erklärung einbezogen, welche der Bekl. bei der Freischaltung abzugeben hatte, um die Freischaltung zu bewirken ..., und die der Bekl. durch Anklicken der entsprechend vorformulierten Erklärung bei der Freischaltung auch tatsächlich abgegeben hat. Diese ausdrückliche Erklärung des Bekl., die zwar auf der Angebotsseite selbst nicht erschien, aber [dem Auktionshaus] r.de als Empfangsvertreter des Kl. zugegangen ist, stellt i.V.m. dem Inhalt der Angebotsseite, auf den sie sich bezog, die auf den Abschluss

---

31 Denkbar ist natürlich auch, dass man das verkäuferseitige Handeln als vorab erklärte Annahme des als Angebot zu wertenden Höchstgebotes ansieht; im Einzelfall kann es hierfür auch auf die AGBs des Auktionshauses ankommen, vgl. Deutsch, MMR 2004, 586.

32 Strömer, Online-Recht, S. 346; Köhler/Arndt/Fetzer, RdI, Rn. 317 ff. Zum Einstellen von Angeboten in die Rubrik „Sofort-kaufen" bei eBay, siehe LG Saarbrücken, MMR 2004, 556, und AG Moers, MMR 2004, 563. Boehme-Neßler, Cyberlaw, S. 175, kommt zum Ergebnis, dass § 156 BGB auf Online-Auktionen generell anzuwenden sei.

33 So im Ergebnis auch die Vorinstanz, OLG Hamm, CR 2001, 122 = MMR 2001, 105.

des Kaufvertrags mit dem Meistbietenden gerichtete Willenserklärung des Bekl. dar. ... Die Willenserklärung des Bekl. war auch ... hinreichend bestimmt. Zwar richtete sie sich an eine nicht konkret bezeichnete Person (ad incertam personam). Sie genügte aber dem Bestimmtheitserfordernis, weil zweifelsfrei erkennbar war, mit welchem Auktionsteilnehmer der Bekl. abschließen wollte, nämlich (nur) mit dem, der innerhalb des festgelegten Angebotszeitraums das Höchstgebot abgab. ...

Diese Rechtsprechung hat der BGH bekräftigt:

Widerrufsrecht bei Internetauktionen – BGH, MMR 2005, 37 m. Anm. Spindler = JZ 2005, 464:[34]

735

Bei Kaufverträgen zwischen einem gewerblichen Anbieter und einem Verbraucher, die im Rahmen einer sog. Internetauktion durch Angebot und Annahme gem. §§ 145 ff. BGB und nicht durch einen Zuschlag nach § 156 BGB zu Stande kommen, ist das Widerrufsrecht des Verbrauchers nicht nach § 312d Abs. 4 Nr. 5 BGB ausgeschlossen.

Aus den Gründen: ... Nach § 156 BGB Satz 1 kommt bei einer Versteigerung der Vertrag erst durch den Zuschlag zu Stande. Der Zuschlag ist die Willenserklärung des Auktionators, mit der dieser das Gebot eines Bieters annimmt. ... Der bloße Zeitablauf, mit dem die Internetauktion endet, ist keine Willenserklärung und vermag eine solche auch nicht zu ersetzen. Mit der Festlegung der Laufzeit der Internetauktion bestimmte der Kl. gem. § 148 BGB eine Frist für die Annahme seines Angebots durch den Meistbietenden. Die vertragliche Bindung der Parteien beruht nicht auf dem Ablauf dieser Frist, sondern auf ihren – innerhalb der Laufzeit der Auktion wirksam abgegebenen – Willenserklärungen. Der bei der Internetauktion geschlossene Vertrag kam mithin nicht ... durch einen Zuschlag „unmittelbar durch Zeitablauf" zu Stande, sondern durch die Abgabe des Höchstgebots, mit dem der Bekl. das befristete Angebot des Kl. annahm. ...

Der Ausschluss des Widerrufsrechts nach § 312d Abs. 4 Nr. 5 BGB erstreckt sich nur auf solche Versteigerungen, bei denen der Fernabsatzvertrag ... nach § 156 BGB durch einen Zuschlag des Auktionators zu Stande kommt. Andere ... Formen des Vertragsschlusses i. R. e. Versteigerung werden nicht von § 312d Abs. 4 Nr. 5 BGB erfasst. ...

b) Diese Konstruktion von Angebot und Annahme hat zudem zur Folge, dass der Verkäufer an sein frei geschaltetes Angebot **bis zum Ablauf der Versteigerungsdauer gebunden** ist. Er kann deshalb nach der Freischaltung nicht mehr zurück. Etwas anderes gilt nur dann, wenn ihm ein Anfechtungs- oder Rücktrittsrecht zusteht.[35]

736

---

34 Kritisch zum „sehr engen und sehr rechtstechnischen" Begriffsverständnis des BGH: Mankowski, JZ 2005, 444; Braun, JZ 2008, 330, sieht das BGH-Urteil gar als Folge eines „Missverständnisses der Gesetzesmaterialien" an, weil der Gesetzgeber Internetauktionen vom fernabsatzrechtlichen Widerrufsrecht gerade hatte freistellen wollen.

35 OLG Koblenz, MMR 2009, 630; LG Coburg, MMR 2005, 330; LG Berlin, MMR 2007, 802.

Unwiderruflichkeit des Vertragsangebots bei Internetauktionen – OLG Oldenburg, NJW 2005, 2556 = CR 2005, 828:

Aus den Gründen: ... Das Angebot des Beklagten als Versteigerer war verbindlich und nicht widerruflich. Das folgt aus § 9 Ziffer 1 der allgemeinen Geschäftsbedingungen von eBay; dort wird die gesetzlich (§ 130 Abs. 1 S. 2 BGB) vorgesehene Möglichkeit des vorherigen oder gleichzeitigen Widerrufs der Willenserklärung ausgeschlossen. Die Besonderheiten von Internetauktionen erfordern die Unwiderruflichkeit der Vertragsangebote; der Bieter wäre der Willkür des Anbieters ausgesetzt, wenn dieser es sich jederzeit überlegen könnte, ob er ein Angebot gelten lassen will oder nicht ... Der Beklagte hat zwar die Internetauktion unter Berufung auf die eBay-Grundsätze vorzeitig beendet und die bis dahin abgegebenen Gebote gestrichen; das berührt indes die Wirksamkeit seines zuvor abgegebenen Angebots nicht. Die eBay-Grundsätze nennen als Gründe dafür einen Irrtum über die Beschaffenheit des Artikels oder die zwischenzeitliche Veränderung der Beschaffenheit. Damit soll indes keine zusätzliche Handhabe geschaffen werden, sich auf rechtlich nicht ohne weiteres einzuordnende Art und Weise von der Willenserklärung zu lösen. Nach der gesetzlichen Regelung kann der Erklärende eine verbindliche oder nicht (mehr) widerrufliche Willenserklärung (§ 130 Abs. 1 Satz 2 BGB) nur im Wege der Anfechtung wieder beseitigen. Diesen Grundsatz bestätigt § 9 Ziffer 3 der allgemeinen Geschäftsbedingungen von eBay, indem dort festgelegt wird, dass bei vorzeitiger Beendigung der Online-Auktion – was nur auf der Grundlage der genannten eBay-Grundsätze geschehen kann – der Vertrag mit dem zu diesem Zeitpunkt Höchstbietenden zustande kommt. Die in den eBay-Grundsätzen aufgeführten Gründe für das vorzeitige Beenden von Angeboten bzw. das Streichen von Geboten, nämlich der Irrtum über die Beschaffenheit der Kaufsache oder deren zwischenzeitliche Veränderung, nehmen ausdrücklich auf die Irrtumsanfechtung des § 119 BGB Bezug. Der Anbieter kann zwar aufgrund der eBay-Grundsätze tatsächlich die Online-Auktion vorzeitig beenden; am Bestand der von ihm abgegebenen Willenserklärung ändert diese Maßnahme allein jedoch nichts, wenn er nicht gleichzeitig über einen Anfechtungsgrund verfügt und nach Maßgabe der gesetzlichen Bestimmungen die Anfechtung erklärt. ...

737 Die Angebotsbindung des Verkäufers gilt insbesondere auch dann, wenn sein taktisches Kalkül nicht aufgeht und die Ware erheblich unter Wert verkauft werden muss. Denn die Rechtsordnung schützt niemanden vor **objektiv unvernünftigen oder riskanten Verkaufsstrategien.** So hatte das OLG Köln einen besonders krassen Fall zu entscheiden: Der Verkäufer hatte – ohne dass ihm ein (Erklärungs-)Irrtum unterlaufen wäre – einen Rübenroder[36] im Wert von 60 000 € auf der Versteigerungsplattform von eBay eingestellt; als Startpreis hatte er 1 € angegeben, neben der „Sofortkaufen"-Option für 60 000 €. Von Letzterer machte niemand Gebrauch, so dass der Bieter mit dem Höchstgebot von sage und schreibe 51 € einen wirksamen Vertrag abschloss. Da der Verkäufer den Rübenroder bereits anderweitig verkauft hatte und deshalb den Vertrag nicht mehr erfüllen konnte, wurde er vom OLG Köln zu einer Schadenersatzzahlung in Höhe

---

36 Dabei handelt es sich um eine landwirtschaftliche Maschine zur Ernte von Zuckerrüben, vgl. <de.wikipedia.org/wiki/Rübenroder>.

des Wertes von 60 000 € abzüglich des Kaufpreises von 51 € – also zu einer Zahlung von 59 949 € (nebst Zinsen) – verurteilt.[37]

2. Konzessionspflicht gem. § 34b GewO

Die gewerbsmäßige Versteigerung fremder Sachen ist nach § 34b Abs. 1 GewO konzessionspflichtig. Grund dafür ist die in spannenden Versteigerungssituationen bestehende Gefahr, dass sich beim **Hochschaukeln des Preises** die Konkurrenzsituation verselbständigt und ein Bieter sich – vergleichbar zu Wett- und Glücksspielsituationen – zu einem **unbedachten und irrationalen (Über-)Bietverhalten** (dessen Folgen er eventuell bitter bereuen wird) hinreißen lässt.[38] Deshalb soll der Kunde vor „schwarzen Schafen" im Versteigerergewerbe geschützt werden, indem der konzessionspflichtige Versteigerer an die Zuverlässigkeitskriterien des Gewerberechts gebunden wird.[39]

738

Wie beim Vertragsschluss stellt sich die Frage, ob eine Internet-Auktion den – hier **gewerberechtlichen** – **Versteigerungsbegriff** erfüllt. Danach muss es sich um eine zeitlich begrenzte Veranstaltung handeln, innerhalb derer eine Mehrzahl von Personen ausgehend von einem Mindestgebot aufgefordert wird, etwas im gegenseitigen Wettbewerb durch Höchstgebot zu erwerben.[40] Die meist auch geforderte Voraussetzung, eine solche Versteigerung müsse auch örtlich begrenzt sein, erscheint bei Berücksichtigung des Schutzzwecks der Konzessionspflicht nicht wesensnotwendig;[41] entscheidend ist vielmehr das **Bestehen der unmittelbaren Konkurrenzsituation**, die die Kenntnis der anderen Gebote voraussetzt.[42] Danach stellen solche Internet-Auktionen, bei denen die Gebote der Mitbieter bekannt sind, Versteigerungen i.S.v. § 34b GewO dar, wenn die Konkurrenzgebote auf Grund der Gesamtgestaltung des Ablaufs der Auslöser für neuerliche Überbietungen sind und deshalb den einzelnen Bieter unter einen **psychischen Druck des Mitbietens** setzen.[43] Ob dies der Fall ist, hängt von den Umständen des Einzelfalls und vom konkreten Versteigerungsablauf ab, weshalb eine generelle Aussage über die Konzessionspflicht von Internet-Auktionen nicht möglich ist. Richten sich Internet-Auktionen an Verbraucher, denen wegen der Nichtanwendbarkeit von § 156 BGB ein **fernabsatzrechtliches Widerrufsrecht** zusteht, sind diese an ein in der Hitze des Gefechts gemach-

739

---

37 OLG Köln, CR 2007, 598.
38 Vgl. Klinger, DVBl. 2002, 810, 813 f.
39 Zuverlässig ist, wer nach dem Gesamteindruck seines Verhaltens die Gewähr dafür bietet, dass er sein Gewerbe künftig ordnungsgemäß ausübt, vgl. Ehlers, Rn. 56.
40 Klinger, DVBl. 2002, 810, 811 f. m. w. N.; KG, MMR 2001, 764; Köhler/Arndt/Fetzer, RdI, Rn. 312.
41 Teilweise wird die Voraussetzung auch mit dem „virtuellen Raum" des Internets bejaht, LG Hamburg, CR 1999, 526, und ihm folgend Köhler/Arndt/Fetzer, RdI, Rn. 314 f.
42 Klinger, DVBl. 2002, 810, 814.
43 Vgl. Klinger, DVBl. 2002, 810, 817.

tes Gebot nicht sofort gebunden, weshalb dann der Schutzzweck des § 34b
GewO nicht einschlägig sein kann.[44]

740 Den entscheidenden pychologisch-situativen Zugriff auf den einzelnen Bieter hat das Kammergericht – jedenfalls in der erforderlichen Intensität –
in einer Entscheidung verneint (und damit auch den gewerberechtlichen
Versteigerungsbegriff).[45]

Internetauktion als gewerberechtliche Versteigerung? – KG, MMR 2001, 764:

Aus den Gründen: ... Internetversteigerungen sind nicht unter dem Versteigerungsbegriff des § 34b GewO zu subsumieren, weil sie sich in ihrem Erscheinungsbild derart von klassischen Versteigerungen unterscheiden, dass
die Unterstellung unter die Regelung des § 34b GewO nicht gerechtfertigt erscheint. ... Dem durch das Gewerberecht geprägten Auktionsbegriff ist als
Wesentlichkeitsmerkmal nicht nur das Höchstgebotsprinzip zu Grunde zu legen, sondern auch das typische gegenseitige „hochschaukeln" der Angebote durch gegenseitiges Überbieten, das den Versteigerungsteilnehmer in
mancher Hinsicht, insbesondere wegen des Zeitdrucks, unter dem die Gebote
in klassischen Versteigerungen abgegeben werden, als besonders schutzbedürftig ggü. anderen Kunden erscheinen lässt. Beide Merkmale sind bei Versteigerungen im Internet nur in abgeschwächter Form erkennbar. Lebensnah
ist zum einen davon auszugehen, dass es sich für die Mehrzahl der Bieter angesichts der Telefongebühren und des damit verbundenen Zeitaufwands ver-
bieten dürfte, die Abgabe von Angeboten anderer Bieter ständig zu überprüfen
und darauf prompt zu reagieren. Damit findet schon kein auf augenblicks- und
situationsbedingten Entschlüssen der Bieter beruhendes direktes Überbieten
statt, das aber den praktischen Ablauf von Versteigerungen charakterisiert.
Hinzu kommt, dass an denjenigen verkauft wird, der im Moment des Zeitab-
laufs (zufällig) das höchste Angebot abgegeben hat, ohne dass die Möglichkeit
in einem offenen Bieterwettbewerb bestanden hätte, das potenziell noch höhere Gebot zu ermitteln und diesem den Zuschlag zu erteilen. ...

... zweifelhaft ist, ob bei den Versteigerungen im Internet wie bei traditionellen
Auktionen eine örtliche Begrenzung, gleich in welchem Sinne, gegeben ist,
weil eine Beteiligung hieran durch die weltweite Vernetzung der Rechner von
fast jedem Ort der Welt aus möglich ist. Allenfalls könnte der vom Internet
erfasste Raum als „örtliche Begrenzung" angesehen werden. Der in diesem
Sinne vom LG Hamburg angesprochene „virtuelle Raum" des PC-Benutzers ist
mit dem Versteigerungssaal im klassischen Sinne jedoch nicht in der Weise vergleichbar, dass die Anwendung der Schutzvorschrift des § 34b GewO ... zwingend geboten wäre, weil der erwähnte psychologisch-situative Zugriff auf den
Bieter nicht, wenigstens aber nicht in hier relevantem Umfang stattfindet. ...

741 Aber selbst dann, wenn eine Internet-Auktion konzessionspflichtig ist und
keine Konzession vorliegt, hat dies keine Auswirkungen auf die **Wirksamkeit der Auktionsverträge**.[46]

---

44 A. A. Hoeren, IuKR, Rn. 340 f.; Köhler/Arndt/Fetzer, RdI, Rn. 315.
45 So auch Boehme-Neßler, Cyberlaw, S. 172 f.
46 BGH, MMR 2002, 95 m. Anm. Spindler = JZ 2002, 504 m. Anm. Hager;
    Köhler/Arndt/Fetzer, RdI, Rn. 316.

3. Sniper-Software

Es kann kaum überraschen, dass die Softwareentwicklung schon bald tech- **742** nische Mechanismen erarbeitet hat, um den Bieter in einer Internet-Auktion zu unterstützen. Deshalb gibt es inzwischen **automatisch arbeitende Biet-Softwareprodukte**, die für den Nutzer zu einem von ihm vorgegebenen Zeitpunkt – in aller Regel also kurz vor Ablauf einer Internet-Auktion – für diesen das bis dahin höchste Gebot platziert und ihm so den Zuschlag sichert (sog. Sniper-Software; vgl. to snipe = engl. umgangssprachl.: abschießen, wegputzen).[47] Da eine solche Software schlau genug ist, das Höchstgebot möglichst niedrig über dem zweithöchsten Gebot zu halten, leidet darunter die Gewinnspanne der Versteigerungen (und damit auch der Gebührenanteil für die Versteigerer). Deshalb haben die Auktionshäuser teilweise versucht, die Nutzung der Sniper-Software bei den von ihnen veranstalteten Auktionen durch AGBs zu untersagen. Die **rechtliche Bewertung der Sniper-Software ist noch uneinheitlich**; es zeichnet sich allerdings eine ehcr großzügige Haltung ab, wonach die Nutzung dieser Bietsoftware sowohl im Verhältnis zu den Mitbietenden als auch im Verhältnis zum Auktionshaus und zum Verkäufer als rechtlich unbedenklich[48] und entgegenstehende AGBs als unangemessene Benachteiligung gem. § 307 BGB anzusehen sind.[49]

Da die Verwendung von Sniper-Software voraussetzt, dass der Nutzer sein **743** Passwort dafür weitergibt, hat das LG Hamburg dies allerdings für **wettbewerbswidrig** erklärt, wenn das Passwort nach den Versteigerungs-AGBs geheim zu halten ist.[50] Das LG Berlin dagegen kommt unter wettbewerbsrechtlichen Gesichtspunkten zu **keiner Beanstandung**:

Keine Wettbewerbswidrigkeit von „Sniper-Software" – LG Berlin, CR 2003, 857:   **744**

Aus den Gründen: ... Ein Verleiten zum Vertragsbruch kann nur dann gem. § 1 UWG wettbewerbswidrig sein, wenn auf die Verletzung einer wesentlichen Vertragspflicht hingewirkt wird; dazu zählen insbesondere die vertraglichen Hauptpflichten. Die Ast. gewährt Nutzern nach Registrierung Zugang zu ihrer Handelsplattform, um dort nach Belieben Gebote für dort eingestellte Artikel abzugeben ... [Dabei] ist die Bietstrategie freigestellt, insbesondere ein Gebot in letzter Sekunde vor dem Gebotsschluss erlaubt ... Auch ist niemand verpflichtet, seine Intentionen vorher den anderen Nutzern zu offenbaren, insbesondere sich in einem früheren Stadium als Interessent für einen bestimmten Artikel erkennen zu geben. Dies ... belegt, dass es sich bei den durch §§ 8 Nr. 5, 15 Nr. 1 S. 1 der AGB vom 4.7.2002 eingeführten Bestimmungen, nach denen die „Abgabe von Geboten mittels automatisierter Datenverarbeitung ausgeschlossen" ist ..., um keine die Eigenart des Schuldverhältnisses prä-

---

47 Leible/Sosnitza, CR 2003, 344 f.
48 Leible/Sosnitza, CR 2003, 344, 345 ff., verneinen in ihrer Untersuchung Absatzbehinderung, Verleiten zum Vertragsbruch, Ausbeutung fremder Leistung und Eingriff in den eingerichteten und ausgeübten Gewerbebetrieb.
49 Leible/Sosnitza, CR 2003, 344, 349.
50 LG Hamburg, MMR 2002, 755.

genden ... Vertragshauptpflichten, sondern nur um nicht wettbewerbswesentliche (Neben-)Pflichten handelt.

Eine Wettbewerbswidrigkeit unter dem Gesichtspunkt der Marktstörung oder -behinderung nach § 1 UWG erfordert den Nachweis der konkreten ernstlichen Gefahr für den Bestand und/oder das Funktionieren des Wettbewerbs auf dem betreffenden Markt. [Die Ast.] ... vermag ... nicht darzulegen, ob und inwieweit sich die Einführung sog. Sniper-Software auf das Bietverhalten der eBay-Nutzer, insbesondere sich negativ auf die Erlöse auswirke. ...

4. Rückwärts-Auktionen

745 Eine besondere Auktionsform im Internet sind die sogenannten „Rückwärts-Auktionen" oder „umgekehrte Versteigerungen". Dabei wird der Kaufgegenstand mit einem Startpreis ins Internet gestellt; der **Preis sinkt dann in bestimmten Zeiträumen in einer bestimmten Höhe** (bei einer BGH-Entscheidung wurde der Preis um 300 DM pro Woche gesenkt,[51] bei einer anderen um 250 DM alle 20 Sekunden;[52] in beiden Fällen wurden Autos versteigert). Bei dieser Versteigerungsform muss der Kaufinteressent stets abwägen zwischen der Chance, dass der Preis noch günstiger wird, und der Gefahr, dass jemand anders nicht so lange abwartet, durch entsprechendes Anklicken des Zuschlagsbuttons die Versteigerung beendet und ihm den Kaufgegenstand zu einem noch etwas höheren Preis wegschnappt. Hiergegen sind **wettbewerbsrechtliche Bedenken – wegen Ausnutzung der Spiellust** und die damit verbundenen Verleitung zu unüberlegten Kaufentschlüssen – erhoben worden,[53] denen der BGH jedoch letztlich nicht gefolgt ist.

746   **Umgekehrte Versteigerung – BGH, MMR 2003, 465 m. Anm. Leible/Sosnitza = CR 2003, 517 m. Anm. Lindenberg = NJW 2003, 2096:**

Aus den Gründen: ... Wettbewerbswidrig ist die Werbung erst dann, wenn der Einsatz aleatorischer[54] Reize dazu führt, die freie Entschließung der angesprochenen Verkehrskreise so nachhaltig zu beeinflussen, dass ein Kaufentschluss nicht mehr von sachlichen Gesichtspunkten, sondern maßgeblich durch das Streben nach der in Aussicht gestellten Gewinnchance bestimmt wird. ... Der Annahme einer unsachlichen Beeinflussung des Kaufentschlusses durch die beworbene wöchentliche Preisreduzierung steht vor allem entgegen, dass die Anschaffungskosten für den angebotenen Gebrauchtwagen eine beträchtliche Investition darstellen. Der angesprochene durchschnittlich informierte, situationsadäquat aufmerksame und verständige Verbraucher, der sich mit dem Erwerb des beworbenen Pkw befasst, wird von dem Angebot erfahrungsgemäß nur nach reiflicher Überlegung und Prüfung von Vergleichsangeboten, die im Allgemeinen in ausreichendem Maße zur Verfügung stehen und unschwer

---

51 BGH MMR 2003, 465 m. Anm. Leible/Sosnitza = CR 2003, 517 m. Anm. Lindenberg = NJW 2003, 2096.
52 BGH MMR 2004, 160 = NJW 2004, 852 = CR 2004, 290 m. Anm. Leible/Sosnitza.
53 OLG Hamburg, CR 2002, 753 m. Anm. Leible/Sosnitza.
54 Aleatorisch = Vom Zufall abhängig (von alea = lat. Würfel).

zugänglich sind, Gebrauch machen. Die bloße Befürchtung eines potenziellen Kunden, dass ein anderer Kaufinteressent ihm bei einem weiteren Abwarten mit der Kaufentscheidung zuvorkommen könnte, gehört ... zum Wesen des Angebots eines bestimmten Gegenstands. ...

Der BGH argumentiert hier maßgeblich mit der **Höhe großer Investitionen;** 747
im Umkehrschluss wäre daraus zu folgern, dass für billigere Kaufgegenstände – z. B. Möbel – doch eine Ausnutzung aleatorischer Reize bejaht werden könnte.[55] Auch lässt der BGH hier offen, welche Bedeutung dem **Zeittakt des Preisverfalls** zukommt; bei einer nur wöchentlichen Preissenkung kann freilich von einer ausreichenden Angebotsprüfung durch den Kunden ausgegangen werden. Sobald aber der Zeittakt kürzer als ca. 24 Stunden wird, so dass eine **seriöse Prüfung des Angebots auf Preis-Leistungs-Verhältnis, Qualität und Konkurrenzangebote** kaum mehr möglich ist, spricht auf den ersten Blick einiges für das Vorliegen wettbewerbsrechtlicher Unlauterkeit.[56] Ist jedoch der Käufer ein Verbraucher, steht ihm – da kein Vertragsschluss gem. § 156 BGB vorliegt – ein **Widerrufsrecht** zu (s. o., Rn. 733 ff.), weshalb er in aller Ruhe nach dem Vertragsschluss überlegen kann, ob er nun den ersteigerten Gegenstand für diesen Preis wirklich kaufen oder den Abschluss widerrufen will.

Rückwärtsauktion und Verbraucherschutz – BGH, MMR 2004, 160 = NJW 748
2004, 852 = CR 2004, 290 m. Anm. Leible/Sosnitza:

Aus den Gründen: ... Bei der in Rede stehenden Internet-Auktion bedarf es – anders als bei einer herkömmlichen Versteigerung, bei der der Kaufvertrag nach § 156 Satz 1 BGB durch Zuschlag zustande kommt – nicht eines besonderen Schutzes des Verbrauchers vor Irrtümern in der Hektik einer Versteigerung. Denn bei erfolgreicher Teilnahme an der Auktion führt der Auktionsgewinn nicht bereits zu einer Kaufverpflichtung, sondern lediglich zu einer Kaufberechtigung. Der Auktionsgewinner kann sich daher sowohl vor als auch nach der Versteigerung in aller Ruhe über Konkurrenzangebote informieren und seine Entscheidung für oder gegen einen Erwerb des Fahrzeugs nach reiflicher Überlegung treffen. ...

5. Gewährleistung

Häufig ist bei eBay-Angeboten zu lesen: „Da Privatverkauf keine Gewähr- 749
leistung". Richtig daran ist, dass bei einem Verkauf einer beweglichen Sache durch einen Unternehmer an einen Verbraucher (sog. **„Verbrauchsgüterkauf",** § 474 Abs. 1 BGB) die Gewährleistung gar nicht ausgeschlossen werden kann (§ 475 Abs. 1 i. V. m. § 437 BGB). Aber auch beim Privatverkauf gilt die Gewährleistung gemäß § 437 BGB, solange sie nicht wirksam vertraglich ausgeschlossen worden ist (§ 444 BGB). Freilich kann der Verkäufer damit nicht die Haftung für ihm bekannte, aber **(arglistig)**

---

55 Vgl. Anm. Leible/Sosnitza, MMR 2003, 466.
56 So Anm. Lindenberg, CR 2003, 518; vgl. auch Anm. Leible/Sosnitza, MMR 2003, 466.

verschwiegene **Mängel** vermeiden; zudem kann er sich auch dann nicht auf einen Gewährleistungsausschluss berufen, wenn er „eine **Garantie für die Beschaffenheit der Sache** übernommen hat" (§ 444, 2. Alt. BGB). Ob eine solche Garantie übernommen wurde, ist aus der Formulierung der Sachbeschreibung zu ermitteln; wird eine Beschaffenheitsangabe (§ 434 Abs. 1 Satz 1 BGB) mit zuviel Inbrunst und Überzeugung angepriesen, kann im Einzelfall die Grenze zur Beschaffenheitsgarantie überschritten sein. Die Hürde dafür legt der BGH aber vergleichsweise hoch:

750 **Abgrenzung von Beschaffenheitsangabe und -garantie – BGH, NJW 2007, 1346 m. Anm. Gutzeit = MMR 2007, 311 m. Anm. Hoffmann:**

Aus den Gründen: ... [20] ... Die Übernahme einer Garantie setzt ... voraus, dass der Verkäufer in vertragsmäßig bindender Weise die Gewähr für das Vorhandensein der vereinbarten Beschaffenheit der Kaufsache übernimmt und damit seine Bereitschaft zu erkennen gibt, für alle Folgen des Fehlens dieser Beschaffenheit einzustehen. Diese Einstandspflicht erstreckt sich bei der Garantieübernahme ... auf die Verpflichtung zum Schadensersatz, wobei Schadensersatz selbst dann zu leisten ist, wenn den Verkäufer hinsichtlich des Fehlens der garantierten Beschaffenheit kein Verschulden trifft (§ 276 Abs. 1 Satz 1 BGB) oder dem Käufer der Mangel infolge grober Fahrlässigkeit unbekannt geblieben ist (§ 442 Abs. 1 Satz 2 BGB). Mit Rücksicht auf diese weitreichenden Folgen ist insbesondere bei der Annahme einer – grundsätzlich möglichen – stillschweigenden Übernahme einer solchen Einstandspflicht Zurückhaltung geboten. ...

[22] Die Frage, ob die Angabe der Laufleistung lediglich als Beschaffenheitsangabe (§ 434 Abs. 1 Satz 1 BGB) oder aber als Beschaffenheitsgarantie (§ 444 Alt. 2 BGB) zu werten ist, ist unter Berücksichtigung der beim Abschluss eines Kaufvertrages über ein Gebrauchtfahrzeug typischerweise gegebenen Interessenlage zu beantworten. Dabei ist nach der bisherigen Rechtsprechung des Senats grundsätzlich danach zu unterscheiden, ob der Verkäufer ein Gebrauchtwagenhändler oder eine Privatperson ist. [23] Handelt es sich bei dem Verkäufer um einen Gebrauchtwagenhändler, so ist die Interessenlage typischerweise dadurch gekennzeichnet, dass der Käufer sich auf die besondere, ihm in aller Regel fehlende Erfahrung und Sachkunde des Händlers verlässt. ... [25] Auf den privaten Verkauf trifft die für den gewerblichen Verkauf maßgebliche Erwägung, dass der Käufer sich auf die besondere Erfahrung und Sachkunde des Händlers verlässt und in dessen Erklärungen daher die Übernahme einer Garantie sieht, in der Regel nicht zu. Hier steht vielmehr dem Interesse des Käufers gleichgewichtig das Interesse des Verkäufers gegenüber, für nicht mehr als dasjenige einstehen zu müssen, was er nach seiner laienhaften Kenntnis zu beurteilen vermag. ... Alleine aus der Angabe der Laufleistung kann der Käufer beim Privatverkauf eines Gebrauchtfahrzeugs daher nicht schließen, der Verkäufer wolle für die Richtigkeit dieser Angabe unter allen Umständen einstehen und gegebenenfalls auch ohne Verschulden auf Schadensersatz haften. ...

751 Allerdings muss sich der (Privat-)Verkäufer in jedem Fall – also unabhängig von einem Gewährleistungsausschluss – an seinen Beschaffenheitsangaben gem. § 434 Abs. 1 Satz 1 BGB festhalten lassen. Alles andere wäre ja auch ein Zirkelschluss: Man kann nicht einen Gegenstand mit bestimmten beschreibenden Angaben zu seiner Beschaffenheit anpreisen, und sich dann beim Fehlen einer solchen Beschaffenheit auf einen Haftungsausschluss berufen wollen. Von der **Verantwortung für die Angaben in der Warenbeschreibung** kann man sich auch beim Privatverkauf nicht durch einen pauschalen Haftungsausschluss freizeichnen. In dem vom BGH entschiedenen Fall ging es um ein über eBay verkauftes Motorrad, das mit einem Kilometerstand von 30 000 km angepriesen wurde, tatsächlich aber – abweichend vom Tachostand, der tatsächlich bei 30 000 km lag – eine gutachterlich festgestellte Laufleistung von fast 49 000 km aufwies.

Kein Haftungsausschluss bezüglich Beschaffenheitsangaben – BGH, NJW   **752**
2007, 1346 m. Anm. Gutzeit = MMR 2007, 311 m. Anm. Hoffmann:

Aus den Gründen: ... [30] Die Frage, ob ein vereinbarter Haftungsausschluss in uneingeschränktem Sinne aufzufassen ist, ist nicht nur nach dem Wortlaut der Ausschlussbestimmung, sondern nach dem gesamten Vertragstext zu beurteilen. Das Berufungsgericht hat in diesem Zusammenhang übersehen, dass die Parteien in ihrem Kaufvertrag nicht nur die Gewährleistung für das Motorrad ausgeschlossen, sondern zugleich eine bestimmte Soll-Beschaffenheit des Fahrzeugs, nämlich eine Laufleistung von 30 000 km, vereinbart haben. [31] Beide Regelungen stehen, zumindest aus der Sicht des Käufers, gleichrangig nebeneinander und können deshalb nicht in dem Sinne verstanden werden, dass der umfassende Gewährleistungsausschluss die Unverbindlichkeit der Beschaffenheitsvereinbarung zur Folge haben soll. Denn bei einem solchen Verständnis wäre letztere für den Käufer – außer im Falle der Arglist des Verkäufers (§ 440 Alt. 1 BGB) – ohne Sinn und Wert. Eine nach beiden Seiten interessengerechte Auslegung der Kombination von Beschaffenheitsvereinbarung und Gewährleistungsausschluss kann deshalb nur dahin vorgenommen werden, dass der Haftungsausschluss nicht für das Fehlen der vereinbarten Beschaffenheit (§ 434 Abs. 1 Satz 1 BGB), sondern nur für solche Mängel gelten soll, die darin bestehen, dass die Sache sich nicht für die nach dem Vertrag vorausgesetzte Verwendung eignet (§ 434 Abs. 1 Satz 2 Nr. 1 BGB) bzw. sich nicht für die gewöhnliche Verwendung eignet und keine Beschaffenheit aufweist, die bei Sachen der gleichen Art üblich ist und die der Käufer nach der Art der Sache erwarten kann (§ 434 Abs. 1 Satz 2 Nr. 2 BGB). ...

6. Gegenseitige Bewertung der Vertragsparteien

Nicht nur bei Internet-Auktionen, aber vor allem dort, wird die **Seriosität**   **753**
und Vertrauenswürdigkeit von Handelspartnern über Bewertungssysteme ermittelt. Häufig gibt es – wie bei eBay – eine Gesamtbewertung eines Verkaufsvorgangs mit „Positiv", „Neutral" oder „Negativ", die mit einem wertenden Kommentar und Einzelbewertungen zu bestimmten Aspekten eines Handels (Höhe der Versandkosten, Schnelligkeit des Versands etc.) ergänzt sein können.[57] Insbesondere für den Verkäufer ist diese Bewertung

---

57 Da viele Verkäufer die positive Bewertung des Käufers davon abhängig gemacht haben, ihrerseits positiv bewertet worden zu sein (selbst bei wenig überzeugender Leistung), hat eBay die Negativbewertung bei Käufern inzwischen ausgeschlossen.

von hoher Bedeutung, da sich viele potenzielle Käufer – auch auf Grund der Anonymität im Netz – bei schlecht bewerteten Händlern zurückhalten werden; denn nach erfolgtem Vertragsschluss muss der Käufer zuerst das Geld überweisen und ist damit bezüglich Lieferzuverlässigkeit und Qualität der Ware vom Verkäufer abhängig, ohne noch über ein eigenes Druckmittel zu verfügen.

754 In rechtlicher Hinsicht ist bei diesen Bewertungen zunächst zwischen Tatsachenbehauptungen – die ggf. widerlegbar sind – und Werturteilen zu unterscheiden. **Tatsachenbehauptungen** sind vorrangig in den Verbalkommentaren zu finden und dürfen nicht erweislich unrichtig sein; ansonsten hat der betroffene Vertragspartner einen Unterlassungs- und Beseitigungsanspruch. Ein **Werturteil** dagegen darf scharf, schonungslos und sogar ausfällig sein; erst wenn die Grenze zur Schmähkritik oder Beleidigung überschritten wird, kann sich der Betroffene mit Erfolg dagegen wehren; ein bloßes Gefühl, ungerecht bewertet worden zu sein, reicht dafür noch lange nicht aus.[58] Da die Gesamtnote (positiv/neutral/negativ) als ein solches Werturteil anzusehen ist und aus den Gesamtnoten die „Zuverlässigkeitsquote" gebildet wird, führt dies häufig zu juristisch unbefriedigend lösbaren Meinungsunterschieden über diese Gesamtbewertung. Auch das in § 6 der eBay-AGBs festgelegte Sachlichkeitsgebot hilft erst dann, wenn bewusste Fehlurteile und Verzerrungen vorgenommen werden.[59]

755 **Beseitigungsanspruch gegen Negativbewertung von Online-Auktions-Beteiligten – OLG Oldenburg, CR 2006, 694 = MMR 2006, 556:**

Aus dem Tatbestand: Die Klägerin kaufte von der Beklagten am 31.10.2004 auf der Internet-Versteigerungsplattform von der Beklagten ein HighEnd Laufband für 906,00 €. Nach Lieferung des Gerätes und Zahlung des Kaufpreises rügte die Klägerin Mängel des Laufbandes. Die Beklagte erkannte die von der Klägerin gerügten Mängel nicht an, erklärte sich aber dennoch mit einer Rückabwicklung einverstanden. Am 21.12.2004 veröffentlichte die Beklagte in dem Bewertungsforum der Handelsplattform eBay folgende negative Bewertung: „Bietet, nimmt nicht ab, schade, obwohl selber großer Verkäufer".

Aus den Gründen: ... Die Klägerin hat einen Anspruch auf Zustimmung zur Rücknahme der durch die Beklagten gegenüber dem Onlineauktionshaus abgegebenen Bewertung, soweit darin behauptet wird, sie habe die Ware nicht abgenommen. Der Anspruch ergibt sich aus § 823 Abs. 1 BGB i.V.m. § 1004 BGB analog. Die Äußerung der Beklagten ist insoweit unwahr. Unstreitig hatte die Klägerin die Ware bezahlt und auch abholen lassen. Sie hat es somit abgenommen. Der Senat sieht somit schon in der Behauptung der Beklagten „nimmt nicht ab" eine unwahre Tatsachenbehauptung. Auch juristische Laien werden eine solche Erklärung so verstehen, dass die Klägerin sich von Anfang an nicht an den Vertrag halten wollte. ... Die Erklärung „nimmt die Ware nicht ab", wird auch von einem juristischen Laien, jedenfalls wenn sie im Zusammenhang als negative Beurteilung abgegeben wird, so verstanden, dass die Klägerin sich

---

58 Janal, NJW 2006, 870, 871 f.
59 Janal, NJW 2006, 870, 872.

nicht vertragstreu verhalten hat. ... Die Verletzung des Persönlichkeitsrechts der Klägerin durch die Beklagte ist auch widerrechtlich. Entsprechende Bewertungen sind geeignet, negativen Einfluss auf weitere Geschäfte über eBay zu nehmen. Insbesondere dass die Bewertung die Vertragtreue der Klägerin in Frage stellt, ist sowohl für ihre weitere Tätigkeit als Verkäuferin als auch als Käuferin von Bedeutung. Dass sie die Möglichkeit einer Anmerkung hat, mit der sie sich gegen den Vorwurf wehren kann, hebt die Widerrechtlichkeit nicht auf. ...

Der **Betreiber der Auktionsplattform** ist regelmäßig nicht zu einer detaillierten Überprüfung der Bewertungen verpflichtet. Auf Grund seiner generellen Störerhaftung (s. o., Rn. 307 ff.) ist er nur zur Löschung offensichtlicher Beleidigungen und Verletzungen der Intimsphäre sowie zur Vermeidung von Wiederholungen verpflichtet.[60]   **756**

7. Haftung für das Nutzer-Konto einer Versteigerungsplattform

In der Regel muss sich ein Teilnehmer einer Versteigerungsplattform mit einem persönlichen Konto registrieren. Das Konto umfasst die persönlichen Daten des Nutzers[61] und ist – in der Regel durch ein Passwort – zugangsgeschützt. Da der Nutzer seine Erklärungen – insbesondere auch Gebote bei Versteigerungen – über dieses Konto abgibt, verkörpert es zugleich seine Identität in der Plattform. Gelangt ein Dritter unbefugt an die Zugangsdaten, kann dem Nutzer ein **„Identitätsdiebstahl"** drohen. Da es auch bei sorgfältigem Umgang mit den Konto-Zugangsdaten ohne weiteres denkbar ist, dass Unbefugte in den Besitz der Zugangsdaten gelangen können, kann der Nutzer nicht generell für das Missbrauchsrisiko der Technologie belangt werden. Hat jemand einen Gegenstand versteigert, und der Nutzer des Ersteigerer-Kontos bestreitet sein Gebot, obliegt dem Verkäufer die Beweislast für die wahre Identität der Person, die das Höchstgebot abgegeben hat.   **757**

Beweislast für die Abgabe eines Gebots im Rahmen eines eBay-Kaufs – OLG Hamm, NJW 2007, 611:   **758**

Aus den Gründen: ... [19] Die Beweislast dafür, dass der Beklagte das „Kaufgebot" vom 20. 10. 2005 abgegeben und dadurch den Vertrag (i. S. d. §§ 145 ff. BGB) angenommen hat, wobei das Einstellen des Warenangebots als verbindliches Angebot zu werten wäre, liegt nach allgemeinen Regeln beim Kläger. Ein Anscheinsbeweis hierfür aus dem Grunde, dass der Beklagte bei ebay unter dem betreffenden Namen „M.O" (als Mitglied seit 03. 07. 2003) registriert war und dort auch (im Übrigen mit durchgängig positiver Bewertung) bereits eine Vielzahl von Geschäften getätigt hat, kommt ... nicht in Betracht. Der Sicherheitsstandard im Internet ist derzeit nicht ausreichend, um aus der Verwen-

---

60 Vgl. Janal, NJW 2006, 870, 873 f.
61 Die Anmeldung unter falschen Personalien sowie der anschließende Verkauf unter diesem account erfüllen nicht den Straftatbestand der Fälschung beweiserheblicher Daten gem. § 269 StGB, OLG Hamm, MMR 2009, 775.

dung eines geheimen Passworts auf denjenigen als Verwender zu schließen, dem dieses Passwort ursprünglich zugeteilt worden ist. Entsprechende Risiken muss der Internet-Nutzer, also hier der Verkäufer einkalkulieren. ... [26] Sodann kann eine Schadensersatzhaftung des Beklagten auch nicht aus einer fahrlässigen Ermöglichung der Verwendung des Passworts ... hergeleitet werden. Voraussetzung dafür wäre, dass der Beklagte nicht nur die Benutzung seiner Daten einem Dritte ermöglicht hat, der unter seinem Namen gehandelt haben könnte, sondern überdies auch, dass von ihm dabei zumindest nach den Grundsätzen einer Duldungs- oder Anscheinsvollmacht zurechenbar der Rechtsschein einer Vertretung gesetzt worden ist. ...

759 **Missbrauchsrisiko eines Kontos bei einem Internet-Auktionshaus – LG Magdeburg, CR 2005, 466:**

Aus den Gründen: ... Es ist dabei zu berücksichtigen, dass es für Dritte, insb. durch den Einsatz eines sog. „Trojanischen Pferdes", möglich ist, geheim zu haltende Passwörter auszuspionieren und später dann missbräuchlich zu verwenden. ... Allein das Unterhalten eines Kontos bei einem Internet-Auktionshaus führt noch nicht dazu, dass der Inhaber die Missbrauchsgefahr zu tragen hat. Die Problematik des Missbrauchsrisikos ist ... vergleichbar mit den Fällen einer missbräuchlichen Verwendung einer Kreditkarten-Nummer durch einen unbefugten Dritten im sog. „mail-order-Verfahren". Dabei erfolgt die Zahlung mittels Kreditkarte nur über Angabe der Kreditkarten-Nummer. ... In beiden Fällen kann die Missbrauchsgefahr nicht dem Verwender auferlegt werden. Die Umlauffähigkeit einer Kreditkarte wäre gefährdet bzw. der Internethandel würde dann wegen Sicherheitsbedenken wohl zum Erliegen kommen. ...

760 Der BGH hat demgegenüber die Verantwortung des Kontoinhabers betont. Hat der Kontoinhaber seine Konto-Zugangsdaten nachweislich nicht sorgfältig vor fremdem Zugriff gesichert, muss er für urheber-, marken- und wettbewerbsrechtliche Verstöße,[62] die über sein Konto erfolgt sind, in vollem Umfang einstehen.

Pflicht des Kontoinhabers zur Sicherung seiner Zugangsdaten – BGH, CR 2009, 450 m. Anm. Rössel:

Benutzt ein Dritter ein fremdes Mitgliedskonto bei eBay zu Schutzrechtsverletzungen und Wettbewerbsverstößen, nachdem er an die Zugangsdaten dieses Mitgliedskonto gelangt ist, weil der Inhaber diese nicht hinreichend vor fremdem Zugriff gesichert hat, muss der Inhaber des Mitgliedskontos sich wegen der von ihm geschaffenen Gefahr einer Unklarheit darüber, wer unter dem betreffenden Mitgliedskonto gehandelt hat und im Falle einer Vertrags- oder Schutzrechtsverletzung in Anspruch genommen werden kann, so behandeln lassen, als ob er selbst gehandelt hätte.

---

62 Da es sich hierbei um absolute Immaterialgüterrechte handelt, geht deren rechtlicher Schutz weiter, als bei den relativen vertraglichen Ansprüchen in den zuvor genannten Entscheidungen.

Aus den Gründen: ... [16] Es kommt jedoch eine Haftung des Beklagten als Täter einer Urheberrechts- und/oder Markenrechtsverletzung sowie eines Wettbewerbsverstoßes in Betracht, weil dieser, auch wenn er die Verwendung der Zugangsdaten zu seinem Mitgliedskonto bei eBay durch seine Ehefrau weder veranlasst noch geduldet hat, nicht hinreichend dafür gesorgt hat, dass seine Ehefrau keinen Zugriff auf die Kontrolldaten und das Kennwort dieses Mitgliedskontos erlangte. ... Eine insoweit bei der Verwahrung der Zugangsdaten für das Mitgliedskonto gegebene Pflichtverletzung stellt einen eigenen, gegenüber den eingeführten Grundsätzen der Störerhaftung und den nach der neueren Senatsrechtsprechung gegebenenfalls bestehenden Verkehrspflichten im Bereich des Wettbewerbsrechts selbständigen Zurechnungsgrund dar. ... [18] Die Kontrolldaten und das Passwort eines Mitgliedskontos bei eBay ermöglichen demnach als ein besonderes Identifikationsmittel – im vertraglichen wie auch im vorvertraglichen Bereich – ein Handeln unter einem bestimmten Namen nach außen hin. Die Identifikationsfunktion der Zugangsdaten geht dabei weit über die Verwendung etwa eines Briefpapiers, eines Namens oder einer Adresse hinaus, bei denen der Verkehr weiß, dass diese gegebenenfalls von jedermann nachgemacht oder unberechtigterweise verwendet werden können. Im Hinblick darauf besteht eine generelle Verantwortung und Verpflichtung des Inhabers eines Mitgliedskontos bei eBay, seine Kontaktdaten unter Verschluss zu halten, dass von ihnen niemand Kenntnis erlangt. ... Der Grund für die Haftung desjenigen, der seine Kontaktdaten nicht unter Verschluss gehalten hat, besteht ... in der von ihm geschaffenen Gefahr, dass für den Verkehr Unklarheiten darüber entstehen können, welche Person unter dem betreffenden Mitgliedskonto bei eBay gehandelt hat, und dadurch die Möglichkeiten, den Handelnden zu identifizieren und gegebenenfalls (rechtsgeschäftlich oder deliktisch) in Anspruch zu nehmen, erheblich beeinträchtigt werden. ...

761 Erst recht ist dann derjenige für die von seinem Konto ausgehenden Handlungen verantwortlich, der die Zugangsdaten regelmäßig einem anderen (absichtlich) zugänglich macht. Das kann bei strafrechtlich relevanten Handlungen sogar zur **Bestrafung wegen Beihilfe** führen.[63]

8. Fazit

762 1. Bei Internet-Auktionen kommt in der Regel – anders als bei normalen Versteigerungen – der Vertragsschluss nicht gem. § 156 BGB durch Zuschlag, sondern bereits durch das Höchstgebot des Bieters zustande, weil der Verkäufer mit der Einstellung des Kaufgegenstandes die Annahme des höchsten Gebotes vorab erklärt.

2. Die für normale Versteigerungen geltende Konzessionspflicht gem. § 34b GewO ist für Internet-Auktionen jedenfalls dann zu verneinen, wenn sie sich an Verbraucher wenden, denen (wegen der Nichtanwendung von § 156 BGB) ein fernabsatzrechtliches Widerspruchsrecht zusteht, weshalb die besondere Gefährdung, an übereilte und in der Hitze des Gefechts gemachte Gebote sofort gebunden zu sein, nicht besteht.

---

63 BGH, CR 2008, 727.

3. Die Teilnehmer an einer Internet-Auktion können sich nach über-
   wiegender Auffassung der Unterstützung einer automatischen Biet-
   Software (sog. Sniper-Software) bedienen – sogar dann, wenn der
   Auktionator durch AGBs dies ausgeschlossen oder die Weitergabe
   des Passwortes untersagt haben sollte.
4. Rückwärts-Auktionen, bei denen der Preis in bestimmten Zeit-in-
   tervallen stufenweise sinkt, bis ein Teilnehmer „zuschlägt", mögen
   insbesondere bei einem sehr schnellen Zeittakt wegen Ausnutzung
   der Spiellust wettbewerbsrechtlich bedenklich sein. Aber auch hier
   steht Verbrauchern das fernabsatzrechtliche Widerrufsrecht zu, so
   dass der Käufer an einen übereilten Kaufentschluss nicht sofort gebunden ist.
5. Der beim Privatverkauf in Internet-Auktionen regelmäßig vereinbarte Gewährleistungsausschluss unterliegt Grenzen. So kann je
   nach Formulierung in der Warenbeschreibung eine Beschaffenheitsgarantie enthalten sein, die vom Haftungsausschluss unberührt
   bleibt. Vor allem aber bleibt (auch) der Privatverkäufer an seine eigenen Beschaffenheitsangaben gebunden.
6. Die im Rahmen von Internet-Auktionen (und teilweise auch anderen Online-Handelsformen) üblichen Bewertungssysteme sind – vor
   allem für die Verkäuferseite – von erheblicher Bedeutung. Gegen
   als unrichtig empfundene Bewertungen kann nur dann erfolgreich
   vorgegangen werden, wenn Tatsachenbehauptungen unrichtig sind
   oder Werturteile die Grenze zur Schmähkritik oder Beleidigung
   überschritten haben.
7. Der Inhaber eines Mitgliedskontos bei einem Internet-Auktionshaus
   haftet nicht generell für das damit verbundene Missbrauchsrisiko.
   So muss der Verkäufer die Identität des Käufers im Streitfall beweisen und kann sich dabei nicht einfach auf die „Kontoherkunft" der
   Kauferklärung berufen. Geht der Kontoinhaber jedoch mit seinen
   Zugangsdaten fahrlässig um oder gibt er sie sogar willentlich an andere weiter, haftet er für Eingriffe in absolute Immaterialgüterrechte
   in vollem Umfang und eventuell auch strafrechtlich als Gehilfe.

III. Elektronische Signaturverfahren

1. Schriftform, elektronische Form und Textform

763 Im Normalfall sind Verträge nach dem BGB an **keine besondere Form**
gebunden, so dass die Vertragsschließenden völlig frei darin sind, ob sie
ihre Vereinbarung mündlich, schriftlich, per Handschlag oder per eMail
„besiegeln" wollen. Nur in einzelnen Fällen ordnet das Gesetz besondere
Formerfordernisse an; dies gilt für die **Schriftform** gem. § 126 BGB, die
beispielsweise für Bürgschaftserklärungen vorgeschrieben ist (§ 766 BGB).
Besonders wichtige Verträge bedürfen der **notariellen Beurkundung** gem.
§ 128 BGB, so beispielsweise der Grundstückskauf (§ 311b Abs. 1 BGB)
oder Eheverträge (hier sogar noch unter gleichzeitiger Anwesenheit beider

Seiten, § 1410 BGB). Darüber hinaus können Vertragsparteien in einem Vertrag bestimmte Formerfordernisse für Änderungen oder Ergänzungen ihres Vertrages vorsehen (§ 127 BGB), was häufig zugunsten der Schriftform erfolgt. Ist eine solche gesetzlich oder vertraglich festgelegte Form nicht gewahrt, ist die formwidrige Vereinbarung gem. § 125 BGB nichtig.

Als das Internet seinen Siegeszug antrat und auch als Vertragsschlussmedium an Bedeutung gewann, waren eMails – obwohl sie ja schriftlich sind – nicht als Schriftform anerkannt, weil diese eine eigenhändige Unterschrift verlangt (§ 126 Abs. 1 BGB).[64] Soweit also die Schriftform einzuhalten war, konnten Verträge nicht elektronisch geschlossen werden. In Umsetzung der Signaturrichtlinie der EU wurde dann jedoch das BGB geändert. Dabei wurde die „**elektronische Form**" eingeführt (§ 126a BGB); danach kann jetzt ein nach dem SigG **qualifiziert elektronisch signiertes Dokument** die klassische **Schriftform ersetzen** und damit elektronische Vertragsschlüsse, für die die Schriftform vorgeschrieben ist, formwirksam ermöglichen.[65] **764**

Aus der Begründung des Entwurfs eines Gesetzes zur Anpassung der Formvorschriften des Privatrechts und anderer Vorschriften an den modernen Rechtsgeschäftsverkehr, BT-Drs. 14/4987, S. 12 f.: **765**

… Die elektronische Form erfordert eine elektronische Signierung des Dokuments unter Anwendung eines Verfahrens, das die Voraussetzungen des Gesetzes über die elektronische Signatur erfüllt. Diese elektronische Signierung ist Substitut für die eigenhändige Unterschrift. Die Einheitlichkeit des signierten Dokuments kann durch die Technik der elektronischen Signatur gewährleistet werden, … Die neu eingeführte elektronische Form ändert nichts an der Konstelation, dass allein die Schriftform gesetzlich angeordnet ist; der Gesetzgeber bietet zur Wahrung dieses Formgebotes alternativ die Verwendung der elektronischen Form statt der Schriftform an, wenn das die Beteiligten wollen. … Um die Rechtssicherheit und Verkehrsfähigkeit der elektronischen Signatur zu gewährleisten und das Vertrauen in den elektronischen Rechtsverkehr zu stärken, wird der Empfänger einer Willenserklärung in elektronischer Form bei Willensmängeln des Erklärenden in zweifacher Hinsicht geschützt. Zum einen hat der Signaturschlüssel-Inhaber bei Willensmängeln dem Empfänger der signierten Erklärung den Schaden zu ersetzen, den dieser dadurch erleidet, dass er auf die Gültigkeit der Erklärung vertraut. … Zum anderen wird dem Erklärungsempfänger einer in der elektronischen Form (§ 126a BGB) abgegebenen

---

64 Eine Spezialregelung gilt im Zivilprozessrecht, wonach ein beim Gericht einzureichender Schriftsatz „die Unterschrift der Person, die den Schriftsatz verantwortet, bei Übermittlung durch einen Telefaxdienst (Telekopie) die Wiedergabe der Unterschrift in der Kopie" enthalten soll (§ 130 Nr. 6 ZPO). Hierzu hat sich eine feinsinnig differenzierte Rechtsprechung entwickelt. So ist diese Anforderung erfüllt, wenn der Schriftsatz als pdf-Dokument eingescannt und dann per eMail dem Gericht zugeleitet wird (BGH, NJW 2008, 2649 = MMR 2008, 666 m. Anm. Hornung); anders dagegen verhält es sich, wenn ein Schriftsatz mit eingescannter Unterschrift per Fax – und nicht unmittelbar aus dem Computer – verschickt wurde (BGH, MMR 2007, 103). Diese unterschiedliche Behandlung hat das BVerfG (MMR 2008, 96) gebilligt.

65 Vgl. Köhler/Arndt/Fetzer, RdI, Rn. 203 ff.; Strömer, Online-Recht, S. 308 f.

Willenserklärung durch eine gesetzliche Regelung der von der Rechtsprechung entwickelten Grundsätze zum Beweis des ersten Anscheins (§ 292a ZPO in der Fassung des Artikels 2 Nr. 4 des Entwurfs) die Beweisführung erleichtert. ...

766 Darüber hinaus wurde mit der „**Textform**" eine **neue Formebene** zwischen der Schriftform bzw. elektronischen Form einerseits und der bloß mündlichen Form andererseits eingeführt (§ 126b BGB), die zunehmend auch in gesetzlichen Vorschriften vorkommt (z. B. bei der Informationspflicht des Unternehmers gegenüber dem Verbraucher beim Fernabsatzvertrag, § 312c Abs. 2 BGB) und auch vertraglich vereinbart werden kann;[66] diese „Textform" verlangt

► eine „zur **dauerhaften Wiedergabe in Schriftzeichen**" geeignete Erklärungsweise, worunter auch „normale" eMails zu subsumieren sind, sowie

► die **Erkennbarkeit des Erklärenden** (also eine Namensangabe) und des **Abschlusses der Erklärung** (also des Endes der Erklärung, z. B. durch eine Grußformel o. Ä.).[67]

767 **Aus der Begründung des Entwurfs eines Gesetzes zur Anpassung der Formvorschriften des Privatrechts und anderer Vorschriften an den modernen Rechtsgeschäftsverkehr, BT-Drs. 14/4987, S. 12:**

... Die gegenüber der Schriftform erleichterte Textform verlangt nur noch eine in lesbaren Schriftzeichen fixierte Erklärung oder Mitteilung und verzichtet auf die eigenhändige Unterschrift. Sie fasst schon teilweise jahrelang geltende spezialgesetzliche Formtatbestände, nach denen die eigenhändige Unterschrift entbehrlich ist, als allgemeine Formvorschrift zusammen. Diese unterschriftslose Form hat sich als Vereinfachung des Rechtsverkehrs bewährt. ... Die Textform löst die strenge Schriftform insbesondere in den Bereichen ab, in denen es sich um Erklärungen ohne erhebliche Beweiswirkung sowie mit nicht erheblichen oder leicht wieder rückgängig zu machenden Rechtsfolgen handelt und es keines dem schriftlichen Formgebot immanenten Schutzes des Erklärenden mittels der Warnfunktion bedarf. In diesen für die Formerleichterung in Betracht kommenden Fällen geht es hauptsächlich um Informations- und Dokumentationsanforderungen, die durch mündliche Erklärung nicht angemessen erfüllt werden könnten. Solche Anwendungen betreffen beispielsweise Massenvorgänge mit sich wiederholenden, meist gleichlautenden Erklärungen. ... Die Textform ist, da die eigenhändige Unterschrift und das Urkundenerfordernis entbehrlich sind, nicht wie die Schriftform üblicherweise an das Papier gebunden, sondern kann daneben auch in einem elektronischen Dokument erfüllt werden. ...

768 Unstrittig ist, dass eine per eMail zugesandte Erklärung die Voraussetzungen der Textform erfüllt, wenn die Person des Ausstellers klar bezeichnet ist. Umstritten ist jedoch, ob dies auch für **Dokumente, die ins Internet eingestellt sind,** gilt. Dies ist beispielsweise für Widerrufsrechtsbelehrungen von

---

66 Allerdings gibt es auch pragmatisch „schiefe" Wertungen; so lässt das BAG eine eMail in Textform für das Schriftlichkeitsgebot des § 99 Abs. 3 Satz 1 BetrVG ausreichen, MMR 2009, 746 = CR 2009, 680.

67 Vgl. Ellenberger, Palandt, § 126b Rn. 3–5; Köhler/Arndt/Fetzer, RdI, Rn. 227 ff.; Strömer, Online-Recht, S. 307.

Bedeutung (s. u., Rn. 811 f.). Die Kritik knüpft dabei an das Erfordernis der Dauerhaftigkeit der Wiedergabe an. Auch wenn die Dauerhaftigkeit keinen Ewigkeitsanspruch erheben kann und deshalb einer natürlichen zeitlichen Begrenzung unterliegt, ist eine Internetseite schon mit einem Klick wieder weg. Wird die Seite kurz darauf wieder aufgerufen, kann sich der Text bereits geändert haben. Insofern steht die jederzeitige Veränderbarkeit von Internetseiten deren Dauerhaftigkeit entgegen. Die h. M. verlangt deshalb, dass der User die Seite auf seinem Rechner abgespeichert oder aber ausgedruckt haben muss;[68] diese Argumentation verkennt jedoch, dass es nicht am Empfänger – also dem kommunikativen Gegenüber – liegen kann, ob eine Äußerung des Erklärenden – also des Betreibers der Internetseite – bestimmte Formvoraussetzungen erfüllt. Deshalb vertritt eine andere Auffassung den Standpunkt, dass für die Textform bereits ausreichend sei, wenn Abspeicherung bzw. Ausdrucken möglich ist;[69] eine Gegenmeinung argumentiert demgegenüber, dass eine Internetseite wegen der damit verbundenen Flüchtigkeit nie Textformqualität haben kann. Da ein wesentlicher Zweck dieser Formkategorie in einer gewissen Beständigkeit und Dokumentationsmöglichkeit liegt, spricht viel für diese strenge Auslegung.[70] Denn eine eMail kann der Empfänger (ohne dass er zuvor eigene Sicherungsmaßnahmen wie Speichern oder Ausdrucken ergriffen haben muss) jederzeit (bis er sie selbst löscht) in seinem Postfach nachlesen, während eine Internetseite jederzeit durch den Erklärenden modifiziert werden kann.[71]

Die „Rangordnung" der **verschiedenen Formarten** lässt sich nun folgendermaßen darstellen:

769

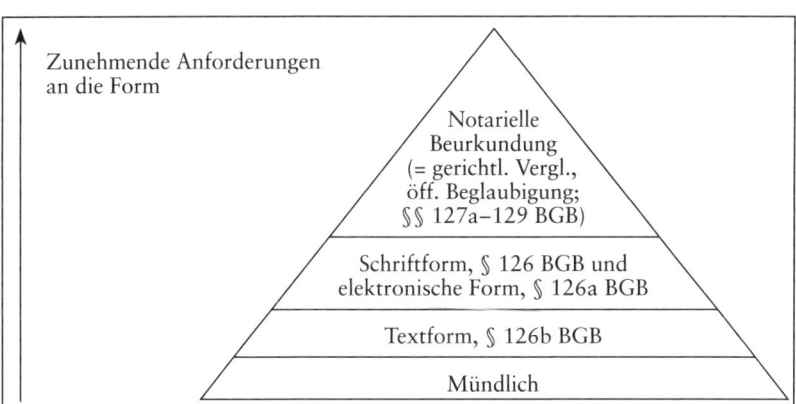

Übersicht 25:   Rangordnung der Formarten für Vertragsschlüsse

---

68 Vgl. KG, NJW 2006, 3215 = MMR 2006, 678 = CR 2006, 680; Auszug abgedruckt unter Rn. 812.
69 Zenker, JZ 2007, 816, 817; Köhler/Arndt/Fetzer, RdI, Rn. 228.
70 Zenker, JZ 2007, 816, 819.
71 Zenker, JZ 2007, 816, 820.

2. Qualifizierte elektronische Signatur

a) Signaturbegriffe

770 Entscheidend für die Schriftformäquivalenz im elektronischen Rechtsverkehr ist demnach die qualifizierte elektronische Signatur nach dem Signaturgesetz. Der **Grundbegriff der elektronischen Signatur** (§ 2 Nr. 1 SigG) erfasst zunächst ein elektronisches Verschlüsselungsverfahren, das mit elektronischen Daten, die den „zu signierenden Inhalt" darstellen (z. B. eine eMail), verknüpft wird. Dabei dient dieses Verschlüsselungsverfahren nicht primär der Geheimhaltung der Inhalte, sondern der **Authentifizierung des Absenders**, der die Nachricht mit einem Absenderschlüssel „signiert"; kann nun der Empfänger die eMail mit dem diesem Absenderschlüssel entsprechenden Entschlüsselungscode problemlos öffnen, ist klar, dass die eMail mit dem Absenderschlüssel signiert wurde (sog. asymmetrische Verschlüsselung).[72] Eine besondere Gewährleistung der Absenderidentität ist mit der (einfachen) elektronischen Signatur jedoch noch nicht verbunden.

771 Eine „**fortgeschrittene elektronische Signatur**" (§ 2 Nr. 2 SigG) verlangt darüber hinaus, dass der Absenderschlüssel geheim und allein dem Absender bekannt ist (sog. „private key"), und der öffentlich bekannte Entschlüsselungscode (sog. „public key") eindeutig der Person des Absenders zugeordnet ist. Außerdem muss das „Funktionieren" der Entschlüsselung über die korrekte Absenderverschlüsselung hinaus belegen, dass an den signierten Inhalten keine Veränderung nach ihrer Verschlüsselung vorgenommen worden ist. Damit wird neben der **Identität des Absenders** auch die **Integrität der verschlüsselten Inhalte** nachgewiesen. Dennoch ist die fortgeschrittene Signatur noch nicht schriftformäquivalent; sie kann aber als **gewillkürte Form** nach § 127 Abs. 2 BGB vereinbart werden.[73]

772 Die „**qualifizierte elektronische Signatur**" schließlich (§ 2 Nr. 3 SigG) setzt neben den Bedingungen für die einfache und fortgeschrittene Signatur außerdem voraus, dass sie auf einem zum Zeitpunkt ihrer Erzeugung **gültigen qualifizierten Zertifikat** beruht und mit einer **sicheren Signaturerstellungseinheit** (vgl. § 2 Nr. 10 SigG) erzeugt wird. Während die Verwendung der einfachen oder fortgeschrittenen Signatur noch keine besonderen Rechtsfolgen hat, erfüllt die qualifizierte elektronische Signatur die Voraussetzungen für

► die elektronische Form gem. § 126a BGB, die der Schriftform gleichgestellt ist, und

► den Anscheinsbeweis gem. § 292a ZPO.

---

72 Vgl. Köhler/Arndt/Fetzer, RdI, Rn. 204 f.; Strömer, Online-Recht, S. 304 f.
73 Vgl. Roßnagel, MMR 2003, 164; Roßnagel/Fischer-Dieskau, MMR 2004, 133, 134 ff.

b) Zertifizierung

Durch die **qualifizierten Zertifikate** wird die Zuordnung eines Signatur-   **773**
schlüssels zu einer bestimmten Person elektronisch bescheinigt (§ 2 Nr. 6, 7
SigG i. V. m. § 7 SigG). Dies erfolgt durch **private Zertifizierungsdiensteanbieter**, die (anders als noch im ersten Signaturgesetz) keiner Genehmigung
bedürfen. Allerdings muss die Betriebsaufnahme eines solchen Anbieters
gegenüber der BNetzA – deren Zuständigkeit sich aus § 3 SigG ergibt – **angezeigt** werden (§ 4 Abs. 3 SigG). Bei dieser Anzeige müssen auch die weitgehend aus dem Gewerberecht übernommenen Voraussetzungen gem. § 4
Abs. 2 SigG dargelegt bzw. nachgewiesen werden: Der Dienstanbieter muss
zuverlässig sein und – entweder selbst oder durch seine Mitarbeiter – über
die notwendige Fachkunde verfügen. Außerdem muss er ein Sicherheitskonzept vorlegen, das den im SigG und in der SigV gestellten Sicherheitsanforderungen genügt.[74]

Zudem steht es den Diensteanbietern frei, sich akkreditieren zu lassen. Im   **774**
Fall einer solchen „freiwilligen Akkreditierung" (§ 2 Nr. 15 SigG) unterziehen sie sich einem Verfahren zur Erteilung einer **Betriebserlaubnis** durch
die BNetzA, das mit einer erheblich stärkeren Überprüfung als im Anzeigeverfahren verbunden ist. Mit dieser Akkreditierung wird der Nachweis der
umfassend geprüften technischen und administrativen Sicherheit für die
auf den qualifizierten Zertifikate beruhenden qualifizierten Signaturen des
Anbieters geführt, worauf sich die akkreditierten Zertifizierungsdiensteanbieter auch berufen können (§ 15 Abs. 1 SigG). Nachdem zunächst nahezu alle Anbieter die Akkreditierung eingeholt haben, stehen heute neun
akkreditierten Anbietern fünf nicht-akkreditierte Anzeige-Anbieter gegenüber; zahlreiche (23) akkreditierte Anbieter haben ihre Tätigkeit eingestellt, in zwei Fällen hat die BNetzA die Akkreditierung widerrufen. Damit hat sich dieses „Gütesiegel" der BNetzA im Wettbewerb nur teilweise
durchgesetzt.[75]

Grafisch lässt sich das **Zusammenspiel von BNetzA, Zertifizierungsdienste-   775
anbietern und Schlüsselinhabern** wie folgt darstellen:

---

74 Vgl. Köhler/Arndt/Fetzer, RdI, Rn. 208 ff.
75 Siehe <www.bundesnetzagentur.de/enid/1adc2e806ff55264eb67be001b1358a7,0/
    Qualifizierte_elektronische_Signatur/Zertifizierungsdiensteanbieter_ph.html#
    Akkreditierte%20Zertifizierungsdiensteanbieter4>; vgl. auch Roßnagel, MMR
    2003, 164 m. w. N.; Köhler/Arndt/Fetzer, RdI, Rn. 210.

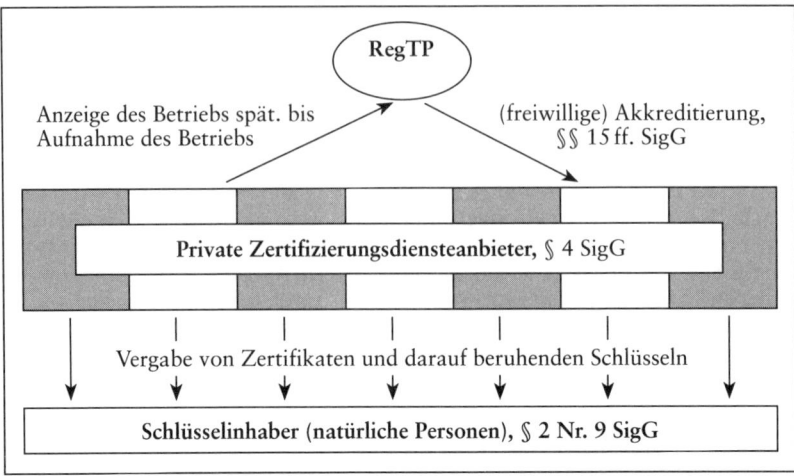

Übersicht 26: Zertifizierung qualifizierter elektronischer Signaturen

c) Mehrstufigkeit der Signaturen

776 Ausgehend von den verschiedenen – stufenweise aufeinander aufbauenden – Signaturbegriffen in Verbindung mit Zertifizierung und Akkreditierung ergibt sich ein **mehrstufiges Signaturensystem:**[76]

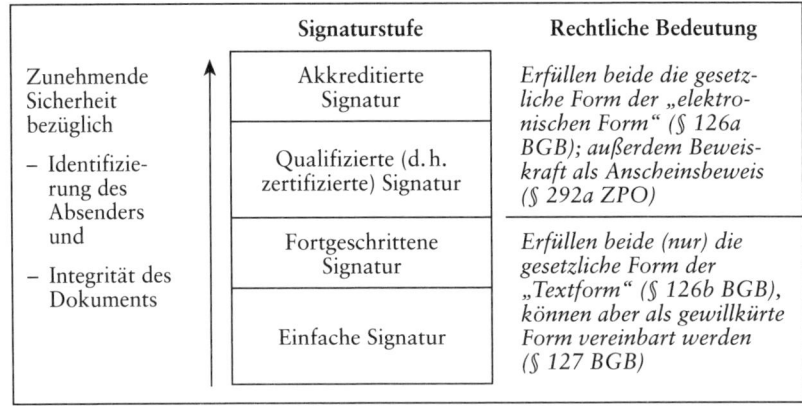

Übersicht 27: Mehrstufigkeit elektronischer Signaturen

---

76 Vgl. hierzu die Beiträge (vor verwaltungsrechtlichem Hintergrund) von Schmitz/Schlatmann, NVwZ 2002, 1281, 1284, und Roßnagel, NJW 2003, 469, 470; siehe außerdem Strömer, Online-Recht, S. 309.

d) Haftung

Sollte eine qualifizierte oder gar akkreditierte Signatur in ihrer Identifizie- **777** rungs- oder Integritätsfunktion versagen und dadurch ein Schaden entstehen, kann sowohl der Absender wie auch der Empfänger der so signierten eMail geschädigt sein. Tritt der **Schaden beim eMail-Absender** ein, kann dieser auf Grund seiner vertraglichen Beziehung zum Zertifizierungsanbieter gegen diesen unmittelbare Schadensersatzansprüche nach allgemeinem Vertragshaftungsrecht geltend machen. Der **Schaden beim Empfänger einer signierten eMail**, der auf die Identität des Absenders oder auf die Integrität des Dokuments vertraut hat, könnte beispielsweise in Aufwendungen zur Erfüllung eines vermeintlich geschlossenen Vertrages bestehen. Wenn sich nämlich herausstellt, dass entweder die eMail gar nicht vom Absender war oder aber einen anderen Inhalt hatte, wäre in beiden Fällen der vermeintliche Vertrag nicht zustande gekommen.

In solchen Fällen haften die für die verwendete Signatur verantwortlichen **778** Zertifizierungsanbieter gegenüber dem eMail-Empfänger auf Grund eines **gesetzlichen Schadensersatzanspruchs** gem. § 11 SigG. Dieser Anspruch besteht allerdings dann nicht, wenn der eMail-Empfänger von der Fehlerhaftigkeit der eMail bezüglich Identität oder Integrität Kenntnis hatte oder hätte haben müssen (also fahrlässig Nichtkenntnis hatte), § 11 Abs. 1 Satz 2 SigG. Ebenso kann der Zertifizierungsanbieter den Haftungsanspruch dann abwehren, wenn ihn kein schuldhaftes Handeln trifft; allerdings trägt er hierfür die Beweislast, was die Geltendmachung erheblich erschwert, § 11 Abs. 2 und 3 SigG.[77] Damit der eMail-Empfänger seinen Anspruch auch tatsächlich realisieren kann, verpflichtet § 12 SigG die Zertifizierungsanbieter, eine **Mindestdeckungsvorsorge** pro Schadensereignis in Höhe von 250 000 € zu treffen. Dies kann durch eine geeignete Haftpflichtversicherung oder durch eine Freistellungs- oder Gewährleistungsverpflichtung einer Bank erfolgen (vgl. § 9 SigV).[78]

3. Fazit

1. Ist für einen Vertrag ausnahmsweise – durch Gesetz oder einen an- **779** deren einschlägigen Vertrag – die Schriftform vorgeschrieben, kann dem auch durch eine qualifiziert elektronisch signierte eMail Rechnung getragen werden. Darüber hinaus bietet das BGB mit der Textform, die durch einfache eMails erfüllt ist, eine zusätzliche Formart zwischen der mündlichen und schriftlichen Form an.
2. Die elektronische Signatur stellt ein technisches Verschlüsselungsverfahren dar, das durch die Anwendung eines Entschlüsselungscodes belegt, ob bei der Verschlüsselung ein bestimmter Schlüssel verwendet wurde.

---

77 Thomale, MMR 2004, 80, 81 f.
78 Thomale, MMR 2004, 80, 86; Köhler/Arndt/Fetzer, RdI, Rn. 211.

3. Das elektronische Signaturrecht kennt vier Stufen:
   a) einfache Signatur,
   b) fortgeschrittene Signatur, bei der durch entsprechende Zuord-
      nungen die verlässliche Identifizierung des Absenders und die
      Integrität des Dokuments möglich ist,
   c) qualifizierte Signatur, die darüber hinaus auf einem qualifizier-
      ten Zertifikat beruht; ein so signiertes Dokument ist schrift-
      formäquivalent und kann als Anscheinsbeweis eingesetzt wer-
      den;
   d) akkreditierte Signatur, bei der der Anbieter eines qualifizierten
      Zertifikats den Betrieb nicht nur angezeigt, sondern auch be-
      züglich seiner technischen und administrativen Sicherheit hat
      überprüfen lassen.
4. Der Anbieter eines qualifizierten Zertifikats haftet grundsätzlich für
   Schäden, die durch Mängel in der Identifizierungs- oder Integra-
   tionsfunktion qualifizierter oder akkreditierter Signaturen verursacht sind, gegenüber dem eMail-Absender aus dem Zertifizierungs-
   vertrag und gegenüber dem eMail-Empfänger gem. § 11 SigG.

IV. Internationales Vertragsrecht

1. Kollisionsrecht und Rechtswahl

780 Auf Grund des grenzüberschreitenden Charakters der elektronischen Kommunikation kommt dem internationalen Vertragsrecht im eCommerce erhebliche Bedeutung zu. Bislang gelten hierfür die allgemeinen Vorschriften aus dem Internationalen Privatrecht. Dabei handelt es sich nicht um
materielle – also inhaltliche – Regelungen, sondern (nur) um ein „Kollisionsrecht", das bei Sachverhalten mit Anknüpfungspunkten aus mehreren Staaten entscheidet, **welche nationale Rechtsordnung inhaltlich darauf
anzuwenden ist**, z.B. bei einer Scheidung einer in den USA geschlossenen
Ehe eines in Frankreich lebenden Deutschen mit einer (seit der Trennung in
Italien wohnhaften) Russin.[79] Bei Verträgen ist danach die Rechtsordnung
desjenigen Staates maßgeblich, zu dem der Vertrag die engsten Beziehungen aufweist, Art. 28 EGBGB; meist ist dies der **Sitzstaat des Leistungserbringers**, also des Verkäufers, Dienstleisters, Werkunternehmers o.Ä.
(vgl. Art. 28 Abs. 2 EGBGB).

781 Die Orientierung dieses Kollisionsrechts an der **Stärke der verschiedenen
nationalen Bezüge** eines Falles stößt beim eCommerce wegen der weltweiten Wirkung des Internets häufig an ihre Grenzen. Deshalb wird auf
UN-Ebene über einen **Übereinkommensentwurf für ein internationales**

---

79 Anzuwenden ist französisches Recht, da die Ehegatten verschiedene Staats-
   angehörigkeiten haben und zuletzt gemeinsam in Frankreich gelebt haben,
   Art. 17 Abs. 1 i.V.m. Art. 14 Abs. 1 Nr. 2 EGBGB.

ebusiness-Vertragsrecht beraten. Die hierfür zuständige „UNCITRAL-Arbeitsgruppe E-Commerce" neigt dabei offenbar stärker zu einer **materiellen Sachkodifikation** als zu einem besonderen Kollisionsrecht. Allerdings ist mit einer Sachkodifikation auf Grund der teilweise stark divergierenden rechtsdogmatischen Strukturen der nationalen Rechtsordnungen die Gefahr neuer Rechtsunsicherheiten verbunden.[80]

Zur Vermeidung der Anknüpfungsprobleme kann in vielen Rechtsgebie- **782** ten – so auch im Vertragsrecht – von den Betroffenen eine **Rechtswahl** vorgenommen werden, Art. 27 EGBGB. Dies kann erfolgen durch

► eine entsprechende **Individualvereinbarung** („Dieser Vertrag unterliegt deutschem Recht"),

► die Einbeziehung von **AGBs mit Rechtswahlklauseln** (wobei diese Klausel dann für die Frage, ob die AGBs selbst wirksamer Vertragsbestandteil geworden sind, noch nicht gelten kann) oder

► **schlüssiges Verhalten** der Vertragsparteien, etwa durch Wahl des Gerichtsstandes oder des Erfüllungsortes.[81]

2. Verbraucherverträge

Besondere Vorgaben bestehen für Verbraucherverträge, wobei das EGBGB – **783** in Umsetzung von EU-Recht – hier vom **französischen Verbraucherbegriff** ausgeht. Dieser erfasst jede natürliche oder juristische Person, die die Lieferung beweglicher Sachen oder die Erbringung von Dienstleistungen zu einem Zweck, der nicht ihrer beruflichen oder gewerblichen Tätigkeit zugerechnet werden kann, vereinbart (vgl. Art. 29 Abs. 1 EGBGB).

Bei solchen Verträgen gilt, wenn keine Rechtswahl getroffen wurde, auto- **784** matisch immer das **Recht des Aufenthaltsstaates des Verbrauchers**, Art. 29 Abs. 2 EGBGB. Bei Verträgen mit Rechtswahl darf sich der Verbraucher gem. § 29 Abs. 1 Nr. 1 EGBGB durch die Rechtswahl im Verhältnis zu dem in seinem Aufenthaltsstaat gewährten Schutz **nicht rechtlich verschlechtern**, wenn er in seinem Aufenthaltsstaat

► bezüglich des Vertragsschlusses umworben wurde, was bei jeder Internetwerbung der Fall ist, die eine Adressierung auf den Aufenthaltsstaat erkennen lässt (durch Sprache, Währung, Werbegepflogenheiten o. Ä.), und

► die zum Abschluss des Vertrages erforderlichen Rechtshandlungen vorgenommen hat, was z. B. bei einer Bestellung am heimischen PC der Fall ist.

Im Ergebnis bedeutet dies, dass das **gesamte deutsche Verbraucherschutzrecht** (s. u., Rn. 786 ff.) unabhängig von einer etwaigen Rechtswahl auf

---

80 Lafontaine, CR 2004, 229 f.
81 Vgl. Köhler/Arndt/Fetzer, RdI, Rn. 854 ff.

alle Verträge anzuwenden ist, die mit **in Deutschland wohnhaften Verbrauchern** online geschlossen worden sind.[82]

3. Fazit

785

1. Für online geschlossene Verträge mit grenzüberschreitenden Bezügen gilt das allgemeine internationale Vertragsrecht. Danach wird darauf abgestellt, zu welcher nationalen Rechtsordnung der Vertrag den stärksten Bezug hat (meist Sitzstaat des Leistungserbringers). Die Vertragsparteien können auch das anzuwendende nationale Recht durch eine Rechtswahl festlegen (individuell, AGB, konkludent).
2. Bei Verbraucherverträgen gelten besondere Schutzbestimmungen. Fehlt eine Rechtswahl, gilt automatisch das Recht des Aufenthaltsstaates des Verbrauchers. Ist eine Rechtswahl getroffen, darf diese bei vom Verbraucher im Heimatland online geschlossenen Verträgen zu keiner Verschlechterung seiner Rechtsposition gegenüber seinem Heimatrecht führen.

B. Verbraucherschutzrecht

I. Grundsätze des Verbraucherschutzrechts

1. Ziele des Verbraucherschutzes

786 Ursprünglich war das Zivilrecht beherrscht vom **Grundsatz der Privatautonomie**. Im BGB von 1896 war die Vertragsfreiheit noch fast grenzen- und schrankenlos. Von wenigen zwingenden gesetzlichen Vorgaben abgesehen, konnten die Parteien eines Kauf-, Dienst-, Werk-, Miet- oder anderen Vertrages weitgehend frei vereinbaren, was sie wollten. Der Glaube an eine gewisse Fairness einerseits und an **marktregulierende Kräfte** andererseits stand dabei Pate. Man kann es aber auch ein „Recht des Stärkeren" nennen.[83]

787 In der modernen **Konsum- und Wohlstandsgesellschaft** entstand zunehmend das Bedürfnis, die in Fragen des rechtlichen, technischen und ökonomischen Überblicks immer schwächeren Verbraucher gegen die zunehmend übermächtigen Anbieter zu schützen. Ausgangspunkt waren das verfassungsrechtliche Sozialstaatsgebot (Art. 20 Abs. 1 GG) und § 242 BGB, wonach Verträge dem **Grundsatz von Treu und Glauben** unterworfen sind. Aus diesem einen Satz hat die Rechtsprechung eine umfangreiche

---

82 Vgl. Köhler/Arndt/Fetzer, RdI, Rn. 866 f.; Boehme-Neßler, Cyberlaw, S. 132 f.
83 Vgl. Grüneberg, Palandt, Überbl. v. § 305, Rn. 3 ff.

Judikatur zum „Kleingedruckten" in den Verträgen – das natürlich nur der Absicherung des Anbieters, nie der des Kunden, diente – entwickelt. Im **Gesetz der Allgemeinen Geschäftsbedingungen** – das als Mutternorm des Verbraucherschutzrechts angesehen werden kann – hat der Gesetzgeber 1977 im Wesentlichen die zuvor von den Gerichten vorgezeichnete Linie nachvollzogen; im Rahmen der Schuldrechtsreform von 2000 wurde dieses Gesetz in das BGB (§§ 305–310) inkorporiert.[84]

Ziel des **heute recht ausdifferenzierten Verbraucherschutzrechts** ist es also, **788** den einzelnen Verbraucher gegen solche Benachteiligungen zu schützen, die entweder

▶ auf einer „**ausgebufften**" **Vertragsgestaltung** – gespeist aus dem Wissensvorsprung des Anbieters auf dem jeweiligen Gebiet – oder
▶ auf **problematischen Vertragsanbahnungspraktiken** (an der Haustür, durch Preise-Schönreden oder durch Rechenkunststücke bei Krediten)

beruhen. Logischerweise können diese gesetzlichen Bestimmungen nicht zum Nachteil des Verbrauchers abbedungen oder umgangen werden.

Die **Privatautonomie** ist dabei nicht unwesentlich **unter die Räder gekom- 789 men**, was von den echten „Zivilisten" auch sehr bedauert wird. Auch aus meiner Sicht gibt es **Auswüchse**, die in einer freien Rechts- und Gesellschaftsordnung in der Tat überflüssig sind.[85]

2. Unternehmer-Verbraucher-Verhältnis

Die Anwendbarkeit verbraucherschutzrechtlicher Bestimmungen setzt meist **790** das Vorliegen des Unternehmer-Verbraucher-Verhältnisses voraus. Als **Unternehmer** ist nach § 14 BGB jede

„natürliche oder juristische Person, oder eine rechtsfähige Personengesellschaft, die bei Abschluss eines Rechtsgeschäfts in Ausübung ihrer gewerblichen oder selbständigen beruflichen Tätigkeit handelt",

anzusehen. Dem steht der **Verbraucherbegriff** gem. § 13 BGB spiegelbildlich gegenüber, worunter jede

„natürliche Person, die ein Rechtsgeschäft zu einem Zwecke abschließt, der weder ihrer gewerblichen noch ihrer selbständigen beruflichen Tätigkeit zugerechnet werden kann",

verstanden wird.

---

84 Vgl. Grüneberg, Palandt, Überbl. v. § 305, Rn. 1.
85 Dazu zählt z. B. die Mieterhöhungskappung bei 20 %. Solche Regeln führen nämlich auch dazu, dass Vertragsanbieter andere, für die andere Vertragspartei nicht immer günstigere Wege suchen müssen, um ihre – ja nicht immer unberechtigten – Interessen zu wahren. Dies kann etwa bei der Vereinbarung einer Staffelmiete, die u. U. – gemessen an der späteren Kostenentwicklung – mit zu starken Stufen kalkuliert ist, der Fall sein.

791 An die **Erfüllung des Unternehmerbegriffs** werden dabei – im Interesse des Verbraucherschutzes – keine hohen Anforderungen gestellt. So hat das LG Berlin eine Mutter von vier Kindern, die zahlreiche Kinderbekleidungsstücke bei eBay erworben und verkauft hat, als Unternehmerin i. S. v. § 14 BGB eingestuft. Teilweise wird sogar vertreten, dass bereits die Einrichtung eines eBay-Shops für die Bejahung der Unternehmereigenschaft ausreichen soll; auch soll bei 150 Verkäufen pro Jahr – oder 100 im selben Geschäftsfeld – eine Unternehmereigenschaft widerleglich indiziert sein.[86]

792 **Unternehmereigenschaft bei eBay-Verkäufern – LG Berlin, MMR 2007, 401:**

Aus den Gründen: ... Dabei ist es unerheblich, ob die Tätigkeit nebenberuflich oder mit Gewinnerzielungsabsicht erfolgt. ... Die Eröffnung eines eBay-Shops lässt für sich genommen die Ag. zwar noch nicht als Unternehmerin i. S. d. § 14 BGB erscheinen. Jedoch weist die Anzahl und der Gebrauchszustand der bei eBay eingestellten Artikel auf eine nebenberufliche gewerbliche Tätigkeit hin, die über gelegentliche Verkäufe i. R. d. privaten Haushaltsführung hinausgeht. So bot die Ag. im April 2006 um die 100 Artikel an, von denen in etwa 3/5 Kinderbekleidungsartikel waren. Von den Kinderbekleidungsartikeln waren wiederum mehr als 1/3 als neu gekennzeichnet. Insb. der hohe Anteil von Neuwaren ist für Verkäufe aus dem Haushalt ungewöhnlich und spricht für eine gewerbliche Tätigkeit. Hinzu kommt, dass die Ag. über eBay nicht nur Kleidung ihrer Kinder verkauft, wenn die Kleidung den Kindern nicht mehr passt oder nicht gefällt, sondern dass die Ag. über eBay auch in großem Umfang Kinderkleidung einkauft. ... In einigen Fällen hat die Ag. die über eBay gekaufte Kleidung kurze Zeit nach dem Kauf zu einem höheren Preis wieder über eBay zum Verkauf angeboten. ... Insgesamt vermittelt die Kauf- und Verkaufstätigkeit der Ag. den Eindruck eines schwunghaften Handels mit Kinderkleidung, wie sie vergleichbar in einem Second-Hand-Laden vorgenommen wird. ...

II. Das Recht der Allgemeinen Geschäftsbedingungen

1. Anwendungsbereich

793 Das AGB-Recht der §§ 305–310 BGB regelt in § 305 Abs. 1 BGB die Frage, ob und ggf. welche

„für eine Vielzahl von Verträgen vorformulierten Vertragsbedingungen, die eine Vertragspartei (Verwender) der anderen Vertragspartei bei Abschluss eines Vertrages stellt",

wirksam sind. Verwender ist dabei – zunächst unabhängig vom Unternehmerbegriff – jeder, der **für viele Verträge gleichlautende Klauseln** – meist formularmäßig – vorgibt. Sind außerdem die Voraussetzungen des **Unternehmer-Verbraucher-Verhältnisses** erfüllt, gelten gemäß § 310 Abs. 3 BGB noch verschärfende Regelungen:

---

86 Szczesny/Holthusen, NJW 2007, 2586, 2588 f. m. w. N.; vgl. auch LG Hanau, MMR 2007, 339, wonach bei 25 Bewertungen eines Verkäufers innerhalb von zwei Monaten die Gewerblichkeit zu bejahen ist.

▶ Erleichterte Zurechnung von AGBs zum Unternehmer,
▶ Anwendung des AGB-Rechts auch bei nur einmaliger Verwendung, wenn der Verbraucher keinen Einfluss auf die Formulierung hatte,
▶ Berücksichtigung der Begleitumstände des Vertragsschlusses bei der Wirksamkeitsüberprüfung der AGBs.

Eine **erheblich eingeschränkte Anwendung** findet das AGB-Recht auf sol-   **794**
che AGBs, die gegenüber Unternehmern oder öffentlich-rechtlichen juristischen Personen verwendet werden (§ 310 Abs. 1 BGB), sowie auf Verträge
der Elektrizitäts-, Gas-, Fernwärme- und Wasserversorgungsunternehmen
(§ 310 Abs. 2 BGB) und Arbeitsverträge (§ 310 Abs. 4 Satz 2 BGB). **Gar
keine Anwendung** findet das AGB-Recht auf Verträge auf dem Gebiet des
Erb-, Familien- und Gesellschaftsrechts sowie auf Tarifverträge und Be-
triebs- und Dienstvereinbarungen (§ 310 Abs. 4 Satz 1 BGB).

2. Drei Wirksamkeitshürden für Allgemeine Geschäftsbedingungen

a) Erste Hürde: Einbeziehung der AGBs in den Vertrag, §§ 305, 305a BGB

Zunächst müssen die AGBs in den Vertrag einbezogen werden. Dies setzt   **795**
voraus, dass der Kunde die **Möglichkeit der zumutbaren Kenntnisnahme**
von den AGBs hat (§ 305 Abs. 2 BGB). Ist diese Kenntnisnahme im Internet mit **zusätzlichen Kosten** (Telefon- und Internetgebühren) verbunden,
steht dies der Zumutbarkeit nicht entgegen, wenn sich der Kunde selbst für
dieses (die Zusatzkosten auslösende) Vertragsschlussmedium entschieden
hat.[87]

Bei Internetangeboten setzt die Zumutbarkeit der Kenntnisnahme aller-   **796**
dings voraus, dass die AGBs leicht erkennbar sind; insofern gelten auch hier
die für die Anbieterkennzeichnung nach § 5 TMG entwickelten Grundsätze
(s. o., Rn. 419 ff.).[88] Auch bezüglich der **Erreichbarkeit** ist – wie bei der
Anbieterkennzeichnung – ein Link auf die AGB-Seite ausreichend, wenn
dieser im Bestellformular in direkter Nähe zum Bestellbutton gut sichtbar
platziert ist. Denn dann stellt das Anklicken des Links keinen größeren
Aufwand dar, als das Umdrehen des klassischen Papier-Bestellformulars,
bei dem die AGBs auf der Rückseite stehen.[89]

**Kenntnisverschaffung von AGB bei Bestellung über das Internet – BGH, NJW   797
2006, 2976 = CR 2006, 773 = MMR 2006, 737:**

Für die Möglichkeit der Kenntnisverschaffung kann es genügen, wenn bei
einer Bestellung über das Internet die Allgemeinen Geschäftsbedingungen des Anbieters über einen auf der Bestellseite gut sichtbaren Link aufgerufen und ausgedruckt werden können.

---

87 Köhler/Arndt/Fetzer, RdI, Rn. 247 m. w. N.
88 Hoenike/Hülsdunk, MMR 2002, 516.
89 Vgl. Köhler/Arndt/Fetzer, RdI, Rn. 248; Strömer, Online-Recht, S. 327 ff.;
     Boehme-Neßler, Cyberlaw, S. 150 f.

> *Aus den Gründen:* [16] ... Entgegen der Auffassung der Revision hat die Beklagte dem Kläger dadurch die Möglichkeit verschafft, in zumutbarer Weise von dem Inhalt ihrer Allgemeinen Geschäftsbedingungen Kenntnis zu nehmen (§ 2 Abs. 1 Nr. 2 AGBG), dass diese durch Anklicken des unterstrichenen Wortes „AGB's" auf der Bestellseite aufgerufen und ausgedruckt werden konnten. Zutreffend hat das Berufungsgericht darauf abgestellt, dass die Verwendung von Links und deren Darstellung durch Unterstreichen zu den in dem Medium Internet üblichen Gepflogenheiten gehören und Verwender von Allgemeinen Geschäftsbedingungen daher davon ausgehen können, dass Verbraucher, die sich für ihre Bestellung des Internets bedienen, mit solchen Links ohne weiteres umgehen können. Für die Möglichkeit der Kenntnisverschaffung i. S. des § 2 Abs. 1 Nr. 2 AGBG (§ 305 Abs. 2 Nr. 2 BGB) genügt es daher, wenn die Allgemeinen Geschäftsbedingungen wie im vorliegenden Fall über einen auf der Bestellseite gut sichtbaren Link aufgerufen und ausgedruckt werden können. ...

798 Oft werden Verträge über das Internet nur angebahnt, dann aber konventionell geschlossen. Das ist beispielsweise dann der Fall, wenn im Internet eine invitatio ad offerendum steht, der Kunde daraufhin seine Bestellung per eMail abgibt und der Verkäufer dann dem Kunden einen schriftlichen Vertrag zur Unterzeichnung zuschickt oder -faxt. In solchen Fällen reicht ein Hinweis auf die AGBs im Internet nicht aus, weil die Einbeziehung immer im **unmittelbaren Zusammenhang mit dem Vertragsschluss** erfolgen muss. Hier müssten also die AGBs auch z. B. auf der Rückseite des zugeschickten Print-Vertrags stehen.

799 **Einbeziehung von Internet-AGBs in offline geschlossene Verträge – OLG Hamburg, CR 2002, 915:**

> *Aus den Gründen:* ... Es genügt nicht, dass der Vertragspartner lediglich die Möglichkeit hat, bei einer Recherche im Internet-Auftritt auf AGB des Verwenders zu stoßen. ... Dient das Internet-Angebot des Verwenders reinen Informationszwecken und nicht dem elektronischen Geschäftsverkehr und kommen die Einigungen nicht im Zuge einer Nutzung des Online-Dienstes, sondern hiervon unabhängig [hier per Fax] zustande, muss ein eindeutiger Hinweis auf die allgemeinen Geschäftsbedingungen durch den Verwender im Zuge der Einigung erteilt werden. ...

b) Zweite Hürde: Keine überraschende Klausel, § 305c BGB

800 Wirksam einbezogene AGBs dürfen, um Bestandteil des Vertrages zu werden, keine überraschenden Inhalte haben. Darunter werden solche Bestimmungen verstanden, mit denen der Kunde **nach den Umständen des Vertragsschlusses oder Vertragsinhalts** vernünftigerweise nicht rechnen musste (§ 305c BGB). Hierbei ist auf einen **objektiven Empfängerhorizont** abzustellen, weshalb es unerheblich ist, ob der konkrete Kunde mit solchen Klauseln gerechnet hat oder nicht.[90]

---

90 Vgl. Grüneberg, Palandt, § 305c Rn. 4, mit zahlreichen Beispielen Rn. 5 ff.

c) Dritte Hürde: Inhaltskontrolle, §§ 307 ff. BGB

801 Schließlich dürfen die AGBs, die einbezogen und Vertragsbestandteil geworden sind, nicht gegen die inhaltlichen Vorgaben der §§ 307 ff. BGB verstoßen. Dies gilt nach der Generalklausel gem. § 307 Abs. 1 BGB für solche AGBs, die den Kunden „entgegen den Geboten von Treu und Glauben **unangemessen benachteiligen"**. Das kann der Fall sein, wenn die Klausel unverständlich formuliert ist (§ 307 Abs. 1 Satz 2 BGB) oder vom Grundgedanken einer gesetzlichen (dispositiven) Regelung erheblich abweicht (§ 307 Abs. 2 Nr. 1 BGB). Die §§ 308 f. BGB enthalten konkrete **Inhaltsverbote für bestimmte einzelne Arten von Vertragsklauseln** (z. B. Rücktrittsvorbehalt, kurzfristige Preiserhöhungen, Leistungsverweigerungsrechte, Vertragsstrafen).[91]

802 Bei einem Verstoß gegen die Inhaltskontrolle ist die betroffene AGB unwirksam; hierbei gibt es **keine geltungserhaltende Reduktion**, d. h. die AGB wird dann auch nicht auf die rechtlich noch zulässige Benachteiligung des Kunden umgedeutet, sondern ist **insgesamt nichtig.**[92] Ist beispielsweise die Haftung (bei Sachschäden) für Fahrlässigkeit (komplett) ausgeschlossen, obwohl dies für grobe Fahrlässigkeit nicht zulässig ist (§ 309 Nr. 7b BGB), haftet der AGB-Verwender dann auch für leichte Fahrlässigkeit, weil sein Haftungsausschluss in toto unwirksam ist.

Grenzen für den Haftungsausschluss bei Online-Banking – BGH, JZ 2001, 607: **803**

Klauseln in Allgemeinen Geschäftsbedingungen von Kreditinstituten, nach denen das Institut bei aus technischen und betrieblichen Gründen erfolgten, zeitweiligen Beschränkungen und Unterbrechungen des Zugangs zum Online-Service auch bei grobem Verschulden nicht haftet, verstoßen gegen § 11 Nr. 7 AGBG[93].

Aus den Gründen: ... Der danach ohne Rücksicht auf ein Verschulden der Beklagten und den Grad dieses Verschuldens vorgesehene Haftungsausschluss für sämtliche technisch oder betrieblich bedingten zeitweiligen Zugangsstörungen im Online-Service der Beklagten ist nach § 11 Nr. 7 AGBG unwirksam. Die Beklagte ist aufgrund eines Online-Service-Vertrages verpflichtet, geeignete Vorkehrungen für Funktionsfähigkeit und Betriebssicherheit des eigenen Rechnersystems zu treffen. In diesem Rahmen kann sie sich nicht umfassend von der Haftung für technisch oder betrieblich bedingte Störungen, die auf Eigenverschulden (§ 276 BGB), z. B. Organisationsverschulden in Form ungenügender Sicherung der Computeranlagen, oder zurechenbarem Fremdverschulden (§ 278 BGB) von Mitarbeitern oder beauftragtem Wartungspersonal, z. B. Programmierungs-, Bedienungs- oder Wartungsfehlern, beruhen, freizeichnen. Der Vorsatz und alle Grade der Fahrlässigkeit umfassende Haftungsausschluss in Ziffer 9 Satz 1 und 2 der Besonderen Bedingungen verstößt somit gegen § 11 Nr. 7 AGBG. ...

---

91 Vgl. Boehme-Neßler, Cyberlaw, S. 154 f.
92 Grüneberg, Palandt, Vorb. v. § 307 Rn. 8; Strömer, Online-Recht, S. 330; Boehme-Neßler, Cyberlaw, S. 156 f.
93 Jetzt: § 309 Nr. 7 BGB.

804 Auch bei Lieferschwierigkeiten kann der Verkäufer sich nicht einfach AGB-rechtlich ein Ersatzlieferrecht für einen Artikel, der dem Kaufgegenstand nicht entspricht, aber ähnlich ist, einräumen. Denn darin läge ein **einseitiges, für den Käufer unzumutbares Vertragsänderungsrecht des Verkäufers** mit entsprechenden, vom Käufer nicht beeinflussbaren, Gestaltungsmöglichkeiten.[94]

> **Ersatzlieferungsklausel in AGB eines Internetshops unwirksam – BGH, MMR 2005, 833:**
>
> **Die in den Allgemeinen Geschäftsbedingungen eines Versandhandels-unternehmens gegenüber Verbrauchern verwendete Klausel** *„Sollte ein bestimmter Artikel nicht lieferbar sein, senden wir Ihnen in Einzelfällen einen qualitativ und preislich gleichwertigen Artikel (Ersatzartikel) zu."* **ist unter Berücksichtigung der sich daran anschließenden Sätze** *„Auch diesen können Sie bei Nichtgefallen innerhalb von 14 Tagen zurückgeben. Sollte ein bestellter Artikel oder Ersatzartikel nicht lieferbar sein, sind wir berechtigt, uns von der Vertragspflicht zur Lieferung zu lösen; ..."* **gemäß §§ 307 Abs. 1, 308 Nr. 4 BGB unwirksam.**
>
> *Aus den Gründen:* ... Die streitige Klausel ... enthält einen gemäß § 308 Nr. 4 BGB unzulässigen Änderungsvorbehalt. Nach dieser Bestimmung ist in Allgemeinen Geschäftsbedingungen die Vereinbarung eines Rechts des Verwenders, die versprochene Leistung zu ändern oder von ihr abzuweichen, unwirksam, wenn nicht die Vereinbarung der Änderung oder Abweichung unter Berücksichtigung der Interessen des Verwenders für den anderen Vertragsteil zumutbar ist. ... Die in Rede stehende Klausel berechtigt die Beklagte, eine versprochene Leistung zu ändern oder von ihr abzuweichen, weil sie der Beklagten nach der gebotenen objektiven Auslegung das Recht einräumt, dem Kunden einen „Ersatzartikel" als vertragsgemäße Leistung zu übersenden, wenn zuvor ein Kaufvertrag über die vom Verbraucher auf der Internetseite der Beklagten bestellte Ware zustande gekommen ist. ... In der Formularbe-stimmung ist nicht berücksichtigt, dass zahlreiche Artikel – etwa Bekleidungs-gegenstände vom Kunden nach seinen individuellen Wünschen und Bedürf-nissen ausgewählt werden. Demgegenüber belässt die in der Klausel allein vorgegebene Beschränkung auf gleichwertige Qualität und gleichen Preis der Beklagten einen weiten Spielraum für Abweichungen von der bestellten Ware, die dem Kunden im Einzelfall unzumutbar sein können. Dies trifft etwa für das vom Kläger gebildete Beispiel zu, wonach die Klausel es zulässt, dem Kunden anstelle der bestellten, nicht lieferbaren braunen Schuhe qualitativ und preis-lich entsprechende schwarze Schuhe zu liefern. ...

III. Weitere ausgewählte Verbraucherschutzbestimmungen

1. Haustürwiderrufsrecht, §§ 312, 312a BGB

805 Die §§ 312, 312a BGB schützen den Verbraucher gegen eine infolge ei-ner **Überrumpelung** auf einem übereilten Entschluss beruhende Vertrags-

---

94 In der Tendenz vergleichbar (vor einem anderen vertraglichen Hintergrund) BGH, CR 2008, 104.

bindung. Dies gilt für solche Vertragsschlüsse von Unternehmern mit Verbrauchern im Bereich deren Wohnung oder Arbeitsplatz, bei Freizeitveranstaltungen (z. B. die berühmten „Butterfahrten"), in öffentlichen Verkehrsmitteln oder im Bereich öffentlich zugänglicher Verkehrsflächen (z. B. Fußgängerzonen). Dahinter steht der Gedanke, dass sich ein Verbraucher in alle diese Bereiche in der Regel **ohne Vertragsabschlussabsicht** begibt und daher entsprechend überrumpelt wird.

Die **Anwendbarkeit des Haustürwiderrufsrechts im eCommerce** ist umstritten. Da das Internet nicht als Anwendungsfall in § 312 BGB genannt ist, wird teilweise unter Heranziehung des Umgehungsverbots in § 312g BGB eine analoge Anwendung vertreten. Dagegen spricht aber, dass die **Schutzratio des Haustürwiderrufsrechts** im Internet gerade nicht greift. Ein User kann – da er entscheidet, welche Seiten er aufsucht – nicht aktiv überrumpelt werden; außerdem kann er – auch wegen der relativen Anonymität – viel leichter eine ihm aufdringlich erscheinende Seite wieder verlassen, als eine aufgezwungene Gesprächssituation in der Straßenbahn.[95] Letztlich kommt es darauf aber auch gar nicht an, da die **wesentliche Rechtsfolge** des Haustürwiderrufsrechts – die Anwendbarkeit des Widerrufsrechts gem. § 355 BGB – auch im (zweifellos auf den eCommerce anzuwendenden) Fernabsatzrecht gilt.[96] **806**

2. Fernabsatzrecht, §§ 312b ff. BGB

a) Anwendungsbereich

Fernabsatzverträge gem. § 312b Abs. 1 BGB **807**

► betreffen die Lieferung von Waren oder die Erbringung von Dienstleistungen und

► werden **ausschließlich über Fernkommunikationsmittel** (also „ohne gleichzeitige körperliche Anwesenheit", § 312b Abs. 2 BGB)

► zwischen einem Unternehmer und einem Verbraucher abgeschlossen.

Solche Fernkommunikationsmittel können gem. § 312b Abs. 2 BGB klassischer Natur sein (Brief, Telefon, Fax), aber auch die neuen Medien betreffen (eMail, Internet). Das **Ausschließlichkeitsgebot bezüglich der Verwendung von Fernkommunikationsmitteln** gilt auch für die Vertragsanbahnung; dies führt dazu, dass das Fernabsatzrecht schon dann nicht mehr anwendbar ist, wenn vor einem (Fernkommunikations-) Vertragsschluss Verhandlungen in einem persönlichen Zusammentreffen geführt wurden.[97] Allerdings greift **808**

---

95 Köhler/Arndt, RdI, 4. Aufl. S. 88 m. w. N.; Boehme-Neßler, Cyberlaw, S. 168.

96 Das Haustürwiderrufs- und das Fernabsatzrecht schließen sich bereits tatbestandlich aus, weil Ersteres eine persönliche Kontaktaufnahme bedingt, die bei Letzterem gerade nicht vorliegen darf, vgl. Köhler/Arndt, RdI, 4. Aufl., S. 93.

97 Grigoleit, NJW 2002, 1151, 1152; etwas weniger streng Grüneberg, Palandt, § 312b Rn. 8 (Ausschluss des Fernabsatzrechts nur dann, wenn die Verhandlungen im Vorfeld alle relevanten Umstände behandelt haben und der Vertrag in unmittelbarem zeitlichen Zusammenhang damit abgeschlossen worden ist).

dieser Anwendungsausschluss bei persönlichen Kontakten nicht, wenn dabei seitens des Unternehmers ein Bote ohne nähere Instruktionen über die einzelnen Vertragsleistungen agiert hat (z. B. bei Einholung der Verbraucherunterschrift durch einen Postmitarbeiter im Postident 2-Verfahren).

809   **Fernabsatz auch bei Vertragsschluss im Postident 2-Verfahren – BGH, JZ 2005, 357 m. Anm. Wendehorst:**

Wird bei Vertragsschluss oder -anbahnung ein Bote beauftragt, der zwar dem Verbraucher in unmittelbarem persönlichen Kontakt gegenübertritt, jedoch über den Vertragsinhalt und insbesondere über die Beschaffenheit der Vertragsleistung des Unternehmers keine näheren Auskünfte geben kann und soll, steht dies der Annahme eines Fernabsatzvertrages nicht entgegen.

Aus den Gründen: ... Das von der Beklagten in Anspruch genommene Postident 2-Verfahren vermittelt ... nicht die gleichzeitige körperliche Anwesenheit der Vertragsparteien nach § 312b Abs. 2 BGB. ... Der Schutzzweck der §§ 312b bis 312d BGB gebietet es, als Einsatz von Fernkommunikationsmitteln zu bewerten, wenn bei Vertragsschluss oder -anbahnung ein Bote beauftragt wird, der zwar dem Verbraucher in unmittelbarem persönlichen Kontakt gegenüber tritt, jedoch über den Vertragsinhalt und insbesondere über die Beschaffenheit der Vertragsleistung des Unternehmers keine näheren Auskünfte geben kann und soll. ... Die Fernabsatzvorschriften sollen ... zwei für Distanzgeschäfte typische Defizite ausgleichen: Der Verbraucher kann vor Abschluss des Vertrages die Ware oder die Dienstleistung nicht prüfen, und er kann sich an keine natürliche Person wenden, um weitere Informationen zu erlangen. Diese Defizite vermag eine Person, deren Rolle sich auf die Botenfunktion in dem oben geschilderten engen Sinn beschränkt, trotz ihrer körperlichen Anwesenheit nicht zu beheben. Der Verbraucher ist in diesen Fällen ebenso schutzwürdig wie bei einem Vertragsschluss durch den Austausch von Briefen, bei dem er dem Post- oder Kurierboten nicht notwendig persönlich gegenüber steht. In diesen Fällen sieht das Gesetz ausdrücklich die Anwendbarkeit der Schutzvorschriften des Fernabsatzrechts vor. Etwas anderes dürfte gelten, wenn die eingeschaltete Person nicht darauf beschränkt ist, Willenserklärungen und Waren zu überbringen und entgegenzunehmen, sondern in der Lage und damit beauftragt ist, dem Verbraucher in einem persönlichen Gespräch nähere Auskünfte über die angebotene Ware oder Dienstleistung zu geben. Dies kann beispielsweise bei Vermittlern, Verhandlungsgehilfen oder sonstigen Repräsentanten des Unternehmens, die wegen der Einzelheiten der Leistung Rede und Antwort stehen der Fall sein. Das Postident 2-Verfahren vermittelt dem mit dessen Ausführung betrauten Mitarbeiter der Deutschen Post AG jedoch lediglich die Stellung eines bloßen Boten. Er ist nicht befugt und in aller Regel auch nicht in der Lage, den Kunden der Beklagten über die Vertragsleistung Auskunft zu geben. ...

810   Darüber hinaus ist die **Anwendbarkeit des Fernabsatzrechts** für eine Reihe von Vertragsgegenständen (z. B. Fernunterricht, Teilzeitnutzung von Wohngebäuden, Lieferung von Haushaltsgegenständen des täglichen Bedarfs wie Lebensmittel) ausgeschlossen, § 312b Abs. 3 BGB.[98]

---

98 Vgl. Köhler/Arndt/Fetzer, RdI, Rn. 257.

b) Rechtsfolgen

aa) Informationspflichten

Die Anwendbarkeit des Fernabsatzrechts führt zu einem besonderen Verbraucherschutz, der vor allem den **Spezifika der erhöhten Anonymität im Fernabsatzverkehr** Rechnung trägt. So stehen im Mittelpunkt besondere Informationspflichten des Unternehmers über seine Person (mit ladungsfähiger Anschrift),[99] den Vertragsgegenstand, die Vertragsverpflichtungen, das Widerrufsrecht des Verbrauchers u.a. (vgl. § 312c Abs. 1 BGB i.V.m. Art. 246 §§ 1, 2 EGBGB). Diese Informationen müssen überwiegend in Textform (s.o., Rn. 766 ff.) übermittelt werden (§§ 312c Abs. 1 BGB i.V.m. Art. 246 § 2 EGBGB), wobei es sich um eine „**Bringschuld" des Unternehmers für diese Information** und nicht um eine „Holschuld" des Verbrauchers handelt. Mit einer „aktiven" eMail wäre diese erfüllt, mit einem Download-Angebot hingegen – nach h.M. – erst dann, wenn der Verbraucher die Informationen ausgedruckt oder abgespeichert hat.[100] **811**

Widerrufsrechtsbelehrung in Textform – KG, NJW 2006, 3215 = MMR 2006, 678 = CR 2006, 680: **812**

Aus den Gründen: ... Die hier in Rede stehende Belehrung im Internet-Auftritt der Antragsgegnerin ist dem Verbraucher zwar schon vor Vertragsschluss zugänglich. Sie ist jedoch keine Widerrufsbelehrung „in Textform", die dem Verbraucher „mitgeteilt" wird. „Textform" erfordert gemäß § 126b BGB unter anderem, dass die Erklärung in einer Urkunde oder auf andere zur dauerhaften Wiedergabe in Schriftzeichen geeignete Weise abgegeben wird. Danach ist die im Internetauftritt des Antragsgegners zu findende Widerrufsbelehrung – entgegen der Auffassung des Landgerichts – keine solche, die dem Verbraucher in „Textform" mitgeteilt wird. Denn bei Texten, die in das Internet eingestellt, dem Empfänger aber nicht (beispielsweise per E-Mail) übermittelt worden sind, ist § 126b BGB nur gewahrt, wenn es tatsächlich zur Perpetuierung der Erklärung beim abrufenden Verbraucher (Ausdruck der Seite oder Download, d.h. Abspeicherung auf der eigenen Festplatte) kommt (vgl. Palandt/Heinrichs, BGB, 65. Aufl., § 126b Rdn. 3, m.w.N.). ...

In jedem Fall – also unabhängig vom Mitteilungs- und Textformerfordernis – muss im Online-Angebot die Information deutlich präsentiert werden. **813**

---

[99] Für die Anbieteridentität reicht es nicht aus, wenn dem Nachnamen der mit dem Anfangsbuchstaben abgekürzte Vorname vorangestellt ist, KG MMR 2007, 440.
[100] Vgl. Lejeune, CR 2008, 229; Föhlisch/Hoffmann, NJW 2009, 1175, 1176, weisen zutreffend darauf hin, dass der erfolgte Ausdruck bzw. die erfolgte Abspeicherung vom Unternehmer zu beweisen wäre, was in aller Regel nicht möglich ist; kritisch auch oben Rn. 768 (bei Textform).

Anforderung an die Übermittlungspflicht des Unternehmers bei der Informationsmitteilung im Fernabsatzrecht – OLG Karlsruhe, CR 2002, 682:

Aus den Gründen: … Sinn und Zweck der gesetzlichen Informationspflicht über Identität und Anschrift ist, dass der Unternehmer den Verbraucher von sich aus klar und unmissverständlich darauf hinweist, mit wem er in geschäftlichen Kontakt getreten ist. Demnach genügt es nicht, wenn der Verbraucher durch den Unternehmer lediglich in die Lage versetzt wird, sich diese Informationen zu verschaffen. Erforderlich ist daher mindestens, dass die Informationen – wenn auf sie wie hier nicht ausdrücklich hingewiesen wird – wenigstens an so herausgehobener Stelle im Online-Formular angebracht sind, dass der Verbraucher gleichsam zwangsläufig auf sie stoßen muss. … Jedenfalls ist die Angabe im „Impressum" einer durch den Link „Kontakt" erreichbaren Seite nicht klar und unmissverständlich. Kontakt bezeichnet nach einem im World Wide Web bei Verwendung der deutschen Sprache inzwischen verfestigen Gebrauch eine Seite, die den Benutzer in die Lage versetzen soll, mit der im Internet auftretenden Person in Kontakt zu treten. Dass es sich hierbei nicht nur um einen Mailto-Link handelt, sondern dass dort Informationen über Firma und Anschrift bereitgehalten werden, bleibt weiten Teilen der angesprochenen Verkehrskreise … verborgen. Darüber hinaus gibt die Überschrift „Impressum" auch zu Missverständnissen Anlass, weil im Impressum einer Veröffentlichung die nach dem Presserecht verantwortlichen Personen genannt zu werden pflegen. Dass es sich hierbei tatsächlich um dieselbe Person handelt, mit der ein … Vertrag … geschlossen werden kann, ist für einen großen Teil der Verbraucher jedenfalls unklar.

814 Außerdem müssen die Informationen **„klar und verständlich"** (Art. 246 § 1 Abs. 1 EGBGB), also für den rechtsunkundigen Durchschnittsverbraucher nachvollziehbar dargestellt sein. Fremdwörter oder juristische Fachbegriffe bergen daher stets die Gefahr einer nicht ordnungsgemäßen Verbraucherinformation in sich.[101] Aber auch die **ungewöhnliche oder versteckte Platzierung** wesentlicher Informationen auf der Internetseite kann zum Ergebnis einer ungenügenden Information führen.[102]

815 **Anforderungen an die Informationspflichten im Fernabsatzrecht – OLG Hamburg, CR 2003, 927:**

Aus den Gründen: … § 312c I BGB[103] erfordert, dass über diese Angaben klar und verständlich informiert wird. … Zwar nennt die Agg. … mit der Angabe „Dies ist ein Angebot der K. GmbH, Adresse" in der Anzeige selbst dasjenige Unternehmen, welches für die Anzeige verantwortlich ist. Der Hinweis findet sich jedoch in einem sehr kleinen Schriftgrad und zudem quergestellt um 90° versetzt am oberen rechten Seitenrand neben der Abbildung einer weiblichen Person, zu der er in keiner inhaltlichen Beziehung steht. Hierdurch kann die

---

101 Vgl. Hoenike/Hülsdunk, MMR 2002, 415, 417.
102 Vgl. OLG Hamm, NJW 2005, 2319 = MMR 2005, 540 = CR 2005, 666; danach verstößt es gegen § 312c Abs. 1 BGB, wenn der Käufer auf „mich" unter der Rubrik „Angaben zum Verkäufer" klicken muss, um von seinem Widerrufsrecht zu erfahren.
103 Jetzt: Art. 246 § 1 Abs. 1 EGBGB.

Ag. ihre gesetzliche Informationspflicht nicht erfüllen. Denn die übrigen Angaben über den Bestellvorgang, das Widerrufsrecht sowie die relevante Bestellanschrift (Postfach!) stehen – zueinander in Beziehung gesetzt – im unteren rechten Teil der Seite. Der Leser der Anzeige, der sich für eine Bestellung interessiert, erwartet die im Rahmen von § 1 I Nr. 1, 2 und 9 BGB-InfoV[104] relevanten Informationen bei lebensnaher Betrachtung ausschließlich an dieser Stelle. Hier erhält er sie auf den ersten Blick auch – scheinbar – vollständig. Denn ihm wird eine Empfängerbezeichnung (C. Leserservice), eine Anschrift sowie eine Widerrufsbelehrung gegeben. Angesichts dieser Umstände hat der durchschnittlich informierte und verständige Verbraucher, der die fragliche Anzeige mit einer der Situation angemessenen Aufmerksamkeit betrachtet, selbst dann keine Veranlassung dazu, an weiteren Stellen der Anzeige nach zusätzlichen Informationen zu suchen, wenn er erkennt, dass diese Angaben nicht den gesetzlichen Erfordernissen entsprechen. Insbesondere besteht aus seiner Sicht keinerlei Veranlassung, auf der Suche nach Zusatzinformationen das T.-Heft um 90° zu wenden, um an Abbildungen, die mit dem Bestellvorgang in keinerlei Zusammenhang stehen, nach versteckten, in winziger Schriftgröße gedruckten Angaben zu suchen, die schon nach ihrer äußeren Gestaltung darauf ausgerichtet sind, bei einer dem Inhalt der Anzeige angemessenen Betrachtung übersehen zu werden. ...

Die **wichtigsten Informationen** (über das Widerrufsrecht, die Anschrift **816** des Unternehmers, die Gewährleistungsbedingungen und das Kündigungsrecht) müssen außerdem in einer **lay-out-mäßig besonders hervorgehobenen Gestaltung** mitgeteilt werden (Art. 246 § 2 Abs. 3 EGBGB); dies kann durch Signalfarben, Fettdruck, größere Schrift, Rahmen, Schattierungen u. Ä. erfolgen.[105] Besonderen Vorschriften unterliegen zudem die Preisangaben (dazu näher s. u., Rn. 835 ff.).

Schließlich müssen die Informationen vollständig erteilt werden. So ist eine **817** Widerrufsbelehrung, die nicht über wesentliche Rechte informiert, unwirksam. Im einzelnen ergeben sich die notwendigen Inhalte einer korrekten Widerrufs- und Rückgabebelehrung aus § 360 BGB.

Vollständigkeit einer Widerrufsbelehrung – BGH, CR 2007, 529:

Eine Widerrufsbelehrung, die lediglich über die Pflichten des Verbrauchers im Falle des Widerrufs, nicht jedoch über dessen wesentliche Rechte informiert, entspricht nicht den Anforderungen des Gesetzes.

Aus den Gründen: ... [13] Der Schutz des Verbrauchers erfordert eine möglichst umfassende, unmissverständliche und aus dem Verständnis der Verbraucher eindeutige Belehrung. Eine diesen Anforderungen genügende Information über die Rechtsfolgen des § 357 Abs. 1 und 3 BGB kann sich nicht darauf beschränken, allein die Pflichten des Verbrauchers wiederzugeben, denn zu den in § 357 Abs. 1 BGB geregelten Rechtsfolgen gehören ebenso

---

104 Die einzelnen Gegenstände der Informationspflicht finden sich jetzt in Art. 246 §§ 1, 2 EGBGB.
105 Hoenike/Hülsdunk, MMR 2002, 516, 518.

Rechte des Verbrauchers. Auch § 355 Abs. 1 BGB fordert, dass der Verbraucher über seine Rechte informiert wird. ... [16] ... Der Schutzzweck der Regelung erfordert jedenfalls eine Belehrung über die wesentlichen Rechte, die sich aus den Vorschriften über den gesetzlichen Rücktritt ergeben. Dazu gehört, dass auch der Unternehmer die empfangenen Leistungen zurückzugewähren und gegebenenfalls gezogene Nutzungen herauszugeben hat. Dementsprechend sieht auch das Muster in Anlage 2 zu § 14 Abs. 1 BGB-InfoV den Text vor: „Im Falle eines wirksamen Widerrufs sind die beiderseits empfangenen Leistungen zurückzugewähren und ggfls. gezogene Nutzungen (z. B. Zinsen) herauszugeben." Die Widerrufsbelehrung der Klägerin informiert demgegenüber lediglich darüber, dass der Verbraucher die Pflicht zur Rückgewähr und zur Herausgabe gezogener Nutzungen hat. Das ist eine einseitige Darstellung, die geeignet ist, Unsicherheit beim Verbraucher darüber hervorzurufen, inwieweit der Unternehmer in gleicher Weise verpflichtet ist. Sie wird dem Ziel, den Verbraucher möglichst unmissverständlich zu belehren, nicht gerecht. ... Insbesondere wird ihm die Information vorenthalten, dass auch der Unternehmer die gezogenen Nutzungen, z. B. Zinsen, herauszugeben hat. ...

818 Ein Verstoß gegen die Informationspflichten hat nicht nur Folgen für die Wahrnehmung von Rechten und Pflichten aus dem betreffenden Vertrag (v. a. beim Widerrufsrecht), sondern stellt auch eine **unlautere geschäftliche Handlung zu Lasten der Mitbewerber** dar. Wenn dieser Wettbewerbsverstoß nicht unter die Bagatellklausel des § 3 Abs. 2 UWG fällt, kann er von Mitbewerbern abgemahnt werden.[106]

819 ### Wettbewerbsrechtliche Relevanz der Informationspflichten im Fernabsatz – KG, MMR 2007, 440:

Aus den Gründen: ... [8] Mit der Formulierung „zum Nachteil" bringt § 3 UWG zum Ausdruck, dass die Lauterkeit im Wettbewerb nicht um ihrer selbst willen geschützt wird, sondern nur insoweit, als die Wettbewerbsmaßnahmen tatsächlich geeignet sind, zu einer Beeinträchtigung geschützter Interessen der Marktteilnehmer zu führen. Die Verfälschung des Wettbewerbs muss darüber hinaus „nicht unerheblich" sein. Damit soll zum Ausdruck kommen, dass die Wettbewerbsmaßnahme von einem gewissen Gewicht für das Wettbewerbsgeschehen und die Interessen der geschützten Personenkreise sein muss. Die Verfolgung von Bagatellfällen, an deren Verfolgung kein schutzwürdiges Interesse der Allgemeinheit besteht, soll ausgeschlossen werden. Die Feststellung, ob ein Wettbewerbsverstoß geeignet ist, den Wettbewerb nicht nur unerheblich zu verfälschen, setzt eine unter Berücksichtigung aller Umstände des Einzelfalles zu treffende Wertung voraus. ... In diese sind neben der Art und Schwere des Verstoßes die zu erwartenden Auswirkungen auf den Wettbewerb sowie der Schutzzweck des Wettbewerbsrechts einzubeziehen. Eine nicht nur unerhebliche Verfälschung kann auch bei Verstößen mit nur

---

106 So KG, MMR 2007, 440, bezüglich des unvollständigen Vornamens des Unternehmers, und OLG Hamm, MMR 2008, 469, bezüglich fehlender Impressumsangaben wie des Handelsregisters und der Registernummer. Für eine großzügige Handhabung der Bagatellklausel wirbt Lejeune, CR 2008, 226, 231. In anderen Fällen hat das KG die Bagatellklausel angewendet (MMR 2008, 339; MMR 2008, 341).

geringen Auswirkungen auf den Marktteilnehmer im Einzelfall vorliegen, wenn durch das Verhalten eine Vielzahl von Marktteilnehmern betroffen ist oder eine nicht unerhebliche Nachahmungsgefahr besteht. Eine Eignung zur nicht nur unerheblichen Beeinträchtigung des Wettbewerbs zum Nachteil der betroffenen Mitbewerber ist dann anzunehmen, wenn ihre Marktchancen durch die unlautere Wettbewerbshandlung spürbar beeinträchtigt sein können. Letzteres hängt auch von der Größe eines erzielten Wettbewerbsvorsprungs ab. Es reicht nicht aus, dass der Verstoß lediglich geeignet ist, irgendeinen geringfügigen Wettbewerbsvorsprung zu begründen. Von Bedeutung sind vielmehr die jeweiligen Marktverhältnisse, wie die Größe des Unternehmens und die Zahl der Mitbewerber auf dem Markt sowie die Art, Schwere, Häufigkeit oder Dauer des Wettbewerbsverstoßes. In Bezug auf die Verbraucher und sonstigen Marktteilnehmer ist darauf abzustellen, ob ihre Informationsinteressen, ihre Entscheidungsfreiheit und ihre sonstigen durch das Gesetz geschützten Interessen spürbar beeinträchtigt sein können. Auch bezüglich der Verbraucher und sonstigen Marktteilnehmer ist das Ausmaß der Beeinträchtigung ihrer Entscheidungsfreiheit oder sonstigen Interessen maßgebend. ...

bb) Widerrufs- und Rückgaberecht

(1) Frist

Die andere wesentliche Rechtsfolge des Fernabsatzrechts (neben den Informationspflichten) stellt das Widerrufs- und Rückgaberecht gem. §§ 312d Abs. 1, 355 BGB dar. Die **Frist für die Ausübung des Widerrufsrechts** beträgt zwei Wochen (§ 355 Abs. 2 Satz 1 BGB) und beginnt erst mit der vollständigen und korrekten Erfüllung der Informationspflichten – und bei der Lieferung von Waren frühestens ab deren Eingang beim Empfänger – zu laufen (§ 312d Abs. 2 BGB).[107] Spätestens sechs Monate nach dem Vertragsschluss erlischt jedoch das Widerrufsrecht unabhängig vom Fristbeginn, es sei denn, der Verbraucher ist über das Widerrufsrecht nicht ordnungsgemäß belehrt worden (§ 355 Abs. 4 BGB). Ebenfalls erlischt das Widerrufsrecht bei einem Dienstvertrag nach vollständiger beidseitiger Erfüllung (§ 312d Abs. 3 BGB). **820**

Besondere Relevanz hatte diese Frage der Widerrufsfrist bei Online-Verträgen, bei denen der Unternehmer den Verbraucher erst durch den Vertragsschluss (einschließlich eMail-Adresse oder anderer Kontaktdaten) „kennen lernt", so dass er die Widerrufserklärung frühestens eine juristische Sekunde nach dem Vertragsschluss an den Verbraucher mitteilen kann; denn eine im Internet zum Abruf bereit gehaltene Widerrufserklärung erfüllt die nach dem allgemeinen Sprachsinn des Begriffs der „Mitteilung" gem. § 312c Abs. 2 Satz 1 BGB erforderliche aktive Zuleitung an den Verbraucher nicht.[108] Dies gilt beispielsweise für **alle über eBay abgewickelten** **821**

---

107 Weitere allgemeine Rechtsfolgen hat die Nicht- oder Schlechterfüllung der Informationspflichten zunächst nicht. Insbesondere ist nicht jeder Verstoß gegen die Informationspflichten wettbewerbsrechtlich unlauter, da der Verbraucherschutz nicht automatisch eine Wertbezogenheit i. S. d. Wettbewerbsrechts auslöst, vgl. Schulte/Schulte, NJW 2003, 2140, 2142.
108 Föhlisch/Hoffmann, NJW 2009, 1175, 1176.

Kaufverträge; denn sowohl bei der „Sofort-kaufen"-Option wie bei der Auktions-Option erfährt der Unternehmer die Identität seines Kunden erst durch die zum Vertragsschluss führende Willenserklärung (Anklicken des „Sofort-kaufen"-Buttons oder Abgabe des Höchstgebots bis zum Ablauf der Auktionsdauer). In beiden Fällen kann der Verkäufer die Widerrufsbelehrung erst nach erfolgtem Vertragsschluss mitteilen. Dies hatte zur Folge, dass sich die Widerrufsfrist auf einen Monat verlängerte.[109] Da dies als unangemessene Benachteiligung der eBay-Vertriebswege gegenüber anderen Online-Handelsformen[110] empfunden wurde,[111] hat der Gesetzgeber die **„unverzüglich**[112] **nach Vertragsschluss in Textform mitgeteilte Widerrufsbelehrung"** bei Fernabsatzverträgen der bis zum Vertragsschluss übermittelten Belehrung gleich gestellt (§ 355 Abs. 2 BGB[113]).

(2) Versandkosten

822 Wird das Widerrufsrecht ausgeübt, ist der Vertrag rückabzuwickeln. Bei der Lieferung von Waren bedeutet dies ein Rückgaberecht des Verbrauchers. Die damit verbundenen **Rücksendekosten** trägt gem. § 357 Abs. 2 BGB grundsätzlich der Unternehmer (Verkäufer), der dies jedoch unter bestimmten Voraussetzungen (v. a. bei einem Warenwert bis 40 Euro) vertraglich auf den Verbraucher abwälzen kann (§ 357 Abs. 3 BGB). Keine direkte Aussage trifft das Gesetz für die Frage, ob der Verkäufer dann nur den Kaufpreis oder auch die regelmäßig vom Käufer bereits gezahlten **Hinsendekosten** rückerstatten muss. Da § 346 Abs. 1 BGB jedoch von einer Rückgewähr der empfangenen Leistungen ausgeht, muss der Verkäufer auch die Hinsendekosten erstatten. Auch unter Würdigung der zugrunde liegenden Fernabsatzrichtlinie 97/7/EG kommt das OLG Karlsruhe zu keinem anderen Ergebnis:[114]

---

109 KG, CR 2007, 331 = MMR 2007, 185; OLG Hamburg, MMR 2006, 675 m. Anm. Hoffmann = CR 2006, 854 = OLG Köln, MMR 2007, 713.

110 Bei Handelsplattformen wie z. B. Amazon stellt der Unternehmer nicht bereits das Angebot ins Netz, sondern lediglich eine invitatio ad offerendum. Folglich ist die Kauf-Willenserklärung des Verbrauchers erst das Angebot, vor dessen Annahme der Unternehmer die Widerrufsbelehrung mitteilen kann.

111 Vgl. etwa Kaufmann, CR 2006, 764, 766; Dietrich/Hofmann, CR 2007, 318; so auch die amtliche Gesetzesbegründung in BT-Drs. 16/11643, S. 70: „Die unterschiedliche Behandlung von Fernabsatzgeschäften über eine Internetauktionsplattform und solchen, die sich in einem „normalen" Internetshop vollziehen, beruht ausschließlich auf der rechtlichen Konstruktion des Vertragsschlusses. Unterschiede in der Sache bestehen nicht."

112 „Unverzüglich" bedeutet hier in der Regel, dass die Widerrufsbelehrung spätestens am Tag nach dem Vertragsschluss mitgeteilt werden muss, vgl. BT-Drs. 16/11643, S. 70.

113 Änderung des BGB durch Gesetz vom 29.7.2009, BGBl. I, S. 2355.

114 Vgl. auch OLG Hamburg, CR 2008, 396; Kaufmann, CR 2006, 764, 769; differenziert, aber i. Erg. ebenso für die Erstattung der Hinsendekosten, votiert Hilbig, MMR 2009, 300, 304.

Rückerstattung der Hinsendekosten – OLG Karlsruhe, CR 2008, 118: **823**

Aus den Gründen: ... Satz 2 der Richtlinie führt aus, dass die einzigen Kosten, die dem Verbraucher infolge der Ausübung seines Widerrufsrechts auferlegt werden können, die unmittelbaren Kosten der Rücksendung der Waren seien. ... Die ausdrückliche Erwähnung der Rücksendekosten als der einzigen vom Verbraucher zu tragenden Kosten sowie die uneingeschränkte Rückerstattungspflicht der geleisteten Zahlungen belegen ihrem Wortlaut nach eindeutig, dass die Kosten für den Versand der Ware zum Verbraucher e contrario vom Lieferer zu tragen sind, bzw. von ihm rückerstattet werden müssen, wenn der Verbraucher von seinem Widerrufsrecht Gebrauch macht. ... Die Verpflichtung des Lieferers zur Tragung der Hinsendekosten steht auch in Einklang mit dem übergeordneten Schutzzweck der Richtlinie. Sie will den Käufer vor den spezifischen Risiken schützen, die daraus folgen, dass er beim Fernabsatz die Sache nicht vor Vertragsschluss zur Kenntnis nehmen kann. Dazu zählen letztlich auch die Hinsendekosten. Denn sie entstünden nicht, wenn der Verbraucher die Ware vor dem Kauf auf ihre Eignung prüfen könnte. ...

(3) Wertersatz

Grundsätzlich ist der Verbraucher bei Ausübung seines Widerrufsrechts **824** nicht dazu verpflichtet, einen **Wertersatz wegen einer Verschlechterung der Ware** zu leisten, wenn er die Ware nur bestimmungsgemäß verwendet hat. Allerdings kann der Verkäufer vertraglich eine entsprechende Wertersatzklausel festlegen, wenn er dies dem Käufer spätestens unverzüglich nach dem Abschluss des Kaufvertrages per Textform mitgeteilt hat (§ 357 Abs. 3 BGB). Diese differenzierte Regelung ist auch europarechtskonform.

Pflicht zum Nutzungsersatz – EuGH, NJW 2009, 3015 = CR 2009, 671 = MMR **825** 2009, 744 m. Anm. Damm:

Die Bestimmungen des Art. 6 Abs. 1 Satz 2 und Abs. 2 der Richtlinie 97/7/ EG ... sind dahin auszulegen, dass sie einer nationalen Regelung entgegenstehen, nach der der Verkäufer vom Verbraucher für die Nutzung einer durch Vertragsabschluss im Fernabsatz gekauften Ware in dem Fall, dass der Verbraucher sein Widerrufsrecht fristgerecht ausübt, generell Wertersatz für die Nutzung der Ware verlangen kann.

Diese Bestimmungen stehen jedoch nicht einer Verpflichtung des Verbrauchers entgegen, für die Benutzung der Ware Wertersatz zu leisten, wenn er diese auf eine mit den Grundsätzen des bürgerlichen Rechts wie denen von Treu und Glauben oder der ungerechtfertigten Bereicherung unvereinbare Art und Weise benutzt hat, sofern die Zielsetzung dieser Richtlinie und insbesondere die Wirksamkeit und die Effektivität des Rechts auf Widerruf nicht beeinträchtigt werden ...

Aus den Gründen: ... [20] Außerdem ergibt sich ..., dass das Widerrufsrecht den Verbraucher in der besonderen Situation eines Vertragsabschlusses im Fernabsatz schützen soll, in der er „keine Möglichkeit hat, vor Abschluss des Vertrags das Erzeugnis zu sehen oder die Eigenschaften der Dienstleistung im Einzelnen zur Kenntnis zu nehmen". Das Widerrufsrecht soll also den Nachteil ausgleichen, der sich für einen Verbraucher bei einem im Fernabsatz geschlossenen Vertrag ergibt, indem ihm eine angemessene Bedenkzeit eingeräumt wird, in der er die Möglichkeit hat, die gekaufte Ware zu prüfen und auszuprobieren. ... [22] Insoweit ist festzustellen, dass die generelle Auferlegung eines Wertersatzes für die Nutzung der durch Vertragsabschluss im Fernabsatz gekauften Ware mit den genannten Zielen unvereinbar ist. [23] Falls nämlich der Verbraucher einen solchen pauschalierten Wertersatz allein deshalb leisten müsste, weil er die Möglichkeit hatte, die durch Vertragsabschluss im Fernabsatz gekaufte Ware in der Zeit, in der er sie im Besitz hatte, zu benutzen, könnte er ... sein Widerrufsrecht nur gegen Zahlung dieses Wertersatzes ausüben. Eine solche Folge liefe eindeutig dem Wortlaut und der Zielsetzung von Art. 6 Abs. 1 Satz 2 und Abs. 2 der Richtlinie 97/7 zuwider und nähme insbesondere dem Verbraucher die Möglichkeit, die ihm von der Richtlinie eingeräumte Bedenkzeit völlig frei und ohne jeden Druck zu nutzen. ...

(4) Ausschluss des Widerrufsrechts

826 Bei bestimmten Fernabsatzverträgen ist das Widerrufsrecht grundsätzlich ausgeschlossen (§ 312d Abs. 4, 5 BGB), so z. B. bei der Lieferung von individuell hergestellten bzw. angefertigten Gegenständen oder schnell verderblicher Ware.[115]

Widerrufsrecht des Verbrauchers bei Fernabsatzverträgen – BGH, MMR 2003, 463 = NJW 2003, 1665:

Eine Anfertigung der Ware nach Kundenspezifikation, bei deren Vorliegen das Recht des Verbrauchers zum Widerruf eines Fernabsatzvertrages ausgeschlossen ist (§ 3 Abs. 2 Nr. 1 FernAbsG, jetzt § 312 d Abs. 4 Nr. 1 BGB), ist dann nicht gegeben, wenn die zu liefernde Ware auf Bestellung des Verbrauchers aus vorgefertigten Standardbauteilen zusammengefügt wird, die mit verhältnismäßig geringem Aufwand ohne Beeinträchtigung ihrer Substanz oder Funktionsfähigkeit wieder getrennt werden können.

Aus den Gründen: ... Ziel des Fernabsatzgesetzes ist der Schutz des Verbrauchers vor den Gefahren eines für den Fernabsatz organisierten Vertriebs- oder Dienstleistungssystems. Fernabsatzgeschäfte sind dadurch gekennzeichnet, dass „Anbieter und Verbraucher sich nicht physisch begegnen und der Verbraucher die Ware oder Dienstleistung in der Regel nicht vor Vertragsschluss in Augenschein nehmen kann". Um der daraus erwachsenden Gefahr von Fehlentscheidungen des Verbrauchers zu begegnen, haben Art. 6 der Fernabsatzrichtlinie und – der Richtlinie folgend – § 3 FernAbsG dem Verbraucher ein Widerrufsrecht in die Hand gegeben.

Ausgeschlossen sein soll dieses Widerrufsrecht nach der Begründung des Gesetzentwurfs jedoch – unter anderem – dann, wenn „die Ware nach Benutzung oder ansonsten wertlos geworden ist und deshalb ein Widerrufsrecht für den Unternehmer nicht zumutbar" ist. ... Zu Recht hat das Berufungsgericht jedoch die Voraussetzungen einer Anfertigung nach Kundenspezifikation deshalb ver-

---

115 Fraglich ist außerdem, ob Art. 6 Abs. 3 Siegelstrich 3 Fall 3 der EU-RL 1997/7/EG einen Ausschluss des Widerrufsrechts bei Fernabsatzverträgen über die leitungsgebundene Lieferung von Strom und Gas verlangt; diese Frage hat der BGH, CR 2009, 455, dem EuGH zur Klärung vorgelegt.

neint, weil die vom Kläger veranlasste Herstellung des Notebooks ohne weiteres rückgängig gemacht werden konnte. Die Standardteile, aus denen das Notebook im Baukastensystem (built-to-order) nach den Wünschen des Klägers zusammengefügt worden war, konnten ... ohne weiteres wieder getrennt werden. Die Beklagte hat selbst vorgetragen, dass eine Entkonfiguration und Zerlegung des aus vorgefertigten elektronischen Bauteilen zusammengefügten Notebooks möglich war. Dadurch konnte der Zustand wiederhergestellt werden, der vor der vom Kläger veranlassten Anfertigung des Notebooks bestand. Der hierfür erforderliche Aufwand belief sich nach dem eigenen Vorbringen der Beklagten auf drei Arbeitsstunden à 150 DM. Diese Kosten, die im vorliegenden Fall weniger als 5 % des Warenwerts ausmachten, hat das Berufungsgericht rechtsfehlerfrei als für die Beklagte zumutbar angesehen. ...

3. Pflichten im elektronischen Geschäftsverkehr, § 312e BGB

a) Anwendungsbereich

Verträge im elektronischen Geschäftsverkehr gem. § 312e Abs. 1 BGB   **827**

- ► betreffen die Lieferung von Waren oder die Erbringung von Dienstleistungen und
- ► werden unter Zuhilfenahme von Telemedien
- ► von Unternehmern abgeschlossen.

Diese auf EU-Recht zurückgehenden Regelungen zielen auf einen Schutz der Vertragspartner vor vorschnellem Handeln und Leichtsinnsfehlern (Tippfehler) beim Vertragsschluss.

Im **Verhältnis zu den Fernabsatzverträgen** gem. § 312b BGB sind bei diesen   **828**
Verträgen die Vertragsgegenstände identisch und die Vertragsschlussmedien enger (nur Telemedien gegenüber allen Fernkommunikationsmitteln). Andererseits aber ist der Anwendungsbereich des Vertrags im elektronischen Geschäftsverkehr weiter, indem

- ► hierunter nicht nur b2c-, sondern auch b2b-Verträge von Unternehmern mit Unternehmern fallen (die aber Abweichendes vereinbaren können, § 312e Abs. 2 Satz 2 BGB),
- ► die Bereichsausnahmen vom Fernabsatzrecht gem. § 312b Abs. 3 BGB hier nicht gelten und
- ► das Ausschließlichkeitsgebot bezüglich der Fernkommunikationsmittel nicht gilt, also auch online geschlossene Verträge mit persönlichen Vorverhandlungen unter die Verträge im elektronischen Geschäftsverkehr fallen.

Soweit ein Vertrag in die **Schnittmenge** beider Vertragsarten fällt, gelten das **Fernabsatzrecht und § 312e BGB** nebeneinander.[116]

---

116 Grüneberg, Palandt, § 312e Rn. 4; Köhler/Arndt/Fetzer, RdI, Rn. 278.

829 Die folgende tabellarische Gegenüberstellung verdeutlicht die Abgrenzung dieser drei Vertragstypen:

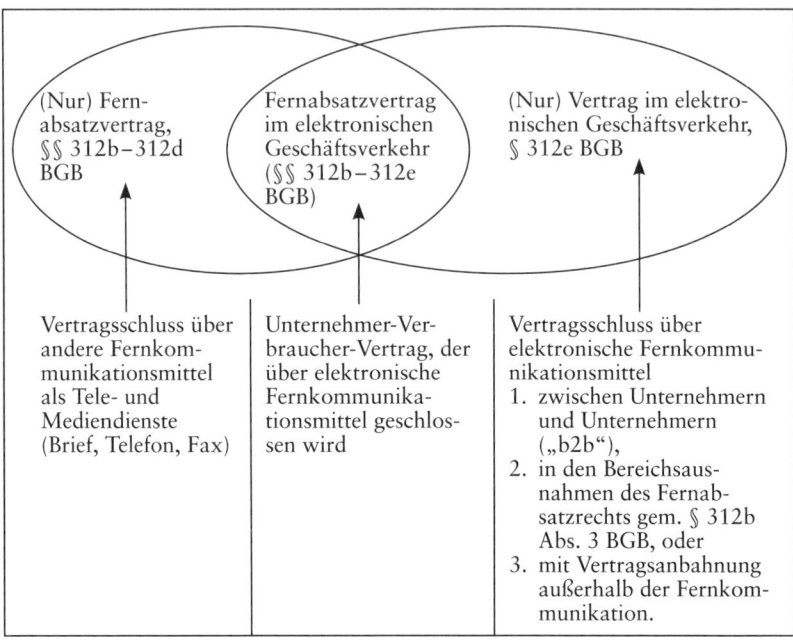

(Nur) Fern-absatzvertrag, §§ 312b–312d BGB	Fernabsatzvertrag im elektronischen Geschäftsverkehr (§§ 312b–312e BGB)	(Nur) Vertrag im elektronischen Geschäftsverkehr, § 312e BGB
Vertragsschluss über andere Fernkommunikationsmittel als Tele- und Mediendienste (Brief, Telefon, Fax)	Unternehmer-Verbraucher-Vertrag, der über elektronische Fernkommunikationsmittel geschlossen wird	Vertragsschluss über elektronische Fernkommunikationsmittel 1. zwischen Unternehmern und Unternehmern („b2b"), 2. in den Bereichsausnahmen des Fernabsatzrechts gem. § 312b Abs. 3 BGB, oder 3. mit Vertragsanbahnung außerhalb der Fernkommunikation.

Übersicht 28:   Fernabsatzvertrag und Vertrag im elektronischen Geschäftsverkehr

b) Rechtsfolgen

830 aa) Sind die Anwendungsvoraussetzungen des Vertrages im elektronischen Geschäftsverkehr erfüllt, trifft den „Vertragsanbieter" (der nicht im Sinne von § 145 BGB zu verstehen ist, sondern die elektronische Vertragsschlussform anbietet) eine **Reihe von besonderen Pflichten**, wenn der Vertrag über das Internet (und nicht rein individuell per eMail) geschlossen werden soll:[117]

831 (1) Er muss die Internetseiten, die der Kunde zum Vertragsabschluss anklicken bzw. ausfüllen muss, so gestalten, dass der Kunde **Eingabefehler** vor der endgültigen Bestellung (d.h. Vertragsangebot i.S.v. § 145 BGB) **erkennen und auch berichtigen** kann (§ 312e Abs. 1 Satz 1 Nr. 1 BGB); deshalb ist bei Internetshops regelmäßig eine nochmalige Darstellung aller bestellten Waren mit der ausdrücklichen Frage nach Änderungswünschen bzw. mit einer Bestätigungsaufforderung vorgesehen, bevor man überhaupt den Bestellbutton anklicken kann.

---

117 Vgl. Köhler/Arndt/Fetzer, RdI, Rn. 279 f.

(2) Außerdem muss der Vertragsanbieter **Informationen** über den techni- **832**
schen Ablauf und die Dokumentation des Vertragsschlusses sowie über die
Berichtigungsmöglichkeiten in der Vertragsanbahnungsphase u. a. (§ 312e
Abs. 1 Satz 1 Nr. 2 BGB i. V. m. Art. 246 § 3 EGBGB) übermitteln. Schließlich muss er gegenüber dem Besteller den **Zugang der Bestellung bestätigen**
(§ 312e Abs. 1 Satz 1 Nr. 3 BGB), was in der Regel durch die bereits angesprochene „Auto-Reply-Erklärung" erfolgt (s. o., Rn. 714).

bb) Hinzu kommt die – auch bei rein individuell im elektronischen Ge- **833**
schäftsverkehr abgeschlossenen Verträgen – bestehende Pflicht, dem Kunden zu ermöglichen, dass er die **Vertragsinhalte und AGBs** beim Vertragsschluss **abrufen und bei sich abspeichern** kann, § 312e Abs. 1 Satz 1 Nr. 4
BGB.

cc) Da der Schutzweck, den Kunden vor übereilten Entscheidungen und **834**
Leichtsinnsfehlern zu bewahren, vor allem durch die Berichtigungsmöglichkeiten erfüllt wird, sehen die Bestimmungen zum elektronischen Geschäftsverkehr **kein Widerrufsrecht** vor. Soweit aber parallel hierzu das
Fernabsatzrecht einschlägig ist, treten dessen Rechtsfolgen – also v. a. die
damit verbundenen (anderen) Informationspflichten und das Widerrufsrecht – hinzu. Dies zeigt auch, dass sich diese beiden Vertragstypen nicht
nur beim Anwendungsbereich, sondern auch bezüglich der Rechtsfolgen
gut ergänzen und nicht verdrängen.

4. Preisangabenrecht

Die auf dem Preisangaben- und Preisklauselgesetz (PAngG) beruhende **835**
Preisangabenverordnung (PAngV) will sicherstellen, dass der Verbraucher
die für ihn entstehenden **Kostenfolgen eines Vertrages reell einschätzen**
kann. Die PAngV wendet sich also gegen ausgebuffte Verschleierungsstra-
tegien; sie ordnet daher an, dass bei Angeboten und Werbung[118] – soweit
Preise genannt werden – immer die sog. **Endpreise anzugeben** sind, also
einschließlich Umsatzsteuer und etwaiger weiterer Preisbestandteile (§ 1
Abs. 1 PAngV).

Bei **Fernabsatzverträgen** muss sogar ausdrücklich mitgeteilt werden, dass **836**
die genannten Preise alle Preisbestandteile enthalten und ob zusätzliche
Liefer- und Versandkosten – ggf. in welcher Höhe – sowie Umsatzsteuer[119]
anfallen (§ 1 Abs. 2 PAngV). Bei **Krediten** müssen die Gesamtkosten als
jährlicher Prozentsatz (mit der Bezeichnung als „effektiver Jahreszins") angegeben werden (§ 6 PAngV). Leistungsanbieter haben ein **Preisverzeichnis**

---

118 Der BGH hat ausdrücklich festgestellt, dass die Vorgaben der PAngV auch für
die Werbung gelten, wenn diese unter Angabe von Preisen erfolgt, MMR 2009,
690, 691; ebenso OLG Hamburg, MMR 2005, 467.
119 BGH, NJW 2008, 1595 = CR 2008, 446; die Nichtangabe, dass die Umsatzsteuer enthalten ist, kann laut KG, MMR 2007, 791, wettbewerbsrechtlich
einen Bagatellverstoß darstellen.

gut sichtbar anzubringen, was ausdrücklich auch für Bildschirmanbieter gilt (§ 5 Abs. 1 PAngV). Außerdem müssen die Endpreise **dem Angebot eindeutig zugeordnet** werden und **leicht erkennbar** sein (§ 1 Abs. 6 PAngV). Dieser Vorgabe genügt beispielsweise eine Werbung, bei der die Preisangabe mit einem Link „Top-Tagespreis" erfolgt, und (erst) bei Anklicken des Links den konkreten Preis offenbart, nicht.[120]

837   Etwas anderes gilt nur dann, wenn der Endpreis erst nach Eingabe preisbildender Faktoren durch den Kunden bestimmt werden kann und darauf ausdrücklich hingewiesen wird:

> **Anforderungen der PAngV – BGH, MMR 2003, 785 = CR 2003, 849 = NJW 2003, 3055:**
>
> **Der Anbieter eines Reservierungssystems für Linienflüge im Internet verstößt nicht deshalb gegen § 1 I 1, VI PAngV, weil das System bei der erstmaligen Bezeichnung von Preisen nicht bereits den Endpreis angibt, sondern dieser erst bei der fortlaufenden Eingabe in das Reservierungssystem ermittelt wird, wenn der Nutzer hierauf zuvor klar und unmissverständlich hingewiesen wird.**
>
> *Aus den Gründen:* ... Endpreise sind nach der Legaldefinition des § 1 I 1 PAngV die Preise, die einschließlich der Umsatzsteuer und sonstiger Preisbestandteile unabhängig von einer Rabattgewährung zu zahlen sind. Dazu gehören bei einer Flugreise neben dem Flugtarif auch diejenigen Leistungen Dritter, die bei jeder Flugreise in Anspruch genommen werden müssen, wie Flughafen- und Sicherheitsgebühren sowie die bei der Flugreise anfallenden Steuern. ... Der durchschnittlich informierte und verständige Verbraucher wird nach dem Hinweis, dass die anfallenden Steuern und Gebühren vom jeweiligen Flugziel und der Flugroute abhängen und der endgültige Flugpreis nach der Auswahl der gewünschten Flugverbindung angezeigt wird, den dort angegebenen Preis als Endpreis auffassen. ... Die Angaben genügen dem Gebot eindeutiger Zuordnung und leichter Erkennbarkeit nach § 1 VI 2 PAngV. Denn auch wenn bereits vor der Kalkulation des Endpreises Flugtarife ohne Steuern und Gebühren angegeben werden, ist diese Angabe erkennbar vorläufig. Der Endpreis lässt sich durch Auswahl des gewünschten Flugs einschließlich Steuern und Gebühren eindeutig, leicht erkennbar und gut wahrnehmbar bestimmen. ...

838   Aber auch die Anforderungen an die **Angaben zu den Versandkosten und zur Umsatzsteuer** werden vom BGH moderat gehandhabt; danach müssen diese Angaben „irgendwo" auf dem Weg zum Bestellvorgang leicht erkennbar und gut wahrnehmbar erfolgen, nicht aber in unmittelbarer räumlicher Nähe zu den Netto-Preisangaben. Nicht ausreichend ist nach dem OLG Hamburg jedoch ein Hinweis ganz am Ende einer Seite, der nicht durch ein Sternchen oder einen Link mit der Preisangabe verbunden ist; diese Angaben findet dann nur derjenige, der die Seite (quasi zufällig) bis ganz unten

---

120 OLG Hamburg, CR 2004, 460.

durchscrollt, was dem Erfordernis der leichten Erkennbarkeit und guten Wahrnehmbarkeit nicht entspricht.[121]

Versandkosten- und Umsatzsteuerhinweis im Fernabsatz – BGH, MMR 2008, 39 m. Anm. Hoffmann = CR 2008, 108 m. Anm. Kaufmann:[122]

839

Gegen die Preisangabenverordnung (PAngV) wird bei Internetangeboten nicht bereits dann verstoßen, wenn auf einer Internetseite neben der Abbildung einer Ware nur deren Preis genannt wird und nicht schon auf derselben Internetseite darauf hingewiesen wird, dass der Preis die Umsatzsteuer enthält und zusätzlich zu dem Preis Liefer- und Versandkosten anfallen. Den Verbrauchern ist bekannt, dass im Versandhandel neben dem Endpreis üblicherweise Liefer- und Versandkosten anfallen; sie gehen auch als selbstverständlich davon aus, dass die angegebenen Preise die Umsatzsteuer enthalten. Es kann deshalb genügen, wenn die durch § 1 Abs. 2 PAngV geforderten Angaben jedenfalls alsbald sowie leicht erkennbar und gut wahrnehmbar auf einer gesonderten Internetseite gemacht werden, die noch vor Einleitung des Bestellvorgangs notwendig aufgerufen werden muss.

Aus den Gründen: ... [29] Ein unmittelbarer räumlicher Bezug der Hinweise zu den Abbildungen der Waren oder ihren Beschreibungen wird durch § 1 Abs. 6 Satz 2 PAngV nicht zwingend gefordert. ... [30] Danach kann die Bestimmung des § 1 Abs. 6 Satz 2 PAngV, wonach die nach § 1 Abs. 2 PAngV zu machenden Angaben dem Angebot oder der Werbung eindeutig zuzuordnen sind, im Einzelfall auf unterschiedliche Weise erfüllt werden. In jedem Fall müssen die Angaben allerdings der allgemeinen Verkehrsauffassung entsprechen (§ 1 Abs. 6 Satz 1 PAngV). Wenn wie hier Waren des täglichen Gebrauchs beworben und angeboten werden, ist dabei maßgeblich auf den durchschnittlichen Nutzer des Internets abzustellen. Dieser ist mit den Besonderheiten des Internets vertraut; er weiß, dass Informationen zu angebotenen Waren auf mehrere Seiten verteilt sein können, die untereinander durch elektronische Verweise („Links") verbunden sind. [31] ... Die Trennung von Warenpreis und Versandkosten beruht darauf, dass beim Vertrieb im Wege des Versandhandels regelmäßig Preisaufschläge für Versandkosten anfallen, die zumeist eine variable, mit wachsendem Umfang der Bestellung (bezogen auf das einzelne Stück) abnehmende Belastung darstellen. Dem Verkehr ist geläufig, dass die Versandkosten als Drittkosten neben dem Warenpreis gesondert und nicht auf die Ware, sondern auf die Sendung erhoben werden. Die Versandkosten sind danach nicht schon deshalb in unmittelbarem Zusammenhang mit dem Warenpreis auszuweisen, weil sie als Teil des Gesamt- oder Endpreises anzusehen wären (vgl. BGH NJW 2006, 211 Tz. 15). Da der durchschnittliche Käufer im Versandhandel mit zusätzlichen Liefer- und Versandkosten rechnet, genügt es, wenn die fraglichen Informationen alsbald sowie leicht erkennbar und gut wahrnehmbar auf einer gesonderten Seite gegeben werden, die noch vor Einleitung des Bestellvorgangs notwendig aufgerufen werden muss.

---

121 OLG Hamburg, CR 2009, 683.
122 Ebenso BGH, NJW 2008, 1595 = CR 2008, 446 m. Anm. Schirmbacher = MMR 2008, 461; ähnlich bereits OLG Hamburg, CR 2005, 128, und MMR 2005, 467, wonach ein eindeutig bezeichneter Link zu weiteren Preisbestandteilen ausreichend sein kann.

840 Verbraucherinformation über zusätzliche Liefer- und Versandkosten im online-Handel – BGH, NJW 2006, 211 = CR 2006, 120:

Eine klare und verständliche Information des Verbrauchers über zusätzlich zum Warenpreis anfallende Liefer- und Versandkosten im Online-Warenhandel kann erfolgen, ohne dass die Versandkosten noch einmal in einer – auf der für die Bestellung eingerichteten Internetseite unmittelbar vor Abschluss des Bestellvorgangs erscheinenden – „Bestell-Übersicht" neben dem Warenpreis der Höhe nach ausgewiesen werden müssen.

Aus den Gründen: ... [15] ... Die Trennung von Warenpreis und Versandkosten beruht darauf, dass beim Vertrieb im Wege des Versandhandels regelmäßig Preisaufschläge für Versandkosten anfallen, die zumeist eine variable, mit wachsendem Umfang der Bestellung – bezogen auf das einzelne Stück – abnehmende Belastung darstellen, und dass dies dem Letztverbraucher auch allgemein bekannt ist. Dem Verkehr ist geläufig, dass die Versandkosten als Drittkosten neben dem Warenpreis gesondert und nicht auf die Ware, sondern auf die Sendung erhoben werden. Die Versandkosten sind danach nicht schon deshalb in unmittelbarem Zusammenhang mit dem Warenpreis auszuweisen, weil sie als Teil des Gesamt- oder Endpreises anzusehen wären. ...

841 Zusammenhangloser Hinweis über Versandkosten am Seitenende – OLG Hamburg, CR 2009, 683:

Aus den Gründen: ... Der auf der Bildschirmseite des Beklagten angebrachte Hinweis auf die Versandkosten erfüllt die gesetzlichen Voraussetzungen nicht. Es kann bereits nicht davon die Rede sein, dass der von dem Beklagten auf seiner Internetseite angebrachte Hinweis „leicht erkennbar und gut wahrnehmbar" ist. Er befindet sich am Fuße der Internetseite, und wird nur beim Herabscrollen zum Ende der Seite sichtbar. Insoweit fehlt es bereits an der erforderlichen Zuordnung zu den konkreten Produktangeboten. Der Hinweis am Fuß der Seite steht beziehungslos zu den einzelnen Produktangeboten. Auf ihn wird weder durch einen hervorgehobenen Vermerk auf derselben Seite (eine sog. Sternchen-Fußnote), noch durch einen unzweideutigen Link, welcher auf eine nachgeordnete Informationsseite verweist, hingewiesen. Es ist auch nichts dafür ersichtlich oder vorgetragen, dass der Kunde – was der Bundesgerichtshof ebenfalls als eine zulässige Form des Hinweises ansieht – vor Einleitung des Bestellvorgangs notwendigerweise auf eine Seite geführt wird, auf der sich die notwendigen Versandkostenangaben befinden. Damit hängt es letztlich vom Zufall ab, ob den Interessenten der von der Beklagten an der Fußzeile der Bildschirmdarstellung angebrachte Hinweis zur Kenntnis gelangt, oder nicht. Dies reicht auch auf der Grundlage der aktuellen Rechtsprechung des Bundesgerichtshofs nicht aus, um einen Verstoß gegen §§ 4 Nr. 11 UWG, 1 Abs. 2 PAngV zu vermeiden. ...

842 Verstöße gegen das Preisangaberecht führen nicht – wie sonst im Verbraucherschutzrecht – zur Unwirksamkeit der Verträge, sind aber als **Ordnungswidrigkeiten** bußgeldbewehrt (bis zu 25 000 €), § 10 PAngV i.V.m. § 3 WiStG. Außerdem ist die PAngV eine wertbezogene Norm i.S.d. Wettbewerbsrechts, weshalb ein Verstoß gegen die PAngV stets **wettbewerbsrechtlich unlauter** ist.[123]

---

123 BGH, MMR 2003, 783 m. Anm. Hoeren (Leitsatz 4).

IV. Fazit

1. Das Verbraucherschutzrecht modifiziert den zivilistischen Grundgedanken der Privatautonomie zugunsten des einzelnen Kunden gegenüber ökonomisch und juristisch überlegenen Anbietern. Im Mittelpunkt stehen dabei formularmäßige Vertragsklauseln und problematische Vertragsanbahnungspraktiken.

2. Das Recht der Allgemeinen Geschäftsbedingungen sieht für formularmäßig verwendete Vertragsklauseln drei Bedingungen für deren Wirksamkeit vor:

   a) Sie müssen wirksam in den Vertrag einbezogen worden sein, was die Möglichkeit der zumutbaren Kenntnisnahme bedingt; bei Internetangeboten muss der AGB-Link gut sichtbar in Nähe des Bestellbuttons angebracht sein.

   b) Sie dürfen keine Inhalte haben, mit denen ein durchschnittlicher Verbraucher objektiv nicht rechnen musste.

   c) Sie dürfen den Kunden nicht inhaltlich unangemessen benachteiligen, insbesondere die Grundgedanken dispositiver Normen nicht völlig abbedingen.

3. Das Haustürwiderrufsrecht schützt vor einer Überrumpelung beim Vertragsschluss in Situationen, in denen der Verbraucher nicht darauf eingestellt ist. Auf Internet-Verträge findet dies keine Anwendung.

4. Das Fernabsatzrecht korrigiert bei b2c-Verträgen, die ausschließlich über Fernkommunikationsmittel – wozu auch Internet und eMail zählen – abgeschlossen werden, die Risiken der damit verbundenen höheren Anonymität.

   a) Zum einen auferlegt es dem Unternehmer eine Bringschuld bezüglich einer ganzen Reihe von Informationen, v. a. bezüglich seiner Person, des Vertragsgegenstandes und der Vertragsverpflichtungen.

   b) Zum anderen gewährt es dem Verbraucher ein Widerrufs- und Rückgaberecht, dessen 14-tägige Ausübungsfrist erst mit vollständiger und korrekter Erfüllung der Informationspflichten zu laufen beginnt.

5. Ergänzt wird dies durch die Pflichten im elektronischen Geschäftsverkehr, die die mittels Telemedien abgeschlossenen Verträge (auch im b2b-Bereich) betreffen. Der Vertragsanbieter muss vor allem technisch Vorsorge treffen, dass der Kunde Eingabefehler erkennen und auch berichtigen kann.

6. Das Preisangaberecht will den Verbraucher vor Preisverschleierungsstrategien schützen und verlangt eine klare Ausweisung von Endpreisen. Verstöße sind wettbewerbsrechtlich unlauter und stellen Ordnungswidrigkeiten dar.

C. Weitere Problemkreise zum ecommerce

I. Werbung (Spam)

844 Mit der explosionsartigen Verbreitung der **eMail als einfachem Kommuni-**
kationsmittel ist diese auch **als Werbeträger sehr attraktiv** geworden. Nahezu jeder eMail-Account wird – mehr oder weniger stark – mit unbestellten
bzw. unerwünschten Werbe-eMails überschwemmt (sog. Spamming).[124]
Dies geht soweit, dass die Attraktivität der eMail als Kommunikationsme-
dium darunter erheblich leidet; wer beim Abruf seiner eMails mehr Zeit
damit verbringt, die unverlangten Werbe-eMails auszusortieren, als seine
eigentlichen eMails anzusehen, wird über kurz oder lang die Lust daran
verlieren.[125] Die Schätzungen über den Anteil von Spam-Mails an allen
E-Mails bewegen sich zwischen 60 und 90 %.[126] Im Jahr 2008 wurden nach
einer Studie 62 Billionen Spam-Mails verschickt, die insgesamt 33 Mrd.
Kilowattstunden Strom verbraucht haben (was dem Jahresverbrauch von
2,4 Mio. Haushalten entspricht).[127]

845 Die Rechtsprechung hat schon vor geraumer Zeit die **Telefonwerbung** sowohl gegenüber Privatpersonen als auch Gewerbetreibenden für unzulässig
erklärt, soweit nicht ein ausdrückliches oder konkludentes Einverständnis
vorliegt oder bei objektiver Würdigung ein sachliches Interesse des Ange-
rufenen vermutet werden kann.[128] In Fortführung dieser Linie wurde auch
unverlangte Fax-[129] **und SMS-Werbung**[130] beanstandet. Im Mittelpunkt der
jeweiligen Argumentation steht zum einen die Beeinträchtigung der Pri-
vat- bzw. Betriebsspähre (z. B. Blockadewirkung für erwünschte Nachrichten) und zum anderen die mit diesen Werbeformen dem Adressaten aufge-
zwungenen Kosten (z. B. Telefaxpapier, Toner, Strom). Diese Grundsätze
hat nun – nach entsprechender unterinstanzlicher Rechtssprechung[131] – der
BGH auch auf die eMail-Werbung übertragen; zwar ist der Belästigungsgrad bei einer einzelnen Werbe-eMail noch relativ gering, doch stellt sich

---

124 „Spam" ist die Abkürzung von „spiced pork and ham" (= amerikanisches
    Pressfleisch). Das Wort kam in einem berühmten amerikanischen Sketch ca.
    120 Mal vor, weshalb damit die Massenhaftigkeit von Werbemails assoziiert
    wird, so Strömer, Online-Recht, S. 158.
125 Deshalb suchen auch Provider zunehmend rechtliche Möglichkeiten, gegen
    Spams vorzugehen, vgl. Härting/Eckart, CR 2004, 119.
126 Köhler/Arndt/Fetzer, RdI, Rn. 674; Strömer, Online-Recht, S. 158 f. (75 %).
127 <www.heise.de/newsticker/meldung/Spam-Mails-verbrauchen-jaehrlich-33-
    Milliarden-Kilowattstunden-213130.html>.
128 Vgl. BGH, CR 2000, 596 – Telefonwerbung VI; BGH, CR 2008, 220 (gegen-
    über Gewerbetreibendem).
129 Vgl. BGH, CR 1996, 337; MMR 2007, 46 (für Computerfax).
130 LG Berlin, MMR 2003, 419 = CR 2003, 339 m. Anm. Ayad.
131 KG, CR 2002, 759.

dies beim einzelnen Adressaten angesichts der Summierung zahlreicher unverlangter Werbe-eMails schon anders dar.[132]

Unverlangte eMail-Werbung – BGH, NJW 2004, 1655 = CR 2004, 445 m. Anm. Eckhardt = MMR 2004, 386 m. Anm. Hoeren = JZ 2005, 94 m. Anm. Mankowski: 846

Die Zusendung einer unverlangten E-Mail zu Werbezwecken verstößt grundsätzlich gegen die guten Sitten im Wettbewerb. Eine solche Werbung ist nur dann ausnahmsweise zulässig, wenn der Empfänger ausdrücklich oder konkludent sein Einverständnis erklärt hat, E-Mail-Werbung zu erhalten, oder wenn bei der Werbung gegenüber Gewerbetreibenden aufgrund konkreter tatsächlicher Umstände ein sachliches Interesse des Empfängers vermutet werden kann.

Ein die Wettbewerbswidrigkeit ausschließendes Einverständnis des Empfängers der E-Mail hat der Werbende darzulegen und gegebenenfalls zu beweisen.[133]

Aus den Gründen: ... Die Versendung von Werbung per E-Mail stellt eine unzumutbare Belästigung der angesprochenen Verkehrskreise dar. ... Allerdings sind die Gründe für das regelmäßige Verbot unerbetener Telefon- und Telefaxwerbung nicht ohne weiteres auf die E-Mail-Werbung übertragbar. Denn anders als der Telefonteilnehmer kann der E-Mail-Empfänger selbst bestimmen, wann er an ihn gesandte E-Mails abrufen will, so dass die unverlangte Zusendung von E-Mails nicht mit der Beeinträchtigung der Privatsphäre vergleichbar ist, wie sie bei der unerbetenen Telefonwerbung eintritt. Und die Kosten, die mit dem Abruf einer einzelnen E-Mail verbunden sind, sind ebenfalls nur gering. Gleichwohl entsteht durch die Zusendung von E-Mails zu Werbezwecken eine Belästigung für den Empfänger, die dieser nicht hinzunehmen braucht, wenn er nicht ausdrücklich oder konkludent sein Einverständnis erklärt oder wenn – bei der Werbung gegenüber Gewerbetreibenden – nicht aufgrund konkreter tatsächlicher Umstände ein sachliches Interesse des Empfängers vermutet werden kann. ...

Bei der wettbewerbsrechtlichen Beurteilung der E-Mail-Werbung ist maßgeblich darauf abzustellen, dass das Internet eine weite Verbreitung gefunden hat und durch die Übermittlung per E-Mail eine billige, schnelle und durch Automatisierung arbeitssparende Versendungsmöglichkeit besteht. Diese Werbeart ist daher, soweit sie nicht ohnehin schon einen erheblichen Umfang erreicht hat, auf ein immer weiteres Umsichgreifen angelegt. Denn ohne Einschränkungen der E-Mail-Werbung ist aufgrund ihrer Vorteilhaftigkeit für den Werbenden mit einem Nachahmungseffekt bei denjenigen Mitbewerbern zu rechnen, die bislang nicht mittels E-Mail geworben haben, sich aus Wettbewerbsgründen jedoch hierzu gezwungen sehen. Eine Werbeart ist aber auch dann als unlauter anzusehen, wenn sie den Keim zu einem immer weiteren Umsichgreifen in sich trägt und zu einer daraus folgenden unzumutbaren Belästigung führt. Für den Empfang der E-Mail muss eine Online-Verbindung zum Provider hergestellt

---

132 Vgl. Strömer, Online-Recht, S. 169 ff.; kritisch zur „holzschnittartigen" Übertragung auf eMails, Köhler/Arndt/Fetzer, RdI, Rn. 675.
133 So auch zuvor LG Berlin, CR 2002, 606.

werden, für die Telefongebühren und, falls nicht ein festes Entgelt vereinbart ist, eine Nutzungsgebühr für den Provider anfallen. Hinzu kommt der Arbeitsaufwand, der mit dem Sichten und Aussortieren unerbetener E-Mails verbunden ist. Zwar sind die Kosten für den Bezug einer einzelnen E-Mail gering. Gleiches gilt für den mit dem Löschen einer E-Mail verbundenen Zeitaufwand, wenn bereits aus der Angabe im „Betreff" der E-Mail ersichtlich ist, dass es sich um Werbung handelt und deshalb eine nähere Befassung mit der E-Mail nicht erforderlich ist. Diese Beurteilung fällt jedoch bei einer größeren Anzahl unerbetener E-Mails ganz anders aus. ...

Die unerbetene E-Mail-Werbung ist regelmäßig gemäß § 1 UWG unzulässig. Deshalb hat die Beklagte (als Verletzer) diejenigen Umstände darzulegen und zu beweisen, die den rechtsbegründenden Tatsachen ihre Bedeutung nehmen. Zu diesen gehört bei E-Mail-Werbung das die Wettbewerbswidrigkeit ausschließende Einverständnis. ...

847 In Umsetzung entsprechender EU-rechtlicher Vorgaben hat dann auch das UWG die Grundsätze dieser Rechtsprechung gesetzlich weiter verschärft. So stellt Werbung

> „mit einem Telefonanruf gegenüber einem Verbraucher ohne dessen vorherige ausdrückliche Einwilligung oder gegenüber einem sonstigen Marktteilnehmer ohne dessen zumindest mutmaßliche Einwilligung",

oder

> „unter Verwendung einer automatische Anrufmaschine, eines Faxgerätes oder elektronischer Post, ohne dass eine vorherige ausdrückliche Einwilligung des Adressaten vorliegt",

oder

> „mit einer Nachricht, bei der die Identität des Absenders, in dessen Auftrag die Nachricht übermittelt wird, verschleiert oder verheimlicht wird"

grundsätzlich eine **unzumutbare Belästigung** dar, die als wettbewerbsrechtlich unlauter qualifiziert ist (§ 7 Abs. 2 Nr. 2–4 UWG).

848 Dabei fällt auf, dass § 7 Abs. 2 UWG inzwischen explizit „vorherige ausdrückliche" Einwilligungen verlangt, also weder eine konkludente[134] noch eine im Nachgang erfolgende Einwilligung ausreicht. Des Weiteren ist bemerkenswert, dass bei eMails (anders als bei Telefonanrufen)[135] auch die – von der Rechtsprechung noch akzeptierte – mutmaßliche Einwilligung nicht mehr ausreicht. Diese **harte „opt-in"-Lösung**[136] gilt nur dann nicht,

---

134 Vgl. zu den Anforderungen an eine konkludente Einwilligung – noch vor dem Hintergrund der etwas großzügigeren Rechtslage gem. § 7 Abs. 2 UWG a. F. – BGH, CR 2008, 718 = MMR 2008, 662 m. Anm. Schulze (FC Troschenreuth).
135 Dieselhorst/Schreiber, CR 2004, 680, 681 f., sehen hierin einen Wertungswiderspruch, da Telefonanrufe einen höheren Belästigungsgrad haben als eMails.
136 Zur Begrifflichkeit: Ist eine positive Zustimmung nötig, spricht man von „opt-in"; besteht nur ein Widerspruchsrecht, von dem nicht Gebrauch gemacht wird, liegt eine „opt-out"-Lösung vor.

wenn ein Unternehmer die eMail-Adresse des Empfängers im Rahmen einer vertraglichen Beziehung mit ihm erhalten hat, der Kunde bei jeder Werbe-eMail ausdrücklich auf sein Widerspruchsrecht (dessen Ausübung mit keinen besonderen Kosten verbunden sein darf) hingewiesen wird und dieser davon keinen Gebrauch macht (insofern: opt-out-Lösung), § 7 Abs. 3 UWG.[137] Auch in den AGBs kann keine „opt-in"-Regelung ohne positive Kennzeichnung erfolgen.

„Opt-in"-Klausel für eMail-Werbung in AGBs – BGH, NJW 2008, 3055 = CR 2008, 720 m. Anm. Brisch/Laue = MMR 2008, 731 m. Anm. Grapentin:

In Allgemeinen Geschäftsbedingungen, die der Betreiber eines Kundenbindungs- und Rabattsystems für Verträge mit Verbrauchern über die Teilnahme an dem System verwendet, hält die Klausel *„Mit meiner Unterschrift erkläre ich mich einverstanden, dass die von mir oben angegebenen Daten sowie die Rabattdaten (Waren/ Dienstleistungen, Preis, Rabattbetrag, Ort und Datum des Vorgangs) für an mich gerichtete Werbung (z. B. Informationen über Sonderangebote, Rabattaktionen) per Post und mittels ggfs. von mir beantragter Services (SMS oder E-Mail-Newsletter) sowie zu Zwecken der Marktforschung ausschließlich von der L. GmbH und den Partnerunternehmen gemäß Nummer 2 der beiliegenden Hinweise zum Datenschutz gespeichert und genutzt werden.* (…) ☐ *Hier ankreuzen, falls die Einwilligung nicht erteilt wird.“* der Inhaltskontrolle nach § 307 Abs. 1 Satz 1, Abs. 2 Nr. 1 BGB nicht stand, soweit sie die Einwilligung in die Speicherung und Nutzung der Daten für die Zusendung von Werbung per SMS oder E-Mail-Newsletter betrifft.

Aus den Gründen: … [27] … Nach § 7 Abs. 2 Nr. 3 Var. 3 UWG stellt Werbung unter Verwendung elektronischer Post, insbesondere E-Mail und SMS, eine unzumutbare Belästigung dar, sofern keine Einwilligung des Adressaten vorliegt. Einwilligungsklauseln, die so gestaltet sind, dass der Kunde tätig werden und ein Kästchen ankreuzen muss, wenn er seine Einwilligung in die Zusendung von Werbung unter Verwendung von elektronischer Post nicht erteilen will („Opt-out"-Erklärung), sind von dieser Vorschrift nicht gedeckt. § 7 Abs. 2 Nr. 3 UWG verlangt vielmehr, dass die Einwilligung mittels einer gesonderten Erklärung erteilt wird („Opt-in"-Erklärung). [28] … Mit Rücksicht auf das Ziel der Richtlinie 2002/58/EG, die Privatsphäre des Betroffenen vor neuen Risiken durch öffentliche Kommunikationsnetze zu schützen (Erwägungsgründe 5 und 6), erläutert Erwägungsgrund 17 …: „… Die Einwilligung kann in jeder geeigneten Weise gegeben werden, wodurch der Wunsch des Nutzers in einer spezifischen Angabe zum Ausdruck kommt, die sachkundig und in freier Entscheidung erfolgt; hierzu zählt auch das Markieren eines Feldes auf einer Internet-Website." Die Formulierung „spezifische Angabe" macht deutlich, dass eine gesonderte, nur auf die Einwilligung in die Zusendung von Werbung mittels elektronischer Post bezogene Zustimmungserklärung des Betroffenen

---

137 Vgl. Stober, DÖV 2004, 221, 228; Weiler, MMR 2003, 223, 229; auf die konkreten Probleme in der praktischen Anwendung weisen Dieselhorst/Schreiber, CR 2004, 680, 682 hin.

erforderlich ist. [29] Dem werden Allgemeine Geschäftsbedingungen nicht gerecht, wenn die Einwilligung in Textpassagen enthalten ist, die auch andere Erklärungen oder Hinweise enthalten. Es fehlt bei derart vorformulierten Erklärungen an der geforderten spezifischen Einwilligungserklärung, wenn der Kunde weder ein bestimmtes Kästchen anzukreuzen hat noch sonst eine vergleichbar eindeutige Erklärung seiner Zustimmung abzugeben braucht. Eine solche Erklärung liegt insbesondere nicht allein schon in der Unterschrift, mit der der Kunde das auf Rabattgewährung gerichtete Vertragsangebot annimmt. Die geforderte spezifische Angabe verlangt vielmehr eine gesonderte Erklärung durch zusätzliche Unterschrift oder individuelles Markieren eines entsprechenden Feldes („Opt-in"-Erklärung). ...

[33] ... Soweit [die Klausel] sich bei der Einwilligung in Werbung per E-Mail oder SMS auf eine „Opt-out"-Erklärung beschränkt, ist sie mit wesentlichen Grundgedanken der gesetzlichen Regelung, von denen sie abweicht, nicht zu vereinbaren und benachteiligt die Vertragspartner des Beklagten damit unangemessen, weil hierin die Einwilligung nicht mit der geforderten spezifischen Angabe, sich gerade auch auf eine Werbung per E-Mail oder SMS einlassen zu wollen, zum Ausdruck kommt (§ 307 Abs. 2 Nr. 1 BGB). ... [34] Mangels zureichender Einverständniserklärung würde es sich deshalb bei Werbung, die auf Grund der Klausel 1 per SMS oder E-Mail versandt wird, um unverlangte Werbung handeln. Eine solche Werbung stellt nach § 7 Abs. 2 UWG eine unzumutbare Belästigung dar. ...

850 Zumutbar und wettbewerbsrechtlich lauter ist eine Werbung also nur unter folgenden Bedingungen:

	gegenüber Verbrauchern	gegenüber anderen (v. a. Gewerbetreibenden)
Telefon	nur bei ausdrücklicher Einwilligung	bei ausdrücklicher oder mutmaßlicher Einwilligung
Fax	nur bei ausdrücklicher Einwilligung	
eMail	nur bei ausdrücklicher Einwilligung oder bei Vertragsbeziehung mit Widerrufsrecht	

Übersicht 29: Zulässigkeit von Telefon-, Fax- und eMail-Werbung

851 Die Unterlassungsansprüche werden in Literatur und Rechtsprechung nicht nur wettbewerbsrechtlich begründet, sondern **auch aus §§ 1004, 823 Abs. 1 BGB abgeleitet.** Dabei wird das verletzte Recht i. S. v. § 823 Abs. 1 BGB bei Privatpersonen im allgemeinen Persönlichkeitsrecht und bei Betrieben im eingerichteten und ausgeübten Gewerbebetrieb gesehen.[138] Auch hier wird mit dem Beseitigungsaufwand, den Online-Gebühren beim Herunterladen und mit der Gefahr eines Überlaufens des eMail-Accounts – so

---

138 Vgl. Dieselhorst/Schreiber, CR 2004, 680, 683.

dass wichtige eMails nicht mehr ankommen können – argumentiert.[139] Dagegen kann auch nicht ins Feld geführt werden, dass die Empfänger durch den **Einsatz von Spamfiltern** ihre Beeinträchtigung reduzieren können,[140] zumal auch hier rechtliche Probleme auftreten können.[141]

Eingriff in den Gewerbebetrieb durch Werbe-eMail – BGH, NJW 2009, 2958 = CR 2009, 733 = MMR 2010, 33:

852

Bereits die einmalige unverlangte Zusendung einer E-Mail mit Werbung kann einen rechtswidrigen Eingriff in das Recht am eingerichteten und ausgeübten Gewerbebetrieb darstellen.

Aus den Gründen: ... [12] Die Zusendung einer Werbe-E-Mail ohne vorherige Einwilligung des Adressaten stellt einen unmittelbaren Eingriff in den Gewerbebetrieb dar. ... Unverlangt zugesandte E-Mail-Werbung beeinträchtigt regelmäßig den Betriebsablauf des Unternehmens. Mit dem Sichten und Aussortieren unerbetener E-Mails ist ein zusätzlicher Arbeitsaufwand verbunden. Zudem können, soweit kein festes Entgelt vereinbart ist, zusätzliche Kosten für die Herstellung der Online-Verbindung und die Übermittlung der E-Mail durch den Provider anfallen. Die Zusatzkosten für den Abruf der einzelnen E-Mail können zwar gering sein. Auch der Arbeitsaufwand für das Aussortieren einer E-Mail kann sich in engen Grenzen halten, wenn sich bereits aus dem Betreff entnehmen lässt, dass es sich um Werbung handelt. Anders fällt die Beurteilung aber aus, wenn es sich um eine größere Zahl unerbetener E-Mails handelt oder wenn der Empfänger der E-Mail ausdrücklich dem weiteren Erhalt von E-Mails widersprechen muss. Mit der häufigen Übermittlung von Werbe-E-Mails ohne vorherige Einwilligung des Empfängers durch verschiedene Absender ist aber immer dann zu rechnen, wenn die Übermittlung einzelner E-Mails zulässig ist. Denn im Hinblick auf die billige, schnelle und durch Automatisierung arbeitssparende Versendungsmöglichkeit ist ohne Einschränkung der E-Mail-Werbung mit einem immer weiteren Umsichgreifen dieser Werbeart zu rechnen. ... [13] ... Werbung ist jede Äußerung bei der Ausübung eines Handels, Gewerbes, Handwerks oder freien Berufs mit dem Ziel, den Absatz von Waren oder die Erbringung von Dienstleistungen zu fördern. Dazu zählt auch die in Rede stehende E-Mail der Beklagten, mit der sie ihre Geschäftstätigkeit gegenüber der Klägerin darstellt. ...

Praktischen Nutzen können aber auch die „schönsten" Unterlassungsansprüche nur dann entfalten, wenn man den **Anspruchsgegner mit ladungsfähiger Anschrift** identifizieren kann; da das Spamming aber weit überwiegend mit nicht hinterlegten Pseudonym-Adressen verschickt wird, ist das Recht hier leider oft nur ein stumpfes Schwert. Da hilft es auch wenig, dass das deutsche Recht ein Transparenzgebot aufstellt: So ist bei Werbe-

853

---

139 KG, CR 2003, 291; OLG München, MMR 2004, 324; LG Karlsruhe, MMR 2002, 402; auch zug. der Provider, vgl. Härting/Eckart, CR 2004, 119, 120 ff.
140 OLG München, MMR 2004, 324.
141 Bei erlaubter Privatnutzung geschäftlicher eMail-Accounts kann die durch einen Spamfilter erfolgende Löschung privater eMails von Mitarbeitern eine dem Arbeitgeber zuzurechnende Straftat (§§ 206 Abs. 2 Nr. 2, 303a StGB) darstellen, vgl. Heidrich/Tschoepe, MMR 2004, 75, 76 ff., 79 f.

Telefonanrufen die Rufnummernunterdrückung ebenso untersagt (§ 102 Abs. 2 TKG) wie die Verschleierung des Absenders oder des Inhalts in der Betreffzeile bei Werbe-eMails (§ 6 Abs. 2 TMG).[142]

854 Das Versenden unverlangter eMail-Werbung als solches ist in der EU nicht strafbar (Art. 13 EKDS-RL); das schließt freilich eine **Strafbarkeit** in einzelnen Fällen – etwa wegen Betrugs bei besonders unseriösen Angeboten oder wegen Computersachbeschädigung (§ 303a StGB) bei entsprechenden Folgen beim Nutzer – nicht aus.[143] In den USA dagegen wurde Ende 2003 ein Gesetz gegen Spamming (für dessen Rechtswidrigkeit die Hürden allerdings deutlich höher gelegt sind) verabschiedet, das Haftstrafen bis zu fünf Jahren und Geldstrafen bis zu 6 Mio. US-Dollar vorsieht.[144]

II. eMoney

855 Je stärker Verträge im Internet geschlossen und auch abgewickelt werden, desto stärker wird das Verlangen, nicht nur die vertragliche Leistung, sondern auch deren Bezahlung elektronisch bewirken zu können. Neben den klassischen Kreditkartenlösungen – die wegen des mit der elektronischen Verwendung verbundenen elektronischen Datenversandes nach wie vor nur begrenzt sicher sind[145] – werden daher verschiedene Modelle zur Generierung echten elektronischen Geldes erprobt. Dabei handelt es sich um **definierte Werteinheiten, die als Dateien netzverkehrsfähig sind.**[146] Voraussetzung ist eine Autorisierung (z.B. durch entsprechende Signatur) seitens der Hausbank des „Geldeigentümers", dem dann der autorisierte Betrag vom Girokonto abgebucht wird.[147] Allerdings ist elektronisches Geld kein gesetzliches Zahlungsmittel und muss daher vom Gläubiger nicht angenommen werden.[148] Dennoch hat es erhebliche Auswirkungen auf die Geldmengenpolitik der Zentralbanken; für 2006 wurde mit einem eMoney-Umlauf von 8,6 Mrd. US-Dollar gerechnet.[149]

856 Aber auch hier stellen sich **Sicherheitsfragen.** So muss zunächst gewährleistet sein, dass auf diese Weise bewirkte Zahlungen **vertraulich** bleiben, d.h. Dritten nicht bekannt werden. Des Weiteren muss auch die **Integrität** einer solchen monetären Datei ebenso wie die **Authentizität** des Zahlungsabsenders gesichert – also eine Manipulation durch Dritte, etwa während

---

142 Zur begrenzten Wirkung deutscher Gesetze gegen überwiegend aus dem Ausland kommenden Spam-Mails vgl. Köhler/Arndt/Fetzer, RdI, Rn. 674.
143 Frank, CR 2004, 123, 124 f., 127 f.
144 Frank, CR 2004, 123; Wendlandt, MMR 2004, 365.
145 Boehme-Neßler, Cyberlaw, S. 178 f.; Strömer, Online-Recht, S. 356 f.
146 Boehme-Neßler, Cyberlaw, S. 180; Hladjk, MMR 2001, 731, erläutert die divergierenden Begriffsdefinitionen des elektronischen Geldes von Europäischer Zentralbank, EU-Richtlinie 2000/46/EG und Deutscher Bundesbank.
147 Boehme-Neßler, Cyberlaw, S. 180 f.
148 Boehme-Neßler, Cyberlaw, S. 188.
149 Ausführlich zur Regulierungsproblematik Hladjk, MMR 2001, 731, 732 ff.

der „Reise durchs Netz" ausgeschlossen – sein. Schließlich muss auch verhindert werden, dass clevere Hacker in den heimischen PC des Users „einbrechen" und elektronische Gelddateien „stehlen" können. Zur Lösung dieser Probleme wurden und werden verschiedene Verschlüsselungs- und Signaturverfahren entwickelt.[150]

Letztlich entscheidend für eine breite Durchsetzung elektronischen Geldes **857** wird die Verteilung der durch diese Gefahren potenziell verursachten **Haftungsrisiken** sein.[151] Solange der Kunde seine Sorgfaltspflichten im Rahmen des mit seiner Bank bestehenden Geschäftsbesorgungsvertrages gewissenhaft erfüllt (v. a. beim Umgang mit Passwort, persönlichen Geheimzahlen und Transaktionsnummern), liegt das Missbrauchsrisiko zunächst bei der Bank.[152] Aber in einem engen Zusammenhang mit der Missbrauchsrisikoverteilung steht die **Beweislastverteilung**. So ist bei Anerkennung eines Anscheinsbeweises zugunsten der Sicherheitssysteme letztlich der Kunde für die Einhaltung seiner Sorgfaltspflichten beweispflichtig. Dies läuft – weil der Beweis in Fällen eines Missbrauchs von dritter Seite oft nicht geführt werden kann – faktisch doch auf eine den Kunden belastende Risikoverteilung hinaus, obwohl er – anders als die Bank – keinen Einfluss auf die technischen Sicherungsmechanismen und damit auch keine Nachweismöglichkeit bezüglich deren Versagen hat.[153]

Das elektronische Geld findet zunehmend auch Eingang in Rechtsvor- **858** schriften. So regelt die **eGeld-Richtlinie der EU** (RL 2000/48/EG) das aufsichtsrechtliche Regime für eGeld-Institute einschließlich der Ausgabe und Rücktauschbarkeit von eGeld.[154] Auch der 2009 in das BGB aufgenommene neue Untertitel zu den Zahlungsdiensten sieht ausdrücklich seine Anwendbarkeit auch auf Verträge über die Ausgabe und Nutzung von eGeld vor (§ 675c Abs. 2 BGB).

III. Besteuerung von Online-Geschäften

Die Besteuerung knüpft in erster Linie an die **Art und Weise einer Leis-** **859** **tungserbringung** an und nicht an das Zustandekommen oder die Form der zugrunde liegenden Verpflichtung. Folglich werden Offline-Geschäfte, bei denen die Verträge zwar online geschlossen, aber konventionell erfüllt werden, steuerlich wie der normale Versandhandel behandelt. Anders verhält sich dies beim Online-Geschäft, weil hier die Leistung online – und damit in einer neuartigen Handlungsform – erbracht wird.[155]

---

150 Vgl. Boehme-Neßler, Cyberlaw, S. 182 f., 185; Hladjk, MMR 2001, 731, 732.
151 Boehme-Neßler, Cyberlaw, S. 183.
152 Boehme-Neßler, Cyberlaw, S. 185 f.
153 Boehme-Neßler, Cyberlaw, S. 186 ff.
154 Vgl. BT-Drs. 16/11643, S. 99.
155 Köhler/Arndt/Fetzer, RdI, Rn. 361 ff.; Fechner, MedienR, Kap. 12 Rn. 239 f.

1. Einkommen- und Körperschaftsteuer

860 Die **in Deutschland ansässigen Online-Dienstleister** unterliegen einer unbeschränkten Einkommensteuerpflicht (§§ 1 Abs. 2 EStG, 1 Abs. 1 KStG), weshalb hier die Differenzierung nach Einkommensarten praktisch weniger bedeutsam ist. **Ausländische Firmen**, die im Inland Umsätze erzielen, unterliegen dagegen nur einer beschränkten Steuerpflicht (§§ 1 Abs. 4 EStG, 2 KStG), die je nach Einkommensart an bestimmte Voraussetzungen anknüpft (§ 49 EStG).[156]

861 Bei der für den eCommerce praktisch besonders relevanten Einkommensart „**Einkünfte aus Gewerbebetrieb**" kommt es darauf an, ob die ausländische Firma im Inland eine **Betriebsstätte** unterhält oder einen **ständigen Vertreter** bestellt hat (§ 49 Abs. 1 Nr. 2a EStG).[157] Da der Betriebsstättenbegriff gem. § 12 AO eine räumlich dauerhafte Geschäftseinrichtung fordert, kann eine Website – die häufig das zentrale Betriebselement eines ausländischen Online-Anbieters im Inland darstellt – hierunter nicht subsumiert werden; ebenso wenig kann ein inländischer Provider des ausländischen Anbieters als ständiger Vertreter angesehen werden.[158] Allenfalls ein im Inland befindlicher Server des ausländischen Anbieters kann als Betriebsstätte angesehen werden;[159] außerdem kann sich eine beschränkte Steuerpflicht aus **Doppelbesteuerungsabkommen** mit dem Sitzstaat des ausländischen Unternehmens ergeben.[160]

2. Umsatzsteuer

862 Die Umsatzsteuerpflicht knüpft im Normalfall an den **geografischen Leistungsort** an. Dieser wiederum richtet sich nach der Leistungsart: Bei **Lieferungen** kommt es auf den Ort an, an dem die Verfügungsgewalt über die Waren an den Empfänger übergeht (§ 3 Abs. 1, 5a UStG). Bei **sonstigen Leistungen** – zu denen wegen ihrer fehlenden Körperlichkeit – auch die Online-Leistungen zählen,[161] ist im Normalfall der Sitz (bzw. eine Betriebsstätte) des leistenden Unternehmens maßgeblich (§§ 3 Abs. 9, 3a Abs. 1 UStG);[162] allerdings sieht § 3a Abs. 2 und 3 UStG eine Reihe von Ausnahmen von diesem Grundsatz vor. Entscheidend für das Online-Geschäfte ist dabei § 3a Abs. 3 i.V.m. Abs. 4 Nr. 14 UStG, der für „auf elektronischem Weg erbrachte sonstige Leistungen" grundsätzlich den Sitzort (Wohnort bzw. Betriebsstätte) des Leistungsempfängers als den umsatzsteuerlich entscheidenden Leistungsort definiert.[163] Folglich sind Online-Leistungen

156 Köhler/Arndt/Fetzer, RdI, Rn. 372 ff.
157 Köhler/Arndt/Fetzer, RdI, Rn. 376; Boehme-Neßler, Cyberlaw, S. 205.
158 Köhler/Arndt/Fetzer, RdI, Rn. 390 ff.; Boehme-Neßler, Cyberlaw, S. 211.
159 Streitig; bejahend Köhler/Arndt/Fetzer, RdI, Rn. 400 m.w.N.; einschränkend Boehme-Neßler, Cyberlaw, S. 198 f.
160 Hierzu ausführlich und weiterführend Köhler/Arndt/Fetzer, RdI, Rn. 402 ff.
161 Köhler/Arndt/Fetzer, RdI, Rn. 458 ff.
162 Köhler/Arndt/Fetzer, RdI, Rn. 468; Boehme-Neßler, Cyberlaw, S. 194 ff.
163 Ausführlich Köhler/Arndt/Fetzer, RdI, Rn. 479, 481 ff.

ausländischer Anbieter, die an inländische Privatpersonen oder Firmen erbracht werden, grundsätzlich in Deutschland umsatzsteuerpflichtig.

IV. Fazit

863

1. Der tägliche eMail-Verkehr wird in erheblichem Umfang durch unerwünschte Werbe-eMails (Spamming) belastet.

   a) Die von der Rechtsprechung für unverlangte Telefon- und Telefaxwerbung entwickelten Grundsätze hat der BGH zunächst auch auf das Spamming übertragen; danach ist die Werbezusendung unzulässig, wenn nicht mindestens von einer auf objektive Gesichtspunkte gestützten mutmaßlichen Zustimmung des Empfängers auszugehen ist.

   b) Dem Empfänger steht dann ein wettbewerbs- und deliktsrechtlicher (§§ 823 Abs. 1, 1004 BGB) Unterlassungsanspruch zu.

   c) Das UWG hat dies noch weiter verschärft, indem danach – außer bei vorausgegangener Vertragsbeziehung zwischen Absender und Empfänger sowie jederzeitiger Widerrufsmöglichkeit – für die Zusendung von eMail-Werbung stets eine ausdrückliche positive Zustimmung erforderlich ist (opt-in-Lösung).

2. Die zunehmende Online-Abwicklung von Verträgen hat das Bedürfnis nach elektronischem Geld – d.h. Werteinheiten als versandfähige Dateien – erheblich gesteigert. Vor einem Durchbruch müssen aber sowohl Sicherheits-, Haftungsrisiko- und Beweislastfragen verbraucherfreundlich geklärt werden, weil sonst diese Geldform keine breite Akzeptanz finden wird.

3. Da die Besteuerung an die Modalitäten der Leistungserbringung anknüpft, stellen die Online-Geschäfte das Steuerrecht vor eine neue Herausforderung.

   a) Einkommen- bzw. körperschaftsteuerlich sind die Inlandsumsätze ausländischer Anbieter nur beschränkt steuerpflichtig, so z.B. über eine inländische Betriebsstätte – die unter bestimmten Voraussetzungen in einem Server gesehen werden kann –, einen ständigen Vertreter im Inland oder ein Doppelbesteuerungsabkommen.

   b) Umsatzsteuerrechtlich sind Online-Leistungen als „sonstige Leistungen" i.S.v. § 3 Abs. 9 UStG anzusehen, aber zugleich auch als „auf elektronischem Weg erbrachte sonstige Leistungen" gem. § 3a Abs. 4 Nr. 14 UStG, weshalb die Steuer grundsätzlich am Sitzort des Leistungsempfängers zu entrichten ist.

Kapitel 6: eGovernment

864 Der Begriff des eGovernment ist schillernd und noch nicht präzise festgelegt. Im weitesten Sinne können darunter **IuK-gestützte neuartige Kommunikations- und Partizipationsmöglichkeiten im Verhältnis zwischen Staat und Bürgern** verstanden werden.[1] Dieses weite Begriffsverständnis umfasst nach der „Speyerer Definition von Electronic Government" sowohl die **politische Dimension** des Regierens und der demokratischen Willensbildung als auch die **administrative Beziehung** zwischen Bürgern und Behörden.[2]

865 Dennoch wird der Begriff des eGovernment von vielen Autoren **eingeengt auf die verwaltungsbezogene Sichtweise**.[3] Dieses Begriffsverständnis umfasst

- die Abwicklung von Verwaltungsabläufen über Internet und eMail,
- IuK-Dienstleistungen für die „Kunden" der öffentlichen Verwaltung und
- elektronische Märkte für das behördliche Beschaffungswesen.[4]

Die hiervon nicht erfasste politische Dimension der IuK-Möglichkeiten wird in der Literatur dann teilweise unter andere Begriffe wie „eGovernance" und „eDemocracy" subsumiert.[5]

866 Da „Government" als Begriff sowohl die Regierungs- als auch die Verwaltungsdimension umfasst, überzeugt die Einengung auf die administrativen IuK-Prozesse nicht; vielmehr ist „eGovernment" – entsprechend dem o. g. weiten Begriffsverständnis – als **Oberbegriff** sowohl für die politische als auch für die administrative Dimension des Einsatzes neuer Medien anzusehen. Die IuK-gestützte politische Willensbildung und Staatslenkung kann dem **Unterbegriff „eDemocracy"** zugeordnet werden und umfasst die Bereiche Durchführung von Wahlen (eVoting), Wahlkampfinstrumente (eCampaigning), Prozesse der politischen Willensbildung wie z. B. über Umfragen, Foren, Abstimmungen, Spendeneinwerbung (eFundraising), u. a. Der andere **Unterbegriff „eAdministration"** umfasst demgegenüber das administrative Zusammenwirken von Behörden untereinander („a2a"), mit dem Bürger („a2c") – etwa in der Form des „virtuellen Rathauses", oder von eBürgerdienste-Portalen –, mit der Wirtschaft („a2b") und mit Verbänden. Dieses – weite – Begriffsverständnis liegt diesem Kapitel zugrunde.

---

1 Kaiser, BuS, S. 57.
2 Lucke/Reinermann, Electronic Government, S. 1.
3 Dieses – enge – Begriffsverständnis haben sich auch diejenigen Gesetzgeber zu eigen gemacht, die „E-Government-Gesetze" erlassen haben (Österreich, Schleswig-Holstein, s. u., Rn. 905).
4 Kaiser, BuS, S. 57; ebenfalls einschränkend auf Verwaltungsstrukturen Boehme-Neßler, Cyberlaw, S. 333.
5 Lucke/Reinermann, Abschlussbericht (Einleitung); Kaiser, BuS, S. 58.

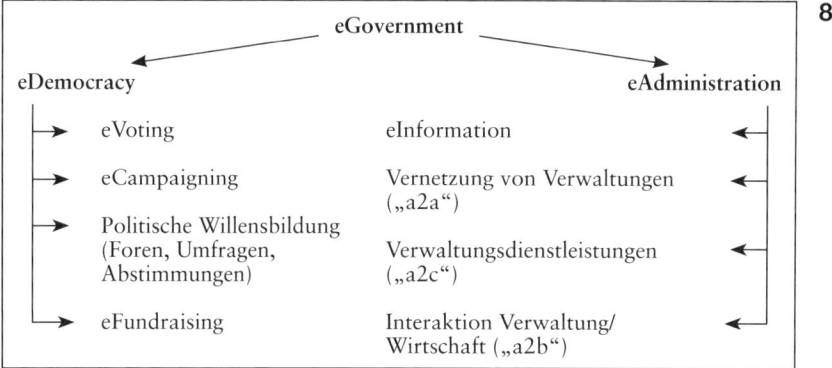

Übersicht 30:   Unterscheidungen beim eGovernment

A. eDemocracy

I. Wahlen im Internet

1. Realisierungsstand

a) Modellversuche

Die Vorstellung, am heimischen PC seine Stimme bei Wahlen und Abstimmungen abzugeben, ist eine faszinierende Perspektive. Dies würde auch eine ganz **neue Dimension von Demokratie** ermöglichen, weil dann mit geringem Aufwand die gesamte (über einen PC-Zugang verfügende) Bevölkerung zu wichtigen Fragen Stellung nehmen könnte. Doch nicht zuletzt wegen **noch nicht erreichter technischer „Serienreife"** stehen verbindliche, über das Internet abgewickelte Wahlen noch am Anfang. Bisher gab es erst **einzelne wenige Modellversuche** wie z. B. die Wahl zum Studierendenparlament der Universität Osnabrück oder zum Jugendgemeinderat Esslingen.[6] In der Schweiz wurde – nach Pilotprojekten auf kommunaler Ebene – im September 2004 erstmals die elektronische Stimmabgabe bei einer landesweiten Volksabstimmung, allerdings beschränkt auf vier Genfer Gemeinden, erprobt.[7]

b) Einsatz von Wahlgeräten als Vorstufe

In Deutschland wurde von der in § 35 BWahlG eröffneten Möglichkeit, **Wahlgeräte statt Stimmzettel und Wahlurnen** einzusetzen, durchaus Gebrauch gemacht. Bei der Bundestagswahl 2005 gaben immerhin schon

---

6 Vgl.   <www.innovations-report.de/html/berichte/informationstechnologie/bericht-369.html>, <www.jgrwahl.esslingen.de/4020612_stz_jgrwahl.pdf>.
7 Vgl. <www.kommune21.de/web/de/verwaltung,285_0_0_82.5,3420>.

2,5 Mio. Wähler – also über 5 % von knapp 47,3 Mio. abgegebenen (Zweit-) Stimmen – ihr Votum mithilfe eines elektronischen Wahlgerätes ab. Auch Kommunalwahlen und Oberbürgermeisterwahlen wurden mit zum Teil weitreichendem Einsatz elektronischer Wahlgeräte durchgeführt.[8] In den USA wurden bei den Präsidentschaftswahlen im Jahr 2000 10 % der Stimmen und bei den Kongresswahlen 2006 bereits fast 50 % der Stimmen mit elektronischen Wahlgeräten abgegeben; diese seinerzeit heftig umstrittene Wahl ist übrigens nicht über diese Geräte „gestolpert", sondern über die Maschinenlesbarkeit dafür angeblich geeigneter Stimmzettel (nur 1 % aller Stimmen wurde über von Hand auszuwertende Stimmzettel abgegeben).[9]

870 Der Einsatz von Wahlgeräten nach dem BWahlG führt allerdings zu **keinen besonderen Erleichterungen bei der Stimmabgabe.** Denn zunächst wird – wie bei der normalen Wahlhandlung – im Wahllokal die Wahlberechtigung geprüft, bevor das Wahlgerät zur Stimmabgabe freigeschaltet wird und der Wähler seine Stimme abgibt. Nach Wahlende wird das Ergebnis – dieses allerdings dann sehr schnell – vom Gerät ermittelt und ausgedruckt. Anschließend wird das Gerät versiegelt, bis das amtliche Endergebnis festgestellt ist und keine Wahlprüfungen mehr anhängig sind. Der erleichterten Ergebnisermittlung stehen bei diesem Vorgehen vergleichsweise **hohe Kosten** gegenüber.[10]

871 Zum Einsatz von Wahlgeräten bei der **baden-württembergischen Landtagswahl 2001** hat das Innenministerium auf eine parlamentarische Anfrage wie folgt Stellung genommen:

Amtliche Stellungnahme des Innenministeriums Baden-Württemberg vom 1.8.2001 – LT-Drs. 13/88 (Auszüge)

Zur Beurteilung des Einsatzes von elektronischen Wahlgeräten:[11]

Rechnergesteuerte Wahlgeräte werden im Wahllokal an Stelle der herkömmlichen Urnenwahl verwendet, ersetzen also Stimmzettel, Wahlkabine und Wahlurne. Sie bieten Vorteile bei der Stimmabgabe und der Ergebnisermittlung. Die Geräte wurden bisher in Deutschland bei Wahlen nur begrenzt eingesetzt. Die Stadt Köln verwendete als bisher einzige Großstadt bei der Europawahl 1999 flächendeckend Wahlgeräte, während die Stadt Stuttgart ebenfalls bei der Europawahl 1999 das Gerät in fünf Wahlbezirken testweise einsetzte. ... In Baden-Württemberg erfolgte ein Einsatz bei der Landtagswahl am 25. März 2001 in zwei Wahlbezirken der Gemeinde Remseck am Neckar sowie testweise in einem Wahllokal der Stadt Reutlingen. Die Erfahrungen waren positiv.

---

8 Zahlen nach Schiedermair, JZ 2007, 162, 165.
9 Leder, DÖV 2002, 648, 649; zu den Kongresswahlen 2006 siehe Schiedermair, JZ 2007, 162, 163.
10 Leder, DÖV 2002, 648, 650; Schiedermair, JZ 2007, 162, 165, betont demgegenüber den erheblichen Einspareffekt bei den Wahlhelfern.
11 Überschriften vom Autor geringfügig umformuliert.

zu Überlegungen hinsichtlich des Einsatzes von Online-Wahlen (eVoting):

Hier findet weltweit eine Diskussions- und erste Erprobungsphase statt. Allgemeiner Hintergrund ist die Frage, wie die durch das neue Medium Internet entstehenden Möglichkeiten für die Bürgerbeteiligung an politischen Prozessen genutzt werden können. … Der Bund hat angekündigt, in einem ersten Schritt vernetzte Wahllokale bei der Bundestagswahl 2006 anzubieten, umso zwar nicht die Stimmabgabe via Internet vom heimischen PC aus, aber doch eine Stimmabgabe in einem beliebigen Wahllokal zu ermöglichen. Dafür wurde eine Arbeitsgruppe „Online-Wahlen" gebildet, die die rechtlichen und technischen Rahmenbedingungen bei politischen Wahlen untersucht. …

Dem Chaos Computer Club Berlin (CCC) ist es allerdings gelungen, die **872** erhebliche **Manipulationsanfälligkeit** der amtlich geprüften Geräte nachzuweisen. Dabei ist die Manipulation auch im Nachhinein nicht mehr erkennbar.[12] Damit aber ist eine zentrale Basis der **Integrations- und Legitimationsfunktion öffentlicher Wahlen** maßgeblich bedroht: Das Vertrauen des Wählers in die korrekte Ermittlung des Wahlergebnisses. Bestehen in der Wählerschaft Zweifel an der Richtigkeit des Wahlergebnisses, schwindet die Akzeptanz des Wahlergebnisses (v. a. bei der politisch unterlegenen Seite) und damit der darauf aufbauenden Legitimationsakte wie die Regierungsbildung etc.; letztlich lebt eine funktionierende und stabile Demokratie von der Akzeptanz und Zweifelsfreiheit des Wahlergebnisses. Genau diese Basis aber ist gefährdet, wenn von einer nennenswerten Manipulationsgefahr bei zugleich fehlender Überprüfung des Wahlergebnisses auszugehen ist.

Bedeutung der Überprüfbarkeit des Wahlergebnisses für den Legitimationsakt – BVerfG, NVwZ 2009, 708 = JZ 2009, 566 m. Anm. Schiedermair = MMR 2009, 316: **873**

Aus den Gründen: … [108] Die Wahl der Volksvertretung stellt in der repräsentativen Demokratie den grundlegenden Legitimationsakt dar. Die Stimmabgabe bei der Wahl zum Deutschen Bundestag bildet das wesentliche Element des Prozesses der Willensbildung vom Volk zu den Staatsorganen und damit zugleich die Grundlage der politischen Integration. Die Beachtung der hierfür geltenden Wahlgrundsätze und das Vertrauen in ihre Beachtung sind daher Voraussetzungen funktionsfähiger Demokratie. Nur durch die Möglichkeit einer Kontrolle, ob die Wahl den verfassungsrechtlichen Wahlgrundsätzen entspricht, kann sichergestellt werden, dass die Delegation der Staatsgewalt an die Volksvertretung, die den ersten und wichtigsten Teil der ununterbrochenen Legitimationskette vom Volk zu den mit staatlichen Aufgaben betrauten Organen und Amtsträgern bildet, nicht an einem Defizit leidet. Die demokratische Legitimität der Wahl verlangt nach Kontrollierbarkeit des Wahlvorgangs, damit Manipulation ausgeschlossen oder korrigiert und unberechtigter Verdacht widerlegt werden kann. Nur dies ermöglicht begründetes Vertrauen des Souveräns in die Ordnungsmäßigkeit der Bildung des Repräsentationsorgans. … Nur wenn sich das Wahlvolk zuverlässig selbst von der Rechtmäßigkeit des Über-

---

12 Näher siehe Schiedermair, JZ 2007, 162, 163.

tragungsaktes überzeugen kann, wenn die Wahl also „vor den Augen der Öffentlichkeit" durchgeführt wird, kann das für das Funktionieren der Demokratie und die demokratische Legitimität staatlicher Entscheidungen notwendige Vertrauen des Souveräns in die dem Wählerwillen entsprechende Besetzung des Parlaments gewährleistet werden. [109] In der Republik ist die Wahl Sache des ganzen Volkes und gemeinschaftliche Angelegenheit aller Bürger. Dem entspricht es, dass auch die Kontrolle des Wahlverfahrens eine Angelegenheit und Aufgabe der Bürger sein muss. Jeder Bürger muss die zentralen Schritte der Wahl ohne besondere technische Vorkenntnisse zuverlässig nachvollziehen und verstehen können. ...

[118] Beim Einsatz von elektronischen Wahlgeräten müssen die wesentlichen Schritte von Wahlhandlung und Ergebnisermittlung zuverlässig und ohne besondere Sachkenntnis überprüft werden können. Die Notwendigkeit einer solchen Kontrolle ergibt sich nicht zuletzt im Hinblick auf die Manipulierbarkeit und Fehleranfälligkeit elektronischer Wahlgeräte. Bei diesen beruht die Entgegennahme der Wählerstimmen und die Berechnung des Wahlergebnisses auf einem Rechenvorgang, der von außen und für Personen ohne informationstechnische Spezialkenntnis nicht überprüfbar ist. Fehler in der Software der Wahlgeräte sind daher nur schwer erkennbar. Darüber hinaus können derartige Fehler nur einen einzelnen Wahlcomputer, sondern alle eingesetzten Geräte betreffen. Während bei der herkömmlichen Wahl mit Stimmzetteln Manipulationen oder Wahlfälschungen unter den Rahmenbedingungen der geltenden Vorschriften, zu denen auch die Regelungen über die Öffentlichkeit gehören, kaum – oder jedenfalls nur mit erheblichem Einsatz und einem präventiv wirkenden sehr hohen Entdeckungsrisiko – möglich sind, kann durch Eingriffe an elektronisch gesteuerten Wahlgeräten im Prinzip mit relativ geringem Aufwand eine große Wirkung erzielt werden. Schon Manipulationen an einzelnen Wahlgeräten können nicht nur einzelne Wählerstimmen, sondern alle Stimmen beeinflussen, die mit Hilfe dieses Gerätes abgegeben werden. Noch höher ist die Reichweite der Wahlfehler, die mittels geräteübergreifender Veränderungen und Fehlfunktionen einer einzigen Software verursacht werden. ...

[121] Der Gesetzgeber ist nicht gehindert, bei den Wahlen elektronische Wahlgeräte einzusetzen, wenn die verfassungsrechtlich gebotene Möglichkeit einer zuverlässigen Richtigkeitskontrolle gesichert ist. Denkbar sind insbesondere Wahlgeräte, in denen die Stimmen neben der elektronischen Speicherung anderweitig erfasst werden. Dies ist beispielsweise bei elektronischen Wahlgeräten möglich, die zusätzlich zur elektronischen Erfassung der Stimme ein für den jeweiligen Wähler sichtbares Papierprotokoll der abgegebenen Stimme ausdrucken, das vor der endgültigen Stimmabgabe kontrolliert werden kann und anschließend zur Ermöglichung der Nachprüfung gesammelt wird. ...

2. Wahlgrundsätze bei staatlichen Parlamentswahlen

874   Neben technischen Problemen stellen sich bei Internet-Wahlen jedenfalls bei staatlichen Parlamentswahlen verschiedene Rechtsfragen, die an die **Wahlrechtsgrundsätze** gem. Art. 38 Abs. 1 Satz 1 GG anknüpfen.

a) Grundsatz der geheimen Wahl

Jeder Wähler muss seine Stimme geheim abgeben; zwar kann er sein Stimmverhalten gegenüber anderen offenbaren (bzw. behaupten), doch dürfen die anderen dies nicht – etwa durch Einsichtnahme in den Stimmzettel – überprüfen. Im Wahllokal setzt der Staat dieses Wahlgeheimnis durch (§ 33 Abs. 1 BWahlG), was er naturgemäß in den privaten vier Wänden nicht tun kann.[13] Eine weitreichende Lockerung dieser Durchsetzbarkeit war daher mit der Zulassung der **Briefwahl** verbunden, deren Zugangshürden inzwischen zur Vermeidung weiterer Einbrüche bei der Wahlbeteiligung sehr großzügig gehandhabt werden.[14]

Eine flächendeckende Einführung der Möglichkeit zur Stimmabgabe am **875** heimischen PC wäre **qualitativ der Briefwahl vergleichbar** (insbesondere dann, wenn damit die eidesstattliche Versicherung bezüglich der persönlichen bzw. willensgetreuen Stimmabgabe gem. § 36 Abs. 2 WahlG per signierter Datei verbunden wäre), wenn die Identifikation des Wählers sauber getrennt von der Registrierung der Stimmabgabe erfolgt (was für die Vermeidung von Mehrfachwahlen eines Wählers notwendig ist, s. u. Rn. 878). Dennoch würde dadurch die **Aushöhlung des Grundsatzes der geheimen Wahl quantitativ weiter verstärkt** werden.[15]

b) Grundsatz der allgemeinen Wahl

Der Grundsatz der allgemeinen Wahl verlangt, dass **keine Bevölkerungs-** **876** **gruppe von der Wahlteilnahme ausgeschlossen** werden darf. Dies gilt für die Wahlberechtigten, die nicht zur der – mit der Gesamtbevölkerung nicht gleich zu setzenden – Internetgemeinde zählen. Denn auch ein nur **faktischer Ausschluss** von der Ausübung des Wahlrechts ist unzulässig. Eine ausschließlich über das Internet abzuwickelnde Wahl, die keine Angebote für Wähler ohne eigenen Internetanschluss (beispielsweise in Wahllokalen mit Online-Zugängen) vorsieht, wird immer an diesem Wahlgrundsatz scheitern.[16]

Aber auch bei einer nur optionalen Internetwahl muss technisch sicher- **877** gestellt werden, dass die **Übermittlung der Stimmabgabe nicht verhindert oder gar sabotiert** werden kann. Diese Gefahr bestünde beispielsweise dann, wenn der Empfangsserver – etwa durch einen DoS-Angriff (→ Anhang 1) – mit so vielen Zugriffen bombardiert würde, dass er zusammenbricht und keine Stimmen mehr annehmen könnte. Ebenso müssten manipulierte Schein-Empfängerserver, die tatsächlich von Dritten kontrolliert werden (Web Spoofing), sowie die Stimmabgabe verhindernde oder gar

---

13 Das Wahlgeheimnis ist nicht nur ein Recht, sondern eine Pflicht, weshalb der gleichzeitige – auch einvernehmliche – Aufenthalt mehrerer Wähler in einer Wahlkabine unzulässig ist, vgl. Trute, in: v. Münch/Kunig, GG, Art. 38 Rn. 69 f.
14 Die Briefwahl wurde 1956 (BWahlG vom 7.5.1956, BGBl. I S. 383) eingeführt. Das BVerfG hatte sie seinerzeit nur unter einer Reihe von Maßgaben als Ausnahmefall akzeptiert (vgl. BVerfGE 59, 119), vgl. Leder, DÖV 2002, 648.
15 Ähnlich auch Rüß, MMR 2000, 73, 75.
16 Vgl. Will, CR 2003, 126, 127 f.

verändernde Viren technisch mit an Sicherheit grenzender Wahrscheinlichkeit ausgeschlossen sein.[17]

c) Grundsatz der gleichen Wahl

878 Seit der Abschaffung des nach verschiedenen Steuerklassen differenzierenden Zensuswahlrechts (zuletzt für das preußische Abgeordnetenhaus bis 1918) ist die Stimme eines jeden Wahlberechtigten gleich viel wert.[18] Deshalb müsste bei Internetwahlen ausgeschlossen sein, dass ein Wähler mehrfach seine Stimme abgeben kann. Dies gilt sowohl für eine **elektronische Mehrfach-Stimmabgabe** als auch für die **Parallel-Stimmabgabe im Wahllokal und per eMail**. Deshalb müsste die Wahl-eMail qualifiziert elektronisch signiert und eine hinreichende Sicherheit der Software, durch die Stimmen ausgewertet werden, sichergestellt sein. Zudem gelten für den elektronischen Stimmzettel die allgemeinen Anforderungen, wonach alle Parteien bzw. Kandidaten formal gleich (bezüglich Größe, Farbe, Anordnung) dargestellt sein müssen.[19]

d) Grundsatz der öffentlichen Wahl

879 Aus dem Grundsatz der öffentlichen Wahl folgt, dass sowohl die Wahlhandlung (bis auf die Markierung des Stimmzettels natürlich) wie auch die Feststellung des Wahlergebnisses öffentlich und nachprüfbar erfolgen. Deshalb hat nach Schließung der Wahllokale um 18 Uhr jeder Wähler das Recht, der Stimmenauszählung beizuwohnen. Diese **öffentliche Kontrolle, dass die Stimmen richtig ausgezählt werden**, ist bei einer elektronischen Ergebnisermittlung naturgemäß nicht möglich. Hier muss daher die öffentliche Kontrolle zeitlich vorgelagert an der **Auswahl und Kontrolle der technischen Hard- und Software** ansetzen, um Missbrauchs- und Willkürgefahren zu minimieren.[20] Genau dies hat das Bundesverfassungsgericht – am Beispiel der elektronischen Wahlgeräte – als nicht ausreichend angesehen:

880 Verstoß elektronischer Wahlgeräte gegen den Grundsatz der Öffentlichkeit der Wahl – BVerfG, NVwZ 2009, 708 = JZ 2009, 566 m. Anm. Schiedermair = MMR 2009, 316:

Aus den Gründen: ... [111] Der Grundsatz der Öffentlichkeit der Wahl gebietet, dass alle wesentlichen Schritte der Wahl öffentlicher Überprüfbarkeit unterliegen, soweit nicht andere verfassungsrechtliche Belange eine Ausnahme rechtfertigen. Dabei kommt der Kontrolle der Wahlhandlung und der Ermittlung des Wahlergebnisses eine besondere Bedeutung zu. [112] Ein Wahlverfahren,

---

17 Will, CR 2003, 126, 128 f.
18 Dies gilt zumindest für den Zählwert der Stimmen; im Erfolgswert kann es zu Unterschieden kommen; so wird eine Stimme, die für eine unter der 5 %-Hürde gebliebene Partei abgegeben wurde, genauso gezählt wie alle anderen Stimmen, doch schlägt sie sich nicht in der Zusammensetzung des Parlaments nieder; vgl. hierzu Trute, in: v. Münch/Kunig, GG, Art. 38 Rn. 58 f.
19 Will, CR 2003, 130 ff.; Rüß, MMR 2000, 73, 74 f.
20 Leder, DÖV 2002, 648, 652.

in dem der Wähler nicht zuverlässig nachvollziehen kann, ob seine Stimme unverfälscht erfasst und in die Ermittlung des Wahlergebnisses einbezogen wird und wie die insgesamt abgegebenen Stimmen zugeordnet und gezählt werden, schließt zentrale Verfahrensbestandteile der Wahl von der öffentlichen Kontrolle aus und genügt daher nicht den verfassungsrechtlichen Anforderungen.

[119] Der Wähler selbst muss – auch ohne nähere computertechnische Kenntnisse – nachvollziehen können, ob seine abgegebene Stimme als Grundlage für die Auszählung oder – wenn die Stimmen zunächst technisch unterstützt ausgezählt werden – jedenfalls als Grundlage einer späteren Nachzählung unverfälscht erfasst wird. Es reicht nicht aus, wenn er darauf verwiesen ist, ohne die Möglichkeit eigener Einsicht auf die Funktionsfähigkeit des Systems zu vertrauen. Es genügt daher nicht, wenn er ausschließlich durch eine elektronische Anzeige darüber unterrichtet wird, dass seine Stimmabgabe registriert worden ist. Dies ermöglicht keine hinreichende Kontrolle durch den Wähler. Gleiche Nachvollziehbarkeit muss auch für die Wahlorgane und die interessierten Bürger gegeben sein. [120] Daraus folgt, dass die Stimmen nach der Stimmabgabe nicht ausschließlich auf einem elektronischen Speicher abgelegt werden dürfen. Der Wähler darf nicht darauf verwiesen werden, nach der elektronischen Stimmabgabe alleine auf die technische Integrität des Systems zu vertrauen. Wird das Wahlergebnis durch rechnergesteuerte Verarbeitung der in einem elektronischen Speicher abgelegten Stimmen ermittelt, genügt es nicht, wenn anhand eines zusammenfassenden Papierausdrucks oder einer elektronischen Anzeige lediglich das Ergebnis des im Wahlgerät durchgeführten Rechenprozesses zur Kenntnis genommen werden kann. Denn auf diese Weise können Wähler und Wahlorgane nur prüfen, ob das Wahlgerät so viele Stimmen verarbeitet hat, wie Wähler zur Bedienung des Wahlgerätes bei der Wahl zugelassen worden sind. Es ist in diesen Fällen nicht ohne weiteres erkennbar, ob es zu Programmierfehlern in der Software oder zu zielgerichteten Wahlfälschungen durch Manipulation der Software oder der Wahlgeräte gekommen ist.

3. Online-Wahlen im Vereinsrecht und Selbstverwaltungsbereich

Anders als bei staatlichen Parlamentswahlen geht es bei Vereinswahlen und **881** Wahlen im Selbstverwaltungsbereich nicht um die Legitimierung von Verfassungsorganen durch den Souverän, sondern um einen Organisationsprozess verbandsinterner Willensbildung. Folglich gelten hier auch **nicht die Wahlgrundsätze des Art. 38 GG**, sondern – bei Vereinen – die allgemeinen vereinsrechtlichen Bestimmungen der §§ 21 ff. BGB. Diese eröffnen einen **weiten Gestaltungsspielraum**, der durch die Satzung und ggf. eine Wahlordnung konkretisiert werden kann. Solange Mitglieder nicht – auch nicht faktisch, etwa durch fehlenden PC-Zugang – von der vereinsinternen Willensbildung ausgeschlossen sind[21] und die Chancengleichheit gewahrt

---

21 Die DFG konnte diesen Weg (ohne alternative Briefwahl) bei der Wahl der Mitglieder der Fachkollegien gehen, weil die stimmberechtigten Mitglieder als Wissenschaftler an wissenschaftlichen Einrichtungen tätig sein mussten und so alle über einen Netzzugang verfügen, vgl. Roßnagel/Gitter/Opitz-Talidou, MMR 2009, 383, 384, 385.

ist, können demnach auch Online-Wahlen vorgesehen werden (das Schriftlichkeitsgebot gem. § 32 BGB kann gem. § 40 BGB durch die Satzung abbedungen werden). Wegen der damit verbundenen erheblichen Absenkung
der Aufwandsschwelle für die Wahlteilnahme kann dadurch – je nach Zu-
schnitt der Mitgliederschaft – eventuell eine deutlich bessere Wahlbeteiligung erreicht werden.[22] Aber natürlich muss auch hier eine Prüfung der
Wahlberechtigung sowie eine Vermeidung von Mehrfach-Stimmabgaben
sichergestellt sein; sieht die Satzung eine geheime Wahl oder Abstimmung
vor, ist auch dies zu gewährleisten. Professionelle Wahldiensteanbieter verfügen insoweit über das erforderliche technische Know-how.[23]

II. Politische Willensbildung

1. Neue Partizipationsformen

a) Bedeutung für die politische Kommunikation

882 Das Internet revolutioniert die klassischen Formen politischer Kommunikation. Für die früher sehr geringen unmittelbaren Partizipationsmöglichkeiten von Bürgern und (einfachen) Parteimitgliedern an Entscheidungsprozessen des Staates und der Parteien eröffnen sich qualitativ und
quantitativ ganz neue Perspektiven. Die damit einhergehende **Verlagerung
politischer Meinungsbildungsprozesse** mit Vorentscheidungscharakter etwa
durch Online-Abstimmungen im Rahmen von Internetauftritten von Parteien oder Verbänden können zu einer **Erosion der traditionellen demokratischen Meinungsbildungs- und gar Entscheidungsstrukturen** führen.
Schon heute werden viele politische Entscheidungen aus den dazu von der
Verfassung berufenen Organen herausverlagert.[24]

883 Dieser Trend kann durch die Möglichkeiten des Internets rapide verstärkt
werden, etwa wenn **Online-Umfragen mit exorbitant hohen Teilnehmer-
zahlen** (z. B. Perspektive Deutschland mit über 620 000 Teilnehmern bei
der 2005/2006-Umfrage) bestimmte politische Handlungsweisen nahele-
gen.[25] Die Ergebnisse einer auf der Meinung von vielen Bürgern basierenden Erhebung entwickeln ihr eigenes politisches Gewicht und werden mit
steigender Teilnehmerzahl von immer mehr politischen Entscheidungsträ-
gern dem eigenen Handeln zugrunde gelegt. Dieser zunächst schleichende
Prozess führt zu **Legitimitätsverlusten der Verfassungsinstitutionen** und
kann – konsequent zu Ende gedacht – sogar das Grundprinzip der repräsentativen Demokratie infrage stellen.

---

22 Vgl. Roßnagel/Gitter/Opitz-Talidou, MMR 2009, 383, 384 mit Beispielen.
23 Im Einzelnen siehe Roßnagel/Gitter/Opitz-Talidou, MMR 2009, 383, 385 f.;
   vgl. auch die FAQs bei <www.internetwahlen.de>.
24 Z. B. bei der Sozialgesetzgebung durch die Hartz- und die Rürup-Kommission.
   Das Parlament kann die dort erzielten Ergebnisse im Wesentlichen nur noch
   abnicken.
25 Vgl. <www.perspektive-deutschland.de>.

Einen besonders eindrücklichen Vorgeschmack darauf gibt der Rücktritt **884**
des damaligen SPD-Bundesverkehrsministers Klimmt im Jahr 2000, der
wegen finanzieller Unregelmäßigkeiten im Zusammenhang mit dem 1.
FC Saarbrücken ins Gerede gekommen war. Nachdem die SPD-Basis in hun-
derten von eMails an die Bundesgeschäftsstelle den Rücktritt von Klimmt –
den die Parteispitze im Amt halten wollte – gefordert hatte, trat dieser
(nicht nur, aber auch wegen dieses Drucks) zurück, ohne dass irgendein
Parteigremium (Parteitage oder Ortsverbände) die innere Willensbildung
der SPD in diesem Sinne betrieben hätte.[26] Dies zeigt, dass die **neuen Formen der Willenskundgabe** ihre Eigendynamik entwickeln und eine wach-
sende Konkurrenz für die tradierten – meist schwerfälligeren und daher bei
schnellen Kommunikationsprozessen schon strukturell benachteiligten –
Entscheidungsfindungsprozessen darstellen können.

Umgekehrt entdecken viele Bürger das Internet auch als Entscheidungshilfe **885**
bei der eigenen politischen Willensbildung. Prominentestes Beispiel dafür
ist der von der Bundeszentrale für politische Bildung betriebene **Wahl-O-
Mat.** Unter „www.wahlomat.de" kann man vor Bundestagswahlen zu
ca. 40 wesentlichen politischen Fragestellungen aus allen relevanten The-
menfeldern sein Votum mit „stimme zu", „neutral" oder „stimme nicht
zu" abgeben; durch eine Doppelgewichtung kann man bestimmten Fragen
zusätzlich Gewicht verleihen. Auf der Basis dieser Voten erstellt der Wahl-
O-Mat dann eine prozentuale Übereinstimmungsquote mit den vom User
angeklickten Parteien. Grundlage für diese Bewertung sind die Aussagen
der zur Wahl zugelassenen Parteien in ihren Wahlprogrammen. Der Wahl-
O-Mat erfreut sich wachsender Beliebtheit; bei der Bundestagswahl 2009
wurde das Angebot 6,7 Mio. mal genutzt.[27] Bezogen auf die Anzahl der
Deutschen, die zur Wahl gegangen sind (rd. 44 Mio.), stellt dies einen Anteil von 15 % der Wähler dar. Diese Zahlen verdeutlichen den erheblichen
Einfluss des Wahl-O-Mats. Vor diesem Hintergrund liegt bei den Betreibern
dieses Angebots eine große Verantwortung bei der Auswahl der Fragen und
bei der Festlegung der Anzahl von Fragen je Politikfeld; denn es ist evident,
dass damit auch nicht geringe Manipulationsgefahren verbunden sind.[28]

b) Probleme

aa) Nun ist es ja in einem demokratischen Gemeinwesen nicht von vorn- **886**
herein kritisch zu bewerten, wenn das Volk via Internet und eMail seine Partizipationsmöglichkeiten an Entscheidungsprozessen ausbaut und
nutzt. Allerdings darf man nicht übersehen, dass die Internet-Nutzer **keinen repräsentativen Querschnitt der Bevölkerung** darstellen, sondern im
Durchschnitt besser gebildet sind, über ein höheres Einkommen verfügen,
mehr Städter und mehr Männer sind. Auch wenn diese Verzerrungen mit

---

26 Reitze, de.land, S. 21.
27 Vgl. <www.wahlomat.de>.
28 Insofern kann man dankbar sein, dass eine parteipolitisch neutrale und in ihrer
   Seriosität anerkannte Einrichtung wie die Bundeszentrale für politische Bildung
   dieses Angebot verantwortet.

der steigenden Vernetzung der Bundesbürger abnehmen, bleiben sie demokratietheoretisch problematisch.[29]

887   bb) Aber nicht nur für die Willensbildung der Bevölkerung, sondern auch für die **Informationsverarbeitung dieser Willensäußerungen** durch die Entscheidungsorgane können durch die interaktiven Kommunikationsformen neue Probleme entstehen. Die stärkere Bürgerbeteiligung kann nämlich zu einem Daten-Overkill führen, indem die **Aufnahmekapazität der Behörden oder Entscheidungsträger schlichtweg überfordert** wird und dann gar keine Äußerungen mehr berücksichtigt werden. Dies gilt z. B. für die zunehmende Übung, Gesetzentwürfe parallel zum Anhörungs- und Gesetzgebungsverfahren ins Internet zu stellen und zur Abgabe von Stellungnahmen einzuladen. Bei politisch umstrittenen Entwürfen mit einer quantitativ hohen Betroffenheitsrate kann der geschilderte Überforderungseffekt eintreten. Da aber die Aufnahmekapazität der Entscheidungsorgane nicht mit den interaktiven Kommunikationsmöglichkeiten mitwächst, sondern begrenzt bleibt, bedarf es **intelligenter elektronischer Filter- und Ordnungssysteme,** um die mit den neuen Möglichkeiten verbundenen Chancen überhaupt sinnvoll realisieren zu können.[30]

888   cc) Schließlich können die interaktiven Kommunikationsmöglichkeiten im politischen Meinungskampf auch gezielt destruktiv eingesetzt werden. Dies gilt etwa für „eDemos" oder „virtuelle Sit-ins", wenn darunter gezielte DoS-Attacken (→ Anhang 1) auf Server des Andersdenkenden verstanden werden. Mit der Blockade der Homepage ist deren Betreiber die mediale Ausstrahlung via Internet unmöglich gemacht. So kann **politischer Druck aufgebaut** oder auch nur auf die Dringlichkeit eines politischen Anliegens aufmerksam gemacht werden. Dies war beispielsweise bei der Aktion „Lufthansa goes offline" gegen die Lufthansa AG während deren Aktionärs-Hauptversammlung der Fall; die Aktion richtete sich gegen die Lufthansa-Beteiligung an Flügen zur Abschiebung von abgelehnten Asylbewerbern.[31]

889   Allerdings können sich die Verantwortlichen derartiger Aktionen nicht auf die an klassischen Auseinandersetzungsformen orientierten Grundrechte berufen. Die **Demonstrationsfreiheit gem. Art. 8 GG** scheitert daran, dass zum einen kein Zusammentreffen an einem Ort erfolgt (was man zur Not noch mit dem „virtuellen Raum" zu begründen versuchen könnte), und zum anderen keine Kommunikation der „Demonstranten" untereinander stattfindet, weshalb (mindestens) ein zentrales Merkmal des Versammlungsbegriffs unerfüllt ist. Die **Kommunikationsgrundrechte des Art. 5 Abs. 1 GG** sind zwar im Schutzbereich tangiert, doch stoßen die geschilderten Aktionen an die Grenze der allgemeinen Gesetze. Ob durch dieses

---

29 Reitze, de.land, S. 24.
30 Eifert, ZG 2001, 115, 118.
31 Kraft/Meister, MMR 2003, 366 f.

Vorgehen die Tatbestände von Nötigung und Datenunterdrückung erfüllt sind, ist allerdings umstritten.[32]

2. Wahlwerbung von Parteien und Kandidaten (eCampaigning)

a) Wahlwerbung im Internet

Die Bedeutung des Internet in politischen Wahlkämpfen nimmt immer mehr **890** zu. In den USA findet systematische **Internet-Wahlwerbung** seit 1992 statt, in Deutschland seit 1998. Beim damaligen Bundestagswahlkampf hat v. a. die SPD das Medium wegen seiner hohen Informationsgeschwindigkeit zur parteiinternen Kommunikation und Steuerung eingesetzt, so dass die untersten Parteigliederungen vor Ort ohne Zeitverluste mit Sprachregelungen und Informationen zu aktuellsten Entwicklungen versorgt werden konnten. Dies hat nicht unmaßgeblich zum geschlossenen Erscheinungsbild der SPD von der Bundespartei bis zum letzten Ortsverband beigetragen.

Aber auch im unmittelbaren **Außenverhältnis zum Wähler** setzt sich das **891** Internet immer mehr durch. Viele Bundestags- oder Landtagskandidaten bzw. -abgeordnete verfügen inzwischen über eine **persönliche Homepage,** über die sie Interessierte über Person und Ziele informieren und auch elektronisch rasch angesprochen werden können. Nach einer Erhebung des Magazins „politik&kommunikation" lag 2004 die Webpräsenz von Landtagsabgeordneten zwischen 11,8 % im Saarland und 79,2 % in Niedersachsen und ging quer durch alle Parteien; die Landtagsabgeordneten der Grünen waren mit 52,3 % am stärksten im Internet vertreten, dicht gefolgt von der FDP mit 48,6 %, der SPD mit 47,4 %, der CDU/CSU mit 45,5 % und der PDS mit 45,0 %.[33] Aber auch **allgemeine Internetauftritte** werden gezielt zur Wahlwerbung eingesetzt.[34]

Jüngster Höhepunkt eines offensiven und gelungenen Internet-Wahlkampfs **892** stellt die **Kampagne von Barack Obama im Jahr 2008** dar; dabei wurde das Internet im Zeitalter des web 2.0 eben nicht nur als Mitteilungsforum, sondern als Partizipationsangebot im weitesten Sinne eingesetzt. Unter der Website „www.mybarackobama.com" konnten die Wähler ihre Ansichten und Positionen zu den verschiedensten Themen einbringen, sich untereinander vernetzen, gegenseitig für die Wahl von Obama motivieren und Nachbarn, Bekannte und Kollegen dafür gewinnen; sogar Spenden und freiwillige Helfer wurden in erheblichem Umfang über diese Plattform

---

32 Dafür: Kraft/Meister, MMR 2003, 366, 367 ff., AG Frankfurt a. M., MMR 2005, 863 m. Anm. Gercke; dagegen: OLG Frankfurt a. M., MMR 2006, 547 m. Anm. Gercke = CR 2006, 684; für die Nötigung fehle es an der physischen Gewalteinwirkung, für die Datenunterdrückung an der Dauerhaftigkeit des Eingriffs.

33 Vgl. politik&kommunikation, Ausgabe 19, September 2004, S. 32 ff.

34 Z. B. die von der SPD im Bundestagswahlkampf 2002 unterhaltenen Seiten unter „www.nicht-regierungsfaehig.de", die im Sinne der Domainaussage der CDU/CSU und ihrem Kanzlerkandidaten gewidmet war.

geworben. Letztlich ist es Obama gelungen, über seinen Internetauftritt eine eigene virtuelle Partei mit allen Querverstrebungen und einer starken Binnenkommunikation zu schaffen; davon ist die deutsche Politik noch meilenweit entfernt.[35]

b) Wahlwerbung per eMail

893 Die politischen Parteien haben außerdem die Vorteile der leichten und schnellen **Verbreitung von Werbebotschaften per eMail** entdeckt, so dass auch hier das Spamming-Problem aufgetreten ist. Zwar haben die Parteien die grundgesetzliche Pflicht, an der politischen Willensbildung des Volkes mitzuwirken (Art. 21 Abs. 1 Satz 1 GG); auch sollten die Wähler sich im Hinblick auf ihre staatsbürgerliche Verantwortung vor einer Wahl informieren. Dennoch hat die Rechtsprechung für Briefkästen mit der Aufschrift „Bitte keine Werbung" entschieden, dass der **Unterlassungsanspruch des Bürgers** gegen kommerzielle Werbung auch **gegenüber politischer Wahlwerbung gilt.**[36] Dann ist es nur folgerichtig, die Grundsätze für unverlangte kommerzielle eMail-Werbung (s. o., Rn. 844 ff.) auf unverlangte politische eMail-Wahlwerbung anzuwenden.

894   Unverlangte Parteiwerbung per E-Mail – LG München I, MMR 2003, 282, m. Anm. Winter:

Aus den Gründen: ... Art. 21 I 1 GG garantiert den Parteien das Recht, bei der politischen Willensbildung des Volkes mitzuwirken. In den Schutz der Parteifreiheit fällt dementsprechend auch die Werbung mit Plakaten und mittels Informationsständen sowie die Verteilung und Zusendung von Flugblättern und anderem Werbematerial. Auch die Verbreitung politischer Ansichten via Internet wird grds. sowohl von Art. 21 I 1 GG als auch vom ... Grundrecht der Meinungsfreiheit des Art. 5 I GG geschützt. Dem steht das Recht des Ast. an der ungestörten Ausübung seines eingerichteten und ausgeübten Gewerbebetriebs, welches verfassungsmäßigen Schutz aus dem Grundrecht des Art. 14 I GG genießt, gegenüber.

Eine Abwägung des Interesses der Ag. an der Verbreitung ihrer politischen Ansichten durch E-Mails an Gewerbetreibende gegen das Interesse des Ag., von unerwünschten E-Mails in seinem ... elektronischen Briefkasten verschont zu bleiben, ergibt, dass das Interesse des Ast. an der Unterlassung der Beeinträchtigung überwiegt. ... Bei der ... Abwägung wurde insbesondere berücksichtigt, dass der Ast. als Rechtsanwalt in bes. Maße verpflichtet ist, ihm

---

35 Vgl. <www.netzpolitik.org/2008/vergleich-obama-kampagne-und-deutscher-internetwahlkampf/>; < http://www.schonleben.de/archives/687>.

36 BVerfG NJW 2002, 2938. Allerdings verkennt diese Entscheidung (die die gegenwärtige Parteienverdrossenheit widerspiegelt) m. E. die Bedeutung von Parteien als Institutionen mit Verfassungsrang sowie deren Auftrag. In einer Demokratie muss der Bürger es sich gefallen lassen, wahlrelevante Informationen entgegen zu nehmen; der Aufwand, Wahlprospekte im realen Briefkasten wegzuwerfen bzw. Wahlwerbe-eMails zu löschen, ist ihm daher – anders als im kommerziellen Bereich, in dem ihn keine verfassungsrechtliche Funktion als Wähler trifft – zuzumuten.

zugesandte E-Mails sorgfältig auf ihre Relevanz für seinen Kanzleibetrieb zu überprüfen. Wäre der Ast. verpflichtet, derartige politische E-Mails zu dulden, wäre – ähnlich wie bei kommerziellen Werbe-E-Mails – zu befürchten, dass eine Flut derartiger E-Mails durch das Internet geschickt würde, welche zu ganz erheblichen Störungen im Betriebsablauf des Ast. führen würde. Demgegenüber stellt für die Ag. die Werbung durch unaufgeforderte E-Mail-Versendung lediglich eine von vielen Möglichkeiten parteipolitischer Einflussnahme und Mitwirkung an der politischen Willensbildung des Volkes dar. …

3. Informations- und Öffentlichkeitsarbeit der Exekutive

Die Informations- und Öffentlichkeitsarbeit der Regierung im Internet gewinnt rasant an Bedeutung. So umfasste das Internetangebot der Bundesregierung bereits 2004 ca. 15 000 Seiten und wurde monatlich von rund 2 Mio. Nutzern gezielt in Anspruch genommen.[37] Anders als bei den klassischen Medien gilt hier nicht das **Gebot der Staatsferne**, das das Bundesverfassungsgericht aus den Mediengrundrechten abgeleitet und zur Sicherung einer freien Meinungspluralität in vielen Entscheidungen betont hat.[38] Grund hierfür ist, dass die Medienfreiheiten des Art. 5 GG für die Telemedien nicht gelten (s. o., Rn. 83 f.). Eigene Internetauftritte von Bundes- und Länderregierungen sind daher grundsätzlich zulässig, müssen aber – um nicht in den Anwendungsbereich des Art. 5 GG zu geraten (wie dies z. B. bei Online-Ausgaben von Printmedien der Fall ist) – primär **auf Information statt auf Meinungsbildung gerichtet** sein.[39] Dies gilt namentlich bei interaktiven Kommunikationsformen wie Foren, Chat-Rooms, und Online-Abstimmungen, weil hier sofort die Gefahr einer unzulässigen staatlichen Mitwirkung an gesellschaftlichen Meinungsbildungsprozessen besteht.[40]

895

Dennoch steht die aus Steuergeldern finanzierte Informations- und Öffentlichkeitsarbeit der Regierung in einem ständigen Spannungsverhältnis zu der aus Parteimitteln zu finanzierenden Wahlwerbung der Regierungsparteien. Die Regierung als Verfassungsorgan darf die Öffentlichkeit über ihre Arbeit und auch über ihre Leistungen informieren, doch darf dies nicht – wie im Wahlkampf meist üblich – in marktschreierischer und plakativer Art und Weise erfolgen. Auch muss sich die Regierung im unmittelbaren Vorfeld von Wahlen eine besondere Zurückhaltung auferlegen, um ihrer **Verpflichtung zur parteipolitischen Neutralität** gerecht zu werden und eine die **Freiheit der Wahl gefährdende Wahlbeeinflussung** zu vermeiden. Dies gilt insbesondere dann, wenn die Grenzen zwischen Regierungs- und Parteiprogrammen verschwimmen. Entsprechendes gilt auch für alle anderen staatlichen Organe.[41]

896

---

37 Mandelartz/Grotelüschen, NVwZ 2004, 647, 648.
38 Fechner, MedienR, Kap. 10 Rn. 44 ff.
39 Vgl. Ladeur, DÖV 2002, 1, 6 f.
40 Vgl. auch Ladeur, DÖV 2002, 1, 8 ff.
41 Trute, in: v. Münch/Kunig, GG, Art. 38 Rn. 45 f. Umfassend zur Öffentlichkeitsarbeit der Regierung im Internet: Mandelartz/Grotelüschen, NVwZ 2004, 647.

III. Parteien im virtuellen Raum

1. Erscheinungsformen

897 Die politischen Parteien haben das Internet längst auch als Medium für die **innerparteiliche Willensbildung** entdeckt. Dies zeigt sich etwa bei im Netz abgehaltenen **Parteitagen**, dort angebotenen **Diskussionsforen** zu verschiedenen politischen Themen und – als stärkste Form – bei **virtuellen Parteiorganisationen**. So bietet die CDU ihren Mitgliedern ein „Mitgliedernetz" an; dabei handelt es sich um einen nur für Parteimitglieder zugänglichen Internetauftritt. Ähnlich ist das „Wurzelwerk" der Grünen, ein grünes „Mitglieder- und Unterstützer-Netz" einzuordnen. Weiter gehen SPD und FDP, die förmlich organisierte Internetverbände unterhalten.

898 Der 1995 gegründete „**Virtuelle Ortsverein – Arbeitskreis Sozialdemokratinnen und Sozialdemokraten im Internet (VOV)**" (www.vov.de) ist als nichteingetragener Verein unter Billigung des SPD-Bundesvorstandes eingerichtet; trotz seiner Bezeichnung handelt es sich dabei ausdrücklich nicht um einen Ortsverein im Sinne des SPD-Statuts. Mit einer eigenen Gremienstruktur bis hin zum Vorstand und eigener Mitgliedschaft ist er eigenständig organisiert und steht sowohl SPD-Mitgliedern wie politisch Nahestehenden offen.[42] Ebenfalls förmlich organisiert hat sich der seit 2000 bestehende „Internet-Landesverband der FDP" (www.lvnet.fdp.de), dessen Mitgliedschaft nicht an das FDP-Parteibuch gebunden ist; allerdings dürfen die Mitglieder nicht mit der FDP konkurrierenden Parteien angehören.[43] Auch hier ist die Bezeichnung nicht juristisch zu verstehen; der „Landesverband" ist noch als „Internetverband auf Bundesebene" organisiert, strebt allerdings den Status als satzungsmäßige Parteigliederung an.[44] Auch die LINKE hatte 2000 als PDS einen „17. Landesverband" im Internet gegründet (www.pds-lv17.de), den sie aber wieder aufgegeben hat.[45]

899 Am weitesten ging die erste rein digitale Partei, die **Virtuellen VolksVertreter Deutschlands** (VVVD – www.vvvd.de).[46] Dabei handelte es sich um eine rein virtuelle Gemeinschaft, die den **direktdemokratischen Gedanken einer „Politik in Echtzeit"** (Ziff. 1.3 des Statuts) umsetzen möchte. Dabei sollte die von den klassischen Parteien organisierte Meinungsbündelung aufgebrochen und der unmittelbare Wählerwille ermittelt werden. So könnte sich ja in der Regierungspartei mehrheitlich ein bestimmter Standpunkt durchsetzen, den die Opposition geschlossen ablehnt. Dann würde im Par-

---

42 Vgl. <www.vov.de/ueber-uns/geschichte/namensvereinbarung.html>.

43 § 2 der Satzung des FDP LV Net, vgl. < lvnet.fdp.de/sitefiles/downloads/1243/Satzung.pdf >.

44 Vgl. <lvnet.fdp.de/sitefiles/downloads/1243/Satzung.pdf>; Kraft, MMR 2002, 733, 734.

45 Vgl. <de.wikipedia.org/wiki/Virtuelle_Parteigliederung>; zum LV17 der PDS vgl. Kraft, MMR 2002, 733, 734.

46 Siehe <http://vvvd.de/statut/vvvd-statut.pdf>.

lament für eine Entscheidung gestimmt werden, die eigentlich die Mehrheit der Mandatsträger (Minderheit in der Regierungspartei und Opposition) ablehnt.[47] Die VVVD setzten sich daher für eine **Bindung von Mandatsträgern an Online-Abstimmungsergebnisse** zu bestimmten Sachfragen ein, was sowohl für Redebeiträge als auch für Abstimmungen gilt. Bei Letzteren sollten die Mandatsträger entsprechend proportional zum User-Meinungsbild abstimmen.[48] Da der letzte Termineintrag auf der (noch bestehenden) Webseite vom September 2002 datiert und der amtierende Vorstand von 2003 ist (obgleich der Parteivorstand mindestens alle zwei Jahre neu zu wählen ist, § 11 Abs. 1 Satz 1 PartG), hat diese Partei ihre Tätigkeit offenbar schon länger eingestellt.

2. Rechtliche Probleme

Das Grundgesetz gibt den Parteien in Art. 21 Abs. 1 Satz 3 GG eine **de-**   **900**
mokratische Binnenstruktur vor. Im Parteiengesetz (§§ 6 ff.) ist dies näher konkretisiert. Im Mittelpunkt steht dabei die Vorgabe einer **Gliederung in geografische Gebietsverbände**, die je nach Größe des Mitgliederbestandes weiter untergliedert sein müssen, damit jedes Mitglied eine **reale Mitwirkungschance** hat (§ 7 Abs. 1 PartG). Diesen (regionalen) Anforderungen genügen virtuelle Parteigliederungen nicht, weshalb sie keine förmlichen Einheiten im Aufbau von Parteien darstellen können (z. B. wie „richtige" Landes- oder Ortsverbände). Deshalb behelfen sich SPD und FDP organisatorischer „Notkonstruktionen", die keine formalen Teilhaberechte an der Willensbildung ihrer Partei haben.

Hinzu kommt, dass die **Mitwirkungsrechte der Parteimitglieder durch vir-**   **901**
tuelle Organisationen nicht dupliziert werden dürfen. Da bislang jedes Parteimitglied zwingend einem Orts-, Kreis- und Landesverband zugeordnet sein muss, woraus sich auch die Partizipationsmöglichkeiten (z. B. Antragsrechte) ergeben, kann es nicht zugleich mit denselben Rechten einer ebenfalls dem Parteiverband zugehörigen anderen Einheit angehören. Der FDP-LVNet trägt diesem Gesichtspunkt in Ansätzen Rechnung, indem er seinen **Ergänzungscharakter im Verhältnis zur Gesamtpartei** betont. So sieht sich der FDP-LVNet vorrangig als eine Plattform für solche FDP-Mitglieder, die nicht in geografischen Untergliederungen aktiv sind. Dies gilt sowohl für Mitglieder mit Wohnsitz im Ausland als auch für solche, die aus anderen Gründen in ihrem Ortsverband eine passive Rolle spielen oder dort bestimmte Themenbereiche nicht behandelt sehen.[49]

Auch die VVVD mussten sich zumindest formal in Gebietsverbände un-   **902**
tergliedern; hinzu kommt, dass ihre starke Bindung von Mandatsträgern

---

47 Die VVVD nennen dies das „Ostrogorski-Paradoxon", vgl. Ziff. 1.6 des Statuts.
48 Vgl. Ziff. 3.2.1, 3.3.1 (4.), 3.3.3 („Aufteilung des Abstimmungsverhaltens") des Statuts.
49 Vgl. <lvnet.fdp.de/freierubrik4.php>.

an Online-Beschlüsse mit dem **Grundsatz des freien Mandats** gem. Art. 38 Abs. 1 Satz 2 GG (wonach jeder Mandatsträger nur seinem Gewissen verantwortlich ist) nicht vereinbar ist. Dahinter steht der Konflikt zwischen dem Grundprinzip der (von den VVVD praktizierten) direkten Demokratie, wonach die wesentlichen Entscheidungen von den Bürgern selbst getroffen werden, und dem **repräsentativ-demokratischen System des Grundgesetzes**, wonach die Entscheidungen bei gewählten freien Vertretern der Bürger liegen. Die VVVD wurden daher auch nicht – trotz regionaler Untergliederung – zur Bundestagswahl 2002 zugelassen.[50]

903   Mittelfristig wird sich die „**Online-Mitgliedschaft**" außerhalb der regionalen **Gliederungsstrukturen** durchsetzen (dann aber ohne parallele Mitgliedschaft in einer regionalen Gliederung). Eine entsprechende **Änderung des Parteiengesetzes** könnte jedenfalls nicht an der grundgesetzlichen Vorgabe einer demokratischen Binnenstruktur scheitern, da die realen Partizipationsmöglichkeiten im virtuellen Raum je nach konkreter Ausgestaltung nicht hinter denen in regionalen Verbänden zurückbleiben müssen, sondern sogar deutlich stärker sein können. Und allein auf diese **tatsächlichen Mitwirkungschancen** muss es ankommen.[51]

IV. Fazit

904   1. Wahlen im Internet sind vor dem Hintergrund der verfassungsrechtlichen Wahlgrundsätze der geheimen, allgemeinen, gleichen und öffentlichen Wahl problematisch. Dies gilt insbesondere für die sichere Übermittlung von Stimmabgaben, den Ausschluss von Mehrfach-Stimmabgaben und die hinreichende öffentliche Kontrolle bei der Feststellung des Wahlergebnisses.

2. Internet-Wahlen werden daher bisher nur in wenigen Modellversuchen bei Gremien mit relativ geringer politischer und rechtlicher Bedeutung erprobt. Auch der Einsatz von Wahlgeräten ist – als Vorstufe – wegen bisher fehlender Nachvollziehbarkeit und Dokumentation des Wahlergebnisses am Grundsatz der öffentlichen Wahl beim BVerfG gescheitert. Allerdings lassen sich im Vereinsrecht relativ weitreichende Spielräume für interne Internetwahlen finden.

3. Das Internet hat folgenreiche Auswirkungen auf die politischen Kommunikationsprozesse und damit auch auf Meinungsbildungs- und Entscheidungsprozesse. Dabei nimmt das direktdemokratische Element zu, wobei die fehlende Repräsentativität der Internet-Gemeinde für die Gesamtbevölkerung zu beachten ist. Bei virtuellen Demos oder Sit-ins (etwa durch DoS-Attacken) muss die strafrechtliche Grenze gewahrt werden.

---

50 Kraft, MMR 2002, 733, 735.
51 Vgl. Kraft, MMR 2002, 733, 735.

4. Wahlkämpfe finden zunehmend auch im Internet statt, sowohl zur innerparteilichen Kampagnensteuerung als auch zur öffentlichen Präsentation. Bei der Verbreitung von Wahlwerbung per eMail sind die für das kommerzielle Spamming aufgestellten Grundsätze zu beachten.

5. Für die Öffentlichkeitsarbeit der Exekutive via Internet gilt das rundfunkrechtliche Staatsferne-Gebot nicht, soweit sie auf Information statt auf Meinungsbildung gerichtet ist. Unabhängig davon gilt der Grundsatz der parteipolitischen Neutralität auch hier.

6. Die politischen Parteien organisieren ihre innere Willensbildung zunehmend auch über das Internet. Einzelne Parteien haben bereits förmliche Internetverbände eingerichtet, die jedoch wegen des derzeit noch geltenden Regionalisierungsprinzips im Parteiengesetz noch keine offiziellen Parteigliederungen darstellen.

7. Eine rein virtuelle Partei, die ihre Mandatsträger an die Ergebnisse von Online-Abstimmungen der Mitglieder bindet, verstößt zudem gegen den Verfassungsgrundsatz des freien Mandats.

B. eAdministration

I. Grundfragen

1. Ziele

Mit der verstärkten Implementierung von eAdministration-Angeboten bei **905** Bund, Länder und Gemeinden wird vorrangig das Ziel einer **Stärkung der Serviceleistung und Bürgernähe der Verwaltung** verfolgt. Dies soll zum einen durch den direkten Zugang zu Verwaltungsdienstleistungen via Internet (statt aufwändigem Behördengang) und zum anderen durch eine Bündelung verschiedener Verwaltungsvorgänge, die auf denselben Lebenssachverhalt zurückgehen, erfolgen. So wäre beispielsweise denkbar, dass alle mit einem Wohnsitzwechsel verbundenen behördlichen Folgen (Ummeldung bei der Meldebehörde, bei der Kfz-Zulassung, beim Finanzamt etc.) durch ein einziges Internetformular abgearbeitet werden können. Statt zahlreicher Behördengänge mit jeweiliger eventueller Wartezeit wäre alles mit einem Mausklick erledigt. Damit könnten zugleich die **Effizienz der Verwaltung** erhöht und ihre Kosten gesenkt werden.[52] Um für alle IT-gestützten Verwaltungsangebote einen umfassenden Rechtsrahmen zu bieten, haben Österreich (2004)[53] und in Deutschland bislang das Land Schleswig-

---

52 Vgl. Eifert, ZG 2001, 115, 119; Boehme-Neßler, Cyberlaw, S. 334.
53 Bundesgesetz über Regelungen zur Erleichterung des elektronischen Verkehrs mit öffentlichen Stellen (E-Government-Gesetz – E-GovG), BGBl. I Nr. 10/2004 i.d.F. BGBl. I 7/2008.

Holstein (2009)[54] ein „E-Government-Gesetz" erlassen; auch die Bundesregierung hat dies in Aussicht genommen.[55]

2. Verwaltungsdienstleistungen

906 Im Mittelpunkt der eAdministration-Bemühungen stehen die „**virtuellen Rathäuser**", da die Kommunen die größte Schnittstelle zum Bürger haben. So gut wie jede Gemeinde hat heute ihren Internet-Auftritt und bietet neben **Informationen** über Kommunalpolitik, Gemeindegeschichte, Vereinsleben, Zuständigkeitsverteilung und Ansprechpartner im Rathaus u. a. auch mehr oder weniger ausgeprägt **Verwaltungsdienstleistungen** an.[56]

► Die einfachste Stufe stellen **online abrufbare Formulare** dar, die der Bürger dann nicht erst anfordern oder gar abholen muss, sondern bequem zuhause ausdrucken kann („**Offline-Formulare**"). Dies ist inzwischen schon relativ weit verbreitet. Allerdings muss der Bürger diese Unterlagen noch manuell ausfüllen und körperlich dem Rathaus zuleiten.

► Bei Dienstleistungen der zweiten Stufe können die **Formulare online ausgefüllt und elektronisch zurückgeschickt** werden („**Online-Formulare**"). So bietet beispielsweise der Neckar-Odenwald-Kreis seit März 2004 die vollständige Online-Zulassung von Fahrzeugen an.[57]

► Die höchste Stufe stellen diejenigen Online-Formulare dar, die über Zuständigkeitsgrenzen hinweg die o. g. **Bündelungsfunktion bei verschiedenen Verwaltungsvorgängen** mit identischem Anlass erfüllen.

907 Aber auch auf **Länder- und Bundesebene** gibt es vielfältige Aktivitäten zur Schaffung und Verstärkung von Online-Verwaltungsdienstleistungen. Jedes Bundesland unterhält einen zentralen Internetauftritt mit zahlreichen Informationsangeboten und teilweise konkreten Nutzungsangeboten wie z. B. das bayerische Portal für Landesverwaltungsleistungen „www.baynet.de". Der Bund hat sich mit dem mit 1,65 Mrd. Euro dotierten Programm „**BundOnline 2005**" das Ziel gesetzt, bis 2005 alle online-fähigen Dienstleistungen von Bundesbehörden im Internet anzubieten; nach dem Abschlussbericht vom 24. Feb. 2006 wurden dadurch „ein umfassendes Dienstleistungsportfolio online gestellt und leistungsstarke E-Government-Strukturen geschaffen".[58] Zugleich organisiert der Bund unter „www. verwaltung-der-zukunft.de" verschiedene Wettbewerbsinstrumente zur Stimulierung von eAdministration-Angeboten. Zudem arbeiten Bund, Länder

---

54 Gesetz zur elektronischen Verwaltung für Schleswig-Holstein (E-Government-Gesetz – EGovG) vom 8. Juli 2009, GVOBl. 2009, S. 398.

55 Koalitionsvertrag von CDU, CSU und FDP 2009, S. 102.

56 Vgl. Boehme-Neßler, NVwZ 2001, 374, 375 f.

57 Stuttgarter Zeitung, 20. 9. 2004, S. 6.

58 <www.cio.bund.de/cae/servlet/contentblob/80958/publicationFile/36661/ab­schlussbericht_bundonline_2005_download.pdf>, S. 34. Bis Ende August 2004 hatte der Bund bereits 276 Verwaltungsdienstleistungen online angeboten, vgl. Schliesky, DÖV 2004, 809 f.

und Gemeinden unter der Bezeichnung „Deutschland Online" zusammen, um den Anteil einheitlicher elektronischer Verwaltungsdienstleistungen gemeinsam zu erhöhen.[59]

Die Dienstleistungsrichtlinie der EU (RL 2006/123/EG) gibt in Art. 8 **908**
Abs. 1 den Mitgliedstaaten vor, Dienstleistungserbringern die Abwicklung aller zu ihrer Tätigkeit gehörenden behördlichen Verfahren medienbruchfrei elektronisch zu ermöglichen. Damit soll den Dienstleistern der Umgang mit den Behörden erleichtert und insbesondere ein eigenes Durchdringen der Abläufe und Zuständigkeiten im Behördenapparat erspart werden[60]. Hierfür wird das Verwaltungsrecht um die Figur eines „**Einheitlichen Ansprechpartners (EA)**" ergänzt; dessen Funktion besteht darin, die ggf. verstreuten behördlichen Zuständigkeiten für den Dienstleister zu bündeln und zu koordinieren und diesen umfassend zu informieren. Es obliegt den Landesgesetzgebern, für ihr jeweiliges Verwaltungsverfahrensrecht diese Einheitlichen Ansprechpartner zu definieren. Die Inanspruchnahme des EA ist nicht verbindlich; jeder Dienstleister darf sich auch weiterhin direkt an die zuständigen Behörden wenden.[61]

Parallel zu den Aktivitäten zur Ausweitung der eAdministration-Angebote **909**
hat auch der Gesichtspunkt der **Barrierefreiheit** solcher Angebote an Bedeutung gewonnen. Danach müssen insbesondere solche Internetangebote, die von Behörden gegenüber Bürgern („a2c") zur Erleichterung oder anstelle von Behördengängen sowie zur Ermöglichung von Kommunikation gemacht werden, auch Behinderten gleichermaßen offen stehen. Dieser aus Art. 3 Abs. 3 Satz 2 GG abgeleitete Grundsatz ist im Behindertengleichstellungsgesetz (BGG) des Bundes sowie entsprechenden Parallelnormen der Länder[62] konkretisiert; § 7 BGG legt ausdrücklich das „Benachteiligungsverbot für Träger öffentlicher Gewalt" fest. Nach § 4 BGG verlangt der Begriff der Barrierefreiheit, dass die Angebote für Behinderte „ohne besondere Erschwernis und grundsätzlich ohne fremde Hilfe zugänglich und nutzbar" sind. Die Anforderungen dazu sind im Einzelnen in der Anlage zur ‚Barrierefreie Informationstechnik-Verordnung' (BITV) aufgelistet; so muss beispielsweise für audio-visuelle Inhalte ein Äquivalent bereit gestellt werden, das die gleiche Funktion erfüllt (z. B. eine optional zuschaltbare Untertitelung eines Videostreams).[63]

---

59 Schliesky, DÖV 2004, 809.
60 Vgl. Knopp, MMR 2008, 518, 520 f.
61 Vgl. Bund-Länder-Ausschuss Dienstleistungswirtschaft: Anforderungsprofil für „Einheitliche Ansprechpartner", Stand 1. Okt. 2007, Einführung und Abschnitt I, unter < http://www.dienstleistungsrichtlinie.de/DLR/Redaktion/PDF/ anforderungsprofil-fuer-einheitliche-ansprechpartner,property=pdf,bereich= dlr,sprache=de,rwb=true.pdf>.
62 Siehe <www.einfach-fuer-alle.de/artikel/bitv/lgg/>.
63 Umfassend dazu Roggenkamp, NVwZ 2006, 1239.

3. Probleme

910 Auch wenn die eAdministration noch nicht flächendeckend und von breiten Nutzerkreisen in Anspruch genommen wird, hat sich die „Angebotsseite" in den zurück liegenden Jahren gut aufgestellt. Gleichwohl ist eine Reihe von Problemen noch ungelöst. So steht beispielsweise der **datenschutzrechtliche Grundsatz der informationellen Gewaltenteilung** (s. o., Rn. 99) der angestrebten Bündelungswirkung entgegen, wenn hierfür verschiedene Behörden – insbesondere bei unterschiedlichen Verwaltungsträgern – zusammenwirken müssen. Da die eAdministration-Angebote im Internet als Telemedien zu qualifizieren sind, unterliegen sie den Datenschutzbestimmungen der §§ 11–15 TMG.[64] Besonders offenkundig wird dieses Problem beim „Einheitlichen Ansprechpartner" der Dienstleistungsrichtlinie.[65]

911 Aber auch das tradierte **Mehrebenensystem der Verwaltung** mit seinen horizontalen Abschottungen steht der notwendigen Vernetzung verschiedener administrativer Ebenen entgegen. Da der hierfür nötige Koordinierungsbedarf faktisch kaum leistbar ist, stellt ein durchgreifendes System der eAdministration den dezentralen Aufbau der deutschen Verwaltung und damit auch das Kompetenzgefüge im Grundgesetz letztlich infrage.[66] Ein weiteres Problem ist die **Dokumentationsaufgabe bei hoheitlichen Vorgängen,** deren verlässliche Erfüllung die Integrität elektronischer Dokumente, die Bestimmbarkeit deren Aussteller, die Nachweisbarkeit des Ausstellungszeitpunkts und die Sicherung der Vollständigkeit gegen Manipulationen voraussetzt.[67]

II. Elektronische Kommunikation im Verwaltungsverfahren

1. Bedeutung und Vorgeschichte

912 Die meisten eAdministration-Verfahren unterliegen dem Verwaltungsverfahrensrecht, weil sie auf **rechtsverbindliche Behördenentscheidungen** (Verwaltungsakte gem. § 35 VwVfG) gerichtet sind (z. B. Zuteilung einer Autonummer, Festsetzung einer Steuerschuld, Erteilung einer Baugenehmigung etc.). Daher setzt die Abwicklung von Online-Dienstleistungen entsprechende **Rechtsgrundlagen zur Form rechtsverbindlicher Erklärungen des Bürgers und der Behörde** voraus, da in vielen Fällen die Schriftform vorgeschrieben ist. Mit ersten Experimentiergesetzen in Baden-Württemberg und

---

64 Weiterführend Boehme-Neßler, NVwZ 2001, 374, 376 f.
65 Knopp, MMR 2008, 518, 522.
66 Ausführlich hierzu Schliesky, NVwZ 2004, 809, 810 ff., der auch die verfassungsrechtlichen Dimensionen der Zuständigkeitsordnung beleuchtet; vgl. auch Eifert, ZG 2001, 115, 120 ff.; Boehme-Neßler, Cyberlaw, S. 341 f.; siehe dazu auch Knopp, MMR 2008, 518, 522.
67 Boehme-Neßler, NVwZ 2001, 374, 377 f.; zu den Folgen für die Wahrnehmung des Akteneinsichtsrechts vgl. Bachmann/Pavlitschko, MMR 2004, 370.

in Bremen wurde in bestimmten fachlichen Bereichen unter verschiedenen Voraussetzungen die digitale Signatur als formwirksam anerkannt.[68]

Durch das Dritte Gesetz zur Änderung verwaltungsrechtlicher Vorschriften, das im Wesentlichen am 1. 2. 2003 in Kraft getreten ist, hat der Bund die **elektronische Kommunikation in das Verwaltungsverfahrensgesetz eingeführt;**[69] im Rahmen der üblichen Simultangesetzgebung von Bund und Ländern im Bereich des Verwaltungsverfahrens ist die entsprechende Anpassung der Länder-Verwaltungsverfahrensgesetze erfolgt.   **913**

2. Der Verwaltungsakt in der elektronischen Kommunikation

Das zentrale Instrument des Verwaltungsverfahrens ist der Verwaltungsakt. Entsprechend zur Textform gem. § 126b BGB besteht neben den tradierten Formen „mündlich", „schriftlich" und „in anderer Weise" die **Form des „elektronischen Verwaltungsaktes"** (§ 37 Abs. 2 VwVfG). Ein solcher Verwaltungsakt liegt – unabhängig von einer qualifizierten Signatur – immer dann vor, wenn er „unter Nutzung eines elektronischen Speichermediums von der Behörde erlassen wird".[70] Im Übrigen gelten für den elektronischen Verwaltungsakt die **gleichen Formvorgaben** wie für den schriftlichen (Erkennbarkeit der erlassenden Behörde, Begründung – §§ 37 Abs. 3, 39 Abs. 1 VwVfG).   **914**

Da jedoch viele Vorschriften des besonderen Verwaltungsrechts Schriftformerfordernisse kennen, reicht der elektronische Verwaltungsakt ohne ausdrückliche **Schriftformäquivalenz** oft nicht aus. Herzstück der verwaltungsverfahrensrechtlichen Regelungen für den Online-Bereich ist daher die Generalklausel gem. § 3a Abs. 2 VwVfG, wonach – entsprechend zu § 126a BGB für den rechtsgeschäftlichen Bereich – alle **nach dem SigG qualifiziert elektronisch signierten Dokumente** als schriftformäquivalent grundsätzlich anerkannt werden.[71] Eine Ausnahme gilt dann, wenn spezialgesetzlich eine besondere Medienbindung – etwa an einen Papiervordruck mit verschiedenfarbigen Durchschlägen – vorgeschrieben ist.[72]   **915**

Nicht selten dient das Schriftformerfordernis über die Dokumentations- und Nachweisfunktion hinaus auch dem **Bedürfnis der dauerhaften Möglichkeit zur Überprüfung von Verwaltungsakten.** Dies gilt insbesondere bei   **916**

---

68 Baden-Württemberg: Gesetz zur Erprobung elektronischer Bürgerdienste unter Verwendung der digitalen Signatur (e-Bürgerdienste-Gesetz) vom 21. 7. 2000, GBl. S. 536; Bremen: Gesetz zur Erprobung der digitalen Signatur in der Verwaltung vom 14. 6. 1999, GBl. S. 138.
69 BGBl. I 2002, S. 3322.
70 Schmitz/Schlatmann, NVwZ 2002, 1281, 1286.
71 Das bedeutet natürlich auch, dass Dokumente, für die die Schriftform vorgeschrieben ist, ohne qualifizierte elektronische Signatur keine Rechtswirkungen – wie etwa eine Fristwahrung – entfalten, vgl. OVG Koblenz, NVwZ-RR 2006, 519.
72 Schmitz/Schlatmann, NVwZ 2002, 1281, 1284.

Dauerverwaltungsakten, die nicht durch einen einmaligen Vollzug erledigt sind, sondern dauerhaft Rechtsfolgen entfalten (z. B. eine Gaststättenkonzession). Daher sieht § 37 Abs. 4 VwVfG vor, dass bei entsprechender gesetzlicher Anordnung über die qualifizierte Signatur hinaus eine **dauerhafte Überprüfbarkeit der qualifizierten Signatur erforderlich** ist. Maßgeblich hierfür ist der jeweilige Stand der Technik; die Dokumentation des Qualifizierungszertifikats muss mindestens 30 Jahre lang nach dessen Gültigkeitsverlust sichergestellt sein (§§ 10 SigG, 8, 4 Abs. 2 SigV).[73]

917 Danach lassen sich die **Formabstufungen des elektronischen Verwaltungsakts** wie folgt darstellen:

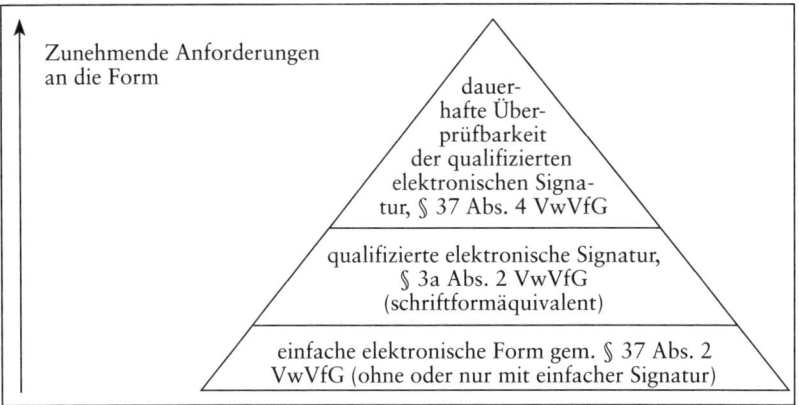

Übersicht 31: Rangordnung der Formarten für elektronische Verwaltungsakte

3. Voraussetzungen für die elektronische Kommunikation im VwVfG

918 Der Einsatz elektronischer Kommunikation im Verwaltungsverfahren ist nur möglich, wenn die Beteiligten objektiv dazu in der Lage und subjektiv damit einverstanden sind. Deshalb erfordert die elektronische Kommunikation in § 3a Abs. 1 VwVfG, dass der jeweilige Kommunikationsempfänger den **Zugang für diese Kommunikationsform eröffnet** hat. Dies setzt objektiv voraus, dass der Empfänger über einen **Internet- und eMail-Anschluss** verfügt.

919 In subjektiver Hinsicht muss er darüber hinaus diesen Anschluss **dieser Kommunikation gewidmet** haben. Dies kann durch eine ausdrückliche, aber auch durch eine konkludente Erklärung erfolgen. Bei Behörden oder beruflicher Nutzung seitens des Bürgers (als Betrieb, Rechtsanwalt o. Ä.) liegt diese konkludente Widmung bereits dann vor, wenn die eMail-An-

---

73 Schmitz/Schlatmann, NVwZ 2002, 1281, 1287; Roßnagel, NJW 2003, 469, 473.

schrift auf dem Briefbogen verwendet wird. Nutzt der Bürger seinen Anschluss dagegen nur privat, wird man noch nicht von einer regelmäßigen
Pflicht zur Abrufung von eMails ausgehen können (s. o., Rn. 718); hier
bedarf es einer eindeutigen Widmung, die auch darin liegen kann, dass der
Bürger von sich aus die elektronische Kommunikationsform im Verfahren
verwendet.[74]

4. Kommunikationsprobleme

Kommunikationsprobleme gehen – wie immer – grundsätzlich **zulasten des**   **920**
Absenders. So kann der Absender mit einem für den Empfänger nicht lesbaren elektronischen Dokument keinen Zugang bewirken. Allerdings sieht
§ 3a Abs. 3 VwVfG die **Pflicht der Behörde** als Empfängerin vor, bei Eingang eines für sie nicht les- oder verwendbaren elektronischen Dokuments
dem Absender unverzüglich eine entsprechende Rückmeldung zu geben.
Ebenso ist sie als Absenderin verpflichtet, in anderer Form zu kommunizieren, wenn sie vom Bürger eine derartige Rückmeldung erhält. An die
Verständlichkeit des elektronischen Dokuments dürfen dabei jedoch keine **überzogenen Anforderungen** gestellt werden. Sind einzelne Zeichen –
z. B. Umlaute – durch andere Zeichen ersetzt, der Inhalt aber nach wie vor
eindeutig erkennbar, liegt ein wirksamer Zugang (mit z. B. fristwahrender
Wirkung) vor.[75]

5. Sonstige Formen elektronischer Kommunikation im öffentlichen Bereich

Neben diesen elektronischen Kommunikationsformen und -möglichkei-   **921**
ten im Verwaltungsverfahren haben die neuen Medien **auch in der Justiz**
Einzug gehalten. So hat das Justizkommunikationsgesetz[76] u. a. das „ge-
richtliche elektronische Dokument" (§ 130b ZPO) und die „elektronische
Akte" (§ 298a ZPO) bei Gericht eingeführt. Ebenso hat das „Gesetz zur
Einführung des elektronischen Rechtsverkehrs und der elektronischen Akte
im Grundbuchverfahren sowie zur Änderung weiterer grundbuch-, regis-
ter- und kostenrechtlicher Vorschriften"[77] die Grundbuchordnung und die
Grundbuchverfügung mit dem elektronischen Rechtsverkehr und der elektronischen Grundakte vertraut gemacht (§§ 135 GBO, 94 ff. GBV).

---

74 Schmitz/Schlatmann, NVwZ 2002, 1281, 1285; Roßnagel, NJW 2003, 469,
    472 f.
75 Schmitz/Schlatmann, NVwZ 2002, 1281, 1285 f.
76 „Gesetz über die Verwendung elektronischer Kommunikationsformen in der
    Justiz" vom 22. 3. 2005, BGBl. I, S. 837.
77 Gesetz vom 11. 8. 2009, BGBl. I, S. 2713.

III. Fazit

922   1. eAdministration dient dem Ziel einer Stärkung der Serviceleistung
und Bürgernähe der Verwaltung, indem behördliche Dienste be-
quem vom heimischen PC aus in Anspruch genommen werden können.

2. Vor allem in virtuellen Rathäusern werden neben gemeindebezoge-
nen Informationen und Hinweisen auch Verwaltungsdienstleistungen angeboten, wobei zwischen drei Stufen unterschieden werden
kann:

a) online abrufbare Formulare („Offline-Formulare"),

b) online ausfüllbare Formulare zur elektronischen Rücksendung
(„Online-Formulare"),

c) Online-Formulare mit Bündelungsfunktion, d. h. zur gleichzeitigen Erledigung verschiedener virtueller Behördengänge.

3. In Umsetzung der Dienstleistungsrichtlinie stehen Dienstleistungserbringern „Einheitliche Ansprechpartner" zur Verfügung. Sind für
einen Vorgang verschiedene Behörden zuständig, koordiniert der
EA dies für den betroffenen Dienstleistungserbringer, der sich nicht
mit Abläufen und Zuständigkeiten innerhalb des Behördenapparats
befassen müssen soll.

4. Ungelöste Probleme wie der datenschutzrechtliche Gewaltentei-
lungsgrundsatz, die fehlende Vernetzung verschiedener Verwal-
tungsebenen und die Dokumentationserfordernisse hemmen jedoch
die weitere Entwicklung.

5. Durch Ergänzungen des VwVfG wurde das Verwaltungsverfahrens-
recht online-fähig gemacht. Deshalb gibt es neben den tradierten
Formen auch einen elektronischen Verwaltungsakt in dreifacher
Abstufung:

a) einfache elektronische Form (wie Textform im BGB),

b) qualifiziert signierte elektronische Form (wie elektronische
Form im BGB), die schriftformäquivalent ist, und

c) die dauerhaft überprüfbar qualifiziert signierte elektronische
Form (bei besonderer gesetzlicher Anordnung).

6. Die elektronische Kommunikation im Verwaltungsverfahren setzt
voraus, dass die Beteiligten jeweils den Zugang für diese Kommunikationsform eröffnet haben. Dies bedingt sowohl objektiv entsprechende technische Kommunikationsmittel wie subjektiv eine
entsprechende Widmung dieses Kommunikationsmittels für das
Verwaltungsverfahren. Kommunikationsprobleme müssen von der
Behörde angezeigt werden und gehen im Übrigen zulasten des jeweiligen Absenders.

Anhang 1: Technische und internetspezifische Fachwörter und -abkürzungen

Begriff	Bedeutung
admin-c	Administrativer Ansprechpartner eines Domain-Inhabers gegenüber DENIC
APNIC	Asia Pacific Network Information Centre
ARIN	American Registry for Internet Numbers
bulk mail	Ungebeten zugesandte Werbung (vgl. junk mail, spam)
ccTLD	Country-code Top Level Domain – (z. B. de, uk, ag, …
cache	Zwischenspeicher, die eine schnellere Weiterleitung von Inhalten an andere Nutzer ermöglichen (vgl. → Proxy Server)
Content-Provider	Anbieter von redaktionell aufbereiteten Informationen im Netz (Betreiber eigener Website)
CORE	Council of Registrars – Zusammenschluss aller Vergabestellen, sollte als Aufsichtsbehörde allgemeine Regeln für die Vergabe aufstellen
Cybermalls	Lockere Zusammenschlüsse kleiner Anbieter unter einem gemeinsamen Dach (virtuelle Kaufhäuser)
DENIC e. G.	Deutsches Network Information Center eingetr. Genossenschaft – Vergabestelle für Second Level Domains unter ccTLD „.de"
DNS	Domain Name System – hierarchisch organisierter Namensraum für die Domains
DNS-Server	Server, der Internetadressen (Domains) in computerverständliche IP-Nummern übersetzt
DoS-Attacke DoS-Angriff	Denial-of-Service-Attacke – Massive Zugriffe von außen auf einen Server, die dessen Kapazitätsgrenze überschreiten und ihn so zum Absturz bringen

Begriff	Bedeutung
double-opt-in	Verfahren, bei dem der Adressat zwei Mal aktiv seine Zustimmung zum Erhalt von eMail-Werbung erklären muss: Nach Eingang einer Mail mit der Anforderung von Werbematerial oder Newslettern beim Werbeanbieter bittet dieser erst mit einer Antwortmail um Bestätigung des Einverständnisses mit dem Versand
Dupes	Duplikate von Artikeln, die nur versehentlich im Netz verteilt werden
EDI	Electronic Data Interchange – Standardisiertes System des elektronischen Austauschs von Dokumenten
ENUM	Electronic Numbering/Telephone Number URI Mapping
E-Zines	Elektronische Zeitschriften
Filesharing	Direkte Weitergabe von Dateien zwischen Internet-Usern unter Verwendung eines P2P-Netzwerks[1]
Fremdcanceln	Löschen eines Beitrags durch einen anderen als den Autor des Beitrags (Versand entspr. „Cancel-postings") – RFC 1036 verbietet das Fremdcanceln grundsätzlich; unerl. Fremdcanceln erfüllt TB von § 303a StGB
GAC	Governmental Advisory Committee – beratender Ausschuss der ICANN, der von den nationalen Regierungen beschickt wird
gTLD	Generische Top Level Domain – (z. B. net, gov, edu)
html	Hypertext markup language (Programmiersprache für Internetseiten)
http	Hypertext transfer protocol
IAB	Internet Activities Board – zuständig für Internet-Standards und RFC-Betreuung
IANA	Internet Assigned Numbers Authority (Vorgänger-einrichtung von ICANN)

---

1 Hoeren, NJW 2008, 3099, 3102.

Begriff	Bedeutung
ICANN	Internet Coporation of Assigned Names and Numbers – nichtkommerzielle Vergabestelle für TLDs seit 1998 in der Nachfolge von IANA/ Network Solutions Inc.
ICTF	Internet Content Task Force – 1996 von deutschen Providern gegründete Organisation, die verbotene Inhalte in den Netzen beseitigt (vgl. „fremdcanceln")
IETF	Internet Engineering Task Force (Unterorg. zu IAB – zuständig für Funktion des Internets, Protokoll- und Architekturfragen)
Information-Provider	Handelt im Netz mit Informationen (z. B. als Datenbankbetreiber)
Internet Provider	Oder Internet-Service-Provider, Access-Provider – vermittelt nur Zugang zum Netz
InterNIC	International Network Information Center – Vergabe der weltweiten TLDs, zunächst durch IANA, dann Network Solutions Inc., jetzt ICANN
IP-Adresse	Internet Protocol – binärcodierte Adresse des genutztes Internetanschlusses, die bei jeder Daten- übertragung automatisch zugeteilt wird und den Nutzer eindeutig identifiziert[2]
IP-Spoofing	Angriffsmethode von Hackern, bei der falsche IP- Nummern verwendet werden, um dem angegriffenen IT-System eine falsche Identität vorzuspiegeln
IRTF	Internet Research Task Force (Unterorganisation zu IAB – zuständig für Forschung und Entwicklung von neuen Technologien)
ISOC	Internet Society
ITU	International Telecommunication Union
Junk mail	Ungebeten zugesandte Werbung (vgl. bulk mail, spam)
LAN	Local Area Networks – unternehmensinterne Verknüpfung von Rechnern
Link-Provider	Anbieter von Netz-Infrastruktur (z. B. Telekom)

---

2 Hoeren, NJW 2008, 3099, 3102.

Begriff	Bedeutung
Netiquette	Verhaltensregeln für Internetnutzer – rechtlich nur verbindlich, soweit zwischen Nutzern vereinbart (selten der Fall); allgemeinverbindliche Regeln können nicht von Organen dekretiert werden, die selbst keine gesetzliche anerkannte Legitimation haben
NSI	Network Solutions Inc.
P2P	Peer-to-Peer Connection (netzwerkbasierte Kommunikationsform, bei der alle Teilnehmer gleichberechtigt sowohl Dienste in Anspruch nehmen als auch zur Verfügung stellen, z. B. bei Online-Tauschbörsen)[3]
Policy	Rechtlich nicht allgemeinverbindliche Regelungen im Fidonet (wie Netiquette im Internet)
Presence Provider	Verhilft anderen zu einem Auftritt im Netz auf eigenen Servern (Webhosting) u. a. Angebote
Proxy-Server	Server, auf dem Webseiten zwischengespeichert werden, um eine schnelleren Abruf zu ermöglichen (um den aufwändigeren Weg zum Heimatserver der Webseiten zu sparen)
RFC	Request for Comments – Dokumente für die Gemein-schaft der Internet-Entwickler
RIPE NCC	Réseaux IP Européen Network Coordination Centre (europäische „Mutterorganisation" zu den nationalen Registrierungsstellen wie DENIC)
Serverhousing	Aufstellen des Servers eines kleinen Providers in den Räumen eines größeren Providers
Spam	Spiced pork and ham (amerikanisches Pressfleisch), steht wegen hoher Häufigkeit in einem bekannten Sketch für die Werbe-Massen-eMails[4]
Spamming	Massenhaftes Aussenden von Werbung per eMail
tech-c	Technischer Ansprechpartner eines Domain-Inhabers gegenüber DENIC
TLD	Top Level Domain (gTLD, ccTLD) – Wurzel: com

---

3 Hoeren, NJW 2008, 3099, 3102.
4 Strömer, Online-Recht, S. 158, Fn. 295.

Begriff	Bedeutung
Trashing	Überspielen von „Datenmüll" auf einen Webserver oder einen eMail-Account mit dem Ziel, diese zu blockieren
UDRP	Uniform Domainname Disputes Resolution Policy (von ICANN am 24.10.99 verabschiedetes Regelwerk zur Regelung der Vergabepraxis von Domainnamen und des Prozederes bei Domainkonflikten)
URL	Uniform Resource Locator (Internetadresse, d.h. Protokollangabe [http://], Netzangabe [www.], Second Level Domain, TLD)
Vanity Numbers	0700-Nummern, die lebenslang personengebunden vergeben werden – Vergabe durch RegTP
VoIP	Voice over Internet Protocol (Sprachtelefonie über Internet)
Webconsulting	Beratung bei Internet-Nutzung
Webdesigning	Entwerfen von Web-Seiten
Webhosting	Überlassung von Speicherkapazität an Kunden für deren Webpräsenz
Webvertising	Werbung im Internet
WIPO	World Intellectual Property Organization
zone-c	Zonenverwalter eines Domain-Inhabers mit eigenen Nameservern gegenüber DENIC

Anhang 2: **Legaldefinitionen**

Juristisch entscheidend ist häufig das Verständnis eines maßgeblichen gesetzlichen Begriffs. Oft gibt der Gesetz- oder Verordnungsgeber selbst eine Erläuterung, was er unter bestimmten wichtigen Begriffen versteht; diese Erläuterungen nennt man „Legaldefinitionen". Nachfolgend sind die meisten wichtigen Legaldefinitionen der im Internetrecht relevanten Normen aufgeführt. Allerdings ist zu beachten, dass jedes Gesetz seine Legaldefinitionen immer in einen inhaltlichen Regelungszusammenhang stellt. Deshalb können Legaldefinitionen weder ohne weiteres für alle Rechtsgebiete verallgemeinert noch einfach auf andere Themenfelder übetragen werden.

Begriff	Legaldefinition	Fundstelle
Abrechnungsdaten	Nutzungsdaten [, die] über das Ende des Nutzungsvorgangs hinaus ... für Zwecke der Abrechnung mit dem Nutzer erforderlich sind	§ 15 Abs. 4 Satz 1 TMG
Akkreditierung, freiwillige	Verfahren zur Erteilung einer Erlaubnis für den Betrieb eines Zertifizierungsdienstes, mit der besondere Rechte und Pflichten verbunden sind	§ 2 Nr. 15 SigG
Anonymisieren (von Daten)	Verändern personenbezogener Daten derart, dass die Einzelangaben über persönliche oder sachliche Verhältnisse nicht mehr oder nur mit einem unverhältnismäßig großen Aufwand an Zeit, Kosten und Arbeitskraft einer bestimmten oder bestimmbaren natürlichen Person zugeordnet werden können	§ 3 Abs. 6 BDSG
Anruf	Eine über einen öffentlich zugänglichen Telefondienst aufgebaute Verbindung, die eine zweiseitige Echtzeitkommunikation ermöglicht	§ 3 Nr. 1 TKG
Auskunftsdienste	Bundesweit jederzeit telefonisch erreichbare Dienste, insbesondere des Rufnummernbereichs 118, die ausschließlich der neutralen Weitergabe von Rufnummer, Name, Anschrift sowie zusätzlichen Angaben von Telekommunikationsnutzern dienen; die Weitervermittlung zu einer erfragten Rufnummer kann Bestandteil des Auskunftsdienstes sein	§ 3 Nr. 2a TKG

Begriff	Legaldefinition	Fundstelle
Barrierefrei	Bauliche und sonstige Anlagen, Verkehrsmittel, technische Gebrauchsgegenstände, Systeme der Informationsverarbeitung, akustische und visuelle Informationsquellen und Kommunikationseinrichtungen sowie andere gestaltete Lebensbereiche, wenn sie für behinderte Menschen in der allgemein üblichen Weise, ohne besondere Erschwernis und grundsätzlich ohne fremde Hilfe zugänglich und nutzbar sind	§ 4 BGG
Bestandsdaten	Personenbezogene Daten eines Nutzers …, soweit sie für die Begründung, inhaltliche Ausgestaltung oder Änderung eines Vertragsverhältnisses zwischen dem (→) Dienstanbieter und dem Nutzer über die Nutzung von Telemedien erforderlich sind	§ 14 Abs. 1 TMG
	Daten eines Teilnehmers, die für die Begründung, inhaltliche Ausgestaltung, Änderung oder Beendigung eines Vertragsverhältnisses über Telekommunikationsdienste erhoben werden	§ 3 Nr. 3 TKG
Datei, nicht-automatisierte	Jede nicht automatisierte Sammlung personenbezogener Daten, die gleichartig aufgebaut ist und nach bestimmten Merkmalen zugänglich ist und ausgewertet werden kann	§ 3 Abs. 2 Satz 2 BDSG
Dialer	Anwählprogramme, die Verbindungen zu einer Nummer herstellen, bei denen neben der Telekommunikationsdienstleistung Inhalte abgerechnet werden	§ 66f Abs. 1 Satz 1 TKG
Dienstanbieter (von Telemedien)	Natürliche oder juristische Person, die eigene oder fremde Telemedien zur Nutzung bereithält oder den Zugang zur Nutzung vermittelt	§ 2 Nr. 1 TMG
Diensteanbieter (von TK-Diensten)	Jeder, der ganz oder teilweise geschäftsmäßig a) Telekommunikationsdienste erbringt oder b) an der Erbringung solcher Dienste mitwirkt	§ 3 Nr. 6 TKG

Begriff	Legaldefinition	Fundstelle
Diensteanbieter, niedergelassener	Anbieter, der mittels einer festen Einrichtung auf unbestimmte Zeit Tele-/ Mediendienste geschäftsmäßig anbietet oder erbringt; der Standort der technischen Einrichtung allein begründet keine Niederlassung des Anbieters	§ 2 Nr. 2 TMG
Dienst mit Zusatznutzen	Jeder Dienst, der die Erhebung und Verwendung von Verkehrsdaten oder Standortdaten in einem Maße erfordert, das über das für die Übermittlung einer Nachricht oder die Entgeltabrechnung dieses Vorganges erforderliche Maß hinausgeht	§ 3 Nr. 5 TKG
Endnutzer	Juristische oder natürliche Person, die weder öffentliche Telekommunikationsnetze betreibt noch Telekommunikationsdienste für die Öffentlichkeit erbringt	§ 3 Nr. 8 TKG
Endpreise	Preise, die einschließlich der Umsatzsteuer und sonstiger Preisbestandteile zu zahlen sind	§ 1 Abs. 1 Satz 1 PAngV
Erheben (*von Daten*)	Das Beschaffen von Daten über den Betroffenen	§ 3 Abs. 3 BDSG
Erscheinen eines Werkes	Wenn mit Zustimmung des Berechtigten Vervielfältigungsstücke des Werkes nach ihrer Herstellung in genügender Anzahl der Öffentlichkeit angeboten oder in Verkehr gebracht worden sind; ein Werk der bildenden Künste gilt auch dann als erschienen, wenn das Original oder ein Vervielfältigungsstück des Werkes mit Zustimmung des Berechtigten bleibend der Öffentlichkeit zugänglich ist (*vgl. → Veröffentlichung*)	§ 6 Abs. 2 UrhG
Fernabsatzverträge	Verträge über die Lieferung von Waren oder über die Erbringung von Dienstleistungen, die zwischen einem Unternehmer und einem Verbraucher unter ausschließlicher Verwendung von Fernkommunikationsmitteln abgeschlossen werden, es sei denn, dass der Vertragsschluss nicht im Rahmen eines für den Fernabsatz organisierten Vertriebs- oder Dienstleistungssystems erfolgt	§ 312b Abs. 1 BGB

Begriff	Legaldefinition	Fundstelle
Fernkommunikationsmittel	Kommunikationsmittel, die zur Anbahnung oder zum Abschluss eines Vertrags zwischen einem Verbraucher und einem Unternehmer ohne gleichzeitige körperliche Anwesenheit der Vertragsparteien eingesetzt werden können, insbesondere Briefe, Kataloge, Telefonanrufe, Telekopien, E-Mails sowie Rundfunk, Tele- und Mediendienste	§ 312b Abs. 2 BGB
Geschäftliche Handlung (*i. S. d. Wettbewerbsrechts*)	Jedes Verhalten einer Person zugunsten des eigenen oder eines fremden Unternehmens vor, bei oder nach einem Geschäftsabschluss, das mit der Förderung des Absatzes oder des Bezugs von Waren oder Dienstleistungen oder mit dem Abschluss oder der Durchführung eines Vertrags über Waren oder Dienstleistungen objektiv zusammenhängt	§ 2 Abs. 1 Nr. 1 UWG
Geschäftsmäßiges Erbringen von Telekommunikationsdienstleistungen	Das nachhaltige Angebot von Telekommunikation für Dritte mit oder ohne Gewinnerzielungsabsicht	§ 3 Nr. 10 TKG
kommerzielle Kommunikation	Jede Form der Kommunikation, die der unmittelbaren oder mittelbaren Förderung des Absatzes von Waren, Dienstleistungen oder des Erscheinungsbilds eines Unternehmens, einer sonstigen Organisation oder einer natürlichen Person dient, die eine Tätigkeit im Handel, Gewerbe oder Handwerk oder einen freien Beruf ausübt; die Übermittlung folgender Angaben stellt als solche keine Form der kommerziellen Kommunikation dar: a) Angaben, die unmittelbaren Zugang zur Tätigkeit des Unternehmens oder der Organisation oder Person ermöglichen, wie insbesondere ein Domain-Name oder eine Adresse der elektronischen Post und b) Angaben in Bezug auf Waren und Dienstleistungen oder das Erscheinungsbild eines Unternehmens, einer Organisation oder Person, die unabhängig und insbesondere ohne finanzielle Gegenleistung gemacht werden	§ 2 Nr. 5 TMG

Begriff	Legaldefinition	Fundstelle
Löschen (*von Daten*)	Unkenntlichmachen gespeicherter personenbezogener Daten	§ 3 Abs. 4 Satz 2 Nr. 5 BDSG
Marktteilnehmer	Neben (→) Mitbewerbern und (→) Verbrauchern alle Personen, die als Anbieter oder Nachfrager von Waren oder Dienstleistungen tätig sind	§ 2 Abs. 1 Nr. 2 UWG
Mitbewerber	Jeder (→) Unternehmer, der mit einem oder mehreren Unternehmern als Anbieter oder Nachfrager von Waren oder Dienstleistungen in einem konkreten Wettbewerbsverhältnis steht	§ 2 Abs. 1 Nr. 3 UWG
Nachricht	Jede Information, die zwischen einer endlichen Zahl von Beteiligten über einen öffentlich zugänglichen elektronischen Kommunikationsdienst ausgetauscht oder weitergeleitet wird; dies schließt nicht Informationen ein, die als Teil eines Rundfunkdienstes über ein elektronisches Kommunikationsnetz an die Öffentlichkeit weitergeleitet werden, soweit die Informationen nicht mit dem identifizierbaren Teilnehmer oder Nutzer, der sie erhält, in Verbindung gebracht werden können	§ 2 Abs. 1 Nr. 4 UWG
Nummern	Zeichenfolgen, die in Telekommunikationsnetzen Zwecken der Adressierung dienen	§ 3 Nr. 13 TKG
Nutzer (*von Telemedien*)	Natürliche (oder juristische)[5] Person, die (→) Telemedien nutzt, insbesondere um Informationen zu erlangen oder zugänglich zu machen	§§ 2 Nr. 3, 11 Abs. 2 TMG
Nutzer (*von Telekommunikation*)	Jede natürliche Person, die einen Telekommunikationsdienst (→) für private oder geschäftliche Zwecke nutzt, ohne notwendigerweise (→) Teilnehmer zu sein	§ 3 Nr. 14 TKG

---

5 Der datenschutzrechtliche Nutzerbegriff des Telemediengesetzes gilt nur für natürliche Personen (§ 11 Abs. 2 TMG).

Begriff	Legaldefinition	Fundstelle
Nutzung (*von Daten*)	Jede Verwendung personenbezogener Daten, soweit es sich nicht um Verarbeitung handelt	§ 3 Abs. 5 BDSG
Nutzungsdaten	Personenbezogene Daten eines Nutzers ..., [die] erforderlich [sind], um die Inanspruchnahme von Telemedien zu ermöglichen und abzurechnen	§ 15 Abs. 1 Satz 1 TMG
Öffentlich zugänglicher Telefondienst	Ein der Öffentlichkeit zur Verfügung stehender Dienst für das Führen von Inlands- und Auslandsgesprächen einschließlich der Möglichkeit, Notrufe abzusetzen, [sowie:] Unterstützung durch Vermittlungspersonal, Auskunftsdienste, Teilnehmerverzeichnisse, Bereitstellung öffentlicher Münz- und Kartentelefone, Erbringung des Dienstes nach besonderen Bedingungen sowie Bereitstellung geografisch nicht gebundener Dienste	§ 3 Nr. 17 TKG
Öffentliches Telefonnetz	Ein (→) Telekommunikationsnetz, das zur Bereitstellung des öffentlich zugänglichen Telefondienstes genutzt wird und darüber hinaus weitere Dienste wie Telefax- oder Datenfernübertragung und einen funktionalen Internetzugang ermöglicht	§ 3 Nr. 16 TKG
Personenbezogene Daten	Einzelangaben über persönliche oder sachliche Verhältnisse eine bestimmten oder bestimmbaren natürlichen Person	§ 3 Abs. 1 BDSG
Premium-Dienste	Dienste, insbesondere der Rufnummernbereiche (0) 190 und (0) 900, bei denen über die Telekommunikationsdienstleistung hinaus eine weitere Dienstleistung erbracht wird, die gegenüber dem Anrufer gemeinsam mit der Telekommunikationsdienstleistung abgerechnet wird und die nicht einer anderen Nummernart zuzurechnen ist	§ 3 Nr. 17a TKG
Pseudonymisieren (*von Daten*)	Ersetzen des Namens und anderer Identifikationsmerkmale durch ein Kennzeichen zu dem Zweck, die Bestimmung des Betroffenen auszuschließen oder wesentlich zu erschweren	§ 3 Abs. 6a BDSG

Begriff	Legaldefinition	Fundstelle
Rufnummer	Eine (→) Nummer, durch deren Wahl im öffentlichen Telefondienst eine Verbindung zu einem bestimmten Ziel aufgebaut werden kann	§ 3 Nr. 18 TKG
Rundfunk	Ein linearer Informations- und Kommunikationsdienst [, der] … die für die Allgemeinheit und zum zeitgleichen Empfang bestimmte Veranstaltung und Verbreitung von Angeboten in Bewegtbild oder Ton entlang eines Sendeplans unter Benutzung elektromagnetischer Schwingungen [ist]; der Begriff schließt Angebote ein, die verschlüsselt verbreitet werden oder gegen besonderes Entgelt empfangbar sind	§ 2 Sätze 1, 2 RStV
Sammelwerk	Sammlung von Werken, Daten oder anderen unabhängigen Elementen, die aufgrund der Auswahl oder Anordnung der Elemente eine persönliche geistige Schöpfung sind	§ 4 Abs. 1 UrhG
Signaturen, elektronische	Daten in elektronischer Form, die anderen elektronischen Daten beigefügt oder logisch mit ihnen verknüpft sind und die zur Authentifizierung dienen	§ 2 Nr. 1 SigG
Signaturen, fortgeschrittene elektronische	(→) elektronische Signaturen …, die a) ausschließlich dem (→) Signaturschlüssel-Inhaber zugeordnet sind, b) die Identifizierung des Signaturschlüssel-Inhabers ermöglichen, c) mit Mitteln erzeugt werden, die der Signaturschlüssel-Inhaber unter seiner alleinigen Kontrolle halten kann, d) mit den Daten, auf die sie sich beziehen, so verknüpft sind, dass eine nachträgliche Veränderung der Daten erkannt werden kann	§ 2 Nr. 2 SigG
Signaturen, qualifizierte elektronische	(→ Fortgeschrittene) elektronische Signaturen …, die a) auf einem zum Zeitpunkt ihrer Erzeugung gültigen qualifizierten (→) Zertifikat beruhen und b) mit einer (→) sicheren Signaturerstellungseinheit erzeugt werden	§ 2 Nr. 3 SigG

Begriff	Legaldefinition	Fundstelle
Signaturerstellungs-einheiten, sichere	Software- oder Hardwareeinheiten zur Speicherung und Anwendung des jeweiligen (→) Signaturschlüssels, die mindestens die Anforderungen nach § 17 oder § 23 … [SigG] und der sich darauf beziehenden Vorschriften der Rechtsverordnung nach § 24 erfüllen und die für (→) qualifizierte elektronische Signaturen bestimmt sind	§ 2 Nr. 10 SigG
Signatur-prüfschlüssel	Elektronische Daten wie öffentliche kryptographische Schlüssel, die zur Überprüfung einer (→) elektronischen Signatur verwendet werden	§ 2 Nr. 5 SigG
Signaturschlüssel	Einmalige elektronische Daten wie private kryptographische Schlüssel, die zur Erstellung einer (→) elektronischen Signatur verwendet werden	§ 2 Nr. 4 SigG
Signaturschlüssel-Inhaber	Natürliche Personen, die (→) Signatur-schlüssel besitzen; bei (→) qualifizier-ten elektronischen Signaturen müssen ihnen die zugehörigen (→) Signatur-prüfschlüssel durch qualifizierte (→) Zertifikate zugeordnet sein	§ 2 Nr. 9 SigG
Speichern (*von Daten*)	Erfassen, Aufnehmen oder Aufbewah-ren personenbezogener Daten auf einem Datenträger zum Zwecke ihrer weiteren Verarbeitung oder Nutzung	§ 3 Abs. 4 Satz 2 Nr. 1 BDSG
Sperren (*von Daten*)	Kennzeichnen gespeicherter personen-bezogener Daten, um ihre weitere Verarbeitung oder Nutzung einzu-schränken	§ 3 Abs. 4 Satz 2 Nr. 4 BDSG
Standortdaten	Daten, die in einem (→) Telekommu-nikationsnetz erhoben oder verwendet werden und die den Standort des Endgeräts eines (→) Endnutzers eines (→) Telekommunikationsdienstes für die Öffentlichkeit angeben	§ 3 Nr. 19 TKG
Teilnehmer	Jede natürliche oder juristische Person, die mit einem Anbieter von (→) Telekommunikationsdiensten einen Vertrag über die Erbringung derartiger Dienste geschlossen hat	§ 3 Nr. 20 TKG

Begriff	Legaldefinition	Fundstelle
Teilnehmeranschluss	Die physische Verbindung, mit dem der Netzabschlusspunkt in den Räumlichkeiten des (→) Teilnehmers mit den Hauptverteilerknoten oder mit einer gleichwertigen Einrichtung in festen öffentlichen Telefonnetzen verbunden wird	§ 3 Nr. 21 TKG
Telekommunikation	Der technische Vorgang des Aussendens, Übermittelns und Empfangens von Signalen mittels (→) Telekommunikationsanlagen	§ 3 Nr. 22 TKG
Telekommunikationsanlagen	Technische Einrichtungen oder Systeme, die als Nachrichten identifizierbare elektromagnetische oder optische Signale senden, übertragen, vermitteln, empfangen, steuern oder kontrollieren können	§ 3 Nr. 23 TKG
Telekommunikationsdienste	In der Regel gegen Entgelt erbrachte Dienste, die ganz oder überwiegend in der Übertragung von Signalen über (→) Telekommunikationsnetze bestehen, einschließlich Übertragungsdienste in Rundfunknetzen	§ 3 Nr. 24 TKG
Telekommunikationsgestützte Dienste	Dienste, die keinen räumlich und zeitlich trennbaren Leitungsfluss auslösen, sondern bei denen die Inhaltsleistung noch während der Telekommunikationsdienstleistung erfüllt wird	§ 3 Nr. 25 TKG
Telekommunikationslinien	Unter oder oberirdisch geführte Telekommunikationskabelanlagen einschließlich ihrer zugehörigen Schalt und Verzweigungseinrichtungen, Masten und Unterstützungen, Kabelschächte und Kabelkanalrohre	§ 3 Nr. 26 TKG
Telekommunikationsnetz	Die Gesamtheit von Übertragungssystemen und gegebenenfalls Vermittlungs und Leitwegeinrichtungen sowie anderweitigen Ressourcen, die die Übertragung von Signalen über Kabel, Funk, optische und andere elektromagnetische Einrichtungen ermöglichen, einschließlich Satellitennetzen, festen und mobilen terrestrischen Netzen, Stromleitungssystemen, soweit sie zur Signalübertragung genutzt werden, Netzen für Hör- und Fernsehfunk sowie Kabelfernsehnetzen, unabhängig von der Art der übertragenen Information	§ 3 Nr. 27 TKG

Begriff	Legaldefinition	Fundstelle
Telemedien	Alle elektronischen Informations- und Kommunikationsdienste, soweit sie nicht (→) Telekommunikationsdienste …, die ganz in der Übertragung von Signalen über Telekommunikations-netze bestehen, (→) telekommunika-tionsgestützte Dienste … oder (→) Rundfunk … sind	§§ 1 Abs. 1 Satz 1 TMG, 2 Abs. 1 Satz 3 RStV
Übermitteln (*von Daten*)	Bekanntgeben gespeicherter oder durch Datenverarbeitung gewonnener perso-nenbezogener Daten an einen Dritten in der Weise, dass a) die Daten an den Dritten weiter-gegeben werden oder b) der Dritte zur Einsicht oder zum Abruf bereitgehaltene Daten ein-sieht oder abruft	§ 3 Abs. 4 Satz 2 Nr. 3 BDSG
Übertragungsweg	(→) Telekommunikationsanlagen in Form von Kabel- oder Funkverbindun-gen mit ihren übertragungstechnischen Einrichtungen als Punkt-zu-Punkt- oder Punkt-zu-Mehrpunktverbindun-gen mit einem bestimmten Informa-tionsdurchsatzvermögen (Bandbreite oder Bitrate) einschließlich ihrer Ab-schlusseinrichtungen	§ 3 Nr. 28 TKG
Unternehmer	Eine natürliche oder juristische Person oder eine rechtsfähige Personengesell-schaft, die bei Abschluss eines Rechts-geschäfts in Ausübung ihrer gewerb-lichen oder selbständigen beruflichen Tätigkeit handelt	§ 14 Abs. 1 BGB
	Jede natürliche oder juristische Person, die geschäftliche Handlungen im Rahmen ihrer gewerblichen, hand-werklichen oder beruflichen Tätigkeit vornimmt, und jede Person, die im Namen oder Auftrag einer solchen Person handelt	§ 2 Nr. 6 UWG
Verändern (*von Daten*)	Das inhaltliche Umgestalten gespei-cherter personenbezogener Daten	§ 3 Abs. 4 Satz 2 Nr. 2 BDSG
Verarbeiten (*von Daten*)	Speichern, Verändern, Übermitteln, Sperren, Löschen personenbezogener Daten	§ 3 Abs. 4 Satz 1 BDSG

Begriff	Legaldefinition	Fundstelle
Verarbeitung, automatisierte	Erhebung, Verarbeitung oder Nutzung personenbezogener Daten unter Einsatz von Datenverarbeitungsanlagen	§ 3 Abs. 2 Satz 1 BDSG
Verbraucher	Jede natürliche Person, die ein Rechtsgeschäft zu einem Zwecke abschließt, der weder ihrer gewerblichen noch ihrer selbständigen beruflichen Tätigkeit zugerechnet werden kann	§ 13 BGB (§ 2 Abs. 2 UWG)
Verkehrsdaten	Daten, die bei der Erbringung eines (→) Telekommunikationsdienstes erhoben, verarbeitet oder genutzt werden	§ 3 Nr. 30 TKG
Veröffentlichung eines Werkes	Wenn es mit Zustimmung des Berechtigten der Öffentlichkeit zugänglich gemacht worden ist (*vgl.* → *Erscheinen*)	§ 6 Abs. 1 UrhG
Verteildienste	Telemedien, die im Wege einer Übertragung von Daten ohne individuelle Anforderung gleichzeitig für eine unbegrenzte Zahl von Nutzern erbracht werden	§ 2 Nr. 4 TMG
Werke (*Urheber-*)	Persönliche geistige Schöpfungen (*der Literatur, Wissenschaft und Kunst*)	§ 2 Abs. 2 i.V.m. § 1 UrhG
Zertifikate	Elektronische Bescheinigungen, mit denen (→) Signaturprüfschlüssel einer Person zugeordnet werden und die Identität dieser Person bestätigt wird	§ 2 Nr. 6 SigG
Zertifizierungs-diensteanbieter	Natürliche oder juristische Personen, die qualifizierte (→) Zertifikate oder qualifizierte Zeitstempel ausstellen	§ 2 Nr. 8 SigG

Stichwortverzeichnis